国家自然科学基金重点项目研究成果（71933004）

# 中国乡村全面振兴

## 有为政府与有效市场

程国强　等◎著

中国发展出版社
CHINA DEVELOPMENT PRESS

**图书在版编目（CIP）数据**

中国乡村全面振兴 ： 有为政府与有效市场 / 程国强等著. — 北京 ： 中国发展出版社，2025. 6. — ISBN 978-7-5177-1464-4

Ⅰ. F723.82

中国国家版本馆CIP数据核字第2025MU8503号

书　　名：中国乡村全面振兴：有为政府与有效市场
著作责任者：程国强等
责 任 编 辑：吴思
出 版 发 行：中国发展出版社
联 系 地 址：北京经济技术开发区荣华中路22号亦城财富中心1号楼8层（100176）
标 准 书 号：ISBN 978-7-5177-1464-4
经　销　者：各地新华书店
印　刷　者：北京富资园科技发展有限公司
开　　本：889mm × 1194mm　1/16
印　　张：27.5
字　　数：635千字
版　　次：2025年6月第1版
印　　次：2025年6月第1次印刷
定　　价：118.00元

联 系 电 话：（010）68360970　68990535
购 书 热 线：（010）68990682　68990686
网 络 订 购：http：//zgfzcbs. tmall. com
网 购 电 话：（010）88333349　68990639
本 社 网 址：http：//www.develpress. com
电 子 邮 件：2857118@qq.com

# 目　录

## 第二篇　守牢底线：确保国家粮食安全与防止规模性返贫

## 第三篇 全面提升：乡村产业发展、乡村建设与乡村治理



## 第四篇 深化改革：增强动能与增收富民

# 第一章　导　论

实施乡村振兴战略，是以习近平同志为核心的党中央着眼党和国家事业全局，对“三农”工作作出的重大决策部署，是现代化新征程“三农”工作的总抓手。在实施乡村振兴战略过程中，充分发挥政府与市场的作用尤为重要。政府需要通过政策引导来弥补市场失灵、优化资源配置、促进社会公平与可持续发展；而市场则在推动资源高效配置、激发产业创新活力、推动农村经济发展等方面发挥关键作用。

在实践中，政府与市场的关系往往面临诸多挑战。尤其是在乡村振兴过程中，政府与市场各自的角色定位模糊、协调机制不畅、政策执行效果不理想等问题依然存在。如何在实际操作中有效破解这些问题，充分发挥有为政府的引导与保障作用，同时激发有效市场的活力，是乡村振兴战略实施中亟待研究突破的重大理论问题和政策课题。

实施乡村振兴战略，亟须厘清乡村振兴的逻辑思路，并构建战略性实施框架，以指导实践，确保乡村振兴目标的实现。构建这一实施框架需要解决两个关键问题：一是乡村振兴战略的实施路径，即如何实施；二是乡村振兴战略的实施主体及其相互关系，即由谁实施。

我们研究团队负责的国家自然科学基金重点项目《乡村振兴战略实施中政府与市场的关系及其协调研究》（71933004），研究的核心内容正是围绕着乡村振兴中政府与市场的关系展开，通过深入剖析政府与市场在乡村振兴进程中的角色、职能、作用边界及其互动模式，全面分析在农业生产、生态建设、社会生活服务等不同领域的协同方式，并在梳理和借鉴国内外实践经验的基础上，对上述两个关键问题进行深入探讨，以期为乡村振兴战略的有效实施，尤其是乡村全面振兴的推进提供理论支撑与实践指导。

## 第一节 乡村振兴战略的实践逻辑

### 一、从脱贫攻坚迈向乡村全面振兴

"三农"问题始终是关乎中国现代化进程的重大战略问题。党的十八大以来，以习近平同志为核心的党中央把脱贫攻坚摆在治国理政的突出位置，作为实现第一个百年奋斗目标的重点任务，纳入"五位一体"总体布局和"四个全面"战略布局，作出一系列重大部署和安排，全面打响脱贫攻坚战，困扰中华民族几千年的绝对贫困问题历史性地得以解决，脱贫攻坚成果举世瞩目。2020年我国现行标准下农村贫困人口全部实现脱贫、贫困县全部摘帽、区域性整体贫困得到解决。"两不愁"质量水平明显提升，"三保障"的突出问题彻底消除。贫困人口收入水平显著提高，自主脱贫能力稳步增强。贫困地区生产生活条件明显改善，经济社会发展加快推进。脱贫攻坚取得全面胜利，中国提前10年实现联合国《2030年可持续发展议程》的减贫目标，实现了在全面小康路上一个都不掉队，在促进全体人民共同富裕的道路上迈出了坚实一步。

党的十九大对乡村振兴战略作出了重大部署。党的十九大报告指出，实施乡村振兴战略，要坚持农业农村优先发展，按照产业兴旺、生态宜居、乡风文明、治理有效、生活富裕的总要求，建立健全城乡融合发展体制机制和政策体系，加快推进农业农村现代化。

党的二十大报告指出，全面建设社会主义现代化国家，最艰巨最繁重的任务仍然在农村。坚持农业农村优先发展，坚持城乡融合发展，畅通城乡要素流动。加快建设农业强国，扎实推动乡村产业、人才、文化、生态、组织振兴。

2023年中央农村工作会议对"三农"工作作出重要指示，站在党和国家事业全局的高度，阐明了推进乡村全面振兴的战略要求和主攻方向，指明了要以加快农业农村现代化来更好推进中国式现代化建设的方向路径。习近平总书记指出，推进中国式现代化，必须坚持不懈夯实农业基础，推进乡村全面振兴。要以新时代中国特色社会主义思想为指导，全面贯彻落实党的二十大和二十届二中全会精神，锚定建设农业强国目标，把推进乡村全面振兴作为新时代新征程"三农"工作的总抓手，学习运用"千万工程"经验，因地制宜、分类施策，循序渐进、久久为功，集中力量抓好办成一批群众可感可及的实事。[①] 这一重要论述深刻阐述了新征程上乡村振兴的历史方位，进一步明确了乡村全面振兴在以中国式现代化全面推进中华民族伟大复兴进程中的战略定位，丰富发展了乡村振兴在强国建设、民族复兴伟业中的战略内涵，是新时代新征程下有力有效推进乡村全面振兴的根本遵循和行动指南。

① 《中央农村工作会议在京召开 习近平对"三农"工作作出重要指示》，新华社，2023年12月20日。

从“全面推进乡村振兴”到“推进乡村全面振兴”，这一变化并非简单的词汇调整，而是体现了工作重心的转移，是我国“三农”工作理念、目标与路径的深度演进，代表着农村发展迈向了全新阶段。打赢脱贫攻坚战之后，“三农”工作重心转向全面推进乡村振兴。随着实践的深入，乡村振兴的内涵与外延进一步拓展。在乡村振兴的基础上，乡村全面振兴更加凸显振兴的系统性和整体性，强调“五个振兴”——产业、人才、文化、生态、组织振兴的协同推进，涵盖农村政治建设、经济建设、文化建设、社会建设、生态文明建设以及党的建设等多个维度，是全方位、全领域、全系统的振兴，目标直指农业强、农村美、农民富的全面实现。

在推进乡村全面振兴过程中，更加突出精准施策和务实高效，重点围绕破解乡村振兴的难点堵点、农民群众反映强烈的突出问题，加强政策和制度创新。从关键环节入手，在完善农业保险、健全主产区利益补偿机制、加强高标准农田建设、推进农业转移人口市民化等方面提出了一批务实且高含金量的政策措施，推进乡村全面振兴不断取得新成效，让农民群众切实得到更多实惠。同时，越发注重激发农民主体作用，尊重其意愿，充分调动其积极性、主动性和创造性，使农民成为乡村振兴的深度参与者、积极建设者与最终受益者。此外，因地制宜、分类施策的原则得到进一步凸显，依据各地资源禀赋、发展基础和农民需求，制定差异化振兴策略，杜绝“一刀切”模式。城乡融合发展的重要性也被置于更加突出的位置，致力于推动城乡要素自由流动、平等交换，促进新型工业化、信息化、城镇化、农业现代化同步发展，构建起工农互促、城乡互补、全面融合、共同繁荣的新型工农城乡关系，为推进中国式现代化筑牢根基。

## 二、新时代乡村全面振兴的目标与路径

实施乡村振兴战略是全面建成小康社会、全面建成社会主义现代化强国的必然要求。要坚持农业农村优先发展，按照产业兴旺、生态宜居、乡风文明、治理有效、生活富裕的总要求，建立健全城乡融合发展体制机制和政策体系，加快推进农业农村现代化。只有深入理解乡村振兴战略的总要求，才能科学制定战略规划，走稳走好中国特色社会主义乡村振兴道路。乡村全面振兴的重点任务如表 1–1 所示。

在总目标的引领下，推进乡村全面振兴的总体框架可以概括为“两个确保、三个提升、两个强化”。“两个确保”，即确保国家粮食安全、确保不发生规模性返贫，这两项任务是做好“三农”工作的底线要求。国家粮食安全关系到国计民生，是国家安全的重要基石，只有牢牢端稳自己的饭碗，才能从容应对各种风险挑战。而确保不发生规模性返贫，则是巩固拓展脱贫攻坚成果的关键，关乎广大农村脱贫群众的切身福祉和社会的稳定和谐，必须压紧压实工作责任，做到思想不松懈、工作不松劲，持续巩固提升“三保障”和饮水安全保障成果。

表 1–1　乡村全面振兴的重点任务

| 序号 | 主要任务 | 重点内容 |
| --- | --- | --- |
| 1 | 确保国家粮食安全 | 粮食和重要农产品稳产保供<br>耕地保护<br>农业基础设施建设<br>农业科技支撑<br>现代农业经营体系建设 |
| 2 | 确保不发生规模性返贫 | 落实防止返贫监测帮扶机制<br>持续加强产业和就业帮扶<br>重点地区帮扶 |
| 3 | 提升乡村产业发展水平 | 农村一二三产业融合发展<br>农产品加工业优化升级<br>农村流通高质量发展<br>农民增收举措 |
| 4 | 提升乡村建设水平 | 乡村规划引领效能<br>农村人居环境整治<br>农村基础设施补短板<br>农村公共服务体系完善<br>农村生态文明建设<br>县域城乡融合发展 |
| 5 | 提升乡村治理水平 | 抓党建促乡村振兴<br>乡村文化发展<br>农村移风易俗<br>平安乡村建设 |
| 6 | 加强党对“三农”工作的全面领导 | 健全党领导农村工作体制机制<br>农村改革创新<br>乡村振兴多元化投入机制完善<br>乡村人才队伍壮大 |

资料来源：根据 2024 年中央一号文件整理。

“三个提升”，即提升乡村产业发展水平、提升乡村建设水平、提升乡村治理水平，是推进乡村全面振兴的重点任务。提升乡村产业发展水平，实现产业振兴，是乡村全面振兴的重中之重，为乡村经济注入源源不断的活力。目前，乡村产业仍然面临规模小、主体弱、链条短、同质化等问题。发展乡村产业，关键是做好“土特产”文章，坚持产业兴农、质量兴农、绿色兴农，加快构建粮经饲统筹、农林牧渔并举、产加销贯通、农文旅融合的现代乡村产业体系，把农业建成现代化大产业。提升乡村建设水平，让农村基本具备现代生活条件；打造宜居宜业的乡村环境，让农村成为安居乐业的家园，是推进乡村全面振兴的重要内容。提升乡村治理水平，保障乡村各项事业顺利开展，必须坚持党建引领、夯实基层基础，健全党组织领导下的自治、法治、德治相结合的乡村治理体系，建设充满活力、和谐有序的乡村社会。

“两个强化”，即强化科技和改革双轮驱动、强化农民增收举措，是推进乡村全面振兴的重要支撑。科技是第一生产力，农业现代化的关键在科技进步和创新。通过科技赋能农业农村，能够显著提高农业生产效率和质量。改革是激发农村发展活力的关键动力，是乡村全面振兴的重要法宝。要以改革破题，推动农村体制机制创新，要让“人、地、钱”等资源要素更多汇聚乡村、服务乡村。农业农村工作，说一千、道一万，增加农民收入是关键。强化农民增收举措，直接关系到农民生活水平的提高，这是乡村振兴的核心目标之一。要持续加大强农、惠农、富农政策力度，逐步提高农村社会保障水平，促进农民收入稳定增长，扎实推进共同富裕。

## 三、乡村振兴中政府与市场关系亟待厘清

习近平总书记指出，在向第二个百年奋斗目标迈进的历史关口，在脱贫攻坚目标任务已经完成的形势下，在新冠肺炎疫情加剧世界动荡变革的特殊时刻，巩固拓展脱贫攻坚成果，全面推进乡村振兴，加快农业农村现代化，是需要全党高度重视的一个关系大局的重大问题。全党务必充分认识新发展阶段做好“三农”工作的重要性和紧迫性，坚持把解决好“三农”问题作为全党工作重中之重，举全党全社会之力推动乡村振兴，促进农业高质高效、乡村宜居宜业、农民富裕富足。①

虽然中央明确了乡村振兴战略任务与目标要求，但振兴的实施主体和操作路径仍须进一步厘清。特别是，政府与市场在其中究竟有着怎样的职能边界和功能定位？事实表明，乡村振兴的实施仍然在理论与实践上存在偏差与困惑。在理论方面，一些学者将乡村振兴战略“二十字”总要求解读为操作重点，认为应从五个方面入手，哪里有短板补哪里、哪里不协调改哪里（李周，2017）。然而，这种思路指导下的乡村振兴可能导致两方面问题：一是缺乏对总体逻辑的把握与判断准则，容易导致选择性的“问题导向”，形成“头痛医头、脚痛医脚”的片面化操作；二是难以分清不同目标任务的主次和互动关系，可能诱导乡村振兴战略的“分割化”执行，影响整体性协调。在实际操作中，地方政府一般以完成上级制定的任务为目标来开展工作，这往往导致“压力层层传导”和行政干预手段的过度使用。这种情况一方面大幅增加了地方政府的工作压力与财政负担；另一方面可能使乡村发展过度依赖政府，而忽视了乡村自身发展内生动力的培育。

### （一）基层政府权力的“错位”与“越位”

政府在推动农村基础设施和公共服务供给方面扮演着不可或缺的角色，但在乡村振兴实践中，也面临“政府失灵”的挑战，表现为“错位”与“越位”的现象。具体而言，我国农田水利等农业基础设施建设相对薄弱（杨宇、王金霞，2012；朱晶、晋乐，2017；黄季焜，2018），

① 习近平：《坚持把解决好“三农”问题作为全党工作重中之重 举全党全社会之力推动乡村振兴》，《求是》2022年第7期。

对农业的支持保护力度有待进一步加大（孔祥智，2016；程国强，2012）。此外，城乡在社会保障、公共服务和基础设施建设方面的差距依然显著（魏后凯，2016；罗能生，2016；李实等，2017）。

在纠正市场失灵方面，农业食品市场信息严重不对称、监管缺失导致食品安全问题日益凸显，而农业农村生态环境外部性治理仍需进一步强化（周应恒等，2004；龚强等，2013）。同时，由于政府主导的产业项目缺乏灵活性，往往导致市场竞争力不足；过度管制破坏市场机制，利益寻租问题则进一步滋生了腐败，这些都成为乡村振兴效率和质量提升的障碍（李小静，2020）。

更值得关注的是，政府往往偏向于投资见效快、易显政绩的“硬性”公共产品，而对农村教育、农业技术服务等“软性”公共产品的投入积极性不足。这种偏好往往导致公共项目的过度建设，而公共设施的维护和管理却被忽视，最终引发农村公共产品供给总量不足与结构失衡的问题（涂圣伟，2021）。

随着排他技术进步、产权的明晰化以及社会需求的变化，部分农村公共产品市场化供给变得更加可行且高效。因此，在乡村建设中引入市场机制，成为公共产品供给模式的一种创新。为了全面推进乡村振兴，需要在提升政府公共产品供给效率的同时，健全市场化供给机制。通过特许经营、公建民营、民办公助等方式，围绕农业科技创新、基础设施建设、人居环境整治、乡村新型服务等领域，加强政府与市场的合作，以更好地满足乡村振兴多样化的需求。正如黄祖辉等（2021）所指出的，应警惕政府过度介入可能导致的市场功能弱化、经营制度异化和主体行为扭曲等越位现象。

**（二）市场的“动力不足”与“过分发力”**

由于城乡二元经济体制的长期影响，城乡融合发展的市场经济制度尚未完善。农村作为市场经济的薄弱环节，市场在乡村振兴中发挥作用仍然面临困境。市场机制的缺陷主要表现为“动力不足”与“过分发力”两种现象，均有可能对乡村振兴产生消极影响。

一是市场“动力不足”。市场失灵广泛存在于农业农村发展的多个领域。在农产品市场方面，农产品价格形成机制尚不完善，尤其是稻谷、小麦、玉米、大豆等重要农产品的市场价格与政府调控价格之间仍存在较大差距（宋洪远，2016；钟甫宁，2016；程国强，2016）。在农业产业结构调整方面，尽管市场机制已运行多年，但农产品加工业仍是乡村产业体系中的薄弱环节（孔祥智，2018）。

在农业要素市场方面，土地、资金、劳动力等关键生产要素未能按照市场价格信号自由流动（陈永福、于法稳，2006；黄祖辉等，2016）。乡村市场经济发展滞后的主要表现包括：人口空心化导致劳动力短缺，传统观念限制新技术推广，信息闭塞抑制市场信息流通。此外，尽管我国已推行土地“三权分置”制度，但土地仍未能真正进入市场流通，资源配置效率低下。

二是市场“过分发力”。在某些地方政府过度鼓励市场经济自由发展的情况下，市场过分发力可能带来负面后果。部分地区在市场完全自由化的背景下，无序竞争、恶性逐利现象频发，部分企业违背市场价值规律，盲目生产，导致环境污染、土地退化，甚至危害农民健康。部分地方政府在短期利益驱动下，放任企业违法开发，使乡村振兴面临环境成本高昂的现实困境。

因此，推进乡村振兴，必须在政府与市场之间寻找最佳平衡点。政府应厘清自身职能边界，减少对市场的不合理干预，同时加强市场监管，推动市场在农村要素配置中发挥决定性作用。只有政府与市场各司其职、相互配合、形成合力，才能为乡村振兴创造健康稳定的发展环境。

## 第二节　乡村振兴中政府与市场关系的研究评述

党中央坚持把解决好“三农”问题作为全党工作重中之重，不断推进“三农”工作在理论、制度和实践层面的创新，切实将农业农村优先发展的要求落到实处。实现农业农村优先发展不能只停留在口号上，而必须落实到具体的政策实施和实践行动中。然而，从现实情况来看，当前我国农村既未形成成熟的市场经济体系，也缺乏与之配套的政府治理体系。要实现农业农村优先发展和乡村振兴，体制机制改革的任务仍然十分艰巨。在这一背景下，如何正确处理政府与市场的关系，成为乡村振兴的关键议题。合理界定政府与市场的角色和功能边界，对于完善农业发展制度供给、推动乡村振兴、加快农业农村现代化进程具有重大意义。那么，在乡村振兴过程中，政府与市场究竟如何发挥协同作用？学者围绕这一关键问题展开了深入讨论。

### 一、守牢粮食安全底线下政府与市场关系的研究

农业“强”，必须实现产业兴旺和生产发展。产业兴旺涉及多个关键环节，主要包括要素配置、产业组织以及农产品供给。其中，以保障粮食生产为核心的农产品供给，是乡村产业兴旺的基础，也是最重要的环节。党中央强调，要夯实农业基础，保障粮食等重要农产品的稳定供给，坚守谷物基本自给、口粮绝对安全的底线。只有确保农业生产稳定、粮食安全可持续，才能真正实现乡村振兴，进而维护国家长期稳定。因此，保障粮食安全可谓乡村振兴的首要任务。那么，在这一过程中，政府与市场应如何协调配合？

现有研究主要关注乡村振兴进程中产业融合和制度顶层设计，但对农业生产和粮食安全的影

响仍缺乏系统性研究。尤其是在乡村振兴背景下，关于农业生产与粮食安全的综合量化研究较少，研究结论分歧较大。目前，我国的粮食安全保障主要依赖政府主导的干预模式，其核心措施包括农业补贴政策和农产品市场调控手段（程国强，2012）。部分学者通过模拟研究分析农业生产支持政策对粮食产量及农业收入的影响发现：以价格支持、财政补贴和边境保护政策为代表的政府支持措施，能够有效提升粮食产量和农民收入（郭玮、赵益平，2003；周应恒，2009；Yu and Jensen，2010）。然而，另一些学者则认为，农业支持政策可能存在“政策脱钩”特征（黄季焜等，2011），且补贴水平不足（李鹏、谭向勇，2006），对粮食增产的激励作用有限（Gale and Tuan，2005），甚至会导致资源配置效率损失和经济效益低下（高峰等，2008）。关于政策干预的研究主要集中在实施效果评估方面，研究普遍认可政府调控在调动农民生产积极性、稳定国内粮食价格、保障粮食安全等方面的积极作用（谭砚文等，2014）。然而，也有研究指出，现有农业支持政策导致我国面临巨大的粮食进口和库存压力，粮价上涨、资源配置效率低下等问题也带来了潜在风险，亟待深化改革（胡冰川，2015；程国强，2016、2017；黄季焜，2018）。

政府与市场的相互作用不仅直接影响农业生产，还通过间接渠道影响粮食安全。在乡村振兴背景下，处理好粮食安全问题，离不开对政府与市场关系的精准把控。政府需积极发挥引导作用，帮助市场建立科学化、现代化的粮食生产、加工、仓储及物流体系，推动粮食产业链的优化升级，从而为长期粮食安全提供有力支撑（韩长赋，2017；叶兴庆，2018）。研究表明，未来我国粮食安全形势依然严峻，突出问题包括：粮食供求结构失调、产品品质不稳定、粮食进口压力大、农业资源与环境矛盾突出（梅方权，2004；柯炳生，2007；黄季焜等，2011；Keyzer et al.，2011；OECD-FAO，2012；程国强、朱满德，2013；李国祥，2014；陈锡文，2016）。与此同时，现有粮食支持政策面临市场扭曲、路径依赖、成本高企及国际规则适配性等挑战（宋洪远，2016）。

此外，考虑到我国农村发展的区域差异性，粮食安全问题在不同地区的影响也有所不同（钟甫宁、何军，2007；仇焕广等，2007；陈锡文，2009）。因此，政府应构建以产销平衡、需求导向为核心的粮食生产模式，并按照“增加总量、优化存量、提高效能”的原则，强化高质量、绿色农业发展导向。此外，政府需遵循“适应国际规则、保护农民利益、支持农业发展”的政策框架，加快构建新型农业补贴体系，以此协调粮食生产过程中政府与市场的关系。

从食品安全问题看，当前研究多集中于理论探讨和案例分析，少有系统的量化研究（黄季焜，2004；李怀、赵万里，2009；文晓巍等，2018）。现有文献主要从政府规制、声誉机制和产业组织模式等方面分析食品安全问题（Das et al.，2008；李新春等，2013；谢康等，2016）。一些研究强调，产业组织模式会影响农产品质量安全（Antle，2000；钟真、孔祥智，2012）。然而，关于食品安全的经济影响、政府与市场的职能分工及其对食品安全的长期作用机制，尚缺乏系统性实证研究。尽管大量研究指出信息披露与风险评估对食品安全至关重要（Hennessy，1996；王兴稳等，2012；朱淀、洪小娟，2014），但这些研究缺乏对具体政策效果的量化评估，尚未充分考虑政府与市场在食品安全监管中的职能划分。亟须进一步强化数据驱动的实证分析，以深入评估政府监管与市场机制在保障食品安全中的实际作用。

## 二、提升乡村建设水平中政府与市场关系的研究

乡村建设是乡村振兴战略实施的重要组成部分，涵盖经济、社会、生态等多个领域的发展。其中，乡村生态建设因其对乡村可持续发展的关键作用而备受关注。良好的生态环境不仅是乡村的宝贵财富，更是吸引人才、促进产业发展的基础。以乡村生态建设为例来论述乡村建设，有助于深入剖析政府与市场在乡村建设中的作用及其互动关系。通过研究乡村生态建设，可以清晰地观察到政府与市场在资源配置、政策执行、产业推动等方面的不同职能及其协同机制。下文将从自然生态建设与人文生态建设两个角度出发，围绕乡村生态建设中“生态宜居、乡风文明”的要求，梳理现有研究成果，并分析政府与市场关系的关键问题。

部分学者探讨了农业面源污染治理中政府发挥作用的可行性。饶静、纪晓婷（2011a）、李金龙、游高端（2009）等学者研究指出，当前我国地方政府在环境治理中的能力较为薄弱，并且由于路径依赖，地方政府在提升环境治理能力方面面临瓶颈，因此需要构建联动治理机制，促进多主体参与农业面源污染治理。此外，周正祥等（2015）、杜焱强等（2018a）研究发现，“政府+社会资本”模式在农业面源污染治理中具有一定可行性，但当前农村环境治理机制尚不完善，仍存在政策落地难、资金管理不透明等问题。Arnold 等（1996）和饶静等（2011b）认为，农业面源污染治理的本质是如何将污染的外部成本内部化，而单纯依靠市场或政府都可能出现“市场失灵”或“政府失灵”问题。因此，农业面源污染治理需要政府与市场协同合作，以提高治理效率。

不同补贴农业污染治理模式的效率不同。杜焱强等（2018b）指出，政府和社会资本合作模式（PPP 模式）只有在地方政府治理能力较强、多元主体能有效参与的情况下才能达到良好效果。此外，政府应采用“命令与控制”等非市场手段进行干预，例如，征收污染排放附加费，同时加强税收减免与财政补贴，以提高养殖场污染治理的积极性（Shortle and Dunn，1986；Neitsch，2001；Shen et al.，2005；葛继红、周曙东，2011）。然而徐志刚等（2016）研究发现，相较于政府管制，农户自治模式在农业面源污染治理中的效率更高。这一观点表明，在治理农业污染问题时，应充分发挥基层农民的自组织能力，鼓励建立基于社区合作的治理机制，而非单纯依赖政府

或市场的单一解决方案。

乡村文化和旅游建设中的政府与市场合作模式多元化。研究表明，政府与市场在乡村文化和旅游建设中的合作模式主要包括政府直接投资模式（蓝海涛，2006）、“政府＋社会资本”模式（胡文海，2008）以及乡村能人带户模式（谢开勇等，2016）三种。其中，政府直接投资模式由政府主导，资金来源主要为财政拨款，具有政策执行力度大、覆盖面广、见效快的特点。然而，其弊端在于财政资金受限、政府监管能力不足，以及可能导致政府过度干预市场（仇保兴，2006；陈至发、程利仲，2007）。“政府＋社会资本”模式在政府提供政策引导和基础设施投资的同时，引入社会资本参与文化和旅游项目，具有较强的可持续性。然而，由于政府与企业的利益诉求不同，开发商与当地居民之间容易产生利益冲突（胡文海，2008）。相比前两种模式，乡村能人带户模式以具有经营管理经验或特殊技能的乡村能人为主体，带动农户参与乡村建设。相较于前两种模式，该模式具有更强的自主性和适应性，被认为是最具生命力的模式（温铁军等，2010）。

乡村人文生态建设中政府与市场合作存在制约因素。乡村人文生态建设中的政府与市场合作受到多方面制约，主要体现在建设主体、政府部门决策、社会资本参与三个层面。其中，乡村人文生态建设主体方面的制约主要表现为基础设施建设薄弱、村民整体素质偏低和政府制度性投入不足等问题（黄震方等，2015）。政府部门决策视角的制约因素主要体现在政府决策失误、参与不当、信用风险和腐败风险等方面（亓霞等，2009）。社会资本参与层面的制约因素主要体现在风险管理和风险分担机制缺失、利益分配的边界不合理、专业化社会资本较少、专业化人才缺乏等方面（黄震方等，2015；周正祥等，2015；陈华、王晓，2018；胡钰、王一凡，2018）。

## 三、提升乡村治理和社会保障水平中政府与市场关系的研究

改善农村社会生活的核心目标是缩小城乡差距，提升农民生活质量，实现“治理有效、生活富裕”的乡村振兴总要求。农村社会生活涵盖多个方面，包含“吃、穿、住、用、行”五个基本要素。其中，“吃”“穿”“用”指农村的生活消费，“住”指居住条件，“行”指交通出行服务，泛指与生活相关的各种服务。经过数十年的发展，农民的“吃、穿、住、用”已得到显著改善，但农村社会生活的短板仍主要集中在“服务板块”，尤其是农村人居环境质量和社会保障供给方面。本部分以农村人居环境整治和社会保障供给体系为例，探讨政府与市场在乡村治理中的协作模式，分析如何在提高效率的同时降低成本，促进乡村可持续发展。

### （一）农村人居环境整治中政府与市场关系

部分学者研究了农村人居环境的治理模式与管理模式。在治理模式方面，王金霞等（2013）研究发现，农村固体生活垃圾治理模式分为城乡环卫一体化模式、农村多样化保洁制度模式、新型农村垃圾清运模式三种，这些模式分别在不同的地域予以实施。在管理模式方面，根据负责主体不同，可将农村固体生活垃圾管理模式分为村领导管理模式、乡镇及以上政府管理模式、保洁公司管理模式和承包给个人管理模式。研究表明，乡镇及以上政府管理模式费用较高，而村领导管理和市场管理模式费用较低。政府与市场的合理分工，可以在降低成本的同时提高农村人居环境整治的效率。

### （二）农村社会保障体系中政府与市场关系

农村社会保障体系面临的最突出问题是养老服务的供给不足。学者们普遍认为，养老服务可分为个人和家庭养老、政府养老、市场养老、社会养老四种模式（李俏、陈健，2017）。

个人和家庭养老模式主要依靠子女赡养和家庭支持。戴稳胜（2015）、慈勤英（2016）认为政府可通过政策性扶持来减轻家庭养老的负担。例如，设立或加强老人大疾统筹基金，以补充家庭养老的不足；提供家庭护理补贴，鼓励家庭成员照顾老人。

政府养老模式，即公益性养老，主要服务于无子女依靠的老人（如五保户），由政府提供生活居住场所（周娟、张玲玲，2016）。服务模式包括集中供养服务和分散安置服务。

市场养老模式，即商业性机构养老，由市场提供专业化养老服务，政府通过“市场＋政府”模式进行扶持（戴稳胜，2015；方浩，2016；周娟、张玲玲，2016）。市场养老的主要形式包括政府购买养老服务和设立私立养老机构。

社会养老模式，即村社互助养老模式，包括居家社区、邻里互助两种养老模式。居家社区养老模式在吉林东辽、陕西榆林予以实行。邻里互助养老模式是指服务提供者与购买者比邻而居，其服务收费通常较低，具有一定的公益性、志愿性特征，浙江丽水、陕西榆林均采用这种模式（周娟、张玲玲，2016）。



## 四、乡村发展中政府与市场关系的国际经验梳理

国际上，多国在乡村发展方面积累了丰富的实践经验，这些经验在不同程度上涉及政府与市场作用的发挥及协调，为我国新时期推进乡村振兴战略、优化政府与市场关系提供了有益借鉴。当然，各国所处的发展阶段、资源禀赋及人口特征存在显著差异，其乡村发展模式也各具特色。东亚地区以日本和韩国为代表，其在乡村发展过程中采取了“政府引导＋农民主导”的自下而上参与式发展方式（王文龙，2015）。该模式强调政府在政策制定和引导方面的作用，同时鼓励农

民通过组织化的方式参与乡村建设和经济活动，形成政府与市场相结合的乡村发展路径。

在农业生产方面，日韩两国在初期强调政府调节作用，实施土地改革以调整租赁关系，摆脱封建生产关系的束缚。随着市场经济的发展，政府放松对农地利用和准入限制，鼓励市场化调整农业产业结构（陈兵，2014）。在全球化和贸易自由化的背景下，日韩逐步发挥比较优势，日本在1994年接受乌拉圭回合《农产品》协定，减少政府对农业的直接干预；韩国自20世纪80年代起推进市场化农业政策，推动农业资本化和规模化经营（周娟，2015）。

在生活与社会保障方面，日韩政府通过行政手段推进城乡一体化建设，缩小城乡差距，并在完善乡村基础设施和公共产品供给的同时，吸引市场主体参与（Beland et al.，2007）。日本和韩国先后实施造村运动和新村运动，改善农村人居环境（王文龙，2016）。

在生态建设方面，日韩政府制定相关政策法规，并推动市场化治理，依托农会与各类合作社组织农民，提高农民在乡村治理中的参与度和农村经济的内生发展动力（王文龙，2016）。日本对农协提供强有力保护，建立了完善的农协组织，为小农提供生产和生活服务，使其与现代市场紧密连接（卢荣善，2007）。韩国则在新村运动中倡导“勤勉、协同、自立”的社区精神，推动地方社区成为农村发展的积极主体，提升自治能力（Doucette et al.，2016；Yang et al.，2017）。此外，两国政府重视地方品牌和传统农村文化保护，促进乡村旅游业发展，并借助市场机制解决乡村旅游的资金问题。

日韩乡村发展经验表明，政府与市场在乡村振兴过程中并非对立关系，而是互相促进的关系。政府的作用主要体现在政策引导、基础设施建设和社会保障体系完善，而市场的作用体现在产业发展、资金投入和生态治理等方面。未来中国乡村振兴战略应吸收日韩经验，探索适合本土的“政府 + 市场”协同发展模式，促进乡村经济社会全面可持续发展。

## 五、研究启示与文献评述

已有研究表明，政府与市场作为配置资源的两大机制，在现代经济社会中是相辅相成、缺一不可的关系。二者在解决经济社会发展问题时都不是万能的，可能出现市场失灵或政府失灵的情况。正确处理政府与市场关系的关键在于明确职能边界，政府不能越位，市场能够有效发挥作用的领域应交由市场主导；同时，政府也不能失位或错位，必须在市场无法有效运行时提供必要的引导和监管。此外，政府的职能不是静态不变的，政府与市场的最佳平衡点是动态调整的，应随着经济环境的变化进行灵活优化，以应对市场失灵和政府失灵的不同情境。



在实施乡村振兴战略的过程中，要科学认识和正确处理政府与市场的关系，遵循经济发展规律，结合农村的现实情况，理性分析市场失灵与政府失灵的具体表现，寻求合理的职能边界。乡村振兴涉及多个领域，不同领域的政府与市场关系存在差异，不能简单套用国外经验，也不能机械地将理论概念直接应用于现实问题。针对不同领域，应当依托大量的实地调研和政策实践经验，深入研究政府与市场在农村经济中的作用，探索适合乡村发展的协调机制，确保乡村振兴战略的有效实施。

综观现有文献，国内外学者围绕乡村发展中政府与市场的功能和关系开展了广泛研究，积累了丰富的研究成果，为本书研究的开展奠定了坚实的理论与文献基础。然而，现有研究仍然存在需要进一步完善和深化的空间，具体体现在以下几个方面。

其一，缺乏整体性视角和顶层设计框架。当前学术研究大多聚焦于政府与市场关系在粮食安全、食品安全、农村资源环境保护、社会服务等特定领域的影响，而缺乏整体性逻辑框架和系统性分析视角。这种碎片化研究方式难以全面理解政府与市场关系在乡村振兴中的作用，导致研究成果缺乏整体协调性，难以构建统一的政策指导体系。因此，未来研究应加强政府与市场关系的顶层设计分析，构建完整的理论框架，提升研究的系统性。

其二，缺乏基于政府与市场关系的定量研究。现有研究以定性分析和个案研究为主，较少采用实证数据和量化分析方法来测度政府与市场关系对农业农村发展的具体影响。尽管已有文献探讨了政府与市场关系的理论基础、表现形式、政策应对等问题，但缺乏系统性、数据驱动的定量研究。此外，针对政府与市场关系的研究多聚焦于农业产业，而对乡村发展整体（如乡村社会治理、农村公共服务、乡村文化振兴等）的研究仍较为有限。因此，未来研究需加强数据支持和计量分析，通过大数据、计量模型等方法，更精准地评估政府与市场关系在不同区域、不同产业中的影响。

其三，政府与市场的互补性协调机制研究不足。目前学术界对政府与市场关系的研究主要关注职能边界划分和政府替代市场或市场替代政府的情况，即政府与市场二元对立的分析框架，而对政府与市场如何兼容互补、协调发展的研究较少。事实上，乡村振兴实践表明，未来政府与市场的关系将更加趋向协同互补，而非相互替代。因此，研究政府如何有效引导市场、市场如何在政府调控下发挥最大效能，建立政府与市场“协调匹配”机制，将成为未来研究的重点。

总体而言，目前对乡村振兴领域关于政府与市场关系的研究呈现“多分析，少综合；多定性，少定量；多替代，少融合”的特点。主要表现在三个方面：一是研究碎片化，缺乏整体研究框架。现有研究多是从特定领域展开，缺少系统性、综合性分析。二是数据支撑不足，定量研究较少。乡村振兴领域的政府与市场关系研究主要停留在理论探讨层面，基于数据的实证分析仍较为缺乏。三是强调二者替代，忽视互补协调。研究多关注政府与市场的边界划分，而对两者如何协同发挥作用的研究相对较少。本书系统整合现有成果，构建更加全面的分析框架，运用定量研究方法深入探讨政府与市场的协同作用机制，围绕政府与市场在乡村振兴中的互补关系展开深入研究，为政策制定提供更加精准的科学依据。

## 第三节　系统把握乡村全面振兴的关键任务

从2018年《中共中央 国务院关于实施乡村振兴战略的意见》发布以来，到2024年《中共中央 国务院关于学习运用“千村示范、万村整治”工程经验有力有效推进乡村全面振兴的意见》，中央连续七年通过中央一号文件对乡村振兴进行专题部署，推动战略任务、目标要求、制度安排、实施主体、操作路径、政策衔接逐步清晰化，形成了较为完善的政策体系。党的二十大以来，中央进一步提出坚持和加强党对“三农”工作的全面领导，锚定建设农业强国目标，以学习运用“千万工程”经验为引领，坚持确保国家粮食安全、确保不发生规模性返贫底线，围绕提升乡村产业发展水平、提升乡村建设水平、提升乡村治理水平三大重点任务，强化科技和改革双轮驱动，强化农民增收举措，推进乡村全面振兴，打造宜居宜业和美乡村。这一系列举措的实施，旨在加快农业农村现代化进程，以更好地推进中国式现代化建设。

### 一、牢牢稳住农业基本盘

党的二十大报告指出，全面建设社会主义现代化国家，最艰巨最繁重的任务仍然在农村。报告要求，坚持农业农村优先发展，畅通城乡要素流动。加快建设农业强国，扎实推进乡村产业、人才、文化、生态、组织振兴。在粮食安全方面，报告提出全方位夯实粮食安全根基，全面落实粮食安全党政同责，严格守住18亿亩耕地红线，确保中国人的饭碗牢牢端在自己手中。倡导大食物观，发展设施农业，构建多元化食物供给体系，健全农业支持保护制度和农村金融服务体系。此外，巩固拓展脱贫攻坚成果，增强脱贫地区和脱贫群众内生发展动力，发展乡村特色产业，拓宽农民增收渠道，优化乡村基础设施和公共服务布局，打造宜居宜业和美乡村。深化农村土地制度改革，巩固和完善农村基本经营制度，推动新型农村集体经济发展，进一步激发农村发展活力。



随着我国全面建成小康社会、进入全面建设社会主义现代化国家的新发展阶段，“三农”工作重心历史性转移，全面推进乡村振兴成为新时代新阶段“三农”工作的根本任务和总抓手。在新形势下，乡村振兴战略定位进一步深化。从中华民族伟大复兴战略全局来看，民族要复兴，乡村必振兴，这是稳定大局的战略需求；从构建新发展格局来看，稳住农业基本盘、守好“三农”基础，是应对变局的压舱石、稳定器。这一系列部署进一步突出了乡村振兴在国家战略中的核心地位，为农业农村现代化指明了方向和路径。

## 二、确保乡村全面振兴工作取得实效

党的十九大提出乡村振兴战略以来，2018—2021 年四份中央一号文件主要聚焦于乡村振兴的顶层设计和谋篇布局，构建战略框架，夯实政策基础。其中，2021 年中央一号文件着重部署“十四五”时期“三农”工作任务，突出其战略性和方向性。自 2022 年起，中央一号文件在继续锚定乡村振兴总体目标的基础上，开始更加具体、明确地部署当年乡村全面振兴的工作要点。这一变化标志着全面推进乡村振兴从谋篇布局阶段进入具体实施阶段，推动新时代“三农”工作更加精准高效，确保乡村全面振兴工作取得实效。

第一，压实各级地方党委、政府责任，推动“三农”工作责任制度化。中央要求，各级地方党委、政府必须把“三农”工作责任压紧压实，确保重点工作落地见效。通过强化制度供给，推动责任落实精细化、制度化、程序化，做到有规范、有标准、有依据。党政同责、责任压实主要体现在以下三个方面。

一是全面落实粮食安全党政同责，确保粮食安全稳定可控。中央要求各级地方党委、政府切实履行粮食安全责任，省长要抓、书记要抓、党政同责，确保粮食播种面积稳定，粮食总产量保持在 1.3 万亿斤以上。主产区要不断提高粮食综合生产能力，优化农业基础设施，增强粮食稳产高产水平；主销区要切实稳定和提高粮食自给率，增强区域粮食供应保障能力，减少对外依赖；产销平衡区要确保粮食基本自给，实现区域内部粮食供求动态平衡。通过主产区、主销区、产销平衡区三大区域协同联动，共同扛起国家粮食安全责任，构建稳定、高效、安全的粮食生产与供应体系。

二是实行耕地保护党政同责，严守 18 亿亩耕地红线。习近平总书记强调，耕地保护要求要非常明确，18 亿亩耕地必须实至名归，农田就是农田，而且必须是良田。[①] 耕地是粮食生产的命根子，是保障粮食安全的根本。必须要求各级地方党委、政府对耕地保护党政同责，实行严格考核、一票否决、终身追责，采取“长牙齿”的硬措施，抓好耕地保护和种植用途“非粮化”的管控。

三是强化“五级书记”抓乡村振兴责任。制定乡村振兴责任制实施办法，开展省级党政领导班子和领导干部推进乡村振兴战略实绩考核，完善市县党政领导班子和领导干部推进乡村振兴战略实绩考核制度，压紧压实部门和地方推进乡村振兴的责任，全面增强各级党委、政府全面推进

① 《微视频丨牢牢守住这条红线，习近平再三强调》，新华社，2023 年 06 月 25 日。

乡村振兴的政治意识和责任意识。

第二，必须守牢底线，确保国家粮食安全和不发生规模性返贫。习近平总书记强调，保障好初级产品供给是一个重大战略性问题，中国人的饭碗任何时候都要牢牢端在自己手中，饭碗主要装中国粮。① 尽管中国粮食产量已经连续 9 年稳定在 1.3 万亿斤以上（截至 2024 年底），粮食安全保障处于历史最好的时期。但是，今后一个时期中国粮食需求仍将持续增长，资源环境约束越来越紧，粮食增面积、提产量的难度越来越大，粮食稳产保供依然存在短板弱项和挑战压力。

因此，必须牢牢守住保障国家粮食安全的底线，全力抓好粮食生产和重要农产品供给。一是通过压实责任，健全种粮农民收益保障机制，强化现代农业基础支撑，稳住粮食面积和粮食产量，推进国家粮食安全产业带建设，大力开展绿色高质高效行动，深入实施优质粮食工程，提升粮食单产和品质，牢牢守好“米袋子”。二是大力实施大豆和油料产能提升工程，多措并举扩大大豆和油料种植面积，提高植物油自给率，力争“油罐子”里尽可能多装中国油。三是加大力度落实“菜篮子”市长负责制，稳定生猪生产长效性支持政策，加快扩大牛羊肉和奶业生产，稳定中大城市常年菜地保有量，切实做到拎稳“菜篮子”。

习近平总书记强调，乡村振兴的前提是巩固脱贫攻坚成果，要持续抓紧抓好，让脱贫群众生活更上一层楼。② 针对当前部分脱贫地区群众收入水平仍然较低、脱贫基础还比较脆弱的形势，巩固拓展脱贫攻坚成果、防止规模性返贫是一项底线任务。要在持续促进工作机制、政策举措、机构队伍等同乡村振兴战略有效衔接的同时，重点抓好完善监测帮扶机制、促进脱贫人口持续增收、加大对乡村振兴重点帮扶县和易地搬迁集中安置区支持力度等工作，推动脱贫地区更多依靠发展来巩固拓展脱贫攻坚成果，确保不发生规模性返贫。

第三，接续推进“三个提升”，即提升乡村产业发展水平、提升乡村建设水平、提升乡村治理水平。提升乡村产业发展水平重点是坚持产业兴农、质量兴农、绿色兴农，加快构建现代乡村产业体系，把农业建成现代化大产业。提升乡村建设水平重点是从各地实际和农民需求出发，不断改善农村基础设施、人居环境和公共服务。提升乡村治理水平重点是健全党组织领导的自治、法治、德治相结合的乡村治理体系，加强农村精神文明建设，确保农村社会稳定安宁。



第四，注重政策措施的针对性、指向性和实效性。目前粮食生产的突出问题是，生产成本高，比较效益低，农民种粮不合算、不赚钱。针对这些问题，从稳粮政策设计看，要更加注重提高农民种粮积极性和地方抓粮积极性。如适当提高稻谷、小麦最低收购价，稳定玉米、大豆生产

①② 《中央农村工作会议在京召开 习近平对做好“三农”工作作出重要指示 李克强提出要求》，《人民日报》2021 年 12 月 27 日。

者补贴和稻谷补贴政策，实现三大粮食作物完全成本保险和种植收入保险全面覆盖主产省产粮大县，逐步完善粮食生产支持政策体系，健全种粮农民收益保障机制。与此同时，加大产粮大县奖励力度，创新粮食产销区合作机制，提高地方抓粮积极性。尤其要聚焦关键薄弱环节和小农户，加快发展农业社会化服务，提高种粮综合效益，促农民种粮有钱赚、多得利。在完善农业保险、健全主产区利益补偿机制、加强高标准农田建设、推进农业转移人口市民化等方面提出一批有含金量的政策措施，力求出实招、办实事、见实效，推进乡村全面振兴不断取得新成效，让农民群众得到更多实惠。

### 三、强化乡村振兴保障机制

乡村振兴是贯穿于中国社会主义现代化建设全过程的重大战略任务，具有全局性和历史性。推进乡村全面振兴是一项系统工程，必须统筹谋划、科学布局，更要突出重点、注重实效，循序渐进、久久为功。因此，需建立健全乡村振兴推进的体制机制，不断完善其保障体系，确保全面推进乡村振兴取得实效。

第一，必须坚持和加强党对“三农”工作的全面领导，这是全面推进乡村振兴的根本政治保障。必须坚持把解决好“三农”问题作为全党工作的重中之重，切实发挥党的领导和社会主义制度的政治优势，以更有力的举措汇聚更强大的力量，全面推进乡村振兴。相关文件指出要压实全面推进乡村振兴责任、建强党的农村工作机构，进一步强化“五级书记”抓乡村振兴的责任要求和工作机制，要求各级党委农村工作领导小组发挥“三农”工作的牵头抓总、统筹协调等作用，把党管农村工作的政治优势进一步转化为推动乡村全面振兴的强大动力。同时，相关文件部署以抓点带面的方式推进乡村振兴，建立健全乡村振兴推进机制，广泛动员社会力量参与乡村振兴。

第二，全面深化改革，激发农业农村发展活力。解决农业农村发展面临的各种矛盾和问题，归根结底要靠深化改革。新时代推进乡村全面振兴，要用好“改革”这个法宝，加快推进农村重点领域和关键环节改革，抓好重点任务落实，强化改革的集成与配套措施，深化制度创新与制度供给，为推进乡村全面振兴提供持续动力。

新时代改革已进入深水区、攻坚期，各种矛盾和问题更加尖锐和复杂，迫切需要更加全面、系统、深化的改革。这就要求改革必须坚持以问题为导向，更加注重系统集成，更加注重突出重点，更加注重改革实效。新时代中国发展最大的不平衡是城乡发展不平衡，最大的不充分是农村发展不充分。解决好不平衡、不充分这一主要社会矛盾和问题，必须抓住深化农村改革这个重点难点，补齐农业农村发展这个突出短板，通过农村改革的攻坚突破，带动整体改革的纵深推进、全面展开。与此同时，深化农村改革，不能仅局限于农村内部的体制机制、要素制度改革，而是要立足整个城乡改革和融合发展，注重改革的系统性、整体性和协同性，通过创新城乡融合发展体制机制等改革举措，着力破除体制机制障碍和结构性矛盾，推动全面深化改革举措切实落地见效。

新时代深化农村改革，必须坚持以人民为中心，对涉及农民基本权益、涉及全局的重大改革事项，要审慎稳妥，不能搞“一刀切”、强迫命令，更不能犯颠覆性错误。要始终确保改革发展成果更多更公平惠及广大农民，让广大农民有更多获得感、幸福感、安全感。必须坚持问题导向和目标导向相统一，进一步加强农村改革的顶层设计和整体谋划，加快建立健全与乡村全面振兴相适应的体制机制与制度安排；必须增强农村改革的系统性、整体性、协同性，加快推进农村重点领域和关键环节改革，破除长期形成的束缚农业农村发展的体制机制障碍，全面激发农业农村发展活力。

深化农村改革，要聚力破解多年制约农业农村发展、目前亟需解决的“用地难、用钱难”等问题。其中，破解“用地难”问题，关键要深化农村土地制度改革，稳妥推进第二轮土地承包到期后再延长三十年试点，确保“长久不变”政策有效落实；稳慎而积极推进宅基地改革试点，探索“三权分置”有效办法路径；积极探索实施农村集体经营性建设用地入市制度，完善盘活农村存量建设用地政策，优先保障乡村产业发展和乡村建设用地，探索灵活多样的供地新方式；探索盘活农民闲置宅基地和闲置农房发展乡村新产业新业态的有效办法。解决“用钱难”问题，关键是健全投入保障制度，创新投融资机制，加快形成财政优先保障、金融重点倾斜、社会积极参与的乡村振兴多元化投入机制。积极发展农村数字普惠金融，多措并举推进农村信用体系建设，打通金融机构与农业经营主体间的信用障碍，推动农村金融重大创新突破。

第三，要扩大乡村振兴投入、强化乡村金融服务，这是推进乡村振兴的基础支撑。坚持农业农村优先发展的总方针，必须在资金投入、要素配置、公共服务等方面为乡村振兴构建基本保障机制、采取更加有力的政策举措。从投入看，相关文件指出要继续把农业农村作为一般公共预算优先保障领域，中央预算内投资进一步向农业农村倾斜，压实地方政府投入责任。加强考核监督，稳步提高土地出让收入用于农业农村的比例。支持地方政府发行政府债券用于符合条件的乡村振兴公益性项目。同时，要从多角度夯实乡村振兴金融服务基础。首先，对各类金融机构予以支持，例如，对机构法人在县域、业务在县域、资金主要用于乡村振兴的地方法人金融机构，加大支农支小再贷款、再贴现支持力度，实施更加优惠的存款准备金政策等。其次，强化制度安排，完善乡村振兴金融服务统计制度，开展金融机构服务乡村振兴考核评估等。此外，还要注重精神文明建设，加强农村金融知识普及教育和金融消费权益保护力度。最后，以保险等产品为安全托底，积极发展农业保险和再保险、优化完善“保险 + 期货”模式、强化涉农信贷风险市场化分担和补偿等。

第四，加强乡村振兴人才队伍建设，这是推进乡村振兴的基本保障。“乡村振兴，人才是关键”。要启动“神农英才”计划、深入推行科技特派员制度、实施高素质农民培育计划、开展乡村产业振兴带头人培育“头雁”项目、完善耕读教育体系、优化学科专业结构、鼓励地方出台城市人才下乡服务乡村振兴的激励政策。这将有力引领和推动乡村人才队伍培育及建设，形成本土人才培育、城市人才下乡、专业人才服务等乡村人才发展新格局，增强乡村振兴人才凝聚力，为乡村振兴注入人才活力，为农业农村现代化提供人才支撑。

## 第四节　本书研究目标、内容安排和项目主要成果

### 一、研究目标

根据党的十九大报告、党的二十大报告和党的二十届三中全会对乡村全面振兴的新要求，本书的研究目标主要包括：

第一，构建具有创新意义的政府与市场关系的理论分析框架，研究并辨识乡村振兴战略实施中政府与市场的职能边界及相互关系，揭示政府与市场在有效汇聚全社会力量与资源方面的理论机制，明晰政府与市场的运作重点、体制机制变革与政策调整的可行策略。

第二，研究政府与市场在保障国家粮食安全和重要农产品稳产保供中的功能及互动机制，分析政府与市场的协调机制与实施路径；研究政府与市场在巩固拓展脱贫攻坚成果同乡村振兴有效衔接过程中的职能边界和功能定位。

第三，揭示在提升乡村产业发展水平、提升乡村建设水平、提升乡村治理水平过程中，政府与市场关系及协调机制，并对政府与市场的关系进行理论分析和实证检验。

第四，研究全面深化农村改革的理论基础、发展目标与实施路径，明确如何更好地发挥政府与市场的作用，增强改革的驱动力。

第五，借鉴国外乡村发展中政府与市场互动关系的经验，提炼中国乡村振兴战略中政府治理体制机制和市场参与方式的政策方案，为优化乡村振兴的实施策略提供政策建议和决策依据。

### 二、研究内容安排

本书由 5 篇 16 章构成，全书聚焦乡村全面振兴中如何更好地发挥政府与市场的作用，构建开放、兼容、匹配的协调机制，有效汇聚整合全社会力量和资源，并针对乡村全面振兴的“两个确

保”（确保国家粮食安全、确保不发生规模性返贫）、“三个提升”（提升乡村产业发展水平、提升乡村建设水平、提升乡村治理水平）以及深化改革等重点任务，针对关键环节、突出问题开展实证分析和政策研究。主要内容为：

第一，乡村振兴中政府与市场协调关系的理论框架构建。从政府与市场作用的理论逻辑出发，明确有为政府与有效市场协同的理论内涵，辨识乡村振兴中政府、市场、农民以及其他社会主体的功能定位与作用边界。

第二，确保守住两个底线所要求的政府与市场协调机制研究。辨析新时代中国粮食安全风险，聚焦如何通过政府与市场的合力调动农民的积极性和促进耕地保护，提出粮食等重要农产品保供策略。在总结脱贫攻坚成功经验的基础上，研究有为政府与有效市场协同作用机制，提出巩固拓展脱贫攻坚成果同乡村振兴有效衔接的政策建议。

第三，全面提升乡村产业发展、乡村建设与乡村治理水平研究。把握农业高质量发展的核心内涵及其本质要求，重点研究乡村产业振兴中的创新与科技赋能，明确政府与市场协同推进乡村产业提质增效的体制机制和方法路径。从生态环境治理的整体框架出发，研究农业生产绿色转型的路径和效益，提炼乡村建设中政府、市场、农民多主体协同机制。结合城乡融合发展战略、大国小农国情和农耕文化，研究具有中国特色的乡村治理体系现代化模式。

第四，深化农村改革研究。评估农地确权、农业经营制度变革、农地规模化经营及集体建设用地入市改革等改革成果，总结发展经验和当前存在的问题，明确推进乡村全面振兴中深化农村改革的方向和路径。

第五，乡村振兴中政府与市场关系及协调机制的国际经验。梳理先行国家乡村发展中的经验和教训，归纳总结发达国家农业农村现代化发展的启示，为中国乡村振兴中政府与市场关系的协调提供经验借鉴。

具体篇章安排为：

第一篇是“乡村振兴中政府与市场协同的理论逻辑”，包括 3 章，即第二章“有为政府与有效市场协同的理论内涵”、第三章“乡村振兴中政府与市场协调关系的分析框架”、第四章“乡村振兴中政府、市场与企业的互动机制”。



第二篇是“守牢底线：确保国家粮食安全与防止规模性返贫”，包括 4 章，分别为第五章“粮食安全风险识别、治理策略与保障路径”、第六章“粮食和重要农产品保供稳价的调控机制与政策选择”、第七章“巩固拓展脱贫攻坚成果同乡村振兴有效衔接过渡期的特征、挑战与重点任务”、第八章“防止返贫长效机制建设与相对贫困治理”。

第三篇是“全面提升：乡村产业发展、乡村建设与乡村治理”，包括 3 章，分别为第九章

"农业新质生产力与农业高质量发展"、第十章"乡村绿色发展转型与多主体协同治理"、第十一章"包容性制度与农村公共治理"。

第四篇是"深化改革：增强动能与增收富民"，共3章，包括第十二章"农业经营制度变革与趋势"、第十三章"农地确权效率与小农户农地规模化经营"、第十四章"集体经营性建设用地入市改革"。

第五篇是"乡村全面振兴：国际经验与借鉴"，包括2章，分别为第十五章"主要国家农业支持保护政策调整动向及其启示"、第十六章"乡村振兴中政府与市场关系的国际经验与借鉴"。

## 三、项目主要成果

本书是国家自然科学基金重点项目"乡村振兴战略实施中政府与市场的关系及其协调研究"（项目执行期：2020年1月—2024年12月）的专著成果。除本专著外，项目研究团队在项目执行期间还取得了如下研究成果。第一，项目研究阶段性成果获评第九届高等学校科学研究优秀成果奖（人文社会科学）一等奖、第八届"中国农村发展研究奖"论文提名奖、中国农业经济学会2022年学术研讨会优秀论文。第二，报送决策咨询报告12份，获得正国级领导批示2件、副国级领导批示3件、省部级领导批示14件，被中共中央办公厅、国务院办公厅采纳4份，获得中央部委资政感谢信12份。第三，在《管理世界》、《农业经济问题》、《中国农村经济》、*Food Policy*、*Land Use Policy*、*Applied Geography* 等国内外重要期刊发表论文100多篇；在《人民日报》《光明日报》《经济日报》等报刊发表理论文章20多篇。第四，部分项目团队成员受邀获聘商务部、农业农村部、国家粮食和储备局等部委资政专家、中国农业经济学会副会长、中国粮食经济学会副会长、中国粮油学会首席专家、中国经济社会理事会理事、中国国际经济交流中心理事等学术职务，多名团队成员入选国家级人才项目。2025年4月，在国家自然科学基金委员会管理科学部组织的国家自然科学基金重点项目结题评审中，本项目成果荣获"优"。

## 参考文献



陈兵."二战"后日本农业产业政策的演进及其启示——以相关立法为中心的解说[J].农业经济问题，2014，35（4）：94-100+112.

陈华，王晓.中国PPP融资模式存在问题及路径优化研究[J].宏观经济研究，2018（3）：81-88.

陈锡文.加快推进农业供给侧结构性改革 促进我国农业转型升级[J].农村工作通讯，2016（24）：5-8.

陈锡文.小城镇发展与中国现代化——在2009年美兰湖中国城镇发展论坛上的发言[J].中国经贸导刊，2009（10）：4-5.

陈永福，于法稳.农户意愿灌溉水价影响因素的实证分析——以内蒙古河套灌区为例[J].中国农村观察，2006

（4）：42–47.

陈至发．程利仲．政府主导、农民主体与全社会参与——嘉兴市新农村建设的推进机制及其绩效的实证分析 [J]. 农业经济问题，2007.（11）：24–29.

程国强．保障重要农产品有效供给 [N]. 人民日报，2020–02–21（5）.

程国强．坚持新粮食安全观 牢牢把住粮食安全主动权 [N]，光明日报，2023–02–27（6）.

程国强．坚持走中国粮食安全道路 [N]. 人民日报，2020–11–06.

程国强．牢牢把住粮食安全主动权 [N]. 人民日报，2021–01–27.

程国强．牢牢守住保障国家粮食安全底线 [N]. 人民日报，2022–01–14（5）.

程国强．落实农业农村优先发展总方针 [EB/OL]，中国社会科学网，2019–02–25.

程国强．强化粮食供应链韧性 [N]. 人民日报，2021–09–13.

程国强．深刻把握大食物观的内涵和要求 [N]. 人民日报，2022–10–28（5）.

程国强．完善最低收购价政策 健全种粮收益保障机制 [N]，光明日报，2024–10–15.

程国强．稳住农业基本盘，全面推进乡村振兴 [N]. 瞭望，2022–03–14.

程国强．大食物观：结构变化、政策涵义与实践逻辑 [J]. 农业经济问题，2023（5）：49–60.

程国强．完善我国粮食宏观调控机制 [J]. 农村工作通讯，2012（21）：50–52.

程国强．我国粮价政策改革的逻辑与思路 [J]. 农业经济问题，2016，37（2）：4–9.

程国强，肖雪灵 强化帮扶政策有效衔接 牢牢守住不发生规模性返贫底线 [N]，光明日报，2022–09–20（6）.

程国强，马晓琛，肖雪灵．推进巩固拓展脱贫攻坚成果同乡村振兴有效衔接的战略思考与政策选择 [J]，华中农业大学学报（社会科学版），2022（6）.

程国强，朱满德．新发展阶段我国重要农产品保供稳价的调控思路与机制设计 [J]，农业经济问题，2022（11）.

程国强，朱满德．中国工业化中期阶段的农业补贴制度与政策选择 [J]. 管理世界，2012（1）：9–20.

程国强，朱满德．中国粮食宏观调控的现实状态与政策框架 [J]. 改革，2013（1）：18–34.

慈勤英．家庭养老：农村养老不可能完成的任务 [J]. 武汉大学学报（人文科学版），2016，69（2）：12–15.

戴稳胜．农村城镇化进程中解决农村养老问题研究 [J]. 管理世界，2015（9）：174–175.

杜焱强，刘平养，吴娜伟．政府和社会资本合作会成为中国农村环境治理的新模式吗？——基于全国若干案例的现实检验 [J]. 中国农村经济，2018a（12）：67–82.

杜焱强，吴娜伟，丁丹．农村环境治理 PPP 模式的生命周期成本研究 [J]. 中国人口・资源与环境，2018b，28（11）.

方浩．养老机构公建民营：现状、特征及问题 [J]. 经济与管理研究，2016，37（5）：90–97.

高峰，王学真，兰文辉．农业投入品补贴政策的理论分析 [J]. 农业经济问题，2004（8）：49–52+80.

葛继红，周曙东．农业面源污染的经济影响因素分析——基于 1978—2009 年的江苏省数据 [J]. 中国农村经济，2011（5）：72–81.

龚强，张一林，余建宇．激励、信息与食品安全规制 [J]. 经济研究，2013（3）：135–147.

郭玮，赵益平．威胁粮食安全的主要因素及应对政策 [J]. 管理世界，2003（11）：98–102.

韩长赋．大力实施乡村振兴战略 [J]. 中国农技推广，2017，33（12）：69–71.

胡冰川 . 中国农产品市场分析与政策评价 [J]. 中国农村经济，2015（4）：4–13.

胡文海 . 基于利益相关者的乡村旅游开发研究——以安徽省池州市为例 [J]. 农业经济问题，2008（7）：82–86.

胡钰，王一凡 . 文化旅游产业中 PPP 模式研究 [J]. 中国软科学，2018（9）：160–172.

黄季焜 . 农业供给侧结构性改革的关键问题：政府职能和市场作用 [J]. 中国乡村发现，2018（2）：2–24.

黄季焜 . 中国的食物安全问题 [J]. 中国农村经济，2004（10）：4–10.

黄季焜，王晓兵，智华勇，等 . 粮食直补和农资综合补贴对农业生产的影响 [J]. 农业技术经济，2011（1）：4–12.

黄震方，陆林，苏勤，等 . 新型城镇化背景下的乡村旅游发展——理论反思与困境突破 [J]. 地理研究，2015，34（8）：1409–1421.

黄祖辉，傅琳琳，李海涛 . 我国农业供给侧结构调整：历史回顾、问题实质与改革重点 [J]. 南京农业大学学报（社会科学版），2016，16（6）：1–5.

黄祖辉，李懿芸，马彦丽 . 论市场在乡村振兴中的地位与作用 [J]. 农业经济问题，2021（10）：4–10.

柯炳生 . 我国粮食自给率与粮食贸易问题 [J]. 农业展望，2007（4）：3–6.

孔祥智 . 产业兴旺是乡村振兴的基础 [J]. 农村金融研究，2018（2）：9–13.

孔祥智 . 农业供给侧结构性改革的基本内涵与政策建议 [J]. 改革，2016（2）：104–115.

蓝海涛 . 我国部分地区新农村建设的经验与启示 [J]. 农业经济问题，2006（3）：21–25+79.

李国祥 . 论我国粮食安全风险及其管控 [J]. 当代经济管理，2014，36（5）：38–43.

李怀，赵万里 . 中国食品安全规制制度的变迁与设计 [J]. 财经问题研究，2009（10）：16–23.

李金龙，游高端 . 地方政府环境治理能力提升的路径依赖与创新 [J]. 求实，2009（3）：56–59.

李鹏，谭向勇 . 粮食直接补贴政策对农民种粮净收益的影响分析——以安徽省为例 [J]. 农业技术经济，2006（1）：44–48.

李俏，陈健 . 变动中的养老空间与社会边界——基于农村养老方式转换的考察 [J]. 中国农业大学学报（社会科学版），2017，34（2）：128–136.

李实，朱梦冰，詹鹏 . 中国社会保障制度的收入再分配效应 [J]. 社会保障评论，2017（4）：5–22.

李小静 . 乡村振兴的长效机制：政府职能与市场调节良性互动 [J]. 农业经济，2020（1）：37–39.

李新春，陈斌 . 企业群体性败德行为与管制失效——对产品质量安全与监管的制度分析 [J]. 经济研究，2013，48（10）：98–111+123.

李周 . 全面建成小康社会决胜阶段农村发展的突出问题及对策研究 [J]. 中国农村经济，2017（9）：17–25.

卢荣善 . 经济学视角：日本农业现代化经验及其对中国的适用性研究 [J]. 农业经济问题，2007（2）：95–100+112.

罗能生，彭郁 . 交通基础设施建设有助于改善城乡收入公平吗？——基于省级空间面板数据的实证检验 [J]. 产业经济研究，2016（4）：100–110.

梅方权 . 中国粮食安全的战略分析 [J]. 中国食物与营养，2004（9）：4–8.

亓霞，柯永建，王守清 . 基于案例的中国 PPP 项目的主要风险因素分析 [J]. 中国软科学，2009（5）：107–113.

仇保兴 . 我国农村村庄整治的意义、误区与对策 [J]. 城市发展研究，2006（1）：1–6+17.

仇焕广，杨军，黄季焜 . 建立中国—东盟自由贸易区对我国农产品贸易和区域农业发展的影响 [J]. 管理世界，2007

（10）：56–61.

饶静，纪晓婷．微观视角下的我国农业面源污染治理困境分析 [J]. 农业技术经济，2011a（12）：11–16.

饶静，许翔宇，纪晓婷．我国农业面源污染现状、发生机制和对策研究 [J]. 农业经济问题，2011b（8）：81–87.

宋洪远．实现粮食供求平衡 保障国家粮食安全 [J]. 南京农业大学学报（社会科学版），2016，16（4）：1–11.

谭砚文，杨重玉，陈丁薇，等．中国粮食市场调控政策的实施绩效与评价 [J]. 农业经济问题，2014，35（5）：87–98+112.

涂圣伟．乡村振兴中“有为政府”的行为边界 [J]. 中国发展观察，2021（Z2）：37–39.

王金霞，仇焕广，白军飞，等．中国农村生活污染与农业生产污染 [M]. 北京：科学出版社，2013.

王文龙．农业现代化东亚模式对当前中国农业改革的启示 [J]. 经济学家，2015（9）：70–77.

王文龙．中国美丽乡村建设反思及其政策调整建议——以日韩乡村建设为参照 [J]. 农业经济问题，2016，37（10）：83–90+111–112.

王兴稳，樊胜根，陈志钢，等．中国西南贫困山区农户食物安全、健康与公共政策——基于贵州普定县的调查 [J]. 中国农村经济，2012（1）：43–55.

魏后凯．新常态下中国城乡一体化格局及推进战略 [J]. 中国农村经济，2016（1）：2–16.

温铁军，董筱丹，石嫣．中国农业发展方向的转变和政策导向：基于国际比较研究的视角 [J]. 农业经济问题，2010，31（10）：88–94.

文晓巍，杨朝慧，陈一康，等．改革开放四十周年：我国食品安全问题关注重点变迁及内在逻辑 [J]. 农业经济问题，2018（10）：14–23.

谢开勇，谢寒，张建．新农村建设推进中的乡贤群体建设——基于调研的实证分析 [J]. 农村经济，2016（8）：100–105.

谢康，赖金天，肖静华，等．食品安全、监管有界性与制度安排 [J]. 经济研究，2016，51（4）：174–187.

徐志刚，张炯，仇焕广．声誉诉求对农户亲环境行为的影响研究——以家禽养殖户污染物处理方式选择为例 [J]. 中国人口·资源与环境，2016，26（10）：44–52.

杨宇，王金霞，陈煌．何种农田水利设施的灌溉供水更可靠？基于全国 7 省调研的实证分析 [C]//2012 全国水资源合理配置与优化调度技术专刊，2012.

叶兴庆．新时代中国乡村振兴战略论纲 [J]. 改革，2018（1）：65–73.

钟甫宁．正确认识粮食安全和农业劳动力成本问题 [J]. 农业经济问题，2016（1）.

钟甫宁，何军．增加农民收入的关键：扩大非农就业机会 [J]. 农业经济问题，2007（1）：62–70.

钟真，孔祥智．产业组织模式对农产品质量安全的影响：来自奶业的例证 [J]. 管理世界，2012（1）：79–92.

周娟．韩国农业危机及其启示 [J]. 农业经济问题，2015，36（3）：93–100+112.

周娟，张玲玲．幸福院是中国农村养老模式好的选择吗？——基于陕西省榆林市 R 区实地调查的分析 [J]. 中国农村观察，2016（5）：51–64+95–96.

周应恒，霍丽玥，彭晓佳．食品安全：消费者态度、购买意愿及信息的影响——对南京市超市消费者的调查分析 [J]. 中国农村经济，2004（11）：53–59.

周应恒 . 近期中国主要农业国内支持政策评估 [J]. 农业经济问题，2009（5）：4–11.

周正祥，张秀芳，张平 . 新常态下 PPP 模式应用存在的问题及对策 [J]. 中国软科学，2015（9）：82–95.

朱淀，洪小娟 . 2006—2012 年间中国食品安全风险评估与风险特征研究 [J]. 中国农村观察，2014（2）：49–59.

朱晶，晋乐 . 农业基础设施、粮食生产成本与国际竞争力——基于全要素生产率的实证检验 [J]. 农业技术经济，2017（10）：16–26.

朱满德，程国强 . 中国粮食宏观调控的现实状态与政策框架 [J]. 改革，2013（1）：18–34.

Antle J. M.. No Such Thing as a Free Safe Lunch：The Cost of Food Safety Regulation in the Meat Industry[J].American Journal of Agricultural Economics，2000，82（2）：310–322.

Arnold J.G.，Allen P. M.. Estimating Hydrologic Budgets for Three Watersheds[J]. Journal of Hydrology，1996（176）：57–77.

Beland，Daniel，Shinkawa，et al,. Public and Private Policy Change：Pension Reform in Four Countries[J]. Policy Studies Journal，2007，35（3）：349–371.

Das A.，Pagell M.，Behm M.，et al.. Toward a Theory of the Linkages Between Safety and Quality[J]. Journal of Operations Management，2008，26（4）：521–535.

Doucette，Jamie，Müller，et al. Exporting the Saemaul Spirit：South Korea's Knowledge Sharing Program and the "Rendering Technical" of Korean Development[J]. Geoforum，2016（75）：29–39.

Gale，H. F.，Bryan，L. and Tuan，F. C. China's New Farm Subsidies[J]. SSRN Electronic Journal，2006（4）.

Hennessy D. A.. Information Asymmetry as a Reason for Food Industry Vertical Integration[J]. American Journal of Agricultural Economics，1996，8（4）：1034–1043.

Keyzer，M.A.，W.C.M. van Veen，Huanguang Qiu，et al.. China's Food Demand，Supply and Trade in 2030：Simulations Using the Chinagro II Model[R]. CATSEI Project Paper.Amsterdam：SOW–VU，2011.

Neitsch，S.L.，Arnold，J.G.，Kiniry，J.R.. Soil and Water Assessment Tool Users' Manual Version 2000[R]. Temple，Texas：Blackland Research Center，Texas Agricultural Experiment Station，2001.

OECD–FAO. Agricultural Outlook 2011–2020[R]. OECD，2012.

Shen，J.，Parker，A.，Riverson，J.A.. New Approach for a Windows–based Watershed Modeling System Based on a Database – Supporting Architecture[J]. Environmental Modelling and Software，2005（20）.

Shortle，J.S. and Dunn，J.W.. The Relative Efficiency of Agricultural Source Water Pollution Control Policies[J]. American Journal of Agricultural Economics，1986，64（3）：668–677.

Yang，Yunjeong，Saemaul Undong. Revisited：A Case of State–Society Dynamics in Social Capital Mobilisation，Focusing on the Role of Local Leaders in South Korea of the 1970s [J]. Journal of International Development，2017，29（7）：993–1010.

Yu Wusheng，Hans G. Jensen. China's Agricultural Policy Transition：Impacts of Recent Reforms and Future Scenaris[J]. Journal of Agricultural Economics，2010（61）：343–368.

# 第一篇

# 乡村振兴中政府与市场协同的理论逻辑

# 第二章　有为政府与有效市场协同的理论内涵

多年来，政府与市场的关系始终占据着经济研究领域的核心地位。作为全球性问题之一，它既是理论研究的焦点，也是各国经济社会发展实践的难点与争议点。当前，亟待解决的问题在于：如何平衡政府与市场在经济社会中的职能与作用？两者是否具有泾渭分明的功能边界？抑或两者更可能是一种相互交融、协同推进经济发展的关系？因此，本章基于历史演进与国际比较的视角，系统梳理经典经济学理论发展中政府与市场关系，归纳其在经济社会发展中的一般演化逻辑，从宏观和微观层面阐述两者的职能分工及其作用机制。同时，本章探讨了政府与市场协同的理论逻辑，并结合我国现代化发展进程，构建有为政府与有效市场的协调机制。

## 第一节　政府与市场职能的一般理论分析

### 一、政府职能

#### （一）政府的职能

关于政府职能的讨论，西方社会最早可追溯至古罗马时期，而在哲学领域，古希腊哲学家柏拉图在其著作《理想国》中，将政府视为“国家统治的机器”，这一观点对后来的政治思想产生了深远影响。随着时间的推移，政府的概念逐渐得到丰富和完善。在启蒙时代，洛克在其代表作《政府论》中提出政府是人民为了保护自己的天赋权利（生命权、自由权、财产权等）而自愿缔结的契约性产物。政府的核心职能是保障社会的安全以及人民的天赋权利。如果政府不履行这一职能，人民有权推翻它。洛克强调政府的保护职能，主张政府应当保持有限性，避免对市场和企业行为进行过度干预。而卢梭则提出“主权在民”的思想，他认为政府是主权者与臣民之间的中介，负责执行法律并维持社会与政治的自由，政府的合法性来源于人民的共同意志，因此政府应代表人民的公意。在中国，虽然古代没有明确的“政府”一词，但类似的概念和职能在封建王朝中已经存在。例如，朝廷、官府等机构承担着国家治理、社会公共事务管理、冲突协调和秩序维护的职能。从这些视角来看，政府以公共利益为出发点，充分发挥其公共职能以维护社会秩序的稳定与和谐，其存在具有理论上的必然性。

随着社会不断演进发展，研究的焦点逐渐转向在某一具体微观领域内探讨政府的职能定位，主要聚焦以下几个方面。

第一，政府宏观经济调控职能。陈振明（1997）认为由于市场的不完全和固有内生缺陷，导致政府必须干预宏观经济的运行过程，对经济生活加以宏观调控。政府干预的一个重要内容是通过制定和实施产业政策来实现产业结构的调整，此外还有财政政策、货币政策、经济计划等手段。徐平华（2014）则提出当市场失灵情况发生时，政府的职能重点转换至宏观经济总量和经济结构调节中，运用产业政策确保经济结构均衡，以促进稳定增长和充分就业。陈云贤（2019）提出深圳市政府利用财政购买性支出和转移性支出等手段，形成由文教、科学、卫生事业费以及工、交、商、农部门事业费等构成的社会消费性支出和政府投资，以推动宏观经济稳定持续运行。

第二，政府制度供给职能。郭金平（2014）认为政府主要通过出台发展计划、产业政策、财政和货币政策、法律规制以及行政命令等制度供给方式将资源有目的地配置到相应领域，因而人们通常称其为“看得见的手”。陈云贤（2019）以深圳市政府为例，认为制度供给职能包括政策供给和法规供给两方面，是各类公共产品和公益服务得以公平公正有效实施的保障。尤其是当市场存在消极的外部性时，政府更应当担负起这一责任，利用公权力提供有效的制度保障以限制消极外部性产出（陈振明，1997）。

第三，政府公共产品供给职能。孙开（2006）指出，在现代社会中，公共产品的非排他性和消费上的非竞争性决定了政府是提供公共产品的完美责任主体。陈振明（1997）提出由于公共产品的这两大典型特征，致使以价格为核心的市场无法自行实现最优供求关系，因此，政府必须通过国家预算开支担负公共产品的生产和供给的主要责任。如现代市场经济国家中，政府对交通运输、邮电通信、供水、供电、环境保护、基础研究和公共教育等公共服务及市政设施进行大量直接投资进而满足人民生产生活需要。陈云贤（2019）以深圳市政府为例证，提出政府对城市基础设施建设等公共产品的投入有效促进了产业转型升级和城市现代化发展。

第四，政府社会公平保障职能。从世界历史发展来看，20世纪以来，政府就开始承担再分配和经济稳定职能。陈振明（1997）提出市场能较好地解决效率问题，却不能解决好公平问题，因此现代市场经济国家的政府都力图通过再分配政策及社会保障制度来调节收入及财产的再分配以解决公平问题。维托·坦茨（2014）更提出，有关再分配的决定不能交由市场来作出，而应当由政府作出，因此政府干预是必不可少的。孙彩红（2017）认为实现和维护社会公平正义是政府的主要任务，尤其是再分配领域，特别强调用政府力量促进公共资源向农村延伸和覆盖，向弱势群体倾斜也是促进社会公平的重要内容之一。

第五，政府维护市场秩序职能。陈振明（1997）认为，市场机制的正常运行要以一定的规则和契约为前提，因此，在市场经济条件下，政府的一个基本职能就是维护市场秩序，并通过多种途径保障市场运行，为市场发展创造和维护必要的环境。姚庆丰（1999）认为，在市场正常运行时，政府的主要职能是为市场运行提供保障规则，即制定市场行为规范，保障市场的正常运行，并提供符合市场运行客观要求的适宜环境。同时，市场的正常有序运行也需要政府的监督和管理。此外，部分学者认为，政府进行宏观治理的目标在于修正市场经济自发调节所导致的经济活动偏误，稳定社会经济主体预期，最终实现可持续的经济增长（卢福财、王守坤，2021）。具体举措方面，政府可以通过在培育市场环境、实施产业政策、促进微观市场主体发展、推动科技创新以及完善宏观治理等层面发挥主导和引领作用，以规范市场秩序。洪银兴（2014）则提出，由政府主导建立全国统一的市场，将更有利于促进资源的合理配置。

### （二）政府职能失灵

政府在上述职能发挥过程中也存在一定的约束和限制。黄先海、宋学印（2021）认为，政府行为的经济学效应分析基于一个理论前提，即假定政府并非以自身利益最大化为目标，而是中立地将社会福利最大化视为既定目标，其主张的政策旨在纠正市场的不完美行为。同时，政府在处理市场协调失灵问题时，不仅受到决策动机、协调制度及其与市场部门相互作用关系的影响，还受限于其有限的信息处理能力（青木昌彦等，1998）。王瑶、郭冠清（2024）同样认为，微观层面的市场失灵主要源于俘获理论，即规则的服从者可能俘获规则的制定者，而宏观层面的政府失灵则主要表现为相机抉择所导致的时滞效应。这些因素共同影响了政府政策的有效性和公平性。徐平华（2014）明确指出，在竞争性较强的经济领域，政府的局限性往往导致其难以有效实现资源的优化配置，这正是所谓的政府失灵现象。因此，若要在这些领域提升资源配置效率，从而促进生产力发展、推动经济增长，必须充分发挥市场机制在资源配置中的核心作用。同时，也有学者指出，在政府失灵的情况下，公共部门在通过行政力量调配资源和提供公共产品时，往往存在资源低效利用的问题。此外，由于政府在认知上的局限，也可能作出错误判断，导致政策失误。因此，政府与市场力量应互为补充，以实现资源配置的最优组合。



## 二、市场职能

### （一）市场机制的构成及作用前提

市场机制是指市场资源配置中的运行方式，包括价格机制、供求机制和竞争机制，三者共同构成市场调节的基本框架（徐平华，2014）。这一体系如同一只“看不见的手”，引导商品生产和企业市场行为，促成利己性与利他性的有机融合，塑造了自由经济的基本内涵。徐平华（2014）认为，供求机制是市场机制的基础，构成市场运行最基本的关系，是市场配置资源的起点和终点；价格机制是市场机制的核心，作为市场配置资源的主要杠杆，价格直接影响着生产者和消费者的经济决策，他们会根据价格的变动决定商品的供给量和消费量；而竞争机制是市场机制的重要组成部分。三者相互联系、相互影响，共同发挥作用。市场主体在市场机制运行过程中，通过价格机制传递信息、优化资源流动，进而调节生产与分配。而价格变动本质上是供求机制与竞争机制共同作用的结果，反映市场对供求变化的灵敏响应。在三种机制的协同作用下，资源实现了优化配置，市场因而在资源配置中发挥决定性作用（见图 2-1）。

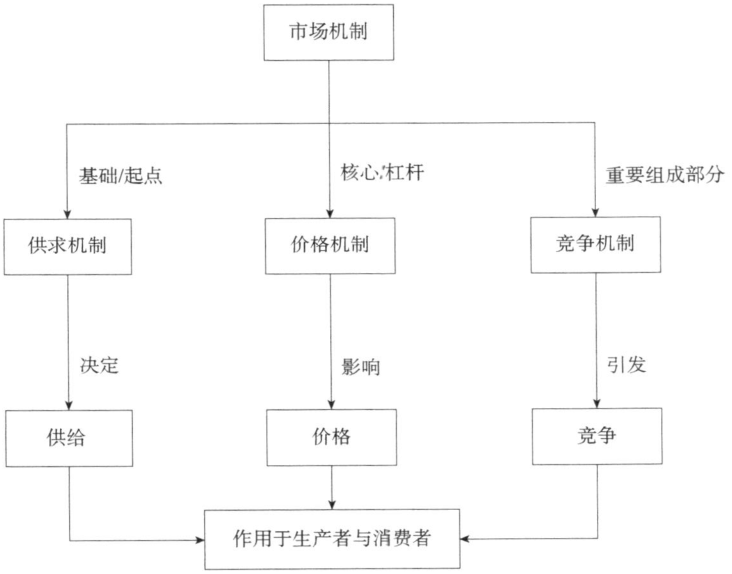


**图 2-1　市场机制的构成及作用关系**

资料来源：笔者绘制。

市场在经济运行中发挥了重要作用。关于市场机制发挥作用的前提条件，西方经济学的基本假设之一是“经济人”假设，即认为市场主体以追求物质利益最大化为目标进行经济活动，具备牟利性和理性决策能力，同时强调经济的平稳运行依赖于各类市场主体作用的发挥。只有当市场主体在有效的市场机制下运作时，市场才能发挥调节作用，促进经济健康发展（康俊辉，2023）。王亚华、关长坤（2023）认为，产权和契约关系治理等基础性制度对于市场机制的高效运行具有重要意义。徐平华（2014）进一步指出，理性经济人的市场主体、自由竞争的市场环境，以及统一、开放、有效的市场结构是市场发挥作用的必要前提。洪银兴（2014）则提出，市场能高效运行的基础性制度条件包括：企业自主决策、消费者主权与机会均等、自由竞争以及资源的自由流动。

### （二）市场主体的职能

在市场职能方面，学界普遍认为，市场的核心作用在于优化资源配置（徐平华，2014；康俊辉，2023）。市场主要依靠优胜劣汰的选择机制和奖惩分明的激励机制来实现资源配置，并具体发挥以下职能（洪银兴，2014）。

第一，推动经济均衡发展。在激烈的市场竞争条件下，供求关系一旦失衡，价格机制便会自动发挥调节作用，通过价格变动来引导供求双方逐步趋于平衡。具体而言，当市场上供给过剩时，价格会相应下降，进而减少供给并刺激更多需求，最终实现供求平衡；相反，如果需求超出供给，价格则会上涨，促使需求减少并激励供给增加，同样达到供求平衡。当市场价格达到均衡点时，供求关系稳定，资源配置趋于最优，此时任何外部干预都可能削弱市场调节效率。

第二，促进经济结构调整与优化。市场依托其独特的调节机制，有效优化商品供求结构。当某种商品供不应求时，市场不仅会通过价格上涨调节供求关系，还会激发替代品的研发和生产，进一步推动商品供求结构均衡。同时，市场还能精准优化企业结构，引导资源向效率更高的企业流动。正如陈梓睿（2023）所言，市场能够实现要素资源供给与需求的动态平衡，使生产要素有效转化为现实的生产力。特别是在产业结构优化方面，市场调节发挥着核心作用。企业为追求利润最大化，会根据市场需求的变化，将资源从供过于求、价格低迷的产业，有效转移至供不应求、价格较高的产业，从而实现产业结构的均衡化和合理化。同时，市场竞争激励生产者不断创新，推出新产品，催生新的消费需求，这不仅促进了落后产业的自然淘汰，也为新兴产业的发展提供了强劲动力，推动了产业结构持续升级。洪银兴（2014）指出，市场调节的根源在于其自主性，这种自主性不仅体现在市场自主决定资源配置的走向，更体现在市场价格作为调节信号是在市场中自然形成的，无须政府的过度干预。在此过程中，市场自主引导资源合理配置，推动产业结构优化升级。

第三，促进技术创新和进步。市场对技术进步的促进作用主要通过市场竞争和技术市场交易来实现。在价格竞争条件下，企业为了降低价格以提升自身的竞争力，必须不断降低成本。在非价格竞争条件下，企业则需依靠技术和管理创新，提高产品质量、增加产品种类或优化售后服务，以在竞争中占据优势。同时，技术市场在技术创新和进步方面发挥着重要作用，不仅有助于技术发明和创新转化为现实生产力，还能刺激生产者不断创新，为技术创新提供持续动力。陈梓睿（2023）认为，市场经济本质上是竞争经济。为了在激烈的市场竞争中占据发展优势、最大化生产效益，企业之间的竞争不可避免。企业必须持续加大科技创新投入，以此提升产品质量、增强市场竞争力，并开拓更广阔的生存与发展空间。因此，企业加大研发资金投入，不仅成为推动国家科技创新的关键力量，更是促进国家科技水平提升的重要驱动力。同时，徐平华（2014）明确指出，技术市场在推动技术创新和进步方面具有显著作用。它不仅加速了技术发明和创新成果的转化，还极大地激发了生产者的创新活力，为技术创新提供了持续的动力源泉。此外，技术市场还能依托市场需求信号，精准指引创新方向，确保技术创新沿着市场需求的正确轨道发展。市场竞争与科技创新相辅相成、相互促进，科技创新的深入发展实质上是推动国家现代化不断迈上新台阶的关键。

第四，推动经济增长。市场机制是经济增长的核心驱动力，不仅提升经济增长质量，还促进经济总量扩张和社会财富增加。市场通过促进资本积累、优化劳动力资源配置等方式，自发推动经济增长。市场主体的逐利性和竞争性为资本积累提供了内在动力和外部压力，而资本市场则为资本积累创造了有利条件。同时，市场还能促进劳动力资源配置，推动其充分有效利用，进一步促进经济增长。陈梓睿（2023）指出，在市场经济条件下，企业若要扩大生产规模、赢得市场竞争，必须拓展市场，而市场拓展已成为推动对外开放的重要动力。这一市场拓展策略不仅促进了企业的稳步成长，更在潜移默化中推动国内外市场互联互通，实现要素资源共享。这一过程不仅让中国市场成为全球市场的重要组成部分，更为中国经济的持续增长注入了新的活力与动力。

**（三）市场职能失灵**

在现代市场经济中，市场在资源配置中的作用不断增强。洪银兴（2014）强调，市场在资源配置中起决定性作用，意味着生产什么、怎样生产、为谁生产，应该主要由市场机制决定，而非政府主导。然而，在强调市场作用的同时，郭金平（2014）指出“决定性作用”并不等于“全部作用”，即在强调市场对资源配置的决定性作用的同时，仍需优化政府职能，更好地发挥政府作用。

尽管市场在资源配置中发挥着决定性作用，但其固有缺陷也受到学界的广泛讨论。信息不完全理论认为，现实中的市场是信息不对称市场，极易导致逆向选择、道德风险、“免费搭车”等现象（洪银兴，2014）。非均衡市场理论则指出，价格刚性、供求对价格缺乏弹性、竞争不充分等问题均可能导致市场不均衡，进而引发市场失灵。交易费用理论进一步说明，市场配置资源是有成本的。此外，现实中的市场不只是竞争不充分，还可能存在竞争过度，例如，“血拼式竞争”可能会导致社会资源的严重浪费，甚至引发社会不稳定。陈振明（1997）从政府补充功能视角分析，提出市场机制不能解决宏观经济失衡问题、国民经济发展的长期规划问题，以及产业结构优化和调整问题。此外，市场机制也难以在公共产品有效供给、防止垄断、缩小收入差距等方面发挥作用。部分学者从微观和宏观层面进一步探讨了市场失灵的表现形式。王瑶、郭冠清（2024）指出，微观市场失灵主要包括垄断、外部性、公共产品供给不足和信息不对称，这些因素破坏了帕累托最优的前提条件，导致市场资源配置低效；宏观市场失灵主要归因于金融系统的内在不稳定性，尤其是银行业的固有风险及其外溢性。徐平华（2014）进一步归纳出市场失灵的七大方面，即市场规则的制定和维护失灵、垄断性失灵、外部性失灵、信息不对称失灵、公共产品失灵、宏观性失灵以及公平分配失灵。洪银兴（2014）则提出，建立全国统一市场，制定公平、开放、透明的市场规则，并有效保障市场要素自由流动，是发挥市场在资源配置中的决定性作用的重要举措。

## 三、政府与市场的关系

经济学理论中关于政府与市场关系的认识遵循不断迭代深化的发展逻辑，在不同国家和不同阶段动态调整。在经济社会发展过程中，对于政府与市场关系的理解，大致可以总结为并行替代和兼容互补两类。

### （一）经济学理论发展中双方力量变迁

西方主流经济学理论中关于政府与市场关系的发展脉络起点可以追溯到15世纪资本主义萌芽阶段的重商主义时期。重商主义普遍主张国家积累金银财富，进而提倡建设强有力的政府组织以全面干预经济。而古典经济学理论结合时代发展所需，充分肯定了市场在经济发展中的作用，认为市场能够实现有限资源的充分配置，发挥最大效能，支持自由放任的经济政策，反对重商主义提倡的过分干预经济。古典经济学派认为政府作为经济活动的“守夜人”，职能是有限的，其主要职能仅为确保一个平和且具有竞争性的经济环境。

1929年美国遭遇大萧条，凯恩斯主义应运而生。凯恩斯主义对自由放任主义进行了彻底批判，强调市场失灵，认为“看不见的手”无法使个人对私人利益的追逐转化为社会利益的最大化，市场不能自动引致充分就业。凯恩斯在《就业、利息和货币通论》中主张，政府必须进行干预以消除和解决失业和经济周期性波动的问题，可以使用货币政策和财政政策加强对经济的宏观调控。凯恩斯之后，新古典综合学派兴起，将凯恩斯主张的政府干预与古典经济学派主张的市场调节机制综合起来运用，认为在有效需求不足导致非充分就业时，需要让政府发挥更多作用；而达到充分就业后，应让市场发挥更多作用。



20世纪70年代，随着石油危机的出现，发达国家出现“滞胀”现象，世界经济出现长时间疲软和衰退。新古典综合学派理论的核心——菲利普斯曲线无法解释这一现象，宣告了凯恩斯主义的失灵。以罗伯特·卢卡斯、托马斯·萨金特等为代表的经济学家开始对凯恩斯主义进行批判，创立了新古典宏观经济学派。新古典宏观经济学派认可市场在经济发展中起到的关键作用，反对凯恩斯主义关于价格是刚性（黏性）的观点；认为市场经济制度具有良好的自我调节功能，即使没有外在干预，经济本身也具有内在稳定性。因此，新古典宏观经济学派是排斥政府对经济施加干预的。他们认为政府不比理性的人聪明，政府出现失误是在所难免的；由于存在货币中性，“货币幻觉”是不存在的，故通过实施某种政策来达到预定的目标通常是不可能的。

到20世纪80年代，新古典宏观经济学派的主张推行已经十余年之久，资本主义世界周期性的经济波动未能消除，非自愿失业依然存在。以格利格里·曼昆、约瑟夫·斯蒂格利茨等为代表的新凯恩斯主义者开始重提由信息不完全和不完全竞争市场所导致的市场失灵观点，指出是其导致了失业与经济周期的出现，并提倡政府进行干预，以对市场失灵进行修正，他们被称为新凯恩斯主义学派。他们认为，现实世界中信息是不完全的，政府有能力拥有比个人更多的信息与知识。因此，政府完全可以利用信息优势事先获知经济可能遭受的冲击，从而提前采取应对措施，以使经济周期消弭于萌芽状态；同时市场也是不完全竞争的，加之存在菜单成本与工资价格黏性等因素，市场并非连续出清，因此经济自发运行的结果就是其将长期处于供求不等的非均衡状态，表明政府干预是不可或缺的。

整体来看，随着经济的兴衰发展，政府与市场之间的关系也在动态调整，各种理论流派在强政府、弱政府、强市场、弱市场四个象限内不断探索（见图2-2）。

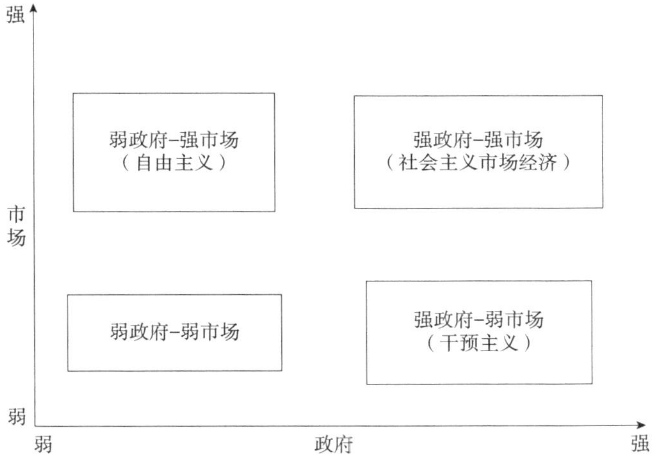


**图2-2　基于政府与市场关系的四种模式选择**

资料来源：笔者绘制。

### （二）政府与市场关系的基本逻辑

从政府与市场的作用边界与功能定位看，许多文献表明，政府与市场作为经济资源配置的两种基本手段，在运行逻辑与调节机制上密切关联、深度互动，二者既有所不同，又互有倚重。然而，学界普遍强调二者各自的功能定位和作用边界，突出其差异性和分工的必要性。这在一定程度上容易将政府与市场的关系简单化理解为彼此“独立”的、相互替代的关系。事实上，多个国家的发展实践表明，政府与市场需要相互协调、兼容匹配，方能实现经济社会的高质量发展。

第一，政府与市场并行替代。一方面，许多学者认为政府与市场具有相对明确的职能分工界限，二者之间存在广泛的并行运作与功能替代关系，主要体现在两个方面：其一，由于政府与市场在职能定位与运作方式上的差异，二者之间天然存在一条作用边界；其二，当市场在经济资源配置中出现失灵时，政府需要通过政策干预以替代市场。如杜仕林（2006）强调了政府与市场之间边界的重要性，他将政府干预的边界定义为在经济自主和国家统制的边界条件或临界点上所作的一种介入状态，旨在将社会资源配置权在国家与市场间合理分配，并提出边界划定应遵循“市场优先、公共利益至上、动态调整”三大原则。此外，张群群（2000）指出，政府与市场的共生状态是人类社会经济制度长期演化的结果，但同时政府与市场之间的共生关系形态不应过于紧密，而应该保持适当距离，明确各自的运作原则与作用范围。

在此基础上，学者们还注意到，在经济发展过程中，政府往往对市场职能产生一定程度的替代作用，这种替代通常发生在市场出现失灵时。学者们围绕市场失灵的原因、政府替代市场的合理性、政府过度干预的弊端等方面展开了广泛的探讨。不可否认，市场是最有效的资源配置方式，但市场在配置资源过程中依然存在寡头垄断、信息不对称和外部性等问题（张申，2018）。杜仕林（2006）提出了“非正常市场失灵”的观点，指出由于市场发育不成熟、市场机制不完善等因素，制度性要素比生产性要素更加短缺，从而形成了制度性要素循环短缺的陷阱。陈雨露（2014）指出，市场在发展完善后同样存在外部性的“天然失灵”。郎佩娟（2018）认为，市场机制存在的缺陷主要在于不能解决宏观经济总量平衡问题；另外，市场还存在难以调整和优化产业结构、有效提供公共产品、防止垄断、解决收入分配不公等局限性。

第二，政府与市场兼容互补。政府与市场之间也存在良性互动、兼容互补与协调匹配。虽然政府与市场之间明确的分工界限和功能边界可以更好发挥二者各自的职能、规范政府行使职权等，但现实中，政府与市场的职能边界往往难以划分得十分清晰，解决发展问题往往需要两者的合力。在这种情形下，政府与市场的功能统一、不可分割，不必然要求明确划分政府与市场的功能，而应通过促进二者兼容互补、相互依存、协调匹配，实现经济社会健康发展。



一些学者认为，既然市场失灵与政府失灵共存，那么依赖任何一方的力量来主导经济活动和资源配置都是不明智的，政府与市场应该在经济发展中发挥积极配合、互补协同作用（李昌麒、张波，2006；陈雨露，2014）。周文、宁殿霞（2018）进一步指出，中国统一开放、竞争有序的社会主义市场经济体系的建立与政府正确发挥其作用密切相关，这种作用主要体现在克服市场负外部性、稳定提供优质公共产品、健全国民经济体系等方面。要实现政府与市场间的兼容互补、协调发展，首先要正确定位政府的角色。康俊辉（2023）指出，要使市场与政府二者成为有机统一体，而非相互否定，不能把二者割裂开来、对立起来。同时，也有学者认为，政府理论上是以公益的方式，实现社会总体福利最大化，并保证公民能够相对公平地享受这种福利。主流经济学的理论基础是理性经济人假设，主张人的理性驱动人的经济行为，并在相互博弈中达到资源配置的最佳状态（姚庆丰，1999；徐平华，2014）。卢福财、王守坤（2021）也认为，市场权力与政府权力之间需要寻求界限相对分明的平衡关系。

在政府与市场之外，有学者提出“第三方”的概念。郎佩娟（2018）以中国的养老、扶贫等事业为例，提出经济中存在政府与市场同时失灵的领域，这时需要第三种力量介入其中，这些力量包括非营利组织、公民自治组织等。因此，经济管理的定位逻辑就变成了“先市场、再社会、后政府”。李昌麒、张波（2006）也提到，政府应当鼓励培育社会自治组织，发展和壮大社会自我管理与自我组织的能力，让社会自治组织吸纳、承接从政府分离出来的部分职能。

已有研究表明，政府与市场作为配置资源的两种机制，在现代经济社会中实际上是相辅相成、缺一不可的统一体。然而，二者在解决经济社会发展问题上不是万能的，都存在各自独有的缺陷，亦存在自身失灵的情况。要把市场与政府看作一个有机整体，而不是此消彼长、截然对立的关系；既要用政府干预的优点来矫正市场失灵，又要用市场的长处来抑制政府失灵，充分实现两者的协调互补。政府与市场关系的基本逻辑如表 2–1 所示。

**表 2–1　政府与市场关系的基本逻辑**

<table>
<tr><th rowspan="2">范畴</th><th colspan="2">政府与市场关系</th></tr>
<tr><th>并行替代</th><th>兼容相补</th></tr>
<tr><td>内涵界定</td><td>由于职能、运作方式等差异，政府与市场天然存在职能边界；“失灵”现象的存在要求双方彼此替代</td><td>政府与市场职能难以划出明确界限，解决发展问题需要二者合力</td></tr>
<tr><td>政府功能</td><td>通过行政力量调配资源和提供公共产品，弥补市场失灵；代理民众权利、维护公共利益，实现社会总体福利最大化</td><td rowspan="2">政府与市场的功能统一而不可分割，不必明确划分二者功能，应促进二者形成兼容互补、相互依存、协调匹配等良性互动关系</td></tr>
<tr><td>市场功能</td><td>通过发挥市场在资源配置中的决定性作用，弥补政府失灵；理性经济人假设，实现资源配置最佳效率、调节市场经济活动</td></tr>
<tr><td>目标取向</td><td colspan="2">资源配置均衡</td></tr>
</table>

资料来源：笔者整理。



## 第二节　中国政府与市场关系的历史逻辑

新中国成立以来 70 余载的经济社会演进历程，本质上是对政府与市场关系持续实践与探索的历程。全面梳理中国政府与市场力量变迁的历史，有助于为中国式现代市场经济发展提供理论依据与实践支撑。回顾实践轨迹，可以大致分为四个阶段。

## 一、1949—1978 年初步萌芽阶段：以政府主导的计划经济模式

1949 年新中国成立初期，为了尽快从战争中恢复并加快国民经济增长，政府采取了一系列旨在加强经济管控的措施，如发行国债、加强税收管理等，以有效集中资源、缓解财政困境。正如郭冠清（2020）所言，以政府主导的计划经济模式是新中国成立初期的必然选择。这一阶段，中国政府与市场关系处于初步萌芽阶段，表现为“以政府主导的计划经济”模式。

随着 1953 年“一五”计划的实施，国家对粮食、食用油、棉花、棉布等生产生活必需品按计划收购与供应，进一步加强对经济与社会的管控，市场关系发生了根本性变化。自由市场活动范围受到进一步限制，国营商业对市场的统一管理和对私营商业的领导监督得到加强。在这一过程中，政府通过加工订货、统销包销及主要农产品统购统销，建立了国家统一市场，这是行政力量主导下的产物。黄先海、宋学印（2021）指出这一阶段的中国选择了苏联模式的计划经济；武力、张林鹏（2018）也提出这一时期中国政府与市场、社会间的关系特征为政府权力集中、市场作用减弱及社会管制严格。为弥补激励机制的不足，党和政府各级机构着手直接调控经济活动并全面管理社会事务。

这一阶段，中国政府借助强有力的行政力量构建了国家统一市场，然而，“三大改造”完成后，党的领导层认识到，国家统一市场只是特定历史时期下的过渡性措施。因此，1956 年，根据社会发展需要，中国对自由市场进行了进一步探索。党的八大提出，社会主义的统一市场应当以国家市场为主体，同时附有在一定范围内的国家领导下的自由市场，作为国家市场的补充，为后期政府与市场关系的演变奠定了基础。

总体而言，1949—1977 年，依托政府主导的计划经济模式，中国生产力水平实现了显著提升，成功构建了“较为完善的工业化体系与国民经济架构”，也标志着中国经济发展迈出了至关重要的一步。陈梓睿（2023）也认为，新中国成立后至改革开放之前，计划经济体制条件下的经济活动主要依据国家计划运行，市场的作用有限，到 20 世纪 70 年代，中国已经初步完成了国家工业化的原始资本积累，构建了一个相对独立且完善的国民经济工业体系，与之相对应的是，政府与市场的关系结构也随之调整。



## 二、1978—1992 年不断探索阶段：市场与计划逐渐结合

1978 年党的十一届三中全会召开，作为改革开放的宏伟起点，以解放思想、实事求是为指导

思想，明确了改革开放的战略导向和以经济建设为工作核心的政治方针，正式揭开了中国政府与市场关系不断探索的历史新篇章。洪银兴（2014、2018）深刻洞察到，市场化导向的政府与市场关系历经探索与演进后，正是在此阶段初步形成。

为了充分激发各方积极性，加速经济发展，这一阶段中国加大对传统单一公有制和计划经济体制的改革，这本质上要求减少政府在经济调控中的直接干预，即缩小“看得见的手”对经济的调控范围和减轻调控力度，更多转向“看不见的手”——依靠市场力量自发调节。1982年党的十二大首次提出“建设有中国特色的社会主义”，并确立了“贯彻计划经济为主、市场调节为辅”的基本原则，强调这是经济体制改革中的核心议题，主张清晰界定指令性计划、指导性计划与市场调节的界限，这标志着政府与市场的边界问题开始受到新的审视，市场在经济资源分配中的角色也被重新认识。1984年，《中共中央关于经济体制改革的决定》明确指出，商品经济的充分发展是社会经济发展的必经阶段，中国所实行的计划经济实为公有制框架下的计划商品经济。这一决定承认了市场调节在经济社会发展中的辅助功能，并明确了其应用范畴。1987年党的十三大提出了经济发展的“三步走”战略。这一阶段中国对政府与市场关系进行了进一步深化探索，提出“社会主义计划商品经济体制应是计划与市场内在统一的体制”，这一观点在某种程度上为后期社会主义市场经济体制的确立提供了理论支撑。

总体来看，在1992年党的十四大召开之前，中国市场作用范围和影响力日益扩大，其活力和重要性日益凸显。武力、陈瑞婷（2024）指出这一历史时期包含两个层面的政府与市场角色调整：一是政府角色的转变，由原先的“全能型”政府逐步转变为“效能型”政府，学会“有所为，有所不为”；二是市场调节力量的显著增强，其角色从辅助、补充逐渐演变为经济的基础性调节力量。在此过程中，政府逐步减少对经济的全面行政干预，让市场机制在部分领域发挥调节作用，实现经济调控方式的转变。然而，也有部分学者指出，这一时期政府与市场关系的调整与改革，仍是围绕完善计划经济体系而进行的不断探索，政府与市场力量出现调整、平衡、再动态调整的转换，其中市场作用呈现不断增强的趋势，但并未发生“计划与市场”本质变革。武力、张林鹏（2018）则精妙地将这一阶段政府与市场关系的演变轨迹概括为：从“计划经济为主，市场调节为辅”的主从结构，到“计划管理与市场调节相结合”的板块结构，再到“国家调节市场，市场引导企业”的上下结构，最终演变为“计划经济与市场调节相结合”的互动结构。在这一过程中，政府在经济发展中的主导角色日益凸显，市场的力量也日渐壮大，市场与计划逐渐结合。

## 三、1992—2012年明确改革方向阶段：政府宏观调控与市场基础作用

在历经萌芽和探索发展后，1992年，党的十四大首次鲜明地提出了中国经济体制改革的总目

标，即建立社会主义市场经济体制。社会主义市场经济被精确定义为在社会主义国家的宏观调控下，市场在资源配置中发挥基础性作用。这一定义不仅明确了政府与市场的角色定位，还进一步将二者之间的关系概括为“国家调节市场，市场引导企业”。这一理论创新是在社会主义市场经济条件下，对政府与市场关系的认识的一次重大突破。

为实现建立社会主义市场经济体制的目标，1993 年党的十四届三中全会审议通过了《中共中央关于建立社会主义市场经济体制若干问题的决定》，其中就政府与市场的关系明确指出，发挥市场机制在资源配置中的基础性作用，必须着力培育和发展市场体系；转变政府职能，改革政府机构，是建立社会主义市场经济体制的迫切要求，政府应专注于制定和执行宏观调控政策，搞好基础设施建设，创造良好的经济发展环境。

党的十四届三中全会后，经济体制改革进一步深化。1997 年党的十五大进一步强调了市场机制的作用，提出健全宏观调控体系，加快国民经济市场化进程，继续发展各类市场，特别是资本、劳动力、技术等生产要素市场，完善生产要素价格形成机制，进一步强化市场在资源配置中的基础性作用。值得注意的是，1997 年后，中国加快了加入世界贸易组织（WTO）的步伐，并据此加速了市场经济建设和政府职能转变。1998 年党的十五届二中全会通过了《国务院机构改革方案》，强调转变政府职能、实现政企分开，按照发展社会主义市场经济的要求进行经济任务部署。到 2002 年党的十六大召开前，中国已初步建立起社会主义市场经济体制。党的十六大进一步强调，社会主义市场经济体制初步建立，市场体系建设全面展开，宏观调控体系不断完善，政府职能转变步伐加快。坚持社会主义市场经济的改革方向，使市场在国家宏观调控下对资源配置起基础性作用。健全现代市场体系，加强和完善宏观调控，在更大程度上发挥市场在资源配置中的基础性作用。完善政府的经济调节、市场监管、社会管理和公共服务的职能，减少和规范行政审批。要把促进经济增长，增加就业，稳定物价，保持国际收支平衡作为宏观调控的主要目标。党的十六大为完善社会主义市场经济体制奠定了基调。

在这一阶段，建立社会主义市场经济体制、使市场在国家宏观调控下对资源配置起基础性作用就是政府与市场关系发展的核心目标和基本原则。这一关系模式持续演进，从党的十五大强调“进一步发挥市场对资源配置的基础性作用”，到党的十六大提出“在更大程度上发挥市场在资源配置中的基础性作用”，再到党的十七大要求“从制度上更好发挥市场在资源配置中的基础性作用”，直至党的十八大主张“更大程度更广范围发挥市场在资源配置中的基础性作用”，这一系列表述彰显了日益鲜明的市场化导向，不断传递出深化经济体制改革的坚定决心。洪银兴（2018）同样指出 1992—2012 年期间，中国经济沿着“使市场在国家宏观调控下对资源配置起基础性作用”的政府与市场关系的主线快速发展。这一时期，中国政府的宏观调控在克服“市场失灵”的基础上，进一步拓展其职能至规划制定、市场培育、经济结构调整和区域经济协调发展等方面。

## 四、2012 年至今全面深化改革阶段：市场作用不断提升

党的十八大开启了中国特色社会主义新时代，标志着中国进入了全面深化改革的新阶段。如何有效发挥政府与市场作用、界定两者作用边界，成为政府与市场关系调整与改革的焦点，改革历程大致分为两个阶段。

### （一）2012—2021 年：发挥市场决定性作用

在这一阶段，市场作用的定位从“基础性作用”升级为“决定性作用”。党的十八大报告指出，深化改革是加快转变经济发展方式的关键。经济体制改革的核心问题是处理好政府和市场的关系，必须更加尊重市场规律，更好发挥政府作用。经济体制改革作为全面深化改革的重心，理论上已成熟，应将市场的“基础性作用”修改为“决定性作用”。这一新定位在党的十八届三中全会上得到正式确认，强调市场在资源配置中的决定性作用，同时要求政府有效发挥作用。随后，党的十九大及党的十九届三中全会进一步深化这一理念，强调转变政府职能，优化机构设置，破除体制机制障碍，全面提高政府效能，建设服务型政府。2021 年，习近平总书记在主持召开中央全面深化改革委员会第二十三次会议时强调，要加快转变政府职能，提高政府监管效能，推动有效市场和有为政府更好结合①。

### （二）2021 年至今：构建高水平社会主义市场经济体制

在第二阶段，市场作用的定位从“决定性作用”转变为“充分发挥决定性作用”。其中，党的二十大明确提出，要充分发挥市场在资源配置中的决定性作用，更好发挥政府作用。从前期的“使”到如今的“充分发挥”之间的转变，标志着市场作用内涵与外延不断深化，市场作用进一步提升。

2024 年，党的二十届三中全会从全面深化改革的高度，进一步深化对政府与市场关系的认识，提出了到 2035 年全面建成高水平社会主义市场经济体制的目标。会议指出，高水平社会主义市场经济体制是中国式现代化的重要保障。必须更好发挥市场机制的作用，创造更加公平、更有活力的市场环境，实现资源配置效率最优化和效益最大化，既“放得活”又“管得住”，更好维护市场秩序、弥补市场失灵，畅通国民经济循环，激发全社会内生动力和创新活力。其中，充分

① 《习近平主持召开中央全面深化改革委员会第二十三次会议强调 加快建设全国统一大市场提高政府监管效能 深入推进世界一流大学和一流学科建设》，新华社，2021 年 12 月 17 日。

发挥市场决定性作用与更好发挥政府作用被置于首位。习近平总书记指出，决定稿围绕处理好政府和市场关系这个核心问题，把构建高水平社会主义市场经济体制摆在突出位置，对经济体制改革重点领域和关键环节作出部署①。

在党的二十大报告中，“高水平社会主义市场经济体制”被阐释为“充分发挥市场在资源配置中的决定性作用，更好发挥政府作用”。相比之下，党的二十届三中全会则强调“必须更好发挥市场机制作用”，并未直接提及“政府”二字，而是通过描述政府的职责，如“管得住”“弥补市场失灵”等来间接体现，这一转变显著提升了市场机制的地位。此外，公报还尤为强调处理好“放”与“管”之间的关系，主张既“放得活”又“管得住”。李锦（2024）认为“放得活”强调目的，而“管得住”侧重能力，处理好二者关系要与当前经济形势紧密结合。学界也对党的二十届三中全会以来的政府与市场关系进行了深入的探讨。杨伟民（2024）指出市场决定资源配置是高水平社会主义市场经济体制的本质特征。周文（2024）认为构建高水平社会主义市场经济体制重点在于构建“市场机制有效、微观主体有活力、宏观调控有度的经济体制”，应聚焦“更加公平、更有活力”“更加系统完备、更加成熟定型”及“系统性、整体性、协同性”三个核心发力。

梳理中国政府与市场关系变迁历史不难发现，中国特色社会主义市场经济体制的建立，是在政府引导下逐步推进的，通过不断深化改革，培育具有竞争力的市场主体、健全市场制度、完善市场体系，实现了社会主义制度优势与市场经济规律的结合。中国不断探索追求的政府与市场关系，超越了西方传统的政府与市场“二分法”框架，也不仅限于政府作为市场失灵时的“守夜人”单一角色，更在于通过其有效作为，大幅提升市场经济的资源配置效能，实现“有为政府”和“有效市场”的有机结合。中国政府与市场关系转变的重大历史事件如表 2–2 所示。党的十一届三中全会至党的二十届三中全会核心内容梳理如表 2–3 所示。

**表 2–2　中国政府与市场关系转变的重大历史事件**

| 时间 | 重大会议或事件 | 主要内容 |
| --- | --- | --- |
| 1949 年 | 中华人民共和国成立 | 高度集中的计划经济 |
| 1978 年 | 党的十一届三中全会 | 对内改革，对外开放 |
| 1982 年 | 党的十二大 | 计划经济为主，市场调节为辅 |
| 1987 年 | 党的十三大 | 国家调节市场，市场引导企业 |
| 1988 年 | 党的十三届三中全会 | 计划经济与市场调节相结合 |

① 习近平：《关于〈中共中央进一步全面深化改革、推进中国式现代化的决定〉的说明》，《求是》2024 年第 16 期。

续表

| 时间 | 重大会议或事件 | 主要内容 |
| --- | --- | --- |
| 1992 年 | 邓小平南方谈话 | 市场经济不等于资本主义，社会主义也可以有市场 |
| 1992 年 | 党的十四大 | 确立建立社会主义市场经济体制的目标 |
| 1993 年 | 党的十四届三中全会 | 确立市场对资源配置的基础性作用 |
| 2002 年 | 党的十六大 | 在更大程度上发挥市场在资源配置中的基础性作用 |
| 2013 年 | 党的十八届三中全会 | 使市场在资源配置中起决定性作用和更好发挥政府作用 |
| 2020 年 | 党的十九届五中全会 | 推动有效市场和有为政府更好结合 |
| 2022 年 | 党的二十大 | 充分发挥市场在资源配置中的决定性作用，更好发挥政府作用 |
| 2024 年 | 党的二十届三中全会 | 经济体制改革是全面深化改革的重点，核心问题是处理好政府和市场的关系，充分发挥市场在资源配置中的决定性作用，更好发挥政府作用 |

资料来源：笔者整理。

**表 2-3　党的十一届三中全会至党的二十届三中全会核心内容梳理**

| 时间 | 会议 | 核心内容 |
| --- | --- | --- |
| 1978 年 | 党的十一届三中全会 | 全会冲破长期"左"的错误和严重束缚，彻底否定"两个凡是"的错误方针，高度评价关于真理标准问题的讨论，重新确立了党的实事求是的思想路线。全会停止使用"以阶级斗争为纲"的口号，决定将全党的工作重点和全国人民的注意力转移到社会主义现代化建设上，提出了改革开放的任务 |
| 1984 年 | 党的十二届三中全会 | 全会通过了《中共中央关于经济体制改革的决定》，阐明了加快以城市为重点的整个经济体制改革的必要性、紧迫性，规定了改革的方向、性质、任务和各项基本方针政策 |
| 1988 年 | 党的十三届三中全会 | 会议原则通过了《关于价格、工资改革的初步方案》和《中共中央关于加强和改进企业思想政治工作的通知》。全会确定，把未来两年改革和建设的重点突出地放到治理经济环境和整顿经济秩序上来，提出计划经济与市场调节相结合 |
| 1993 年 | 党的十四届三中全会 | 全会审议并通过《中共中央关于建立社会主义市场经济体制若干问题的决定》，指出社会主义市场经济体制是同社会主义基本制度结合在一起的。建立社会主义市场经济体制，就是要使市场在国家宏观调控下对资源配置起基础性作用 |
| 1998 年 | 党的十五届三中全会 | 会议审议通过了《中共中央关于农业和农村工作若干重大问题的决定》。全会强调，以公有制为主体、多种所有制经济共同发展的基本经济制度，以家庭承包经营为基础、统分结合的经营制度，以劳动所得为主和按生产要素分配相结合的分配制度必须长期坚持 |
| 2003 年 | 党的十六届三中全会 | 全会审议通过了《中共中央关于完善社会主义市场经济体制若干问题的决定》《中共中央关于修改宪法部分内容的建议》。全会强调，完善社会主义市场经济体制的主要任务是：完善公有制为主体、多种所有制经济共同发展的基本经济制度；建立有利于逐步改变城乡二元经济结构的体制；形成促进区域经济协调发展的机制；建设统一开放竞争有序的现代市场体系；完善宏观调控体系、行政管理体制和经济法律制度；健全就业、收入分配和社会保障制度；建立促进经济社会可持续发展的机制 |

续表

| 时间 | 会议 | 核心内容 |
| --- | --- | --- |
| 2008 年 | 党的十七届三中全会 | 会议审议通过了《中共中央关于推进农村改革发展若干重大问题的决定》。全会提出，到 2020 年，农村改革发展基本目标任务是：农村经济体制更加健全，城乡经济社会发展一体化体制机制基本建立 |
| 2013 年 | 党的十八届三中全会 | 会议审议通过了《中共中央关于全面深化改革若干重大问题的决定》《党政机关厉行节约反对浪费条例》，决定提出使市场在资源配置中起决定性作用和更好发挥政府作用 |
| 2018 年 | 党的十九届三中全会 | 全会审议通过了《中共中央关于深化党和国家机构改革的决定》《深化党和国家机构改革方案》。会议强调，深化党和国家机构改革，是新时代坚持和发展中国特色社会主义的必然要求 |
| 2024 年 | 党的二十届三中全会 | 经济体制改革是全面深化改革的重点，核心问题是处理好政府与市场的关系，使市场在资源配置中起决定性作用和更好发挥政府作用 |

资料来源：笔者整理。

## 第三节　有为政府与有效市场协调机制构建

中国在实践探索中不懈追求市场功能与政府行为的最佳契合点，旨在全面发挥两者优势，促成“无形之手”与“有形之手”的和谐统一与相互协作。而构建有为政府与有效市场协调互动机制，是构建高水平社会主义市场经济体制的核心要求，探索形成既“放得活”又“管得住”的经济秩序更是党的二十届三中全会的重要战略部署。因此明确有为政府与有效市场协同的理论内涵，设计开放、兼容、匹配的协调机制具有重要意义。

### 一、有为政府与有效市场的理论内涵

#### （一）“管得住”——打造有为政府

党的二十届三中全会明确指出，科学的宏观调控、有效的政府治理是发挥社会主义市场经济体制优势的内在要求。在社会主义市场经济背景下，构建“管得住”的政府角色显得尤为重要。方福前（2024）阐释了“管得住”的内涵，即政府应聚焦于优化市场秩序、弥补市场缺陷、有效应对外部挑战，以维持经济平稳运行并实现可持续发展。林毅夫（2024）进一步强调，顺应时代发展，需构建“目标明确、分工精细、协同高效”的宏观经济治理体系，深化行政体制改革，实现简政放权与优化服务的有机结合，并依据地方特色发展新质生产力，以充分发挥政府的积极作用。张晓晶、董昀（2025）认为，政府具有宏观调控的关键经济职能，这要求政府在经济波动时，丰富政策手段，运用科学策略稳定市场预期与社会总需求，确保宏观经济稳定。同时，政府

还需扮演市场塑造者的角色，通过提供基础设施与公共服务，为市场机制的有效运行提供支撑。此外，部分学者还从体制机制与公共服务保障的角度，强调了政府作为提供者与保障者的角色，倡导构建积极有为的政府形象。

然而，有为政府并不意味着过度干预。对于市场机制能有效运作的领域，政府应简政放权，给予充分支持而非过度干预；而对于市场失灵的领域，政府则需主动介入，确保管理到位且高效。杨瑞龙（2024）强调“管得住”并非意味着政府需全面介入，而是在市场机制主导资源配置的基础上，更好地发挥政府的职能与作用。辛贤（2024）则以乡村振兴为例，指出政府的有力推动对乡村振兴战略的成功实施至关重要，但它并非唯一因素，还需要加强合作、广泛调动力量。因此政府应适度减少直接干预，采取精准管理，激发农村地区的自我发展能力。

### （二）“放得活”——构建有效市场

习近平总书记指出，市场决定资源配置是市场经济的一般规律，市场经济本质上就是市场决定资源配置的经济。[①] 在社会主义市场经济条件下，我们要发挥“放得活”的有效市场功能。市场的优势核心在于“高效”，一个成熟且高水平的市场经济体制，能够通过供求关系、竞争机制和价格杠杆等，激发经济主体的内在动力和创新精神，进而提升生产效率和资源配置效率。方福前（2024）认为，“放得活”的关键在于不断全面深化改革，通过调动经营主体的积极性和创新性，激发市场活力，挖掘市场潜力，确保市场在资源配置中发挥决定性作用。林毅夫（2024）则着重指出，要全面激发经营主体活力，深化要素市场化改革，构建统一开放、竞争有序、制度健全、治理完善的高标准市场体系，进一步巩固市场在资源配置中的决定性地位。张晓晶 、董昀（2025）提出，发挥市场高效功能需聚焦两大要点：一是促进劳动力要素的自由流动与合理配置；二是深化金融供给侧结构性改革，以实现资源配置的最优化和效益的最大化。

## 二、建设有为政府与有效市场的困难和挑战

常庆欣（2021）指出学界普遍从“强弱”“大小”以及“进退”三种维度出发探讨政府与市场关系，而有为政府与有效市场是从根本上突破对政府与市场关系的认识。在现代经济体系中，建设有为政府与有效市场仍面临严峻挑战，我们要有效区分有为政府与有效市场的作用边界，妥善处理有为政府与有效市场的关键关系，统筹协调好双方关系。



① 习近平：《关于〈中共中央关于全面深化改革若干重大问题的决定〉的说明》，新华社，2013 年 11 月 16 日。

### （一）合理界定有为政府与有效市场的作用边界

在全面建设中国特色社会主义现代化国家进程中，应有效区分有为政府与有效市场的作用边界。有为政府，强调的是政府在经济发展中的积极作用，而非过度干预。它要求政府在制定规则、维护市场秩序、提供公共服务等方面发挥关键作用，为市场机制的正常运行创造良好环境。例如，政府可以通过制定和执行法律法规，确保市场公平竞争，防止垄断和不正当竞争行为的发生；通过提供教育、医疗、社会保障等公共服务，提升人力资源素质，为经济发展提供坚实的基础。同时，政府还应根据经济发展的不同阶段和外部环境的变化，灵活调整经济政策，以支持和适应生产关系的转变。有效市场，则是指市场机制能够充分发挥作用，实现资源的优化配置。在有效市场中，价格能够准确反映供求关系，引导资源流向最需要的地方；市场信息能够自由流通，使各经济主体能够作出理性的决策；竞争机制能够激发企业的创新活力，推动技术进步和产业升级。

洪俊杰（2025）进一步指出，在经济循环的生产、分配、流通、消费环节中也要厘清政府与市场的作用边界，促进有为政府与有效市场更好结合。在生产环节，市场机制应通过价格信号引导资源流向最有效率的生产领域，激发企业创新活力。政府则应侧重于提供公共产品与服务，如基础设施建设、科研资金支持、知识产权保护等，为市场主体创造良好的外部环境。此外，政府还需通过产业政策引导产业结构优化，避免市场失灵导致的资源错配或产能过剩，确保经济发展可持续和具有竞争力。在分配环节，初次分配应主要由市场机制决定，依据生产要素的贡献进行分配，鼓励勤劳致富和创新驱动。政府则需通过税收政策、社会保障制度等手段参与再分配，调节过高收入人群收入，增加低收入群体收入，缩小贫富差距，促进社会公平正义。同时，政府还需关注教育资源、医疗服务等公共服务的均等化，为所有人提供平等的发展机会。流通环节则是连接生产与消费的关键纽带，高效流通能够降低交易成本，加速商品和服务的流转。市场机制在这里发挥着核心作用，通过竞争促进物流体系优化、电子商务发展等。政府则需加强市场监管，打击不正当竞争和垄断行为，维护市场秩序；同时，推动交通基础设施升级、信息化建设，以及国际贸易规则的完善，为商品和服务的国内外流通创造便利条件。消费是经济增长的最终拉动力。市场机制通过消费者偏好和购买力引导生产方向，促进消费升级和产业转型。政府则需关注消费者权益保护，建立健全消费者权益保护法律体系，提振消费信心。此外，通过实施积极的财政政策、货币政策以及促进就业的政策，提高居民收入水平，增强消费能力。同时，鼓励绿色消费、健康消费，引导形成科学合理的消费观念，促进经济社会的可持续发展。有为政府与有效市场经济循环的角色定位如表 2–4 所示。

表 2-4　有为政府与有效市场经济循环的角色定位

| | 生产 | 分配 | 流通 | 消费 |
|---|---|---|---|---|
| 有为政府 | 提供公共产品与服务；通过产业政策引导产业结构优化，避免市场失灵导致的资源错配或产能过剩 | 参与再分配，缩小贫富差距，促进社会公平正义，关注公共服务的均等化 | 加强市场监管，维护市场秩序；推动交通基础设施升级、信息化建设，以及国际贸易规则的完善 | 关注消费者权益保护，提振消费信心；提高居民收入水平，增强消费能力；鼓励绿色消费、健康消费，引导形成科学合理的消费观念 |
| 有效市场 | 通过价格信号引导资源合理配置，激发企业创新活力，促进技术进步和产业升级 | 依据生产要素的贡献进行初次分配，鼓励勤劳致富和创新驱动 | 通过竞争促进物流体系优化、电子商务发展等 | 通过消费者偏好和购买力引导生产方向，促进消费升级和产业转型 |

资料来源：笔者整理。

### （二）有效协调有为政府与有效市场的关系

洪俊杰（2025）指出，在推动有效市场与有为政府更好结合的过程中，处理好活力与秩序、效率与公平、发展与安全的关系至关重要。首先，活力与秩序是经济健康发展的两翼。有效市场能够激发市场主体的活力，促进创新和竞争，但若无序发展，则可能导致市场失灵。因此，有为政府需通过制定和执行法律法规，维护市场秩序，确保市场活动在法治轨道上运行。同时，政府还应鼓励市场创新，为市场主体提供公平竞争的环境，以激发市场活力。其次，效率与公平是社会发展的双重目标。有效市场通过市场机制实现资源的优化配置，提高经济效率。然而，市场机制的运行可能带来收入分配的不公平。有为政府应通过税收、社会保障等政策手段，调节收入分配，实现社会公平。同时，政府还应推动教育、医疗等公共服务的均衡发展，减少社会不平等现象。最后，发展与安全是国家长治久安的基石。有效市场能够推动经济增长，但若无序竞争、盲目发展，则可能危及国家经济安全。有为政府需加强宏观调控，防范化解经济风险，确保国家经济安全。同时，政府还应加强市场监管，防止市场垄断和不正当竞争行为的发生，以维护市场稳定和国家安全。

## 三、统筹协调有为政府与有效市场的关系

高质量发展的核心动力在于有为政府与有效市场的协同作用，政府有为推动市场有效，市场有效要求政府有为。市场的有效性在于能够实现资源的最优配置与高效使用，通过市场价格能够灵敏响应需求变化、顺畅传递信息。而政府的有为性，则体现在能够为市场机制的运行构建科学的制度框架，并根据经济社会发展阶段灵活调整政策，推动生产关系的适时转型。作为有为的主体，政府还肩负着维护市场秩序、填补市场空白、保障国民经济高效顺畅运行的重要职责。

近年来，具有中国特色的“有为政府、有效市场”互动体系在学界也多有探讨。尚子娟等（2022）认为“有为政府—有效市场”的政府与市场的关系模式是在借鉴西方经济学理论的基础上完成的理论重构。陈梓睿（2023）在中国式现代化的语境体系下指出有为政府的作用主要体现在推动国家治理体系和治理能力现代化、加强基础设施建设、构建宏观调控体系等方面，政府有为是实现市场有效的前提条件。卢福财、王守坤（2021）则提出有为政府与有效市场应为相互依存共生、相互协调促进的状态，这是中国特色社会主义市场与中国基本经济制度相结合的伟大实践成果。孙彩红（2017）认为在中国现代化发展过程中有为政府与有效市场相互促进、互为补充。蒋硕亮（2023）也提出随着市场的主体地位不断凸显，政府在扮演“管理者”角色的同时管理的重心也在不断上移，逐步形成了具有中国特色的有为政府与有效市场的良性互动关系。武力、陈瑞婷（2024）强调经济体制改革的关键在于妥善处理政府与市场的关系。

处理有为政府与有效市场关系的关键在于界定政府与市场的职能边界。二者的边界应当根据市场失灵和政府失灵来具体界定，政府不能越位，市场能做的一定交给市场；政府不能失位、错位。进一步，政府的职能不是一成不变的。政府与市场的平衡点是随着经济环境的变化而变化的，要根据市场失灵和政府失灵的具体情况来寻找两者的平衡点，将两者有效结合，构建汇聚全社会力量和资源的“开放、兼容、匹配”三类协调机制。开放主要指破除体制机制壁垒，使政府、市场以及各类社会主体都能有效参与，充分发挥各自优势与作用；兼容提倡政府、市场以及社会主体发挥作用的目标相互融合，共同激发经济发展的内生动力；匹配主张各主体行为的影响机制要相互匹配，不能相互冲突、矛盾。如政府要为市场机制的发挥提供制度环境，不能过度干预；市场在优化资源配置时也要坚守底线，不能跨线越界。

综合而言，统筹好有为政府与有效市场的关系，形成既“放得活”又“管得住”的经济秩序对于经济社会发展具有重要意义。正如习近平总书记所言，在市场作用和政府作用的问题上，要讲辩证法、两点论，“看不见的手”和“看得见的手”都要用好，努力形成市场作用和政府作用有机统一、相互补充、相互协调、相互促进的格局，推动经济社会持续健康发展。①



## 参考文献

蔡景庆 . 西方主流经济学脉络透析与重要支撑析辩 [J]. 学术探索，2020（1）：111–119.

常庆欣 . 有效市场和有为政府更好结合推进构建高水平社会主义市场经济体制 [J]. 山东社会科学，2021（2）：20–25.

陈锡文 . 实施乡村振兴战略，推进农业农村现代化 [J]. 中国农业大学学报（社会科学版），2018，35（1）：5–12.

陈雨露 . 金融发展中的政府与市场关系 [J]. 经济研究，2014，49（1）：16–19.

① 《习近平经济文选》第一卷，中央文献出版社 2025 年版。

陈云贤．中国特色社会主义市场经济：有为政府 + 有效市场 [J]. 经济研究，2019，54（1）：4–19.

陈振明．现代市场经济中的政府角色——从国际经验看转轨时期我国政府的经济职能 [J]. 开放导报，1997（Z1）：22–25.

陈梓睿．有力政党、有为政府、有效市场与有序社会：中国式现代化的创新与超越 [J]. 求索，2023（6）：175–182.

迟福林．处理好政府与市场关系——构建高水平社会主义市场经济体制的重大任务 [J]. 北方经济，2024（8）：1–3.

杜仕林．转型期国家干预之边界考量——基于经济法的认知视角 [J]. 甘肃社会科学，2006（4）：15–18+9.

方福前．处理好政府和市场关系这个核心问题 [N]. 人民日报，2024–09–13（9）.

郭冠清．新中国 70 年政府与市场关系演进的政治经济学分析 [J]. 扬州大学学报（人文社会科学版），2020，24（3）：59–73.

郭金平．“看不见的手”和“看得见的手”都用好——谈政府和市场的关系 [N]. 经济日报，2014–08–21.

郭晓鸣，张克俊，虞洪，等．实施乡村振兴战略的系统认识与道路选择 [J]. 农村经济，2018（1）：11–20.

韩欢．超越与重构：中国共产党领导下有效市场和有为政府的耦合协调 [J]. 中共宁波市委党校学报，2021，43（5）：120–128.

洪俊杰．统筹好有效市场和有为政府的关系 [N]. 光明日报，2025–01–07（11）.

洪银兴．关于市场决定资源配置和更好发挥政府作用的理论说明 [J]. 经济理论与经济管理，2014（10）：5–13.

洪银兴．市场化导向的政府和市场关系改革 40 年 [J]. 政治经济学评论，2018，9（6）：28–38.

黄季焜．乡村振兴：农村转型、结构转型和政府职能 [J]. 农业经济问题，2020（1）：4–16.

黄先海，宋学印．赋能型政府——新一代政府和市场关系的理论建构 [J]. 管理世界，2021，37（11）：41–55+4.

黄祖辉，李懿芸，马彦丽．论市场在乡村振兴中的地位与作用 [J]. 农业经济问题，2021（10）：4–10.

纪宁辉．乡村振兴战略视域下基层政府、市场与社会的协同治理研究 [J]. 河北科技师范学院学报（社会科学版），2021，20（3）：22–27.

季健霞，张慧莹．中国式现代化视域下的政府与市场 [J]. 辽宁大学学报（哲学社会科学版），2024，52（2）：26–32.

蒋辉，刘兆阳．乡村产业振兴的理论逻辑与现实困境——以湖南千村调研为例 [J]. 求索，2020（2）：128–134.

蒋硕亮．论政府机构改革与职能转变的中国经验：政府与市场关系视角 [J]. 上海商学院学报，2023，24（6）：96–107.

蒋永甫，谢舜．有限政府、有为政府与有效政府——近代以来西方国家政府理念的演变 [J]. 学习与探索，2008（5）：73–76.

康俊辉．市场作用与政府作用内在统一的基础、内涵及现实意义 [J]. 新疆财经大学学报，2023（4）：5–10.

孔杉．探索乡村旅游产业中政府和市场的良性互动机制 [J]. 科技经济市场，2021（7）：107–108+110.

郎佩娟．政府干预经济的原则与界限 [J]. 中国政法大学学报，2018（4）：15–24+206.

李昌麒，张波．论经济法的国家干预观与市场调节观——对国家与市场分析范式的一种解读 [J]. 甘肃社会科学，2006（4）：4–9.

李锦．瞄准国企 2024 年五大任务——2024《政府工作报告》指导国企改革方向 [J]. 中外企业文化，2024（4）：6–8.

李鹏飞，黄丽君．乡村产业振兴的理论内涵与发展困境研究 [J]. 生产力研究，2020（7）：12–16+161.

李实，陈基平，滕阳川 . 共同富裕路上的乡村振兴：问题、挑战与建议 [J]. 兰州大学学报（社会科学版），2021，49（3）：37–46.

李小静 . 乡村振兴的长效机制：政府职能与市场调节良性互动 [J]. 农业经济，2020（1）：37–39.

李卓，郑永君 . 有为政府与有效市场：产业振兴中政府与市场的角色定位——基于 A 县产业扶贫实践的考察 [J]. 云南社会科学，2022（1）：162–168.

林毅夫 . 全面构建高水平社会主义市场经济体制 推动有效市场和有为政府更好结合 [N]. 人民政协报，2024–10–16.

刘祖云 . 政府与市场的关系：双重博弈与伙伴相依 [J]. 江海学刊，2006（2）：106–111+239.

卢福财，王守坤 . 历史脉络与实践视野下的有为政府——中国特色社会主义政治经济学的核心命题 [J]. 管理世界，2021，37（9）：77–90.

陆林，刘烊铭 . 政府主导乡村旅游开发进程中的农民利益保护研究——以云南 KY 小镇为例 [J]. 农村经济，2019（6）：50–56.

马玉荣 . 一号文件为乡村振兴搭建起"梁"和"柱"——专访国务院发展研究中心农村经济研究部部长叶兴庆 [J]. 中国发展观察，2018（Z1）：39–42+30.

内蒙古自治区中国特色社会主义理论体系研究中心 ."看不见的手"和"看得见的手"都要用好 [EB/OL]. 人民网，2016–07–26.

青木昌彦，凯文・穆尔多克，奥野正宽 . 政府在东亚经济发展中的作用：比较制度分析 [M]. 北京：中国经济出版社，1998.

尚子娟，张帆帆，石智雷 . 我国公共托育服务中政府与市场的关系研究：合作与边界 [J]. 成都师范学院学报，2022，38（10）：101–110.

孙彩红 . 习近平关于政府与市场关系思想的特征及实践价值 [J]. 中国社会科学院研究生院学报，2017（3）：15–21.

孙开 . 公共产品供给与公共支出研究 [M]. 大连：东北财经大学出版社，2006.

涂圣伟 . 乡村振兴中"有为政府"的行为边界 [J]. 中国发展观察，2021（Z2）：37–39.

王亚华，关长坤 . 全面推进乡村振兴促进共同富裕中的政府与市场关系 [J]. 中国农业大学学报（社会科学版），2023，40（3）：48–59.

王瑶，郭冠清 . 中国特色的有效市场与有为政府 [J]. 河北经贸大学学报，2024，45（2）：41–48.

维托・坦茨 . 政府与市场：变革中的政府职能 [M]. 北京：商务印书馆，2014.

魏后凯，叶兴庆，黄祖辉，等 . 进一步全面深化改革，开创高质量发展新局面——权威专家研究阐释党的二十届三中全会精神 [J]. 中国农村经济，2024（9）：2–21.

吴晓燕，赵普兵 . 协同共治：乡村振兴中的政府、市场与农村社会 [J]. 云南大学学报（社会科学版），2019，18（5）：121–128.

武力，陈瑞婷 . 新中国政府和市场关系演变述论（1949–2024）[J]. 新经济，2024（10）：27–41.

武力，张林鹏 . 改革开放 40 年政府、市场、社会关系的演变 [J]. 国家行政学院学报，2018（5）.

徐平华 . 政府与市场：看得见的手与看不见的手 [M]. 北京：新华出版社，2014.

徐雅卿 . 全国统一大市场：历史逻辑、理论逻辑和实践指向 [J]. 新经济，2023（6）：162–168.

亚当·斯密 . 国富论 [M]. 北京：商务印书馆，1972.

杨瑞龙 . 既要“放得活”又要“管得住”——正确处理好政府和市场关系 [J]. 中国党政干部论坛，2024（9）：17-22.

杨伟民 . 加大经济改革力度，推动中国经济高质量发展 [J]. 国际金融，2024（12）：3-5.

姚庆丰 . 关于政府经济职能的讨论 [J]. 社会科学动态，1999（11）：18-19+17.

叶兴庆 . 新时代中国乡村振兴战略论纲 [J]. 改革，2018（1）：65-73.

叶兴庆 . 叶兴庆：以改革创新促进乡村振兴 [J]. 财经界，2018（4）：51-53.

张琦 . 如何正确理解政府与市场的关系 [J]. 中国经济评论，2023（2）：22-26.

张群群 . 超越二元论：对政府与市场关系的反思 [J]. 当代经济科学，2000（6）：8-12.

张申 . 政府选择与市场选择：改革开放 40 年中国产业发展的逻辑生成 [J]. 贵州社会科学，2018（10）：125-133.

张晓晶，董昀 . 统筹好有效市场和有为政府的关系 [N]. 经济日报，2025-01-08（10）.

张媛 . 探析乡村振兴中政府与市场的作用 [J]. 现代农业研究，2023，29（4）：44-47.

郑良，周宇，董科娜，等 .“乡村振兴的理论与实践”分论坛——搭建“有为政府”与“有效市场”共商共享合作平台 [J]. 小康，2022（5）：50.

周黎安 . 中国地方官员的晋升锦标赛模式研究 [J]. 经济研究，2007（7）：36-50.

周文，宁殿霞 . 中国特色社会主义政治经济学：渊源、发展契机与构建路径 [J]. 经济研究，2018，53（12）：20-33.

周文 . 强国经济学：政府与市场的关系（二）[J]. 经济导刊，2023（12）：18-24.

周文 . 强国经济学：政府与市场的关系（三）[J]. 经济导刊，2024（1）：15-21.

朱天义，黄慧晶 . 乡村振兴中基层有为政府与有效市场的衔接机制——基于“情境—策略”的分析框架 [J]. 江西师范大学学报（哲学社会科学版），2022，55（1）：110-122.

# 第三章　乡村振兴中政府与市场协调关系的分析框架

乡村振兴是一个复杂的系统工程，需要统筹处理好政府、市场和社会之间的关系。本章在系统分析政府、市场和社会在乡村振兴战略实施过程中的关键作用的基础上，构建了乡村振兴中政府、市场与社会关系的分析框架，剖析乡村产业振兴、人才振兴、组织振兴、文化振兴和生态振兴过程中如何协调政府、市场与社会三者之间的关系；随后，深入解析政府、市场与社会在推进乡村生产、生活、生态“三生”协调发展中的作用机理和实现路径，旨在为推进乡村全面振兴中政府、市场和社会关系的科学协调提供理论支撑和决策依据。

## 第一节　政府、市场与社会在乡村振兴中的作用

以乡村振兴战略为统领，推动中国式现代化进程中的农业农村优先发展，是解决中国城乡发展不平衡、乡村发展不充分问题的必然要求（叶兴庆，2018）。在乡村振兴战略推进过程中，政府、市场与社会是三大关键的主体，它们之间相互交织、彼此影响，共同塑造乡村发展的格局和走向。政府在乡村振兴中通过政策制定与引导、资源配置与投入、监管与规范等，发挥着引领、规划和保障的重要作用；市场是推动乡村经济发展的核心力量，在乡村振兴中承担优化资源配置、驱动产业发展、激励创新等重要职能；社会力量则通过社会组织、公众参与、志愿服务以及文化传承与创新等方式，在乡村振兴中发挥补充与协同作用。政府、市场与社会唯有建立互补、互动、融合的良好关系，方能形成合力，协同推动乡村振兴战略落地见效。



### 一、乡村振兴中政府的作用

乡村振兴战略是中国新时代“三农”工作的核心举措，旨在解决农村发展不平衡、不充分的问题。政府在乡村振兴中的作用和地位至关重要，主要体现在以下几个方面。

第一，政府在政策制定和实施中起着主导作用。乡村振兴战略的推进需要系统和全面的政策

支持，政府作为政策的制定者和执行者，承担着关键责任。政府通过制定长期发展规划、出台具体政策措施，明确乡村振兴的目标和路径，确保战略实施的连续性和稳定性。例如，国家通过《乡村振兴战略规划（2018—2022年）》等文件，为乡村振兴提供了顶层设计和具体指导。同时，各级政府结合本地实际情况，制定相应的地方性政策，形成中央统筹、省负总责、市县抓落实的工作机制，推动乡村振兴战略的有效实施。

第二，政府在资源配置和公共服务提供中起着主导作用。乡村振兴需要大量的资金投入和资源配置，政府在此过程中起到重要的引导和推动作用。通过财政转移支付、专项资金拨付、金融支持等多种方式，政府为乡村振兴提供了坚实的资金保障。政府还通过建设和完善公共服务体系，为乡村提供基础设施、教育、医疗、社会保障等服务，提升乡村居民的生活质量，缩小城乡差距。例如，通过加大对农村基础设施建设投入，政府改善了农村道路、水利、通信等基础设施，为农村经济发展提供了有力支撑。

第三，政府在制度创新与体制改革中发挥引领作用。乡村振兴需要创新体制机制，以破解发展难题。政府通过深化农村改革，发挥了重要的引领作用，激发了乡村发展活力。土地制度改革是典型的例子。通过推进农村土地承包经营权流转和宅基地制度改革，政府为土地资源优化配置提供了制度保障，促进了农村经济的发展。此外，政府还通过完善农村社会治理体系，提升基层治理能力，为乡村振兴提供制度支持和社会保障。

第四，政府在协调各方力量与整合资源方面起着重要作用。乡村振兴是一项系统工程，涉及生产、生活、生态等多个领域，需要政府、市场、社会等多方力量的共同参与。政府作为这一过程中的主导者和协调者，发挥了桥梁和纽带作用。政府通过搭建多方合作的平台，整合各类资源，推动各方力量协同合作。例如，政府通过建立农村合作社、推动村企合作等形式，促进市场主体和社会力量参与乡村振兴，优化资源配置和利用。

综上所述，政府在乡村振兴中的作用和地位不可或缺。作为政策制定者和执行者，政府通过科学合理的政策设计和资源配置，为乡村振兴提供了坚实的保障。作为公共服务提供者，政府通过完善基础设施和提升服务水平，改善乡村居民的生活条件。作为制度创新的引领者，政府通过深化农村改革，激发了乡村发展的内生动力。作为各方力量的协调者，政府通过整合资源、搭建平台，推动了乡村振兴的多方协同合作。随着乡村振兴战略的深入推进，未来政府需要进一步加强自身建设，提升治理能力，创新体制机制，为实现乡村全面振兴和共同富裕提供有力支持。



## 二、乡村振兴中市场的作用

市场作为资源配置的决定性力量，在乡村振兴中具有不可替代的重要作用。通过市场机制的有效运作，可以优化资源配置，激发经济活力，推动乡村经济的可持续发展。市场在乡村振兴中的重要作用主要体现在四个方面。

一是市场通过价格机制和供求关系，实现资源在各领域的优化配置，在资源配置中发挥着决定性作用。在乡村振兴过程中，市场通过促进土地、资金、劳动力等生产要素的流动和重组，提高资源利用效率。例如，农村土地流转市场的发展，使得土地资源能够集中到更有经营能力的农户或企业手中，提高土地的生产效率。同时，市场还通过金融创新为乡村振兴提供了多样化资金支持，如农村小额贷款、农业保险等，解决了农户和农业企业的融资难题。

二是市场在技术创新与产业升级中具有显著推动力。市场机制能够有效激励企业和农户进行技术创新，提高生产效率，推动产业升级。在乡村振兴过程中，市场主体通过技术研发和应用，提高了农业生产的现代化水平。例如，精准农业、智慧农业等现代农业技术的推广应用，使得农业生产效率大幅提高，生产成本降低，产品质量提升。此外，市场通过推动农村一二三产业融合，促进了产业结构的优化和升级，提高了乡村经济的整体竞争力。通过发展农产品加工、乡村旅游、农村电商等新业态，市场为乡村经济注入了新的活力，拓宽了农民增收渠道。

三是市场在促进乡村社会发展中发挥积极作用。市场不仅是经济活动的场所，也是社会进步的重要推动力量。在乡村振兴过程中，市场通过提供就业机会、提升收入水平，促进了乡村社会的整体发展。例如，乡村旅游的发展，不仅带动了当地经济的增长，还改善了基础设施，提升了乡村居民的生活质量。同时，市场主体通过参与乡村基础教育、医疗卫生等社会公益事业，提升了乡村的公共服务水平，促进了社会的和谐与进步。

四是市场在推动乡村治理现代化中也扮演着重要角色。乡村治理现代化是乡村振兴的重要组成部分，市场主体通过参与治理，促进治理体系的创新和完善。例如，农村合作社的兴起，使得农民能够通过合作方式共同参与生产经营和村级事务管理，提升乡村治理的民主化与科学化水平。此外，市场主体还通过提供社会服务、参与公共事务，提升乡村治理的效率和质量，促进乡村社会的稳定与发展。



可见，市场在乡村振兴中具有极其重要的地位。作为资源配置的决定性力量，市场通过优化资源配置，提高乡村经济的运行效率；作为技术创新的推动者，市场推动产业升级和农业现代化；作为社会发展的促进者，市场拓宽农民增收渠道并改善公共服务；作为乡村治理的参与者，市场推动治理体系的创新和完善。因此，乡村振兴既要发挥政府在顶层设计、政策引导、示范带动、公共投入和推动改革等方面的作用，也要充分发挥市场在要素配置、主体激活、产业竞争和效率提升等方面的作用（黄祖辉等，2021）。

## 三、乡村振兴中社会的作用

社会，包括村民、社会组织、社会资本、社会文化等，在乡村振兴中同样发挥着不可忽视的重要作用。社会力量通过多元参与，为乡村振兴注入新的活力与动力，成为推动乡村振兴的重要支柱（李怀瑞、邓国胜，2021）。

### （一）村民

村民作为乡村社会的主体，是推动乡村全面振兴的重要力量。他们不仅是乡村经济和社会发展的直接参与者与受益者，更是乡村文化传承和创新的重要承担者。具体体现在以下几个方面：第一，村民在乡村经济发展中发挥基础性作用。农业生产、手工业、乡村旅游等产业的发展，离不开村民的积极参与和努力。村民通过提高生产技能、创新经营模式、增强市场意识，推动乡村经济的持续发展与繁荣。例如，通过发展现代农业和特色农业，村民不仅增加了收入，还提升了乡村经济的整体竞争力。第二，村民在乡村社会治理中具有重要地位。作为乡村治理的直接参与者，村民通过民主选举、村民会议等形式，参与村级事务的决策与管理，推动乡村治理的民主化和科学化。例如，通过村民自治组织，村民能够共同商议村级发展规划、集体经济管理等重大事项，增强村级治理的透明度和公正性。此外，村民通过参与基层民主建设，促进村民之间信任与合作，增强乡村社会的和谐与稳定。第三，村民在乡村文化传承与创新中起着关键作用。乡村文化是村民世代积累和传承的重要财富，具有深厚的历史根基和地域特色。村民通过传承和发扬乡村传统文化，如民俗、节庆、手工艺等，不仅保留了乡村的文化多样性，还提升了乡村的文化魅力与吸引力。同时，村民通过创新文化活动和形式，如举办文化节、艺术展等，不仅丰富了乡村居民的精神文化生活，还吸引了外来游客，推动了乡村文化与经济的融合发展。第四，村民在乡村生态环境保护中发挥积极作用。乡村振兴不仅追求经济发展和社会进步，更强调生态环境的保护和可持续发展。村民作为乡村生态环境的守护者，通过科学的生产生活方式和积极环保行动，促进了乡村生态环境的改善。例如，通过推广生态农业、发展循环经济，村民不仅提高了生产效益，还减少了对环境的污染和破坏。同时，村民通过参与环境保护宣传和行动，增强了环保意识，营造了良好的生态文明氛围。

总体而言，村民在乡村振兴中的地位和作用不可或缺。作为乡村发展主体，村民通过积极经营推动乡村繁荣；作为治理主体，村民通过民主参与和自治管理提升治理效能；作为文化传承与创新的载体，村民推动了乡村文化的发展和繁荣；作为生态环境的守护者，村民促进了乡村绿色转型。随着乡村振兴战略的深入推进，村民还需要不断增强自身能力与素质，积极参与乡村建设，为实现乡村全面振兴作出更大贡献。

### （二）社会组织

社会组织作为乡村振兴的重要参与者，发挥着不可替代的作用。它们通过提供多样化的服务和支持，促进乡村的经济、社会和文化的发展，是推动乡村全面振兴的重要力量。各类社会组织，如非政府组织、社区组织、村民自治组织、农业新型经营主体（农民合作社、农业龙头企业、家庭农场、乡村能人）等，在环境保护、教育、医疗、文化等多个领域发挥了积极作用。例如，一些环保组织通过宣传与项目实施，提升村民环保意识，推动生态环境改善。与此同时，社会组织通过提供教育培训、技术指导等服务，提升农民技能和素质，促进人力资源开发。

在乡村经济发展中，社会组织同样发挥着积极作用。它们通过提供技术支持、市场信息、资金援助等服务，帮助村民提高生产效率，拓宽销售渠道，增加收入。例如，农业技术推广站和农民合作社通过技术培训与指导，帮助农民掌握先进农业技术，提升农业生产水平。农民合作社作为一种集体经济组织，联合农民、整合资源，推动规模化和集约化经营，有效解决“单打独斗、经营分散”等问题，不仅提升农产品生产效率和质量，还降低成本、增加收入。例如，集中采购农资，统一销售提升议价能力，并通过技术培训和信息共享，提升村民的自我发展能力。龙头企业通过建立现代农业产业链，推动农业向规模化、标准化、品牌化方向发展。例如，通过建立农产品加工基地对初级农产品进行深加工，提升产品附加值，增加农民收入；通过打造农业产业园区，带动一二三产业融合发展。此外，龙头企业依托技术与管理创新，推动传统农业向现代农业转型升级。家庭农场通过规模化、集约化经营，提高了农业生产效率和效益。农场主作为新型职业农民，通过学习先进的农业技术与管理经验，增强生产经营能力。例如，应用精准农业、智慧农业等技术手段可以提高科技含量和产出效率；通过参与合作组织，实现资源共享与协同发展。此外，家庭农场还通过发展生态农业、有机农业等，实现农业绿色化与可持续发展，助力乡村生态环境保护。此外，农村电商平台等新兴组织，通过搭建线上销售渠道，帮助农产品进入更广阔市场。一些社会组织还通过提供小额贷款和金融服务，缓解农户与农村企业融资难题，推动经济可持续发展。



社会组织也可以在乡村社会治理中发挥重要作用。通过推动基层民主建设，社会组织有助于提高乡村治理的民主化和科学化水平。例如，社区服务中心、村民自治组织等，通过组织村民会议、民主选举等活动，增强村级事务的公开性，提升村民参与感与满意度。同时，社会组织还通过提供法律咨询、纠纷调解等服务，维护社会和谐与稳定。部分组织的公益活动与志愿服务，有助于增强村民之间的信任与合作，提升乡村社会的凝聚力与向心力。

社会组织在乡村文化传承与创新方面也扮演着关键角色。通过组织和开展丰富多彩的文化活动，不仅可以丰富乡村居民的精神文化生活，还可以推动乡村文化的传承和发展。例如，文化馆、文艺团体等，通过举办文艺演出、传统节庆活动等，传承和发扬乡村传统文化，丰富乡村的文化内涵，增强乡村的文化吸引力。此外，社会组织还通过开展文化教育培训提升村民的文化素质和艺术修养，推动乡村文化现代化与创新发展。部分组织通过文化交流和合作，促进乡村文化与城市文化的互动和融合，提升乡村文化的影响力与辐射力。

在生态环境保护方面，社会组织积极参与宣传与实践，提升村民环保意识，推动生态改善。例如，环保协会、绿色志愿者组织通过讲座活动传播环保理念，增强村民环保责任感。同时，它们还通过生态农业推广、环境治理项目，推动生态农业、生态旅游等绿色产业发展，实现环保与增收双赢。

综上所述，社会组织在乡村振兴中具有举足轻重的地位。作为经济发展的推动者，社会组织提供技术、资金与市场支持，激发经济活力；作为社会治理的参与者，它们推动民主建设，提升治理水平；作为乡村文化的传承者与创新者，它们通过丰富文化生活，促进文化融合；作为生态环境的保护者，它们通过开展环保宣传和行动，推动乡村绿色发展，守护美丽乡村。

**（三）社会资本**

社会资本作为一种无形的资源，在乡村振兴中发挥着独特且重要的作用。它通过信任关系、社会网络与行为规范等机制，促进乡村社会的合作与发展，成为推动乡村全面振兴的重要支撑力量。然而，当前社会资本参与农业农村投资效率仍不高，相关政策缺乏系统性与稳定性，政府过度干预导致加大政策风险加大，资本下乡的监督管理机制也相对滞后（冯兴元等，2022）。

第一，社会资本通过信任关系的构建，可以增强乡村社会的凝聚力与向心力。乡村社会中的信任关系不仅存在于亲友之间，也存在于村民与村干部、村民与社会组织之间。良好的信任关系有助于提升村民之间的互助合作精神，促进乡村社会的和谐与稳定。例如，通过建立村民互助组、邻里互助会等组织，村民在生产生活中相互协助，增强社区凝聚力。同时，信任的存在也提升了村民对村级事务的认同感与参与度，推动乡村治理的民主化和科学化。

第二，社会资本通过社会网络的构建，促进信息与资源的高效流通，为乡村经济发展提供有力支撑。乡村社会中的社会网络，包括亲属网络、朋友网络、邻里网络等，村民通过这些网络获取生产技术、市场信息、资金支持等资源，从而提升效率。例如，依托亲属网络，农民借助亲戚的帮助解决技术问题；通过朋友网络，获取市场行情并灵活调整生产经营策略；通过邻里网络，实现资源共享，降低生产成本。此外，社会网络的活跃还促进了合作组织的发展，推动乡村经济向规模化与现代化迈进。

第三，社会资本通过社会规范的构建，提升了乡村治理的有效性。社会规范作为一种非正式制度安排，以道德、习俗、传统等形式，规范村民的行为，有助于维护社会秩序稳定。例如，通过制定和落实村规民约，村民共同约定行为准则，有助于提升村级事务的管理水平和效率。规范中嵌套奖惩机制，也有助于增强村民的责任感与归属感。

第四，社会资本通过提升社会参与度，推动乡村社会的全面进步。社会资本的积累与运用，促使村民更加积极地参与乡村的经济、社会和文化事务。例如，通过参与村级事务管理，不仅锻炼了村民的自治能力，也增强了其对公共事务的主人翁意识；参与乡村文化活动，既丰富了精神生活，也促进了传统文化的传承与创新。

综上，社会资本在乡村振兴中的地位不可替代。作为一种无形但强大的社会资源，社会资本通过信任关系的构建，增强了社区凝聚力；通过社会网络的运转，促进了资源整合与经济发展；通过社会规范的约束，提升了治理水平与社会秩序；通过社会参与的激励，激发了村民的主体意识与集体责任感。随着乡村振兴战略的深入推进，亟须进一步挖掘和发挥社会资本的潜能，创新运用模式，完善支持机制，提升资源配置效率，为实现乡村全面振兴提供更有力的支撑。

**（四）社会文化**

社会文化作为乡村社会的重要组成部分，承载着深厚的历史积淀与鲜明的地域特色。它不仅是村民精神生活的重要内容，更是凝聚社会力量、增强社区认同的重要源泉。在乡村振兴过程中，社会文化通过传承与创新，可以有效推动乡村经济、社会和生态的全面发展。

第一，社会文化在乡村经济发展中具有重要作用。乡村文化资源丰富，具备广阔的经济开发潜力。通过对传统文化的挖掘和保护，可以发展乡村旅游、文化产业等新兴业态，带动乡村经济的发展。例如，通过发展乡村旅游，将传统节庆、民俗表演、手工艺制作等融入旅游项目，吸引游客前来体验，增加村民收入。同时，随着文化创意产业的兴起，传统手工艺品的设计与销售不仅可以提升乡村文化的附加值，还可以推动乡村经济的多元化发展。

第二，社会文化在乡村社会治理中发挥着独特作用。作为一种“软治理”，乡村文化通过道德、习俗、礼仪等形式，潜移默化地引导村民行为，提升治理水平。例如，弘扬孝道文化、邻里文化，有助于增强村民责任意识和道德认同，促进家庭和睦与邻里和谐。同时，通过组织文艺演出、体育比赛等文化活动，有助于丰富村民的精神文化生活，增强社区凝聚力与向心力。此外，乡村优秀传统文化中蕴含的勤俭节约、团结互助等理念，也为基层治理提供了重要支撑。



第三，社会文化在乡村生态环境保护中也发挥积极作用。乡土文化往往蕴含着丰富的生态智慧与治理理念，通过传承与创新生态文化，可以提升村民的环保意识，改善生态环境。如通过推广生态农业、绿色生活方式，可有效减少对环境的破坏，提升村庄整体环境质量。同时，组织环保宣传与公益活动，可增强村民环保责任感，推动环保政策落地。其中“天人合一”、敬畏自然等文化理念，为乡村生态文明建设提供了深厚的文化支撑。

第四，社会文化还在乡村人力资源开发中发挥重要作用。通过教育和培训，乡村文化可以提升村民的综合素质和就业能力。例如，通过开展传统文化教育，可以培养村民的文化自信与乡土认同，增强其归属感和社会责任感；通过手工艺、农业技术等技能培训，可以提升村民的就业能力和创业能力，使其拓宽增收渠道。

综上，社会文化在乡村振兴中的作用和地位同样重要。作为乡村社会的重要组成部分，它通过文化传承与创新，推动乡村经济的多元化发展、提升社会治理的现代化水平、实现生态环境的可持续改善以及人力资源的全面开发。未来，需要进一步挖掘与激活社会文化资源，创新文化发展路径，提升文化效能，为乡村振兴持续注入动力。

## 四、政府、市场与社会在乡村振兴中的协同作用

政府、市场与社会在乡村产业振兴、组织振兴、人才振兴、文化振兴和生态振兴中的作用相互交织，共同推动乡村全面振兴。政府主要通过制定政策、提供资金支持和优化资源配置来发挥作用，促进产业结构优化、组织体系完善、人才引进和培养、文化保护与传承以及生态环境改善。市场在乡村振兴中扮演着引导和激励的角色，通过需求驱动和竞争机制推动产业和组织的优化。市场需求的变化引导产业结构的调整，推动新兴产业的发展和农业产业链的延伸；市场竞争促进组织的创新和管理提升，提高组织的市场竞争力和服务能力。社会则通过广泛的参与和支持，推动乡村振兴的多元化和社会化；社会组织通过技术培训、服务活动和文化推广，促进农村经济、社会和文化的发展。总体来看，政府、市场与社会三者协同作用，有助于推动乡村全面振兴与农业农村现代化的实现。

### （一）产业振兴

产业振兴的核心在于通过优化产业结构和提升竞争力，推动农村经济的持续健康发展。政府、市场与社会在推动产业振兴方面均发挥重要作用。

政府在产业振兴中的作用主要体现在政策制定和资金支持上。首先，政府通过出台一系列优惠政策和措施，鼓励企业和农民参与产业振兴。例如，减税、补贴、贷款优惠等措施能够降低企业和农民的生产成本，提高其生产积极性。此外，政府还通过设立专项资金和项目，直接投入资金支持农村产业的发展。这些资金可以用于基础设施建设、技术改造、市场推广等方面，提升农村产业的竞争力和可持续发展能力。其次，政府在产业振兴中还扮演着组织协调的角色。政府通过建立健全的组织机构和工作机制，协调各方资源和力量，推动产业振兴的顺利进行。例如，政府可以成立产业发展委员会、合作社等组织，统筹规划和协调各项工作。同时，政府还可以通过建立信息平台，提供市场信息咨询、技术咨询、培训等服务，帮助农民和企业更好地把握市场动

态，提高生产和经营水平。

市场在产业振兴中起着决定性作用。市场机制通过供求关系和价格机制调节生产要素的配置，决定产业的发展方向和速度。在市场经济条件下，企业和农民根据市场需求调整生产结构和产品种类，优化资源配置，提高生产效率和经济效益。例如，市场需求的变化促使农民转向高附加值的农产品生产，如有机食品、绿色食品等，从而提升产品的市场竞争力和附加值。此外，市场还通过竞争机制促进产业的创新和升级。企业和农民在市场竞争中不断提高技术水平和管理水平，提升产品质量和服务水平，推动产业的技术进步和结构优化。例如，农民通过引进先进的生产技术和设备，提高生产效率和产品质量，增强市场竞争力。同时，企业通过加大研发投入，开发新产品、新技术，实现产业的转型升级和可持续发展。

社会在产业振兴中扮演着重要的支持和推动角色。首先，村民作为农村产业发展的直接参与者，通过自己的劳动和智慧，推动产业的发展。例如，村民通过合作社、家庭农场等组织形式，开展集约化经营，提升生产效率和经济效益。同时，村民还通过参与各类培训和技术交流，提高自身的生产和经营能力。其次，社会组织和合作社在产业振兴中发挥着重要的中介和桥梁作用。社会组织和合作社通过提供资金、技术、市场等方面的支持，帮助农民解决生产和经营中的实际问题，提高生产和经营水平。例如，社会组织通过提供小额贷款、技术培训、市场推广等服务，帮助农民扩大生产规模，提高产品质量和市场竞争力。此外，合作社通过组织农民进行联合生产和销售，可以降低生产成本，提高市场议价能力和经济效益，从而推动产业的可持续发展。

### （二）组织振兴

组织振兴的核心在于健全农村基层组织体系，提升组织的凝聚力与治理能力。政府、市场与社会在组织振兴方面的作用相互交织，共同推动农村基层组织发展。

政府在组织振兴中的作用主要体现在制度建设和政策支持方面。一方面，政府通过制定和实施一系列法律法规及政策，规范和引导农村组织发展。例如，制定或修订关于合作社、家庭农场、农业社会化服务等方面的法规，为新型经营主体的设立与运营提供法律保障，规范其管理机制，保护农民的合法权益。另一方面，政府出台补贴、税收优惠等扶持政策，为农村组织发展提供有力支持，促进其健康有序运行。



此外，政府还承担着指导与监督的重要职责。政府通过建立健全监管体系与工作机制，监督农村组织的运行情况，保障其依法依规运作。例如，政府可以通过定期检查、审计等方式，监督合作社的财务管理与经营活动，防止违法违规行为。同时，政府还可提供咨询与培训服务，提升农村组织的管理水平与运营能力，推动其持续健康发展。

市场在组织振兴中起着重要的推动与优化作用。市场机制通过竞争和选择，促进农村组织结构的优化升级。在市场经济环境下，农村组织需要不断提升自身竞争力，方能在激烈的市场竞争中稳健发展。例如，合作社通过引进先进的管理模式和技术，提高生产效率和产品质量，增强市场竞争力。同时，市场需求推动农村组织不断创新经营策略，优化资源配置，提高经营效率。例如，合作社依据市场需求组织联合生产与销售，可以降低生产成本，提高市场议价能力与整体效益；同时，合作社还通过开发新产品、新技术，满足多样化市场需求，实现可持续发展与组织壮大。

社会在组织振兴中扮演着关键的支持与促进角色。首先，村民作为农村组织主体，通过积极参与合作社的管理与运作，实现集约化经营，提高生产效益和组织活力。此外，村民通过参与培训与技术交流，增强自身能力，反哺组织发展。其次，社会在组织振兴中充当中介与桥梁角色。社会组织通过提供资金、技术、市场等方面的支持，帮助农村组织解决发展中的实际难题，提高其管理和经营水平。例如，社会组织提供小额贷款、技术培训、市场推广等服务，助力合作社扩大生产规模、提升产品质量与市场竞争力。

**（三）人才振兴**

人才振兴的核心在于提升农村人才的整体素质和能力，促进其合理流动与高效配置。政府、市场与社会在人才振兴中的作用互为补充，共同推动农村人才队伍的建设与可持续发展。

政府在人才振兴中承担着主导责任，通过制定和实施相关政策来提升农村人才的素质和能力。例如，政府可以通过发展农村职业教育与农业技术培训，提高农村劳动力的专业技能和就业能力。同时，政府还可以制定人才引进政策，通过提供住房、补贴和创业扶持等优惠政策，吸引大学毕业生和专业技术人才到农村发展。此外，政府通过完善人才服务体系，为农村人才提供就业指导、创业扶持和社会保障等服务，营造良好的发展环境。

市场在人才振兴中发挥着激励作用。市场需求的变化对人才提出了新的要求，推动人才在农村的流动和配置更加合理。例如，随着农村经济的发展和新兴产业的兴起，对高素质人才的需求不断增加，市场对专业技能和创新能力的要求也不断提升。这会推动农村人才的培养和引进，促进城乡之间的人才交流与合作。此外，市场竞争迫使人才不断提升自身的技能和素质，以适应变化的市场需求。

社会在人才振兴中起到重要的支持作用。社会组织可以通过开展职业培训和技术支持活动，为农村人才的成长提供帮助。例如，社会组织可以组织技术讲座和培训班，帮助农民掌握新的农业技术和管理知识。村民作为人才的主要受益者，通过参与职业培训和技术培训，提高自身的素质和能力。村民的积极参与也会推动人才资源的优化配置，促进农村经济和社会的全面发展。

**（四）文化振兴**

文化振兴的核心在于保护和弘扬农村优秀传统文化，提升文化自信和文化软实力。政府、市场与社会在文化振兴方面的作用各有侧重，共同促进农村文化的全面发展。

政府在文化振兴中发挥着主导作用，通过加强农村文化设施建设和组织文化活动，提高农村文化服务水平。例如，政府可以建设农村文化广场、乡村图书馆和文化活动中心，丰富农民的文化生活。同时，政府还可以组织乡村文化节、文艺演出和传统节庆活动，活跃农村文化氛围。此外，政府还可以加强农村文化遗产的保护和传承，如古建筑、传统村落与非物质文化遗产，推动传统文化的创新和发展。

市场在文化振兴中起到推动与激励作用。市场对文化产品和服务的需求推动了农村文化产业的发展。例如，随着乡村旅游的兴起，市场对地方文化和传统工艺的需求增加，促进文化创意产业的蓬勃发展。同时，市场竞争也激励文化产品的创新和升级，提高农村文化的影响力和竞争力。此外，市场的力量也推动传统文化与现代文化的融合发展，通过发展农村文化创意产业，支持乡村文艺创作与文化产品开发，提升农村文化的现代化水平。

社会在文化振兴中发挥着积极作用。社会组织可以通过开展文化活动和文化教育，提高农民的文化素养和精神风貌。例如，社会组织可以组织农村文化讲座、传统工艺培训等，促进农村文化的传承和创新。村民对文化振兴的参与不仅体现在参与文化活动上，还包括积极参与文化遗产的保护和传承，推动农村优秀传统文化的弘扬和发展。同时，村民参与文化振兴也有助于增强其农村文化的自信和凝聚力，推动农村社会的全面进步。

**（五）生态振兴**

生态振兴的核心在于提升农村生态环境质量，实现可持续发展。政府、市场与社会在生态振兴中发挥着重要作用，共同推动生态环境的改善和保护。

政府在生态振兴中的作用主要体现在政策制定和环境治理方面。改善农村人居环境、建设美丽宜居乡村，是实施乡村振兴战略的重要任务（于法稳，2019）。政府通过实施农村垃圾分类与处理、污水治理、厕所改造等工程，改善农村人居环境质量。同时，政府推动退耕还林还草、生态廊道建设和湿地保护等项目，加强生态系统保护与修复，提升生态系统的稳定性和多样性。此外，政府还推广绿色农业技术和模式，减少农药化肥使用，来保护土壤与水源环境，推动农业绿色转型发展。



市场在生态振兴中发挥着引导和激励作用。市场对绿色产品和环保技术的需求，推动生态农业、有机农业发展，带动绿色产业壮大。同时，市场对环保技术的需求也会推动相关技术和产品的研发和应用，为生态环境改善提供技术支撑。此外，市场还通过对生态保护成果的认可和奖励，激励更多市场主体参与生态治理与保护行动。

社会在生态振兴中起到重要的支持和参与作用。社会组织可以通过开展生态环境保护活动，强化农民的环保意识与生态文明理念。例如，通过组织生态讲座、推广绿色生活方式、倡导节能减排和资源循环利用，提升公众参与度。村民在生态振兴中通过主动参与垃圾分类、污水处理、生态修复等实际行动，形成全面共建、共治、共享的生态治理格局。同时，村民生态意识的提升也会推动农村可持续发展。

在乡村振兴的全过程中，政府、市场与社会三者的作用互相交织、相互促进，共同推动了产业、组织、人才、文化和生态的全面振兴。政府主要通过制定政策、提供资金支持和优化资源配置，主导乡村振兴的各个方面。政府的政策引导和资源支持促进了产业结构优化、组织体系完善、人才引进和培养、文化保护与传承以及生态环境改善。政府在推动产业振兴中，主要依靠政策工具和财政支持来促进农业现代化、产业链延伸和新兴产业发展；在组织振兴中，政府通过强化组织建设和完善自治制度，提高组织的领导能力和治理水平；在人才振兴中，政府通过制定人才引进政策和提供培训机会，提升农村人才素质；在文化振兴中，政府通过基础设施建设和文化活动组织，推动文化的传承与创新；在生态振兴中，政府则通过环境治理和保护政策，推动生态环境的改善。

综上所述，推进乡村振兴战略需要全社会多主体、多力量、多机制的接入与协同，需要构建农民主体、政府主导、市场引领、科技支持和社会参与“五位一体”的协同路径（黄祖辉，2018）。构建乡村振兴中政府、市场与社会的协同机制和路径，是实现乡村全面振兴的关键。政府通过政策引导、资源配置和公共服务提供，为乡村振兴提供了坚实保障；市场通过资源优化配置、技术创新和产业升级，推动了乡村经济的发展；社会通过提供多样化服务、构建社会资本和传承创新文化，促进了乡村社会的进步与发展。三者通过分工协作、共同参与和有效协调，形成推动乡村振兴的强大合力。政府、市场与社会在乡村振兴进程中需要形成良好的互补关系、互动关系和融合关系，即政府弥补市场失灵，市场发挥资源配置优势，社会补充政府与市场的不足；政府政策影响市场运行和社会参与，市场需求和社会反馈推动政府政策调整；政府通过购买服务等方式引入市场和社会力量，共同推动乡村振兴项目的实施，而社会力量与市场主体合作，共同开发农村资源，实现互利共赢（王亚华、关长坤，2023）。乡村振兴是一个系统工程，需要政府、市场与社会各司其职、协同发力。只有构建良好的政府、市场与社会关系，才能充分发挥各自的优势，实现乡村经济、社会和环境的可持续发展。随着乡村振兴战略的深入推进，政府、市场与社会需要进一步加强协同合作，创新机制和路径，为实现乡村全面振兴、共同富裕提供更加有力的支持。

## 第二节　乡村振兴中政府、市场与社会关系分析框架

在乡村振兴过程中，政府、市场与社会三者关系的分析框架，主要体现于职能分工、互动机制与共同目标三个维度。政府作为公共政策的制定者与实施者，在乡村振兴中发挥着引导与保障作用。市场作为资源配置和经济运行的核心，通过价格信号优化资源配置，推动乡村经济高效发展。市场主体如企业、农民合作社、家庭农场等，通过技术创新与竞争机制，带动农业现代化与农村产业多元化发展。社会在乡村振兴中扮演着参与者与监督者的角色，涵盖社会组织、非政府组织、村民自治组织以及广大农民群众，在政策反馈、社会动员与公众监督中具有重要话语权和参与权。

在实践中，政府、市场与社会三方需要形成良好的互动机制，共同推动乡村振兴的实现。政府应充分发挥引导和保障作用，通过政策引导和提供公共服务，营造良好的市场环境和社会氛围；市场需要积极响应政府政策，创新发展模式、提升服务效能，推动乡村经济高质量发展；社会力量则应广泛参与乡村振兴的各个环节，在监督、反馈与公共参与中发挥桥梁纽带作用。同时，政府、市场与社会三方应围绕乡村产业振兴、组织振兴、人才振兴、文化振兴与生态振兴等核心任务，协调设定发展目标，构建共治共享的推进格局，共同推动乡村振兴战略的全面落实。

### 一、乡村振兴中政府、市场与社会协调的理论框架

乡村振兴战略的有效实施依赖于政府、市场与社会三者之间的职能互补与机制协同。首先，要实现三者的协调，需要明确各主体的功能定位、角色和职责。政府在乡村振兴中扮演的角色包括政策制定与引导、提供公共服务与基础设施建设、监督与管理；市场的作用主要体现在资源配置与经济驱动、技术创新与产业升级、资本投入与风险承担；社会的职责包括基础参与和社会监督、公共服务与社区建设、知识传播与文化传承。其次，乡村振兴中要实现政府、市场与社会三者的协调，需要建立完善的协调机制，包括合作机制、信息共享与沟通机制、责任分担机制等。政府、市场与社会三个主体应各司其职、各尽其责。三者之间的协调机制表现为：政府与市场之间实行“政府引导 + 市场调节”的协调机制；政府与社会之间推行“政府支持 + 社会参与”的合作机制；市场与社会之间建立“市场驱动 + 社会反馈”的互动机制（见图 3–1）。

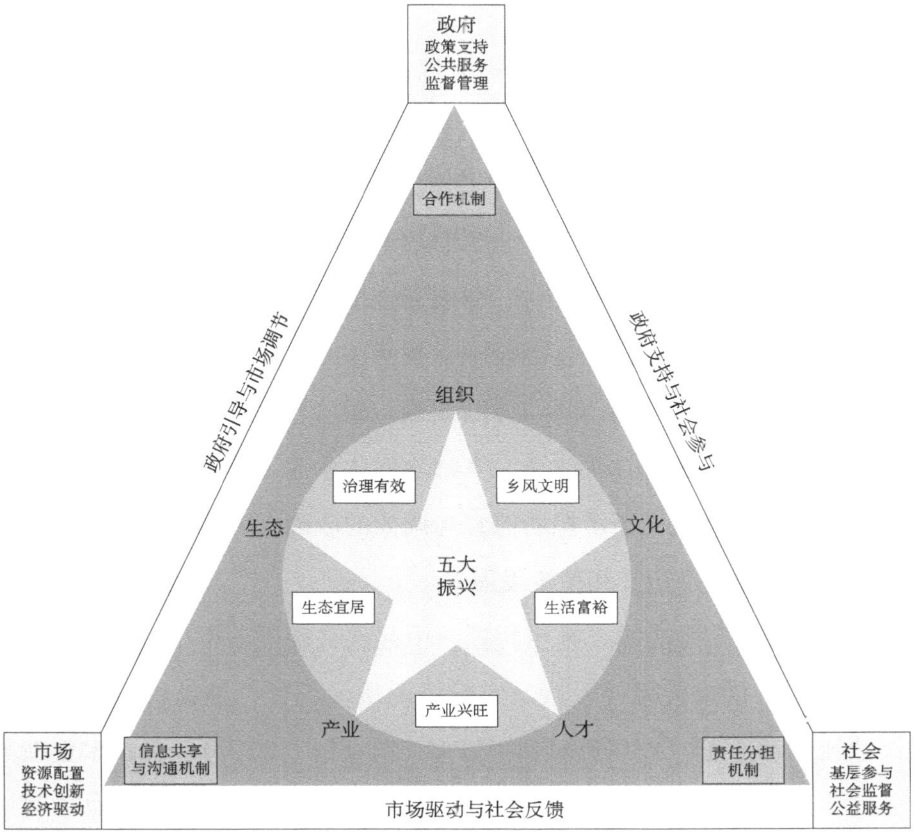


图 3-1　乡村振兴中政府、市场、社会协调的理论框架

乡村振兴是一个多部门联动、多主体协同、多要素融合、多领域拓展、多环节衔接的系统过程，它涉及农业农村、财政、发改、交通、水利、教育、医疗等多个部门，各部门需通力合作，共同为乡村振兴制定政策、提供资源与服务。同时，乡村振兴需要政府、企业、社会组织、农民等多主体的共同参与。政府发挥引领和保障作用，企业带来资金、技术与市场资源，社会组织提供专业服务，农民作为主体积极参与其中。

在要素整合方面，乡村振兴要求资金、技术、人才、土地等多要素融合，以增强发展内生动力。在领域拓展方面，乡村振兴不仅涵盖农业生产、生态环境保护、乡村旅游、农村电商、农村文化传承等众多领域，还需要注重领域之间的协同联动，推动乡村全面发展。最后，乡村产业振兴涉及规划、生产、加工、销售、服务等多环节，需要形成各环节紧密衔接、运行高效的完整产业链条，以保障产业的可持续发展。从农产品的种植规划，到生产过程中的技术指导，再到加工环节的质量把控，以及销售环节的市场拓展和售后服务，各环节必须有序衔接、协同推进，不断提高产业整体效益。

### （一）功能分工与合作机制

政府在乡村振兴中扮演着重要角色，主要体现在政策制定与实施、资源配置与公共服务提供、制度创新与体制改革、监督与调控等方面。首先，政府通过制定和实施科学合理的政策，提供乡村振兴的顶层设计和发展方向，具体表现为政府出台各类惠农政策、农村基础设施建设规划、生态环境保护政策等，为乡村振兴提供坚实的政策保障。其次，政府在资源配置与公共服务提供方面发挥主导作用。通过财政转移支付、专项资金拨付等方式，政府确保乡村振兴所需的资金、技术和人力资源。同时，政府提供基础设施、教育、医疗、社会保障等公共服务，提升乡村居民生活质量。此外，政府通过制度创新与体制改革，激发乡村发展的内生动力，为其提供制度支撑。例如，土地制度改革、农村金融改革、乡村治理体系建设等，均为乡村振兴奠定了制度基础。最后，政府在乡村振兴过程中还承担着监督与调控的职能，确保市场和社会力量在合法合规的框架内运作，维护农村的公平正义和稳定发展。

市场作为资源配置的决定性力量，在乡村振兴中起到关键推动作用。乡村振兴应遵循市场规律。市场通过价格机制、供求关系等手段，实现资源最优配置，推动农村土地、资金、劳动力等生产要素的高效流动和重组，提高资源利用效率（陈文胜，2019）。在技术创新与产业升级方面，市场主体通过技术研发和应用，推动农业现代化，带动新兴产业发展，如农村电商、乡村旅游、农产品加工业等，有效提高农民收入，促进农村经济多元化发展。同时，市场还通过多种形式的合作，如农业合作社、产业联盟等，分担经营风险，提升抗风险能力。市场主体通过商业活动，释放农村经济的活力，为乡村振兴注入强劲动力。

社会力量在乡村振兴中同样发挥着不可替代的作用。各类社会组织如非政府组织、社区组织、村民自治组织等，通过提供技术支持、市场信息咨询、资金援助等服务，帮助农民提高生产效率，拓宽销售渠道，增加收入。同时，社会资本通过信任、网络、规范等形式，促进乡村社会的合作与发展。信任关系的构建，提升了村民之间的互助合作精神，促进乡村社会的和谐与稳定。社会网络的存在，促进了信息和资源的流通，为乡村经济的发展提供了重要支持。在文化传承与创新方面，社会文化作为乡村社会的重要组成部分，通过传承与创新，推动了乡村的全面发展。文化活动、文化交流、传统文化的保护与弘扬，丰富了乡村居民的精神文化生活，提升了乡村的文化软实力。社会力量通过参与乡村治理，提升乡村治理的现代化水平。通过村民自治、社区参与、公益活动等形式，推动乡村治理的民主化和科学化。

总体来看，在乡村振兴过程中，政府、市场与社会三者之间的功能分工与合作机制，是实现乡村全面振兴的关键。政府作为政策制定者和资源配置者，承担着乡村振兴的顶层设计和保障职能；市场作为资源配置的决定性力量，通过优化资源配置，推动产业发展与技术进步，同时市场机制激励企业和农户进行创新，提高生产效率，促进产业融合和发展；社会作为参与者和支持者，通过提供多样化的服务和支持，构建社会资本，传承和创新文化，提升乡村社会的治理水平。三者分工明确、优势互补，通过有效的合作机制，实现资源整合与协同增效，共同构建起乡村振兴的坚实支撑体系。

### （二）协同作用路径

政府、市场与社会通过多种路径实现协同作用，形成推动乡村振兴的合力。具体体现在：一是政策引导路径。政府通过制定和实施科学合理的政策，引导市场与社会力量参与乡村振兴。例如，通过出台税收减免、财政补贴等优惠政策，吸引企业投资乡村产业；鼓励社会组织参与乡村治理和公共服务，形成良性互动。二是项目合作路径。政府、市场与社会通过共同参与乡村振兴项目，形成合作伙伴关系，实现资源共享、优势互补。例如，在农业产业化项目中，政府提供政策支持与资金保障，市场主体提供技术和管理，社会组织负责社区动员与服务供给，三者协调推动项目高效落地。三是平台建设路径。政府通过搭建多方合作平台，促进市场主体和社会力量的互动与合作。例如，通过建立农村合作社、产业联盟等合作平台，推动农户、企业和社会组织之间的合作，实现资源的高效整合与优化利用。

### （三）协调机制

在乡村振兴过程中，政府、市场与社会需要通过完善的协调机制，有效解决合作中的矛盾和问题，保障协同作用的有效发挥。

首先是沟通协调机制。通过建立常态化、制度化的沟通渠道，政府、市场与社会可以及时交流信息，协调合作中的问题和分歧，提升合作效率。多层次、多渠道的沟通机制有助于形成顺畅的信息流通与高效的协作氛围，确保各方行动的一致性。其次是利益协调机制。通过科学设计合理的利益分配机制，政府、市场与社会可以实现合作中的利益共享，激发各方参与的积极性。合理的利益协调机制，有助于保障各方力量在合作中获得公平回报，增强合作的持续性和稳定性。最后是监督评估机制。建立健全监督评估体系，对合作过程和结果进行动态监测和绩效评估，可以及时发现和纠正问题、调整策略、优化合作。监督评估不仅能提升合作效率，也能确保各方力量最终在合法合规的框架内有序运行。



## 二、政府、市场与社会在推进乡村“三生”协调发展中的作用机理和内在逻辑

乡村振兴战略强调生产、生活、生态“三生”协调发展，旨在实现农村经济发展、居民生活质量提升和生态环境保护的有机统一。政府、市场与社会在这一过程中发挥着各自独特的作用，通过相互作用和协同合作，共同推动乡村“三生”协调发展。以下详细论述政府、市场与社会在

乡村“三生”协调发展中的作用机理和内在逻辑。

**（一）政府在“三生”协调发展中的作用机理**

政府在推进乡村“三生”协调发展中起着主导和引领作用。其作用机理和内在逻辑主要体现在以下三个方面。

第一，政府通过政策引导和制度设计，促进乡村生产的现代化和可持续发展。政府制定农业发展政策、土地管理政策和科技创新政策，引导资源合理配置，推动农业现代化进程。例如，通过农地改革和土地流转政策，优化土地资源配置，提高土地利用效率；通过农业科技推广政策，推动农业技术进步和生产效率提升。

第二，政府在提升乡村居民生活质量方面，主要通过公共服务供给和基础设施建设达到目标。政府加大对农村教育、医疗、交通等基础设施的投入，可以改善农村居民的生活条件，缩小城乡差距。例如，通过新农村建设项目，改善农村住房条件和公共服务设施；通过乡村教育振兴和医疗帮扶政策，提高农村居民的教育和医疗水平，增强生活幸福感。

第三，政府在生态环境保护中发挥重要作用，通过制定和实施环保政策，推进生态环境治理和生态文明建设。政府通过生态补偿、环保督察、污染防治等措施，推动农村生态环境的修复和保护。例如，通过推广清洁能源和环保技术，减少农业生产对环境的污染，促进绿色农业发展。

**（二）市场在“三生”协调发展中的作用机理**

市场在“三生”协调发展中，主要通过优化资源配置和技术创新，推动乡村经济发展和生态保护，其作用机理和内在逻辑体现在以下三个方面。

第一，市场通过资源优化配置，提高乡村生产效率和竞争力。市场机制通过价格信号引导资源流动，促进土地、资本、劳动力等生产要素的合理配置，推动农业产业化和规模化经营。例如，农产品市场的建立和完善，提高了农产品的流通效率和市场竞争力；金融市场的发展，为农业生产提供了多样化的融资渠道，解决了农业融资难题。

第二，市场在提升乡村生活水平方面，主要通过产业发展和就业机会的创造来实现目标。市场主体通过投资乡村旅游、农村电商、农产品加工等新兴产业，带动农村经济多元化发展，增加农民收入，改善生活条件。例如，农村电商的发展，使农民能够直接面向消费者销售农产品，减少中间环节，增加农民收入；乡村旅游的发展，不仅带动了当地经济，还提升了农村基础设施和服务水平。



第三，市场在生态环境保护中发挥重要作用，通过绿色技术推广和生态产品开发，推动生态农业可持续发展。市场主体通过投资生态农业、有机农业、循环农业等绿色产业，促进资源的循环利用和生态环境的保护。例如，通过推广节水灌溉、生态养殖等绿色技术，减少农业生产对环境的污染；通过开发绿色产品和有机农产品，在满足市场需求的同时，促进生态环境保护和可持续发展。

### （三）社会在“三生”协调发展中的作用机理

社会主体在“三生”协调发展中，主要通过社区参与和社会资本构建，推动乡村社会的和谐与可持续发展，其作用机理和内在逻辑体现在以下三个方面。

第一，社会在提升乡村生产效率和促进经济发展的过程中，起到了重要的支持和服务作用。各类社会组织通过提供技术培训、市场信息咨询、资金支持等服务，帮助农民提高生产技能和市场竞争力。例如，农民合作社通过联合农民，共享资源和技术，提升生产效率和市场议价能力；非政府组织通过提供技术指导和资金援助，帮助农民发展特色农业和生态农业，实现增收和可持续发展。

第二，社会在提升乡村居民生活质量方面，主要通过社会服务和社区建设，促进农村社会的和谐与进步。社区组织和志愿者团体通过提供教育、医疗、文化等服务，改善农村居民的生活条件和精神文化生活。例如，社区卫生服务中心通过提供基础医疗服务，提升农村居民的健康水平；文化活动和文艺演出丰富了农村居民的文化生活，增强了社区凝聚力和向心力。

第三，社会在生态环境保护中发挥重要作用，通过环保宣传和社区参与，推动乡村生态环境的改善。社会组织和环保志愿者通过开展环保教育和生态保护活动，提升农村居民的环保意识和生态责任感。例如，环保协会通过组织生态讲座和宣传活动，普及环保知识和技能；社区环保行动通过发动村民参与生态环境治理，推动垃圾分类、植树造林等环保项目的实施，改善乡村生态环境。

### （四）内在逻辑与协同机制

乡村振兴中政府、市场与社会在“三生”协调发展中的内在逻辑体现在其协同作用机制上。政府提供政策支持和公共服务，市场通过资源配置和技术创新，社会通过社区参与和社会服务，三者相互补充、相互促进，共同推动乡村生产、生活、生态的协调发展。

第一，政府、市场与社会在政策制定和实施中发挥协同作用。政府制定科学合理的政策，引导市场和社会力量参与乡村振兴。例如，通过出台优惠政策，吸引企业投资乡村产业；通过政策激励，鼓励社会组织参与乡村治理和生态保护。第二，政府、市场与社会在资源配置和利用中发挥协同作用。政府通过公共资源的投入和配置，市场通过资源优化配置和技术创新，社会通过社区参与和社会资本构建，共同提升资源利用效率，推动乡村经济发展和生态环境保护。第三，政府、市场与社会在监督评估和调整中发挥协同作用。通过建立监督评估机制，政府、市场与社会可以及时交流信息，发现和解决问题，调整和优化乡村振兴的路径和策略，确保“三生”协调发展的持续推进。

综上所述，政府、市场与社会在推进乡村“三生”协调发展中，发挥着各自独特而又互补的作用。政府是乡村振兴战略实施的基础保障，市场是引导城乡资源合理流动的决定因素，社会是乡村振兴的原动力（吴晓燕、赵普兵，2019）。政府通过提供政策引导、资源配置和公共服务，为乡村“三生”协调发展提供了制度保障和基础设施；市场通过资源配置、技术创新和产业发展，推动了乡村经济的多元化和可持续发展；社会通过社区参与、社会服务和生态保护，提升了乡村居民的生活质量和生态环境的保护水平。三者通过协同合作，形成了推动乡村“三生”协调发展的强大合力。未来，随着乡村振兴战略的深入推进，政府、市场与社会需要进一步加强协同合作，创新机制和路径，为实现乡村“三生”协调发展提供更加有力的支持。

## 第三节　乡村振兴中生产、生活、生态融合发展机制与实现路径

乡村振兴战略的核心目标是实现农村经济、社会与生态的全面协调发展。实现生产、生活、生态“三生”融合发展，不仅是乡村振兴的根本要求，更是推动乡村可持续发展的关键路径。本节将从融合发展机制、政策保障、创新路径与合作模式等多个维度，系统论述乡村振兴中“三生”融合发展的实现机制与路径，为构建宜居宜业的美丽乡村提供理论支撑与实践指导。

### 一、“三农”与“三生”

在乡村振兴过程中，农业、农村与农民之间，以及乡村生产、生活与生态之间，存在紧密的联系与互动。要实现乡村全面振兴，必须统筹兼顾“三农”与“三生”，通过科学规划与协调发展，推动农业现代化、农村宜居化、农民幸福化的协同进程，最终实现生产、生活与生态的有机统一。

#### （一）农业与乡村生产



农业是乡村经济的根基，其发展不仅保障了农村居民的基本生活需求，也为城市居民了提供粮食及多样化农产品。农业生产的现代化和可持续发展水平，直接影响农民收入与生活质量水平，是乡村生产体系中的关键支柱。

首先，农业的创新驱动着乡村生产方式的变革。随着科技的不断进步，智能化农业设备的广泛应用，如自动化灌溉系统、无人机植保等，极大地提高了农业生产效率与精准度，智慧温室通过环境监测与自动化控制技术，为农作物营造最优生长环境，实现了全年高效稳定生产，打破了

传统农业“靠天吃饭”的局面。

其次，农业的产业化发展拓展了乡村生产的边界。农业不再局限于单一的种植或养殖，而是逐步形成了涵盖生产、加工、销售等环节的全产业链结构。以某地特色水果产业为例，其不仅包括水果种植，还延伸至水果罐头加工、果汁饮料制造等产业，带动包装、物流等配套产业协同发展，创造更多就业机会，推动农村经济持续增长。此外，随着现代农业技术的应用和农业产业链的延伸，乡村生产体系日益多元化，不仅包括传统的种植业和养殖业，还涵盖农产品加工、休闲农业和乡村旅游等新兴业态。这些产业的发展不仅有效提升了农业附加值，也拓宽了农民增收渠道，增强了农村经济的活力与韧性。

最后，农业与其他产业的深度融合为乡村生产注入了新动能。“农业 + 旅游”的融合发展模式逐渐兴起，农家乐、农业观光园等业态成为城乡居民的热门选择。游客参与农事体验，感受乡村文化，不仅丰富了乡村产业形态，也提升了农业的服务功能和经济附加值，进一步拓展了乡村生产的外延空间。

**（二）农村与乡村生态**

农村的地域空间与环境特点决定了其与乡村生态之间的密切联系。作为农业与农民的主要活动场所，农村的自然环境、资源禀赋与人文文化构成了农业生产与农民生活的重要依托。良好的生态环境不仅是乡村产业持续发展的基础，更是提升居民生活质量的关键保障。因此，农村基础设施建设、公共服务供给、人居环境改善与社会治理能力提升，均是乡村振兴战略的重要组成部分。乡村振兴必须坚持“生态优先、绿色发展”的原则，通过科学的土地利用方式、绿色农业技术以及系统化的环境治理措施，推动生态环境与经济社会的协调共进。

农村的自然景观是乡村生态的重要组成部分。广袤的田野、起伏的山峦、清澈的溪流等构成了美丽的田园风光。通过合理规划农村空间布局，充分保护和利用好这些自然景观资源，不仅能提升农村生态质量，还能发展生态旅游，拓宽农民增收路径。例如，某地古村落通过对传统建筑的修缮和对周边环境的整治，成功打造成集历史文化与自然风光于一体的旅游景区，吸引了大量游客，带动了地方经济发展。



农村生态系统服务功能对乡村生态平衡具有基础性作用。农田和森林具有土壤保持、水源涵养、防风固沙、调节气候等生态功能，这些生态服务共同维系着乡村生态系统的稳定性与持续性。为了提升生态系统质量，近年来各地积极实施湿地保护、生态隔离带建设等生态修复工程，显著提升了生物多样性与环境承载力。

此外，农村的传统文化和生态观念也在塑造着乡村生态的内涵。一些农村地区流传下来的敬畏自然、顺应时节的传统习俗，蕴含着朴素而深刻的生态智慧。这些传统观念不仅是乡土文化的重要组成部分，也为当代乡村生态文明建设提供了有益的思想源泉与行为规范。

### （三）农民与乡村生活

农民是农业生产的主体，也是农村发展的直接受益者和乡村生活的核心参与者。农民的技能水平、组织化程度以及参与社会经济活动的积极性，在很大程度上决定着农业生产效率和农村发展质量。因此，提升农民生活质量是乡村振兴战略的核心目标之一。

改善农村基础设施，如道路、水电、通信等，是提升农民生活质量的重要前提。同时，加强教育、医疗、养老等基本公共服务供给，改善住房条件和文化娱乐设施，有助于构建宜居宜业的乡村环境，全面提升农民的获得感和幸福感。此外，农村社区的治理能力、社会氛围以及文化建设水平，也是影响农民生活满意度和乡村稳定发展的关键因素。

农民的技能水平直接关系到农民生活质量的改善效果。接受现代农业技术培训的农民，不仅能提升生产经营能力，增加收入，还能以此改善家庭生活条件。例如，掌握电商销售技巧的农民可借助网络平台将农产品销往全国各地，实现增收，并将收入投入到居住环境改善、子女教育与医疗保障等方面，显著提升生活质量。

农民的组织化程度影响着乡村生活的公共服务供给。农民合作社等集体组织的发展，有助于整合资源、集中力量，推动基础设施建设和公共服务供给。例如，一些合作社通过集资修路、建设灌溉系统，不仅改善了农村的生产生活条件，还增强了农村社区的凝聚力与自治能力。

同时，农民在文化传承与创新方面也发挥了独特作用，丰富了乡村生活的精神内涵。由农民传承和发展的民间艺术、传统技艺等，是乡村文化的重要组成部分。例如，某地区的农民传承了剪纸艺术，并将其与现代设计相结合，创作出兼具传统韵味与现代审美的文化产品，既促进了文化传承，也拓展了乡村产业新空间。

## 二、乡村振兴中“三生”融合发展的内在机制

生产、生活、生态的融合发展，指通过系统化、综合化的方式，将农业生产、乡村生活与生态环境保护有机结合，构建相互促进、协同发展的良性循环体系。在乡村振兴过程中，需积极推进生产与生活、生产与生态、生活与生态的深度融合，并通过多元协同机制，实现“三生”一体化发展的战略目标。



### （一）“三生”融合发展路径

第一，生产与生活融合。农业是农村经济的基础，而提升农民生活质量是乡村振兴的核心目标之一。实现生产与生活相融合，要求在推动农业现代化的同时，改善农民的生活条件与服务保障。例如，通过发展高效农业，提高农产品的产量和质量，增加农民收入；同时改善农村道路、

水电、通信等基础设施，提升教育、医疗、养老等公共服务水平。农业的集约化、规模化发展也有助于释放农村劳动力，促进其向二三产业转移就业，推动经济结构多元化。

第二，生产与生态融合。农业生产必须兼顾经济效益与生态效益。实现这一融合，需要推广绿色农业理念，如生态农业、循环农业、有机农业等，减少化肥、农药对环境的负面影响。发展生态友好型产业，如生态旅游、森林康养等，既能够促进经济发展，又能够保护生态环境，实现经济效益与生态效益的双赢。

第三，生活与生态融合。农民生活质量的提高离不开良好的生态环境支撑。推动生活与生态融合，需在改善人居条件的同时，加强生态修复与环境治理。例如，通过改善农村基础设施和公共服务，提升居民生活条件；通过实施环保工程和生态修复工程，改善农村生态环境。同时，通过加强环境保护宣传教育，提升居民的环保意识，推动可持续生活方式的形成。

### （二）“三生”融合发展机制

第一，资源共享与优化配置机制。实现“三生”融合发展，需打破资源分割，实现土地、水资源、人力资源等在生产、生活、生态领域的统筹利用。例如，通过科学规划农村土地用途，划定种植区、养殖区与生态保护区，实现功能互补；农业灌溉水资源经净化后可用于生活供水，提高资源利用效率。同时，农民既可参与农业生产，也可参与生态维护、旅游服务工作，实现多元就业与价值创造。

第二，产业协同与互补机制。通过农业、工业与服务业的协同发展，打通“三生”之间的产业链条。以农业为基础，发展农产品加工业，延长产业链；同时依托自然资源和乡土文化，发展乡村旅游，实现农业与服务业融合。例如，某村以葡萄种植为主，发展葡萄酒加工产业、举办采摘节，吸引游客消费，带动住宿、餐饮等服务业发展，实现了经济、生态、生活三效合一。

第三，生态与经济互促机制。良好的生态环境为生产与生活提供良好基础，如土壤肥力、水源质量、气候等的改善，可以降低农业成本，提升产品品质。反过来，经济发展也为生态环境保护提供资金与技术支持。如环保设备、循环利用技术等的推广，可在促进生态环境保护的同时增强产业竞争力。生态农业等绿色模式不仅保护环境，也满足市场对健康农产品的需求，可以增加农民收入。



第四，文化传承与创新机制。乡村文化是“三生”融合发展的精神纽带。传统农耕文化中蕴含的生态智慧，强调顺应自然、尊重自然，对生态文明建设具有重要借鉴意义。在生产领域，发展传统工艺与非遗产业，如手工艺品、特色农产品技艺等；在生活领域，举办传统节庆活动、建设文化广场等，增强乡村凝聚力与文化自信。例如，某地传承竹编技艺并融合现代设计，形成畅销文创产品，既弘扬了传统文化，又带动了经济发展与就业。

第五，政策引导与保障机制。政府通过产业扶持、生态补偿、基础设施建设等政策，为“三生”融合发展提供制度保障与外部支持。如通过补贴政策推动绿色产业发展；通过生态补偿机制激励农户参与环境保护；加大交通、水电、网络等基础设施投入，为融合发展创造良好环境。政策在资源配置、风险缓释、发展导向等方面发挥着关键作用，确保“三生”融合具备持续发展的制度支撑。

## 三、乡村振兴中“三生”融合发展的保障机制

实现生产、生活、生态的融合发展，离不开系统性政策支持和制度创新。政府作为乡村振兴的主导力量，应通过科学合理的政策体系与制度安排，为“三生”融合发展提供坚实的保障。

### （一）土地政策创新与保障

政府需要通过创新土地政策推动“三生”融合发展。土地是农村经济发展的基础，科学合理的土地制度是实现“三生”融合发展的重要保障。政府可通过实施土地承包经营权流转、宅基地制度改革等政策，优化土地资源配置，提高土地利用效率。例如，通过土地流转整合零散土地，推动规模化农业发展；通过宅基地制度改革盘活农村闲置宅基地，发展农村新产业新业态；通过土地整治和高标准农田建设，改善农业生产条件，助力农业现代化；通过全域土地综合整治，推动城乡建设用地增减挂钩，实现土地资源的集约高效利用（严金明等，2019）。此外，政府还可通过制定土地利用规划，合理配置生产用地、生活用地和生态用地，促进“三生”融合发展。

环保政策同样是实现“三生”融合发展的重要支撑。政府可通过严格的环保监管和有效的激励措施，推动生态环境保护和可持续发展。一方面，政府可通过制定和实施环保法规，严格控制农业污染排放，推动绿色生产方式形成。另一方面，可通过限制农药、化肥使用，推广清洁能源和环保技术，减少农业对土壤、水体和环境的破坏。同时，政府还可通过实施生态补偿政策，激励农民和企业参与生态环境保护和生态修复，推动生态友好型农业发展。

### （二）财政政策支持与引导

财政政策是政府调控经济的重要工具，通过财政支持和资金引导，为“三生”融合发展提供有力的资金保障。政府通过财政转移支付、专项资金拨付、税收优惠等政策，支持农业生产、农村基础设施建设和生态环境保护。例如，通过财政转移支付完善农村教育、医疗、社会保障等公共服务，提高居民生活质量；通过专项资金拨付支持农业科技推广、农产品加工、生态农业发展，提升农业生产效益；通过税收优惠政策吸引企业和社会资本投资农村绿色产业和生态环境建设；通过设立乡村振兴基金，支持农业现代化、乡村旅游、生态保护等项目建设，推动乡村经济社会的可持续发展。

### （三）资源优化配置

资源配置是实现“三生”融合发展的关键机制。科学配置资源有助于提高资源利用效率，推动乡村经济社会协调发展。除土地资源外，资金与人力资源的合理配置也是乡村振兴的核心要素。在资金方面，可通过财政投入、金融支持、社会资本参与等多种方式，保障乡村振兴所需的资金供给。例如，通过设立乡村振兴基金吸引社会资本投资乡村产业；发展农村金融体系，提供多样化融资渠道，缓解农户和农村企业的融资难题。在人力资本方面，人力资源的合理配置是推动乡村振兴的重要力量。通过加强农村教育培训，提高农民的科技文化素质和生产技能，是培育新型职业农民和乡村能人的有效路径。例如，通过开展农民职业技能培训，提高农民的生产经营能力；引导大学生返乡创业，吸引高素质人才投身乡村建设，推动乡村全面发展。

### （四）技术创新路径

技术创新是实现“三生”融合发展的重要动力。通过技术创新，不仅可以提高农业生产效率，改善农村生活条件，还能有效保护生态环境，推动乡村经济社会的可持续发展。

技术创新路径主要包括三个方面。一是农业技术创新，是提升农业生产效率的关键。可通过推广先进农业技术，提高农业生产的科技含量和产出效率。例如，推广精准农业和智慧农业技术，提升农业生产的自动化与智能化水平；推广高效种养技术，提高农作物产量和畜禽的抗病能力，从而增加农民收入。二是信息技术创新，是推动乡村振兴的重要手段。借助信息化手段，提高乡村生产、生活、生态管理的智能化和现代化水平。例如，发展农村电商，推动农产品线上销售，拓宽农民增收渠道；建设智慧乡村，提升乡村治理的智能化和高效化水平，提高乡村居民的生活质量。借助大数据、物联网、人工智能、云计算等现代信息技术，提升乡村社会服务的现代化水平，实现治理体系和治理能力现代化。具体而言，通过社区服务平台提升服务的智能化和便捷化水平，借助智慧治理系统增强乡村社会治理的科学性与民主性。三是环保技术创新，是实现生态环境保护的有效途径。推广环保技术，有助于减少农业生产对环境的污染，促进绿色农业发展。例如，推广节水灌溉技术，可减少水资源浪费；采用生态养殖技术，可降低畜禽对环境的污染；发展有机农业技术，减少化肥和农药的使用，可保护土壤和水源生态系统。



### （五）创新社会参与机制

社会参与是实现“三生”融合发展的重要机制。通过动员社会各界广泛参与乡村建设和治理，能够显著提升乡村经济社会的可持续发展水平。

社会参与机制包括四个方面。一是村民参与是推动乡村振兴的基础力量。村民作为乡村社会的主体，通过参与村级事务管理、生产经营活动、环境保护行动，推动“三生”融合发展。例如，村民参与自治组织，共商村级发展规划和集体经济管理，增强治理透明度与公正性；加入农村合作社，共享资源与技术，提升生产效率与市场议价能力。二是社会组织参与是助力乡村振兴的重要支撑。各类社会组织通过提供技术、资金、社会服务等，帮助村民提高生产技能和生活质量，促进乡村经济社会的可持续发展。例如，农民合作社通过联合农民，共享资源和技术；非政府组织通过提供技术指导和资金援助，帮助农民开展特色农业和生态农业，实现增收和可持续发展。三是企业参与是激发乡村发展活力的关键力量。企业可通过投资乡村产业、发展新兴业态和提供就业机会，带动农村经济增长和农民收入提升。如农业龙头企业通过构建现代农业产业链，推动农业规模化、标准化和品牌化发展；农村电商企业通过搭建线上平台，拓宽销售渠道，扩大农产品市场覆盖面。四是社会资本参与是推动乡村振兴的重要资源。社会资本通过信任、网络、规范等形式，促进乡村社会的合作与发展，提高乡村社会的凝聚力和向心力。例如，通过建立村民互助组、邻里互助会等组织，使村民在生产生活中相互帮助，增强社区的凝聚力和向心力；通过构建社会网络，促进信息和资源的流通，为乡村经济的发展提供重要支持。

总体而言，乡村振兴战略旨在实现经济、社会与生态的协调发展，“三生”融合是其核心目标。在这一过程中，政府、市场与社会三方各司其职、协同发力，共同构建乡村振兴的强大合力。政府通过政策引导、资源配置、基础设施建设、公共服务供给，为乡村振兴提供制度保障和平台支持；市场通过优化资源配置、推动技术创新和产业发展，实现经济多元化和可持续发展；社会主体通过各类社会组织参与提供技术指导、市场信息咨询和销售渠道，鼓励公众参与乡村规划和建设，增强乡村发展的民主性和科学性，同时发挥社会监督作用，监督政府和企业在乡村发展中的行为。实现乡村“三生”融合发展，需构建政府、市场与社会三方协同的沟通机制与合作平台，建立健全利益共享和风险分担机制，创新金融与政策支持体系。随着乡村振兴战略的深入推进，各方需持续深化合作，创新机制与路径，共同为乡村全面振兴和实现共同富裕提供坚实支撑。

## 第四节　乡村振兴中政府、市场与社会协调发展的典型案例——以河北省阜平县为例



### 一、案例背景

阜平县位于河北省保定市西部，地处太行山东麓，是一个典型的深石山区、革命老区和曾经的贫困地区。全县总面积 2496 平方公里，其中山区面积 2173 平方公里，约占全县土地面积的 87%，地形以山地为主，素有“九山半水半分田”之称。恶劣的自然环境和艰难的生存条件，导

致“一方水土养不好一方人”。2014 年，阜平县人口 23 万人，建档立卡贫困人口达 10.81 万人，贫困发生率高达 47%。与全国其他贫困山区类似，阜平长期面临土地资源匮乏、资金短缺、技术落后、人才不足等多重发展难题。交通基础设施和公共服务设施建设滞后，经济发展缓慢，农村人居环境差，人口流失严重，人口老龄化、村庄空心化问题突出，严重制约着小康社会的建设。2012 年，习近平总书记考察阜平县时作出“只要有信心，黄土变成金”的重要指示①。这一重要指示不仅为干部群众注入了强大的信心和动力，也为阜平县未来的发展指明了方向。在这一精神的指引下，阜平县逐步探索形成了“四位一体”荒山未利用地开发利用模式，为脱贫攻坚和乡村振兴提供了坚实保障。

面对严峻发展困境，自 2013 年起，阜平县积极探索新的发展路径。在国家有关部委、省市县多级深入调研和反复论证基础上，阜平县获得了倾向性政策支持，成为耕地占补平衡和城乡建设用地增减挂钩试点地区之一。2015 年，阜平县立足资源优势，借助国土资源部对贫困地区的增减挂钩结余指标异地流转的支持政策，把推进荒山未利用地整治开发作为加快脱贫致富、建设小康社会的战略突破口，提出通过对全县 25 度以下荒山地开发，新增耕地 20 万亩的目标；探索提出“政府统筹主导 + 村级组织推动 + 农户入股参与 + 企业开发经营”四位一体的荒山未利用地开发利用模式。

具体而言，政府编制全县土地整治总体规划，引进龙头企业参与农业综合开发。村委会负责推动群众参与和荒山流转，代表村民与农业开发公司进行合作经营，并按 5∶5 的比例与企业分红。农户以土地资源入股，获得股金分红，通过流转荒山经营权，实现资源资本化；同时通过在项目区务工和参与林果园管理，获得租金与薪金收入，成为租金、股金、薪金“三金”农民。企业则采用市场化运作模式，高标准整治土地，发展林果业。

## 二、主要做法

2015 年国土资源部对贫困地区的增减挂钩结余指标异地流转政策的出台，为阜平县带来了前所未有的机遇，使其能够系统地利用现有的荒山资源，实现资源的高效利用和土地的可持续开发。

### （一）政府统筹主导

阜平县政府编制全县土地整治总体规划，从组织保障、土地流转、工程建设、后期管护、资金使用等方面进行规范化、制度化设计。政府不仅引进龙头企业参与农业综合开发，还通过制度

① 徐运平、邵玉姿：《只要有信心，黄土变成金（践行嘱托十年间）》，《人民日报》2022 年 5 月 25 日。

设计保障项目的顺利实施。政府的主导作用不仅体现在政策的制定和落实上，更重要的是通过科学规划和系统设计，为全县土地资源的高效利用提供有力保障。政府的统筹规划与引导主要体现在以下几个方面。首先，通过编制土地整治总体规划，确定荒山未利用地综合开发利用的地块位置、规模范围、时间和进度安排，明确土地利用的方向和目标；其次，通过制度设计，规范土地流转、工程建设和资金使用等环节，保障项目的有序推进；再次，通过财政补贴和税收优惠政策招商引资，引进龙头企业，推动农业综合开发，提高土地利用的经济效益和生态效益；最后，政府在项目招投标、项目施工、项目验收、新造土地后期利用以及利益分配等过程中发挥监督作用。通过这些措施，政府在推动荒山未利用地开发利用过程中发挥主导作用，确保项目的顺利实施和可持续发展。

### （二）村级组织推动

在“四位一体”模式中，村级组织和农民的积极参与是实现荒山未利用地高效开发利用的重要环节。村委会积极组织推动，其作用主要体现在三个方面。一是政策传达与宣传。村“两委”能够及时、准确地将政府关于荒山未利用地开发利用的政策传达给村民，确保村民了解政策的目的、内容和优惠措施。例如，村“两委”向村民详细解释土地流转的补偿标准、产业发展的规划等，提高村民对政策的认知度和接受度；通过召开村民大会、张贴公告、入户宣传等方式，让政策深入人心，为后续工作的开展奠定基础。二是沟通协调与民意收集。村“两委”积极与村民进行沟通，了解他们的需求、意愿和顾虑。例如，在征求土地流转意愿时，耐心倾听村民对于土地价格、流转期限等方面的想法，并及时反馈给政府和企业，以保障村民的合法权益。三是组织动员与资源整合。发动村民积极参与荒山未利用地的开发利用，鼓励他们以土地、劳动力等形式入股，共同发展产业。比如，组织村民成立合作社，提高村民的组织化程度和市场竞争力；整合村里的人力、物力、财力等资源，为企业开发经营提供便利条件，如协调土地、水电等基础设施的建设。村级组织在这一过程中起到至关重要的作用，通过动员和协调，使农民积极参与土地整治和开发项目，保障项目的顺利推进和农民收益的实现，协调农民与企业的合作关系，代表农户与农业开发公司签订合作协议等。这些措施不仅提高了农民的参与积极性，也通过促进集体经济发展，提高了农民收入。



### （三）农户入股参与

农民的积极参与及收益保障是“四位一体”模式得以成功落地的关键因素之一。村民作为土地的所有者和使用者，土地的流转决策是整个模式运行的基础。通过将土地使用权和经营权流转给企业开展土地整治，整治后的土地作为村民的资产入股企业。同时村民还以劳动力和资金入股，为企业提供重要的生产要素。村民以土地资源入股参与分红，通过流转荒山经营权，实现资源资本化，同时通过项目区务工及林果业园区管理，增加务工收入，成为“三金”农民，有效提高农民的参与积极性和收益。通过这些措施，农民不仅实现了资源资本化和务工收入的增加，还通过“三金”待遇保障了其基本收益，从而为“四位一体”模式的顺利落地和可持续发展提供了有力支撑。

**（四）企业开发经营（市场化运行）**

企业在“四位一体”模式中的市场化运作和资源循环利用同样是不可或缺的环节。与其他地方的土地整治项目不同，阜平县土地整治新增耕地入股企业，由企业来开发经营。传统土地整治项目中勘测、设计、施工、利用等是由不同主体来实施，通常会导致勘测成果难以满足设计要求、设计成果难以指导具体施工、整治建设成果难以满足后续利用需求等现实问题。阜平县探索出了实地勘测与规划设计“前端打包”、工程施工与后续利用“后端融合”的模式，解决了勘测与规划设计难协同、施工质量难满足利用需求的难题，实行“谁施工谁利用”，确保工程质量，提升土地综合利用水平。在政府部门的统筹主导下，企业采用市场化运作模式，高标准整治土地，并将整治后的土地用于发展高效林果业。林果枝条用于食用菌菌棒生产的原料，而废弃菌棒和废渣则用于有机肥还田，实现资源的循环利用（周扬，2025）。企业的市场化运作不仅提高了土地整治的质量和效率，更通过资源循环利用，促进了经济效益和生态效益的双重提升。

**专栏：阜平县大道村荒山未利用地综合开发利用模式**

阜平县大道村隶属于阜平镇。大道村有荒山面积 4800 亩，全村耕地面积仅 665 亩。2014 年，全村有 495 户、1350 人，其中贫困人口多达 801 人。2012 年人均纯收入仅 1800 元，属于典型的大山深处贫困村。大道村荒山综合治理项目有两个，2015 年初正式启动，规划设计土地整治规模 3351 亩，新增耕地 2209 亩，出地率 65.9%。大道村两个项目总投资 7517.82 万元，亩均 3.4 万元。

土地整治项目由村委会组织推动，并由其与龙头企业签订土地租赁合同，租赁期限为 50 年。由龙头企业提供资金、技术、设备等投资，双方以合作经营的形式对土地进行开发经营。同时，企业负责地上附着物的赔偿及其他费用，以及种植和经营管理合作期间的全部投资，包括固定资产投资，苗木、肥料、人工、机械等栽植费用，经营管理等费用，以及耕地补偿费等。经验模式按照“政府统筹主导 + 村级组织推动 + 农户入股参与 + 企业开发经营”运行。占地补偿方面，水浇地按每亩每年 800 斤玉米的价值进行补偿，旱地按每亩每年 600 斤玉米的价值进行补偿，枣埝地前四年按每亩每年 800 斤玉米的价值进行补偿，第五年开始，每亩每年按 600 斤玉米的价值进行补偿，每斤玉米补偿价不低于 1 元。土地整治后新增耕地面积由国土部门组织验收认定。整治过程中坚持高标准造地，田面宽度不低于 6 米，单块面积不低于 0.5 亩，活土层厚度不低于1.2米，其中耕作层厚度不低于0.5米；水利、电力配套设施能够保障农业产业化生产需要，田间道路配套设施能够做到每块耕地直通道路，保障生产经营需要，整治后土地用于发展高效林果业。

新造耕地由企业负责开发经营，自种植林果树当年算起，从第五年至合同期满，除遇不可抗力造成的损失外，企业与村集体将利润按照5：5的比例分成。第五年至第七年，村集体每亩地所得利润分配不低于600斤玉米/年的价值，不足部分由企业补偿；从第八年至合同期满，村集体每亩地所得利润分配不低于800斤玉米/年的价值，不足部分由企业补偿，玉米价格根据县级物价部门评估确定。

经过五年的不断努力，大道村近3000亩高山苹果、玉露香梨等果树漫山遍野，曾经的荒山秃岭已变成了一望无际的梯田。大道村依托土地综合整治项目，建成大道农业生态示范园，该园区已成为阜平县最大的香梨种植基地。依托当地优美的自然环境和丰富的历史文化资源大道村，发展生态旅游，吸引大量游客，带动当地经济发展和村民收入增加。通过荒山综合治理，人均增加耕地1.78亩。项目开展前四年，村委会代表农户从龙头企业获得占地补偿金约80万元，人均增收620元。造地阶段，共有约600人参与项目施工。转入农业种植阶段，每年约有200人长期在园区务工，高峰时期超过400人。2018年以来，每年约有230人在园区务工。

2023年该园区香梨产量达200万斤，实现销售收入1500万元，并实现从种植、仓储、配送到销售的全产业链模式，取得了生态与经济的双丰收。以2024年举办的阜平县第四届梨花节为例，活动以“扎根革命老区，助力乡村振兴”为主题，通过举办舞台演出、梨园踏青、健步走、热气球、打铁花、放风筝、房车、帐篷露营、美食街和游乐设施等一系列活动，让游客多角度、全方位体验“醉美梨乡”。丰富多彩的活动吸引众多游客前来观光游玩，推动当地农文旅的深度融合，为乡村振兴增添新动能。

通过土地流转和合作社经营，村集体经济快速发展，村民获得稳定的收入来源。具体措施包括：通过村集体经济的发展，提高了土地利用的经济效益；通过合作社经营，提高土地利用效率和农民的收益；通过土地流转实现资源资本化，提高村集体的收益等。这些措施不仅提高了村集体的经济发展水平，也通过土地流转和合作社经营，提高了农民的收入和项目的可持续性。

资料来源：阜平县农业农村局。

## 三、主要成效与经验启示

截至2022年底，阜平县已完成近20万亩荒山未利用地整治，新增耕地面积近15万亩，建成以苹果、桃、梨为主的优质特色林果基地近10万亩，覆盖全县135个行政村（周扬，2025）；预计2025年基本进入盛果期，年鲜果产量可达30万吨，产值将达到15亿元。群众通过土地流转和务工获得稳定收益，吸纳6000余名劳动力从事种植管护工作，带动全县2万余户农户就业，人均增收3000元以上。森林覆盖率由2016年的46.1%提升到2022年的50.03%，生态环境质量得到明显改善。高效林果产业成为全县从业人员最多、覆盖面最广的特色主导产业。此外，通过土地整治新增耕地指标异地流转增加的地方政府财政收入超过100亿元，被用于基础设施和公共服务设施建设。《阜平县2023年国民经济和社会发展统计公报》数据显示，2012—2023年，阜平县地区生产总值由27.6亿元增加到64.1亿元，农村居民人均可支配收入从3262元提高到14436元，增长4.43倍。

阜平县是中国无数革命老区和曾经的贫困地区的缩影。阜平的脱贫致富路是中国特色扶贫模式的成功实践。十多年来，阜平县深入贯彻落实习近平总书记“要坚持从实际出发，因地制宜，理清思路、完善规划、找准突破口”[①]的重要指示精神，践行“只要有信心，黄土变成金”“绿水青山就是金山银山”的理念，立足资源优势，以土地整治为突破口，通过荒山未利用地综合开发利用，村民以土地入股，农民离地不失地、离土不离乡，实现了资源变资产、资金变资本、农民变股民、农民变农工的“四变”改革，农民成为租金、股金、薪金“三金”农民，让沉睡的荒山资源活起来，让“死资源”变“活资产”。在荒山未利用地综合开发利用过程中，阜平县高度注重发展绿色产业和循环经济，通过林果业、食用菌产业、养殖业、乡村旅游的有机结合，推进了产业生态化与生态产业化，实现了经济社会发展与生态环境保护的共赢，为乡村全面振兴奠定了良好的发展基础。

## 参考文献

陈文胜．乡村振兴的资本、土地与制度逻辑[J]. 华中师范大学学报（人文社会科学版），2019，58（1）：8-11.

冯兴元，鲍曙光，孙同全．社会资本参与乡村振兴和农业农村现代化——基于扩展的威廉姆森经济治理分析框架[J]. 财经问题研究，2022（1）：3-13.

黄祖辉．准确把握中国乡村振兴战略[J]. 中国农村经济，2018（4）：2-12.

黄祖辉，李懿芸，马彦丽．论市场在乡村振兴中的地位与作用[J]. 农业经济问题，2021（10）：4-10.

李怀瑞，邓国胜．社会力量参与乡村振兴的新内源发展路径研究——基于四个个案的比较[J]. 中国行政管理，2021（5）：15-22.

王亚华，关长坤．全面推进乡村振兴促进共同富裕中的政府与市场关系[J]. 中国农业大学学报（社会科学版），

① 习近平：《做焦裕禄式的县委书记》，中央文献出版社2015年版。

2023，40（3）：48–59.

吴晓燕，赵普兵．协同共治：乡村振兴中的政府、市场与农村社会 [J]. 云南大学学报（社会科学版），2019，18（5）：121–128.

严金明，迪力沙提，夏方舟．乡村振兴战略实施与宅基地“三权分置”改革的深化 [J]. 改革，2019（1）：5–18.

叶兴庆．新时代中国乡村振兴战略论纲 [J]. 改革，2018（1）：65–73.

于法稳．乡村振兴战略下农村人居环境整治 [J]. 中国特色社会主义研究，2019，1（2）：80–85.

周扬．中国乡村发展与乡村振兴 [M]. 北京：经济管理出版社，2025.

# 第四章　乡村振兴中政府、市场与企业的互动机制[①]

农村产业振兴与经济发展是乡村全面振兴的重中之重，也是建设农业强国的核心要求。乡村经济业态往往深嵌于农村社会多重结构之中，具有高度复杂性。中国的乡村（村庄或村落），既是空间上的地理单元、农业生产与产业发展的经济单元，也是行政力量与宗族关系交织的政治单元，同时更是基于血缘、亲缘和地缘长期聚居所形成的具有共同发展意识与行动秩序的社会文化单元。可见，中国乡村从来不是单维的农民聚集的生存空间，而是融合地理、经济、政治、社会、文化等复合关系所形成的多元集合体（罗必良、耿鹏鹏，2022b）。因此，中国乡村的经济发展并非独立的经济要素配置事件，不仅受资源禀赋与配置结构的影响，而且与村落文化密切关联。2022年中央一号文件指出，启动实施文化产业赋能乡村振兴计划。随后，中国乡土社会迅速掀起了各具特色与活力的文化乡村建设热潮，涌现出一批卓有成效的典型乡村案例（王超、陈芷怡，2024）。可以说，文化不仅是乡村发展的基础要素，更在推进乡村发展中发挥着激活乡村资源、赋能乡村产业的关键作用，具有构建和塑造经济业态的重要基因属性。因此，理解乡村全面振兴，尤其是产业振兴和经济发展，必须深刻理解其背后的文化特性及其决定机理，洞悉经济增长的文化根源及其现实表现，方能真正把握乡村发展的内在逻辑。

本章试图以水稻种植中所体现的灌溉合作与水源竞争这两种相互交织的关系为研究线索，借助县域面板数据的实证分析，揭示稻作企业在“对内合作”与“对外竞争”中的双重特性及其形成机制。在此基础上，重新审视乡村全面振兴背景下中国家族企业的生成逻辑，探究其在经济参与、政府管制和市场拓展中的角色和功能定位，进一步揭示市场、企业与政府在乡村振兴进程中的互动关系及其协调机制。



① 本章主要内容发表于《改革》2024年第12期，原文标题为《乡村振兴中的市场、企业与政府——基于种植文化的理论假说及其检验》。

# 第一节　政府、市场与企业关系的理论分析

## 一、文化、交易与市场

近代以来，西方世界因市场经济秩序的不断拓展快速进入现代社会，而有着数千年文明的东方诸国在经济社会发展、现代市场发育等方面出现滞后（韦森，2003）。东西方经济发展的“大分流”及其成因成为历久弥新的热门话题。其中，东西方迥异的文化往往成为经济学家关注的焦点。研究表明，文化在诱导市场化发育并实现区域经济增长过程中有着重要的内生性作用，不同的文化导致了贸易和增长的不同经济绩效（Guiso et al.，2003），约瑟夫·斯蒂格利茨（2005）也指出，发展中国家的经济增长和转型必须与其传统文化相适应，转型的速度在很大程度上取决于技术变革所要求的价值观以及道德准则重建的速度。

格雷夫（2008）在其名著《大裂变：中世纪贸易制度比较和西方的兴起》中研究了中世纪后期（1050—1350年）的“商业革命”如何成为欧洲经济社会发展的历史“大分流”节点。格雷夫以地中海热那亚和马格里布两大贸易社会的商人群体为历史范型，分析了群体内部文化的迥异对社会经济组织的塑造以及伴随而来的交易秩序与市场结构的分野。不同的交易秩序表现为不同的商业组织的信息传递规则、自我实施的约束策略和惩戒机制以及合约缔结与履约机制。个人主义文化及突破人格化的交易模式是近现代欧洲市场经济发育和西方世界经济崛起的重要原因，而同时期马格里布商人讲诚信、美德和良善的集体主义或社群主义社会往往维持一种人格化经济而难以构建出现代商业体系，由此揭示了以集体主义文化为精神主脉的东亚诸社会在近现代难以开拓出现代市场经济秩序的原因（韦森，2003；马德斌，2020）。显然，格雷夫的观点是，不同的社会经济秩序来自不同的文化系统，个人主义文化是现代市场经济发展的文化土壤，非人格化交易是经济市场拓展的有效基础。

麦克法兰、伯杰、格雷夫等学者的一致看法是，个人主义文化是西方世界经济崛起的重要诱因。从交易秩序和规则建构的角度审视，个人主义文化表达的是单一的社会主体都可以拥有独立的人格和自我实现、个体满足甚至是自私自利的秉性特征，但正是单一的主体有着附着于自身的自主性和独立性，构成了自由市场交换的存续土壤，才能生发出现代交易规则和市场经济秩序。热那亚商人的个人主义文化中潜藏的“自私自利”“尔虞我诈”“唯利是图”恰恰催生出不断完善的法律法规和契约规则，来维系和保障“个人”与陌生人彼此之间的交易。由于广泛的契约关系明确界定了人们在交换与社会博弈中的权利和义务，从而推进了现代市场经济秩序的制度化进程，并最终极大地扩展了市场范围和交易半径。英国法学家梅因（1999）所强调的“所有社会进

步均是一个从身份到契约的运动”，实际上也传递着个人主义文化中内含的契约型秩序和市场化交易的思想。在个人主义文化中，独立个体之间的关系被简单抽象，市场交换走向了“非个人化”，交易半径和市场范围随之扩大，跨地区、城市、社会和国家的商品和劳务的交换与贸易也变得普遍起来。人际交往和交换中的契约关系的普遍性，决定了在现代市场经济秩序型构和扩展过程中，社会成员主要靠产权和契约关系来调整其经济行为和社会活动。

与此形成鲜明对照的是集体主义文化特征。虽然在集体主义文化中也存在着广泛的交易，但这些交易往往半径较短，且具有着鲜明的“对象歧视性”“主体熟人化”特征。习俗和惯例经济中有限的市场交换基本上是局域性或本土化的，且多发生在族内人、亲朋、邻里和熟人网络中间。在这种交往半径很短的地方性交换中，个人信誉、熟人关系、亲朋网络、私人友谊以及个人关系的知识和经验往往起着非常重要的作用。Miller 和 Bersoff（1994）基于比较印度与美国的比较研究发现，集体主义文化下的个体更会将助人行为看作一种责任和道德义务。帮扶互助作为一种社会美德本无可厚非，但集体意识实际上模糊了人与人之间的财产、权利和交易界限，从而难以形成尊重个人和他人独立权利的文化精神，也就难以构建开放自由的市场化交易秩序。集体主义文化中的“短半径”信任及其人格化交易，不仅因构筑人情网络的“土围子”而排斥外来主体，而且因构筑熟人社会的裙带关系而禁锢交易活动范围，由此成为现代市场发育与经济增长的阻碍。

无论是基本的史实还是理论研究都表明，建立在个体主义文化、产权明晰稳定且安全、契约化和市场化交易基础之上的经济体，往往是经济发展相对成功的经济体。格雷夫所表达的重要理论洞见就在于，个人主义文化往往能够形成突破人格化范畴的市场交易秩序，使得市场规模得以不断拓展，而基于熟人交易的关系契约和人格化交换则难以企及，往往成为禁锢市场拓展和阻碍交易范围扩大的重要原因。

## 二、作物种植、文化特征与市场发育

中国历史蕴含着丰富的区域性制度含义。从经济发展维度来看，中国各地区经济社会发展与市场化发育水平并非单一的演化轨迹，而有着发展早晚、快慢与水平高低之异。最为典型的是中国南北方的经济社会发展差异。中国南方地区经济体量占全国 GDP 的比重已经从 2000 年的 58.63% 提高到 2022 年的 64.58%，北方地区则从 41.37% 下降为 35.42%。《中国分省份市场化指数报告（2021）》（王小鲁等，2021）的数据也显示，中国南方地区的市场化水平整体高于北方地区，2005—2018 年中国南方和北方地区市场化指数的差距由 0.012 扩大到了 0.031（卢现祥、王素素，2021）。《2019 年胡润中国 500 强民营企业》榜单也显示，中国南方地区 500 强民营企业数量是北方地区的 2.4 倍。无论是经济总量，还是市场发育程度或民营企业发展水平，中国南方地区均处于领先位置并不断扩大其优势（邓忠奇等，2020；丛胜美等，2022）。

如何解释中国南北区域发展的差异？把“西方世界的崛起”和“大分流”的文化研究置换到中国内部地区间的“非均衡”发展问题，是否具有事实和逻辑的一致性？中国是以农立国的文明大国，只有读懂中国大地上的农业才能真正读懂中国的传统文化（波音，2023）。稻麦是中国最为重要的粮食品类，千百年来的稻麦种植传统在文化积淀与行动秩序型构中发挥着重要的制度性功能。Talhelm 等人（2014）提出的“稻米理论”，从中国“南稻北麦”的空间种植格局和作物种植特性出发，揭示了南方集体主义和北方个体主义两种文化分野的生成根源。由于水稻种植依赖于灌溉，而作为村集体物品的灌溉设施，其建设与修葺依赖于集体行动，由此形成了中国南方稻作区村落农户之间密切的人情往来、互助合作和集体主义文化。不同的是，北方小麦相对粗放的种植方式与较为独立的家户耕作体系，推动形成了不同于南方的个人主义文化。

显然，如果按照“西方世界的崛起”和“大分流”的文化逻辑，与南方地区相比，中国北方地区因具有个人主义文化特质而应该有着良好的市场发育与经济增长绩效。但是，理论的推断却没有得到基本发展事实的一致性响应。立足中国南北区域发展的差异，可以判断，如果用稻麦种植下个人主义文化与集体主义文化来解释中国南北地区的经济反差，那就意味着对于“稻米理论”还有进一步去伪存真的必要性。中国南方稻作区呈现出的集体主义文化可能仅仅是一种表象，其背后可能隐含着个体主义的文化基因。

### （一）水稻种植、灌溉合作与企业特性

中国辽阔的国土面积与多样的气候类型形成了南北相异的种植格局。按照地理分区，以秦岭—淮河为界可以将中国划分为南方与北方地区。北方地区多种植以小麦为主的旱地作物；南方地区多降雨、气候湿润，以种植水稻为主。许道夫（1983）详录了民国时期稻麦分布情况，广东、广西和浙江的水稻播种面积在该省份全部作物种植中的占比分别达到了 98.76%、73.43% 和 69.02%，福建、江西、湖南次之，占比分别为 64.73%、61.23% 和 48.96%。北方除山东、河南、河北、陕西和东北三省有 1% ～ 5% 的零星水稻种植外，其他地区均可忽略不计。从各省小麦播种面积比重看，山西、河南、山东、陕西占比最高（45% ～ 70%），其他省份零星分布。《中国统计年鉴 2020》中各省份水稻播种面积占粮食播种面积比重最高的是江西、上海、海南、湖南、广东，分别为 91.30%、88.33%、84.26%、83.51% 和 83.02%。福建、浙江、广西次之，除东北三省、天津外，北方省份水稻种植面积占粮食播种面积的比重均在 10% 以下。小麦种植面积占粮食播种面积比重方面，河南、新疆、山东位列前三，分别为 53.16%、48.18% 和 48.14%。江苏、安徽、青海、河北、陕西次之（30% ～ 45%），除湖北（22.08%）和西藏（17.48%）外，其他南

方省份的小麦种植面积占比均低于10%。因此，整体而言，中国呈现“南稻北麦”的作物种植格局。

与北方地区广布的小麦种植相比，水稻种植有两大基本特点：一是水稻属于劳动密集型作物，种植水稻需要的劳动力约为小麦的两倍。在传统小农经济生产条件下，单个农业家庭并不足以应付水稻种植的劳动强度，因此，精耕细作的水稻种植需要亲戚熟人与邻里之间农业劳动互助和生产协作（黄宗智，2014），由此形成了稻作区的集体主义的文化基因（冀朝鼎，2014）。二是水稻种植需要充分的灌溉用水和完备的灌溉系统，灌溉用水的协调和灌溉设施的建造、利用、修葺更需要村社成员之间的合作互助，由此也构筑了稻作区短半径的信任交换和集体联动，产生了更明显的集体主义文化（丁从明等，2018）。正是水稻种植的此类合作特性，进一步延伸到商业活动，引导了地区内家户个体间短半径合作关系的形成，从而使得稻作区的企业形态大多呈现为对内合作和联动的合伙制企业和以血缘稳定力量为基础的家族企业（黄玖立等，2023；于晓东等，2022）。家族企业天然地具有集体主义文化的内生性优势和基因。第一，家族企业在激励和监督家族劳动力方面，只需要付出较低的成本，所有者分配酬金是相对容易的（埃里克·琼斯，2019）。第二，家族企业构建在血统基础上的小范围集体主义能够通过社会网络力量有效抵御市场风险，增强企业生存韧性和稳定性，降低金融借贷交易成本、获得社会网络融资、缓解信贷约束（马光荣、杨恩艳，2011）。第三，企业的家族性和集体性能够畅通内部成员彼此之间的沟通互动和信息交换，为企业提供有价值的市场信息，拓展新的市场交易机会（Burchardi and Hassan，2013）。可以认为，水稻的种植特性所形成的集体主义文化构成了家族企业形态生成的内在逻辑。

### （二）水稻种植、水源竞争与市场拓展

实际上，已有学者对集体主义文化和个人主义文化截然二分的观点提出了质疑。Boerner 和 Ritschl（2009）对格雷夫研究的追踪观察发现，中世纪西欧契约执行和市场参与同样是以大家庭内部的共同责任形式呈现，其中，血缘关系和集体主义仍然占据着大家庭的主导地位。而且集体主义盛行的东方国家实际上也构建起了现代市场经济并推动了经济增长。文化“二分论”并非历史事实的全部。两类文化的相互交织，或许是更为普遍的真实现象。这意味着，集体主义文化中也可能隐含着个人主义的文化基因，双重文化基因可能是南方地区家族企业众多且现代市场化、契约化经济良序发展的重要基础。

水利灌溉是中国南方地区集体主义文化生成的重要根源。但必须重视的问题是，水稻种植的灌溉保障依赖于水源，但水源恰恰是竞争性的。由此，一方面，水稻种植需要内部的合作来完成灌溉设施的建设；另一方面，也需要对外竞争以获得充分的灌溉水源。第一，水稻种植更依赖灌

溉也更要求协作，因此，基于更加牢固的血缘纽带形成宗族集团；第二，在争夺农田灌溉水源过程中，易于产生矛盾和竞争，通过血统联合的宗族和社会网络能够强化水源竞争力量。所以，南方灌溉水源的竞争多是以宗族械斗的形式发生。由于水资源具有公共产权性质，区域内的农户均可受益。中国南方地区雨水充沛，河泽广布，在正常年份，公共产权的水资源的竞争性比较弱，但伴随着旱情加剧及灌溉用水的减少，当有限的水资源无法满足所有农户的共同需要时，矛盾与冲突便不可避免，地处同一流域的地区之间就会因用水问题而发生矛盾、冲突和竞争（王加华，2010）。

基于水稻灌溉的自利特征诱发的水源竞争正是市场化基因孕育的基础。正如格雷夫所指出的，自私自利的竞争活动催生出了法律法规与契约意识，进而形成现代非人格化的市场经济秩序。显然，中国南方地区稻作文化具有双重文化特征，即对内合作、对外竞争。对外竞争往往被视为市场经济的核心，参与竞争是市场经济发育的重要基础。因此，在双重文化特征下，因为对内有“合作文化基因”，所以中国南方地区企业形态多出现家族企业、村社集体企业；因为对外有“竞争文化基因”，所以企业运作大多为开放性、竞争性、契约化的现代市场型企业。

## 三、家族企业、市场规模与政府作用

灌溉合作与水源竞争，造就了中国南方地区家族企业的双重文化基因。正是对内合作以强化生存韧性、对外竞争以拓展发展机会，造就了中国南方地区市场经济的特色发展路径。众所周知，中国民营企业的营商环境尚有改进空间，所从事的行业也有局限性，而且面临诸多行政性管制。民营经济的发展源于建立在血缘基础上的家庭（族）力量。家庭或家族一向可以成为中国人对抗外在不稳定环境的避风港，这一点尤其体现在中国进入 20 世纪 80 年代以后农村家庭联产承包责任制推行和民营企业蓬勃发展之中。当时中国社会正处于转型时期，市场经济规则逐步建立，家庭与家族规则自然就成为在夹缝中发展起来的民营企业创建和发展的社会资本和组织资源（陈凌等，2011）。对内合作的文化特性正是家族企业生成、存续与发展的重要基础，家族企业通过对内的合作与帮扶互助强化自身生存韧性并延伸发展空间，同时也依靠其家族和泛家族的社会关系来拓展自己的经营活动。通过家族和泛家族的社会关系，企业家又将其家族企业置于一个更加庞大的社会网络之中，并且在家族和同乡社会网络当中建立起自己的商业王国（Burchardi and Hassan，2013）。



民营企业对外竞争的文化特征决定了其多具有开放性、竞争性、契约化的现代市场型企业特征，这也是市场化水平提升和经济社会发展的决定性力量。虽然家族企业的发展面临着不同程度的领域限制和发展管制，但是从经营效率来看，中国家族企业的各项经营指标，如销售净利润、资产利润率、人均营业收入、人均利润等，都要好于国有企业占多数的中国企业 500 强（陈凌等，2011）。Tsai 等（2007）针对中国民营企业的研究也指出，当企业家面临一个压抑性的甚至有敌意的制度环境时，会采取多种应对策略来规避不利制度，或者减少其所带来的影响。在私有产权保护不足、政府经济干预较强并控制大量经济资源的情况下，家族企业主积极谋求政治参与以与政府形成密切关系，其中既有谋求政治合法性和规避侵害的需求，又有谋求政治租金和趋利的目的（陈凌等，2011）。

如图 4-1 所示，由水稻种植所决定的灌溉及其产品特性，会形成对内集体主义与对外个体主义的双重文化基因。由此生成的家族企业，能够自发地参与市场竞争而不断扩大市场规模，促进经济增长，并成为中国经济社会发展的强大推动力量和中国式现代化的强力建设者。因此，在统一大市场格局下，政府的责任应该是维护现代市场公平竞争、捍卫市场运行秩序、尊重并保护私人产权、激发企业家精神和创造活力。

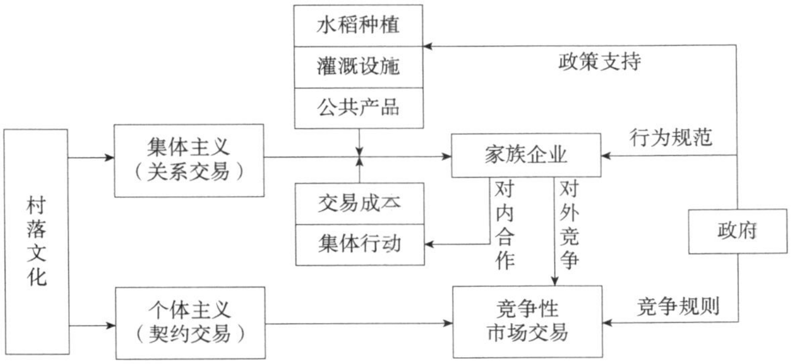


图 4-1　基于文化维度的政府、市场与企业关系的分析框架

资料来源：笔者绘制。

## 第二节　政府、市场与企业关系的研究设计

### 一、数据来源

本章所使用的数据为中国县域层面的面板数据。考虑到县域数据的统计完整性和可获得性，本章选择将 2001—2020 年作为研究时期。在剔除部分数据缺失严重的样本后，最终整理获得涵盖中国 31 个省份 2043 个县（市、区）的非平衡面板数据。其中，县域社会经济变量来自《中国县域统计年鉴》；家族企业数据来自中国研究数据服务平台（CNRDS）数据库；农作物种植面积数据来自中国 2001—2020 年土地覆盖数据集（CLCD）；年均降水量数据来自国家气象科学数据共享平台；河流密度数据则是基于县级行政区划矢量数据计量得出。

## 二、变量设置

### （一）被解释变量

本章主要研究并证明水稻种植的双重文化基因。本章引入“县域家族企业发展”作为被解释变量，参考 Jeong 等（2022）的研究，使用县域家族企业资产总额刻画县域家族企业发展情况，以表征对内合作文化和基于血缘基础、关系联合的市场参与形态。县域创业活跃度可以提供有关该地区市场经济发展的重要信息，反映区域创业环境、创新能力等方面的情况。通过深入了解县域的创业活跃度，可以识别出当地的市场经济潜力和竞争力。参考赵涛等（2020）、白俊红等（2022）的研究，使用县域创业活跃度指标刻画市场竞争基因和现代市场发展环境，通过 ln（1 + 当年企业注册数 / 年末总人口）来计量。

### （二）核心解释变量

主要的解释变量为县域水稻种植比例。参照黄玖立等（2023）、张博和孙涛（2023）的研究，使用县域层面的水稻种植面积占农作物种植面积比例指标来刻画。在稳健性检验中，本章进一步使用水稻种植面积占水稻与小麦种植面积总和比例（县种植稻麦比），从稻麦种植结构的维度识别稻作区或麦作区。

### （三）其他控制变量

本章使用了县域层面的社会经济特征等其他可能影响地区现代经济社会发展与企业发展的控制变量。首先，县域经济发展会影响企业发展和县域创业活跃度。因此，本章控制了人均地区生产总值和地区生产总值增长。其次，社会经济发展潜力也会对县域市场发展产生影响，因此，本章进一步控制了存款总额和贷款总额两个变量。最后，政府对基础社会建设的支持力度也会对县域市场经济发展产生影响，因此，本章进一步控制了公共支出总额变量。此外，本章还控制了县域固定效应、年份固定效应以及县域特征不同地区可能存在的时间趋势差异。变量定义及描述性统计如表 4–1 所示。



**表 4–1　变量定义及描述性统计**

| 变量 | 变量定义 | 样本量 | 均值 | 标准差 | 最小值 | 最大值 |
|---|---|---|---|---|---|---|
| 被解释变量 | | | | | | |
| 县域家族企业发展 | 县域家族企业资产总额 | 2084 | 134.539 | 332.359 | 1.591 | 5245.787 |
| 县域创业活跃度 | ln（1+ 当年企业注册数目 / 年末总人口） | 38815 | 3.650 | 1.080 | 0 | 7.450 |
| 核心解释变量 | | | | | | |
| 县域水稻种植比例 | 水稻种植面积占农作物种植面积比例 | 37831 | 0.070 | 0.100 | 0 | 0.750 |
| 县种植稻麦比 | 水稻种植面积占水稻与小麦种植面积总和比例 | 34444 | 0.566 | 0.448 | 0 | 1 |

续表

| 变量 | 变量定义 | 样本量 | 均值 | 标准差 | 最小值 | 最大值 |
|---|---|---|---|---|---|---|
| 其他控制变量 | | | | | | |
| 人均地区生产总值 | 人均地区生产总值（对数） | 29775 | 9.530 | 0.990 | 6.090 | 12.800 |
| 地区生产总值 | 地区生产总值（对数） | 38945 | 13.110 | 1.380 | 8.040 | 17.520 |
| 公共支出总额 | 公共支出总额（对数） | 40159 | 11.340 | 1.300 | 0.150 | 15.170 |
| 存款总额 | 存款余额总额（对数） | 39747 | 12.560 | 1.570 | 0 | 17.190 |
| 贷款总额 | 贷款总金额（对数） | 39903 | 12.370 | 1.570 | 0.250 | 18.310 |
| 机制变量 | | | | | | |
| 降水量 | 是否大于平均降水量 | 40197 | 0.480 | 0.500 | 0 | 1.000 |
| 河流密度 | 地区河流总长度 / 农田面积之比 | 24666 | 34.940 | 173.9 | 0.250 | 10915 |

资料来源：笔者绘制。

## 三、模型选择

为估计县域水稻种植比例对家族企业发展和地区创业活跃度及市场环境的影响，本章建立以下基准模型：

$$Innovate_{ct} = \alpha + \beta_1 Riceratio_{ct} + \beta_2 X_{ct} + X_{ct} \times \tau_t + \tau_t + p_c + \varepsilon_{it} \qquad (4\text{–}1)$$

式（4–1）中，$Innovate_{ct}$ 表示 c 县在第 t 年的县域家族企业发展和县域创业活跃度。$Riceratio_{ct}$ 表示 c 县第 t 年县域水稻种植比例。$X_{ct}$ 表示由控制变量组成的矩阵，本章借鉴 Li 等（2016）的方法，引入 $X_{ct} \times \tau_t$ 以控制县域特征不同地区可能存在的时间趋势差异。$\tau_t$ 表示年份固定效应，$P_c$ 表示县域固定效应，$\alpha$ 为常数项，$\beta_1$ 和 $\beta_2$ 为待估计系数，$\varepsilon_{it}$ 表示误差项，使用县域层面的聚类稳健标准误。

在考察县域水稻种植比例对县域创业活跃度的影响基础上，本章进一步检验水源竞争问题导致的市场化发育和现代经济发展问题。为此，引入县域水稻种植比例与降水量和河流密度的交互项来测量降水量和河流密度对水稻种植区创业活跃度的调节作用。

$$Innovate_{ct} = \delta + \delta_1 Riceratio_{ct} + \delta_2 R_{ct} + \delta_3 Riceratio_{ct} \times R_{ct} + \delta_4 X_{ct} + X_{ct} \times \tau_t + \tau_t + p_c + \varepsilon_{it} \qquad (4\text{–}2)$$

式（4–2）中，$R_{ct}$ 为降水量和河流密度。$\delta$ 为常数项，$\delta_1$、$\delta_2$、$\delta_3$、$\delta_4$ 为待估计参数。其余变量与系数设定与式（4–1）保持一致。

# 第三节　政府、市场与企业关系的实证分析

## 一、合作联合：水稻种植对家族企业的影响

表 4–2 首先报告了式（4–1）的估计结果。列（1）是控制了县域固定效应和年份固定效应的模型；列（2）是同时控制县域特征和县域固定效应及年份固定效应的模型；列（3）是同时控制县域固定效应和年份固定效应以及控制县域特征不同地区可能存在的时间趋势差异的最为严格的模型。三个模型的估计结果均显示，县域水稻种植比例均在 10% 的水平上显著促进县域家族企业发展。这表明，稻作区的家族企业发展水平更高，从而逻辑一致地支持了“稻米理论”的一般性发现，即稻作区盛行集体主义文化，而且以血缘、亲缘关系为媒介开展合作行为与集体行动，能够促进家族企业发展。同时，再次证明了中国稻作区种植文化中的对内合作基因。这一发现也与黄玖立等（2023）和于晓东等（2022）已有的关于稻作文化的研究结论相一致。

**表 4–2　水稻种植与县域家族企业发展**

| 变量 | 县域家族企业发展 | | |
|---|---|---|---|
| | （1） | （2） | （3） |
| 县域水稻种植比例 | 195.742*（117.243） | 162.595*（89.150） | 198.028*（90.382） |
| 人均地区生产总值 | — | –260.928***（96.906） | — |
| 地区生产总值 | — | 287.578***（94.671） | — |
| 公共支出总额 | — | –7.532（51.645） | — |
| 存款总额 | — | –102.108（96.555） | — |
| 贷款总额 | — | 32.328（24.223） | — |
| 县域固定效应 | 控制 | 控制 | 控制 |
| 年份固定效应 | 控制 | 控制 | 控制 |
| 控制变量 × 年份固定效应 | 未控制 | 未控制 | 控制 |
| 观测值 | 2066 | 1386 | 1386 |
| $R^2$ | 0.590 | 0.790 | 0.831 |

资料来源：笔者绘制。

注：*、**、*** 分别代表在 10%、5%、1% 的统计水平上显著；括号内为聚类到县域的稳健标准误。



## 二、市场开放：水稻种植对县域创业活跃度的影响

表 4–3 估计了县域水稻种植比例对县域创业活跃度的影响。列（1）是未引入控制变量的回归结果，县域水稻种植比例在 1% 的水平上显著提升县域创业活跃度；列（2）纳入控制变量的回归结果依然稳健的支持这一结论，列（3）进一步严格引入控制变量的时间趋势项的回归结果显示，县域水稻种植比例依然在 5% 的显著性水平上正向促进县域创业活跃度提升，从而一致地证明了

水稻种植会带来地区创业活跃度的提升，经济主体参与市场竞争的积极性越高，市场发育水平越高。由此证明，水稻种植文化中隐含着现代市场经济秩序和市场竞争基因，水稻种植具有双重文化属性，既表达着对内合作的集体文化基因，又内含着积极参与市场竞争、融入现代经济秩序的行动品格。

**表 4–3　水稻种植与县域创业活跃度**

| 变量 | 县域创业活跃度 | | |
|---|---|---|---|
| | （1） | （2） | （3） |
| 县域水稻种植比例 | 0.454***（0.110） | 0.331***（0.108） | 0.220**（0.112） |
| 人均地区生产总值 | — | 0.135*（0.076） | — |
| 地区生产总值 | — | 0.244***（0.085） | — |
| 公共支出总额 | — | 0.215***（0.043） | — |
| 存款总额 | — | 0.194***（0.040） | — |
| 贷款总额 | — | –0.179***（0.025） | — |
| 县域固定效应 | 控制 | 控制 | 控制 |
| 年份固定效应 | 控制 | 控制 | 控制 |
| 控制变量 × 年份固定效应 | 未控制 | 未控制 | 控制 |
| 观测值 | 36482 | 27813 | 27813 |
| $R^2$ | 0.770 | 0.775 | 0.784 |

资料来源：笔者绘制。

注：*、**、*** 分别代表在 10%、5%、1% 的统计水平上显著；括号内为聚类到县域的稳健标准误。

## 三、稳健性检验：重新刻画核心解释变量的再估计

为进一步识别地区稻麦种植的分布比重，本节使用县种植稻麦比来替换核心解释变量，并进一步做稳健性检验。表 4–4 的估计结果显示，水稻种植面积占水稻小麦种植面积总和比例越高，县域创业活跃度越高。本节进一步通过控制县域特征不同地区可能存在的时间趋势差异，列（4）结果与表 4–3 的估计结果一致，从而证明了本章基准回归估计结果稳健可信，也进一步证明了中国稻作文化所表达的竞争、市场基因。



**表 4–4　稳健性检验：水稻种植与县域创业活跃度**

| 变量 | 县域创业活跃度 | | | |
|---|---|---|---|---|
| | （1） | （2） | （3） | （4） |
| 县种植稻麦比 | 0.038（0.045） | 0.190***（0.049） | 0.180***（0.047） | 0.104***（0.035） |
| 人均地区生产总值 | — | 0.149*（0.083） | — | — |
| 地区生产总值 | — | 0.196**（0.093） | — | — |

续表

| 变量 | 县域创业活跃度 | | | |
|---|---|---|---|---|
| | （1） | （2） | （3） | （4） |
| 公共支出总额 | — | 0.262***（0.032） | — | — |
| 存款总额 | — | 0.211***（0.042） | — | — |
| 贷款总额 | — | −0.213***（0.029） | — | — |
| 县域固定效应 | 控制 | 控制 | 控制 | 控制 |
| 年份固定效应 | 控制 | 控制 | 控制 | 控制 |
| 控制变量 × 年份固定效应 | 未控制 | 未控制 | 控制 | 未控制 |
| 县域虚拟变量 × 时间趋势 | 未控制 | 未控制 | 未控制 | 控制 |
| 观测值 | 36482 | 27813 | 27813 | 36482 |
| $R^2$ | 0.770 | 0.775 | 0.784 | 0.860 |

资料来源：笔者绘制。

注：*、**、*** 分别代表在 10%、5%、1% 的统计水平上显著；括号内为聚类到县域的稳健标准误。

## 四、机制检验

### （一）基于灌溉用水竞争的检验

本章的基本逻辑是，水稻种植严重依赖于灌溉，而灌溉水源具有竞争性，由此水稻种植文化中隐含着市场竞争基因。水稻种植灌溉用水一般依赖于两种方式：一是自然降水；二是河流水网（费尔角·布罗代尔，1992）。逻辑上而言，一方面，当自然降水不充分或者遭遇干旱时，水稻种植的水源竞争将会更为激烈，由此自然传递出更为显性的竞争基因和创新属性。另一方面，在河流密度稀疏的地区，水稻种植面临着水源相对稀缺的困局，从而带来水源争夺和竞争，自然也会形成浓厚的竞争文化和现代市场秩序。显然，从实证估计的角度可以判断，县域降水量减少、河流水网密度稀疏将会强化竞争并形成更为良好的市场化秩序和更高的经济发展水平。

一是基于县域降水量的分析。表 4–5 的估计结果显示，无论是未纳入控制变量的列（1）、纳入控制变量的列（2），还是控制最为严格的列（3），县域水稻种植比例与降水量的交互项均在 1% 的水平上显著降低县域创业活跃度，这表明，降水量增加会显著抑制县域创业活跃度。换言之，降水不足将会提升水稻种植区的创业活跃度。这意味着，降水量不足加剧的水源竞争将会强化地区现代市场竞争文化，并形成有利于市场发展和市场参与的经济环境和文化特征。这也从自然降水的角度证明了水稻种植所隐含的对外竞争文化基因与水源竞争有密切关联。

表 4-5　机制分析一：基于自然降水引致水源竞争的检验

| 变量 | 县域创业活跃度 | | |
|---|---|---|---|
| | （1） | （2） | （3） |
| 县域水稻种植比例 | 0.665***（0.109） | 0.507***（0.113） | 0.370***（0.120） |
| 降水量 | 0.006（0.008） | 0.031***（0.009） | 0.029***（0.009） |
| 县域水稻种植比例 × 降水量 | −0.399***（0.057） | −0.428***（0.065） | −0.358***（0.063） |
| 人均地区生产总值 | — | 0.135*（0.076） | — |
| 地区生产总值 | — | 0.242***（0.085） | — |
| 公共支出总额 | — | 0.217***（0.043） | — |
| 存款总额 | — | 0.192***（0.040） | — |
| 贷款总额 | — | −0.180***（0.024） | — |
| 县域固定效应 | 控制 | 控制 | 控制 |
| 年份固定效应 | 控制 | 控制 | 控制 |
| 控制变量 × 年份固定效应 | 未控制 | 未控制 | 控制 |
| 观测值 | 36482 | 27813 | 27813 |
| $R^2$ | 0.770 | 0.775 | 0.784 |

资料来源：笔者绘制。

注：*、**、*** 分别代表在 10%、5%、1% 的统计水平上显著；括号内为聚类到县域的稳健标准误。

二是基于河流密度的分析。表 4-6 的估计结果显示，无论是未纳入控制变量的列（1）、纳入控制变量的列（2），还是控制最为严格的列（3），县域水稻种植比例与河流密度交互项均在 1% 的水平上显著降低县域创业活跃度，这表明，河流密度提升会显著抑制县域创业活跃度。换言之，河流密度不足将会提升水稻种植区的创业活跃度，这意味着，河流水源的不足将会强化水稻种植的水源竞争，并会进一步形塑其现代市场竞争文化，形成有利于市场发展和市场参与的经济环境和文化特征。这也从河流灌溉水的角度证明了水稻种植所隐含的对外竞争文化基因与水源竞争有密切关联。



表 4-6　机制分析二：基于河流密度引致水源竞争的检验

| 变量 | 县域创业活跃度 | | |
|---|---|---|---|
| | （1） | （2） | （3） |
| 县域水稻种植比例 | 0.801***（0.141） | 0.668***（0.138） | 0.569***（0.143） |
| 河流密度 | 0.000***（0.000） | −0.000***（0.000） | −0.000***（0.000） |
| 县域水稻种植比例 × 河流密度 | −0.518***（0.142） | −0.486***（0.128） | −0.511***（0.125） |

续表

| 变量 | 县域创业活跃度 | | |
|---|---|---|---|
| | （1） | （2） | （3） |
| 人均地区生产总值 | — | 0.125（0.077） | — |
| 地区生产总值 | — | 0.250***（0.086） | — |
| 公共支出总额 | — | 0.214***（0.043） | — |
| 存款总额 | — | 0.199***（0.040） | — |
| 贷款总额 | — | -0.181***（0.025） | — |
| 县域固定效应 | 控制 | 控制 | 控制 |
| 年份固定效应 | 控制 | 控制 | 控制 |
| 控制变量 × 年份固定效应 | 未控制 | 未控制 | 控制 |
| 观测值 | 36414 | 27753 | 27753 |
| $R^2$ | 0.770 | 0.775 | 0.785 |

资料来源：笔者绘制。

注：*、**、*** 分别代表在 10%、5%、1% 的统计水平上显著；括号内为聚类到县域的稳健标准误。

### （二）政府的作用

前文分析表明，水稻种植有着对外竞争的文化基因，也因此推动了中国南方地区市场经济的发展和进步。但也要看到，中国现代市场经济的发育与民营企业的发展往往面临着政府诸多干预的可能性影响。中国在融入世界经济和市场化发展进程中必须审慎处理好政府、企业与市场的关系。本节引入政府干预因素，实证检验政府干预对县域创业活跃度和市场竞争的影响。本节参考周国富和陈菡彬（2021）等的研究，选取地方政府财政支出占地区生产总值的比重作为地方政府干预程度的代理变量。财政支出规模是指一个财政年度内政府通过预算安排的财政支出总额。财政支出规模是衡量一定时期内政府支配社会资源、满足公共需要能力的重要指标，反映政府对社会经济发展影响力的强弱。地方政府财政支出占地区生产总值的比重，反映了政府干预经济的程度，该比重越大，意味着政府对社会市场经济生活的干预力度越大。表 4–7 的估计结果显示，政府干预的程度会显著抑制稻作区的创业活跃度。这意味着，政府的过度干预并不利于地区的现代市场竞争和经济参与。因此，政府的职责并不在于市场参与，而是扮演好市场监管者和秩序维护者的角色，基于政府公信力来维护市场的公平竞争，保护好私人产权，有效激发市场精神、契约理念和现代企业家能力。表 4–8 使用财政收入占比重新刻画政府干预的检验结果，再次证明了政府在市场经济发展中应当具备的功能和职责。

表 4–7　基于政府干预（财政支出）、企业发展与市场环境三者关系的检验

| 变量 | 县域创业活跃度 | | |
|---|---|---|---|
| | （1） | （2） | （3） |
| 县域水稻种植比例 | 1.710***（0.161） | 1.574***（–0.185） | 1.710***（0.161） |
| 政府干预（财政支出） | 0.327***（0.058） | 0.170**（0.087） | 0.327***（0.058） |
| 县域水稻种植比例 × 政府干预（财政支出） | –7.954***（0.817） | –8.290***（0.988） | –7.954***（0.817） |
| 人均地区生产总值 | — | 0.158**（0.073） | — |
| 地区生产总值 | — | 0.182**（0.086） | — |
| 公共支出总额 | — | 0.252***（0.063） | — |
| 存款总额 | — | 0.175***（0.039） | — |
| 贷款总额 | — | –0.169***（0.024） | — |
| 县域固定效应 | 控制 | 控制 | 控制 |
| 年份固定效应 | 控制 | 控制 | 控制 |
| 控制变量 × 年份固定效应 | 未控制 | 未控制 | 控制 |
| 观测值 | 35542 | 27802 | 35542 |
| $R^2$ | 0.775 | 0.778 | 0.775 |

资料来源：笔者绘制。

注：*、**、*** 分别代表在 10%、5%、1% 的统计水平上显著；括号内为聚类到县域的稳健标准误。

表 4-8　基于政府干预（财政收入）、企业发展与市场环境三者关系的检验

| 变量 | 县域创业活跃度 | | |
|---|---|---|---|
| | （1） | （2） | （3） |
| 县域水稻种植比例 | 1.050***（0.153） | 0.946***（0.160） | 0.777***（0.163） |
| 政府干预（财政收入） | 0.970***（0.267） | 1.300***（0.356） | 1.734***（0.367） |
| 县域水稻种植比例 × 政府干预（财政收入） | –11.799***（2.283） | –13.231***（2.735） | –11.769***（2.651） |
| 人均地区生产总值 | — | 0.144*（0.075） | — |
| 地区生产总值 | — | 0.246***（0.084） | — |
| 公共支出总额 | — | 0.210***（0.044） | — |
| 存款总额 | — | 0.181***（0.039） | — |
| 贷款总额 | — | –0.178***（0.025） | — |
| 县域固定效应 | 控制 | 控制 | 控制 |
| 年份固定效应 | 控制 | 控制 | 控制 |
| 控制变量 × 年份固定效应 | 未控制 | 未控制 | 控制 |
| 观测值 | 36414 | 27753 | 27753 |
| $R^2$ | 0.770 | 0.775 | 0.785 |

资料来源：笔者绘制。

注：*、**、*** 分别代表在 10%、5%、1% 的统计水平上显著；括号内为聚类到县域的稳健标准误。

## 第四节 主要结论与政策启示

中国是农耕文化大国，其中，水稻种植因其对灌溉的高度依赖，催生出显著的群体合作行为，常被视为南方集体主义文化的孕育土壤。若将“西方世界的崛起”与“大分流”的文化诱因内化为中国区域间“非均衡”发展的分析框架，可以发现，集体主义文化中的短半径信任与人格化交易虽有助于维系熟人网络与内部秩序，但也可能排斥外来主体、抑制开放交易，从而形成制约现代市场发育与经济增长的重要因素。然而，这一认识与中国南方地区经济活跃、市场发达的现实明显不符。理解中国区域性经济社会发展差异，需深入剖析传统作物种植制度及其隐含的文化逻辑。本章认为，中国南方地区集体主义文化只是表层现象，背后隐藏着深厚的个体主义文化基因。水稻种植因灌溉需求形成村内家族合作机制，但水资源的稀缺性又促使村际间产生激烈竞争，由此塑造出“对内合作、对外竞争”的双重文化基因结构。

县域面板数据分析表明，水稻种植比例较高的地区，家族企业发展更为活跃，市场化程度更高，创业环境也相对优越。进一步的机制分析发现，降水不足及河流密度较低会增强水源竞争，进而激励创业行为和市场机制发育。这说明，灌溉资源的竞争性促使南方农业文化内生出市场精神和竞争基因。因此，南方稻作区的集体主义文化不应被简单理解为封闭保守，而应被重新认识为兼具合作性与竞争性的双重文化基因结构。这一结构促成了家族企业在内部合作基础上参与市场竞争、扩大经营规模、促进经济增长。政府在此过程中，应当激活文化中的市场精神基因，完善制度保障体系，维护公平竞争、保护产权、激发企业家活力。

“稻米理论”开辟了一条研究中国文化的新思路，扩展了生存方式理论的基本观点，不仅为理解世界多样文化之间的差异提供了一个新的视角，也为考察中国南北地区文化心理差异与行为差异提供了支撑。改革开放四十多年来，中国社会经济取得了巨大成就，特别是南方地区成为中国经济的引领者，也被视为中国经济体制改革和市场化发展的“排头兵”。如果立足于现实，可以推断：要么是经济学家关于文化差异与市场发育的讨论出现了偏差，要么是“稻米理论”关于南北文化的理解出现了误判。回到水稻种植特性的逻辑起点，基本的事实是，水稻种植因灌溉系统的修建、修葺需要维系组织合作与互助，从而生成集体主义文化，但大量的事实和证据也证明了水稻种植所严重依赖的水源往往需要竞争和抢夺，其内隐的市场参与和竞争基因形成了个人主义文化。所以，如果说灌溉是稻作区合作基因的生成基础，那么同样的灌溉也是竞争基因的发展来源。应该重新认识、辩证看待并深入拓展“稻米理论”及其中国化内涵。

必须强调的是，家族企业往往被视为以社会网络关系为基础、以短半径交易为形式的现代市场参与主体，也契合集体主义文化对内合作的文化基因，由此，一批以家族为经营主体的民营企业在中国南方地区不断出现、存续和发展。与此同时，稻作区对外竞争的文化基因也内含于家族企业中，他们以开放性、竞争性、契约化的现代市场型企业形式参与市场经济建设，成了南方现代市场蓬勃发展的贡献者。当前，中国式现代化建设进入攻坚期、深水区，乡村振兴战略也进入全面推进期，迫切需要市场主体的积极参与和有效竞争，调节好市场、企业与政府的关系，发挥企业市场参与的能动性和政府服务的有效性。因此，本章的重要启示在于如下方面。

第一，中国历来被视为是集体主义文化浓厚的国家，而集体主义也往往被学者们认为是低效率、封闭性的，从而漠视中国经济社会发展所取得的成绩。本章证明了中国稻作文化的双重文化基因，即对内合作、对外竞争，这不仅是应对环境不确定性和发展不稳定性的生存智慧，更是中国人民积极进取、敢于竞争的精神特质。中国不仅讲人情伦理、社会道德和帮扶互助，更具竞争文化、市场基因和发展智慧。集体主义历来被视为中华民族文化特征的典型表现。一方面，集体主义文化带来的社会互助、雪中送炭等传统美德，编织了生存兜底机制和风险化解机制，构筑了中华民族浓厚的集体意识和坚强的生存韧性。另一方面，集体主义文化隐含的市场精神、规则意识，将驱动中国现代经济社会快速发展。兼具包容性和竞争性的集体主义精神，是中华民族崛起于世界民族之林的重要文化遗产。

第二，经济增长来源于现代契约关系下的市场竞争。基于理性化的个人之间所缔结的契约，可以排除人情纠葛和关系垄断以节省交易费用，并通过各方协作的力量来保障效率。市场竞争所激励的行为努力、要素配置与开放性交易，是改善经济效率的核心线索。应该格外重视，个人主义文化是小麦种植赋予北方农民的历史遗产，旱作农业所决定的生产关系的松散性与行为选择的独立性，造就了北方地区农民相对独立的个人主义的文化积淀。因此，必须挖掘北方地区个人主义文化的精神特质，将个人主义文化所蕴含的一般信任机制、非人情关联、突破血缘地缘的交易基因，转换为市场化契约交易的扩展秩序，并进一步开放市场机会，鼓励创新创业，弘扬企业家精神，从而激发中国北方地区的经济活力，不断缩小南北经济发展差距。

第三，民营经济是中国特色社会主义市场经济的重要组成部分。民营经济的存续形态与中国传统种植文化“对内合作、对外竞争”的特征相契合。一方面，家族内合作与家族间联合有助于强化家族企业的生存韧性并拓展发展空间，另一方面，积极开拓市场，参与市场竞争，不断形成现代市场经济体系和发展基础。但是，在社会主义国家，家族企业的生存空间面临着一些限制，也面临着政府的诸多管制。这导致家族企业参与市场竞争、拓展经济发展空间需花费更多资源。在推进构建全国统一大市场的格局下，政府的责任是开放市场机会，鼓励创新创业，弘扬企业家精神，维护公平竞争，保护私人产权，激发企业家能力。企业的责任是积极参与市场竞争，提升企业家现代管理能力，坚守法律底线和市场红线，公平维护现代市场秩序，从而实现市场、企业与政府关系的协调与互动。

## 参考文献


艾伦·麦克法兰．英国个人主义的起源 [M]. 北京：商务印书馆，2008.

埃里克·琼斯．文化融合：基于历史学和经济学的文化批判 [M]. 杭州：浙江大学出版社，2019.

白俊红，张艺璇，卞元超．创新驱动政策是否提升城市创业活跃度——来自国家创新型城市试点政策的经验证据 [J]. 中国工业经济，2022（6）：61–78.

彼得·L. 伯杰．资本主义革命 [M]. 北京：经济日报出版社，1993.

波音．粮食，运河与白银：从经济学角度看中国历史 [M]. 北京：中国工人出版社，2023.

陈凌，李新春，储小平．中国家族企业的社会角色：过去，现在和未来 [M]. 杭州：浙江大学出版社，2011.

丛胜美，耿鹏鹏，罗必良．市场化、南北差距及其根源——基于作物性质的政治经济学考察 [J]. 南方经济，2022（1）：1–18.

道格拉斯·诺斯，罗伯斯·托马斯，诺斯，等．西方世界的兴起 [M]. 北京：华夏出版社，2009.

邓忠奇，高廷帆，朱峰．地区差距与供给侧结构性改革——“三期叠加”下的内生增长 [J]. 经济研究，2020（10）：22–37.

丁从明，周颖，梁甄桥．南稻北麦、协作与信任的经验研究 [J]. 经济学（季刊），2018（2）：579–608.

费尔南·布罗代尔．十五至十八世纪的物质文明、经济和资本主义（第一卷）[M]. 顾良，施康强译．上海：上海三联书店，1992.

高波．文化资本、企业家精神与经济增长：浙商与粤商成长经验的研究 [M]. 北京：人民出版社，2011.

格雷夫、郑江淮．大裂变：中世纪贸易制度比较和西方的兴起 [M]. 北京：中信出版社，2008.

黄玖立，张玉书，吴敏，等．种植结构与短半径合作——来自合伙制企业的经验证据 [J]. 中国农村经济，2023（11）：18–38.

黄宗智．明清以来的乡村社会经济变迁 [M]. 北京：法律出版社，2014.

冀朝鼎．中国历史上的基本经济区 [M]. 北京：商务印书馆，2014.

李红，韦永贵．文化多样性与区域经济发展差异——基于民族和方言视角的考察 [J]. 经济学动态，2020（7）：47–64.

卢现祥，王素素．要素市场化配置程度测度、区域差异分解与动态演进——基于中国省际面板数据的实证研究 [J]. 南方经济，2021（1）：37–63.

鲁西奇．中国历史的空间结构 [M]. 桂林：广西师范大学出版社，2014.

罗必良，耿鹏鹏．“稻米理论”：集体主义及其经济解理 [J]. 华南农业大学学报（社会科学版），2022a（4）：1–12.

罗必良，耿鹏鹏．乡村治理及其转型的产权逻辑 [J]. 清华大学学报（哲学社会科学版），2022b，37（3）：188–204+219–220.

马德斌．中国经济史的大分流与现代化：一种跨国比较视野 [M]. 徐毅，袁为鹏，乔士容译．浙江：浙江大学出版社，2020.

马光荣，杨恩艳．社会网络、非正规金融与创业 [J]. 经济研究，2011（3）：83–94.

梅因．古代法 [M]. 北京：中国社会科学出版社，1999.

谭燕芝，王湘，陈铭仕．数字普惠金融、信贷供给与居民消费 [J]. 消费经济，2023，39（5）：78–89.

王超，陈芷怡．文化何以兴村——在地文化赋能乡村振兴的实现逻辑 [J]. 中国农村观察，2024（3）：18–38.

王加华．1934 年江南大旱灾中的各方矛盾与冲突——以农民内部及其与屠户、地主、政府间的冲突为例 [J]. 中国农史，2010（2）：99–106.

王小鲁，胡李鹏，樊纲．中国分省份市场化指数报告（2021）[M]. 北京：社会科学文献出版社，2021.

韦森．从文化传统反思东西方市场经济的近代形成路径 [J]. 世界经济，2002（10）：33–40.

韦森．个人主义与社群主义——东西方社会制序历史演进路径差异的文化原因 [J]. 复旦学报（社会科学版），2003（3）：1–8.

韦森．文化与制序 [M]. 上海：上海人民出版社，2003.

乌静，肖鸿波，陈兵．数字经济对绿色全要素生产率的影响研究 [J]. 金融与经济，2022（1）：55–63.

萧公权．中国乡村：论十九世纪的帝国控制 [M]. 北京：中国人民大学出版社，2014.

许道夫．中国近代农业生产及贸易统计资料 [M]. 上海：上海人民出版社，1983.

于晓东，张雨吟，周卫中．地区文化会影响家族企业的治理结构吗？——基于耕作文化和家族控制的视角 [J]. 管理评论，2022（2）：228–240.

约瑟夫·斯蒂格利茨，王燕燕．走向一种新的发展范式 [J]. 经济社会体制比较，2005（1）：1–12.

张博，范辰辰．稻作与创业：中国企业家精神南北差异的文化起源 [J]. 财贸经济，2021（6）：71–86.

张博，孙涛．稻麦人所食 南北竟谁分：金融组织区域发展差异的历史起源 [J]. 经济学（季刊），2023（1）：353–370.

赵涛，张智，梁上坤．数字经济、创业活跃度与高质量发展——来自中国城市的经验证据 [J]. 管理世界，2020（10）：65–76.

周国富，陈菡彬．产业结构升级对城乡收入差距的门槛效应分析 [J]. 统计研究，2021（2）：15–28.

朱梦珂，柯新利，杨银玲．中国农村区域发展的南北差异及其驱动力分析 [J]. 华中农业大学学报（社会科学版），2024（4）：1–11.

Boerner，L.，Ritschl，A.. The Economic History of Sovereignty：Communal Responsibility，the Extended Family，and the Firm[J]. Journal of Institutional and Theoretical Economics，2009，165（1）：99–112.

Burchardi，K. B.，Hassan，T. A.. The Economic Impact of Social Ties：Evidence from German Reunification[M]. The Quarterly Journal of Economics，2013，128（3）：1219–1271.

Guiso，L.，Sapienza，P.，Zingales，L.. People' s Opium? Religion and Economic Attitudes[J]. Journal of Monetary Economics，2003，50（1）：225–282.

Jeong，S. H.，Kim，H.，Kim，H.. Strategic Nepotism in Family Director Appointments：Evidence from Family Business Groups in South Korea[J]. Academy of Management Journal，2022，65（2）：656–682.

Li，H.，Meng，L.，Zhang，J.. Why do Entrepreneurs Enter Politics? Evidence from China[J]. Economic Inquiry，2006，

44（3）：559–578.

Li，P.，Lu，Y.，Wang，J.. Does Flattening Government Improve Economic Performance? Evidence from China[J]. Journal of Development Economics，2016（123）：18–37.

Miller，J. G.，Bersoff，D. M.. Cultural Influences on the Moral Status of Reciprocity and the Discounting of Endogenous Motivation[J]. Personality and Social Psychology Bulletin，1994，20（5）：592–602.

Oi，J. C.，Walder，A. G.. Property Rights and Economic Reform in China[M]. Stanford University Press，1999.

Talhelm，T.，Zhang，X.，Oishi，S.，Shimin，C.，Duan，D.，Lan，X.，Kitayama，S.. Large–scale Psychological Differences Within China Explained by Rice Versus Wheat Agriculture[J]. Science，2014，344（6184）：603–608.

Tsai，Kellee，S.. Capitalism Without Democracy：The Private Sector in Contemporary China[M]. Cornell University Press，2007.

Weber，M.，Kalberg，S.. The Protestant Ethic and the Spirit of Capitalism[M]. Routledge，2013.

# 第二篇

# 守牢底线：确保国家粮食安全与防止规模性返贫

# 第五章　粮食安全风险识别、治理策略与保障路径[①]

民为国基，谷为民命，粮食事关国运民生。新中国成立以来，通过长期艰苦奋斗与持续自力更生，中国依靠自己的力量成功解决了人民面临的温饱问题，牢牢端稳了中国人的饭碗，粮食安全取得举世瞩目的成就，同时也为全球粮食安全作出了重大贡献。数据显示，中国粮食产量由1949年的1.13亿吨、1978年的3.05亿吨，持续增长到2021年的6.83亿吨，2015年以来始终保持在6.5亿吨以上的高位水平。人均粮食占有量相应由1949年的209公斤、1978年的319公斤，提升至2021年的483公斤，高于全球平均水平。特别是2020年脱贫攻坚战圆满收官，全面小康如期实现，中国彻底消除了饥饿和绝对贫困，全面解决了14亿中国人吃饱的问题，实现了粮食安全从“温饱型”到“质量型”转变的历史性跨越。

然而，也必须清醒认识到当前粮食安全面临的严峻挑战。一方面，国内农业资源环境约束趋紧，自然灾害加重且呈多发频发态势，地方政府重农抓粮和农民务农种粮的积极性不断弱化，粮食生产支持政策面临国际规则约束，稳定国内粮食生产难度越来越大、挑战越来越严峻。另一方面，世界百年变局与世纪疫情叠加，全球政治经济格局深刻演变。单边主义、保护主义抬头，经济霸凌行径增多，全球供应链不稳定性增加，国际农业贸易、投资与合作风险和不确定性上升，对中国粮食安全构成前所未有的外部冲击。因此，亟须加强国家粮食安全风险识别与系统性预判，健全风险防控机制，有效防范和化解各类重大风险，切实稳住粮食基本盘，牢牢掌控国家粮食安全的主动权和应对大变局各种风险挑战的战略主动权。



## 第一节　中国粮食安全内涵拓展：中国特色粮食安全之路

粮食安全的核心要义是“确保所有的人在任何时候既能买得到又能买得起所需要的基本食

① 本章主要内容发表于《农业现代化研究》2023年第4期，原文标题为《保障国家粮食安全：在增产与减损两端同时发力》；《中国经济报告》2022年第5期，原文标题为《新时代中国粮食安全风险识别与治理策略》。

品”（FAO，1983）。具体而言，家庭和个人层面的粮食安全核心在于食物的可获得性和经济可负担性，即“购得到”“买得起”，关键变量是居民收入；国家粮食安全重点在于食物的国内可获得性及其供给稳定性，即确保可稳定地获取基本食物，包括食物的国内生产能力和全球供应能力两个方面；全球粮食安全是全世界范围消除饥饿、粮食不安全和一切形式营养不良，即到 2030 年实现全球“零饥饿”目标。

1996 年《中国的粮食问题》白皮书提出，“立足国内资源，实现粮食基本自给，是中国解决粮食供需问题的基本方针”“中国将努力促进国内粮食增产，在正常情况下，粮食自给率不低于 95%”。党的十八大以来，以习近平同志为核心的党中央把粮食安全作为治国理政的头等大事，立足中国国情农情，提出“抓紧构建新形势下的国家粮食安全战略”和“确保谷物基本自给、口粮绝对安全”的新粮食安全观，确立“以我为主、立足国内、确保产能、适度进口、科技支撑”的国家粮食安全战略，走出了一条中国特色粮食安全之路。与 20 世纪传统粮食安全战略相比，新形势下中国特色国家粮食安全战略体现出更高层次、更高质量、更有效率、更可持续等特征，将更好满足新时代亿万中国人民美好生活需要。

## 一、数量安全与质量安全并举

14 亿人口要吃饭是中国最大的国情。立足国内资源实现粮食基本自给，是守牢国家粮食安全的底线。过去几十年，不低于 95% 的粮食自给率是传统粮食安全观的关键性目标，因此粮食产量和自给率是主要的关注点，一旦突破自给率“底线”就会引起人民对国家粮食安全的担忧甚至是恐慌。单纯追求粮食产量或自给率数量目标的做法，自身带有深刻的时代烙印，即粮食供给短缺的历史背景和解决温饱的现实诉求，因未能关注品质和质量、与消费需求匹配等问题，尽管粮食供求总量实现平衡或紧平衡，但结构性矛盾日益突出，普通大宗农产品过剩和优质农产品有效供给不足、特殊专用品种相对短缺并存。

进入新时代新发展阶段，满足亿万中国人民美好生活需要不仅要求“有得吃”“吃得饱”，更要求“吃得好”“吃得丰富多样和营养健康”，必然要求更加注重粮食安全“量”与“质”并举。新形势下国家粮食安全战略明确提出了“在注重粮食数量的同时，更加注重品质和质量”，努力实现与粮食市场需求的高质量匹配，即在更高层次、更高质量上保障粮食安全。随着中国迈向中高收入阶段的食物消费结构升级和城乡一体化进程中的城乡居民食物消费结构趋同，人均口粮消费缓慢下降并趋稳、肉蛋奶等动物性食品消费持续增长，在确保口粮绝对安全前提下处理好农业供给侧结构性改革显得尤为重要。譬如，需要处理好粮食与动物性食品、口粮与饲料粮、优质专用和高产普通粮食品种等结构性保障问题。

## 二、当代人安全与子孙后代安全兼顾

不仅我们当代人要吃饭，子孙后代也要吃饭。在实现当代人“吃得好”“吃得营养健康”的同时，也要保证我们的子孙后代在吃饭问题上“不倒退”“有提升”。过去几十年间，为解决十几亿人口吃饭问题，各级政府多措并举大力推动粮食生产，但也出现农业资源过度开发和不合理利用，化肥、农药等化学投入品过量施用和超安全标准使用，农业面源污染加剧、地下水超采和耕地退化，生态环境遭到破坏等问题，为粮食安全和农业可持续发展埋下隐患，对子孙后代的吃饭问题构成了威胁。

新形势下国家粮食安全战略改变了强调保障当前供给和总量增长而忽视经济社会成本、资源环境和生态代价的做法，明确指出“在保障当期供给的同时，更加注重农业可持续发展”。比如，在全国范围内持续开展高标准农田建设、试点耕地轮作休耕、推进化肥、农药“零增长”行动，全面系统提升粮食安全保障能力，由高代价增产向健康、可持续发展转型。同时敬畏自然，积德累仁，强化农业资源与粮食生产能力代际传承的历史责任，确保留一片良田、存一汪清水给我们的子孙后代。

## 三、立足国内与适度进口统筹

14 亿中国人的吃饭问题，不仅是重大的经济问题、社会问题，更是复杂的政治问题、安全问题。任何时候都不能放松国内粮食生产，要端牢中国饭碗，中国饭碗主要装中国粮。进入新时代新发展阶段，面对世界百年变局和世纪疫情冲击，更要牢牢守住粮食安全底线，掌控战略主动权。鉴于国内农业资源环境条件等的制约，新形势下国家粮食安全战略要求合理配置有限的国内农业资源，集中力量保障最基本的谷物需求，特别是确保口粮绝对安全。

“中国立足国内解决粮食供需平衡问题，并不排除利用国际资源作为必要补充”，这在 1996 年《中国的粮食问题》白皮书中就已明确提出，“但这只起品种、丰歉调剂和区域平衡的作用”。新形势下国家粮食安全战略要求“更加积极地利用国际农产品市场和农业资源，有效调剂和补充国内粮食供给”，这是准确把握国内农业资源环境条件、国家粮食安全新形势和经济社会发展实践所做的战略抉择，是新粮食安全观的最大变化和重大创新。中国实践已经证明，适度进口国外油脂油料、食糖、棉花等非口粮资源型农产品，合理利用全球农业资源，将在一定程度上减轻国内农业资源短缺压力、腾出宝贵的国内农业资源来确保口粮生产，对国内实现粮食基本自给、确保口粮绝对安全具有重大意义。事实上，2021 年中国进口食用油籽 10205 万吨（其中大豆 9652 万吨）、食用植物油 1132 万吨、食糖 567 万吨、棉花 234 万吨、谷物 6538 万吨（其中玉米 2835 万吨、高粱大麦 2190 万吨），表明中国粮食安全“立足国内、放眼全球”，已离不开全球农业资源和国际农产品市场。2015 年中央农村工作会议提出“要树立大农业、大食物观念”，从更好满足人民美好生活需要出发，在确保粮食供给的同时，保障肉类、蔬菜、水果、水产品等各类食物有效供给，这要求更加积极充分利用全球农业资源和国际农产品市场，进一步扩大农业开放、深化粮农国际合作，建立开放型粮食安全保障体系。

### 四、中央地方与产区销区共担

新形势下国家粮食安全战略进一步明确中央和地方的国家粮食安全责任和分工，即中央政府承担首要责任、地方政府承担主体责任。2013 年，习近平总书记在中央农村工作会议上指出，保障国家粮食安全，中央义不容辞，承担首要责任。中央财政要从重大水利设施建设、中低产田改造、科技创新推广、信息化服务、市场体系完善、农产品质量安全、主产区转移支付等方面，加强对粮食生产的支持。各级地方政府要树立大局意识，增加粮食生产投入，自觉承担维护国家粮食安全责任，不能把担子全部压到中央身上。[①]2014 年出台《国务院关于建立健全粮食安全省长责任制的若干意见》，要求各省级政府必须切实承担起保障本地区粮食安全的主体责任，明确省级政府在粮食生产、流通和消费各环节的事权和责任。2021 年中央一号文件提出，地方各级党委和政府要切实扛起粮食安全政治责任，实行粮食安全党政同责，进一步压实地方政府维护国家粮食安全的责任。

长期以来，粮食主产区是中国粮食生产的核心区域，在维护国家粮食安全方面发挥了极其重要的作用，但对主销区和产销平衡区并未做明确具体的要求。新形势下国家粮食安全战略明确要求“主销区也要确立粮食面积底线、保证一定的口粮自给率”；2022 年再次提出“主产区、主销区、产销平衡区都要保面积、保产量，不断提高主产区粮食综合生产能力，切实稳定和提高主销区粮食自给率，确保产销平衡区粮食基本自给”，不断压实主销区和产销平衡区稳定粮食生产责任。

## 第二节　新时代中国粮食安全风险及其识别



中国立足国情农情，全面实施“以我为主、立足国内、确保产能、适度进口、科技支撑”的国家粮食安全战略，坚定不移走中国特色粮食安全之路。然而，当今世界百年变局和世纪疫情交织，国际形势复杂多变，风险挑战之严峻前所未有，中国已进入必须直面各类严峻复杂的自然风险、社会风险和新兴风险新阶段，必须坚持底线思维、增强忧患意识、提高重大风险防控化解能力，加强粮食安全风险识别和研判，切实筑牢粮食安全防线。

① 中共中央党史和文献研究院：《习近平关于国家粮食安全论述摘编》，中央文献出版社 2023 年版。

## 一、农业资源环境约束趋紧

耕地是粮食生产的命根子，保护耕地是保障国家粮食安全的根本。今后一个时期，耕地主要面临以下几个方面风险挑战。一是工业化、城镇化对耕地的占用，以及退耕还林还草、违法违规占用等，导致耕地数量不断减少，耕地由 2009 年的 20.3 亿亩减少至 2019 年的 19.18 亿亩。第三次全国国土调查数据显示，2009—2019 年全国有 2.29 亿亩耕地流向林地、草地、湿地、水面等生态功能较强的地类，其中耕地净流向林地 1.12 亿亩。现阶段仍有部分地区以生态治理、乡村振兴等名义违规占用耕地乃至基本农田来种树挖塘、人工造景。二是耕地沙化荒漠化、酸化盐碱化加剧，水土流失、化学投入品过度施用等导致土壤有机质减少、耕地质量持续下降。目前，南方地区耕地酸化、北方地区耕地盐碱化、东北地区黑土地退化涉及面积 6.6 亿多亩，超过耕地面积的 1/3；根据《2019 年全国耕地质量等级情况公报》，全国耕地平均等级为 4.76 等，中低产田占到 2/3 以上，基础地力相对较差、生产障碍因素突出的 7 ～ 10 等耕地占比 22%。现阶段耕地占补平衡时“占优补劣”“以次充好”现象依旧存在，也难以杜绝。三是耕地“非粮化”在局部地区加剧。东部地区工商资本大规模流转耕地、片面追求利润，集中连片改种高效益的经济作物，发展休闲度假农业，西部地区围绕脱贫攻坚或巩固脱贫成果，引导农业结构调整、主攻特色高效农业，进一步加剧耕地“非粮化”倾向。

粮食及农业是高耗水部门，水资源短缺成为中国粮食生产的关键刚性约束。中国是全球 13 个人均水资源最贫乏国家之一，水资源时空分布极度不均衡——中国北方地区资源性缺水，年均降水量少，对高耗水粮食作物种植是一种束缚，如内蒙古 2021 年平均降水量仅 378 毫米，甘肃、宁夏水资源形势更严峻；西南地区是工程性缺水，虽然降水丰富，但因喀斯特岩溶地貌地表难留住水、缺乏水利工程等使农业灌溉依旧缺水；南方地区面临水质性缺水，水污染逐步成为其灌溉农业的制约性因素。

中国水土资源及其与粮食生产的匹配度并不高。总体而言，中国北方地区耕地多、降水少，南方地区降水多、耕地少，全国 65% 的耕地位于年降水量 800 毫米以下地区，其中 15% 的耕地位于年降水量 400 毫米以下地区，这些耕地用于粮食生产将面临水资源的严重约束。中国 48% 的耕地处于一年一熟地区，意味着这些区域提高复种指数、扩大粮食种植面积难度较大。过去几十年间，中国“南粮北移”趋势明显，北方省份粮食种植面积和产量占比有显著提升，东北地区尤为突出，但潜在风险在于，一是引起了华北地区地下水的超量开采，华北平原已形成巨大地下水漏斗区；二是更易受到干旱等自然灾害的影响，进而可能威胁国家粮食安全。



农业面源污染也成为影响粮食安全的重要因素，主要是化肥、农药、农膜等化学投入品不合理使用，利用率低、残留率高。根据农业农村部测算，2020 年全国三大粮食作物的化肥平均利用率为 40.2%，农药平均利用率为 40.6%，较 2015 年已有显著提升，但残留问题依旧较为突出，化肥、农药持续污染耕地和水资源，与此同时，农膜残留导致的白色污染、区域性重金属超标等问题，对生态环境与粮食生产的可持续发展带来潜在风险。

## 二、气候变化导致自然灾害加重

自然灾害是粮食及农业生产的最大威胁之一。据联合国粮农组织 2021 年发布的《灾害和危机对农业和粮食安全的影响报告》，现在每年自然灾害发生频次已是 20 世纪 70 年代至 80 年代的 3 倍以上，且灾害强度和复杂程度都有所提高，全球气候变化进一步加剧了这些挑战。农业部门承受了自然灾害造成的绝大部分经济损失和冲击，其中干旱是造成粮食及农业减产的最主要因素，其次是洪水、风暴和病虫害。根据联合国政府间气候变化专门委员会发布的《气候变化 2021：自然科学基础》，受气候变化影响，全球将进入暴雨、洪涝、干旱、台风、寒潮、高温热浪等极端天气事件频发期，这可能冲击全球粮食生产、贸易和粮食安全。

中国是一个自然灾害频发重发的国家，每年受灾面积占农作物播种面积的比重超过 10%，旱灾、洪涝是最主要的灾害类型。以 2019 年和 2020 年为例，全国农作物受灾面积分别为 2.9 亿亩和 3 亿亩，占农作物播种面积的比重分别为 11.6% 和 11.9%，其中旱灾占比分别为 40.7% 和 25.5%，洪涝、台风等灾害占比分别为 44.7% 和 55.4%，尽管在不同年份间、不同区域间有所差异，但作为粮食主产区的东北地区、长江流域自然灾害发生率高于其他地区。2020 年，全国先后出现 33 次大范围强降水，南方地区发生 1998 年以来最重汛情，长江中下游出现严重的洪涝灾情；2021 年极端气候事件多发，长江上游、黄河中下游等再次遭遇洪涝影响；2022 年 7—8 月南方地区持续高温和干旱，使得农作物受灾严重。虽然中国农业防灾减灾能力持续提升，但粮食生产“靠天吃饭”的总体格局未有根本性改变，频发重发的自然灾害已经成为中国粮食生产所需面对的重大风险和现实挑战，对新时代保障国家粮食安全构成巨大威胁。



## 三、地方政府重农抓粮和农民务农种粮两个积极性持续弱化

农业大省、粮食大省，往往都是经济弱省、财政穷省。其一，农业产出效益总体偏低、增加值偏小，对经济增长和社会就业贡献相对有限，地方政府抓农业不如抓工业和服务业见效快、成效好。政府引导或干预“不当”容易引发群体事件和社会风险，过往的政绩观、考核机制都不利于激励地方政府重农抓粮。其二，农业是弱势产业，面临自然和市场双重风险，需要各级政府持续加大财政投入，如农业基础设施建设、病虫害防控、各类生产性补贴等，这对经济弱省、财

政穷省的财力是巨大考验。其三，部分农业政策设计有待优化，可能加重地方政府重农抓粮的负担。例如，中央财政补贴险种的农业保险保费补贴，中央财政和省级财政需按照保费的一定比例进行补贴，部分项目建设投资需地方政府予以资金配套，削弱财力薄弱地区重农抓粮积极性。此外对农业项目资金用途管制、专项审计、绩效考核等要求越来越严格，“资金用不得、项目停不得、绩效难考得”，部分涉农项目成为“烫手山芋”，影响了地方政府重农抓粮积极性。其四，部分地区刚刚实现脱贫攻坚，特色高效农业发挥了极为重要的支撑作用，现阶段巩固拓展脱贫攻坚成果任务依旧艰巨、促进农民持续增收压力更大，实施“退林还耕”、将种植结构调回粮食面临较大压力。

过去十多年，经营性收入占中国农村居民可支配收入的比重持续下降，由 2013 年的 42% 降至 2020 年的 35%，其中来自第一产业的比例更低，近年来普通农户农业兼业化、副业化趋势越发明显，对国家粮食安全可能产生不利影响。虽然经济效益可能不再是每一个农业经营者的唯一目标，但绝大部分农业经营者仍极其关注农产品生产成本收益和比较效益。全国农产品成本收益数据显示，稻谷、小麦、玉米三大主粮亩均生产总成本由 2010 年的 673 元增加到 2020 年的 1120 元，期间亩均现金收益多稳定在 500 ～ 650 元，但亩均净利润在 2016—2019 年一直为负值，2020 年转为正值也仅有 47 元，与经济作物的比较效益大幅下滑，较大程度影响农民种粮积极性，部分丘陵山区撂荒、“非粮化”现象明显增多。粮食生产成本居高不下、农民种粮不挣钱的潜在风险还在于，一旦多次挫伤农民种粮的积极性，想再度调动起来难度较大，保护和调动农民种粮积极性压力有增无减。

## 四、粮食生产政策支持面临的国际规则约束增强

中国粮食产量连续多年保持在 6 亿吨的高位水平，靠的是“人努力、天帮忙、政策好”，粮食最低收购价、农产品临时收储、各种补贴等政策发挥了协同支撑作用。实践表明，若要调动农民种粮积极性、激励粮食生产，政策措施需要明确指向，与生产挂钩，尽管黄箱补贴有市场扭曲效应，却是“合适”的选择。但是，中国加入 WTO 时承诺农业综合支持总量为零，即黄箱补贴不超过微量允许水平——对特定农产品的黄箱补贴不超过该产品产值的 8.5%，对非特定农产品的黄箱补贴不超过农业总产值的 8.5%。2008 年以来中国政府先后对玉米、大豆、油菜籽、棉花实施临时收储措施，2009—2014 年连续提高稻谷、小麦最低收购价和上述农产品临时收储价，导致国内政策性收储价与国际市场价、固定外部参考价之间的价差拉大，出现粮食产量、进口量、收储量、库存量“齐增”局面，部分特定农产品的黄箱补贴逼近甚至突破微量允许水平。2016 年 9 月，美国将中国对稻谷、小麦、玉米的国内支持诉诸 WTO 争端解决机制，引起欧盟等 27 个第三

方成员关注，2019 年专家组裁决中国对稻谷和小麦的国内支持违反了中国入世承诺，这对粮食最低收购价政策的合规性和实施的可持续性形成巨大挑战。同年 WTO 还就美国诉中国稻谷、小麦和玉米关税配额案再次作出了不利于中国的裁决。当前中国粮食生产支持政策体系面临前所未有的国际规则挑战，今后一个时期由此引发国际贸易争端和纠纷的风险仍在显著上升。面对中国国内粮价显著高于国际市场这一重大现实，现行的粮食生产支持政策、粮食收储制度等亟须改革完善与调整转型，但如何构建既适应国际规则，又保护农民利益，还促进粮食发展的粮食生产或粮食产业支持政策体系仍须研究探索。

## 五、全球农业供应链不稳定性和不确定性上升

适度进口是中国特色粮食安全之路的重要组成部分，是基于国情农情的必然选择，这就需要建立持续、安全、稳定的全球农业供给体系。但是，新冠疫情流行以来，世界多国对粮食等农产品实施出口管制以优先保障本国供给，地区冲突对主产国谷物生产和出口造成冲击，一些国家动辄对其他国家进行经济制裁和贸易管制等，都给国际农产品贸易、全球农业供应链带来复杂严峻的风险挑战，并造成诸多的不稳定和不确定性，在一定程度上破坏了全球粮食及农产品自由贸易体系。据不完全统计，从新冠疫情流行到 2020 年底，全球就有 38 个国家或地区针对 196 种农产品累计实施 1336 项出口限制措施，其中大部分措施集中在粮食产品。与此同时，因各国农业资源禀赋及生产能力存在差异，主要农产品生产和出口越来越集中于少数国家或地区，如稻谷主要产自亚洲，印度、越南和泰国是主要出口国；小麦出口主要产自俄罗斯、欧盟、加拿大、美国和澳大利亚；玉米出口主要产自美国、阿根廷、乌克兰和巴西。农业生产与贸易的聚集使得自然灾害、地区冲突、大国博弈等影响更加突出，也成为一种新风险新挑战。

伴随经济增长，中国资源型农产品进口大幅增长，2021 年农产品进口额达 3042 亿美元，但进口品种、来源地和运输线路集中度依旧较高。例如，高达 97.6% 的大豆进口自巴西、美国和阿根廷，其中进口自美国和巴西 9044 万吨、占比 93.7%；91.4% 的豆油进口自阿根廷、巴西、俄罗斯；近 100% 的棕榈油进口自马来西亚和印度尼西亚；87.7% 的棉花进口自美国、巴西、印度；82.7% 的食糖进口自巴西。面对百年未有之大变局，大国博弈和冲突可能加剧，当前这种农产品贸易格局容易受制于人。

此外，粮食市场通过农业生产资料、生物能源等与能源市场的联动加强，通过期货期权等与金融市场的互动增强，即粮食的能源属性和金融属性日益凸显。而能源市场、金融市场的高频振荡和大幅波动，以及美元超发制造的流动性，都将冲击全球粮食市场，导致全球粮食市场形势复杂严峻和不确定性上升，增加世界粮食不安全风险。随着农业领域不断扩大开放，这种不稳定和

不确定性将通过农产品进口、市场预期等快速传导至国内市场，并深刻影响中国农产品市场和粮食安全，对国内粮食市场保供稳价形成新挑战。

## 第三节　新时代中国粮食安全风险治理架构

随着全面建设社会主义现代化国家新征程的开启，面对世界百年变局和世纪疫情的冲击，端牢中国饭碗、筑牢国家粮食安全防线，是应对重大挑战、抵御重大风险的压舱石，是确保国家安全、维护国家长治久安的根本保障。要切实加强顶层设计和系统谋划，从国内国际两个层面强化粮食安全风险监测、研判与预警，坚持问题导向、注重协同治理、强调分类施策，构建从源头防范、系统防控到协同治理的国家粮食安全风险治理架构。

### 一、筑牢国内粮食安全保障能力基础

立足国内确保实现谷物基本自给、口粮绝对安全，是端牢中国饭碗、保障国家粮食安全必须坚守的底线。就国内供给风险的防范及治理而言，其核心任务是持续夯实粮食国内供给保障能力，现实举措是深入实施藏粮于地、藏粮于技战略，抓好“地”与“技”两大关键，确保国内6.5亿吨粮食产能稳定。

对于“藏粮于地”，一是打好耕地保卫战。要全面落实耕地保护党政同责，严守18亿亩耕地红线，加强对耕地保护的考核和追责。进一步完善耕地占补平衡政策，将数量不减少、质量不下降的要求落到实处，严厉打击违法违规占用耕地行为，严格管控耕地转为其他农用地，对补充耕地要建立标准、组织验收、加强管护。大力实施黑土地保护、酸化盐碱化耕地改良、水土流失治理、农田重金属污染修复和耕地轮作休耕等措施，提升耕地地力水平。二是加强高标准农田建设。统筹各级各部门涉农资金和项目，加大中低产农田改造、丘陵山区农田宜机化改造、大中型灌区续建配套与现代化改造力度，推进以农田水利为重点的高标准农田建设和提档升级，兴建田水路电井林综合配套设施，将高效节水灌溉、耕地质量保护与高标准农田建设一体化推进。既要注重整体推进、配套建设、建管并重，也要加强农艺、农机和农技集成，良种、良法和良田配套，稳步提高综合生产能力。三是强化耕地用途管制，分类明确耕地用途和利用优先序。对各地新发展林、果、草等产业要引导上山上坡或利用“四荒地”，对耕地流转用途要加强引导，妥善处理刚脱贫地区特色产业发展与粮食生产“争地”问题。



对于“藏粮于技”，一是打好种源安全仗。种子是粮食安全的源头，种源安全关系国家安

全。要切实加强国家农业种质资源库建设，加强粮食作物种质资源收集保护和开发利用，实现主粮种源的自主可控。积极开展种源创新技术联合攻关，增强种业科技原始创新能力，有序推进生物育种产业化应用。加快培育高产优质、节水抗旱、多抗广适、宜机宜饲、专用特用粮食新品种，满足多元化需求，保持稻谷和小麦种业领先优势。二是加快农机装备数字化智能化升级。推动现代农业设施装备搭载数字技术、地理信息技术等，加大在节水灌溉、测土配方施肥、农机定位耕种收、病虫害诊断防控等方面集成应用，加强全过程监测预警、智慧管理和信息交流，推进数字田园和精准农业发展。三是建立农业综合数据平台和大数据分析系统，为粮食生产、防灾减灾等科学决策提供技术支持。

## 二、调动地方政府重农抓粮和农民务农种粮积极性

粮食安全事关国家安全，需要各级各地政府共同履职担当，承担起保障粮食安全的重任。一方面，要进一步落实粮食安全党政同责、耕地保护党政同责。地方各级党委和政府需共同加强粮食生产能力、储备能力、流通能力建设，稳步推进粮食生产功能区、国家粮食安全产业带等建设，提升粮食安全综合保障能力和粮食安全风险治理能力。中央在重点关注粮食主产区的同时，应强化对产销平衡区及主销区稳粮食面积、保粮食产量主体责任的考核和追责。另一方面，要通过奖补措施等调动地方政府重农抓粮的积极性。例如，加大对粮食主产省的财政转移支付力度；加大对粮食主产省和产粮大县的财政奖补力度；降低地方政府在保障粮食安全的部分项目建设、部分补贴资金配套比例，减轻其重农抓粮的负担；实施对粮食主产区的利益补偿机制，保障产粮大县重农抓粮得实惠、有发展。

保护和调动农民务农种粮积极性，一是稳定和完善粮食最低收购价政策。这关系农民对种粮的信心和预期，因此要审慎推进粮食最低收购价政策改革，完善其实施机制，同时加强对粮食生产影响的风险评估。二是健全农民种粮收益保障机制。稳定已有的存量补贴，对增量补贴资金要创新补贴机制，加快改革农业保险操作机制，让保险真正发挥效用，切实让种粮农民受益，保障农民种粮不亏损、能获利并有合理收益。三是大力发展农业社会化服务和粮食产业经济，推动农业托管、订单农业、加工物流等发展，提高种粮综合收益并惠及种粮农民。



## 三、完善粮食生产支持政策体系

粮食生产周期长、自然风险大、市场风险高、比较效益低，因此必须采取有效措施加强对粮食生产的支持和补贴。今后一个时期，要根据中国国情农情，按照“适应国际规则、保护农民利益、促进粮食发展”原则进一步健全和完善中国粮食生产支持政策体系。

一是改革完善粮食最低收购价政策。2019 年 WTO 裁决中国对稻谷和小麦的黄箱补贴违反中国入世承诺，也意味着粮食最低收购价政策需进行必要的改革以符合国际规则，避免引发更多的国际贸易纠纷。但实践也表明，粮食最低收购价是保护种粮农民利益、促进粮食生产稳定发展的关键举措，是粮食生产支持政策体系的基石，其改革调整需要审慎、稳妥。可考虑按照“稳定架构、增强弹性、改革机制”的思路推进粮食最低收购价政策改革。“稳定架构”是通过稳定最低收购价政策架构给种粮农民吃一颗“定心丸”，否则可能造成粮食市场预期的不稳定或混乱，也容易受国际粮食市场剧烈波动的冲击，极易挫伤农民种粮积极性，造成难以预料的影响。“增强弹性”是增强最低收购价调整、政策性收储启动退出的灵活性。“改革机制”则是将保供给促增收的托市机制调整回兜底保障、解决卖粮难的托底机制。

二是用足 WTO 黄箱补贴政策空间。中国农业总产值巨大，非特定产品黄箱补贴具有较大的政策空间。可以改变以往黄箱补贴针对具体品种的支持方式，转为普惠型的对农机装备、农业信贷、利息、保险等投入的奖补支持，针对农业生产条件不利地区、刚脱贫地区、民族地区等特定区域和适度规模经营主体等特定主体类型的奖补支持。可以加强这一类黄箱政策设计，但要注重增强政策的科学性、精准性和有效性，提升政策效能，避免以黄箱之名行绿箱之实。

三是稳步扩大绿箱补贴政策规模与范围。加大高标准农田建设、土地整治和地力保护、农业科技创新与推广应用、农业公共服务体系建设、农业抗灾减灾体系建设、新型经营主体培育等力度，增强实效性，切实提升农业综合生产能力。

与此同时，针对粮食作物，可以研究和探索在特定区域实施蓝箱补贴政策，在符合国际规则的同时切实有效保护种粮农民利益。可探索将针对农业的支持补贴与针对农村发展的支持、针对农业的项目建设与针对生态环境或其他目的的项目建设的财政性投入适当区分，避免因农林水财政支出过大或者相关政策宣传引起国际社会对中国农业支持补贴的误解。

## 四、提升全球农业供应链管理能力



面对世界百年变局、世纪疫情、地区冲突、霸凌行径等对全球农业供应链的冲击，必须提高全球农业供应链管理能力，有效防范并及时化解各种不确定性对中国农产品进口、国家粮食安全的可能冲击。一是加强对全球农业资源、农业生产、国际农产品贸易的数据收集、调查监测和分析研究力度，为进一步扩大农产品进口、境外农业投资与合作等提供支撑，同时也为全球农业供应链风险的监测预警和防控治理等提供依据。二是稳步推进农产品进口品种、来源地、进口渠道、运输途径等多元化，逐步化解进口集中度过高可能引发的各种非传统风险冲击。三是培育农业“走出去”市场主体，支持中国企业深度融入全球农业供应链，特别是提升加工、物流与贸易等关键环节的自主掌控能力，保障农产品“买得起、买得到、运得回”。四是加强与共建“一带一路”国家、周边发展中国家的农业投资合作，进一步提升全球农业供给能力，改善国际农业投资与贸易环境。

## 第四节　粮食安全保障路径：在增产与减损两端同时发力

### 一、新发展阶段中国粮食稳产增产的现实情境与关键挑战

综合生产能力建设、科技进步、制度变革等为中国粮食生产提供了不竭动力，中国粮食产量由1949年的1.13亿吨、1978年的3.05亿吨，跨越式提高到2022年的6.87亿吨，已连续8年稳定在6.5亿吨以上（见图5-1），为中国经济发展、社会稳定和国家安全奠定了坚实基础。但是，面对新发展阶段和复杂多变的国内国际环境，保持国内粮食稳产增产是端牢中国饭碗、筑牢粮食安全底线的根本。当前和今后一个时期，中国粮食稳产增产面对的困难越来越多，挑战越来越严峻，主要体现在以下几个方面。

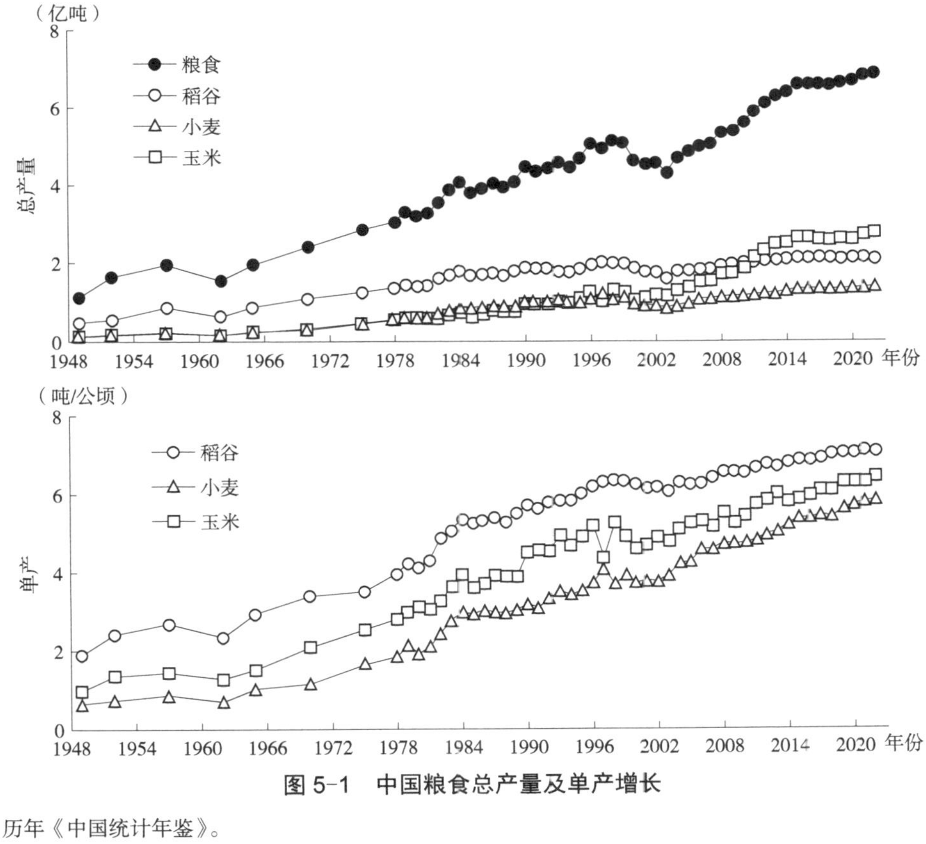


图5-1　中国粮食总产量及单产增长

资料来源：历年《中国统计年鉴》。

### （一）农业资源环境约束趋紧

中国耕地资源的稀缺性与日俱增，面临数量减少、质量下降的双重风险。就耕地数量而言，工业化、城镇化对耕地的占用，国土绿化和生态文明建设、退耕还林还草还湿，以及各类违法违规占用等，导致耕地数量持续减少。第二次全国国土调查和第三次全国国土调查数据显示，中国耕地面积已经由2009年的1.35亿公顷（20.31亿亩）下降到2019年的1.28亿公顷（19.18亿亩），10年间减少了752万公顷（1.13亿亩）；人均耕地面积由0.101公顷（1.52亩）减少至0.091公顷（1.36亩），且这种趋势在相当长时期仍难以扭转。当前各地以宜居宜业和美乡村建设、生态治理与人居环境整治、农业结构调整和三次产业融合发展等名义违规占用耕地的现象仍屡禁不止，部分地区在执行耕地占补平衡政策上有偏差，在一定程度上存在占多补少、补充数量不到位问题。

耕地沙化荒漠化、酸化盐碱化程度加剧，耕地退化越发严重。南方地区耕地酸化、北方地区耕地盐碱化、东北地区黑土地退化问题日益突出，涉及面积0.44亿公顷（约6.6亿亩），超过全国耕地面积的1/3。黑龙江和吉林作为东北黑土核心区，2021年以全国12.4%和4.9%的粮食播种面积，贡献了全国11.5%和5.9%的粮食产量，为确保国家粮食安全作出巨大贡献，但同时也带来黑土地退化等问题。《东北黑土地白皮书（2020）》指出，目前东北黑土地土壤黑土层厚度已经减少了30%～50%，一些地区土壤黑土层厚度不足20厘米，且因不合理开垦利用和水土流失等导致土壤黑土层仍以每年1～2毫米的速度减少。

水土流失、化学投入品过量施用、耕地连续高强度利用等导致耕地质量持续下降。黄土高原、西南石漠化区、东北黑土区是水土流失的重点区域，这些区域6度以上的坡耕地水土流失尤为严重。2020年全国三种主要粮食作物（水稻、小麦和玉米）的平均化肥施用强度为382公斤/公顷，高于国际安全施用标准；根据农业农村部测算，2020年中国化肥和农药的利用率分别提高到40.2%和40.6%，但残留率依旧较高；农膜使用量持续增加，回收率偏低、土壤残留量不断增加；面源污染造成土壤板结、有机质下降、理化性状变差、水环境被污染。此外，长期高强度、超负荷利用耕地进行农业或粮食生产，对耕地地力保护和永续利用、粮食稳产增产等造成负面影响。



执行耕地占补平衡政策时，占优补劣、占水田补旱地、以次充好等现象依旧存在，且监管难度加大。2019年中国建设用地面积较2009年增加约850万公顷（1.28亿亩），其中对非农建设占用耕地的，需要落实占补平衡政策，但自然资源部2018年在全国随机抽取6203个补充耕地项目进行实地核查，发现建设不真实、数量不足、质量不够的项目占到抽查项目的10%，部分地区补充耕地存在位置偏远、生产条件差、耕种难度大、工程建设标准低、地力培肥不到位、缺乏后期管护等问题。

与此同时，为更好满足人民美好生活需要和促进农业高质量发展，各地推进农业供给侧改革和结构调整，耕地“非粮化”“非农化”倾向在局部地区加剧。在东部地区，大量工商资本进入农业领域，通过流转耕地、建立生产基地、与合作社或家庭农场开展产销合作等方式发展现代农业，推动了农业产业化经营和乡村三次产业融合发展，满足了人民美好生活需要，但在一定程度上出现“非粮化”倾向。如浙江粮食作物播种面积占农作物播种面积的比重由 2015 年的 55.8% 降至 2021 年的 50.0%，广东由 52.4% 降至 49.2%（见表 5-1）。在西南地区，近年来围绕农村脱贫攻坚和巩固拓展脱贫攻坚成果，大力发展茶叶、中药、水果、花卉等特色高效农业，“非粮化”倾向也较为明显。贵州粮食作物播种面积占农作物播种面积的比重由 2010 年的 62.2% 持续降至 2021 年的 51.4%，减少 10.8 个百分点，云南由 66.4% 降至 59.4%，广西和重庆分别由 51.9% 和 66.8% 降至 45.7% 和 59.1%。

表 5-1　全国粮食作物播种面积占农作物播种面积的比重

单位：%

| 地区 | 1990 年 | 2000 年 | 2010 年 | 2015 年 | 2021 年 | 地区 | 1990 年 | 2000 年 | 2010 年 | 2015 年 | 2021 年 |
|---|---|---|---|---|---|---|---|---|---|---|---|
| 全国 | 76.5 | 69.4 | 68.4 | 68.1 | 69.7 | 河南 | 78.4 | 68.7 | 68.4 | 71.2 | 73.3 |
| 北京 | 82.1 | 67.4 | 70.4 | 60.2 | 51.7 | 湖北 | 70.6 | 54.8 | 50.9 | 56.2 | 57.8 |
| 天津 | 79.9 | 64.9 | 67.9 | 74.6 | 85.5 | 湖南 | 67.5 | 62.9 | 58.5 | 56.7 | 56.0 |
| 河北 | 77.7 | 76.7 | 72.1 | 73.1 | 79.4 | 广东 | 70.5 | 64.2 | 56.0 | 52.4 | 49.2 |
| 山西 | 81.9 | 78.8 | 86.1 | 87.2 | 87.5 | 广西 | 70.8 | 58.4 | 51.9 | 49.9 | 45.7 |
| 内蒙古 | 82.0 | 75.0 | 78.5 | 75.7 | 78.7 | 海南 | 69.1 | 59.8 | 52.4 | 44.4 | 39.6 |
| 辽宁 | 86.3 | 78.9 | 78.0 | 78.1 | 81.9 | 重庆 | 0.0 | 77.2 | 66.8 | 62.5 | 59.1 |
| 吉林 | 87.3 | 84.4 | 86.0 | 89.4 | 92.5 | 四川 | 78.8 | 71.3 | 67.5 | 66.6 | 63.6 |
| 黑龙江 | 86.7 | 84.2 | 94.2 | 95.7 | 96.6 | 贵州 | 71.1 | 67.1 | 62.2 | 56.2 | 51.4 |
| 上海 | 66.1 | 49.7 | 44.7 | 47.6 | 44.4 | 云南 | 80.6 | 73.3 | 66.4 | 62.4 | 59.4 |
| 江苏 | 77.0 | 66.8 | 69.3 | 70.0 | 72.2 | 西藏 | 89.8 | 87.2 | 70.8 | 70.8 | 68.0 |
| 浙江 | 74.5 | 64.7 | 51.3 | 55.8 | 50.0 | 陕西 | 85.1 | 83.9 | 75.5 | 71.7 | 71.7 |
| 安徽 | 75.1 | 68.7 | 73.1 | 74.1 | 82.3 | 甘肃 | 79.6 | 74.8 | 70.1 | 67.4 | 67.0 |
| 福建 | 75.8 | 65.5 | 54.3 | 51.2 | 50.6 | 青海 | 73.5 | 58.3 | 50.2 | 49.6 | 51.8 |
| 江西 | 64.2 | 58.8 | 66.7 | 66.4 | 66.5 | 宁夏 | 81.4 | 79.4 | 67.6 | 60.9 | 58.6 |
| 山东 | 74.9 | 66.1 | 65.5 | 67.9 | 76.3 | 新疆 | 61.6 | 43.3 | 42.6 | 41.6 | 37.1 |

资料来源：1991 年、2001 年、2011 年、2016 年和 2022 年《中国统计年鉴》。

水资源短缺，水土资源不匹配、农田水利配套不完备等使粮食生产抗灾减灾能力面临巨大挑战。中国水资源严重短缺，且时空分布极不均衡，总体呈现南方地区水多地少、北方地区地多水少的水土资源不匹配特征，对水地“双高”要求的粮食作物生产是刚性约束。第三次全国国土调查数据显示，全国 65.0% 的耕地位于年降水量 800 毫米以下的地区，其中 15.8% 的耕地位于年降水量 400 毫米以下的地区；北方地区拥有全国 60% 的耕地，却仅有 19% 的水资源，华北平原、东北平原是粮食主产区及优势区，都面临水资源短缺的瓶颈。内蒙古耕地面积占到全国的 9%，2021 年粮食作物播种面积和产量分别占全国的 5.3% 和 5.6%，当年平均降水量仅有 378 毫米，水资源短缺和环境生态约束是其实现粮食稳产增产的最大障碍。河南、河北是重要的粮食主产区，因水资源不足而大量开采地下水，由此形成巨大的地下水超采漏斗区，对这一区域粮食可持续稳产增产形成新挑战。

干旱、洪涝是造成中国粮食作物及农业生产减产的最主要因素，全球气候变化将进一步加剧干旱、暴雨、洪涝、台风、高温、寒潮等极端天气事件发生，而中国农业基础条件依然薄弱，农田水利设施重建设、轻管理，重枢纽工程、轻田间配套，建设标准不高、“最后一公里”梗塞现象突出，频发重发的自然灾害已成为粮食生产必须面对的重大风险和现实挑战。

**（二）农业科技取得新突破难度增大**

中国粮食连续稳产增产离不开农业科技的进步。农业农村部数据显示，中国农业科技贡献率已由 2010 年的 52% 持续提高到 2021 年的 61%，其中良种普及率保持在 95% 以上，农作物耕种收综合机械化率达 72%。但进一步提升良种单产和品质、耕种收综合机械化率等的难度越来越大。

粮食育种技术创新突破、优质良种普及推动中国粮食单产大幅提升，其中水稻平均单产由 1978 年的 3.98 吨 / 公顷、2000 年的 6.27 吨 / 公顷提升到 2022 年的 7.08 吨 / 公顷，小麦和玉米分别由 1978 年的 1.85 吨 / 公顷和 2.80 吨 / 公顷，2000 年的 3.74 吨 / 公顷和 4.60 吨 / 公顷提升到 2022 年的 5.86 吨 / 公顷和 6.44 吨 / 公顷。但 2010 年以来三大主粮单产的提升速度明显放缓。中国在小麦和水稻的育种技术研究方面总体上已经处于国际领先水平（黄季焜、胡瑞法，2023），二者平均单产已位居全球前列，对标全球最高单产（约 10 吨 / 公顷）虽有差距，但国内杂交水稻高产攻关试验双季产量（即早稻和晚稻产量之和）达 24 吨 / 公顷，若要进一步提升可能需要重大技术攻关和技术突破。中国玉米平均单产仅略高出全球平均水平，离美国、加拿大仍有较大差距，如 2019 年和 2020 年美国玉米平均单产都超过 10 吨 / 公顷，加拿大、阿根廷分别在 9.2 吨 / 公顷和 7.5 吨 / 公顷以上，表明玉米单产仍有较大提升潜力。但国内育种技术创新主要由国家投入、高校和科研机构主导研发，企业投入和参与严重不足，高产优质、多抗广适、专用特用等优点难以有效兼顾，具有重大突破意义的创新产品难出现，种业创新尚难以满足生产多元化需求，商业化育种水平亟待提升。公共研发机构与育种企业不公平竞争，种业知识产权保护不完善，种业市场鱼龙混杂，以次充好、套牌种子频繁出现（朱聪等，2022），在一定程度上挫伤了育种企业研发和生产者使用的积极性。

农业机械化在粮食节本增效、推动规模化经营等方面发挥重要作用。2021 年全国农业机械总动力达 10.8 亿千瓦，拖拉机及配套农具数量持续增加，搭载 5G、地理信息等技术的智能农机装备广泛应用。但总体上仍存在农机创新能力不强、研发转化率不高、结构有待优化、产能过剩和缺门断档并存、农机农艺融合不够紧密、农机作业基础设施建设滞后等问题，如适用丘陵山区的农机装备不足、农机下地难和作业难。2021 年中国小麦、玉米和水稻的耕种收综合机械化率分别达到 97%、90% 和 86%，但区域不平衡、各环节差异大，广大丘陵山区粮食生产短板依旧突出，进一步提升耕种收综合机械化率面临适用性农机研发转化、农田宜机化改造与投资等难题。

**（三）地方政府重农抓粮积极性和农民务农种粮积极性持续弱化**

农业大省、粮食大省往往也是经济弱省、财政穷省。如产粮第一大省黑龙江，2021 年生产了全国 11.5% 的粮食，但地区生产总值只占全国的 1.3%，人均地区生产总值 47266 元，仅相当于全国平均水平的 58.4%，地方一般公共预算收入 1300 亿元，仅占地方合计的 1.2%，人均可支配收入 27159 元，相当于全国平均水平的 77.3%。河南产出全国 9.6% 的粮食，人均地区生产总值只相当于全国平均水平的 73.4%，地方一般公共预算收入占地方合计的 3.9%，人均可支配收入相当于全国平均水平的 76.3%。

粮食是战略性产业，是国家安全的基础，但也是弱势产业，比较效益偏低，对经济增长和就业的贡献相对有限，且面临自然和市场双重风险，因此需要各级政府持续加大财政投入、加大对粮食生产的支持，这对经济弱省、财政穷省的财力是一项巨大考验。部分粮食政策设计考虑欠佳，如部分项目建设投资、农业保险补贴需地方政府予以资金配套，使地方政府越重视粮食、越加强粮食产能建设，各种负担越重，极大影响地方政府重农抓粮积极性，这成为粮食主产区稳产增产的重大风险挑战。

在国内粮食生产成本攀升、销售价格未有明显提高等背景下，粮食生产效益不断下滑，甚至已经不具备比较优势，农民务农种粮积极性持续下降。《全国农产品成本收益资料汇编》数据显示，2016—2019 年三种粮食平均生产净利润已连续 4 年为负值，2020 年转为正值也仅 707 元 / 公顷（见表 5-2）。而同期两种油料（花生和油菜籽）现金收益约在 10442 ～ 13885 元 / 公顷，甜菜现金收益在 15000 元 / 公顷左右，蔬菜、苹果等比较效益更高，推动生产者改种经济作物。特别是随着大量新型经营主体进入、规模化经营持续推进、特色高效农业不断发展，种植结构“非粮化”在局部地区日益凸显。

今后的挑战主要在于，第一，土地成本显性化和流转价格提高、农业劳动成本和物化资料成本等上涨的趋势难以扭转，将推动粮食生产总成本持续攀升。第二，通过持续提升或大幅提升粮食价格保障种粮收益难度较大。2012—2016 年的实践表明，开放条件下国际国内粮价联动加强，若国内粮食最低收购价过高，将陷入“国内增产—收储增加—库存增加—进口增加”的循环，使粮食加工、食品制造等产业陷入困境，可能引发负外部性和不确定性。第三，支持粮食生产的政策措施面临针对性和有效性不足、国际规则约束等挑战。中国农业黄箱补贴空间有限，上限为微量允许水平；不可免除的黄箱补贴力度偏低，对粮食生产激励效果依旧有限；绿箱补贴则面临财力相对有限的约束，难以大范围进行补贴支持；由黄箱补贴转向绿箱补贴，存在政策针对性和有效性下降等问题。

**表 5-2　主要农作物生产效益比较**

单位：元 / 公顷

| 生产效益 | 农作物品种 | 2016 年 | 2017 年 | 2018 年 | 2019 年 | 2020 年 | 2021 年 |
|---|---|---|---|---|---|---|---|
| 现金收益 | 三种粮食 | 7682 | 8378 | 7225 | 8113 | 9204 | 10390 |
| | 稻谷 | 11093 | 10768 | 9599 | 9159 | 9330 | 9352 |
| | 小麦 | 6834 | 7980 | 5382 | 7879 | 7407 | 9466 |
| | 玉米 | 5118 | 6385 | 6695 | 7302 | 10874 | 12352 |
| | 两种油料 | 11454 | 10598 | 10442 | 12678 | 13885 | 13293 |
| | 花生 | 17679 | 14498 | 14107 | 18630 | 20234 | 18613 |
| | 油菜籽 | 5229 | 6698 | 6778 | 6727 | 7538 | 7975 |
| | 棉花 | 14059 | 13436 | 11659 | 6761 | 12686 | 29888 |
| | 甜菜 | 13900 | 14549 | 15650 | 14440 | 13937 | 13352 |
| 净利润 | 三种粮食 | -1204 | -188 | -1284 | -458 | 707 | 1752 |
| | 稻谷 | 2129 | 1988 | 988 | 307 | 735 | 900 |
| | 小麦 | -1232 | 92 | -2391 | 226 | -249 | 1937 |
| | 玉米 | -4496 | -2637 | -2450 | -1902 | 1618 | 2431 |
| | 两种油料 | -453 | -1127 | -1200 | 1388 | 2378 | 1823 |
| | 花生 | 4057 | 871 | 484 | 5566 | 6856 | 5184 |
| | 油菜籽 | -4965 | -3133 | -2892 | -2790 | -2084 | -1548 |
| | 棉花 | -7325 | -7054 | -6914 | -9893 | -3593 | 13654 |
| | 甜菜 | 1247 | 2441 | 2940 | 2656 | 2453 | 5715 |



资料来源：2017—2022 年《全国农产品成本收益资料汇编》。

## 二、新发展阶段粮食节约减损的现实情境与突出挑战

中国粮食产后损失和食物浪费现象十分普遍，且数量巨大，不但加大粮食保面积保供给的压力，而且浪费国内有限的农业资源，形成了无效的碳排放和生态环境消耗，这已成为迫切需要解决的重大战略问题。相关研究显示，就广义食物而言，中国整个食物供应链的每年损失浪费约为

4.6 亿吨，占到总生产量的 22.7%，凸显节约减损的必要性、重要性和紧迫性。

### （一）餐前环节损耗

餐前环节损耗包括粮食生产、储存、流通、加工等产业链各环节的损耗。虽然关于不同环节粮食损耗的估算差距较大，但都清晰地表明粮食生产链供应链各环节损耗多，节约减损空间大。国家粮食和储备局数据显示，中国每年储存、运输、加工环节的粮食损失量在 3500 万吨以上，粮食全产业链损耗率约为 12%。

其中，生产环节存在农作物种籽用途损耗、自然灾害损耗和收获损耗。从国家粮油信息中心谷物供需平衡表看，三种粮食种用量占比低且稳定，种用浪费虽然存在但总体有限。受日益频发多发的旱涝等自然灾害影响，中国农作物受灾严重，造成的产量损失较大。以 2020 年和 2021 年统计数据为例，农作物受灾面积分别达到 1996 万公顷和 1174 万公顷，其中绝收面积分别为 271 万公顷和 163 万公顷，分别占受灾面积的 13.6% 和 13.9%。其中 2020 年灾情较为严重，黑龙江、内蒙古、湖北、辽宁、安徽、云南、吉林农作物受灾面积都超过 120 万公顷，且大部分为粮食主产区，2021 年产粮大省河南农作物受灾 159 万公顷、内蒙古受灾 126 万公顷。按粮食播种作物面积占农作物播种面积的 70%、粮食平均单产 5.8 吨 / 公顷估算，2020 年和 2021 年仅因受灾绝收即分别造成 1100 万吨和 662 万吨的粮食产量损失。如果考虑全部自然灾害的影响，产量损失还会大幅提升。收获环节也会因为粮食品种、地块情况、受灾情况、收获时机、机械设备、机手熟练程度等因素影响收获损失率，如因粮食受灾倒伏、精细化脱粒差、田间运输和清粮等造成的现实损耗，近年的研究表明中国粮食收获损失率约为 3%。

粮食储存环节因储存主体、储存设施、储存方式等存在差异而损失率有所不同，如水分蒸发、虫鼠害、霉变腐烂等。已有数据显示，国有粮食企业储存损耗率在 1% 左右，其中中国储备粮管理集团有限公司及其直属库储存损耗率只有 0.1% ～ 0.5%，民营企业仓储条件较差，储存损耗率在 5% 以上，农户储粮损耗率为 8% ～ 10%（朱聪等，2022）。据国家粮食和储备局数据，2021 年全国粮食产量 6.83 亿吨，入统企业粮食收购量约 4 亿吨，即意味着约 2.83 亿吨粮食由中小企业或农户储存，若按 5% 的损耗率估计损耗为 1415 万吨，按 8% 的损耗率估计损耗达 2264 万吨；入统企业粮食收购量 4 亿吨，按 0.5% 的损耗率估计有 200 万吨损耗。不应忽视的是，因库存量增加、储粮陈化，仍有相当比例的粮食因储存时间较长、质量下降等进入饲用领域或脱离食物链，如为了玉米“去库存”，用玉米发展燃料乙醇，这也是一种变相的浪费和资源损耗。

粮食流通环节的损耗包括因过筛、遗漏、抛撒、过驳、机械碾压、扦样消耗等造成的损耗，以及高水分粮食长时间封闭运输可能引起变质乃至霉变的损耗。据估计，中国每年进入运输环节的商品粮约 4.8 亿吨，其中贸易商和加工商的粮食碎粒损耗 53 万吨，公路、铁路和水路运输损耗约 55 万吨，即流通环节损耗（不包含运输起始时杂质变化）合计 108 万吨，比未作运输损耗界定的粗略估计大幅降低。

粮食过度加工也是造成粮食损耗浪费的重要原因。随着生活水平提升，消费者更加偏好精米白面主食精细化趋势明显，为了迎合市场需求，粮食过度加工问题愈加凸显。中国市场供应的精米占比 90% 以上，细面超过 70%，加工程度更好的麦芯粉、雪花粉等市场份额持续扩大。有数据显示，中国粳稻、籼稻适度加工出米率分别约为 70% 和 68%，经过抛光、打磨等环节后，出米率分别降至 65% 和 63% 左右，小麦适度加工出粉率约为 75%，精加工出粉率仅 70% 左右，由适度加工到精细加工的损耗约为 5%。仅加工环节造成的口粮损失每年在 650 万吨以上（蒋和平等，2019）。

**（二）餐饮浪费**

餐桌上的浪费尤为惊人。餐桌上的浪费广泛存在于商业餐饮、公共食堂、家庭饮食等领域，根据 2018 年发布的《中国城市餐饮食物浪费报告》，城市餐饮食物浪费量（不含家庭饮食浪费）一年在 1700 万～ 1800 万吨，相当于全国 3% 的粮食产量。

商业餐饮。随着收入增长和居民生活水平提高，消费者在外就餐比例不断上升，在外就餐食物浪费越发严重，商务宴请、事件性酒席、公务消费和亲朋聚餐是餐饮浪费的主要场景。特别是在大型中高档餐厅的各类宴请聚会，用餐点餐习惯于讲面子、讲排场，宁多勿少，且用餐过程伴随大量饮用酒水，减少对其他食物摄入，浪费更加严重。已有调查显示，中国城市餐饮浪费率约为 11.7%；主食人均浪费量约每餐 23 克，其中米饭和面食浪费量较高，分别占总浪费量的 14% 和 10%（詹琳、杜志雄，2021）。全国人民代表大会常务委员会的专题调研报告指出，城乡婚宴酒席浪费率在 40% 以上，出生宴等事件性酒席浪费率为 30% 左右，商务宴请浪费率为 30% ～ 40%，朋友聚餐浪费率为 40% 左右（武维华，2021）。

公共食堂。大学食堂的食物浪费问题尤为突出，这与当代大学生的行为习惯、态度、认知等因素有关（Wu et al.，2019）。据统计，海南高校食堂平均每人每餐浪费食物 67 克，食物浪费率为 12.86%，其中米饭和面食浪费量居前两位。一项对 29 个省（市、区）29 所高校的调研显示，人均就餐食物剩余 61 克，每人每餐平均食物浪费率为 12.13%（钱龙等，2019）。



家庭餐饮。食物消费支出占比下降或规划不当导致超量采购、不当储存或超期未食用导致丢弃、过量烹煮导致剩余、烹煮方法不当导致剩余浪费，这些浪费与家庭规模、人员构成、家庭经济状况、人口特征等相关（Ilakovac et al.，2020）。据估计，中国每年家庭人均食物浪费 7.63 ～ 10.86 千克，全年家庭食物浪费总量为 1056 万～ 1502 万吨。如果将商业餐饮与家庭餐饮相加，每年食物浪费总量将在 2700 万～ 3300 万吨。此外，不合理地过量饮食，本质上也是一种隐性浪费，同时带来超重、肥胖等健康问题。

## 第五节　推进粮食增产与减损两端同时发力的政策建议

保障国家粮食安全，是实现高质量发展和国家安全体系现代化的根本任务。当前，面对全球粮食供求格局深刻调整与国内资源环境约束趋紧的双重挑战，必须坚持以我为主、立足国内，统筹增产与减损“双轮驱动”，在保障口粮安全的基础上系统提升粮食综合保障能力。

### 一、强化耕地和水利“两大基础”，巩固粮食增产的资源支撑

一是要坚决落实耕地保护刚性制度，夯实粮食生产空间基础。耕地作为粮食安全的基础性资源，其保护事关长远国计民生。应在现有制度基础上进一步健全“党政同责、终身追责”机制，切实将耕地保护纳入最严格的用途管控体系。建立覆盖全过程的耕地用途监管网络，强化遥感监测与实地核查的联动机制，杜绝借生态修复、基础设施建设、乡村振兴等名义变相侵占耕地的行为。健全耕地质量等级评价和改良制度，推进耕地数量、质量、生态“三位一体”保护，增强耕地综合生产能力和可持续利用能力。

二是要加快推进农田水利设施现代化升级，增强农业抗风险能力。水利基础设施是保障粮食稳产增产的“命门”。应在国家重大水利工程框架下，统筹推进中小型农田灌排设施改造提升，推动形成“大中小微”并举、“建管用协同”的现代农田水利体系。重点加强灌溉能力薄弱地区的水源工程建设，构建涵盖引水、蓄水、输水、用水的闭环式高效用水系统。推广智慧灌溉与水肥一体化技术，提升水资源调度效率和作物水分利用效率。对于水资源紧张地区，鼓励发展节水型作物与旱作技术，形成多元化、差异化、适地适种的水土资源利用格局。

### 二、实施农业科技跃升工程，夯实粮食增产的技术基础

一要推进现代种业振兴，构建种源自主可控的战略体系。要围绕粮食安全核心——种子，系统部署国家粮食主粮种质资源普查、保存和创新利用体系。加快构建国家级种业创新平台，强化“政产学研用”协同攻关机制，聚焦重大共性关键技术、种质改良瓶颈技术开展基础性与前沿性研究。加快生物育种、生物信息、生物统计等新兴交叉学科在育种中的系统应用，推进育繁推一体化企业建设，完善商业化育种激励机制，提升种业市场竞争力与公共服务供给能力，确保中国种子牢牢掌握在自己手中。

二要加快农业装备智能化、绿色化发展，提升作业效率与质量。将现代信息技术深度嵌入农机装备系统，推动数字农业装备研发与适配应用。围绕粮食生产全链条，推进耕种管收环节装备

一体化、智能化转型，发展高地隙喷药机、无人驾驶拖拉机、北斗导航插秧机等先进装备，提升精准作业能力。加强对丘陵山地、边远地区“宜机化改造”与农机装备适配研究，加大财政与信贷支持力度，解决“有地无机”“有机难用”的结构性短板，推动全区域全流程机械化率整体跃升。

三要强化技术服务推广体系，促进先进技术“最后一公里”落地。建设统一开放、资源整合、高效运行的现代农业科技服务体系，统筹科研院所、高等院校、龙头企业、基层农技人员等多元主体，组建粮食作物技术服务团队，实行“派驻 + 在线”双轨推进。创新服务模式，利用大数据、物联网与农业 App 平台，建设“农业科技超市”与线上农技问诊平台，推动技术精准匹配与高效传播。对接农户与合作社的现实需求，推动先进实用技术与种粮实际深度融合。

## 三、完善利益联结机制，调动各级政府和种粮主体积极性

粮食稳产增产的关键，在于调动地方党委政府与广大种粮农户两个层面的积极性，真正构建起从制度设计到行为实践的良性循环。唯有让主产区“抓粮不吃亏”，让种粮者“种粮有收益”，才能将粮食综合生产能力有效转化为稳产增产的现实成果，从而以国内供给的稳定性应对外部环境的不确定性。

一是加强责任与激励协同，系统提升地方政府抓粮的积极性与主动性。保障粮食安全，离不开地方党委和政府的高度重视与切实行动（程国强、朱满德，2020）。随着新阶段粮食安全战略要求不断提升，地方政府在政策落实、资源统筹、制度供给等方面发挥着不可替代的关键作用。因此，应从责任压实与激励完善两个层面同步发力，构建“有责、有能、有利、有动力”的制度环境，充分激发地方在粮食生产中的治理主动性与系统协同性。

首先，应强化粮食安全的制度责任约束。将“稳面积、保产量、优结构、提效益”纳入地方政府年度绩效考核体系，明确粮食安全目标责任书的约束力。通过将粮食产能目标分解到县、落实到乡、责任到人，确保“一级抓一级、层层抓落实”。要强化动态问责机制，对未完成粮食生产任务的地区实行督办通报，对因政策懈怠、监管缺位等导致耕地流失、产能下降的行为依法依规追责问责。同时，强化粮食安全与其他政策目标的协调，避免因过度产业结构调整、过激生态红线执行等对粮食供给形成实质性冲击。



其次，要加大财政激励与政策支持力度。建议建立粮食安全财政奖补“增长机制”，根据各地年度粮食播种面积、产量完成情况、耕地保护绩效等因素，动态调整财政转移支付额度。进一步完善产粮大县财政奖励机制，除现有专项补助外，可考虑赋予地方在粮食相关项目资金上的更多统筹使用权，允许其用于粮食仓储设施建设、农田水利改造、购机补贴与农业服务体系建设等

重点领域，从而提升资金的精准性与有效性。对于财政承压地区，可适度下调或豁免其配套资金比例，减轻其在抓粮过程中的实际负担。

再次，应注重建立可持续的地方发展动力机制。在稳定主粮任务的基础上，推动主产区发展“粮食 +”复合型产业体系，鼓励地方因地制宜发展绿色粮食加工业、精深加工、粮食冷链物流和数字粮仓管理等产业形态，推动粮食种植向全产业链延伸，实现从“卖原粮”向“卖产品、卖服务、卖品牌”转变。支持地方政府利用国家粮食产业带建设契机，推动“产加储销”一体化区域集群布局，形成“粮食增产—产业增值—财政增收—再投入保产”的正循环发展格局。

此外，还应重视地方干部队伍在粮食安全中的治理能力建设。通过建立基层涉粮干部常态化培训机制、提升地方涉农部门协同治理能力、加强农村基层治理组织能力建设等措施，增强地方对粮食安全政策的理解力、执行力与创新力。推动形成“党委政府重视、部门协同配合、基层有力落实”的系统抓粮格局，确保国家粮食安全各项政策措施在地方落地见效、开花结果。

二是要完善多元化支持机制，全面激发种粮生产者的内在动力与市场活力。农民是保障粮食安全的根本力量，唯有让种粮有利可图、持续可为，才能确保粮食稳产增产的基础不断夯实。当前，面对土地成本上升、劳动力短缺、价格波动、风险加剧等多重挑战，亟须完善针对生产者的政策支持体系，从预期稳定、成本管控、风险防范、收益提升等方面多措并举，增强其持续种粮的信心与能力。

首要任务是保障种粮主体的预期收益，稳定其种植决策。应进一步完善粮食最低收购价政策机制，在确保基本政策稳定的前提下，推动其在执行层面体现区域差异化、季节灵活性与市场响应机制。通过建立“基准价 + 区间调控”机制，增强政策价格对市场价格的引导功能，减缓市场波动对农民收益的冲击。对于因政策改革而遭受实际损失的农户，应建立分类补偿机制，保障其合理收益不受影响，稳定其长期种粮预期。

同时，应大力加强对种粮主体生产成本的缓释机制。在稳定存量补贴基础上，优化增量补贴方向，向生产成本高、生态条件差、自然灾害频发地区倾斜，提升政策精准度。推动建立种子、化肥、农药等农业生产资料的市场监测与价格预警机制，适时启动临时补贴。引导种粮主体适度规模经营，推动土地流转与集中，提升资源配置效率，降低单位成本。进一步完善农机购置补贴机制，支持智能、高效、适用性强的农业装备推广，推动机械化与标准化生产同步提效。

在风险防范方面，应扩大粮食作物完全成本保险和收入保险覆盖面，提升险种设计科学性与赔付效率。可探索基于卫星遥感、无人机图像识别等技术的农情监测系统，实现精准定损与高效赔付，提升保险的吸引力与保障力。对规模化经营者，还应通过政策引导其参与“保险 + 期货”试点或农业信贷担保体系，提高其抗市场和灾害风险能力。对连续遭遇极端天气或市场价格大幅下跌的区域，可由政府设立临时风险调节基金，防范农户“种而不稳、收而无利”的风险困境。

在提升综合收益方面，应引导种粮主体更多参与市场价值链。鼓励发展订单农业、农业社会化服务、农产品初加工等环节，提高农户在产业链中的收益占比。支持构建多种形式的农业合作组织，引导农民抱团发展、以集体方式参与市场竞争。通过优化品种结构、推广绿色优质粮食标准、支持品牌培育，推动种粮主体从追求“数量保障”向“质量增值”转型。进一步培育以家庭农场、农民合作社、农业企业为代表的新型经营主体，为粮食生产提供专业化、标准化、规模化的现代支撑体系。

最后，应加强对种粮主体的公共服务保障。加快推进种植业大数据平台、农业智能服务终端建设，提升信息服务与气象预警能力。加强农民职业技能培训和新型职业农民培育，推进“懂农业、爱农村、善经营”的生产者队伍建设。通过打造制度完善、保障有力、服务高效的支持体系，使种粮真正成为有预期、有收益、有尊严的职业选择，为粮食安全筑牢最坚实的基层支撑。

## 四、系统推进粮食节约减损，构建全链条节粮机制

一是要推动农业生产环节减损工程常态化建设。聚焦生产环节关键损耗点，开展抗病抗倒、宜机收品种规模化推广，强化水稻机械育秧、玉米小麦精准播种等高效种植技术集成应用。大力发展绿色智能收获装备，提升抢收能力与作业效率，降低因收获不及时导致的产后损耗。建立田间损耗监测与统计制度，加强操作规程培训与技术指导，提升农民节粮意识与操作规范。

二是要构建仓储流通现代体系，补齐中后段减损短板。推进“农户 + 服务组织 + 终端市场”的专业化粮食烘干、仓储、运输体系建设。支持农户购置简易储粮设施，推广绿色储粮袋、低氧密闭仓等实用技术。加快智慧仓储信息平台与调度系统建设，推动“粮随需动”精准调运。在粮食主产区建设区域性物流中枢与冷链节点，提升粮食中转效率与质量安全保障能力。

三是要引导加工与副产物利用标准优化，实现资源节约最大化。建立完善粮食加工适度标准体系，引导企业实现精深加工与减损并举。重点支持米糠、麦麸、胚芽等副产品的高值化转化，发展功能性食品、营养添加剂、工业原料等下游产品链条。严控以粮食为原料的低效利用项目，尤其限制生物能源产业过度扩张，避免“粮油抢地”与“粮食变工业”的结构性浪费。



## 五、加强制度保障与全民行动，弘扬节约粮食社会风尚

节约粮食不仅是应对资源紧张和保障国家粮食安全的战略要求，更是全社会必须长期坚持的文明风尚和责任意识。在“减损即增产”成为全球共识的当下，推动节粮减损从行业倡议上升为全民行动，从道德自律迈向制度治理，必须建立健全相关法律法规，完善监督机制，强化教育

引导，构建全链条、全社会、全场景参与的粮食节约长效机制，持续夯实国家粮食安全的社会基础。

一要将粮食节约纳入国家治理法治体系，构建覆盖生产、流通、消费等全过程的制度性框架。以《中华人民共和国反食品浪费法》的贯彻实施为契机，推动出台更加细化的配套规章和实施细则，明确不同主体在不同场景下的行为规范与法律责任。构建跨部门联合执法机制，推动监管主体协同治理，在执法程序、处罚标准、信息通报等方面实现联动高效。建立食物浪费行为的信用记录系统，将严重浪费纳入社会信用惩戒范畴，增强制度约束力和行为威慑力。推动地方因地制宜制定区域性节粮条例与管理办法，在社区、校园、机关、企业等重点领域设立示范点、评比机制和激励制度，打造具有可复制性和推广性的节粮治理模式。

二要深化节粮减损的社会倡导与价值引领，塑造“厉行节约、反对浪费”的全民共识和行为准则。通过多渠道多层次的舆论宣传，强化“节约粮食光荣、浪费粮食可耻”的价值导向，形成贯穿媒体传播、校园教育、社区活动、网络平台的全覆盖宣传网络。重点加强对青少年群体的思想引导与行为培养，将节粮教育纳入中小学课程体系和德育内容，通过教材设置、课外实践、校园活动等形式，让节约意识从小根植于心、落实于行。结合中华优秀传统文化，加强“勤俭持家、惜物节用”的道德教育，推动节粮成为自觉、持续的行为习惯。同步开展膳食健康科普，引导公众了解《中国居民膳食指南》、合理膳食餐盘模型等内容，认识到“吃进去的浪费”也是对资源的侵蚀，从而推动科学饮食、理性消费、健康节约并举。

三要系统推进餐饮行业的节粮治理，将其作为社会节粮减损体系中的关键环节。建立以政府监管为主导、行业自律为基础、公众监督为补充的多元治理结构，推动食物浪费监测制度化、常态化。对大型餐饮企业、连锁机构、机关食堂等重点场所，应开展定期抽查、量化评估和整改通报，提升企业节粮绩效意识。同时，发挥财政与税收政策引导作用，通过餐余垃圾收费阶梯制度、节粮行为税收激励等方式引导餐饮企业主动压缩浪费源头。鼓励创新节粮服务，如小份餐、半份餐、合理配餐提示、自助餐限量取餐、剩菜打包便利化等，让消费者节约意愿落地有渠道、执行有便利。推动餐饮企业建立食材采购、储存、加工、分发各环节的标准操作规程，提升食材利用率和过程可控性，构建绿色可持续的餐饮运营模式。



四要将家庭作为消费终端，家庭是节粮行动中最广泛的主体，应重点推动居民在采购、储存、加工和食用等环节养成节约意识和科学习惯。鼓励家庭合理制定菜单和采购计划，减少一次性大量采购所致的食材浪费；推广家庭“日清式”饮食理念，提倡“光盘行动”从家庭餐桌做起；引导健康、合理、多样、营养的家庭烹饪方式，降低因过度精细加工、食材搭配不合理等引发的隐性浪费。发展线上家庭节粮课程，提升家庭成员尤其是儿童的节粮参与度和责任感。

五要强化公共领域节粮示范引领，发挥政府与公共机构的带头作用。在公务接待、会议培训、政务活动等场景中，应本着“节约适度、绿色健康”的原则，制定严格的用餐标准和浪费控制流程。推行食材采购公开透明、食堂运营过程留痕、剩餐定量回收等制度，加强对机关食堂等公共食物服务场所的日常管理和绩效考评。对学校食堂，应将节粮行为纳入校园文明创建、学生评优评先等体系，加强现场管理与剩餐分析，开展“校园光盘榜”“文明用餐评比”等激励措施，增强学生集体荣誉感和行为规范意识。推进移风易俗，治理面子工程式宴请、浪费成风式婚丧嫁娶，强化乡村基层组织在遏制铺张浪费中的教化和引导功能，促进节粮理念融入城乡生活的方方面面。

## 参考文献

程国强，朱满德．新冠肺炎疫情冲击粮食安全：趋势、影响与应对 [J]. 中国农村经济，2020（5）：13–20.

高鸣，江帆．推进全链条粮食减损：理论逻辑、现实困境与路径优化 [J]. 中州学刊，2022（12）：57–65.

高鸣，王颖．农业补贴政策对粮食安全的影响与改革方向 [J]. 华南农业大学学报（社会科学版），2021，20（5）：14–26.

高鸣，张哲晰．新时代走出“谁来种粮”困局的思路和对策 [J]. 中州学刊，2022（4）：36–42.

国务院新闻办公室．中国的粮食安全 [M]. 北京：人民出版社，2019.

国务院新闻办公室．中国的粮食问题 [M]. 北京：五洲传播出版社，1996.

胡新艳，戴明宏．高标准农田建设政策的粮食增产效应 [J]. 华南农业大学学报（社会科学版），2022，21（5）：71–85.

黄季焜，胡瑞法．中国种子产业：成就、挑战和发展思路 [J]. 华南农业大学学报（社会科学版），2023，22（1）：1–8.

江帆，宋洪远，高鸣．农业生产托管保障国家粮食安全的理论分析——基于生成逻辑的视角 [J]. 农业现代化研究，2022，43（1）：11–19.

江金启，T. Edward Yu，黄琬真，等．中国家庭食物浪费的规模估算及决定因素分析 [J]. 农业技术经济，2018（9）：88–99.

蒋和平，尧珏，杨敬华．新时期中国粮食安全保障的隐患与解决建议 [J]. 中州学刊，2019（12）：35–41.

黎星池，朱满德．农业机械化对种植结构“趋粮化”的空间溢出效应分析 [J]. 农业现代化研究，2021，42（4）：684–693.

李轩复，黄东，武拉平．不同规模农户粮食收获环节损失研究——基于全国 28 省份 3251 个农户的实证分析 [J]. 中国软科学，2019（8）：184–192.

罗屹，严晓平，吴芳，等．中国农户储粮损失有多高——基于 28 省 2296 户的农户调查 [J]. 干旱区资源与环境，2019，33（11）：55–61.

彭长生，王全忠，李光泗，等 . 稻谷最低收购价调整预期对农户生产行为的影响——基于修正的 Nerlove 模型的实证研究 [J]. 中国农村经济，2019（7）：51–70.

钱龙，李丰，钱壮 . 高校食堂食物浪费的影响因素 [J]. 资源科学，2019，41（10）：1859–2870.

仇童伟，罗必良 . 流转“差序格局”撕裂与农地“非粮化”：基于中国 29 省调查的证据 [J]. 管理世界，2022，38（9）：96–113.

武维华 . 全国人民代表大会常务委员会专题调研组关于珍惜粮食、反对浪费情况的调研报告——2020 年 12 月 23 日在第十三届全国人民代表大会常务委员会第二十四次会议上 [EB/OL]. 中国人大网，2020–12–23.

习近平 . 加快建设农业强国 推进农业农村现代化 [J]. 求是，2023（6）：4–17.

杨阳，李治，韩小爽 . 农业社会化服务对农地“趋粮化”的门槛效应 [J]. 管理学刊，2022，35（3）：44–54.

于法稳，代明慧，林珊 . 基于粮食安全底线思维的耕地保护：现状、困境及对策 [J]. 经济纵横，2022（12）：9–16.

詹琳，杜志雄 . 统筹食品链管理推动粮食减损降废的思考与建议 [J]. 经济纵横，2021（1）：90–97.

张琛，彭超，毛学峰 . 非农就业、农业机械化与农业种植结构调整 [J]. 中国软科学，2022（6）：62–71.

周冠华，李圣军 . 我国粮食运输损耗情况探析 [J]. 中国粮食经济，2022（4）：37–40.

朱聪，曲春红，王永春，等 . 中国粮食全产业链的损失与浪费研究 [J]. 农业展望，2022，18（8）：76–83.

朱满德，赵琴，程国强 . 新时代中国粮食安全风险识别与治理策略 [J]. 中国经济报告，2022（5）：5–13.

卓乐 . 农业基础设施对粮食增产的作用机理及效应分析 [J]. 求索，2021（4）：125–132.

邹金浪，刘陶红，张传，等 . 中国耕地食物生产变迁及“非粮化”影响评估 [J]. 中国土地科学，2022，36（9）：29–39.

FAO. World Food Security：A Reappraisal of the Concepts and Approaches[R]. FAO，1983.

Ilakovac B.，Voca N.，Pezo L.，et al.. Quantification and Determination of Household Food Waste and Relation to Sociodemographic Characteristics in Croatia[J]. Waste Management，2020（102）：231–240.

Li X.，Liu X. J.，Lu S. J.，et al.. China's Food Loss and Waste Embodies Increasing Environmental Impacts[J]. Nature Food，2021，2（7）：519–528.

Qiu T. W.，He Q. Y.，Boris Choy S. T.，et al.. The Impact of Land Renting–in on Farm Productivity：Evidence from in Maize Production China[J]. China Agricultural Economic Review，2021，13（1）：78–95.

Secondi L.，Principato L.，Laureti T.. Household Food Waste Behavior in EU–27 Countries：A Multilevel Analysis[J]. Food Policy，2015（56）：25–40.

Wu Y. L.，Tian X.，Li X. R.，et al.. Characteristics，Influencing Factors，and Environmental Effects of Plate Waste at University Canteens in Beijing，China[J]. Resources Conservation and Recycling，2019（149）：151–159.

# 第六章　粮食和重要农产品保供稳价的调控机制与政策选择①

“悠悠万事，吃饭为大”。粮油肉蛋奶菜等重要农产品事关 14 亿人民群众的基本生活保障。确保“米袋子”“菜篮子”等重要农产品的有效供给和价格总体平稳（以下简称“保供稳价”），不仅关乎发展和安全大局，更是国家粮食安全的重要基石，始终是“三农”工作的首要任务，是治国理政的根本责任。从外部环境看，当今世界正经历百年未有之大变局。国际政治、经济、科技、文化、安全等格局深刻调整使“大变局”加速演进，全球产业链供应链因非经济因素遭受前所未有的冲击，不稳定性不确定性显著上升。在此背景下，中国在全面建设社会主义现代化国家、迈向第二个百年奋斗目标的过程中，所面临的国际环境愈发复杂多变，战略竞争日趋激烈，战略性风险不断上升，外部压力持续加剧。

对于中国这样一个拥有 14 亿人口的大国而言，越是面对风险挑战，越要稳住农业“基本盘”，越要筑牢粮食安全防线。筑牢粮食安全“压舱石”，确保重要农产品的保供稳价，方能掌握经济社会发展的主动权。这不仅是经济稳健运行的前提，也是有效应对外部冲击、化解重大风险、赢得战略主动的关键所在（程国强，2020a；张红宇，2021）。新冠疫情防控实践也充分表明，粮食及重要农副产品的稳定供给在保障民生底线、稳住经济基本盘、推动社会秩序恢复中发挥了不可替代的关键作用，具有重大而特殊的现实意义。值得高度警惕的是，当前及未来一个时期，中国已进入新发展阶段，面临的形势与挑战日益严峻，特别是在国际局势高度不确定的背景下，如何构建以粮油肉蛋奶菜等为核心的重要农产品保供稳价调控体系，建立健全制度化、机制化的政策体系，成为亟须深入研究的重大理论与政策课题。



① 本章主要内容发表于《农业经济问题》2020 年第 11 期，原文标题为《新发展阶段我国重要农产品保供稳价的调控思路与机制设计》；《中州学刊》2023 年第 12 期，原文标题为《提高种粮积极性：中国粮食生产支持政策的完善与转型》。

## 第一节 粮食和重要农产品保供稳价的新形势新挑战

经过多年努力，中国已经建立相对系统完备的粮食等重要农产品供给保障体系，形成以农产品生产支持和供给管理为特征的保障机制，基本实现了重要民生农产品的供给充足、价格总体稳定，对确保国家粮食安全和重要农产品有效供给发挥了重要作用。特别是，按照“以我为主、立足国内、确保产能、适度进口、科技支撑”的粮食安全战略方针，以及“牢牢把中国人饭碗端在自己手中”的要求，中国不断强化粮食安全和重要农产品供给保障能力建设，已初步建立符合国情农情、具备应对重大危机挑战的“三位一体”粮食安全和重要农产品供给保障体系。这一体系包括：（1）以主粮为重点、粮油肉蛋奶菜为基础的国内农产品生产体系；（2）应对各类突发事件、维护市场稳定的重要农产品储备体系；（3）有效利用国际农产品市场和境外农业资源的全球农产品供应链体系。三者互为一体、相互支撑、协同发力（程国强、朱满德，2020）。同时，持续加强农产品供应链体系建设，加快完善重要农产品宏观调控体系。例如，强化现代农产品市场体系和流通基础设施建设，优化流通模式、创新流通业态，发展冷链物流、推动流通现代化，建立蔬菜价格调节基金制度和省际蔬菜应急协调机制，完善中央和地方储备肉的常年储备、定期轮换和应急保供投放等调控机制。

但是，中国进入新发展阶段以来，面对应变局、开新局的战略需求和现实需要，重要农产品保供稳价正面临诸多新形势新挑战。当前和今后一个时期，伴随食物消费结构升级，重要农产品供给数量要增长、供给质量要提升，供求矛盾尤其是结构性矛盾日益突出；受农业资源环境约束趋紧、自然灾害和动物疫病多发频发、农民务农种粮收益下降和积极性弱化等影响，保障农产品有效供给的压力越来越大、挑战越来越严峻；国际形势波谲云诡，单边主义、保护主义抬头，霸凌行径增多，外部环境更趋复杂多变，这对中国重要农产品保供稳价提出更高要求。

### 一、粮食和重要农产品稳产保供面临新形势新挑战

近年来，随着中国经济社会的快速发展和外部环境的深刻变化，粮食和重要农产品稳产保供的基础和形势正在发生深刻转变。在人口结构、消费需求、资源环境、技术支撑及农业生产积极性等多重因素叠加影响下，中国粮食安全保障体系面临前所未有的压力和挑战。准确识变、科学应变、主动求变，全面识别和系统分析粮食稳产保供所面临的新形势新挑战，是健全国家粮食安全战略、完善农业政策体系、筑牢粮食安全底线的前提。中国粮食和重要农产品稳产保供面临的新形势新挑战具体体现在以下四个方面。

第一，收入增长推动食物消费结构升级。尽管口粮消费有所下降，但动物性食品消费持续增

长，显著拉动对饲料粮的需求。这将成为未来保障粮食安全面临的全新任务，亟须在保口粮基础上，统筹满足饲料粮等多元化需求。

第二，粮食和重要农产品稳产保供面临多重资源与环境约束。耕地和水资源的压力愈加突出，东北、华北两大粮食主产区资源性缺水问题日益严重。与此同时，全球气候变化引发的极端天气和自然灾害日趋频发、强度加剧，对农业生产造成冲击，不确定性上升（黄季焜，2021）。

第三，农业综合生产能力亟待提升。当前中国已建成的高标准农田面积不到全国耕地总面积的 1/4，且部分农田水利设施老化严重，抗灾减灾能力减弱，基础设施水平难以满足农业机械化发展需要。科技支撑体系尚不健全，自主育种能力薄弱，尤其在肉牛、奶牛等畜禽品种方面尤为突出。基层动物疫病防控体系薄弱，禽流感、非洲猪瘟等疫病传播风险依然严峻；畜禽养殖设施与技术装备现代化水平亟待提高。

第四，主要农产品价格“天花板”与成本“地板”双重挤压，影响农民种粮积极性。粮价上涨空间有限、生产成本持续上升，使得农民收益预期降低。农业生产积极性面临削弱风险，不利于粮食和重要农产品生产的稳定发展。

## 二、粮食和重要农产品综合保障能力有待提升

随着中国城乡居民生活水平持续提升和消费结构不断升级，粮食和重要农产品“产得出、运得走、储得住、供得上”的全链条保障能力正面临越来越多的新问题和新挑战。从市场流通体系、储备保障能力、全球供应链管理能力到国际市场风险传导机制等关键环节，仍存在一系列短板与瓶颈，亟须系统识别、精准施策，以构建更加安全高效、稳定可控的农产品供给体系。

第一，农产品市场流通体系仍然存在明显短板。以蔬菜流通为例，目前仍以传统“收购—产地批发—销地批发—零售”的模式为主，流通环节冗长、效率偏低、成本高昂，造成上下游价格严重倒挂。“十三五”期间，蔬菜零售均价比地头批发均价高出 119%。冷链仓储等物流基础设施薄弱，田间预冷、初加工等设施缺乏，导致生鲜果蔬在流通过程中损耗严重，平均损耗率高达 20%，远高于发达国家 3% ～ 5% 的平均水平。



第二，农产品储备保障能力有待加强。当前部分重要粮食品种的储备规模仍显不足，难以有效应对日益加剧的风险挑战；储备结构以原粮、毛油为主，在应急状态下难以满足成品粮油及加工食品的即时需求。此外，储备布局也不尽合理，政府储备资源主要集中于主产区，与消费需求高度集中的主销区和大城市形成了空间错配。

第三，农产品全球供应链管理能力有待提升。统筹利用国际农产品市场和全球农业资源是中国确保粮食安全和重要农产品有效供给的重要路径。以 2020 年为例，按照当年农业供求总量测

算，中国约需 39.5 亿亩耕地等值资源方可实现供求平衡，而实际农作物种植面积仅为 25.12 亿亩，自给率仅 63.6%，其余依靠进口等形式弥补相当于 14.38 亿亩的耕地资源。但中国主要依赖传统进口贸易方式，在全球供应链前端的仓储物流、港口码头等投资布局不足，难以有效掌握战略主动权。更为严峻的是，农产品进口结构高度集中，如 2020 年中国大豆进口 1.0032 亿吨，其中 72% 依赖南美，25.8% 来自美国。这种高集中度带来的供应链结构性风险亟待系统性防控（陈锡文，2021）。

第四，国际市场风险传导日益加剧。近年来，国际农产品的能源化和资本化趋势显著增强，农产品价格与能源市场、金融市场的联动性持续上升。能源价格的频繁波动及金融资本的投机性介入，极易引发国际粮价的剧烈波动。一旦发生大宗商品市场波动，可能通过进口贸易、市场预期等路径快速传导至国内，影响中国重要农产品市场稳定。未来，在全球市场高度联动背景下，国内粮食等农产品的保供稳价，将面临更加复杂多变的外部风险挑战。

## 三、粮食和重要农产品保供稳价调控机制不适应复杂多变的国内外新形势新要求

在粮食和重要农产品稳产基础上，构建科学高效的保供稳价调控机制，是保障国家粮食安全和稳定市场预期的关键支撑。然而，面对当前日益复杂多变的国内外经济形势，现行调控机制在监测预警、政策协同、应急响应等方面仍存在明显短板，已难以充分适应新阶段下粮食和农产品安全保障的实际需要，亟须加快机制重构与制度创新。

第一，农产品监测预警机制亟待健全。目前中国对重要农产品尚未建立从生产到消费的全程监测预警机制。虽然对生猪等部分农产品已经建立价格监测和调控机制，但基于当期价格的调控机制具有明显的滞后性，难以把保供稳价风险防控在前端。比如，现行生猪市场价格调控主要以猪粮比价作为调控依据，在非洲猪瘟暴发初期，能繁母猪数量大幅下降，已经预示着生猪供给减少，但由于此时养猪场为规避风险大量屠宰生猪销售，市场猪肉供给呈短期增加趋势，因此猪粮比价并未上涨，调控政策到后期猪肉供给减少、猪肉价格大涨时才被启动，显然延误了调控的最佳时机。

第二，现行重要农产品保供调控政策存在结构性失衡。一方面，存在重生产、轻流通倾向，农产品全产业链保供调控机制尚待加强。如现有农产品保供的生产激励型政策指向明确、体系完善，对稳定粮食等重要农产品生产的成效显著。但同样作为保供重要支撑的仓储、物流、加工、购销、调运配送等环节则相对薄弱，常态运行与应急保障机制设计不足，关键时期有可能成为应急保供的瓶颈。另一方面，存在部门分治、行业分割问题，各部门、各层级在农产品保供中的职能定位、管理边界与协调机制有待完善，在一定程度上影响农产品保供调控效能（程国强，

2020b）。

第三，农产品保供调控与应急管理协同性有待提高。如2020年新冠疫情暴发初期，部分地区农产品生产运输销售受阻、养殖企业饲料供应短缺、部分居民生活必需品断档脱销等问题，暴露出应急管理中农产品保供调控存在短板。特别是疫情暴发后，有关部门才把粮油、蔬菜、肉蛋奶、水产品等农产品纳入疫情防控期间生活必需品保障范围，并对农产品及农用物资交通、运输、物流、市场等发布实施临时性管理措施。这一被动应对反映出农产品保供在突发事件应急管理中的职责定位不清、职能边界模糊，应急响应机制碎片化，缺乏统一指挥和协同治理的顶层设计与制度安排（程国强，2020b）。

## 第二节　新发展阶段粮食和重要农产品保供稳价的调控思路与机制设计

### 一、保供稳价调控思路

当前及今后一个时期，一是面对百年变局与世纪疫情交织叠加，国际形势复杂多变，风险挑战之严峻前所未有，中国已经进入必须直面各类严峻复杂的自然风险、社会风险、新兴风险新阶段。必须从保障国家安全、维护国家长治久安的高度，进一步认识确保国家粮食安全和重要农产品有效供给的极端重要性，要始终以国内稳产保供的确定性来应对外部环境的不确定性。二是在新发展阶段，全面建设社会主义现代化国家，最艰巨最繁重的任务仍然在农村。应对中国食物消费结构升级新形势新要求，面对稳定粮食生产的资源环境约束趋紧、维护好两个积极性难度增加和全球农业供给体系不稳固不牢靠等新风险新挑战，必须统筹发展和安全，稳住农业基本盘、守好“三农”基础，发挥重要农产品保供稳价和稳经济、稳社会、稳全局的“压舱石”作用。三是面对重大突发事件，以及新兴风险与传统风险叠加给重要农产品保供稳价带来的巨大挑战，必须全面提升应急处理能力，确保重要农产品有效供给和市场稳定，关键时刻调得出、用得上、稳得住。



加强和完善重要农产品保供稳价制度体系和调控机制建设，就是要按照国家治理体系和治理能力现代化的总要求，立足新发展阶段、构建新发展格局、统筹发展和安全，把重要农产品保供稳价纳入国家安全风险治理体系，以保障“米袋子”“菜篮子”等重要农产品供给充足、价格总体稳定为目标，以建立从生产到消费全程监测预警、宏观调控和应急保障三大机制为支撑，以提升供给保障能力、宏观调控水平和风险治理能力为重点，构建更高层次、更高质量、更有效率、更可持续的重要农产品保供稳价制度体系和调控机制，实现新时代国家粮食安全和重要农产品保供稳价制度体系与调控能力的现代化。

加强和完善重要农产品保供稳价制度体系和调控机制建设，首先要有新思维，即树立总体国家安全观，从加强风险治理、确保供给安全出发，把握好防风险、保稳定、筑底线的工作总基调，确保重要农产品的有效供给。其次要有新思路，要进一步明确重要农产品供给保障的重点环节、关键领域，坚持问题导向、注重协同治理、突出分类施策。最后要有新举措，在农产品供给保障、宏观调控和应急保障工作中，做到明确分工、压实责任、统筹兼顾、科学施策、依法治理，既保障好市场供给，又维护好市场秩序；既做好常态化调控，又要强化供应链韧性，紧盯关键时段、核心区域、重点商品，完善应急机制，做实应急应对。

## 二、保供稳价调控机制设计

实现重要农产品保供稳价目标，必须加强对重要农产品市场的有效监测和精准调控，建立从生产到消费全程监测预警、宏观调控和应急保障体系，确保重要农产品供给不脱销、不断档，市场运行平稳，价格总体稳定。具体而言，重要农产品保供稳价的调控机制包括监测预警、宏观调控和应急保障三个机制化设计。

### （一）监测预警机制

监测预警机制是有效识别风险、科学精准调控的基础，由监测机制、预警机制构成。其功能是将重要农产品保供稳价中存在的风险早发现、早预警，将风险化解在源头、防控在前端，同时及时准确识别市场异动、突发事件等风险特征，为宏观调控、应急保障等提供科学支撑和决策依据。

第一，加强和完善重要农产品监测体系建设。加快构建覆盖全面、重点突出、统一管理、分工协作的重要农产品信息监测制度，包括以重要农产品供求平衡表为核心的供求形势监测，以市场价格变化为核心的价格动态监测，以及用于反映重要农产品保供稳价风险征兆的特征指标监测。应进一步加强粮油等重要农产品生产、消费、库存、贸易、价格、成本收益“六大核心数据”监测体系建设。建立重要农产品供求平衡表制度，完善月报分析、全产业链会商、平衡表研究等工作机制。构建国家农业大数据实时监测网络，并建立覆盖全产业链的数据监测体系和全球农业数据调查分析系统。

第二，建立重要农产品保供稳价风险预警体系。基于对重要农产品保供稳价风险征兆的特征指标监测，建立相应的分级预警机制，确保“苗头性”问题早发现、早预警、早应对，为宏观调控和应急保障争取必要的时间和操作空间。预警机制主要包括早期预警、常规预警和应急预警。

（1）早期预警。即要在监测的基础上，开展市场分析和风险评估，及早发现和识别影响重要农产品供给保障的早期风险征兆，建立健全国家农业信息发布制度和早期预警机制。（2）常规预警。即建立重要农产品供求与市场风险常态化监测和预警框架，针对不同级别警情和风险（可以划分成3级或5级），开展常态化风险预警和提示。（3）应急预警。建立和完善针对重大自然灾害、公共卫生危机等突发事件的重要农产品保供稳价和非常规风险预警机制，作为启动应急预案和应急处置的前置条件和基础。

### （二）宏观调控机制

宏观调控是实现重要农产品保供稳价的关键手段，目标在于保证农产品供给充足和价格总体稳定，既要防止“谷（菜）贱伤农”，千方百计保护和调动农民生产积极性，确保重要农产品供给安全；又要防止“米（菜）贵伤民”，切实维护中低收入群体及消费者基本权益，促进经济社会持续健康发展。因此应以市场机制为导向，加快构建统一高效、协调有力的重要农产品供给保障宏观调控体系，同时针对监测预警体系发现的潜在风险，及时采取差别化调控举措予以应对。其设计主要把握以下三个要点。

一是推动以提升宏观调控效能为目标的调控政策工具创新。调控手段与机制是重要农产品保供稳价宏观调控机制的核心组成部分，选择有效的调控政策工具则是确保保供稳价宏观调控机制稳定运行的基础。应充分发挥市场配置资源的决定性作用，通过健全和完善价格政策、补贴政策、流通政策、储备政策、贸易政策和消费政策等，研究和设计针对性更强、指向性更明确、效果更显著的调控政策工具，提高调控政策效能，为重要农产品保供稳价的宏观调控提供支撑。

二是加强以预期引导与市场调节为主的早期调控。根据重要农产品监测体系的早期预警信息，充分发挥市场在资源配置中的决定性作用，通过预期引导、市场调节，把风险化解在源头，防控在前端。若是由于自然灾害、农作物病虫害导致播种面积或受灾率等先行监测指标异常变化，则需要政府积极采取相应措施给予支持。

三是实施以有限市场干预为措施的分级调控。若农产品市场出现供求失衡或价格异常波动等风险征兆，应根据不同层级风险预警，分级调控、综合施策。通过价格干预、储备投放、流通支持、进口调节等措施，把市场调节“无形的手”和政府调控“有形的手”结合起来，引导市场有序发展，实现农产品保供稳价。



### （三）应急保障机制

强化重要农产品应急保障，是应对各类严峻复杂的自然风险、社会风险以及新兴风险挑战的基础支撑。农产品供给保障既是国家应急保障的关键支撑，也是应急管理的主要任务。现代化的重要农产品应急保障机制应具备完善的应急指挥、监测、储备、加工、调运、供应系统，且在运行过程中体现出迅捷、规范、标准化的特质。因此，重要农产品应急保障机制设计需把握以下要点。一是制定和完善重要农产品供给保障应急预案，明确不同级别风险的应急管理策略。二是建立健全重要农产品应急保障协调机制，整合构建不同地区、不同部门的应急联动机制。三是完善相关法律法规或政策，构建制度化、规范化、程序化的农产品供给应急保障框架。四是完善应急物资保障体系，把重要农产品和饲料农资纳入应急物资保障体系，建立集中管理、统一调拨、高效安全的应急物资供应网。五是加强和完善重要农产品储备体系建设，进一步优化区域布局，完善品种结构，健全物流体系，创新配送机制，建立高效安全可控的农产品应急供应保障网络。

## 三、实现粮食和重要农产品保供稳价的政策建议

进入新发展阶段，构建安全、稳定、高效的重要农产品保供稳价制度体系和调控机制，必须坚持系统思维，加强统筹谋划，突出重点领域和关键环节，综合推进实施。

第一，充分认识加强重要农产品保供稳价的重要性。习近平总书记一再强调，对我们这样一个有着 14 亿人口的大国来说，农业基础地位任何时候都不能忽视和削弱，手中有粮、心中不慌在任何时候都是真理。只要粮食不出大问题，中国的事就稳得住。[①] 始终立足自身抓好农业生产，以国内稳产保供的确定性来应对外部环境的不确定性。十几亿人口要吃饭，这是我国最大的国情。稳住农业基本盘、守好“三农”基础是应变局、开新局的“压舱石”。抓好重要农产品的保供稳价工作，就是要全面落实总体国家安全观，统筹发展和安全，建立重要农产品保供稳价制度体系和调控机制，全面提升确保粮食等重要农产品供给充足、价格总体稳定的调控水平和保障能力。

第二，持续强化重要农产品国内供给保障能力。要坚持底线思维，切实加强重要农产品全产业链风险防控与治理，不断夯实国内供给保障能力。粮食生产要深入实施藏粮于地、藏粮于技战略，大力建设高标准农田，系统推动种业创新，筑牢 6.5 亿吨粮食产能基础；深化农业供给侧结构性改革，坚持绿色兴农、质量兴农导向，促进农业转型升级，推动粮油肉蛋奶菜等产业高质量发展，提高质量和品质，适应食物消费升级的需要。肉类生产要以保障猪肉基本自给为目标，推动生猪产业高质量发展；顺应肉类消费趋势，大力发展禽肉、牛羊肉、水产品等生产。蔬菜供给要进一步提高设施蔬菜占比，加大成品菜应急储备规模，抓紧补齐蔬菜冷链仓储物流短板，全面提升蔬菜流通效率。

① 《确保粮食安全，习近平把这几大问题谈透了》，新华网，2020 年 10 月 16 日。

第三，压紧压实重要农产品保供稳价责任。重要农产品供求严重失衡或价格大幅波动，一般具有长期积累、瞬间爆发、连锁反应等特点，因此需时刻压紧压实“米袋子”“菜篮子”等重要农产品保供稳价责任，筑牢重要农产品供给保障安全底线。一是严格落实粮食安全党政同责，完善粮食安全省长责任制和“菜篮子”市长负责制。压实省市政府保供稳价的主体责任，强化风险前端化解、市场引导和宏观调控，由事后考核转变为事前预防、事中控制和事后考核相结合。习近平总书记指出，主产区、主销区、产销平衡区都有责任保面积、保产量，饭碗要一起端、责任要一起扛。[①]二是根据各级政府职能部门管辖的领域，结合粮食、蔬菜、肉类等重要农产品保供稳价从生产到消费不同环节可能发生的风险，明确界定各级政府职能部门监测、管理与调控的责任边界和协调机制。三是建立责任追究制度，因重要农产品保供稳价不力造成损失的，应当逐级逐层追究责任，实现责任落实的“纵到底”“横到边”。

第四，要统筹处理好几组重要关系。做好重要农产品保供稳价工作，需要妥善处理好重要农产品供给保障的常态与应急、政府与市场、中央与地方、生产者与消费者、国内与国际、短期与长期等关系。一要处理好常态与应急的关系，既要做好对重要农产品保供稳价各类常态风险的监测预警和宏观调控，又要做好对突发事件的应急处置。二要处理好政府与市场的关系，既要充分发挥市场在资源配置中的决定性作用，又要更好发挥政府作用。全面提升政府对重要农产品保供稳价综合保障、风险治理和宏观调控等能力。三要处理好中央与地方的关系，合理划分中央政府与地方政府在重要农产品保供稳价工作中的职责与事权，充分发挥中央与地方两个积极性。四要处理好生产者与消费者的关系，必须协调兼顾生产者与消费者的利益，既为耕者谋利，又为食者造福。五要处理好国内与国际的关系，既要坚守谷物基本自给、口粮绝对安全的战略底线，也要统筹用好国际国内两个市场、两种资源，提高风险管控和应对能力。六要处理好短期与长期的关系，在做好当前重要农产品保供稳价风险防范化解的同时，还应立足长远，抓紧完善制度框架、调控机制和政策工具体系，提升风险治理能力和治理现代化水平。

第五，全面提升农产品全球供应链管理能力。大豆、食用油等农产品对外依存度较高，面临更加复杂多变的国际环境。必须持续加强全球供应链管理，确保供给安全、渠道稳定。一是建立全球农产品市场监测和风险评估体系，加强大豆等大宗进口农产品的国际市场监测与进口风险管理，有效应对和防控相关风险（朱晶等，2021）。二是加强和完善全球农业食品供应链管理，研究制定综合支持政策，鼓励中国企业深度融入全球农业生产、加工、物流、营销及贸易产业链、



① 习近平：《坚持把解决好“三农”问题作为全党工作重中之重　举全党全社会之力推动乡村振兴》，《求是》2022 年第 7 期。

价值链与供应链。三是深入推进“一带一路”农业国际合作，加大对发展中国家或周边国家的农业投资合作、农业投资援助或农业技术援助。主动扩大国内紧缺农产品进口，进一步拓展多元化进口渠道。四是探索建立全球大宗商品交易中心，以国内超大市场需求为依托，争取全球大宗农产品定价话语权（程国强、朱满德，2014）。

第六，加快建立覆盖重要农产品全产业链的国家农业大数据实时监测网和全球农业数据调查分析系统。应以重要农产品为突破口，建立覆盖农业资源信息和农产品生产信息、交易信息、经营管理信息等的国家农业大数据实时监测网，进一步集成和完善重要农产品生产、消费、库存、贸易、价格和成本收益六大核心数据库建设，为市场主体生产经营决策和政府宏观调控提供更好的服务。加快建设全球农业数据调查分析系统，收集分析国外已有的农产品供求信息，在重点国家或地区系统开展农产品供求数据采集和信息分析。建立由专门机构、专业队伍组成的重要农产品供求与市场监测服务体系。

## 第三节　粮食支持政策的演进与实践困境

中国农业政策实践中，狭义的粮食支持政策主要指针对粮食生产者的支持和保护，包括最低收购价政策、临时收储措施、农业支持保护补贴、生产者补贴等；广义的粮食支持政策不仅包括针对粮食生产者的支持和保护，还包括针对粮食综合生产能力建设，以及粮食生产体系、经营体系和产业体系等方面的投资和支持，如农田水利设施及其配套建设、粮食科技创新体系投资、农业技术推广和服务体系建设等，本节将探讨广义的粮食支持政策。

### 一、中国粮食支持政策的演进

作为农业政策的核心，新中国成立 70 多年来，粮食支持政策总体上可梳理归纳为如下三个阶段。

#### （一）工业化起步时期的负保护阶段（1949 年至 20 世纪 80 年代末）

早在 20 世纪 50 年代，国家就对化肥、农用柴油、农用薄膜等农业生产资料采取了低价销售和价格补贴方式支持粮食及农业生产，由初始的机耕定额亏损补贴逐步扩展到农业生产资料价格补贴、农业生产用电补贴、贷款贴息补贴等（韩长赋，2019）。20 世纪 50 年代至 80 年代，尽管当时的国力财力极为有限，但政府财政用于农业的支出仍保持缓慢增长，自 1950 年的 2.7 亿元增至 1970 年的 49 亿元，再持续增长到 1990 年的 308 亿元，且主要是投向粮食生产。这一时期，国家对粮食先后实施了统购统销制度以及国家定价和市场议价并行“双轨制”，此间也逐步提高粮食统购价和议购价，但总体仍是通过保持粮食低价来汲取剩余（高鸣、姚志，2022）。由于粮棉油统购统销、工农产品价格剪刀差、农业税赋等政策的综合作用，农业剩余源源不断地流出农业，为工业化建设提供了原始资本积累。

### （二）工业化快速发展时期的取予渐趋平衡阶段（20 世纪 90 年代）

20 世纪 90 年代初，为避免“谷贱伤农”和解决“卖粮难”问题，国家开始对粮食实施最低保护价政策、建立专项粮食储备制度和粮食风险基金，这奠定了现阶段中国粮食支持政策体系的基础框架。粮食最低保护价政策是现行最低收购价政策的前身，专项粮食储备已成为现阶段国家粮食储备调控的核心，粮食风险基金则是种粮农民直接补贴的资金来源。1998 年亚洲金融危机爆发，为扩内需保增长，国家通过发行国债扩大国内投资，相当大一部分投资投向农田水利和生态工程建设，推动了粮食及农业投资大幅度增长。1998 年财政用于农业的支出达 1155 亿元，首次超过 1000 亿元，占财政支出的比重达 10.7%。但这一时期农业税费负担加重，对粮食及农业部门的投入和汲取总体渐趋平衡。

### （三）“以工促农、以城带乡”时期的支持补贴快速增长阶段（21 世纪初至今）

进入 21 世纪以来，中国农业政策实现了由剥夺汲取农业向支持补贴农业的全面转型，取消了实行两千多年的“皇粮国税”、开启了农业补贴新纪元，逐步构建以综合生产能力建设为支撑、粮食价格支持制度为保障、各类直接补贴政策为内容的粮食及农业生产支持体系。

第一，构建了包括对高标准农田建设、病虫害防控、科技研发和推广、防灾救灾、资源保护修复和利用等重点领域投资的绿色化生产支持系统，用来支持粮食综合生产能力和生产经营体系建设。这一类支持性政策措施面向整个粮食及农业部门，不针对农民、特定生产者和特定农产品，大多数属 WTO 绿箱政策。

从政策实践看，这类支持性政策措施在不同阶段都在实施，差别在于进入 21 世纪后伴随经济快速发展、财力显著增强、农业农村转型等，支持性政策呈现农业目标日趋多元、关注领域更加广泛、支持范围不断扩大、支持强度持续提升等特征，如更加关注综合生产能力建设、更加重视绿色发展、更加注重资源环境可持续。WTO 农业通报数据显示，2000—2020 年，中国对农业基础设施建设的投资由 818 亿元持续增长到 3489 亿元；对农业科技研发的投入由 27 亿元增长到 119 亿元，对病虫害防控的投入由 23 亿元增长到 171 亿元，全面实现快速增长。



第二，建立了以最低收购价、临时收储为核心的粮食价格支持制度。尽管大豆、玉米等退出临时收储，但最低收购价政策已成为当前生产者种粮稳预期、稳信心的“定心丸”。2004 年国家在全面放开粮食购销市场和价格的同时，提出“必要时可由国务院决定对短缺的重点粮食品种，在粮食主产区实行最低收购价”。同年国家出台了最低收购价执行预案，2005 年先后在相关主产区启动早籼稻和中晚稻最低收购价收购，2006 年覆盖主产区的小麦。2008 年受全球金融危机冲击和国际农产品价格大幅下跌影响，国内农产品价格持续下跌、销售困难，为保护农民利益，在东北和内蒙古对玉米、大豆实施临时收储措施（陈锡文等，2009）。

2008—2014 年，因国家连续 7 年调高稻谷和小麦最低收购价，多次调高玉米和大豆临时收储价，不断改革政策性收储方式，粮食价格支持政策的负外部性日益突出，国产粮入库，进口粮入市，政策性库存大幅增长，财政负担与日俱增，进口替代压力骤增。为此，2014 年国家提出“探索推进农产品价格形成机制与政府补贴脱钩的改革，逐步建立农产品目标价格制度”，并率先启动东北和内蒙古大豆、新疆棉花目标价格补贴试点；2016 年将玉米临时收储措施改革为生产者补贴，针对大豆、玉米等粮食作物的临时收储措施退出舞台。

此间，稻谷、小麦最低收购价政策的实施机制和实施环境都发生了重大变化，政策目标由最初的保障粮食有效供给调整为既要保障粮食供给，又要保护农民种粮利益，政策范围由特定条件下的重点短缺品种调整为常规状态下的非短缺品种，实施环境则发生了由粮食供给不足向供求基本平衡乃至阶段性过剩、由粮价国内低于国际向国内高于国外的重大转变，这导致政策实施遭遇众多困难和挑战。因此，2016 年国家首次调低早籼稻最低收购价，2017 年和 2018 年连续两年全面调低早籼稻、中晚籼稻、粳稻最低收购价；小麦最低收购价在连续 4 年保持不变后于 2018 年和 2019 年连续两次下调。美国诉中国黄箱补贴违反入世承诺案件裁决后，中国对稻谷、小麦最低收购价政策实施机制进行了调整，采取限定收购总量、分批次下达收购计划的方式。考虑粮食生产成本、市场供求、粮食产业发展等变化，稻谷和小麦最低收购价分别从 2020 年和 2021 年再次进入连续调高的新周期。

第三，构建了以农业支持保护补贴、生产者补贴、农机具购置补贴、农业保险保费补贴等为政策工具的粮食直接补贴框架，补贴种类日益丰富多样，已成为引导粮食规模化、集约化、绿色化发展的重要举措。这类补贴措施一般都是按照一定条件和标准直接补贴农民或者粮食生产者，按照不同分类标准可分为收入性补贴和生产性补贴、挂钩补贴和脱钩补贴等。



早期的农业直接补贴主要指种粮农民直接补贴、农资综合补贴、良种补贴和农机具购置补贴“四项补贴”，补贴资金由 2002 年的 145.7 亿元快速增长到 2014 年的 1680.5 亿元。为改进补贴办法，增强补贴的指向性、精准性和实效性，2015 年国家启动了种粮农民直接补贴、农资综合补贴、良种补贴“三项补贴”改革试点，将其归并为农业支持保护补贴，用于支持耕地地力保护和粮食适度规模经营。其中，地力保护补贴目的是鼓励农民保护和提升耕地地力，按照承包地面积直补农民，其已成为普惠性的收入补贴；支持粮食适度规模经营的资金则重点对种粮大户、家庭农场、合作社等新型经营主体，采取信贷担保、利息补贴、现金直补、重大技术推广和服务等多种方式支持粮食适度规模经营（许庆等，2020）。

为支持建立农业保险制度，2007 年中央财政对政策性农业保险保费进行补贴，覆盖玉米、水稻、小麦等种植业保险，此后持续加大对农业保险的支持力度，如增加保费补贴品种、扩大保费补贴区域、提升保险保障水平。2018 年开展三大粮食作物完全成本保险和种植收入保险试点，实现了对主产省产粮大县的全覆盖，推动农业保险扩面、提标、增品。在推进大豆和玉米临时收储制度改革时，以大豆目标价格补贴和玉米生产者补贴作为替代政策，经过改革，现阶段对东北和内蒙古玉米、大豆、粳稻统筹实施生产者补贴政策，按实际种植面积补贴。除上述资金量较大、影响面较广的补贴政策外，政策还实施了实际种粮农民一次性补贴、农作物秸秆还田补贴、耕地轮作轮休补贴等众多指向明确、功能互补、协同配套、注重实效的直接补贴措施。

## 二、新时代粮食生产支持政策面对的实践困境

中国农业政策逐步由 21 世纪初的探索试点和体系构建阶段转向目前的改革优化和转型完善阶段，粮食生产支持体系也在积极改革创新、加快完善。但面对国内国际环境的重大变化、中国农业农村的重大转型等新形势新局面，粮食生产支持政策面临新问题新挑战，如市场扭曲效应依旧突出，付出极大代价，种粮者受益却相对有限，引发粮食产业链供应链运行受阻、国际贸易争端等。

### （一）市场扭曲效应依旧突出，经济社会代价较高

一是影响粮食价格形成机制，市场配置农业资源、调节粮食供求平衡的作用可能受到抑制。价格机制是市场机制的核心，但最低收购价政策的“托底”效应对粮食价格的形成和波动影响巨大。若市场价格信号失真，可能会引起粮食供求失衡和资源错配。过去的实践证明，如果粮食最低收购价定得过高，最低收购价就会替代原市场价格而成为实际运行的“新市场价格”，将激励农业要素流向粮食生产端，进一步加剧粮食供求不平衡和结构性问题，增加政策性收储压力和财政负担。



2014—2017 年，小麦最低收购价经过连续提价后维持在 1.18 元 / 斤的高位水平，6 个主产区累计收购最低收购价小麦 9841 万吨、年均 2460 万吨；稻谷的情况类似，同期累计收购最低收购价稻谷 1.27 亿吨、年均 3175 万吨。特别是稻谷，新陈差价巨大、顺价销售困难，2022 年仍在通过稻谷饲用定向销售 2014—2018 年最低收购价稻谷，价差损失加上执行最低收购价的收购费、保管费、贷款利息补贴、出库费等，财政负担较为沉重。

2018 年大幅调低最低收购价后，小麦和稻谷的政策性收储量大幅减少。2021 年和 2022 年小

麦实现市场化收购，但稻谷最低收购价收购量依旧超过 1000 万吨，且主要集中在黑龙江。2021 年黑龙江收购最低收购价稻谷 1230 万吨，占全国政策性收购稻谷的 84%，占黑龙江全省稻谷产量的 42%；2022 年收购最低收购价稻谷依旧占全国政策性收购稻谷的 86%，占黑龙江全省稻谷产量的 38%。这表明最低收购价政策的市场扭曲效应在局部区域依旧突出。

应深入研究和思考的是，对粮食生产端、流通端、消费端需要全程性支持补贴的“扭曲困局”究竟如何破局，如何在保障口粮绝对安全前提下减少无效的产出和消耗，如何统筹协调粮食安全有保障、资源生态可持续和经济社会可负担的关系。

二是深刻改变农作物比较效益，进而影响生产者种植行为和区域种植结构。以 2021 年黑龙江为例，农产品成本收益数据显示，2021 年黑龙江粳稻、大豆和玉米亩均净利润分别为 –58 元、–35 元和 109 元，若论亩均现金收益，三者的现金收益分别为 421 元、387 元和 607 元，即玉米比较效益最好，大豆和粳稻比较效益偏低。但如果考虑各品种生产者补贴，情况将发生逆转。除统一标准的耕地地力补贴外，2021 年黑龙江每亩粳稻的生产者补贴为地下水灌溉 83 元、地表水灌溉 133 元，每亩大豆和玉米的生产者补贴分别为 248 元和 68 元，若纳入耕地轮作计划，大豆还有额外的 150 元轮作补贴，综合补贴后的大豆每亩收益将超过粳稻和玉米。2022 年，黑龙江将粳稻生产者补贴每亩提高 7 元，玉米生产者补贴每亩减少 40 元，进一步改变三种作物的比较效益，从而引导生产者的种植品种选择。黑龙江粮食生产初步形成“粳稻靠最低收购价、玉米靠市场、大豆靠补贴”的基本格局，粮食生产支持政策成为当前生产者选种什么的决定性因素。

**（二）农业要素供给者分利，实际种粮者收益减少**

无论是粮食最低收购价，还是对生产者的各项直接补贴，政策性收益都将在要素供给者（包括土地、劳动、资金、农机或农机服务等各要素的供给者）、实际生产者之间进行再分配。根据经济合作与发展组织的测算，发达国家价格支持（如最低收购价政策）的效率仅有 25% 左右，即每补贴 1 美元，生产者只能得到 0.25 美元。因为价格支持刺激生产而增加对投入品的需求，约有 1/3 的补贴作为超额成本转移给投入品供应商，另有 13% 的补贴被非农业地主获取（OECD，2002）；面积补贴的收入转移效率约为 47%，其中补贴的 46% 被拥有土地的农民获得、45% 被非农业地主获取（Dewbre et al.，2001）。政策实践表明，若粮食支持价格高，种植效益好，将导致农资价格、土地流转租金上涨，实现政策性收益由种粮者向要素供给者的转移；若按粮食实际种植面积进行补贴（如大豆和玉米生产者补贴），补贴将资本化为土地价值和租金，土地的财产价值提升，推高土地流转租金，进而实现补贴收益由种粮者向土地承包者的转移。

截至 2021 年底，中国农村家庭承包地流转总面积达 5.57 亿亩，其中流转用于种植粮食作物的土地面积达到 3.24 亿亩，东北产区土地流转现象尤为突出。这种格局意味着土地承包者将会分走生产者补贴、规模经营补贴、最低收购价等政策性收益。农产品成本收益数据显示，全国粳稻种植总成本中每亩土地成本由2016年的382元增长到2021年的425元，增长了11%，玉米和大豆分别增长了24%和33%。东北产区粮食生产的土地成本大幅高出全国平均水平，以2021年为例，辽宁、黑龙江粳稻生产的土地成本分别比全国平均水平高出27%和24%，吉林、黑龙江玉米生产的土地成本分别比全国平均水平高出90%和50%，黑龙江大豆种植的土地成本比全国平均水平高出34%，无论是流转地租金还是自营地折租，东北地区都高出全国平均水平，这与近年来东北地区不断增多的补贴项目和补贴资金相关，其推高了土地价值和流转租金。

需引起重视的是，2022年和2023年黑龙江、吉林每亩土地流转租金多在600～1000元，局部地区或地块高达1200～1500元，这对于流转土地种粮是巨大的挑战。过高的流转租金严重侵蚀了种粮者的收益和利润，实际种粮者每亩收益已经远不及承包者转出土地所获取的租金。大部分政策性收益被土地承包者获取、种粮者收益相对有限，由此诞生了一批拥有承包地但不经营农业、可获取土地财产性收益的“不在地主”。如果区分自有承包地种粮和流转土地种粮，不同类型种粮者的粮食生产成本及结构、现金收益和利润或有显著不同，可能会让我们对当前“种粮不赚钱或亏损”的现象有更为清晰、深刻、准确的认知判断。

**（三）粮食跨区域流通受阻，产业链经营受困**

第一，中国粮食产销不同区，只有保持合理的地区价差才能实现粮食的市场化流通，但支持性政策的实施使地区间价差不明显或者不合理，在一定程度上影响了粮食的跨区域流通。中国粮食生产逐步向优势主产区集聚，2022年东北和内蒙古粮食产量已占到全国粮食总产量的28.1%，仅次于黄淮海产区（河南、山东、安徽和江苏四省，其粮食产量合计占全国粮食总产量的29.5%），而口粮消费重心在大城市群、饲料粮消费重心在养殖大省或加工大省，粮食供求匹配度不高，跨区域流通尤显重要。

其中，黑龙江耕地资源丰富、地势平坦、全程大机械生产，发展粮食生产具有突出优势。2021年，黑龙江用全国13%的耕地生产了全国约1/9的粮食，包括约13.7%的稻谷、15.2%的玉米。由于常住人口偏少、粮食加工业发展不足，黑龙江所产粮食需大量外调外销或加工转化后外销。而且，黑龙江地处北部边疆，是全国物流的最末梢，在同等质量或质量差异不明显的情况下，以市场化方式将粮食销往南方市场会因运距远、运力难充分利用而导致物流费用高，其成本优势不及黄淮海产区，也不及同区域的辽宁和吉林。黑龙江偏远地区，由于常年积温不足、优质优价难实现等原因，粮食产后要依靠最低收购价收购，但启动最低收购价收购又导致不同区域间的粮价同一化。如果边远产区与物流节点、产区与销区没有价差，边远地区所产粮食就难以通过市场化方式向物流节点、向主销区流动，这是当前边远地区粮食产销面临的重要困境。

第二，中国“稻强米弱、麦强粉弱”格局已持续多年，导致粮食产业链经营困难，粮食产业经济发展面临突出挑战。自 2012 年开始，中国稻谷、小麦和玉米三大粮食品种的农户销售价格已全面超出进口到岸价格，现阶段中国已成为全球原粮价格高地。2012—2021 年，中国小麦农户销售价格比进口到岸价格平均高出 25%，稻谷农户销售价格平均高出 30%。与此同时，人均口粮消费量下降（2020 年和 2021 年因新冠疫情有所增长）、2022 年首次出现人口负增长，口粮需求总体疲软；受低价进口米、进口米国产米配米、新米陈米配米等影响，国内成品粮价格被严重打压，粮食加工行业经营愈发困难。

在对湖南、安徽、河南、黑龙江等 10 余个省粮食企业的调研座谈中，企业整体反映 21 世纪初到 2010 年是粮食加工或贸易“比较好做”的时期。2012 年以来，受最低收购价连续提高和托市收购等影响，“稻强米弱、麦强粉弱”问题日益突出，加上国内外粮价倒挂、大米走私严重，粮食加工企业生存艰难，许多企业被迫关停并转，部分企业出于维护客户和等待时机的考虑，坚守保本经营，开工率普遍较低。部分粮食加工企业选择布局在相对偏远的主产区，主要目的是稳定获取低价粮源。由于最低收购价等政策的支持，其在原粮获取成本上并不具有比较优势，且由于远离销售市场导致物流成本偏高，这些区域的粮食加工企业面临的生存挑战更为严峻。

**（四）政策合规性面临挑战，容易引起贸易争端**

确保谷物基本自给、口粮绝对安全是守牢国家粮食安全的底线，是粮食生产支持政策的重要目标。由于国际农业规则的不平衡，以激励粮食生产、解决粮食供给不足为目标导向，指向明确、效果直接的支持措施被归为黄箱政策，需要受到 WTO 国内支持规则的约束；而以增加农民收入、解决农业生产过剩为目标导向，不刺激粮食生产或是限制粮食生产的支持措施则被归为绿箱或蓝箱政策，不受 WTO 国内支持规则的约束。

2004 年以来，中国为激励粮食生产陆续实施了最低收购价、临时收储、良种补贴、农资综合补贴、农业保险保费补贴、生产者补贴等黄箱政策，伴随补贴种类日益丰富、支持强度持续提升，支持补贴政策的合规性遭遇重大挑战。2016 年，美国将中国对稻谷、小麦、玉米的黄箱补贴诉诸 WTO 贸易争端机制，称中国违反入世承诺。这一争端案件引起 27 个国家或地区申请并作为第三当事方参与审查，其中巴西、澳大利亚、欧盟等 11 个第三当事方在专家组审查中提交意见（王学君等，2020）。



2019 年，WTO 专家组裁决中国对稻谷和小麦的黄箱补贴突破了微量允许，违反了入世承诺。其中，专家组对“有资格接受管理价格的产量”支持了美国的主张，包括所有实施最低收购价政策区域的产量，即分别是执行最低收购价政策的 6 个小麦主产省的小麦产量之和、11 个稻谷主产省的稻谷产量之和，而不是中国所主张的最低收购价实际收购量。以 2021 年为例，小麦和稻谷最低收购价政策执行区域的产量分别占到全国总产量的 83% 和 81%，而实际收购量占全国总产量的比重最高时稻谷也仅为 15.7%（2015 年）、小麦为 37%（2008 年）。这一裁决对最低收购价政策是否合规具有决定性影响，若不进行政策机制的改革调整，只要启动最低收购价收购，黄箱补贴就有突破微量允许的风险。现阶段粮食最低收购价采取限定收购总量、分两批下达收购计划方式的合规性仍有待商榷，而大豆生产者价格补贴又将面临国际规则的严峻挑战，容易引起贸易争端和纠纷。

## 第四节　粮食支持政策的选择、完善和转型

立足中华民族伟大复兴战略全局和世界百年未有之大变局，统筹发展和安全，只有把牢粮食安全主动权，才能把稳强国复兴主动权。要端牢中国饭碗、让中国饭碗主要装中国粮，必须毫不动摇地加大对粮食生产体系和产业链供应链等的系统支持力度。今后一个时期，应坚持目标导向和问题导向，加快推动政策的改革创新与转型发展，以粮食综合生产能力建设为根本，以保护种粮抓粮两个积极性为重点，以综合型、组合式、绿色化政策创新为路径、稳步提升粮食生产支持政策体系的系统性、精准性、合规性和实效性。

一是协调好政府与市场的关系。基于粮食、国内粮食生产、国家粮食安全对中国的极端重要性，各级政府必须勇担责任义务、持续加大对粮食生产体系和粮食产业链供应链等领域的系统支持力度。同时，要加快推进粮食价格形成机制改革，持续减少支持补贴政策对粮食市场的干预和扭曲，充分发挥市场配置粮食资源、调节粮食供求的决定性作用。

二是协调好粮食综合生产能力建设和种粮积极性保护的关系。强化粮食综合生产能力建设是保障粮食安全的根本，调动和保护好生产者种粮积极性则是把粮食生产能力转化为现实生产和产量的动力，这是粮食生产支持政策的两大关注点。应注意的是，强化国内粮食产能建设并不代表始终要把产能转化为实际生产，可统筹国内外粮食形势和国际环境等，在合适的时机休养生息、保护提升产能、增强可持续性，确保在必需急需时“产得出、供得上”，这应是确定政策支持优先序时需要考量的。



三是协调好种粮者利益保护与产业链供应链健康运行的关系。要重视当前粮食生产主体转变、生产方式转型等实际，提高政策支持实际种粮者的精准性和实效性，确保实际种粮者受益。但如果过度保护种粮者利益或支持保护方式不当，可能对下游贸易、加工、消费形成冲击，因此也要高度关注种粮者利益保护政策的外溢效应，防范对粮食产业链供应链产生不利影响。

四是协调好粮食生产支持政策与 WTO 合规性的关系。持续加大对粮食生产体系和产业链供应链等的系统支持仍是今后一个时期完善粮食生产支持政策体系的总体趋势。但也要统筹考虑黄箱政策对粮食市场的干预扭曲和违反国际农业规则的风险，适时推进黄箱政策向绿箱政策和蓝箱政策转型，将宝贵的特定产品黄箱空间用在重点领域和关键环节，系统提升黄箱政策的精准性和实效性。

粮食安全是“国之大者”。必须全方位夯实粮食安全根基，既要抓物质基础，强化藏粮于地、藏粮于技，也要抓机制保障，做到产能提升、结构优化、韧性增强、收益保障、责任压实。今后一个时期，按照适应 WTO 规则、保护种粮者利益、支持农业发展的原则，提升粮食综合生产能力，保护好生产者种粮收益和调动地方抓粮积极性。

## 一、持续加大绿箱政策支持，全面强化粮食综合生产能力建设，为种粮者提供高质量耕地和先进实用科技支撑

藏粮于地、藏粮于技战略，“藏”的是粮食综合生产能力；把藏粮于地、藏粮于技战略落实落地，核心就是全面夯实和稳步提升粮食综合生产能力。而且，把粮食综合生产能力建设好保护好，今后无论是哪一类主体种粮，都能获得实实在在的益处，这是有效支持种粮者的根本之计、长久之计，也是提升种粮积极性的基础支撑。

坚持目标导向，可采取综合型、组合式、绿色化的支持政策措施全面系统支持粮食综合生产能力建设，重点围绕耕地、水利、科技领域做好相关投资支持和项目建设，突出解决好耕地和种子两个要害问题。特别是中央财政，要从重大水利设施建设、中低产田改造、科技创新推广、信息化服务、市场体系完善、农产品质量安全、主产区转移支付等方面，加大对粮食生产的支持。

一是保护和提升耕地生产能力。耕地是粮食生产的“命根子”，要保护好、改造好、建设好耕地，实现耕地生产能力的有效保护和系统提升。首先，持续加大对高标准农田提档升级和新增建设的投资和奖补。继续增加财政性投入，以中央财政投入为主、统筹省级专项资金，在粮食生产功能区、国家粮食安全产业带一体化推进高效节水灌溉、耕地质量保护、高标准农田建设等，坚持整体推进、配套建设、严抓质量、建管并重、压实责任，逐步将现有永久基本农田全部建成稳产高产的高标准农田。同时要高度重视北方耕地与水资源的匹配问题，配套建设重大水利工程、大中型灌区、引水调水和集水蓄水工程，系统性提升高标准农田的抗灾减灾和稳产高产能力（朱满德等，2023）。其次，持续加大对耕地保护修复、综合治理和永续利用等项目的支持补贴。对部分特定区域，因地制宜实施黑土地保护、酸化盐碱化耕地改良、中低产田改造升级、丘陵山区耕地宜机化改造、耕地重金属污染修复、耕地水土流失和面源污染治理、耕地轮作休耕等

项目，安排专项资金予以支持，改善提升耕地地力水平。最后，压实耕地保护和用途管制责任义务，从数量、质量和用途上确保需要时粮食能“种得上、产得出、供得上”。要压紧压实耕地保护党政同责，严格落实耕地占补平衡政策，对补充耕地进行标准化建设，严格验收，加强管护，确保耕地数量不减少、质量不下降（杜志雄、肖卫东，2022）。根据土地性质实施分类用途管控，坚持良田粮用大原则，良田好土要优先保粮食，坚决遏制“非农化”，有效防止“非粮化”。

二是强化先进实用的科技支撑。科技是粮食生产的“翅膀”，要大力支持良种、机械、信息化等关键性技术研发，加强农艺、农机和农技集成，促进良种、良法和良田配套，加快实现科技兴粮。首先，种子是粮食稳产高产高效的核心。其一，支持对全国粮食作物种质资源的普查、收集、保护和开发利用，防范地方特色种质资源流失风险，同时发掘异质性能和优质基因。其二，设立农业重大科技研发专项，支持粮食作物生物育种核心技术前沿基础研究、多基因叠加多性状复合新产品研发和产业化应用。目前世界种业已迎来全基因组选择、基因编辑、合成生物和人工智能等技术融合的新一轮科技革命，而中国生物育种仍需突破科技与舆论的双难点，亟须在生物育种领域突破瓶颈，获取国际竞争优势。其三，支持主粮作物种业重大创新平台和自主原始创新能力建设，推动形成政产学研深度融合的创新体系，集中攻关兼具高产优质、节水抗旱、多抗广适、宜机宜饲、专用特用等优质性能兼顾的粮食新品种，促进种业创新与生产多元需求、与管理技术及消费需求的匹配，增强对种粮农民抗风险、增收益的有效支撑。其次，农业机械装备是粮食生产节本增效、效率提升的重要途径。其一，支持大型农机装备智能化升级，实现与大数据、人工智能、物联网等深度融合，在提升作业效率的同时，实现对粮食生产全过程监测预警、智慧管理和信息交流。其二，支持丘陵山区耕地宜机化改造和适应丘陵山区的中小农机研发，破除丘陵山区粮食生产的机械化短板（张宗毅，2020），减少粮食生产对劳动投入量的高要求，降低粮食生产成本，抑制生产条件不利地区的“非粮化”和撂荒行为。其三，支持发展粮食生产社会化服务，以较低成本、便捷高效服务实现先进实用的粮食生产技术向普通农户、家庭农场等种粮者的推广应用。



## 二、政府与市场协同发力，探索建立分工明确、协同配套的种粮者利益保障机制

国内外实践表明，完全依靠“政策支持”促进粮食生产和种粮者增收是不可行的。若是依靠价格支持类政策，必然带来巨大的市场扭曲和高昂的代价；若是依靠直接补贴类政策，必然需要大量的财政性支出。基于当前中国国情农情和政策实践，单纯依靠政策保障种粮者利益难度极大，需要政府与市场协同发力，多措并举共同保障种粮者基本利益。

一是有效发挥最低收购价、生产者补贴和农业保险的协同效能，共同支撑“保本兜底稳预

期”目标的实现。其中，农业保险是应对自然风险的政策工具，对标的农作物产量损失（尚未产出的部分）进行完全成本或部分成本补偿；最低收购价是对稻谷和小麦两种口粮已经产出的部分进行保本兜底收购，确保价格有保障能保本、销售有兜底能卖掉；生产者补贴则是对玉米、大豆这类最低收购价未覆盖的品种进行成本保障，确保种植能保本、不亏损。要充分发挥价格、补贴、保险三类措施共同支撑粮食作物“保本兜底”的作用。

现阶段，应加快主粮完全成本保险试点后的完善和推广，进一步优化制度设计、改进政策操作机制、加强政策监督和评估，要重点监测受灾后定损理赔等关键环节，确保种粮者投保“分散风险、补偿损失”能真落地真受益。尽管农业保险保费补贴可能被归为黄箱补贴，如果对农作物保险作统一设计，可将保费补贴纳入非特定产品黄箱，而非特定产品黄箱在中国有巨大的政策空间。与此同时，要加快对粮食最低收购价和生产者补贴政策功能定位的研究，根据新形势新要求优化相关政策设计，对玉米和大豆生产者补贴尽可能进行蓝箱设计，避免违反 WTO 国内支持规则。尤其是最低收购价政策，应逐步回归“兜底粮食成本、解决产后卖难”的初衷，将粮食价格交由市场决定、农业资源交由市场配置，充分有效发挥市场机制作用。针对适度规模的种粮者，可以通过提高保险保费补贴、信贷担保和利息费用补贴、农业技术推广服务补贴等予以多方位支持，避免现金补贴被资本化为土地价值和租金，进而出现对实际种粮者支持的实效性下降问题。这种改革转型的逻辑是，既可以最大限度减少现有政策对粮食市场的干预和扭曲，又尽可能扭转产业链供应链困局，逐步推动政策的合规化设计和绿色化转型。

二是推动完善粮食市场优质优价实现机制，助力实现“市场提质优价促增收”目标。当前要着力破除现实中粮食优质难优价的痛点堵点，让优质粮能卖掉且能卖优价，引导种粮者调结构、提品质、增效益、促增收。为此，应支持粮食加工产业集群建设，鼓励延伸产业链条、推进产业融合，提升价值链、优化供应链；支持粮食“三品一标”和区域品牌建设；支持市场主体补齐营销短板，发展品牌营销、定制营销、电商销售等新业态。

三是全面推进科技兴农，助力实现“科技节本增效提效率”目标。如根据粮食生产需要、加工需求、消费者偏好，支持培育使用兼具高产优质、节水抗旱、多抗广适、宜机宜饲、专用特用等优质性能的品种，实现节本、增产、优质、增效等多维目标。支持大型农机装备智能化升级，实现多功能集成统一应用；在生态环境允许条件下，支持因地制宜推动丘陵山区耕地宜机化改造，推动丘陵山区粮食生产机械化应用；支持发展代耕代种、统防统治、土地托管、农机作业服务等粮食生产社会化服务。

## 三、完善粮食主产区利益补偿机制，系统支持主产区粮食产业集群建设，以粮食产业经济高质量发展带动种粮者受益

要把“饭碗要一起端、责任要一起扛”落到实处，粮食主产区、主销区、产销平衡区需共担国家粮食安全重任（程国强、朱满德，2022）。既要压实地方党委、政府重农抓粮的责任义务，也要保护和调动地方党委、政府重农抓粮的积极性，双管齐下共推地方重视粮食生产、抓好粮食生产、保护和提升本区域生产者的种粮积极性。

其中，中央对粮食主产区及主销区对粮食主产区的财政转移支付都是粮食主产区利益补偿机制的重要内容，已有的各种财政转移支付和奖补要继续实施，保持力度不下降甚至有适当提升（高鸣、张哲晰，2022）。但更需要关注和重视、更值得探索和试点的是，在中央层面加大对主产区粮食产业集群建设的政策支持力度，系统谋划支持主产区产业集群建设的政策支持体系，这是完善主产区利益补偿机制的重点方向，也是支持主产区发展的长效机制。例如，以普惠性减税降费措施支持主产区粮食加工企业、粮食产业集群发展，降低食品加工税费，允许初加工企业享受用地用电优惠、西部大开发税收优惠；支持主产区协同建设关联性强的种养加产业集群，就地消化原粮，通过过腹转化、加工转化提升附加值；推动农田水利基础设施建设、粮食产业链科技研发、产业链主体信贷优惠、农产品展销推介等支持性政策主动向主产区倾斜。

只有主产区粮食产业集群茁壮发展、粮食产业经济高质量发展，地方才能更好地将农业资源优势转化为粮食产业优势和经济优势，才能真正让地方抓粮受益、让生产者种粮受益，才能激发各方内生动力，可持续地保持和提升抓粮种粮积极性。同时这也是完善“市场提质优价促增收、科技节本增效提效率”的种粮者利益保障机制的重要支撑内容。

## 参考文献

陈锡文，赵阳，陈剑波，等．中国农村制度变迁 60 年 [M]. 北京：人民出版社，2009：88-129.

陈锡文．切实保障国家食物供给安全 [J]. 农业经济问题，2021（6）：4-7.

程国强，朱满德．新冠肺炎疫情冲击粮食安全：趋势、影响与应对 [J]. 中国农村经济，2020（5）：13-20.

程国强，朱满德．中国农业实施全球战略的路径选择与政策框架 [J]. 改革，2014（1）：109-123.

程国强，朱满德．新发展阶段我国重要农产品保供稳价的调控思路与机制设计 [J]. 农业经济问题，2022（11）：18-24.

程国强，朱满德．中国工业化中期阶段的农业补贴制度与政策选择 [J]. 管理世界，2012（1）：9-20.

程国强．加强风险治理，完善重要农产品供给保障体系 [N]. 光明日报，2020a-03-03（6）.

程国强．筑牢保障重要农产品有效供给基础 [J]. 农村工作通讯，2020b（4）：29-30.

杜志雄，肖卫东．全方位夯实粮食安全根基：意义、内涵及重点任务 [J]. 中州学刊，2022（12）：32-39.

高鸣，姚志．保障种粮农民收益：理论逻辑、关键问题与机制设计 [J]. 管理世界，2022（11）：86-102.

高鸣，张哲晰．新时代走出“谁来种粮”困局的思路和对策[J]. 中州学刊，2022（4）：36–42.

韩长赋．新中国农业发展70年（政策成就卷）[M]. 北京：中国农业出版社，2019.

黄季焜．对近期与中长期中国粮食安全的再认识[J]. 农业经济问题，2021（1）：19–25.

江苏省发展改革委粮食价格课题组．当前我国粮食保供稳价形势及对策研究[J]. 价格理论与实践，2020（6）：43–46.

李辛一，韩啸，齐皓天．中国粮食保供稳价局势：现状、挑战与政府的应对——基于新冠肺炎疫情视角[J]. 价格月刊，2021（1）：9–15.

王双正．“两个疫情”之下农产品保供稳价：反思与前瞻——以粮食、畜禽、果蔬为例[J]. 价格理论与实践，2021（1）：11–16+49.

王学君，晋乐，朱晶．中美农业国内支持争端：争议点分析及对今后的启示[J]. 农业经济问题，2020（5）：92–103.

习近平．坚持把解决好“三农”问题作为全党工作重中之重 举全党全社会之力推动乡村振兴[J]. 求是，2022（7）.

习近平．加快建设农业强国 推进农业农村现代化[J]. 求是，2023（6）

习近平．论“三农”工作[M]. 北京：中央文献出版社，2022.

许庆，陆钰凤，张恒春．农业支持保护补贴促进规模农户种粮了吗——基于全国农村固定观察点调查数据的分析[J]. 中国农村经济，2020（4）：15–33.

张红宇．牢牢掌握粮食安全主动权[J]. 农业经济问题，2021（1）：14–18.

张宗毅．“十四五”期间丘陵山区农田宜机化改造若干重大问题与举措[J]. 中国农村经济，2020（11）：13–28.

朱晶，臧星月，李天祥．新发展格局下中国粮食安全风险及其防范[J]. 中国农村经济，2021（9）：2–21.

朱满德，李成秀，程国强．保障国家粮食安全：在增产与减损两端同时发力[J]. 农业现代化研究，2023（2）：222–232.

Dewbre Joe，Anton Jesus，Thompson Wyatt. The Transfer Efficiency and Trade Effects of Direct Payments[J]. American Journal of Agricultural Economics，2001，83（5）：1204–1214.

OECD. Agricultural Policies in OECD Countries：A Positive Agenda for Reform[R]. OECD，Paris，2002.

# 第七章　巩固拓展脱贫攻坚成果同乡村振兴有效衔接过渡期的特征、挑战与重点任务[1]

当前，中国正处于“两个一百年”奋斗目标的历史交汇期，统筹推进巩固拓展脱贫攻坚成果同乡村振兴战略的有效衔接，关系到全面推进乡村振兴、加快农业农村现代化的全局与长远发展，具有重要战略意义。习近平总书记强调，乡村振兴的前提是巩固脱贫攻坚成果，要持续抓紧抓好，让脱贫群众生活更上一层楼。[2]2022 年中央一号文件明确指出，坚持和加强党对“三农”工作的全面领导，牢牢守住保障国家粮食安全和不发生规模性返贫两条底线。然而，当前部分脱贫地区的发展基础依然薄弱，一些农村低收入人口增收能力不强，就业渠道有限，返贫风险仍然较高，巩固成果的任务依然艰巨。在此背景下，亟须深入研判和准确把握衔接过渡期的阶段性特征，科学识别关键问题与短板弱项，进一步提升政策设计的精准性与帮扶措施的靶向性，强化政策工具的系统集成与综合施策能力，确保守住不发生规模性返贫的底线。

本章聚焦巩固拓展脱贫攻坚成果同乡村振兴战略有效衔接的关键过渡期，系统分析了当前阶段的典型特征，深刻揭示了在新发展阶段面临的主要挑战与现实压力。在此基础上，明确巩固拓展脱贫攻坚成果的基本思路与重点方向，提出针对性和可操作性强的政策建议与行动路径。通过对阶段特征、挑战因素、关键任务及政策安排的系统梳理，本章旨在为推动脱贫攻坚成果稳得住、防得住、能持续提供理论支撑与政策依据，确保不发生规模性返贫，有效实现从脱贫攻坚向全面推进乡村振兴的平稳过渡。



① 本章主要内容发表于《中国发展观察》2022 年第 2 期，原文标题为《准确把握巩固拓展脱贫攻坚成果过渡期的阶段特征》；《中国发展观察》2021 年第 Z1 期，原文标题为《抓紧做好农村低收入人口识别工作》。

② 《这项工作要持续抓紧抓好》，《人民日报》2022 年 01 月 11 日。

## 第一节　巩固拓展脱贫攻坚成果同乡村振兴有效衔接过渡期的阶段特征

根据我们对宁夏、广东、云南等地区的实地调研，并结合脱贫地区整体发展的现实基础与动态变化分析发现，巩固拓展脱贫攻坚成果同乡村振兴有效衔接过渡期呈现一系列值得高度关注的阶段性特征。这些特征不仅反映了从脱贫攻坚向全面推进乡村振兴平稳过渡过程中的关键挑战，也揭示了政策衔接、机制转换与风险防控中存在的深层次问题，对于科学制定衔接期政策、精准施策、守牢返贫底线具有重要意义。

### 一、部分农村低收入人口就业增收仍然困难，返贫风险较高

目前农村低收入人口收入来源中，工资性收入普遍较低，对转移性收入的依赖度较高。如全国农村居民人均可支配收入中，41.1% 来源于工资性收入，36% 来源于家庭经营收入，20.6% 来源于转移性净收入，财产性收入占 2.3%。而脱贫地区农村居民人均可支配收入中，工资性收入占 35.3%，家庭经营收入占 36%，转移性净收入高达 27.3%，比全国人均水平高出 6.7 个百分点，财产性收入只占 1.4%。

当前尤其需关注三类农村低收入人口的就业增收难问题。一是脱贫不稳定人口，其自身就业增收能力较弱，虽然已经实现“两不愁、三保障”，但收入水平仍然比较低、收入来源不稳定或因病因灾因意外事故等刚性支出较大，自身脆弱性较高；二是边缘易致贫人口，脱贫攻坚时期没有享受国家的政策支持，往往缺乏社会保障支持或保障水平较低，收入提升较慢，有些人的收入可能已经低于脱贫人口；三是突发严重困难人口，其易因家庭财产遭受损失或支出骤增，导致生活水平跌至贫困线以下而陷入贫困。

值得重视的是，部分脱贫人口就业能力仍然相对较低，难以适应社会就业，就业增收难度较大。一方面，脱贫地区人口长期以来获得的教育资源不足，知识水平和文化程度较低，素质普遍不高。如 2019 年，贫困地区劳动力平均受教育年限仅为 7.7 年，小学和初中学历的劳动力，占比分别为 41.8% 和 42.3%，高中及以上学历的劳动力仅占 11%。在脱贫攻坚时期，教育扶贫更多地注重青少年义务教育，高中及以上学历教育存在短板，尤其是高等教育在西部地区的普及程度相对较低。另一方面，在脱贫攻坚时期，虽然各地区重视开展技能培训帮扶，但是培训的系统性不足，培训主体需求和培训内容存在差距，培训课程针对性不强，师资力量薄弱，帮扶效果不明显。目前西部脱贫地区大都是劳务输出大省，许多外出务工人员普遍缺乏专业技能培训，多从事技术含量低、替代性高的工作，收入不稳定。

## 二、重点帮扶县发展基础薄弱，防止返贫任务艰巨

国家确定的160个乡村振兴重点帮扶县，之前绝大部分都属于深度贫困地区，目前发展基础仍然比较薄弱。一是经济发展水平较低，人均GDP与全国人均GDP差距较大，例如，2020年以前，深度贫困地区的人均GDP仅相当于全国人均GDP的20%～21%；产业发展基础差，产业同质化问题比较严重，基础设施和公共服务差距明显；部分地区经济增长缓慢，甚至连续负增长。二是重点帮扶县脱贫人口多、收入水平低。重点帮扶县累计脱贫人口占全国总数的近1/5，脱贫人口收入虽然有较快增长，但与全国及所在省份的绝对差距仍然在扩大，仍是全国发展最落后的地区。三是防止返贫任务艰巨。约30%的全国易返贫致贫人口、1/3的全国易地搬迁脱贫人口、65%的全国万人以上集中安置点在重点帮扶县，这是防止返贫任务最集中、最艰巨的地区。四是区位劣势明显，重点帮扶县多分布在西部偏远或高海拔、自然环境恶劣区域。据统计，45.6%的重点帮扶县处在地质灾害高发区，生态脆弱、地质灾害频发，导致其巩固拓展脱贫攻坚成果，尤其是增强可持续发展能力面临较大挑战。

## 三、易地搬迁集中安置区后扶任务艰巨，是防止返贫的重点

易地扶贫搬迁从根本上解决了中国960多万贫困人口的脱贫问题，成就了人类减贫史上的伟大壮举。但有几个新情况值得高度重视。

一是从搬迁区域看，青藏高原、西南石漠化地区搬迁群众困难的情况比较突出，返贫风险较大。如青藏高原地区易地搬迁安置涉及游牧民定居，搬迁群众生计模式跨度大、思想观念转变难，加之扶贫产业基础薄弱，后续生产生活、就业增收存在较大困难。西南石漠化地区人地矛盾突出，搬迁规模大，以城镇安置为主，部分地区城镇安置率超过90%，如贵州达95%、广西达94%、云南达91%。搬迁群众从传统农户转变为城镇新市民，大部分群众第一次走出大山，面临地域环境、风土人文、社会关系的重新适应、社区融入等多重挑战，就业增收难度大，返贫风险高。



二是从安置方式看，城镇化集中安置尤其是特大型安置区安置困难最为突出。调研表明，目前易地扶贫搬迁安置中，行政村内就近安置、乡村旅游区安置等方式，虽然存在一定短板弱项，但后续发展面临的困难相对较小。困难较为突出的是县城、小城镇或工业园区等城镇化集中安置方式。尤其是安置规模达万人以上的特大型易地搬迁安置区，全国多达70个，安置贫困群众105万人，占易地扶贫搬迁人口的比重超过1/10。特大型易地搬迁安置区就业需求高度集中，群众就业增收难度较大；搬迁群众从乡村到城镇，生产生活方式跨度大，社会融入困难，安置社区治理

任务艰巨，管理和服务短板凸显，极易形成社会风险点，不利于保持安置社区稳定。

三是从安置点管理看，社区管理和服务仍存在短板弱项。如安置点管理和服务场所缺乏配套，大部分地区在安置点建设前期未同步规划建设相关街道、社区等服务场所，导致安置点成立的街道、社区无办公场所；未配套设立公共维修基金，后期住房、公共服务设施损坏，将无任何维修资金安排，这是全国易地搬迁安置区面临的共性问题。

四是从搬迁群众看，就业困难、收不抵支等问题日益突出。尤其是部分“40+”劳动力（即40～59岁搬迁群众）文化程度低，体力劳动缺优势、现代生产缺技能，学习和适应能力弱，就业问题更加突出。与此同时，由于生活开销完全货币化，收不抵支问题凸显，搬迁群众需靠低保等救助措施扶持。如西南地区易地搬迁城镇化集中安置人口中，有1/5需靠低保来维持基本生活。

## 四、脱贫地区特色产业可持续发展能力不足，转型升级滞后

脱贫地区特色产业健康持续发展，是巩固拓展脱贫攻坚成果和促进脱贫地区自主发展的根本支撑。但从总体上看，特色产业发展尚存在资金、市场和配套服务等短板，尤其是科技、人才等支撑较弱，可持续发展机制尚未建立。需重点关注如下几个突出问题。

一是特色产业可持续性不强，政策路径依赖仍然较为严重。由于过去许多地区帮扶项目选择与当地资源禀赋以及市场需求不匹配，如有些贫困地区在发展产业时一味引进“高精尖”产业，与贫困地区的资源禀赋结合不够密切，脱离了贫困群众的文化水平和相应的市场环境，产业带动成效不明显。部分特色产业项目单一化、同质化。部分地区整个村庄、乡镇统一种植某种经济作物，导致产品过剩，未达到预期效益。还有部分帮扶产业长期依赖帮扶单位，缺乏市场竞争力。在脱贫攻坚中，广大驻村工作队凭借资金、人才、技术、管理等方面优势，在贫困地区打造了众多的扶贫产业，其中部分产业高度依赖帮扶单位支持，甚至形成了路径依赖，导致产业对特殊扶持政策的依赖性较强，市场化程度不高、自主发展的持续性不强。

二是特色产业链较短，产品附加值较低。许多地方重生产基地建设，轻加工物流配套。目前集中在种养环节较多，农产品加工业发展相对缓慢，产业链延伸不够，产业融合度较低。如西北地区黄花菜、枸杞等特色主导产业，仍以初级加工为主，尚未形成品种改良、科学种植和加工生产的产业链，农产品加工业与农业产值之比仅为1.1，远低于2.4的全国平均水平。大部分脱贫地区尚未配套建设产地初加工、冷链物流等基础设施。

三是人才匮乏，科技支撑薄弱。目前脱贫地区有限的人才多集聚在区域中心，下沉至县乡村的人才较少。高学历、高职称的科技人才深入乡村产业发展一线的数量更少。如西北某脱贫

地区，2019—2021 年新增 124 名科技特派员，其中研究生及以上学历仅 5 人，占比 4%。与此同时，当前脱贫地区特色产业仍以传统农业、简单代加工为主，新品种、新技术采用不足，大部分脱贫地区农业科技进步贡献率为 40% ～ 50%，远低于 60% 的全国平均水平。

### 五、巩固基本公共服务减贫成效面临新问题新挑战

农村低收入人口兜底保障的常态化衔接，面临跨部门统筹协调的挑战。目前农村低保线与扶贫线已经实现“两线合一”，但是认定标准仍分属于民政部门与乡村振兴部门。根据现有行政管理体制，帮扶救助领域具体落实层面的数据分散在医保、教育、住建、人力资源等多个部门，尚未实现部门层面的统一。若采取定期或不定期的跨部门汇总与比对方式，时效低且沟通成本高，在一定程度上降低了政策效力，不利于实现真正的衔接，也不利于对兜底保障的动态管理。此外，兜底保障体系在整合城乡间、部门间兜底资源方面存在挑战。受制于城乡二元结构，实现城乡一体化一直是基本公共服务与社会救助资源分配工作的重点难点，部分先行先试地区已经率先实现了基本统筹，但是广大脱贫地区的探索仍然比较滞后。

## 第二节　新发展阶段巩固拓展脱贫攻坚成果面临的主要挑战

### 一、脱贫人口返贫致贫风险成因复杂多元

目前，中国脱贫地区仍有一部分脱贫人口收入水平不高，就业不稳定，经营的产业可持续性不强，抵御风险的能力较差。若发生疾病、意外事故等导致收入大幅减少或支出突然增加的情况，这部分脱贫人口就有可能再度陷入贫困。尤其是，脱贫人口的返贫风险成因包括制度、环境和个体等，复杂多元、相互交织、彼此叠加，增加了巩固脱贫攻坚成果、防范返贫风险的难度。

一是制度因素。改革开放以来，中国城乡分割的二元格局逐渐被打破，但城乡二元体制的制度性障碍尚未完全消除，城乡发展差距仍然较大，特别是基本公共服务不均等问题较为严重，城乡地区在居住、就业、社会保障、教育、文化、医疗等方面差距明显，增加了提高农村低收入人口发展水平和发展能力的难度。



二是环境因素。区位条件、自然资源禀赋、资源开发情况等成为一些脱贫地区返贫的潜在环境风险因素。中国一些老少边穷地区位置偏僻、资源匮乏、生态脆弱，处于地区发展末梢，受周围经济中心的辐射带动作用偏弱，这些地区在脱贫攻坚任务完成后经济发展水平还有待进一步提升。中国经济已由高速增长转向高质量发展，资源环境约束不断加大，一些脱贫地区在自然资源

开发时会受到较大限制，难以充分发展。

三是个体因素。脱贫人口返贫的个体因素主要有无劳动能力或劳动能力低下、内生动力不足等。无劳动能力或劳动能力低下的“老、弱、病、残”群体，将成为需要兜底救助帮扶的主要群体（左停、李世雄，2020）。需要重视的是，随着人口老龄化问题的加剧，这部分群体数量将逐渐增多，治理的难度也将越来越大。部分脱贫人口内生动力不足，长期依赖社会救助与福利政策，存在严重的“等靠要”倾向。

## 二、扶贫产业可持续发展能力不强

扶贫产业是巩固脱贫攻坚成果的关键支撑。但部分扶贫产业市场化程度不高，对特殊扶持政策的依赖性较强；有的扶贫产业项目同质化、产出过剩问题严重，人才、资金、市场和配套服务短板突出，尤其是科技、人才等支撑不足，长效机制尚未建立；有的产业就业稳定性不足、岗位吸引力不强、带动能力偏弱。

一是脱贫地区乡村产业的发展对特殊扶持政策的依赖性较强，扶贫产业存在市场化程度不高、内生发展动力不足等问题。政府为促进贫困地区相关产业发展，采取了一系列特惠性政策与措施，主要针对贫困地区与贫困户。在充分发挥市场在资源配置中的决定性作用的背景下，脱贫地区的扶贫产业在提升对资本、人才、技术等要素的市场化吸纳能力方面，将面临严峻考验。此外，一些地区在产业扶贫过程中，将贫困户融入产业化过程和产业链各个环节，缺乏或忽视了对区域整体产业体系的考虑，致使产业之间、产业与地方经济发展之间关联度不高甚至脱节，导致现有扶贫产业的内生发展动力严重不足。

二是产业同质化现象普遍、产出过剩问题严重，创新能力与科技运用水平不足。在脱贫攻坚过程中，各级政府为推进产业扶贫，依据各地自然条件、资源禀赋，发展了以种养殖业和农产品初加工为主的特色产业。但在扶贫产业培育过程中，未深度挖掘地域自然资源与人文资源的特殊性、未立足当地发展状况研究市场规律等，致使一些扶贫产业盲目跟风，导致产能过剩、市场行情低迷等，即“特而不特”“特而不优”问题突出（郭建宇，2018）。另外，一些扶贫产业的发展创新不足，未能将既有农业技术进行充分转化和应用，科技助力产业发展的作用没有充分发挥。



三是产业发展受人才问题制约严重。人才是产业发展的核心要素，没有人才或者说没有产业发展需要的人才，产业发展将无从谈起。然而，脱贫地区的人口结构成为脱贫地区产业发展的瓶颈。当前，脱贫地区村庄空心化，农业劳动力老龄化趋势严重；尽管扶智扶志工作成效显著，但脱贫人口不愿脱贫及争当贫困户的现象还存在，创业创新精神普遍缺乏；产业技术人员和经营管理人才稀缺，随着扶贫干部的更替、离任，一些扶贫产业项目可能面临着无人引领、没人敢接、没人想接的局面。

四是扶贫产业融资约束突出。脱贫地区的扶贫产业经营主体普遍面临融资难、融资贵等问题，如何突破扶贫产业发展中的资金瓶颈，成为脱贫地区产业发展不可回避的问题。

## 三、乡村卫生健康事业发展仍然滞后

乡村医疗服务是缓解和阻断脱贫农户及边缘农户因病返贫致贫的基础防线，但目前相关服务成效不足的问题突出，与全民健康和促进经济社会高质量发展目标任务要求不相适应，未能有效推动乡村振兴战略深入实施。

一是医疗服务体系中的优质医疗资源短缺，健康全周期的服务能力不足。基层医疗政策落实情况较差，乡村地区“引进来、留得住”的医疗人才机制尚未形成，医疗卫生人力资源不足，健康乡村的内在活力尚未得到有效激发。

二是药品供应存在品种不齐全、周转运行缓慢等问题。乡村地区的医保目录用药、常用药等保障尚可，但药品品种仍不齐全，尤其是一些罕见病用药供应机制不够通畅，在一定程度上存在基层群众用药困难、部分地区药品周转运行较慢、药品零差价后对基层药品供应的补助补偿不足等问题。部分乡级公立医疗机构仍不具备合格中药饮片的储存、管理能力，县级公立医疗机构中药房存在中药材饮片或颗粒品种单一、质量管控弱、配送能力较差的问题。

三是重大疫情防控体制机制、公共卫生应急管理体系等方面存在的明显短板和不足。突如其来的新冠疫情考验了武汉、河北等地的基层公共卫生应急管理能力，暴露出应急管理能力薄弱、物资储备不够、卫生应急处置能力不足、卫生应急人员缺乏等短板弱项。为此，乡村常态化疫情防控的底线有待进一步夯实筑牢。

四是医疗保障效应未充分发挥，二次救助比例偏低，商业保险的衔接度与稳定性有限，医保基金可持续运行面临压力。另外，基于大健康、大卫生理念，卫生健康参与乡村综合治理以及多单位多部门协同配合的体制机制还不够健全，需要持续发力。



## 四、脱贫地区农村饮用水安全保障存在隐患和问题

“十三五”期间，中国实施了农村饮用水安全巩固提升工程，要求因地制宜加强供水工程建设和改造。截至 2020 年底，按照现行标准，中国贫困人口的饮用水安全问题得到全面解决。但由于部分贫困地区存在本底性差、管理薄弱和机制欠缺等问题，尤其是深度贫困地区的饮用水安全仍存在隐患。

一是部分农村地区供水工程建设标准偏低。部分工程特别是早期建设的工程和小型工程建设

标准偏低，工程质量不高，存在安全隐患，造成供水保障能力不足。受地理位置、地形、海拔等因素影响，部分山区、偏远地区或人口聚集区面临季节性水量供给不足问题；高海拔高寒地区或者贫困山区分散式供水比例相对较大，存在持续供水量无法得到保证以及缺乏有效的水质净化技术等情况，长期稳定的安全饮用水供给问题仍待解决。

二是农村小型工程供水水质存在安全健康风险。受水源、技术、管理等条件限制的一些农村地区，饮用水水源点多面广、单个水源规模较小，多数供水工程的供水规模在“万人千吨”以下，缺少水质检验室及相应的水质检测设备和人员。由于建设标准低、净化消毒设施简陋、水质监测不到位等，饮用水执行为农村小型集中式供水和分散式供水的水质标准，其中部分指标低于集中式供水工程的指标要求，存在一定的饮用水安全隐患。

三是贫困地区饮用水安全工程运维管理资金不足。贫困地区饮用水安全工程的资金主要来源于中央和地方政府的资金支持，其他渠道的融资有限，资金投入水平与广大贫困地区高质量饮用水安全要求存在一定差距。而贫困地区农村经济发展程度相对较低，群众收入水平较低，水价不能完全覆盖成本。设施设备出现大型维修时，运维管理单位没有财力支持，导致农村饮用水安全工程维修养护资金不能及时到位。

## 五、乡村治理不适应巩固拓展脱贫攻坚成果的新要求

乡村基层组织是防止脱贫地区返贫的基础保障，但干部能力不足、缺乏带头人、治理资源匮乏、治理手段落后等问题依然突出，难以适应长效减贫的需要。

一是乡村治理人才缺乏，组织能力不足。乡村基层组织的带头人能力不足甚至缺少带头人的问题依然存在，特别是偏远地区生活条件艰苦、待遇低，难以吸引人才扎根基层。另外，脱贫村庄缺乏带头人的长效选育机制，高度依赖驻村第一书记、驻村工作队等外援式工作支持机制。

二是乡村基层治理资源相对匮乏，内生动力不足。一些脱贫地区因长期缺乏集体经济等内部治理资源，经济结构单一、组织能力薄弱、治理转型缓慢，乡村基层组织疲于行政性、指令性的事务落实；在脱贫攻坚阶段自上而下的资源集中输入条件下，存在内生动力不足问题。

三是乡村治理手段落后，动态协协不足。减贫工作各环节主要依靠人力，而落实到村的帮扶资源又来自多部门，乡村基层组织缺乏动态掌握帮扶信息的有效手段，客观上因无法及时动态协调帮扶资源而形成了内部的帮扶“悬崖效应”，造成了村庄内部新的不平衡。

## 第三节　巩固拓展脱贫攻坚成果的基本思路与关键任务

巩固拓展脱贫攻坚成果，防止规模性返贫，是“十四五”时期必须守住的底线任务。目前，中国已完成脱贫攻坚目标任务，但发展不平衡不充分的矛盾仍比较突出，脱贫地区自我发展能力偏弱，部分脱贫农户和边缘农户抵御风险的能力还不强，巩固拓展脱贫攻坚成果的任务仍然艰巨、挑战依然严峻。在新发展阶段，贫困问题将出现新的特征和致贫风险因素，为此，在“十四五”乃至今后一个时期，需要巩固脱贫攻坚成果，实现巩固拓展脱贫攻坚成果同乡村振兴的有效衔接。

### 一、巩固拓展脱贫攻坚成果的基本思路

“十四五”时期是巩固拓展脱贫攻坚成果同乡村振兴有效衔接的过渡期。要以缩小发展差距、提升发展能力、共享发展成果、助力实现共同富裕为目标，以提升农村基础设施和公共服务水平为根本支撑，以完善社会保障体系、发展农村集体经济为重点，注重加强普惠性、基础性、兜底性民生建设，同时坚持开发式扶贫和保障式扶贫相结合，建立巩固拓展脱贫攻坚成果的长效机制，实现巩固拓展脱贫攻坚成果同乡村振兴有效衔接，为实现共同富裕打下坚实基础。

巩固拓展脱贫攻坚成果，既要保持现有帮扶机制、力度和政策总体稳定，确保不出现规模性返贫；也要建立农村低收入人口和欠发达地区帮扶长效机制，持续完善农村地区基础设施，补齐公共服务短板，提升脱贫攻坚成效。要全面梳理和总结脱贫攻坚时期的扶贫经验、扶贫政策，根据新发展阶段的部署情况，提出农村低收入人口和欠发达地区帮扶机制的总体要求，在稳定帮扶政策的同时，逐步清理临时性、不可持续的政策，将基本保障类政策措施与农村居民最低生活保障制度有机整合，建立低收入人口兜底保障机制。要创新政策和机制，将脱贫攻坚时期形成的组织推动、要素保障、政策支持等工作机制，接续强化、调整完善，运用到全面推进乡村振兴工作中去，建立和形成新发展阶段巩固拓展脱贫攻坚成果的长效机制，实现巩固拓展脱贫攻坚成果同乡村振兴的有效衔接。



### 二、巩固拓展脱贫攻坚成果的基本路径

在“十四五”及今后一个时期，巩固拓展脱贫攻坚成果的关键任务是加强返贫风险治理、守住不发生规模性返贫的底线。为此，要针对新发展阶段脱贫人口返贫致贫风险成因的复杂多元等特征，实施“因地制宜、对症下药，分类施策、精准帮扶”的治理策略，促进巩固拓展脱贫攻坚成果的政策举措与返贫致贫风险成因彼此对应，治理边界与返贫风险影响范围相互拟合，构建有

效防范规模性返贫的风险治理体系（见图 7-1）。

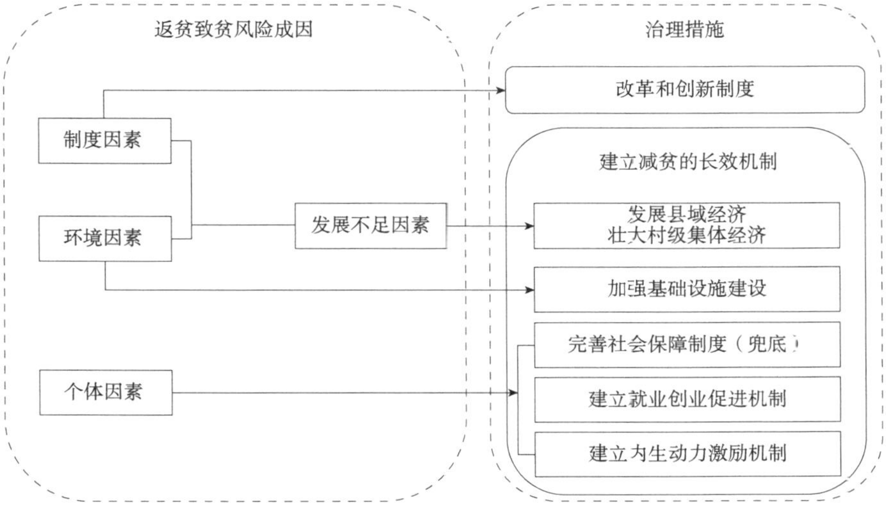


**图 7-1　返贫致贫风险成因与治理策略的逻辑关系**

资料来源：笔者绘制。

**（一）注重增加制度供给**

在各类返贫致贫因素中，必须高度重视因城乡二元体制、户籍制度限制等产生的基本公共服务不均等、农村地区金融服务不完善等制度壁垒，以及由于农村土地制度改革尚未完成、农村集体产权不清晰等带来的制度障碍。这些制度性因素是致贫范围最广、致贫程度最深的共性风险因素，不仅影响所有的农村低收入人口，而且影响乡村全面振兴。由于城乡要素流动不足，部分农村居民选择到城市谋求工作、追寻更多的机会时，但会面临公共服务不均等问题，无法享受到正常的医疗、教育、养老等服务；若选择回到农村创业，又会因为农村地区基础设施、金融服务不完善，致使其发展受限。因此，巩固拓展脱贫攻坚成果，必须全面加快农村改革步伐，增加制度供给，突破深层次的体制机制障碍，更大限度地释放发展动能和改革红利。

**（二）破解资源环境约束，增强欠发达地区的发展能力**

在破除制度壁垒的基础上，对脱贫地区返贫致贫影响范围广、程度深的是位置偏僻、资源匮乏、生态脆弱等自然因素。受此类因素影响的脱贫地区主要集中在“三区三州”等深度贫困地区。对于这些地区，要进一步加大基础设施建设，增强其将当地资源转化为资产的能力。由于部分贫困地区长期受城乡二元体制束缚，在资源匮乏、环境恶劣与区位劣势等因素叠加下，靠欠发达地区自身条件和能力难以形成足够的发展动能，因此，要加大支持力度，进一步发挥东西协作优势，因地制宜发展欠发达地区特色产业，大力发展县域经济和村级集体经济，培育增长动能、增强发展动力。

### （三）激发脱贫人口的内生动力

在防范返贫风险中，起决定性作用的是脱贫人口的个体因素。因此，要分类施策、精准帮扶。一是针对特殊困难群体，要抓紧完善最低生活保障措施，将低保线与贫困线“两线合一”，保障这部分不具备劳动能力群体的基本生活。二是针对发展能力较差的困难群体，要进一步完善就业创业促进机制，加大劳动技能培训，改善就业环境，增加就业务工机会。三是针对内生动力不足的脱贫人口，要“志智双扶”，通过宣传教育、典型示范、鼓励优秀、反向激励等措施，改变其心态，转变其行为，激发其内生发展动力。

## 三、巩固拓展脱贫攻坚成果的重点任务

推动巩固拓展脱贫攻坚成果同乡村振兴有效衔接是一项系统工程，要在准确把握过渡期阶段性特征的基础上，加强综合谋划，强化政策支持，突出重点难点，分类精准施策，把脱贫人口作为实施乡村振兴战略的重点人群，把脱贫地区作为实施乡村振兴战略的优先区域，加快改善脱贫人口和脱贫地区发展条件，不断提升脱贫人口和脱贫地区发展能力，推动脱贫人口和脱贫地区完全融入乡村振兴进程，共享乡村振兴成果。

### （一）聚焦农村低收入重点群体的帮扶救助，进一步完善防止返贫监测预警机制

要精准确定监测对象，适当放宽认定标准，将有返贫致贫风险和突发严重困难的人口及时纳入监测和预警范围；要简化识别程序，确保应纳尽纳，切实做到早发现、早干预、早帮扶。要保持兜底救助政策稳定，进一步落实好教育、医疗、住房、饮水等民生保障普惠性政策，着力提升兜底保障体系与社会安全网的普惠性、均衡性，加快实现兜底保障城乡公共资源均衡配置机制，强化县乡村统筹，逐步实现标准统一、制度并轨。

### （二）加大对乡村振兴重点帮扶县支持力度，加快改善发展条件，增强发展能力

对于乡村振兴重点帮扶县，要以民生为本、就业优先、严防返贫、搞好帮扶。建议按照乡村建设行动的统一部署，优先支持重点帮扶县因地制宜推进农村改厕、生活垃圾和污水治理、村容村貌提升。加强重点帮扶县农产品和食品仓储保鲜、冷链物流设施建设，支持农产品流通企业、电商、批发市场与区域特色产业精准对接。加快推动重点帮扶县公共服务提档升级，继续改善重点帮扶县义务教育学校办学条件，加强乡村寄宿制学校和乡村小规模学校建设，支持城市教师到脱贫地区支教。保持现有健康帮扶政策基本稳定，完善大病专项救治政策，继续开展三级医院对口帮扶脱贫地区并建立长效机制，加大中央倾斜支持重点帮扶县医疗卫生机构基础设施建设和设备配备的力度。

### （三）加强易地搬迁集中安置区后续帮扶

建议设立国家易地扶贫搬迁后续扶持专项资金，支持易地搬迁安置区基础设施和公共服务配套设施维护升级，推动产业发展、就业增收、社区集体经济发展，重点向青藏高原地区、西南石漠化地区易地搬迁安置区倾斜。要强化集中安置区产业配套与就业扶持，提升安置区经济活力和就业承载力；完善就业扶持和培训体系，提升就业匹配度，创新订单式培训、以工代训、以奖代补等形式，提升培训实效，增强人力资本和技能经验就业匹配的有效性。要全面提升安置区社区治理能力，进一步探索社会参与度高的社区治理模式，落实属地管理责任，多措并举、综合施策，确保搬迁群众稳得住、快融入。

## 第四节　巩固拓展脱贫攻坚成果的政策建议

### 一、构建农村低收入人口识别机制

巩固拓展脱贫攻坚成果、守住防止规模性返贫的底线，必须精准识别需要帮扶的农村低收入人口，建立和健全返贫致贫动态监测与帮扶机制，做到早发现、早帮扶。为此，必须抓紧研究确定农村低收入人口的识别标准和机制，找准帮扶或救助对象。

研究和制定农村低收入人口的划线标准。建议将脱贫不稳定户、边缘易致贫户以及因突发事件陷入急难型困境的农户作为重点监测对象，量力而行、因地制宜制定农村低收入人口的划线标准。根据表 7–1 所示的模拟测算结果，目前农村低收入人口规模为 0.83 亿～ 0.97 亿人，相当于中国总人口的 6% ～ 7%，可以按照农村居民人均可支配收入中位数的 40% ～ 45%，即 6000 ～ 6700 元作为农村低收入人口的划线标准，各地可根据当地社会经济实际情况相应调整划线标准。

表 7–1　2020 年农村低收入人口规模模拟结果

| 模拟基数 | 计量取值（元） | 比率（%） | 人均可支配收入（元） | 低收入人口规模（万人） |
|---|---|---|---|---|
| 农村居民人均可支配收入中位数 | 15032 | 40 | 6013 | 8374 |
| | | 45 | 6764 | 9743 |
| | | 50 | 7516 | 11138 |

资料来源：笔者绘制。

注：1. 采用国家统计局 2019 年农村居民按人均可支配收入五等份分组数据，以 2020 年农村居民人均可支配收入中位数为基数模拟测算。2. 中位数：假定收入服从对数正态分布。

配套使用多维综合方法。建议采用“1+3–N”多维指标，在基层评议的基础上，精准找出帮扶对象（见表 7–2）。其中，“1”指农村居民人均可支配收入，若低于当地平均收入中位数的

40% ～ 45%，即可认定为低收入人口。“3”指健康、教育、生活水平，包括营养、健康、教育等 10 个子指标，每个指标设置相应的阈值；若其中有 3 个指标低于对应的阈值，即可认定该农户为低收入人口。“N”为否决指标，若申报农户经核实拥有小汽车、商品房等财产，则不能获得帮扶资格。

**表 7–2　农村低收入人口识别指标**

| 指标名称 | 维度 | 指标 | 阈值 |
|---|---|---|---|
| 主要识别指标 | 收入 | 农村居民人均可支配收入 | 收入中位数的 40% ～ 45% |
| 辅助识别指标 | 健康 | 营养状况 | 营养不良 |
| | | 医保参与情况 | 未参加农村基本医疗保险 |
| | | 老人健康状况 | 有 70 岁以上老人卧病在床或未领取养老金 |
| | | 家中重要劳动力健康状况 | 重要劳动力因病、因灾等丧失劳动能力 |
| | 教育 | 家庭青少年受教育水平 | 20 岁以下青少年在高中教育阶段之前辍学或举债上学 |
| | | 重要劳动力人力资本水平 | 重要劳动力未接受过任何专业技能培训或工作岗位不稳定、失业风险高 |
| | 生活水平 | 住房 | 房屋属于 C 级、D 级危房 |
| | | 耐用消费品 | 以下资产不超过 3 项：手机、电脑、冰箱、彩色电视机、洗衣机、空调或暖气 |
| | | 饮用水安全 | 无法用到方便且安全的饮用水 |
| | | 网络通信 | 无法用上稳定的网络 |
| 否决指标 | 财产 | 小汽车、商品房等财产 | 若有，则不能获得帮扶资格 |

资料来源：笔者绘制。

## 二、实施扶贫产业提质增效工程

以加大扶贫产业科技和人才支撑力度为着力点，促进扶贫产业提档升级和高质量发展。实现扶贫产业健康持续发展是巩固拓展脱贫攻坚成果和促进脱贫地区自主发展的根本支撑。建议对乡村振兴重点帮扶县实施扶贫产业提质增效工程，促进扶贫产业提档升级，实现高质量可持续发展。

一是强化扶贫产业科技和人才支撑。建议加大实用先进技术的推广力度，促进科技成果转化，畅通科技输入扶贫产业的渠道，加大对扶贫产业技术攻关的支持力度，发挥科技作为第一生产力的作用，推动扶贫产业创新驱动发展。继续选派科技人才到重点帮扶县，健全扶贫产业技术顾问制度，组建专家技术服务团队，改进农业科技培训方式，注重培育高素质农民，针对农村党员与村干部开展农业科技培训，把农业科技培训融入农村基层党建工作中，加强智力支持。搭建区域性扶贫产业技术网络交流与咨询平台，拉近科技人员与生产者之间的距离。重点培育关键生产环节的生产性服务组织，开展技术指导、托管服务等工作，解决小农户科技应用能力差的问题。

二是推动扶贫产业拓展产业链、提升价值链。进一步加强对重点帮扶县农产品储存、加工、包装等支持力度，提升物流设施水平，深入推进一二三产业融合发展。加大对扶贫产业的品牌建设指导，支持扶贫产业做大做强。充分应用信息技术、电子商务平台，促进扶贫产业产销对接和市场营销体系提档升级。

三是加大扶贫产业财政和金融政策支持力度。保持政府性融资担保的规模与力度，继续将扶贫项目和资金向脱贫地区倾斜，发挥财政资金的撬动作用，鼓励和引导社会资本参与扶贫项目。加大扶贫产业金融资源投入，创新金融工具，增加金融产品的有效供给，降低扶贫龙头企业、专业合作社等新型农业经营主体的融资门槛和成本，实现产业发展资金来源多元化，为扶贫产业提档升级提供金融支持。建立与完善新型农业经营主体等各类市场主体信用档案，完善乡村信用体系。加强对扶贫产业信贷担保的考核，确保扶贫产业信贷担保规模不缩减，规范发展扶贫小额信贷，将支持对象精准到有劳动能力和发展生产意愿的农户，进一步解决农户发展产业的资金瓶颈。

四是优化脱贫地区扶贫产业结构与空间布局。要引导地方整合涉农资金，向资源禀赋优势明显的产业倾斜，补齐扶贫产业生产与流通设施短板，增强扶贫产业与县域整体产业发展的关联度，推进农业优势特色产业的标准化工作。

## 三、提升乡村治理能力

提升乡村治理能力和水平，是巩固拓展脱贫攻坚成果最根本的组织保障和战斗堡垒。

一是实施乡村振兴“头雁工程”，以强化乡村治理人才支撑为重点，着力提升脱贫地区乡村治理能力。建议在重点帮扶县实施乡村振兴“头雁工程”，在 5 年过渡期内实现重点帮扶县村村都有带头人，激发内生动力，提升治理能力。落实扶持政策选优配强带头人，选拔综合能力突出的优秀党员担任村党组织书记。重视乡土传统，在民族地区注重引导、吸纳乡绅和族长等传统治理力量。以基层党组织为纽带，对返乡意愿较高的青壮年开展党组织的远程培养。用足正向激励政策，提高重点帮扶县的村干部待遇，将村干部绩效考核与业务培训、能力提升紧密结合，让村干部勇于开拓创新。用好负面清单制度，让村干部敢于担当作为。

将选育基层组织带头人作为过渡期内驻村机关干部重点完成的任务之一。针对村干部管理薄弱涣散、情况复杂等“无人可选，有人难选”问题，建议继续因地制宜、因村派人，选派机关事业单位干部担任村党组织书记，驻村工作队和驻村第一书记要重点做好选人和“传帮带”工作，以帮带培养方式，传递工作方法和工作经验，培育本土人才与后备力量，着力打造“不走的工作队”。

二是发展新型农村集体经济，激活乡村内生治理资源。提高集体资源利用效率，推动集体成员增收，同时通过集体资源开发利用形成的收益，重点提升村集体对低收入人口的兜底水平。通过新型集体经济的发展，激发乡村内生活力，有效化解经济薄弱村的村集体和个人在减贫过程中内生动力不足难题。

三是创新乡村治理模式，改进乡村治理手段。通过治理方式、治理手段的完善和协同，探索乡村治理与减贫救助体系的整合路径。探索协同化的治理方式，在区域平衡和城乡统筹的大方向下，以城乡减贫救助一体化为抓手，促进扶贫治理与乡村治理各项事业的统筹和衔接，实现资源投入综合平衡，从根本上清除扶贫政策“悬崖效应”。善用信息化的治理手段，推进减贫救助体系的数字化转型，逐步探索大数据驱动管理在返贫风险预警中的应用，最大限度减少乡村干部在减贫救助工作中的行政性事务，释放乡村治理人力资源，聚焦于乡村内部治理。

## 四、实施乡村名医堂工程

以增加乡村医疗人才和加强科技支撑为重点，夯实乡村医疗资源服务保障基础，深入落实好《关于加快推进乡村人才振兴的意见》《关于加快中医药特色发展的若干政策措施》等，针对部分脱贫地区乡村医疗资源供给基础薄弱等问题，建议选择部分重点帮扶县作为试点，实施乡村名医堂工程，做好有关政策举措的衔接配套，引导高水平医师服务乡村、优质医疗资源延伸到乡村，既方便群众就近获得优质医疗服务，又带动当地医疗服务水平提升。

一是创新政策，鼓励与引导高年资医师到乡村驻点，开展诊疗、带教、科普等多种形式的基层帮扶工作。二是县乡政府及有关管理部门针对城市医院的医师多点执业、开办或者连锁经营诊所等，在土地使用、税收、医保、药品管理等政策方面制定配套支持举措，引导支持广大中医、西医医师服务乡村，支持退休医师在乡村开办诊所等医疗机构。三是加大信息化支撑力度，加快数字医疗建设应用，利用信息技术让城市优质医疗资源赋能乡村，进一步增强远程医疗服务乡村的能力；开展“互联网 +”行动，将优质医疗资源通过信息技术赋能基层，推进重大疾病诊疗协作网络延伸覆盖到乡村地区，丰富乡村地区远程医疗内涵，提升数字医疗应用的广度和深度。四是针对乡村医疗服务需求及特点，开展基层医护人员职称评审与聘用改革，激发人才活力。



## 五、提升农村饮用水质量安全保障水平

建议以提高农村供水工程质量、优化水质标准为重点，对重点帮扶县农村饮用水安全工程进

行升级改造，切实保障农村饮用水质量安全。

一是推进农村分散式或小型供水工程升级改造，保持贫困地区农村饮用水安全保障政策的稳定性和连续性。继续以政府投资、补贴和支持的方式，对农村饮用水水源、小型供水工程、分散式供水工程进行升级改造，提升饮用水安全保障水平。通过政策扶持、财政补贴等方式引导产业资本进入供水工程建设与运维领域，促进资源配置高效化、运营体系化、投入可持续化、管理专业化，保障农村饮用水安全。

二是提高农村小型集中供水或分散式供水水质标准。建议根据不同地区的水资源状况和社会经济发展水平，分类修订和实施《生活饮用水卫生标准》的“农村版”，提高适用于农村小型集中或分散式供水的各项水质标准。推动城乡饮水“同网、同质、同价”，改善供水质量和服务，鼓励有条件的城镇向周边农村延伸供水管网，促进城乡供水一体化，保障农村饮用水安全。

三是完善水费制度，建立以水价为重点的农村供水工程长效运维管理制度。合理的水价制度和水价收缴机制是解决农村供水工程运维管理问题的根本举措。农村供水工程的水源地建设、取水、处理、输水等，都需要人力、物力、财力投入，供水工程建成以后要实现可持续运行，还需要进行维修和养护。建议多措并举解决集中供水和分散式供水的水价问题，确定符合市场规律并兼顾地方实际的水价标准，促进水费按时收缴，形成长期稳定的维修和养护资金来源。推进重点帮扶县农村饮用水设施的可持续升级、运维和提质，保障供水工程设施的稳定运维和长效管理，促进农村饮用水工程良性可持续发展。

## 参考文献


陈锡文．充分发挥农村集体经济组织在共同富裕中的作用 [J]. 农业经济问题，2022（5）：4–9.

程国强，马晓琛，王瑜．准确把握巩固拓展脱贫攻坚成果过渡期的阶段特征 [J]. 中国发展观察，2022（2）：17–20.

程国强，伍小红．抓紧做好农村低收入人口识别工作 [J]. 中国发展观察，2021（Z1）：27–28+24.

程国强，肖雪灵．强化帮扶政策有效衔接，牢牢守住不发生规模性返贫底线 [N]. 光明日报，2022–09–20（6）.

程国强．决战决胜脱贫攻坚的四个关键 [N]. 农民日报，2020–03–14（3）.

国家统计局．中国农村贫困监测报告——2020[M]. 北京：中国统计出版社，2020.

郭建宇．我国产业扶贫的进展与挑战 [M]// 李培林，魏后凯，吴国宝．中国扶贫开发报告（2017）. 北京：社会科学文献出版社，2018：149–173.

黄承伟．党的十八大以来脱贫攻坚理论创新和实践创新总结 [J]. 中国农业大学学报（社会科学版），2017，34（5）：5–16.

李聪，郭嫚嫚，雷昊博．从脱贫攻坚到乡村振兴：易地扶贫搬迁农户稳定脱贫模式——基于本土化集中安置的探索实践 [J]. 西安交通大学学报（社会科学版），2021，41（4）：58–67.

唐仁建．扎实推动乡村振兴取得新进展 [N]. 学习时报，2022-03-02（1）.

习近平．论“三农”工作 [M]. 北京：中央文献出版社，2022.

习近平．完整准确全面贯彻新发展理念 确保“十四五”时期我国发展开好局起好步 [N]. 人民日报，2021-01-30（1）.

习近平．习近平谈治国理政（第四卷）[M]. 北京：外文出版社，2022.

习近平．在庆祝中国共产党成立 100 周年大会上的讲话 [N]. 人民日报，2021-07-02（2）.

张红宇．以更有力举措加快发展乡村产业 [J]. 理论导报，2022（6）：10-13.

中共中央国务院关于实现巩固拓展脱贫攻坚成果同乡村振兴有效衔接的意见 [N]. 人民日报，2021-03-23（1）.

左停，李世雄 .2020 年后中国农村贫困的类型、表现与应对路径 [J]. 南京农业大学学报（社会科学版），2020，20（4）：58-67.

# 第八章　防止返贫长效机制建设与相对贫困治理[①]

党的十八大以来，以习近平同志为核心的党中央从党和国家事业全局出发，着眼于实现“两个一百年”奋斗目标，将脱贫攻坚摆在治国理政的突出位置，作为全面建成小康社会的底线任务予以强力推进，全面打赢了脱贫攻坚战，历史性地解决了绝对贫困问题，探索出一条中国特色的减贫道路。

脱贫攻坚战全面胜利、全面建成小康社会目标如期实现后，如何推动巩固拓展脱贫攻坚成果同乡村振兴有效衔接，成为“十四五”期间“三农”工作的核心任务，尤其是脱贫地区“三农”工作的重点任务。进入新发展阶段，必须进一步加强顶层设计，聚焦重点、难点问题，统筹资源配置与政策体系建设，建立健全防止返贫的长效机制，推动脱贫攻坚向全面推进乡村振兴的平稳过渡。这不仅是保持脱贫成果稳定、防止规模性返贫的现实需要，更是实现共同富裕目标、建设农业强国的重要基础。

本章围绕“防止返贫长效机制与相对贫困治理”的核心主题，系统分析了巩固拓展脱贫攻坚成果过程中面临的新形势与新挑战，深入探讨了建立健全防止返贫长效机制、实现同乡村振兴有效衔接的路径。在此基础上，进一步厘清了相对贫困的内涵、特征与成因，重点提出针对相对贫困问题的治理策略与机制构建思路。通过理论与实践相结合的分析，旨在为新阶段“三农”工作提供政策支撑和制度保障，确保不发生规模性返贫，推动逐步解决相对贫困问题，助力实现共同富裕目标。



① 本章主要内容发表于《华中农业大学学报（社会科学版）》2022 年第 6 期，原文标题为《推进巩固拓展脱贫攻坚成果同乡村振兴有效衔接的战略思考与政策选择》；《求索》2020 年第 6 期，原文标题为《相对贫困治理：性质、策略与长效机制》。

# 第一节　构建防止返贫长效机制：巩固拓展脱贫攻坚成果同乡村振兴有效衔接

推动巩固拓展脱贫攻坚成果同乡村振兴有效衔接，是构建防止返贫长效机制的战略选择。要在准确把握过渡期阶段特征的基础上，突出战略重点，把握关键路径，推动脱贫人口和脱贫地区全面融入乡村振兴进程，共享经济社会发展成果。

## 一、基本思路与路径

构建防止返贫长效机制，推动巩固拓展脱贫攻坚成果同乡村振兴有效衔接，要以实现共同富裕为根本目标，坚持“民生为本、就业优先、严防返贫、突出实效”的基本方向。

民生为本，就是要坚持把改善民生作为全面推进乡村振兴的基本点和衡量乡村振兴成效的根本标准，把基础设施建设的重点放到脱贫地区，把社会事业发展的重点放到脱贫地区，着力解决脱贫人口生产生活中最直接最迫切的实际问题。

就业优先，就是要坚持把保障脱贫人口充分稳定就业作为乡村振兴的首要任务。一是对吸收脱贫人口就业的企业，特别是脱贫人口直接兴办的企业，予以税收减免、投资补助、成本核减等优惠。二是对脱贫人口创业、对各类经营主体到脱贫地区兴办产业予以奖励补助。三是对支持帮助脱贫人口发展生产、扩大就业的各类技术人才，给予优先晋级晋职的奖励。四是加大财政支持开展脱贫人口职业技能培训的力度，全方位拓展脱贫人口的就业渠道。

严防返贫，就是要坚持全面监测、逐一帮扶、动态清零，坚决守住不发生大规模返贫的底线。一是坚持帮扶领导体系、工作体系和财政金融支持措施不变，严格落实摘帽不摘责任、摘帽不摘政策、摘帽不摘帮扶、摘帽不摘监管的要求。二是持续推进乡村振兴重大计划、重大工程和重大行动的落实，充分考虑巩固脱贫攻坚成果的有关要求，优先惠及脱贫地区和脱贫人口（唐仁建，2022）。三是健全防止返贫动态监测和帮扶机制，对脱贫不稳定户、边缘易致贫户，以及因病因灾因意外事故等刚性支出较大或收入大幅缩减导致基本生活出现严重困难户，开展定期检查、动态管理，全面建立农户主动申请、部门信息比对、基层干部定期跟踪回访相结合的易返贫致贫人口发现和核查机制，精准分析返贫致贫原因，采取针对性的帮扶措施。



突出实效，就是要坚持发挥各方面积极性，依靠农民辛勤劳动、国家扶持和社会力量的广泛参与，使乡村振兴成为全党全社会的共同行动。坚持部门联村制度，选派机关干部到村担任第一书记、驻村工作组成员，打造一支“不走的帮扶工作队”。进一步完善乡镇领导包片、干部驻村工作制度，制定切实可行的工作制度、工作纪律，明确考核目标、奖惩条件。

当前脱贫人口脱贫基础脆弱、边缘户基础不稳定、脱贫地区发展基础薄弱，决定了巩固拓展脱贫攻坚成果工作的紧迫性和艰巨性。因此，构建防止返贫长效机制，推动巩固拓展脱贫攻坚成果同乡村振兴有效衔接，必须突出重点、把准关键，把脱贫人口作为重点人群，把脱贫地区作为优先区域，加快改善脱贫人口和脱贫地区发展条件，着力提升脱贫人口和脱贫地区发展能力。

一是把保障脱贫人口充分稳定就业作为乡村发展的重中之重。就业是民生之本。巩固脱贫攻坚成果，根本出路在于保障脱贫人口充分稳定就业，持续提高脱贫人口收入，确保脱贫人口在脱贫之后稳定迈向富裕的新生活。巩固拓展脱贫攻坚成果同乡村振兴有效衔接最核心的内容，就是要在推动乡村产业振兴过程中有效保障脱贫人口就业，让脱贫人口完全融入乡村产业发展体系，长期享受乡村产业发展利益。

二是把加强脱贫地区基础设施建设作为乡村建设的重中之重。基础设施是乡村振兴的根本支撑，更是改善脱贫人口生活和改变脱贫地区面貌的先决条件。巩固拓展脱贫攻坚成果与同乡村振兴有效衔接迫切需要在乡村建设行动中优先安排脱贫人口和脱贫地区的水电路气房建设，整治提升脱贫地区和搬迁新社区人居环境，加快提升脱贫地区乡村道路通达率、水电气讯覆盖率、人居环境整洁度。

三是把优化脱贫地区公共服务作为乡村治理的重中之重。新时代促进乡村善治，必须全面拓展乡村治理的内涵，从社会治理拓展到政治治理、经济治理、社会治理、文化治理、生态治理等全方位治理，从社会管理拓展到政治服务、经济服务、社会服务、文化服务、生态服务等全方位服务。巩固拓展脱贫攻坚成果同乡村振兴有效衔接的关键是要在改善乡村公共服务基础上着力提升脱贫地区乡村公共服务的充分性、便捷性和及时性，推动乡村公共服务“从有到好”的转变，不断增强脱贫人口的获得感、幸福感和安全感。

有力有序推动巩固拓展脱贫攻坚成果同乡村振兴有效衔接，要切实把握脱贫攻坚与乡村振兴两大战略的政策着力点，以脱贫地区的扶贫产业、基础设施、公共服务、扶贫资产等关键领域为着力点，推进脱贫攻坚接续融入乡村振兴进程。

一是大力构建长效帮扶产业体系。其一，坚持宏观层面抓产业、中观层面抓企业、微观层面抓就业，立足脱贫地区资源优势、强化扶持引领、培育产业龙头、完善产业链条，把产业链、价值链与帮扶链紧密联结，着力把脱贫人口嵌入产业链、价值链之中，确保脱贫人口能够持续稳定受益。其二，持续推动农村产业融合发展，积极发展休闲农业、乡村旅游、消费帮扶、农村电商和农产品加工业，延伸产业链条，带动脱贫人口就业增收。其三，强化党建引领产业发展，以“基地＋合作社＋企业＋脱贫人口”模式创建扶贫产业园区，拓宽脱贫人口就业增收渠道。

二是持续改善脱贫地区基础设施条件。按照乡村建设行动的统一部署，优先支持脱贫地区因地制宜推进农村厕所革命、生活垃圾和污水治理、村容村貌提升。加强脱贫地区农产品和食品仓储保鲜、冷链物流设施建设，支持农产品流通企业、电商、批发市场与区域特色产业精准对接。将搬迁安置区后期建设列为一种特殊的美丽乡村建设类型，实施特殊扶持政策，着力解决贫困人口和搬迁群众就近就业问题。

三是加快推动脱贫地区公共服务提档升级。继续改善脱贫地区义务教育学校办学条件，加强乡村寄宿制学校和乡村小规模学校建设，支持城市教师到脱贫地区支教。保持现有健康帮扶政策基本稳定，完善大病专项救治政策，继续开展三级医院对口帮扶脱贫地区工作并建立长效机制，加大中央倾斜支持脱贫地区医疗卫生机构基础设施建设和设备配备力度。对完全丧失劳动能力或部分丧失劳动能力且无法通过产业就业获得稳定收入的脱贫人口，全部纳入农村低保或特困人员救助供养范围，并按困难类型及时给予专项救助、临时救助等，做到应保尽保、应兜尽兜。完善脱贫地区养老保障服务和儿童关爱服务，特别是对孤儿、事实无人抚养儿童、残疾人的托养照护服务。

四是加强扶贫资产后续管理。扶贫资产是特殊历史时期、动员特殊资源、针对特殊群体形成的特殊资产。不管归谁所有、由谁来管理、采取什么经营方式，都必须首先保证脱贫人口持续受益。针对底数不清的问题，要尽快开展清产核资、建立台账、完善信息平台等工作。针对权属不明的问题，要尽快开展确认权益、记录变更、管理交易等工作。针对管护不力的问题，要坚持市场主导、政府支持、制度规范的原则和方向。重点抓好以下几个关键工作。其一，严格落实收益分配民主决策制度和公告公示制度，同时加强对扶贫项目经营性资产的经营管理、收益分配等的监管。其二，支持国有扶贫项目资产划归村集体所有，不能划归集体的，实施委托经营、租赁经营。其三，鼓励、支持村集体扶贫项目经营性资产开展多种形式的合作经营与联合经营，比如村户联合、村村联合、村企合作等。其四，严格落实处置国有扶贫项目资产、村集体所有扶贫项目经营性资产的收入，全部再投入巩固拓展脱贫攻坚成果和推动乡村振兴的规定，不断提升脱贫人口和脱贫地区内生发展动力。其五，建立脱贫资产经营保障机制，确保资产经营的稳定性和可持续性。可考虑建立专门资金账户，在资产经营遇到困难的时候对经营主体予以支持。



## 二、构建防止返贫长效机制的政策重点

建立促进脱贫人口持续增收、脱贫地区稳定发展的长效机制，是巩固拓展脱贫攻坚成果、守住不发生规模性返贫底线的根本支撑。因此，要以增强脱贫人口和脱贫地区内生发展动力和发展活力为导向，以提升产业发展和就业能力为重点，全面推进防止返贫长效机制建设。

### （一）加快推动乡村特色产业持续健康发展

发展乡村特色产业是实现脱贫地区持续稳定发展的根本之策。要注重乡村特色产业发展的质量和效益，建立形成脱贫人口持续增收致富的长效机制。一要巩固提升脱贫地区特色产业发展水平。保障资金、人才、技术等要素投入，进一步提高衔接资金和涉农整合资金用于特色产业发展的比重，注重产业后续长期培育，把区位优势、资源优势转化为发展优势、竞争优势，提高产业市场竞争力和抗风险能力。二要以全产业链思维推动特色产业提档升级。要大力发展农产品加工流通业，加快发展现代乡村服务业，引进龙头企业补齐营销、设施上的短板，打造种养、加工、贸易一体化的全产业链，拓展主导产业增值增效空间，为吸纳更多农村劳动力就近就业创造条件。三要持续推进农村一二三产业融合发展（张红宇，2022）。推动产业发展规划与村庄建设规划、土地利用规划、环境保护规划等有机衔接，通过拓展农业多种功能、挖掘乡村多元价值，发展农产品加工、乡村休闲旅游、农村电商、健康养老等新产业新业态。注重发挥科技的支撑作用，提升农业科技成果转化效率，更好地促进农业提质增效和节本降险。四要不断强化特色产业发展的基础支撑。完善道路交通设施和农产品仓储保鲜、冷链物流等基础设施建设，支持农产品流通企业、电商平台、批发市场与区域内特色产业精准对接，打通农产品产销堵点。加强农村电商基础设施建设，推动大数据、物联网、5G 等技术在乡村产业发展中的应用，提升特色产业电子商务支撑服务水平，培育农产品网络品牌，充分释放农业生产和农村消费的巨大潜力。

### （二）强化脱贫人口就业增收机制

就业是保障脱贫人口持续稳定增收的基本盘（程国强、肖雪灵，2022）。目前全国 160 个重点县脱贫人口收入中工资性收入占比较大，外出务工是脱贫人口就业的重要渠道。为此，要根据脱贫人口劳动能力，完善多渠道就业创业政策。一是完善就业扶持和培训体系，提升就业匹配度。搭建好用工信息服务平台，注重利用大龄困难群众在畜牧养殖、传统手工艺等方面的技能储备，增强人力资本和技能经验与就业匹配的有效性。提升就业培训实效，大力推进以工代训、新型学徒制培训等职业技能培训，培养劳动力从体能型向技能型转变，不断提升就业竞争力，帮助脱贫人口实现自我发展。二是对于有劳动能力和劳动意愿的脱贫人口，要深入开展跨省及市县间劳务协作。劳动力输出地要履行好主体责任，完善就业服务体系，打造区域劳务品牌，加大定向、定点、有组织的输出力度，及时与劳务协作伙伴开展劳务对接、技能培训、权益维护等合作交流；劳动力输入地要履行好帮扶责任，发挥建筑、物流、电力等劳动密集型行业吸纳就业的作用，鼓励引导用工单位尽量把脱贫人口稳在输入地。三是对于农村妇女、轻中度残疾人等弱劳动力、半劳动力和无法外出的脱贫人口，组织其通过公益性岗位、帮扶车间、以工代赈等方式拓展就业，吸纳更多脱贫人口家门口就业。

**（三）着力壮大脱贫地区县域经济，大力发展新型农村集体经济**

县域是城乡融合发展的重要切入点，要以县域为重要载体，发挥好县域辐射带动乡村的作用，促进脱贫地区整体发展。一要统筹培育本地支柱产业和承接外地产业转移，充分利用劳动力资源，以县域为主阵地发展就业带动能力强的县域富民产业，围绕“一县一业”，打造具有地方特色的区域公共品牌。二要积极引导从农村走出去的人才返乡创业，利用经济发展带动基础设施配套建设、公共服务升级改善、人才资金等要素回流，发挥县域综合承载能力，增强脱贫地区特别是重点帮扶县发展的内生动力和活力。农村集体经济是守住不发生规模性返贫底线的基础支撑，要全面加强和充分发挥农村集体经济的带动和兜底作用（陈锡文，2022）。一要盘活农村经营性资产和资源性资产，健全联农带农机制，避免简单的入股分红，引导农户特别是脱贫户和监测对象有效嵌入产业链中，实现脱贫人口就地就近就业，让农村集体经济发展的红利更多更公平地惠及全体成员。二要对脱贫攻坚期间形成的新集体资产进行确权和移交，注重发挥经营性资产的增收效益，积极探索公益性资产的可持续发展机制，促进村集体资产保值增值。三要在集体经济收益分配环节，根据经营情况向困难成员倾斜，使他们在已有政策性兜底保障基础上，进一步获得集体经济收益的托底支持，形成守住不发生规模性返贫底线的长效机制。

**（四）着力完善兜底保障政策体系**

要按照基础性、普惠性、兜底性要求，进一步完善兜底保障政策体系。一要强化防止返贫动态监测机制，做到精准识别。精准识别监测对象是兜底保障政策发挥作用的前提，也是维护社会公平正义的需要。为此，要加快推进制定统一的救助对象和低收入人口识别标准与认定办法（程国强、伍小红，2021），简化优化认定程序，下放审核权限，提高识别效率。建立区域内帮扶信息跨部门分享利用机制，促进跨部门信息交换共享、数据分析比对，主动发现、跟踪监测、及时预警困难群众返贫致贫风险，提升政策干预的前瞻性，增强帮扶救助的时效性。二要加强对重点人群兜底保障。要推动兜底保障政策逐步衔接与平滑过渡，强化兜底保障的制度性供给，对符合条件的防止返贫监测对象要予以政策叠加帮扶，有效防止规模性返贫。三要合理设置保障标准。要根据经济社会发展水平逐步提高保障标准，既要避免陷入福利陷阱、形成新的“悬崖效应”，又要切实兜住民生底线。四要加快健全分层分类的社会救助体系。一方面，要立足于社会救助制度的兜底性、基础性功能定位，完善基于收入、支出以及急难等因素对返贫致贫人口的救助制度；另一方面，在加强物质救助的基础上，增加服务类社会救助供给，通过政府购买服务等方式动员和引导社会组织参与社会救助，探索发展型、关爱型救助。

**（五）建立易地扶贫搬迁后续扶持机制**

促进易地扶贫搬迁安置点持续稳定发展，是巩固拓展脱贫攻坚成果、防止规模性返贫的重中之重。一要设立国家易地扶贫搬迁后续扶持专项资金。现有中央财政补助资金中，仅部分资金能用于扶持易地扶贫搬迁后续产业发展。特别是，大型易地搬迁安置区新型城镇化建设虽已纳入国家新型城镇化和城乡融合发展规划，但尚无资金配套。因此，要设立国家易地扶贫搬迁后续扶持专项资金，支持安置区的基础设施和公共服务配套设施维护升级，以及产业发展、就业增收、社区集体经济，重点向青藏高原地区、西南石漠化地区易地搬迁安置区倾斜。二要强化安置区产业配套与就业扶持。推动地方做好东部与西部劳动密集型企业梯度转移对接，针对大型安置区、中小型安置点和“插花式”分散安置点的不同特点，分类布局产业园、帮扶车间和灵活加工项目，通过产业发展和以工代赈，同步提升安置区经济活力和就业承载力。同时，在城镇化安置规模较大的县区探索建立劳动力失业保险机制。向城镇化安置劳动力推广“政府 + 金融机构”的普惠型“新市民就业险”，在过渡期内实施保费先缴后补政策，用长效机制应对转移就业风险。三要着力提升安置区社区治理能力和参与水平。进一步加快专业化的社会组织培育，在对口帮扶框架下，将帮扶内容拓展到社会组织的对口培育支援，形成安置区社工力量培育孵化能力和资金保障机制。有序开发增设公共服务类公益岗位，同步解决社区服务供给和就业安置需求，推动社区治理精细精准提升（李聪等，2021）。

## 第二节　相对贫困的内涵与性质

2020 年决胜脱贫攻坚战取得全面胜利后，中国进入后减贫的新历程。这一阶段的核心目标是缓解相对贫困，扶贫工作转向人群范围更广、脱贫标准更高、付出努力的时间更长的历史阶段。为此，基于这一历史性的战略转移，构建科学、可持续的相对贫困治理长效机制有着重要的历史与现实意义。

### 一、历史性转变：从绝对贫困到相对贫困

绝对贫困一般指生存贫困，即个体缺乏足够的资源来满足其基本生存需要。早在 1901 年，英国经济学家朗特里就指出，如果一个家庭的所有收入不能够维持家庭的基本生存状况即为贫困。从此，满足人们的生理需求成为界定绝对贫困的基本底线。1965 年，经济学家欧桑斯基将用食物支出费用的 3 倍所测度的收入水平定义为贫困线。由于这一定义表达了依据恩格尔系数确定贫困标准的核心思想，随后该标准被美国官方统计机构所采纳。1994 年，经济学家马丁进一步提出了包含最低非食物需求在内的贫困标准（即“马丁法”）。

中国先后采用过三个农村贫困标准，分别为“1978 年标准”“2008 年标准”和“2010 年标准”。2008 年之前，主要是在马丁法和恩格尔系数法的基础上分别确定贫困线，2008 年之后，则采用以恩格尔系数法为基础的高贫困线作为农村贫困标准。其中，“1978 年标准”按 1978 年物价水平确定为每人每年 100 元，底线是“果腹”；“2008 年标准”源自国家统计局依据 1998 年测算的低收入线，按照食物消费支出比重不超过 60% 的水平界定为每人每年 1196 元，底线是“有吃、有穿”。“2010 年标准”为现行农村贫困标准，按 2010 年物价水平确定为每人每年 2300 元，以求达到“两不愁”（即保障农村贫困人口不愁吃、不愁穿）。

按照“2010 年标准”，中国农村贫困人口数从 1978 年的 77039 万人减少到 1985 年的 66101 万人，贫困发生率从 97.5% 下降到 78.3%；2012 年下降到 9899 万人，贫困发生率约为 10.2%；2019 年进一步减少到 551 万人，贫困发生率下降至 0.6%。2020 年中国通过全面脱贫攻坚，历史性地解决千百年来困扰中华民族的绝对贫困问题，谱写了人类反贫困历史新篇章。

中国正步入“后减贫时代”，标志着中国开始从摆脱以生存为核心的绝对贫困，转向实现共同富裕的宏伟目标。实现共同富裕，必须缓解相对贫困问题。与绝对贫困只关注低收入者的实际状况相比，相对贫困更关注财富、收入和权利分配的不平等性，更关注相对贫困群体在社会经济中的经济地位和体面生活。所以，党的十九大报告深刻指出，中国特色社会主义进入新时代，我国社会主要矛盾已经转化为人民日益增长的美好生活需要和不平衡不充分的发展之间的矛盾。这一重要论断表达了相对贫困治理的艰巨性与长期性。

从宏观层面来说，这种艰巨性与长期性源于三个方面的判据。

一是贫困标准的变化所凸显的相对贫困问题。按照“1978 年标准”和“2008 年标准”，中国的贫困问题已经解决，而按照“2010 年标准”，则中国的贫困发生率在 1978 年高达 97.5%。所以，绝对贫困标准的提升，意味着相对贫困问题的凸显。

二是城乡居民收入差距所呈现的相对贫困问题。这一差距表现为两个方面，一是城乡居民之间的收入差距，二是按收入分组所形成的城乡收入差距。从图 8–1 可以看出：2000—2018 年，各组城镇居民人均收入一直是农村居民人均收入的 2 倍以上，从而表明相对收入差距以及由此呈现的相对贫困将是一种常态；从收入分组来看，收入水平越低的组别，呈现的城乡差距越大，从而表明农村低收入群体是相对贫困的主要群体。



三是农村区域收入差距所呈现的相对贫困问题。如图 8–2 所示，与城乡收入差距类似，由区域差距所表达的收入不平等也是中国相对贫困的重要特征。2018 年，东部地区的 10 个省份中仅有河北、海南两个省份的农村居民人均可支配收入低于 15000 元，其余 8 个省份均高于 15000 元。中部、东北合计共 9 个省份，其中除山西低于 12000 元以外，其余 8 个省份农村居民人均可支配收入为12000～15000元。西部地区12个省份中，除内蒙古、广西、重庆、四川为12000～15000元以外，其余8个省份农村居民人均可支配收入均低于12000元。提升西部地区的农村居民收入水平，是中国缓解相对贫困问题的重要任务。

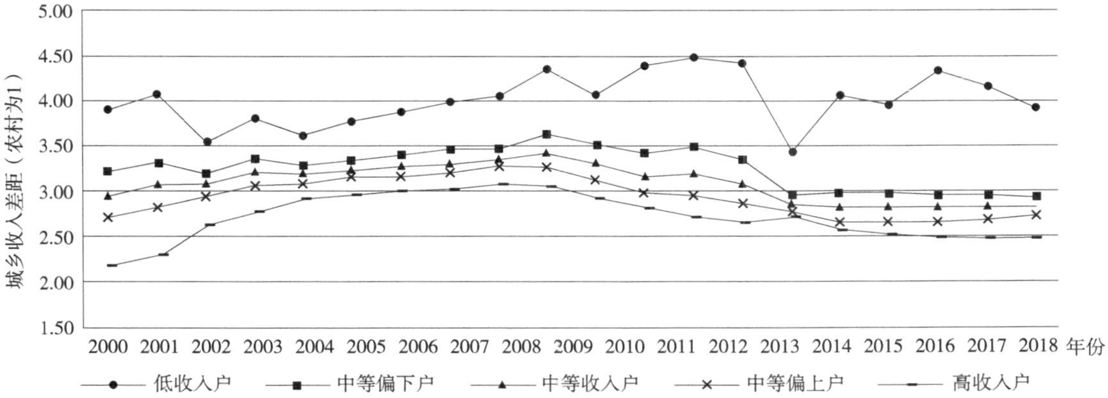


图8-1　2000—2018年城乡居民收入差距及分组对比

资料来源：笔者绘制。

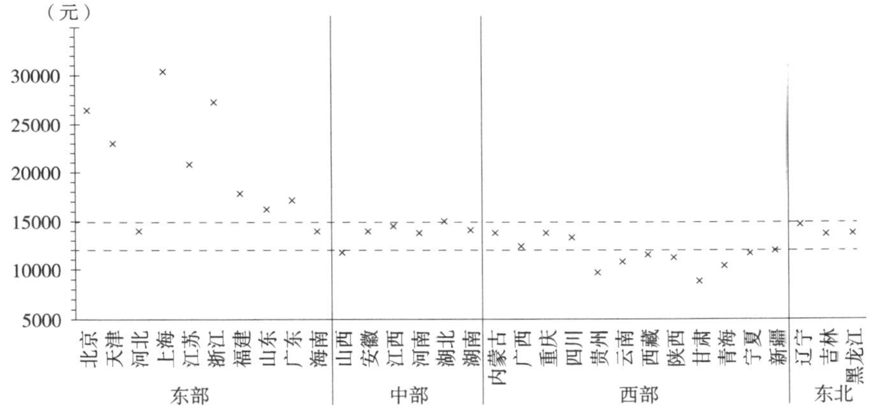


图8-2　2018年各省区农村居民人均可支配收入分布

资料来源：笔者绘制。

从解决绝对贫困到缓解相对贫困问题，是一个历史性转变。习近平总书记指出，在脱贫攻坚的伟大实践中，我们积累了许多宝贵经验，主要包括以下几个方面。一是坚持党的领导，强化组织保证。二是坚持精准方略，提高脱贫实效。三是坚持加大投入，强化资金支持。四是坚持社会动员，凝聚各方力量。五是坚持从严要求，促进真抓实干。六是坚持群众主体，激发内生动力。[①] 这些经验不仅是全面决胜脱贫攻坚的核心支撑，也将继续成为中国构建相对贫困长效治理机制的宝贵财富。



① 习近平：《在打好精准脱贫攻坚战座谈会上的讲话》，《求是》2020年第9期。

## 二、长期的挑战：相对贫困的基本性质及其困境

相对贫困被定义为个体所拥有的资源明显低于所在社会家庭或个人平均支配的资源水平，通常不取决于个人的实际生活状况，而是与参照群体状况紧密关联。一般来说，如果一个人或一个家庭的生活状况（如以收入水平来衡量）低于社会平均水平，并达到一定程度，就可认为其处于相对贫困状态。其中，生活状况多指收入水平和生活质量，生活质量包括资产积累、基本公共服务均等化、生活环境、政治参与等。所以，如果说解决绝对贫困是解决生存保障问题，那么缓解相对贫困则是解决收入和生活质量差距问题。

### （一）相对贫困的基本性质

在国际组织中，与世界银行关注绝对贫困标准不同，采用相对贫困标准最为典型的组织是经济合作与发展组织（OECD），但其没有设定具体且明确的目标和进程。只有欧盟在 2010 年发布了《欧洲 2020》政策文件，提出了明确的减缓相对贫困目标，但主要关注返贫风险。这里的返贫风险就是指收入水平低于欧盟的相对贫困标准，即人均等值可支配收入中位数的 60%。尽管欧盟为此付出了努力，但多年来相对贫困规模几乎没有下降，难以实现 2020 年的减贫目标。可见，与绝对贫困相比，相对贫困治理的复杂性与艰巨性更为突出，具有特殊的基本性质。

一是比较性。相对贫困是不同群体的对比，而这些对比可以表达为物质上的、社会上的或情感上的相对匮乏，并在政治经济活动过程中不断被解构与重构。其中，可支配收入是判断相对贫困的重要标准。在发达国家，通常将人均可支配收入中位数的 50% ～ 60%（大致分别相当于平均收入的 40% ～ 50%）作为相对贫困的判定基准。

二是主观性。在满足基本生存以及其他的基本生活需求之外，相对贫困更多涉及贫困主体的主观感受与社会共识的形成。所以，严格来说相对贫困表现为主观贫困。如果说客观贫困是基于客观事实（如营养不良）形成的判断，那么相对贫困则是基于获得感、幸福感以及满意度的主观感受。因此，相对贫困在一定程度上可视为一个社会心理问题。相对贫困群体的呼吁机制、社会共识所表达的价值取向，不仅决定着相对贫困的标准，而且决定着公共治理政策的方向与力度的取舍。



三是多元性。相对贫困往往集中表现为免受困苦、接受教育、享受政治权利、参与社群生活等能力的缺失。贫困主体能力的缺失主要源于资源贫乏（贫困群体可支配的资源严重少于其参照群体）、社会排斥（贫困群体被排除在社会认可的生活模式、习俗和活动之外）、相对剥夺（贫困群体无法获得有尊严的生活条件和便利设施，以及进入市场、获得教育与健康等经济和社会权利），因而相对贫困的主体呈现多元性特征。

四是长期性。相对贫困的比较性与多元性，决定了贫困治理的结构性挑战与长期性难题。从资源禀赋来说，可利用的自然资源在地理区域分布上不仅是差异化的，而且是外生的，从而产生了区域间的不平衡与群体间的相对差距；从经济机会来说，处于不同社会分工网络的个体或群体，由于网络位置、网络分割、社会固化及其传寻机制的不同，必然存在机会不平等，从而造成内生经济权利与生活质量的相对差距；从个人能力来说，一个人的行为能力包括衣食住行以及社会参与等各种功能性活动的能力，但因为个人能力的不同，使其在资源获取、机会捕获、权利行使等方面出现差异，进而导致其在摆脱收入贫困并改善生活质量方面受选择空间的约束。禀赋、机会与能力的差异，不仅决定了缓解相对贫困问题的艰巨性，而且会因为市场竞争机制及其“优胜劣汰”而具有历史性与长期性。

**（二）缓解相对贫困的困境与挑战**

贫困是一个永恒的话题。习近平总书记在 2016 年全国两会期间就已经指出，脱贫和高标准的小康是两码事。我们不是一劳永逸，毕其功于一役。相对贫困、相对落后、相对差距将长期存在。[①] 由于上述性质所决定的复杂性，中国相对贫困的治理不仅具有长期性，而且面临着若干的困境与挑战。

一是相对贫困标准制定与相对贫困人口识别问题。相对贫困的比较性特征意味着相对贫困是动态变化的。而相对贫困具有多元性则意味着相对贫困表现形式多种多样，且在不同区域不同群体中具有典型的差异性特征。作为贫困治理的前提，相对贫困标准的制定和相对贫困人口的识别，将成为未来扶贫工作的重点与难点。已有研究表明，与绝对贫困人口数量快速下降的趋势截然相反，改革开放以来，全国、农村和城镇的相对贫困发生率几乎一直处于上升的趋势。显然，如果采用相对贫困标准，将面临经济增长速度放缓、财政转移支付压力加大以及如何与联合国可持续发展议程相衔接等若干挑战。

二是城乡差距及区域差距带来的发展不均衡问题。中国城乡二元化的发展格局及城乡人口流动的特征，决定了中国相对贫困在城市和农村同时存在，且具有差异化及流动性等特征。例如，在夹缝中生存的新生代农民工面临农地福利递减与城市福利排斥的双重困境，且农民工群体的贫困代际遗传问题突出。这对中国相对贫困人口识别、标准制定及干预政策设计等均构成巨大挑战。此外，受地理环境、资源禀赋及社会文化等多种因素导致的区域经济发展不均衡问题影响，对于相对贫困的治理也提出了更高的要求。其中东西部差距、沿海与内地差距使相对贫困的治理难度加大。



① 《习近平谈务实作风》，《人民日报海外版》2017 年 06 月 21 日。

三是致贫风险多元化与脱贫后可持续发展问题。在消除绝对贫困之后，已脱贫群体返贫风险依然存在。多元化的致贫风险加剧了低收入群体的脆弱性，并引致由于收入不足所带来的社会排斥，加剧相对贫困。例如，因病致贫、因灾致贫等加剧了弱势群体的经济脆弱性和健康脆弱性，进而加剧贫困；因教致贫则通过父母子女等代际遗传特征，阻碍了人力资本的长足发展，使相对贫困治理难度加大。脱贫后已脱贫群体将由满足基本生活需求向全面自由发展转型，同样面临挑战。因此，如何破解致贫风险多元化与脱贫后可持续发展问题，是相对贫困治理面临的巨大挑战。

## 三、从传统策略到多维治理

贫困问题是发展经济学研究的核心话题。发展经济学或发展中国家经济学，往往被视为“穷国的经济学”。严格来说，它并非标准的学科分支，而是经济学在发展中国家的应用。发展经济学曾在20世纪50年代至70年代因为提出了各种雄心勃勃的发展战略而广受青睐，可惜好景不长，由于发展经济学家们深受凯恩斯主义的影响，并根据哈罗德-多马模型、索洛模型以及两部门增长模型的结果，认为只要通过政府干预、加大资本投入，并与本国丰富而廉价的劳动力资源相结合，经济起飞就指日可待。但由于缺乏微观经济学的学理基础，这些发展战略基本上以失败告终。一方面，因为发展经济学家开出的“药方”，在众多发展中国家并没有收到他们预期的效果，甚至产生了负面效果；另一方面，由于发展经济学理论大多着眼于宏观层面，且其研究方法又主要集中于理论模型的推演，过于空泛且缺乏实际应用价值，所以有人一度认为发展经济学已经“死亡”。

在经济学领域，治理相对贫困的传统策略大体包括两个维度。一是发展经济学的主张。与纳克斯所揭示的“因为穷所以穷”的贫困恶性循环相对应，经济学家们设计了众多由政府主导的通过投资打破低水平均衡陷阱的备选方案，包括莱宾斯坦的“临界最小努力”理论、罗丹的“大推进”理论、罗斯托的“起飞”理论等。但事实证明，这些策略并未给发展中国家带来有效的经济增长，更不能解决由经济增长伴生出的相对贫困问题。因为相对贫困与短缺并不完全是由资源与资本决定的，而是与心态、文化、行为能力以及激励机制紧密关联。二是广泛流行于主流经济学的“涓流经济学”。该学说基于其市场信念而天然地假设，富裕群体获得的利益最终会通过涓流效应传递给贫困人群。例如，在区域发展方面，涓流效应（或扩散效应）会通过区域中心的经济扩张，带动外围地区基础设施的改善，并从中心地区获得资本、人才、市场等，进而促进本地区的发展。充分的市场竞争环境下，要素报酬边际递减诱致要素流动，随着要素回报率的均等化要素将实现区域均衡，经济增长的成果最终将惠及普通劳动者与低收入群体。但事实上，由于资本的垄断天性以及资本与劳动要素的异质性，由市场竞争而形成的增长红利及其涓流效应，不仅难以填补“资本鸿沟”导致的财富差距，也难以填补由劳动能力差异所导致的收入差距。因此，涓流效应不可能缓解相对贫困问题。

事实上，“卢卡斯悖论”已经宣告了上述两类传统策略的失败。经典的新古典增长模型认为，经济增长取决于资本和劳动力的有机结合，并且跟技术水平成正比。由此，剩余的劳动力会吸引资本与之相结合而创造经济增长。但卢卡斯基于对美国与印度的研究发现，1988 年印度的资本边际回报率是美国的 58 倍，如此大的差异却没有导致美国的资本流向印度，不仅为投资决定论与“涓流经济学”提供了反证，而且揭示了制度环境、经济结构、金融体系与人力资本在要素流动及经济增长中的作用。

对相对贫困最有现实影响力的理论思考来源于彼得·汤森和阿玛蒂亚·森。彼得·汤森将相对贫困视为与参照群体相比较而体现出来的一种“相对被剥夺”的社会现象，从而揭示了相对贫困的社会公平性质。正是资源与机会的相对剥夺，穷人既不能有效参与正常的社会活动，从而导致选择空间受限，也不能获得增加收入的渠道，从而导致生活水平低下。所以按照他对贫困根源的理解，任何社会都会存在贫困现象。彼得·汤森认为不能仅从客观的角度去界定贫困，贫困的定义中还应包含以他人或其他社会群体为参照物所感受到的被剥夺程度，即含有主观因素。彼得·汤森的解释，标志着对贫困的研究范式从经济学转向了社会学，缓贫政策也从单一的经济方式转向经济、社会和政治相结合的多元方式。阿玛蒂亚·森进一步从权利相对剥夺的视角，提出了多维贫困和可行能力的分析框架。他认为，贫困不仅是相对地比别人穷，贫困的概念中含有一个不能去掉的“绝对核心”，即缺乏获得某种基本物质生存机会的“可行能力”。阿玛蒂亚·森认为尽管低收入与能力之间有密切的联系，但贫困的实质是可行能力的缺失。收入不足是相对贫困的表象，但教育和医疗保健的缺乏以及由此导致的能力不足则是难以摆脱贫困的关键。所以应该从获得食物、饮用水、卫生设施、健康保健、住房、教育和信息等基本能力方面来测量贫困与发展。如果说彼得·汤森的理论是典型的“相对贫困”理论，那么阿玛蒂亚·森的理论就可视为是一种“相对的绝对贫困”理论。但他们的相同之处是都强调了贫困的多维性问题。



阿尔基尔（Alkire）和福斯特（Foster）提出了一种新的测量多维贫困的方法（AF 方法），即：一是对每个维度内的贫困指标设定贫困阈值；二是跨维度设定多维度贫困的阈值。由于该方法扩展了社会福利和贫困的视角，所以从 2010 年开始被联合国开发计划署《人类发展报告》采用。全球多维贫困指数重点包括健康、教育和生活水平三个维度。事实上，中国制定的农村收入贫困线也具有多维性，包括维持基本生活的食物与非食物消费支出两部分，体现了中国全面治理贫困问题的决心与探索。

在上述多维贫困的治理思维中，“贫”往往关注的是经济层面的收入水平问题，“困”关注的则是非货币方面的公共服务问题。但应该强调，多维相对贫困及行为能力理论，表达的主要是社会经济运行所伴生的不公平结果，但却不能在根源上解构相对贫困的生成逻辑。划定绝对贫困线的目的是维护生存，通常能够找到客观且科学的标准，而划定相对贫困线的目的是维护公平，往往具有主观性与可变性，并受到来自社会不同群体与心理态度及价值偏好的挑战。

## 第三节　相对贫困的治理策略与长效机制

世界银行在2016年的一篇报告中提出了“三支柱”的贫困治理策略。所谓“三支柱”，主要包括包容性增长、人力资本投资以及社会保障。檀学文（2020）认为，《欧洲2020》减缓相对贫困的方案，与“三支柱”策略基本吻合；中国的发展与减贫模式也颇具“三支柱”特色。相对贫困的本质是社会公平问题，所以“三支柱”治理策略的目标指向就在于通过合理的经济增长促进社会公平。

### 一、相对贫困的治理策略

#### （一）包容性增长依靠机会的开放与公平

包容性增长最早由亚洲开发银行在2007年首次提出，重点在于保障有效就业、促进机会平等、构建社会安全网，核心是倡导机会平等的增长。机会平等被看作实现社会收入公平的根本途径，这种源于现代福利经济学的观点，把社会成员的经济平等定义为机会公平和结果公平。机会公平意味着对身份特权的否定、对财产权的有效保护、对未来均等机会的开放。在机会公平中缓解相对贫困，需要形成以下三个方面机制。

一是市场机制。将市场看作一个交易场所是大众化的认识，但经济学家更多的是把市场看成是一种资源配置方式。在市场中，各种资源的稀缺程度通过价格信号得到反映，交易参与者则根据价格及其变化来作出反应，即价格是市场配置资源的最主要形式。哈耶克曾深刻地指出，价格制度是一种使用知识的机制。由于市场信息的分散分布，往往只有个体最清楚什么对其才是最优的，而其他人很难代其作出决策，因而资源配置最有效的方式就是分散决策，而对于分散决策只有价格机制才是最适合的。

二是产权分立。产权制度是一种基础性的经济制度，不仅对资源配置及其效率有重要影响，而且构成市场制度以及其他许多制度安排的基础。产权制度既是市场交易的前提，又是市场交易的结果。明晰的产权制度能够有效地界定责任。一个有效的产权制度，应明确界定行为主体获取与其努力相匹配的收益的权利。而只有明晰的产权才能使当事人的利益得到尊重与保护，从而使行为主体的内在动力得以激发。

三是治理机制。只有建立有效的治理机制才能够协调各种社会组织并形成行为约束，其中政府的作用尤为重要。包容性增长的执行机制既是资源配置的运行机制，更是一种制度体系、社会组织方式和信念体系。因此，构建市场经济条件下的公平社会，必须强调政府的作用。市场制度的存在是有其前提的。市场制度由于其本身是公共产品，可能会出现“公地悲剧”，因此需要一些制度安排及治理机制来促使市场机制发挥作用。政府为市场经济的运行提供基本必需的制度基础，比如，界定和保护产权、维护合作与竞争秩序、通过动员道德资源降低社会运行成本等。在构建机会公平的制度基础中，政府发挥作用的关键是维护经济自由、保护个人权利并提供必要的政治条件和法律条件。

**（二）机会公平依靠教育与人力资本投资**

中国目前的相对贫困乃至社会分配不合理，是由多种原因造成的。其中，与人力资本有关的资源分配的不合理以及受教育机会的不合理，进而导致的能力不平衡，则是最深层的原因。经济学家迪顿认为，美好生活需要的不仅是健康的身体和足够的金钱。要远离贫困，人类也需要拥有更好的教育、健康以及更广泛地参与社会经济活动的能力。

健康与教育以及由此形成的人力资本是人的行为能力的核心因素。舒尔茨认为，人力资本是体现在劳动者身上的一种资本类型，主要体现为劳动者的数量和劳动者的知识程度、技术水平、工作能力以及健康状况。人力资本是通过投资而形成的，像土地等实体性要素一样，在社会生产中具有重要作用。经济发展主要取决于人的质量的提高，而不是自然资源的丰瘠或资本的多寡。现代经济的快速增长，并不是我们比前人拥有更多的资源，而是我们有更多的人有能力增加知识积累并将资源的更大部分用知识加以改造。现代经济本质上表现为以人力资本的开发和积累为基本增长源的经济。已有研究证明，教育在促进技术革新、提高劳动者在优化个人资源和适应经济环境转换的能力等方面发挥着关键作用。更为重要的是，人力资本可以促进经济增长，增加个人收入，从而使个人收入与社会分配的不平等现象趋于减少。由此，教育被视为是实现社会平等“最伟大的工具”。正因如此，“再穷不能穷教育”“再不公平不能让受教育机会不公平”已经成为中国社会的普遍共识。



**（三）在开放机会与强化赋能的同时辅之以社会援助的兜底保障**

作为公共产品，由政府提供的教育不仅是不同质的，而且即使存在同质的教育供给，由于人们在遗产、心智、健康以及所处环境等方面的差异，也会导致人力资本积累与行为能力的不同。

能力的不同必然导致对市场机会的反应、判断与捕获的差异，从而形成结果上的不平等。尤为重要的是，基本能力的缺失对赋能与机会不能进行有效的反应。由此，建立社会援助的兜底保障机制，不仅有助于在公平的前提下提升效率，也有助于在效率提升的前提下改善公平性。

中国的社会保障支出主要是指以家庭为单位从政府获得的各种转移支付收入，包括低保、五保户补助、特困户补助、救济金、抚恤款等。作为重要的兜底手段，社会保障不仅有助于分摊社会风险，改善长期贫困，减缓相对贫困，而且能够显著提升相对贫困群体的心理幸福感。已有研究证明，社会保障支出对农村居民贫困脆弱性具有明显的改善作用，并能够显著降低农村居民未来陷入贫困的风险。不仅如此，社会保障还具有调节收入分配的重要作用，对缩小收入差距具有显著的正向影响。由此，社会保障对于治理相对贫困具有不可替代的重要作用。老年人贫困是一个重要的社会问题。研究表明，城市当中没有购买养老保险的老年人贫困发生率为 10% ～ 44%，购买了养老保险的老年人贫困发生率为 0.2% ～ 12.9%；在农村地区，没有养老保障的老年人贫困发生率为 20.6% ～ 31.7%，而拥有养老保障的老年人贫困发生率降低到 3.5% ～ 6.39%。可见，社会保障有着明显的减贫效应。

图 8–3 刻画了上述相对贫困治理的逻辑线索。其核心思想是，根据多维贫困的治理思维与“三支柱”的治理策略，提炼机会、能力与保障的核心线索，由此形成一套具有动态性、可调整性及相机操作性的相对贫困治理逻辑，包含遏制返贫的底线逻辑、开放竞争机会的放松逻辑、破解资源约束的配置逻辑、改善行为能力的提升逻辑，以及改善相对福利的心理逻辑。

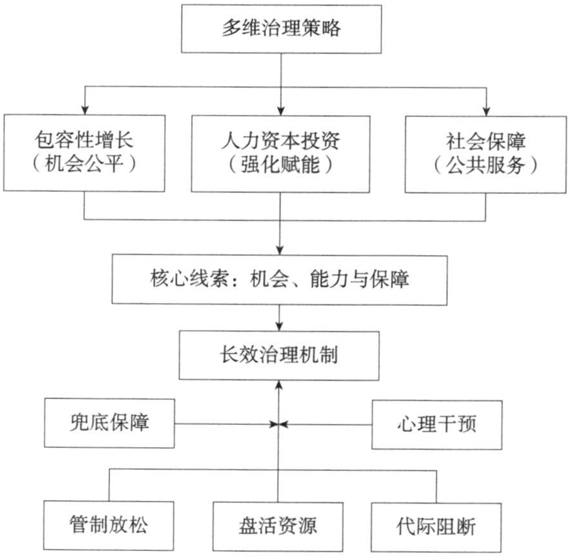


**图 8–3　相对贫困治理逻辑线索**

资料来源：笔者绘制。

## 二、缓解相对贫困的长效机制

### （一）底线逻辑：建立遏制返贫的长效兜底机制

底线逻辑的核心是反对绝对贫困，遏制返贫，建立长效兜底机制。兜底型贫困标准是过去绝对贫困标准的延伸，与最低生活保障标准并轨，以最低生活保障为内核，由此实现兜底贫困标准与最低生活保障标准的统一。其中，设定相对贫困线的主要目的是识别帮扶措施的受众，为评估各项社会政策对不同收入群体的惠及程度提供基本参照；坚持“两不愁、三保障”的底线思维；综合运用基本生活救助、专项社会救助、急难社会救助等措施，构建基本民生兜底保障安全网，由此不断增强相对贫困人口的获得感、幸福感、安全感。建立遏制返贫的长效兜底机制应重点关注三类人群：一是无劳动能力的群体。对于无劳动能力的家庭，应该由国家提供“两不愁三保障”的刚性兜底，各地应根据自身经济发展水平设定具体的“兜底生活保障线”。二是社会边缘群体。对于单身母亲、留守儿童、独居老人、失业者等脆弱群体，建立物质与精神层面的“兜底援助保障机制”。三是高风险群体。高杠杆家庭、隐形贫困人口以及能力贫困人群、因病因灾人群等将是潜在的相对贫困人群，应采取精准识别的方式，建立“兜底风险规避机制”。

### （二）放松逻辑：建立机会开放的长效支持机制

放松逻辑的核心是弱化管制，扩大选择空间，建立长效支持机制。事实表明，从人民公社到家庭联产承包责任制的制度变革，是中国缓解农村贫困的最为重要的制度性根源。其中，产权管制放松以及由此形成的激励机制发挥了不可替代的作用。从包产到户到大包干的农地经营制度变革与农村微观组织系统再造，通过管制放松，确定了农户家庭经营的主导地位，从而使广大农民获得了人民公社时期不可想象的财产支配权。由此产生的激励机制，推动了资源配置效率的提高，农业结构调整和非农产业发展成为可能，从而引发了农村经济流量的迅速扩张，有力地改变了国民经济的原有格局与经济流程。建立机会开放的长效支持机制的重点在于以下三个方面。一是赋予边缘群体自由迁徙权、自由择业权与自由定居权，由此扩展要素流动机会，实现既“挪穷窝”又“换穷业”，改善收入流。二是对因管制造成机会约束的低收入区域群体，比如，禁止开发区域、限制开发区域居民，应该按照公平原则在财政上给予功能性补偿与转移性支付补贴，与此同时，增强生态产品生产能力并加大对交易平台建设的支持力度，并按照包容性增长原则，鼓励相容性的功能拓展、产业创新、业态转型与绿色化发展。三是在发展大中城市的同时，重视农村城镇化与城乡融合发展。其中，做大县城并融入城市群体系不仅有助于农民就近实现非农转移，降低融入门槛，减少大规模跨区域流动的交易成本，化解过度城市化带来的拥挤、病毒与疫病传播风险等“城市脆弱”难题，而且还有助于通过增长极带动和支持乡村振兴。

### （三）配置逻辑：建立激发活力的长效动力机制

配置逻辑的核心是盘活资源，提升经济效率，建立长效动力机制。必须充分发挥市场在资源配置中的决定性作用。一是鼓励农地流转与要素流动，改善农业的规模经济性，与此同时推进农业土地经营权细分、迂回投资及其组织化，促进农业分工深化，由此造就生产组织的企业家、服务组织的企业家、市场运作的企业家，引导小农户融入现代农业发展进程。二是大力发展农村集体经济组织，发挥集体经济组织的整合优势，改善农村金融服务的可获得性，鼓励企业家能力的创新性融入，由此形成“政府支持、市场主导、社会参与、低收入群体响应”的经济激励体系。三是探索城乡互促的激励机制，促进农业和非农部门、城市和农村能够在一个自由流动和激励相容的市场机制中平衡发展，引导各类先进生产要素流向贫困地区，形成区域经济发展的联动机制。关注贫困人群中农村易地移民搬迁户、城市农民工群体“社会排斥”现象，做好重点人群的社会化融入工作。建立激发活力的长效动力机制的重点在于：积极推进农业人口转移与农民的非农就业，降低农民产业进入与城镇融入的门槛，增加农民的工资性收入；促进扶贫产业转型升级以增强市场竞争力，利用互联网、数字化等新科技手段以提高农业边际生产力，从而增加低收入地区群体的经营性收入；改善农民的组织化程度，壮大农村集体经济，增加集体成员的享益性收入；盘活农村土地资源，挖掘土地制度红利，增加欠发达地区群体的财产性收入；开发生态与人文景观以及乡土资源，引导产业化开发与价值链拓展，增加边远地区群体的功能性收入。

### （四）提升逻辑：建立贫困代际阻断的长效培育机制

贫困代际传递不仅是贫困家庭顺利脱贫的障碍，也是造成“返贫”影响全面建成小康社会宏伟目标实现的顽疾。狭义的贫困代际传递体现在个体家庭内部，指的是贫困和导致贫困的因素由父母向子女的传递，子女在成年后重复父母的贫困境遇；广义的贫困代际传递反映在社会范围内，贫困在某些区域或阶层由前代向后代延续。为了解释贫困代际传递，刘易斯提出了“贫困文化”的假说。所谓“贫困文化”，是贫困群体在适应环境的过程中产生的非主流行为反应，其特征是对自然环境的屈从和对主流社会价值体系的怀疑，进而形成消极被动的生活态度和价值观念。破解“贫困文化”，摆脱代际传递，依赖于脱贫能力的建设与提升。研究表明，地方政府公共支出对于贫困代际传递有着很好的阻断作用，尤其是教育支出和农业支出的作用更为明显。建立贫困代际阻断的长效培育机制的重点在于以下四个方面。一是加强对欠发达地区或边远地区儿童的营养干预，改善其智力基础。二是支持欠发达地区的义务教育、高中、职业教育和高等教育发展，改善其就业能力。三是缩小城乡教育差距，阻断贫困代际传递的路径。四是加大对欠发达地区医疗基金的拨付力度和医疗保险的补贴力度，提升其脱困能力。与此同时，应培育和引进企业家，形成异质性人力资本，提升市场机会的发现能力，激发贫困群体的创业潜能；培育社会资本，提高贫困群体从社会关系网中获取各种资源的能力；深化产业分工，鼓励贫困群体融入多样化的产业网络、商务网络与价值链网络，进而促进职业与身份转换并分享分工经济与网络经济红利。

**（五）心理逻辑：建立广义福利的长效诱导机制**

心理逻辑的核心是心智培育，转变价值观念，建立长效诱导机制。研究表明，长期物质贫困会产生特殊的心理后果即心理贫困，使贫困者难以摆脱物质贫困。贫穷不仅是简单的缺少金钱，对于贫困者而言，贫困更是一种生活中无时无刻不在面对的高压的“稀缺环境”，这使其形成了一种稀缺心态，该心态使得其非常容易局限于眼前利益，忽略长远利益，如只在意眼前收入的多少而不愿进行长远的人生规划、相对较少地为子女未来发展进行投资等，长此以往形成“贫困—特定心理与行为模式—继续贫困”的恶性循环。不仅如此，贫困的心理认知甚至可能损害社会稳定。大量研究表明，与高收入群体相比，低收入群体更感到社会不公平；低收入群体不仅更多感到社会不公，而且即使是遭遇了同样的不公，他们也会比高收入群体更为敏感，真正遭遇不公平时也比高收入群体表现出更低的容忍程度，甚至在生理指标上表现得也更为强烈。因此，长效诱导机制的关键在于，一是理解贫困群体的心理特征、文化禀赋及行为逻辑，调整其认知模式，强化扶智扶志，提升相对贫困群体基于内在素质的可持续发展能力。二是在微观层面提供克服情境主义倾向的干预措施。尤其是通过经济援助与教育投资，提升贫困群体抱负水平，干预贫困群体的稀缺心态，引导其思考未来和长期投资并建立更长远的目标。三是在宏观层面构建新的财富观，改变以经济收入为单一目标的财富最大化观念，引导“为增长而增长”转向“为福利而转型”的目标导向，推广“绿水青山就是金山银山”理念，培育生态财富观，重构低收入群体广义福利的目标函数，由此实现生态、康养、人文和社会的多功能融合与可持续发展。

## 参考文献


阿马蒂亚·森．以自由看待发展 [M]. 北京：中国人民大学出版社，2013.

安格斯·迪顿．逃离不平等：健康、财富及不平等的起源 [M]. 北京：中信出版社，2014.

陈锡文．充分发挥农村集体经济组织在共同富裕中的作用 [J]. 农业经济问题，2022（5）：4–9.

程国强，马晓琛，王瑜．准确把握巩固拓展脱贫攻坚成果过渡期的阶段特征 [J]. 中国发展观察，2022（2）：17–20.

程国强，伍小红．抓紧做好农村低收入人口识别工作 [J]. 中国发展观察，2021（Z1）：27–28+24.

程国强，肖雪灵．强化帮扶政策有效衔接　牢牢守住不发生规模性返贫底线 [N]. 光明日报，2022–09–20（6）.

范东君．新中国成立以来反贫困的历史进程与经验启示 [J]. 求索，2020（5）.

郭永玉，杨沈龙，胡小勇．理想天平与现实阶梯：心理学视角下的社会分层与公平研究 [J]. 中国科学院院刊，2017（2）.

哈耶克．价格制度是一种使用知识的机制 [J]. 经济社会体制比较，1989（5）.

胡小勇，徐步霄，杨沈龙，等．心理贫困：概念、表现及其干预 [J]. 心理科学，2019（5）.

李聪，刘喜华，李慧．乡村治理能否有效降低农村居民家庭财务违约风险——基于 CFPS2018 的经验证据 [J]. 农业技术经济，2021（12）：46–59.

罗必良．产权强度、土地流转与农民权益保护 [M]. 北京：经济科学出版社，2013.

罗必良．从产权界定到产权实施——中国农地经营制度变革的过去与未来 [J]. 农业经济问题，2019（1）.

罗必良．和谐社会：制度的基础性作用 [N]. 羊城晚报，2006–10–22（A7）.

罗必良．机会平等是实现收入公平的根本途径 [N]. 南方日报，2005–03–23（A5）.

罗必良．教育公平：诉求、问题与推进 [N]. 南方日报，2007–04–12（A12）.

罗必良．贫困、RCTs 及其争议——2019 年诺贝尔经济学奖简评 [J]. 华中农业大学学报（社会科学版），2020（1）.

罗必良．相对贫困治理：性质、策略与长效机制 [J]. 求索，2020（6）：18–27.

潘星宇，卢盛峰．阻断居民贫困代际传递：基层政府支出政策更有效吗？ [J]. 上海财经大学学报，2018（1）.

帅竞，成金华，帅传敏，等．IFAD 中国项目精准脱贫绩效评价：基于农民人均收入视角 [J]. 中国人口・资源与环境，2017（2）.

宋吉东，侯永．社会保障对城乡老年人的贫困削减效应 [J]. 人力资源开发，2020（2）.

檀学文．走向共同富裕的解决相对贫困思路研究 [J]. 中国农村经济，2020（6）.

唐仁建．扎实推动乡村振兴取得新进展 [N]. 学习时报，2022–03–02（1）.

汪晨，万广华，吴万宗．中国减贫战略转型及其面临的挑战 [J]. 中国工业经济，2020（1）.

王小林，冯贺霞．2020 年后中国多维相对贫困标准：国际经验与政策取向 [J]. 中国农村经济，2020（3）.

王雪冬．包容性增长理论的研究现状及未来展望 [J]. 经济研究参考，2018（37）.

吴振磊，王莉．我国相对贫困的内涵特点、现状研判与治理重点 [J]. 西北大学学报（哲学社会科学版），2020（4）.

舒尔茨．报酬递增的源泉 [M]. 北京：北京大学出版社，2017.

习近平．习近平谈治国理政（第三卷）[M]. 北京：外文出版社，2020.

习近平．在全国脱贫攻坚总结表彰大会上的讲话 [N]. 人民日报，2021–02–26.

杨立雄，谢丹丹．“绝对的相对”，抑或“相对的绝对”——汤森和森的贫困理论比较 [J]. 经济科学，2007（1）.

叶兴庆，殷浩栋．从消除绝对贫困到缓解相对贫困：中国减贫历程与 2020 年后的减贫战略 [J]. 改革，2019（12）.

张超，罗必良．中国农村特色扶贫开发道路的制度分析：基于产权的视角 [J]. 数量经济技术经济研究，2018（3）.

张红宇．以更有力举措加快发展乡村产业 [J]. 理论导报，2022（6）：10–13.

张屹山，杨春辉．贫困代际传递的演化博弈与政策制度探析 [J]. 社会科学战线，2019（9）.

左孝凡，王翊嘉，陆继霞．社会保障支出、收入差距与农村居民贫困脆弱性 [J]. 统计与决策，2020（15）.

Alkire，S.，J. E. Foster. Counting and Multidimensional Poverty Measures. OPHI Working Paper，No.7，2007.

Gill I. S.，A. Revenga，C. Zeballos. Grow，Invest，Insure：A Game Plan to End Extreme Poverty by 2030. World Bank Policy Research Working Paper，No. WPS7892，2016.

Haushofer J.，J. Shapiro. The Short–term Impact of Unconditional Cash Transfers to the Poor：Experimental Evidence from Kenya[J]. Quarterly Journal of Economics，2016，131（4）：1973–2042.

Haushofer J.，Fehr E.. On the Psychology of Poverty. Science，2014，344（6186）：862–867.

Lucas R. E.. Why Doesn't Capital Flow from Rich to Poor Countries?[J]. American Economic Review，1990，80（2）：92–96.

Townsend P.. Poverty in the United Kingdom：A Survey of Household Resources and Standards of Living[M]. CA：University of California Press，1979.

# 第三篇

# 全面提升：乡村产业发展、乡村建设与乡村治理

# 第九章　农业新质生产力与农业高质量发展[①]

新质生产力是先进生产力的重要表现形式，是由技术革命性突破、要素创新性配置、产业深度转型升级共同催生而成的当代表征性生产力形态。生产力作为推动社会进步最活跃、最革命性的要素，其发展水平是衡量社会整体发展程度的根本标准。2023年中央经济工作会议强调，要以科技创新推动产业创新，特别是以颠覆性技术和前沿技术催生新产业、新模式、新动能，发展新质生产力。[②]从理论维度来看，习近平总书记关于“新质生产力”的重要论述，是马克思主义生产力理论在当代中国的创新性拓展与现实化发展，也进一步丰富和发展了习近平经济思想的理论体系。从实践层面来看，发展新质生产力，既为推进中国式现代化建设提供了方向指引，也为新时代推进实现高质量发展提供了实践路径。在农业领域，推动农业现代化进程、实现从“大国小农”向“大国强农”的历史性跃迁，同样亟须加快培育和发展以高质量为目标导向、以创新驱动为核心特征、以科技赋能为内生动力的农业新质生产力，加快建设农业强国（罗必良、耿鹏鹏，2024）。

本章聚焦农业新质生产力与农业高质量发展的理论逻辑与实践路径，深入探讨在新一轮科技革命和产业变革背景下，农业领域所呈现的颠覆性创新与基要性变革，系统阐释农业新质生产力的核心内涵、技术基础与制度保障。通过对农业高质量发展的本质规定、目标导向与政策选择进行理论分析，明确其与新质生产力之间的辩证关系。进一步，提出以农业新质生产力为引擎，推动农业向更高层次、更高效率、更可持续方向转型升级的实现路径。本章旨在为新时代加快建设农业强国、实现农业现代化提供理论依据与实践指导。



① 本章主要内容发表于《天津社会科学》2020年第5期，原文标题为《中国农业的高质量发展：本质规定与策略选择》；《中国农村经济》2024年第8期，原文标题为《颠覆性创新与基要性变革——兼论农业高质量发展的本质规定和努力方向》。

② 《中央经济工作会议在北京举行》，《人民日报》2023年12月13日。

# 第一节　农业新质生产力的颠覆性创新与基要性变革

## 一、新质生产力的概念体系

新质生产力作为重大的原创性概念，体现了高质量发展作为时代主旋律的理论自觉，有着丰富而深刻的含义。这一理论创新是综合把握世界科技与产业变革的发展趋势、准确判断中国社会经济发展的新格局与新任务，特别是深刻理解世界百年未有之大变局所带来的机遇和挑战而提出来的，有着深刻的历史背景与战略把握（见表 9-1）。

表 9-1　新质生产力提出的时代背景

| 基本要求 | 目标定位 |
|---|---|
| 新质生产力是新形势下应对世界百年未有之大变局的根本要求。当前，人类社会的生产力系统正处在科技创新更加密集、新兴产业蓬勃兴起、产业格局重新塑造、国际力量对比发生重大调整的重要时期，国际产业竞争越发加剧 | 要努力抢占科技创新的最前沿和制高点。要充分利用新型举国体制的制度优势，加强科技领域的基础性研究，突破关键性核心技术瓶颈，增强科技产业化市场化转化能力，建设能够有效支撑现代化经济体系的世界科技强国 |
| 新质生产力是新发展格局中推动中国经济高质量发展的根本要求。从中国高质量发展的现实格局看，唯有通过科技创新，方能摆脱传统经济增长方式、摆脱传统生产力发展路径，驱动生产力迭代升级，以新质生产力赋能经济社会建设 | 要挖掘经济增长新动能。传统经济发展模式难以为继，迫切需要转向创新驱动型经济；传统优势产业国际竞争力下降，迫切需要新的经济增长点与拉动力；传统产业升级相对滞后，迫切需要科技与产业深度融合 |
| 新质生产力是新征程中实现中国式现代化宏伟目标的根本要求。发展新质生产力是实现中国式现代化的必由之路和必然选择。必须以科技创新催生新产业、新模式、新动能，切实贯彻创新、协调、绿色、开放、共享的新发展理念 | 要以发展新质生产力为根本动力，跨越“中等技术陷阱”“去工业化陷阱”“修昔底德陷阱”。必须夯实战略性新兴产业和未来产业的发展基础，这是促进新质生产力茁壮成长、为中国式现代化注入强大动力的必由之路 |

资料来源：罗必良（2024）、郁雷（2024）、吕薇等（2024）。

生产力及其发展是人类社会发展的根本动力。高质量发展需要新的生产力理论来指导。因此，立足新形势下应对世界百年未有之大变局、新发展格局中推动中国经济高质量发展、新征程中实现中国式现代化宏伟目标的三大根本要求，必须深刻认识新质生产力的本质内涵。

对于什么是新质生产力、如何发展新质生产力，习近平总书记给出的综合性概括是，新质生产力是创新起主导作用，摆脱传统经济增长方式、生产力发展路径，具有高科技、高效能、高质量特征，符合新发展理念的先进生产力质态。它由技术革命性突破、生产要素创新性配置、产业深度转型升级而催生，以劳动者、劳动资料、劳动对象及其优化组合的跃升为基本内涵，以全要素生产率大幅提升为核心标志，特点是创新，关键在质优，本质是先进生产力。[①]

这一重要论述系统勾画了新质生产力的概念体系。这一概念体系可以表达为“一个主导”“三



① 习近平：《发展新质生产力是推动高质量发展的内在要求和重要着力点》，《求是》2024 年第 11 期。

大催生”“三元要素”“三个质态”“一个标志”（见图 9-1）。

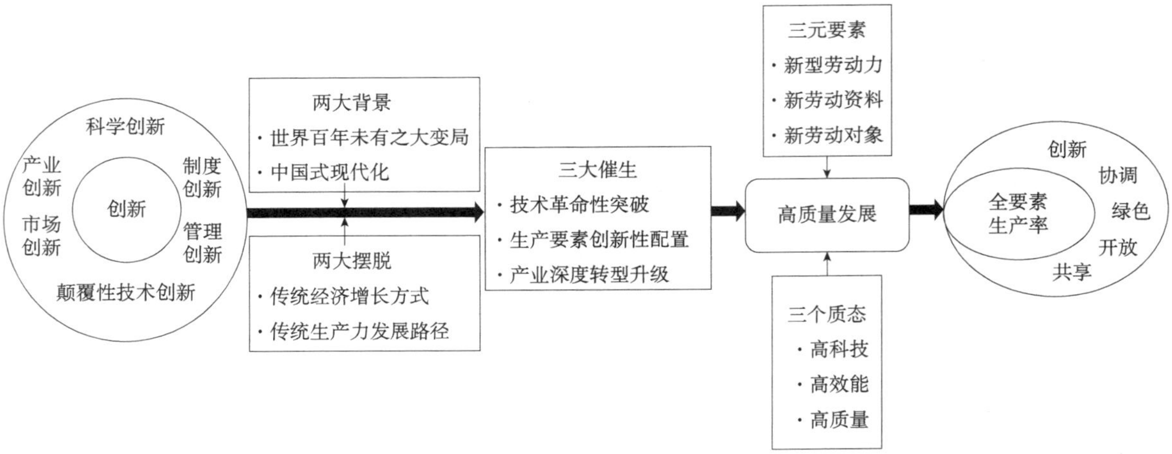


**图 9-1　新质生产力的概念体系**

资料来源：笔者绘制。

该概念体系包含了四个方面的重点：（1）新质生产力的主导力量。新质生产力的主导力量是创新，涉及科学创新、制度创新、管理创新、颠覆性技术创新、市场创新、产业创新等相互关联的不同层面。只有坚持创新驱动，才能摆脱传统经济增长方式与传统生产力发展路径。（2）新质生产力的催生路径。一是以颠覆性技术和前沿技术的创新，催生新产业、新模式、新动能，发展新质生产力，并由此形成高科技、高效能、高质量的先进生产力质态。二是依靠科技手段、数字技术和创新赋能，促进生产要素的创新性配置及其优化组合的跃升。其中，高素质劳动力是新质生产力的行为主体，高技术含量的劳动资料是新质生产力的手段支撑，更广范围的劳动对象是新质生产力的物质基础。由此，以新质生产力赋能传统生产力三要素，推动劳动力、资本、土地、知识、技术、管理、数据等生产要素的创新性配置。三是以战略性新兴产业和未来产业为主要载体，以数字化、网络化、智能化重塑经济增长新动能，实现产业的深度转型升级与产业链现代化，在改造传统产业的同时，建设具有完整性、先进性、安全性的现代化产业体系。（3）新质生产力的核心标志。新质生产力以全要素生产率大幅提升为核心标志。科技是第一生产力。要以重大科技创新为引领，加快科技创新成果向现实生产力转化，推进技术的普及化、通用化以及在产业中的广泛渗透，由此以强大的生产力推动全要素生产率的显著提升。（4）新质生产力的发展理念。发展新质生产力，必须完整、准确、全面贯彻新发展理念，必须把坚持高质量发展作为新时代的硬道理。其中，绿色发展是高质量发展的底色。新质生产力的本质必须是绿色生产力，从而实现“科技创新 + 资源配置 + 产业结构”的绿色化。

## 二、经济增长的决定论逻辑：技术创新及其渗透

新质生产力是在推进经济高质量发展的大背景下提出的。因此，讨论经济增长的决定性机理有助于增进对新质生产力本质的理解。鉴于新古典经济学已经讲述了足够多的关于经济增长逻辑的故事，这一部分试图从人类长期经济增长的历史中挖掘其决定性根源。

### （一）回顾历史之谜：大分流的动因

探寻经济增长根源的研究文献浩如烟海。其中，关于19世纪的“西方世界的兴起”或东西方“大分流”成因的历史之谜，尤其受到学界关注。在众多的解释中，产权与制度一直是占据主导地位的重要分析线索（罗必良，2020）。经济学家尤其是经济史学家认为，对于全球范围内普遍存在的长期经济增长或停滞的“大分流”现象，制度能够提供强有力的解释（诺斯、托马斯，1999）。以至于奥尔森强调，各国财富存在巨大差异，唯一合乎逻辑的解释是各国的制度及政策质量存在显著的差异（Olson，1996）。其核心命题是：制度是重要的。

但该命题受到了两个方面的挑战。一是制度解释的“悖论”。制度变迁分为突变型变迁与渐进型变迁。但无论哪类变迁，都表现为一种新的高效率制度对原有低效率制度的替代，并呈现制度与环境的结构性改善过程。问题在于，既然制度变迁是一种效率提升的转换过程，那为何会反过来导致长期的经济增长停滞呢？诺斯（1994）的解释是，制度变迁中存在的自我提高或正反馈机制，会导致变迁轨迹的路径依赖，而这类依赖的形成主要由历史上的偶然性事件以及初始选择所决定。可见，将“制度是重要的”的命题转换为“历史是重要的”命题，这种历史决定的“宿命论”无疑大大损伤了其理论解释力。二是经济学界的“因果革命”。比较制度历史分析学派关于经济增长决定性因素的解释，往往以国家为观测单元，集中于国家层面的制度比较（格雷夫，2008）。由于缺乏严格细致的因果检验，导致严重的遗漏变量问题。正因如此，“制度是重要的”判断总是被质疑为是一类相关性分析而不是因果效应检验，以至于“大分流”的成因，除了“制度论”，还可以从不同的维度来解释（李芮，2015）。可以认为，由于长期经济增长是涉及经济、社会、文化等层面的复杂现象，不同的理论见解尽管有着不同的解释能力，却总是相互关联。

### （二）长期经济增长：“马尔萨斯陷阱”、工业革命与技术进步



1800年以前，人类经济的发展模式和其他动物并没有本质差异。虽然人类早已从采猎社会过渡到农业社会，但因受到土地等自然资源的约束，人类社会整体一直处于一种物质财富的紧平衡状态。当人均收入上升时，人口总量会增加；人口增加会导致人均收入水平下降，持续的下降则会导致饥荒与死亡；总人口的下降又导致人均收入增长缓慢，但又很快会因人口的增长而消失……这就是著名的“马尔萨斯陷阱”。应该说，在农业革命之后近万年的发展历程中，人类社

会一直在这样的“收入上升—人口增加—收入下降—人口减少”的循环陷阱中反复挣扎而处于“未发展状态”。

直到第一次工业革命，才历史性地改变了人类经济增长轨迹。英国之所以成为工业革命的发祥地，主要是因为技术进步以及与之关联的人口结构转型、识字率提升以及劳动效率提高（盖勒，2022）。例如纺织行业，虽然2002年印度现代棉纺厂工人的时薪只有0.38美元，远不及美国本土工人9美元的时薪水平，但印度工人每小时有效工作时间只有15分钟左右。这表明，尽管技术与设备可以复制，但富裕国家发展的现代生产技术却是与受过训练、认真尽职、全心投入的劳动力相匹配的（克拉克，2020）。

美国经济发展经历了三次重要的阶段性转换，包括在19世纪后半叶紧追英国、进入20世纪从欧洲接过全球主导权、第二次世界大战后在与苏联的竞争中获胜。对于美国的成功，有人归因于地理和资源禀赋，有人归因于制度，还有人归因于地缘政治和移民输入。回顾过去200多年的历史，一个基本事实是：美国经济实现追赶和超越，与三次工业革命是紧密关联的。第一次工业革命，由蒸汽动力技术所推动，美国是“追赶国”；第二次工业革命，由电力和内燃机等技术牵引，美国是“并进国”；第三次工业革命，引擎是芯片和软件等信息技术，美国是“领先国”。

正如克拉克（2020）所言，尽管从亚当·斯密时代开始，制度分析就已在经济学及经济史学中扮演主要角色，但在工业革命的故事中，以及此后的经济表现方面，制度充其量只有次要的直接影响因素[①]。历史证明：正是因为技术进步的速度超过人口增长的速度，才迎来了工业革命；建立在技术进步基础之上的工业化生产模式，加剧了历史的大分流。

**（三）聚焦创新性突破：颠覆性、通用性与渗透性**

1. 长波理论：颠覆性技术创新的主导作用。长波理论源于康德拉季耶夫（1986）。大量研究表明，经济长波与世界经济发展有着相当高的吻合度，也与熊彼特（1991）的创新理论有着惊人的一致性（见图9–2）。在每一次经济长波中，技术创新是根本的驱动力。创新能够从内部不停地革新经济结构，既不断破坏旧有的秩序和结构，又不断创造新的结构。这一过程被称为“创造性破坏”。由此，创新不断创造性地打破旧的市场均衡，经济增长就是以这种“创造性破坏”为特征的动态演进过程。在创造性破坏中，颠覆性技术创新对每一轮从波谷走向波峰的经济增长发挥着关键作用。

① 人们普遍认为，技术专利制度刺激了技术的创新发明。但基本的事实是，对于一项技术，如果没有技术发明本身，没有一定的技术实践以及由此形成的对技术特性的理解，那么，关于这项技术的专利是不可能建立的。因此，就初始情形而言，技术专利制度应该是技术创新活动的结果而不是前提。当然，技术专利制度诱发新的技术发明，则是另一个话题。

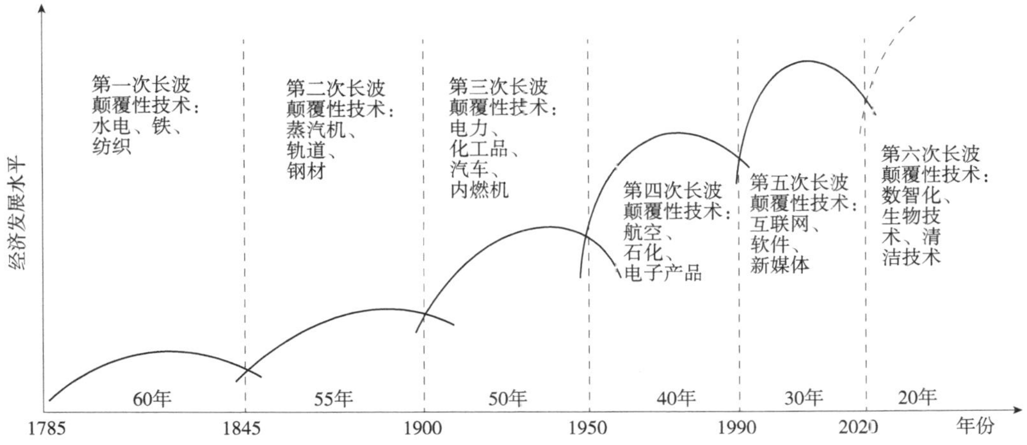


**图 9-2 经济长波与颠覆性技术创新**

资料来源：笔者绘制。

应该重视的基本事实是，经济长波的周期长度与颠覆性技术创新及其推广紧密相关。随着时代发展，一个基本的趋势是长波兴衰周期的缩短与颠覆性技术迭代的加速，或者说从“技术奇点”到“经济奇点”的快速转换，不仅意味着颠覆性科技创新水平的提高、创新频率的加快，也表现为新技术使用的滞后性减缓、新技术渗透率的提升。正因为如此，世界经济才得以以接近指数型的方式增长。

2. 增长根源：技术创新及其通用性。1956 年，经济学家索洛发表了被称为“上帝的模型”的关于经济增长逻辑的论文（Solow，1956）。有趣的是，这个试图揭示储蓄和人均资本存量关系的模型，却意外地论证了技术进步对于经济增长的重要性。索洛基于该模型展开的一个统计核算发现，人均资本的变动只能解释人均收入变动的 12.5%，其他的 87.5% 则来自余值（技术进步）的贡献。在索洛之后，众多学者尝试在模型中加入各种要素，试图用它们来解释经济增长，但结果却反复证实了技术在经济增长中的重要性。由此可见，揭示经济增长的奥秘，理解人口规模、资本存量等宏观要素的运行规律固然重要，但最为根本的是要揭开技术进步推动经济增长的奥秘。

众所周知，科技创新是推动生产力大幅跃迁的杠杆支点，而颠覆性技术创新往往会引发一系列迭代升级的创新。在历次的科技革命中，由技术创新引发的新生产要素不断涌现，新的产品不断更新，新的结构不断迭代。特别是，科技创新与实体经济深度融合，技术的通用化以及向产业的广泛渗透，能够持续赋能并扩展现代经济的增长空间。例如，在 20 世纪 80 年代，日本一度在半导体和消费电子方面占据了主导地位。但在 20 世纪 90 年代，日本在密集应用信息技术的行业中，其全要素生产率远落后于美国。相反，美国应用信息技术的服务行业普遍走向了“计算机化”、普及化与通用化。这一对比的重要启示是：技术进步促进经济增长，不仅取决于颠覆性技术创新，更依赖于技术的通用性、普及性尤其是向更多行业的广泛渗透[①]。

3. 技术的使用与渗透：经验证据。探寻经济增长的根源、理解技术进步的作用，必须回答两个关联性的问题：第一，对于长期经济增长，技术在人类历史上究竟发挥了什么作用？第二，对于国家之间经济差距，技术究竟扮演了何种角色？两项研究提供的经验证据或许能够给出部分答案。

一是关于技术的使用。Comin 和 Mestieri（2018）通过构建技术传播的不同模型，讨论了技术进步在经济增长变迁中扮演的角色。文章将技术的生产率贡献分解为两种情形。其中，“广延边际”指新技术使用的滞后性。因为新技术内含更高的生产率，所以减缓新技术使用的滞后性会提高总生产率。“集约边际”是指新技术的渗透率。新技术使用的范围越大，带来的生产率进步越大。文章基于过去 200 年中 130 个国家、25 种技术的实证分析表明：在 19 世纪和 20 世纪，富国与穷国在新技术使用的滞后性方面差异变小了，但在新技术的渗透率上差距不断扩大。Comin 和 Mestieri（2018）认为，新技术使用的滞后性在很大程度上解释了 19 世纪欧洲与世界其他地区的收入差距，但一直延续至 20 世纪的大分流，则是由新技术渗透率上的差异导致的。1820—2000 年，西方和非西方国家间的收入差距扩大了 3.9 倍，由新技术渗透率差距所导致的收入差距则扩大了 3.2 倍。这表明，技术渗透具有相当于 82% 的解释力。

二是关于技术的差异。Sampson（2023）构建了一个内生增长模型。该模型揭示了国家间研发效率差异、行业间技术创新和技术引进差异，如何共同决定技术差距、贸易模式和收入不平等的均衡水平。文章假设：第一，由于国家创新系统的差异，国家间研发效率不尽相同，具有更好的创新系统的国家在研发中具有绝对优势，而研发效率越高的国家，企业技术创新门槛越低，从事技术创新的企业越多；第二，在技术创新和技术引进中，知识被视作投入，每个国家的知识水平是国内生产率前沿和全球知识资本的均值，国内生产率前沿决定了知识溢出本地化的权重；第三，将平衡增长路径定义为一个均衡，在该均衡中，所有国家和行业的加总变量都有恒定的增长率，而生产率分布以恒定的速率向外转移。Sampson（2023）使用 OECD 成员国数据的实证结果表明，技术创新对国家间不平等的影响程度取决于各国间技术扩散的速率。当技术扩散较快时，创新者与模仿者间的技术差距较小；较慢的技术扩散则会增强知识创造国家的比较优势。此外，创新性更强的国家在创新依赖度更高的行业具有比较优势，而且当创新依赖度更高时，由研发效率差异导致的国际工资和收入差距将会更明显。



① 在技术引进与移植越发普遍的全球化进程中，掌握技术已经不是最棘手的难题，但技术的扩散尤其是在更广泛的产业中渗透，已经成为国家经济增长的战略选项。可以认为，技术扩散渗透正在成为影响国家之间经济增长差异的重要原因。

上述两项经验研究表明，技术进步对经济增长具有革命性意义。第一，在技术进步中，与新技术使用是否滞后相比，技术的通用性及渗透率是决定经济增长的核心（见图 9-3）。第二，一国的经济增长不仅源于技术创新与技术扩散，更取决于其产业结构对技术创新的依赖度。一个更依赖技术创新的产业结构体系，是实现经济增长和获得比较优势的关键。

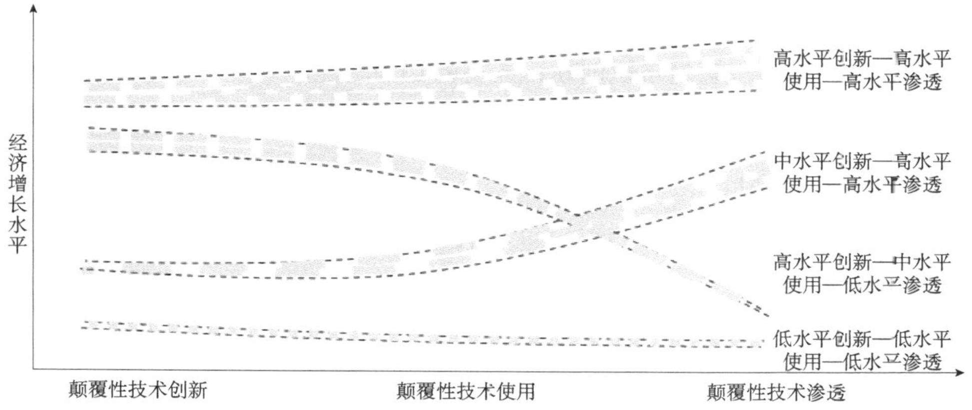


**图 9-3　颠覆性技术的“创新—使用—渗透”与经济增长**

资料来源：笔者绘制。

## 三、解构新质生产力：“凡勃伦命题”、创新线索与基要性变革

新质生产力概念体系的核心是创新。长波理论、长期增长理论和经验证据均表明，技术进步推动经济增长，不仅取决于颠覆性的技术创新，也取决于技术的广泛渗透与扩散。可以认为，在新质生产力的三大催生因素中，技术革命性突破是传统生产力转型为新质生产力的前提，而要素创新性配置与产业深度转型升级则是颠覆性技术使用与渗透的结果，由此才能实现全要素生产率的大幅提升。

### （一）打开创新的“黑箱”：基于“凡勃伦命题”的分析线索

颠覆性技术概念由 Bower 和 Christensen（1995）最早提出，用以描述那些与当前主导技术存在根本原理性差异的全新技术，这些技术往往具有探索性、偶发性、不确定性等重要特性。例如，喷气式发动机之于螺旋桨发动机、数字信号之于模拟信号等。因此，技术被广泛应用于各个领域，且通常来源于基础研究领域思想家与科学家的自由探索。当然，企业家的创造性破坏与政府有组织的科技突破也具有重要意义。

凡勃伦曾经提出了理解人性特征即本能的基本命题（Veblen，1914）。该命题由三个方面组成。一是求知本能（idle curiosity），是指人具有探索未知的愿望，它来自人的好奇心、求知欲与想象力，且独立于物质利益和其他功利目的。这与“人的中性”假设相一致。二是功利本能（the instinct of workmanship）。在远古的自然状态，人类就养成了争强好胜的竞赛天性。由此，人的行为总是具有目的性，总是企图表现自己的生命活动力以及能够获得的成就。这与“人的自利性”假设相一致。三是亲善本能（parental bent），即人对自己的亲代、同胞和族群的福祉表现出善意的关怀。这与“人的利他性”假设相一致[①]。

显然，“凡勃伦命题”能够增进对技术创新源泉与经济增长逻辑的理解。其中，人类的求知本能，有助于事实发现、认知积累与知识创新；人类的功利本能，有助于诱导技艺改进、工具革新与技术创新；人类的亲善本能，有助于思想的传播与知识的分享，并通过技术的推广与渗透扩大公共利益，从而改善社会福利。

基于“凡勃伦命题”，将人类“三项本能”与新质生产力的“三大催生”连接起来，有助于打开颠覆性技术创新、应用及渗透的“黑箱”。其中，由“求知本能”驱动的颠覆性技术创新，其创新主体主要是思想家与科学家，其有效性来源于思想市场及其竞争；由“功利本能”驱动的技术应用与生产要素创新性配置，其创新主体主要是企业家群体，其有效性来源于企业家市场及其竞争；由“亲善本能”驱动的技术渗透与产业深度转型升级，其创新主体主要是政府，其有效性来源于国家之间的战略竞争。

值得注意的是，求知本能和功利本能的创新主体，并没有得到新古典经济学的重视。尽管政府功能受到广泛关注，但其亲善本能没有得到恰当的机理性阐述。已有研究表明：第一，好奇心对教育、探索和科学发现有着重要的驱动作用，且在信息时代其重要性将越发突出，并成为推动经济增长的主要力量之一（Wojtowicz and Loewenstein，2020）。第二，新制度经济学认为资源的错配与交易成本有关，并将帕累托状态之外的其他情形均视为非效率的。事实上，降低交易费用的政策所付出的代价可能超过帕累托改进所获得的效率提升。交易成本在相当大的程度上由信息成本决定，只有当企业家在竞争性过程中稳定传递信息流给市场参与者时，信息成本的降低才成为可能（柯兹纳，2013）。第三，营商环境是企业决策与价值创造的基础。作为重要的善治手段，政府信息公开会激励企业家花费更多时间开展生产性活动。政府信息公开会通过缓解政策信息不对称（预期效应）、提高政府监管效能（规范效应）等机制影响企业家活动及其资源配置（于文超等，2023）。



基于上述分析，可构建新质生产力的“三项本能 × 三类主体 × 三大催生”的逻辑分析框架（见图 9-4）。

① 有些文献将“parental bent”翻译为“父母本能”“亲代本能”“亲本偏向”等。遵照凡勃伦的阐释，本文采用罗必良（2005）的做法，将其称为“亲善本能”。

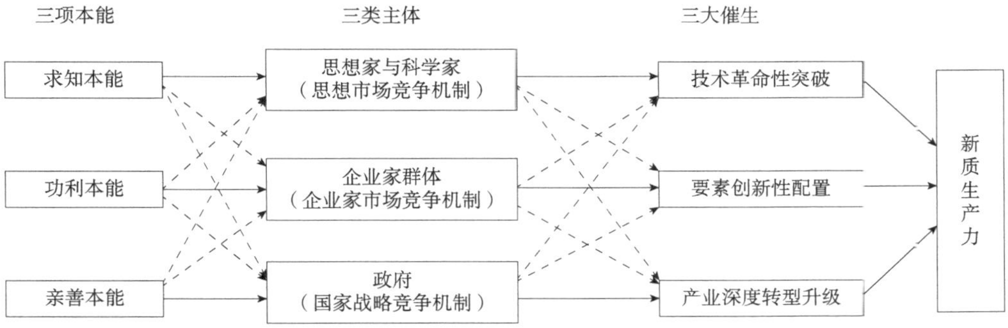


**图 9-4　新质生产力的逻辑分析框架**

资料来源：笔者绘制。

### （二）求知本能、思想市场与规律性探索：技术革命性突破

1. 求知本能与思想市场。创新性与创造力是技术革命性突破的核心驱动力。认知层面的好奇心和求知本能作为重要的内在动机，被认为是激发人类创造力的先决条件。好奇心是人类在认识世界过程中，天生具有的对未知和新鲜事物进行探索的心理倾向，并形成热衷于非确定性、新奇感、复杂性以及探索的本性偏好。由此所激发的创造性思维与规律性探索，往往是颠覆性创新与革命性创新的源头（李珍，2020）。事实上，如果人类缺乏对天体运动的好奇心、缺乏对自然界基本现象及其生成机理与规律性的求知欲，人类就不可能建立起时间概念。对时间、季节与历法的规律性把握，以及由此形成的因地制宜与因时制宜的行为响应，是人类生存最为重要的规律性遵循。

在科学研究领域，从科学家发现一个新现象到转化为技术与应用，需要历时 20 ～ 40 年（李珍，2020）。问题是，由好奇心所激发的奇思妙想，有可能被社会压制并泯灭，众所周知的“日心说”即是如此。许多重大的科技创新都源于异想天开。例如，星链计划、脑机接口、元宇宙等，都是经由想象提出来的。技术变革尤其是颠覆性技术的变革，往往来源于思想与原理的重大突破，但如果没有意见市场与思想市场的有序竞争，就很难有新的科学理念的出现和传播。正因如此，科斯强调思想市场及其竞争的重要性。他指出，竞争性思想市场的发育，能够培育宽容并诱导优胜劣汰，从而能够在思想竞争中克服偏见、自负与误导。没有这样的思想市场，人才的多样性必将枯竭，长此以往必然导致科技创新乏力。现代经济增长理论对经济增长动力的认识已经不断深化，其中，思想市场的重要性不断凸显。最新的、基于交流的内生增长理论认为，微观个体思想交流的速度以及与谁进行交流，将决定总体的经济增长率（叶初升等，2023）。



2. 好奇心、创新发明及其证据。在人力资本构成中，许多知识与技能可以通过后天习得，但有些“异想天开”的认知却来源于与众不同的先天心智，例如，警觉、判断与创造性破坏。一项有趣的研究证明了好奇心与技术创新的内在关联性。Litina 和 Fernández（2020）证明，接触罕见的自然事件会激发好奇心，引导人们思考并进行规律性探索，从而促进科技创新并最终促进经济增长。例如，作为一种天体现象，日全食是随机外生的，但地球上不同地域的人们能够观察到的频率是有差异的。日全食往往会引发狗、蛙、鸟等动物的异常行为以及天象的频繁、异常变化，可能激发人们探索自然的好奇心，促使人们形成文字与记录，促进分析与推理，甚至引导在历法等方面的规律性探索，从而启迪族群的复杂思维与创新活动。这两位作者利用公元前 2000 年至公元 2000 年长达 4000 年数据的分析结果表明，族群所经历日全食越多，其所具有的好奇心越能显著促进科技的创新发明与技术水平的提升，越能提升经济发展水平，越能推动社会发展。

**（三）功利本能、企业家与技术渗透：要素创新性配置**

1. 认识市场的本质：企业家的作用。要素创新性配置是催生新质生产力的重要方面。尽管新古典经济学认为市场竞争是实现要素配置的基本方式，但这一竞争过程的驱动力既不是由消费者提供，也不是由生产资料（土地、资本、货物与劳动力）所有者提供，而是由追求利润的企业家提供。为此，柯兹纳（2013）把市场看作一个创业驱动的过程，看作一个与“创业警觉”“创业发现”相关的知识分散过程，看作是企业家之间为发现分散的知识展开竞争的过程。所以，企业家的本质是搜索和发现尚未被利用的知识及其所隐含的机会，并以此来驱动市场竞争。因此，企业家精神的核心是：一方面，在非均衡的市场中，企业家对潜在的利润机会保持着高度的“创业警觉”，并通过“创业警觉”而获利；另一方面，市场非均衡因市场参与方的“无知”而存在，企业家的“创业发现”则有助于消除初始的“无知”，并通过“创业发现”而获利。

2. 功利本能：企业家精神与要素创新性配置。在“营利性”或者如凡勃伦所说的“功利本能”的驱动下，企业家利用其独特的“创业警觉”与“企业发现”作出创业行动，包括使用新技术，雇用对分散知识有搜索、识别、采纳能力的工程师、技术工人、企业管理人员以及业务人员，进行有效率的资源配置与市场运作。当然，企业家的“营利性”或“功利本能”并不能等同于“自私的利己主义”。第一，对分散知识的利用，包括由价格、生产工艺、技术装备、产量选择、要素投入等因素所引发的资源配置扭曲的信息，使企业家的创业行动有助于纠正市场中的行为偏差，从而优化资源配置，推动经济增长（张利飞、张运生，2023）。第二，企业家发现市场机会可以引发更多的创业行为，而创业行为的逐利与竞争，会诱导越来越多的创业企业为社会创造就业机会并推动国家经济繁荣。



尽管在熊彼特看来，创新包括不同的方面，例如开发一种新的产品、采用一种新的生产方法、开辟一个新的市场、控制一种新的供给来源、建立一种新的工业组织，但创新的主体是企业家。不同的是，企业家的创新并不必然建立在新的科学发现基础上，而是通过对不同要素进行重新组合，对市场中的机会作出反应。如前所述，技术革命性突破是重要的，但技术的使用尤其是技术的渗透更具有革命性意义。发明是播撒种子，企业家则是将其变为果实。事实上，企业家基于其“创业警觉”与“创业发现”所进行的创新性活动，包括通过赋能新型劳动力、新型劳动工具与新型劳动对象，对土地、资本、技术、知识、管理、数据等生产要素进行的创新性配置，与技术革命性突破或颠覆性技术创新紧密关联，从而成为技术使用与技术渗透的能动性主导力量。

3. 要素创新性配置的关键：企业家与颠覆性技术渗透。颠覆性技术创新可以表达为不同的情形，包括新原理和新发现的原始创新、现有技术的集成创新与应用、技术的跨领域转移与重新组合等（王安等，2017）。但颠覆性技术的使用与渗透往往会破坏原有的技术轨迹、突破技术发展的瓶颈，进而开辟新的技术路径。所以，一方面，颠覆性技术，在初始期通常具有模糊性；另一方面，颠覆性技术对市场及其要素配置会带来怎样的影响，也具有不确定性。正因如此，企业家独有的“创业警觉”与“创业发现”等先天禀赋，使其在资源配置、生产经营中发挥了组织者和领导者的作用。

如前所述，高水平的经济增长，特别是颠覆性技术所诱导的要素发现与要素创新性配置，在很大程度上源于企业家的认知判断与策略选择。所以，企业家精神隐含的一个重要功能是，通过企业家市场的信号传递、学习与模仿，加快技术在产业链、关联产业乃至更广泛的要素与产品市场的渗透，从而减缓使用颠覆性技术的时滞，加快从技术奇点到经济奇点的转变，并由此缩短经济长波时间[①]。经济增长的国家差异，源于技术水平的差异，更源于技术渗透范围的差异，特别是企业家精神与企业家市场发育的差异[②]。在经济增长的背后，在经济长波周期迭代的背后，隐含着企业家功能的决定性机理：技术革命频率的加快，由企业家推进的技术使用、技术渗透与要素创新性配置，将不断缩短经济长波，加速经济增长（见图 9–5）。已有研究证明技术复杂性增加有助于推动企业家在技术采纳（研发、发明专利）、产品市场竞争与资本市场竞争方面的响应行为（侯晓晨、徐玉德，2024）；企业家精神在直接促进技术创新扩散的同时，也通过加强知识共享间接地促进技术创新扩散（孙冰、田胜男，2022）。



① 熊彼特认为，企业家创新的非连续性，导致了经济发展的周期性，从而引发了经济长波。这一判断是值得商榷的。第一，熊彼特混淆了技术创新与企业家创新的本质差异；第二，企业家创新应该是随机的，并且是多样的，不存在“非连续性”问题。显然，熊彼特在这里忽视了企业家的异质性特征。

② 中国改革开放以来，由外资的大量进入、技术的广泛引进、产业的快速转移尤其是企业家市场的范围扩大所造就的“经济增长奇迹”，能够对此提供生动的例证。

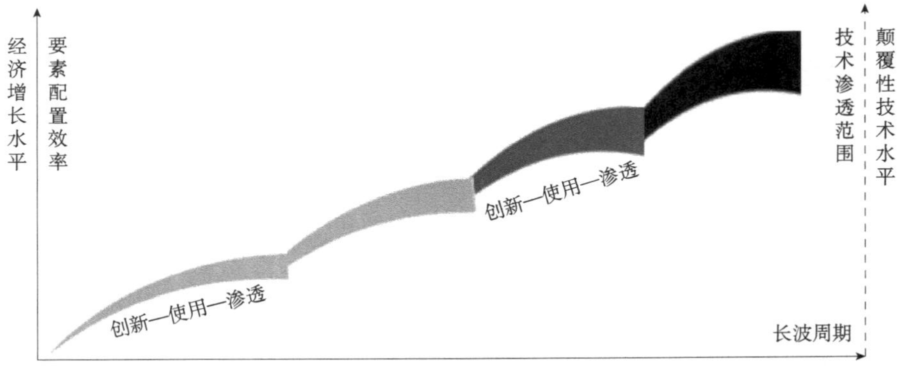


**图 9-5　企业家推进要素创新性配置：技术渗透与经济长波**

资料来源：笔者绘制。

### （四）亲善本能、国家竞争与技术竞争战略：产业深度转型升级

1. 亲善本能、行为诱导与政府职能。从合意性与合法性来说，国家可以被视为全体国民基于共同利益所组成的利益共同体。政府在逻辑上是代表着共同体行使强制权力的合法组织。从这个层面来说，政府具有维护公民权益、保护公共利益并促进民众释放心底道德资源与亲善本能的重要功能。

政府是由人构成的，不能排除自利性与机会主义行为动机（Buchanan，1975），但长期性的国家竞争能够约束政府的自利与短期行为。Thies（2004）的研究能够为此提供一个反事实证据。他基于 1975—2000 年 83 个后殖民发展中国家的实证研究表明，国家的外部竞争（威胁）显著刺激了国家汲取能力的提高，这在验证国家掠夺理论的同时，从国家治理偏差角度证明了原殖民国家落后的重要根源。有人将西欧的经济崛起归因于多中心的国家体系，因为多中心的竞争关系能够促进知识多元化，形成竞争性的思想市场，并激励制度创新和国家能力建设投资（戴蒙德，2016）。《孟子·告子下》中深刻地指出："入则无法家拂士，出则无敌国外患者，国恒亡。然后知生于忧患而死于安乐也。"即：一个国家，如果在内没有坚守法度的大臣和足以辅佐君王的贤士，在外没有与之匹敌的邻国和来自外国的威胁，就常常会有覆灭的危险。这阐明了国家竞争与政府善治的关联性。一个亲善且善治的政府，应该能够诱导并协调不同的利益主体形成一致性的集体行动，从而努力实现公共利益的最大化。



新的全球化进程所引发的大国竞争，已经转向了全产业链控制能力的竞争。产业政策、市场规模与尖端技术成了主导竞争的核心因素。鉴于思想市场与企业家市场的重要性，政府有必要围绕国家科技战略与产业战略对这两类市场主体进行行为诱导与规范。一方面，正如 Coase（1974）所言，知识分子往往表现出一种褒思想市场而贬商品市场的失之偏颇的倾向。如果说商品市场存在不完全性，那么，思想市场的偏差与误导性至少与商品市场一样普遍。所以，抑制思想市场的功利性，维护基于好奇心的纯洁性与亲善本能的利他性，就应该强调政府对思想市场进行适当干预、包容与诱导的必要性。另一方面，在技术使用与渗透中，企业家也会犯错，创业也可能失败，这需要政府与社会的包容与支持。但更重要的是，企业家的短期行为、垄断行为、利用信息不对称的选择性策略，尤其是利用技术专利制度攫取垄断租金而损害公共利益，既会导致市场的偏差，也会导致技术渗透与产业转型升级的偏差。因此，开放企业家市场、规范企业家行为、激励企业履行社会责任，是政府发挥职能的重要方面。

2. 国家科技竞争、战略性产业导向与产业深度转型升级。按照传统的竞争逻辑，土地与人口规模、科技水平、经济实力与军事实力，一直是国家间竞争的重要构件。但在新的历史阶段，科技竞争已经成为国际竞争尤其是大国博弈的核心内容。最具代表性的事实是，美国以国防部高级研究计划局、国土安全先进研究项目局以及能源部先进研究项目局等机构为牵引，多主体参与构建的颠覆性技术创新生态系统，先后诞生了互联网、隐形飞机、GPS 等改变“游戏规则”与世界经济格局的颠覆性技术（李莉等，2023）。推进颠覆性创新以抢占科技前沿，尤其是推进有组织的科技创新，已成为国家科技与产业竞争的重要方式。

应该认识到，人们已经接受了工业化就是机械化、电气化、信息化等传统认知。事实上，无论是机械化大工厂时代的钢铁、水泥等产业，电气化时代的汽车、火车等产业，还是信息化时代的计算机、通信设备等产业，都面临着重大的产业转型升级与绿色低碳发展的挑战。一个显著的趋势是，传统工业正在成为战略性新兴产业和未来产业的基础性行业，而颠覆性技术所主导的产业支撑和产业引领全面升级，正在要求所有行业都必须结合新的技术革命与数智化态势，全面实现产业的转型升级。产业转型升级至少包括两个方面：一是推动传统产业的动能改造转换，培育战略性新兴产业和新动能，催生未来产业；二是分别以战略性新兴产业带动经济结构质态升级，以未来产业培育引领结构演进的方向。产业安全、产业升级与产业战略，成为国家竞争的关键方面。

要特别说明的是，在“三项本能 × 三类主体 × 三大催生”的逻辑框架中，思想家（或战略科学家）、企业家与政府三大主体并非各自独立作为，它们之间有着重要的互动性。如图 9–6 所示，主体之间形成良性互动的创新生态，即不断扩展的思想市场、不断发育的企业家市场，以及有界又有为的政府作用，形成交集且交集范围不断扩大，是发展新质生产力的重要保障，并决定着新质生产力的提升空间。

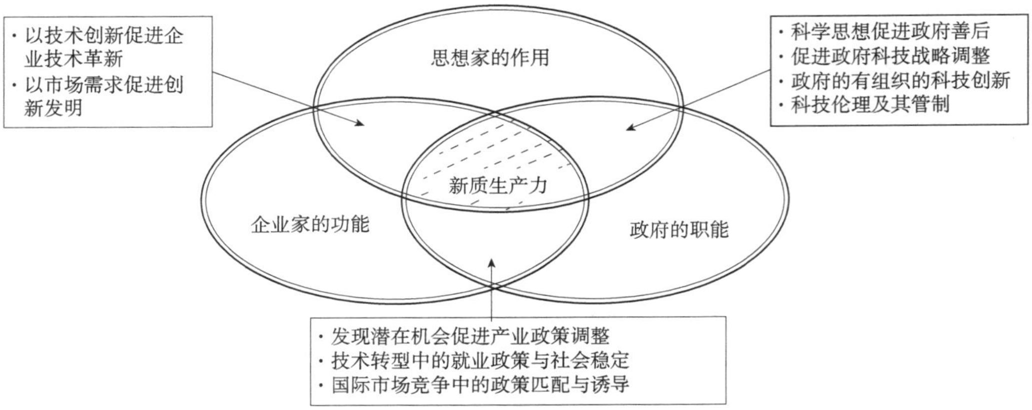


**图 9-6　发展新质生产力：思想家、企业家与政府的互动关系**

资料来源：笔者绘制。

### （五）全要素生产率："熊彼特－张培刚"生产函数及其基要性变革

新质生产力以全要素生产率大幅提升为核心标志。如前所述，全要素生产率的测度源于索洛的核算公式，是剔除资本、劳动等投入要素外其他所有因素所带来的产出增长率，即索洛余值。这一余值的提高通常被归因于科技进步和技术效率提高。因此，全要素生产率契合了新质生产力的发展要求。

1. 从索洛余值到"索洛悖论"：技术进步与全要素生产率。信息与数字技术是现代科技进步的重要突破。然而，索洛基于对计算机广泛使用的考察发现，信息技术并未有效提升全要素生产率。他指出，计算机时代来临的迹象随处可见，唯独生产率的统计除外（Solow，1987）。这就是广受关注的"索洛悖论"。很长时间以来，经济学家因按照索洛公式找不到新技术带来生产率提升的证据而倍感沮丧。甚至有人认为，人类可能将因此生活在一个"索洛悖论"的时代（Capello et al.，2022）。

对此，Brynjolfsson 和 Kahin（2002）给出了多个层面的解释，包括对技术的过高期望、统计数据与经济核算的误差、产业差异带来的租值耗散，以及技术配套的滞后。索洛公式源于对投入产出的核算，但 GDP 统计的是市场中交易的商品和服务，遗漏了生活便利程序提高、劳动强度与危险程度降低、闲暇时间增加等众多与人们生活质量紧密关联的方面。显然，这些无法在全要素生产率测度中得到反映。



应该重视三个方面的问题。第一，数据既可以作为新要素投入，也可以与旧要素形成新的组合。问题是，数据要素本身的创新性，使其在不同组合中所具有的价值是未知的。这类创新性无法由索洛公式所刻画的产出特征与函数性质来表达。第二，"索洛悖论"并不是因为互联网等新技术对经济增长没有贡献，而是因为新技术与传统产业的组合存在滞后性，而且在不同行业表现异质性与“经济奇点”。第三，随着数字技术的发展，由资本所体现的技术进步、由机器人替代所节省的劳动力，将会越发成为基本趋势。而由索洛公式所设定的资本和劳动力之间的单一的替代弹性并不合理。可以认为，在颠覆性技术革命尤其是人工智能革命背景下，需要改变由索洛公式来表达经济增长的生产函数及其所测度的全要素生产率的方式。

2.“熊彼特－张培刚”生产函数：基要生产函数及其超越。一方面，熊彼特认为，企业家的创新是“生产要素的重新组合”，并将“新组合”引入生产体系，以“建立一种新的生产函数”。尽管已有研究对熊彼特的思想进行了形式化的内生增长模型表达（Aghion and Howitt，1992），但几乎都没有有效刻画颠覆性技术及其渗透价值，因而对由创新引发的生产函数的决定性机理的认识非常有限。另外，张培刚（2014）将工业化（可理解为长期经济增长）界定为一系列基要的‘生产函数’连续发生变化的过程。这种变化可能最先发生于某一个生产单位的生产函数，然后再以一种支配的形态形成一种社会生产函数而遍及整个社会。其中，由基要生产函数变化所诱致的其他生产函数变化，表达了技术进步所呈现的报酬递增趋势（罗必良，2022）。

基于上述分析，可以将熊彼特的因创新形成的“新的生产函数”与张培刚的“生产函数连续发生变化”结合起来，统称为“熊彼特－张培刚”生产函数。按照前文所分析的新质生产力的催生逻辑，在此系列生产函数中：（1）技术创新尤其是颠覆性技术的引进，构成了第一级新的基要生产函数；（2）颠覆性技术采纳应用与劳动者、劳动资料、劳动对象所形成的新的组合及生产要素创新性配置，构成了第二级新的基要生产函数；（3）颠覆性技术的渗透所推进的产业深度转型升级，构成了新质生产力第三级基要生产函数连续发生变化的跃迁过程。图 9–7 是“熊彼特－张培刚”生产函数的一个示意性刻画。无论是一般性技术创新还是颠覆性技术创新，它们都有生产函数连续发生变化的可能性空间（分别由 $G_1$ 和 $D_1$ 表示的可能性曲线）。但不同的是，颠覆性技

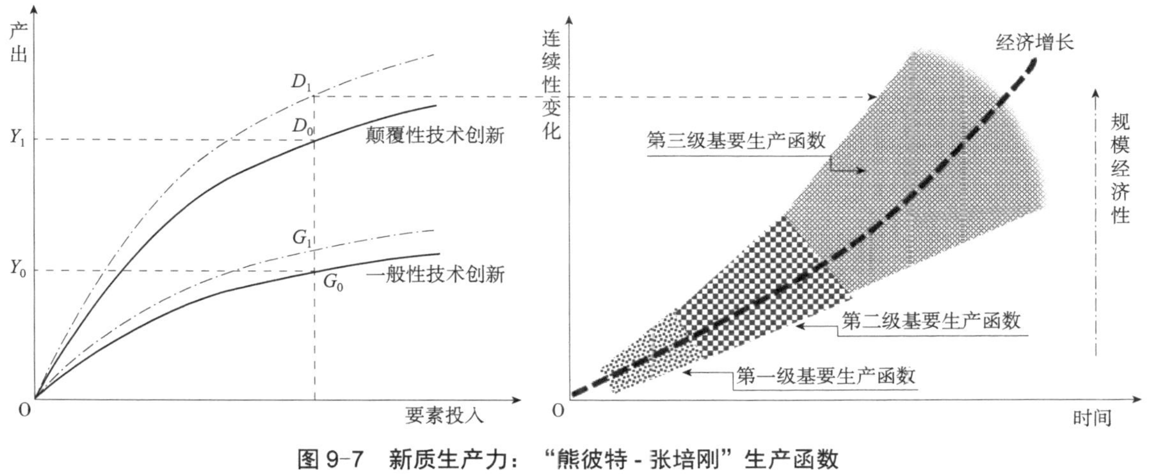


**图 9–7　新质生产力：“熊彼特 - 张培刚”生产函数**

资料来源：参考高芸和赵芝俊（2020）绘制。

术创新不仅实现了生产力的革命性提升（从产出 $Y_0$ 到 $Y_1$），而且由 $D_0$ 扩展到 $D_1$ 的可能性空间更大，并相继通过技术创新、技术使用与广泛技术渗透的连续性生产函数变化，“爆发性”地推进了经济全面增长。可以认为，由颠覆性技术所引发的生产要素创新性配置与产业深度转型升级，具有规模经济与报酬递增的经济增长性质。

钟茂初（2024）对新质生产力生产函数做了如下抽象化处理：（1）将与颠覆性技术创新相关联的各类投入（研发、基础设施、人力资本等），视为新的资本类生产要素；（2）将由颠覆性技术推广应用所驱动的经济活动资本规模，视为新的生产要素的配置特征；（3）由于颠覆性技术驱动的经济活动具有循环扩张的特性，因此新构建的生产函数具有规模递增效应，而颠覆性技术与传统产业的融合具有替代效应。由此，在传统生产力向新质生产力的转型过程中，其整体经济活动 $Y$，由资本 $K_0$ 驱动的传统经济活动 $Y_0$ 与由颠覆性技术驱动的新型经济活动（$Y_1$，$X$ 为新质生产要素）加总构成。此外，考虑到新质生产力的底色是低碳绿色（$E$ 为碳排放额度），由此得出如下生产函数：

$$Y = Y_0\left(K_0\left(E_0\right)\right) + Y_1\left(X,\ K_1\left(E_1\right)\right) \tag{9–1}$$

经济增长即可表达为：

$$\Delta Y = \frac{\mathrm{d}Y_0}{\mathrm{d}K_0}\frac{\mathrm{d}K_0}{\mathrm{d}E_0}\Delta E_0 + \frac{\partial Y_1}{\partial X}\Delta X + \frac{\partial Y_1}{\partial K_1}\frac{\mathrm{d}K_1}{\mathrm{d}E_1}\Delta E_1 \tag{9–2}$$

不过，式（9–2）的这一表达是新古典经济学的范式，无法刻画颠覆性技术革命带来的基要生产函数的跃迁。对此，笔者做进一步的修改。经济活动的主体是企业家，因此，构建企业家决策的生产函数。在传统生产力向新质生产力的转型过程中，其整体经济活动 $Y$ 表现为：在企业家的利润最大化动机驱使下，由资本 $K_0$ 驱动的传统经济活动 $Y_0$ 会被由颠覆性技术驱动的新型经济活动 $Y_1$ 替代。颠覆性技术采用的资本要素为 $K_1$。当然，如果 $K_1$ 与 $K_0$ 不同，那么，前者可视为新质生产要素；如果 $K_1$ 与 $K_0$ 相同，颠覆性技术表现为生产函数从 $Y_0$（·）到 $Y_1$（·）的迭变；或者两者兼而有之。无论哪种变化，经济活动水平的跃迁都无法在新古典经济学的边际分析框架下进行讨论。因此，经济增长可表达为企业家在两种完全不同技术上的理性决策过程：

$$Y = \max\left\{Y_0\left(K_0\right),\ Y_1\left(K_1\right)\right\} \tag{9–3}$$

应该强调的是，创新、协调、绿色、开放、共享的新发展理念，以及由此呈现的高质量发展，将使得未来的全要素生产率可能并不局限于物质层面的经济增长。人们对美好生活的需要，将使得精神生活与福利最大化成为主导方向。因此，基于福利维度的核算方式与生产率测度，将对以索洛模型为核心的全要素生产率（包括与之相关的数据包络分析和随机前沿分析）的传统测算体系构成重要的方法论挑战。可以预期的是，增长理论的未来发展可能并不局限于生产函数方面的考量，而是一个开放、包容、可持续的福祉改善的增长方式，需转向“算法”模型的开拓，从而实现与新质生产力发展相对应的研究范式转型（谢丹阳、周泽茜，2019）。

## 四、以新质生产力推进农业高质量发展：目标定位与努力方向

基于前文新质生产力的逻辑线索，可以认为，以新质生产力推进农业高质量发展，必须立足中国的农情与目标定位，推进农业领域的颠覆性技术创新，特别是技术的渗透与生产要素的创新性配置。而依赖于新质生产力的农业业态与产业结构体系，应该是农业高质量发展的关键。

### （一）中国情境：农业发展需要什么样的新质生产力

中国用占全球 9% 的耕地、6% 的淡水养活了全球近 20% 的人口（郭永田，2024）。这一成就来之不易，中国为之付出了巨大的历史性努力。同时，中国也还面临着巨大的长期性约束。推进中国农业的高质量发展，既需要通过发展新质生产力来解决历史遗留问题，也需要通过发展新质生产力来化解长期的挑战性问题。

1. 大国人口与“马尔萨斯陷阱”。如何缓解紧张的人地关系，是农业领域发展新质生产力必须面对的禀赋特性。中国是资源总量大国和人均资源小国。在中国历史上，人地矛盾曾经多次引发饥荒与治乱循环而陷入“马尔萨斯陷阱”。庞大人口规模对耕地资源构成了历史性的长期压力：一方面，中国农作物播种面积基本稳定在 25 亿亩左右，按照复种指数 1.3 测算，至少需要 19.2 亿亩耕地作支撑，足见中国现有 19.18 亿亩耕地已经种足种满；另一方面，目前中国耕地质量平均等级仅为 4.76 等，其中 7 ～ 10 等低质量耕地占 22%，且水土资源空间分布不均衡不匹配，具备灌溉条件的耕地仅约五成（郭永田，2024）。因此，发展农业领域的新质生产力，必须切实贯彻藏粮于地、藏粮于技战略，既要强化耕地数量与质量保护，提升并拓展耕地的潜在生产能力，又要不断拓宽食物来源，切实贯彻大农业观、大国土观与大食物观，全方位夯实国家安全的食物根基。所以，中国农业迫切需要通过创新技术手段来发展能保障粮食安全与耕地资源安全的新质生产力。



2. 农业垦殖与“资源诅咒”。如何打破低水平循环陷阱，是农业领域发展新质生产力必须考虑的生产特性。自然资源丰裕与否并不是一国经济发展的决定因素。丰富的资源条件甚至可能导致经济增长因禀赋依赖而出现“资源诅咒”。中国的农业历史，本质上是依赖于“低层次平面垦殖”来维系“人口 - 土地 - 粮食”的循环史。人口的增加，必须依赖土地的不断垦殖来谋求粮食保障，粮食保障所增加的人口又加剧了对土地垦殖的压力……如此循环往复，既引发了生态环境的不断恶化，又诱发了超稳定差序社会结构与封闭农业经济结构的路径依赖（中国农村发展问题

研究组，1984）。迄今为止，中国农业依然处于较低的开发层次。世界银行数据显示，2019 年中国劳均农林牧渔业增加值为 5609 美元，仅为美国的 5.6%、日本的 31.6% 和欧盟的 22.0%（罗必良，2023a）。所以，中国农业迫切需要通过生产要素的创新性配置来培育能促进农业可持续发展的新质生产力。

3. 小农经营与“舒尔茨假说”。大国小农格局如何转型，是农业领域发展新质生产力必须面对的组织特性。小农户家庭承包经营是中国农业经营的基本格局。如何将小农户融入现代农业发展进程，使其成为推进农业转型以及高质量发展的中坚力量，是中国农业现代化进程中的重大议题（罗必良，2022）。舒尔茨认为，在传统农业生产要素和技术水平保持不变的低水平均衡情形下，唯有通过外生干预，引进新的生产要素，才可能促进传统农业的现代化转型。但长期的实践证明，舒尔茨的理论主张虽被众多发展中国家作为农业发展的政策指南，但并未取得令人满意的效果（罗必良，2022）。因此，如何突破小规模农户使用现代科技的门槛约束，将小农户引入现代农业发展轨道，并让广大农民分享农业分工经济与现代化的发展成果，是中国农业高质量发展中面临的重要挑战（罗必良，2017a）。在以新质生产力推进中国式农业现代化的新征程中，更不能忽视农民与农户等微观主体不可替代的力量。所以，中国农业迫切需要通过现代农业转型与动能转换，培育能促进高质量发展的新质生产力。

**（二）本质规定：中国农业高质量发展的目标定位**

发展新质生产力，核心在于促进高质量发展。由中国的基本国情与农情所决定的新质生产力的发展方向，框定了中国农业高质量发展的目标定位。

一是农业生产能力大幅增强。保障粮食和重要农产品的供给，始终是中国农业发展的头等大事，提升供给保障能力是建设农业强国的首要目标（罗必良，2024）。对于人口众多的中国来说，端牢“饭碗”是天大的事情。所以，确保“粮食安全”“社会安定”，是比“经济发达”更加迫切的要求（罗必良、陈良彪，2022）。因此，由新质生产力所支撑的农业高质量发展，必须着力提升粮食等重要农产品生产能力，夯实农业产品供给的基本功能。

二是农业生产效率大幅提升。着力提升全要素生产率是推动农业高质量发展的重要方向。然而，以劳动力和土地来推进农业增长的传统模式以及以化肥、农药与水资源大量粗放使用扩大产出的模式，已经难以为继，通过技术进步提升全要素生产率日趋重要。科技兴农、技术惠农已然成为转变农业生产方式、引领农业现代化进程的基本理念（罗必良、耿鹏鹏，2024）。通过生产性外包服务降低小农户使用现代科技的门槛，以迂回投资的方式赋能小农户引进现代生产要素，是提高农业生产效率的重要方式。因此，以新质生产力支撑农业高质量发展，必须着力提高资源利用率与配置效率，着力激发农业全要素生产率增长动能。

三是农业生产业态大幅转型。打破低水平循环陷阱，必须着力推进农业业态的转型与拓展。第一，突破农业的禀赋依赖特性。必须坚持大国土观，充分发挥不同地区的自然资源比较优势，不断拓展农业的广度与深度。统筹推进农业生产布局由平原向山地延伸、由陆域向海域拓展，向森林、江河湖海要食物、要营养。第二，突破农业的生命节律特性。通过基因工程、现代种业、智能装备与农业算法的突破，以人工光源研发技术、温室调控技术等，突破农业的生命节律限制，不断拓展农业技术边界和农业生产边界。第三，突破农业的产品生产特性。在保障食物安全的基础上，既要注重农业多种功能的深度开发，促进一二三产业融合发展，又要注重农业新产业、新业态的广度拓展，大力发展营养农业、医疗农业、生物质农业和碳汇农业。由此，以新质生产力推动农业向绿色低碳、持续高效、智慧智能与业态创新的“大农业”方向发展（魏后凯、吴广昊，2024）。

四是农业生产韧性大幅增强。农业是国家稳定与发展的基本盘，在危机动荡和不确定的国际环境中尤其考验一个国家农业的韧性。面对资源禀赋约束趋紧和食物消费结构升级的矛盾，中国必须统筹利用国际和国内两个市场、两种资源，努力形成以国内大循环为主体、国内国际双循环相互促进的新发展格局。面对地缘政治、贸易保护、自然灾害和生物性公共安全事件等风险冲击越发频繁的态势，中国迫切需要增强农业面对内外部风险的生产韧性，努力发展新质生产力，推进农业高质量发展，从而以绿色高效确保资源环境的可持续、以智能科技应对气候与灾害冲击、以先进种业科技保障生物安全、以产业链完整性应对地缘政治风险（罗必良，2024）。

五是农业生产收益大幅增加。中国式现代化是人口规模巨大的现代化，是全体人民共同富裕的现代化。农民是实现全体人民共同富裕特别要重视的群体。中国举全国之力打赢了脱贫攻坚战，但不可忽视的是，尽管农村居民收入在不断提高，但城乡之间的收入差距仍然十分明显。长期以来，中国农民的收入增长主要来源于农业的经营性增收与外出务工的工资性增收。但一方面，农业生产成本的不断上升，尤其是小规模的经营格局，使农民从农业经营中实现增收的空间极为有限；另一方面，城市产业的转型升级，尤其是资本、技术对劳动的加速替代，使农民的非农就业空间及其工资性收入增长空间日益收缩。因此，必须多措并举拓展农民收入来源。事实上，农业的多功能价值属性隐含着农民增收的广泛潜力。以新质生产力支撑农业高质量发展，通过技术赋能拓展农民增收渠道，能助力共同富裕。



### （三）努力方向：以新质生产力推进农业高质量发展

建设农业强国，迫切需要加快以高质量发展为目标、以颠覆性农业技术创新为引领、以农业生产要素创新性配置与农业深度转型升级为支撑的农业领域新质生产力。基于中国农情与目标定位，农业领域新质生产力的着力点与发展方向，可表达为“一个主导”“两个支撑”“六大农业行动计划”。其中，“一个主导”是指推进颠覆性农业技术创新；“两个支撑”是指推进农业生产要素创新性配置、推进农业深度转型升级；“六大农业行动计划”是指未来农业科技行动计划、农业新兴产业行动计划、农业数字化行动计划、低碳循环农业行动计划、新型农业经营主体培育计划、乡村振兴科技行动计划。

1. 推进颠覆性农业技术创新。推进农业高质量发展，建设农业强国，必须面向世界农业科技前沿，通过颠覆性技术创新，加快科技兴农发展步伐。其中，农业生物技术、生物质工程技术、信息智能技术等，作为科技创新最活跃的前沿方向，对农业领域新质生产力发展具有突破性意义。

一是合成生物学和基因组学育种技术。实现生物制造的底层技术、装备与原料的自主可控，是农业科技竞争的重要方向。（1）DNA 测序与合成、基因组设计构建、基因编辑等，构成了合成生物学的底层技术；（2）DNA 合成原料、工具酶、工业酶、生物试剂等，构成了合成生物学的底层原料；（3）高通量、低成本的 DNA 合成仪开发等，构成了合成生物学的底层装备。在此基础上，合成生物学利用“底盘 + 模块 + 元件”的思路，有目标地创建新生命体系，已经对以往以驯化、诱变为主导思想的农业育种思路进行了扩展（高芸、赵芝俊，2020）。在动物育种方面，利用基因组信息直接进行基因组选择，对目标性状进行准确选育，颠覆了过去大群体遗传评估、后裔验证的传统育种技术路线（王栋等，2018）。应该强调，种业创新并非独立事件，既要与节地节水、生物多样性保护等大农业发展方向紧密结合，又要与良田、良机、良法、良制合理匹配，不断提升种业创新的技术渗透率。

二是以微生物组学为基础的农业生物质工程。微生物组学是继基因组学后生命科学与生物技术研究领域的重大突破之一。生物质工程具有可再生、清洁、低碳等多途径替代优势。生命科学和新型纳米材料等技术，为农业生物肥料和生物药物发展提供了全新途径和技术支撑，并将推动相关战略性新兴产业快速成长（王栋等，2018）。例如，利用合成生物学制备病虫害防治药物，利用新材料研发高效药物传递系统，利用作物微生物组学和合成菌群学构建生态稳定的多菌种复合微生物材料。通过颠覆性生物技术革新，将农作物秸秆和畜禽粪污等废弃物进行资源化利用，开发出生物质燃料、生物质能源等新产品，实现减排增绿并提高农业资源利用度（罗必良，2024）。生物质可以带动农业机械、生物质加工、生物制造、人造淀粉、热能转化、肥料制造及物流等产业联动发展，实现颠覆性创新。



三是大数据和信息技术支持下的智慧农业。以大数据、云计算、人工智能、区块链等为代表的新一代数字技术，不仅为农业技术的组合创新提供了新手段，而且为农业生产的组织模式变革带来了新机遇。其中，大数据技术已经成为众多科技领域中不可或缺的一环，并支持智慧农业的深度发展。例如，农业动植物生理传感器、动植物生长优化模型、气候变化与农业空间优化模型、现代农机装备与智能机器人，都已经成为智能农业的技术热点；基于人工智能的智慧农业推动专家服务系统、远程智能控制系统、农业物联网监测系统、农机与农事服务系统、作物健康与水土肥可视系统等发展，能够帮助农业经营主体科学决策、规避农业气候风险、促进农业降本提质增效；以加密算法、数据真实、信息共享为特征的区块链技术，能够重构并优化农产品质量安全溯源系统；以新兴传感技术（传感器、红外感应器和无人机等）、计算技术（云计算等）以及网络通信技术（5G 等）共同构成的新型农业物联网系统，有助于加快促进农业基础设施的数字化。

2. 推进农业生产要素创新性配置。农业发展的生产函数已经逐步由土地、劳动与资本的传统要素组合转换为技术、空间、信息、智能的新组合，生产方式由谋求经济增长转向追求高质量发展，目标取向也由产品生产不断向功能价值开发进行全方位拓展。因此，农业领域新质生产力的发展必须在生产要素上进行创新性与扩展性的组合配置。在农业生产领域，要实现从传统要素到重构基要函数的历史性转变，必须构建“五节约”的激励机制，以节水、节地、节劳、节药、节肥相互协调推进农业绿色化发展；必须构建“五良法”的匹配机制，以良种、良田、良机、良法、良制相互依存推进农业高质量发展；必须构建“五要素”的集成机制，以劳动力、土地（国土资源）、动植物（微生物）、装备（农机与信息技术）、组织（生产组织、合作组织、服务组织）相互整合推进农业综合性发展。

推进农业生产要素创新性配置的重点有以下三点。一是培育高素质劳动力。农业劳动力是生产力发展中最具能动性的因素，也是生产函数中最关键的决定性因素。在传统生产力的构成要素中，劳动力要素主要表现为体力与经验积累。而在新质生产力中，劳动力则必须具备知识、技能以及与新的生产方式相匹配的创新性与职业化精神和素养。二是更新劳动工具。工具革命是生产力跃迁的重要动因。在信息化背景下，推进农业装备精细化与智能化发展是最基本的趋势。以气候适应性工具（如设施农业）应对不确定性、以节律适应性工具（如反季节农业）突破时间约束、以地理及资源适应性工具（如森林食源）突破空间约束，将极大地拓展农业的传统边界、拓展农业增长潜能。三是拓展劳动对象。劳动工具与劳动对象具有紧密关联性。工具的革命性技术突破，有助于劳动对象的延伸，而劳动对象的拓展，则会为工具的创新发明提供需求导向。颠覆性技术创新必然会促进农业劳动对象的广泛延伸，森林农业、沙漠农业、海洋农业将成为新的农业形态，细胞工厂、植物工厂、基因工程将成为新的农业生产组织形式，人造食品、定制食品、保健食品甚至药食集成品则有可能成为新的农业产品形态。此外，观光农业、休闲农业、康养农业、碳汇农业则将颠覆农业劳动对象的传统功能认知。

3. 推进农业深度转型升级。新质生产力的核心是创新，但载体仍然在产业。推进农业深度转型升级，必须坚持三个基本原则。一是发挥区域的比较优势。中国农业所具有的多样化的地域特征，决定了新质生产力的发展必须充分因地制宜并凸显特色产业发展方向，做到宜粮则粮、宜经则经、宜牧则牧、宜渔则渔、宜林则林。二是尊重农民的主体地位。推进农业高质量发展，建设农业强国，必须全面贯彻以农民为中心的发展理念。要通过科技赋能农民，改善农业生产条件和农民就业创业环境，构建符合市场经济要求的乡村产权体系，支持引导农民盘活土地、资金、技术、劳动力等自然资源和社会资源，广辟创业就业空间，拓展就业增收渠道，不断增加农民的经营性收入、工资性收入和财产性收入（罗必良、陈良彪，2022）。三是保护农业文化遗产。农业的产业转型，不能因为谋求经济利益而牺牲精神文明。要大力保护“丰富多彩、特色鲜明、乡情浓郁、古色古香”的农业文化遗产，把农业文化遗产与农业深度转型升级融合起来，让中华农耕文明历史根脉绵延不断并随时代进步而发展演进，使农业文化遗产成为支撑乡村振兴的宝贵资源与产业转型升级的禀赋根基。

以科技创新推进农业深度转型升级，必须把握三个基本方向。一是培育农业战略性新兴产业。坚持创新驱动，推动科技创新、产业创新与制度创新协调互促，带动重点领域和关键环节取得新突破，发展高科技农业，提升新兴产业与战略性产业集群发展能级。二是完善农业产业体系。大力推动品质革命，以质量品牌提档升级带动产业集群提质增效，促进集群价值链整体跃升。树立绿色发展理念，加强绿色技术与农艺推广应用，构建农业绿色产业体系。三是优化农业产业结构。积极培育家庭农场、农民专业合作社、农业企业等新型经营主体，促进不同类型的农业适度规模经营；推进农业产业链延链、补链、强链，完善联农带农机制，实现一二三产业协同发展，促进农业增产提质增效；深化和拓展农业国际合作，加快培育全球性农业食品企业，打造海外食物供应链，增强中国农产品全球供应链韧性。

4. 着力实施“六大农业行动计划”。一是面向全球未来农业产业高地，实施未来农业科技行动计划。引领未来前沿、抢占产业高地是农业领域新质生产力发展的核心方向。重点在于：（1）围绕粮、棉等大宗农产品，在种质、选育、繁育等关键环节突破一批核心技术，形成拥有自主知识产权的优良种质资源和新品种；（2）集成运用生物技术、生物质工程技术与智能技术，加强农业产业链中“卡脖子”技术的研发，强化技术渗透，形成系列品种、种养技术和设施设备相配套的技术体系，应用推广多功能、通用化、智能化、经济型的农业装备设施；（3）聚焦未来农业的原创性、颠覆性科技重大领域，抢占全球未来农业高科技阵地与产业高地。



二是面向构建现代农业产业体系，实施农业新兴产业行动计划。优化产业布局、构建产业体系是农业领域新质生产力发展的必然要求。重点在于：（1）构建产学研创新联合体机制，加速重大科技成果产业化与市场化；（2）加速推进传统农业优势产业实现高科技、高效能、高质量质态的迭代升级；（3）打破农业的时空边界，研发新型健康食品及功能食品，建立健全新型加工产品质量标准体系，培育形成一批战略性新兴产业；（4）强化有组织的科研布局，加速发展壮大生物种业、生物饲料、生物肥药、生物制造、新型食品等农业新兴产业集群，构建“战略性新兴产业+传统优势产业+特色优质产业”的现代农业产业体系，全面提升中国农业国际竞争力。

三是面向现代农业发展新态势，实施农业数字化行动计划。数字化与智能化是农业领域新质生产力发展的关键所在。重点在于：（1）开展交叉研究与联合攻关，赋能农业生产机械化、自动化、智慧化，示范推广设施农业、立体农业、精准农业的智慧化模式，提升农业的集约化水平；（2）集聚信息技术和人才资源要素，培育数字农业的专业化队伍与社会化服务组织，搭建数字农业发展联盟；（3）加快建设科技创新能力强、主导产业突出、设施装备先进、辐射带动有力的数字农业产业园区；（4）重点开发数字种业、畜禽智能养殖、智慧海洋渔业、数字农机装备、病虫疫情数字化防控、面源污染数字化监测与防控、重要农产品链条智能监测预警等重大工程，不断提升数智化水平。

四是面向绿色发展战略布局，实施低碳循环农业行动计划。绿色发展是高质量发展的底色，新质生产力必须是绿色生产力。重点在于：（1）加强农业节地、节水、节能、节肥、节药、节材等技术研发，提高农业资源利用效率；（2）加强农业污染治理、耕地保护、高标准农田建设等的技术支撑，培育壮大生物质产业，促进发展农业绿色生产力；（3）人工碳汇是碳管理技术体系的重要组成部分，是未来绿色科技发展的重要方向。要开展陆地生态人工碳汇、陆地地质人工碳汇、工业人工碳汇、海洋人工碳汇的前沿技术攻关，加强可再生能源驱动二氧化碳转化利用、二氧化碳捕集转化一体化等新兴技术的研发验证与推广，积极培育碳汇市场并与国际市场对接。

五是面向农业经营方式转型，实施新型农业经营主体培育计划。必须培育一批农业思想家、农业战略科学家、农业工程师与农艺师、农业企业家，以及广大农业技术人才队伍、服务人才队伍、新型农业产业工人、职业农民与新型农业经营主体。重点在于：（1）深度调动农业战略科学家、农业技术人才和广大农村能人的积极性，拓展农业技术创新的思想源头；（2）采用多种模式培育经营管理型、专业技能型和技术服务型人才，形成推动技术创新、使用与渗透的农业职业队伍体系；（3）搭建农村创新创业平台，实施农村创新创业导师与带头人培育行动计划；（4）构建技术与人才依赖型的农业产业体系。

六是面向全面推进乡村振兴战略，实施乡村振兴科技行动计划。发展农业领域的新质生产力，必须有力、有效带动一二三产业融合与乡村振兴发展。重点在于：（1）树立大国土观、大食物观和大农业观，全方位多途径开发食物资源；（2）发展农业领域新质生产力与全面推进乡村振兴战略紧密衔接，提升农业科技服务的能力和水平；（3）加大农业农村产业发展的投入力度，例如，鼓励有条件的地方按市场化方式设立乡村产业发展基金，重点用于乡村产业科技研发；（4）搭建社会资本与乡村产业振兴的连接通道与激励机制，支持引导和鼓励工商资本参与其中，尤其是通过金融政策配套帮助产业做大做强做优；（5）不断提升重大技术成果的通用化与渗透率，既能促进科技兴农、科技兴村、科技兴民，又能为农业转型、乡村绿美与农村文化价值提升提供持久的科技支撑。

## 第二节　农业高质量发展：本质规定与策略选择

产业兴旺是乡村振兴的重要基础，是解决农村一切问题的前提。乡村产业根植于县域，以农业农村资源为依托，以农民为主体，以农村一二三产业融合发展为路径，地域特色鲜明、创新创业活跃、业态类型丰富、利益联结紧密，是提升农业、繁荣农村、富裕农民的产业。本节探讨了中国农业高质量发展的本质规定与对应的策略选择。传统的发展经济学将农业重要性表达为产品、市场、要素与外汇的四大贡献，但随着发展格局的转变，农业的使命将进一步从生产层面拓展到生态、康养、人文与社会的功能性贡献。中国农业高质量发展的本质内涵在于保产（提升土地生产率）、高效（提高劳动生产率）、减量（保护资源环境）和增收（拓宽农业功能）。为此，从农业生产的经济学转向农业功能的经济学，从“为增长而增长”转向“为福利而转型”，必须重构“目标－行为－组织”的农业高质量发展逻辑，实现从产品生产到生态经济福利的目标性转换，从分权激励到交易制度安排的行为性诱导，从独立经营到卷入分工经济的组织性拓展。通过强化功能定位，走因“地”制宜的农业发展道路，通过靶向行为激励，走因“人”制宜的农业发展道路，通过深化农业分工，走因“事”制宜的农业发展道路。

### 一、重新认识农业的重要性



作为发展经济学的重要领域，Kuznets（1966）开创的现代经济增长理论，将经济增长定义为由人均收入增长和 GDP 及就业的部门结构变化两个特征所体现的过程。尽管农业占 GDP 和就业的份额呈不断下降的趋势，但依然能够对经济增长作出四个方面的贡献：一是产品贡献，包括满足人们的食物所需并保障营养健康，同时为食品加工业、纺织业和烟草业等诸多产业提供原料；二是市场贡献，农业部门和农业人口是国内消费市场的重要主体，为工业产品提供着广阔的市场空间；三是要素贡献，表现为农业生产要素，如剩余农业劳动力、剩余农产品和剩余农业资本等，向非农部门转移；四是外汇贡献，在需要引进国外先进技术和设备，但本国可供出口商品有限的情形下，调控农产品进出口成为平衡国际收支的重要策略（Kuznets，1961）。上述界定是以工业化水平提升及经济增长为目的，而将农业置于一个工具性与辅助性的经济部门。

因此，在以经济增长为导向、以要素配置为核心的新古典经济学分析范式中，农业被视为增长函数中的一个变量。这表现为：一方面，将农业定位为一个以产品或生产要素供给为主的被动产业；另一方面，将农业视作一个单纯的产业部门且仅作出经济贡献，从而使得农业在社会经济进一步的发展中不再具有任何特殊的功能（Federico，2005）。正因为如此，现代农业越来越呈现出“工业化”发展特征。尽管 20 世纪中叶以来，农业高产、高效的发展目标定位，以及集约化、化学化、机械化与设施化的发展路径，成功地解决了人类的饥饿问题，但却激发出工业化时代人们对食物的新欲望，既引发了社会对食物安全的担忧，也加剧了对生态环境的压力。追求经济增长和物质利益最大化将人与自然割裂开来，从而使处于工业社会的人们随之失去了在与自然交往中本来能够获得的智慧、敬畏、惊奇、关怀与感动，以及对自然和劳动的尊崇等。事实上，随着收入水平的不断提升，人们偏好的多元化与需求的精神化，使得农业因其特殊性所内含的功能属性，不仅呈现经济价值，更是蕴含丰富的生态与人文潜在价值。如何从“生产的农业”转变为“生命的农业”，从农业的经济功能转换到农业的生态功能（维护生态多样性、稳定性与永续性）、社会功能（促进自然初心回归、农耕文明传承、生活福利改进），成为新的思潮并日益受到全社会的广泛关注（祖田修，2003）。

已有文献将农业多功能性总结为食物功能、工业原料功能、贸易功能、经济增长功能、就业与收入功能、生态与环境功能、文化功能、乡村生活方式与发展功能、旅游与休闲功能、生物能源功能以及健康医疗功能等（陈秧分等，2019）。从需求层次来说，农业的经济功能可以满足人类的生存与安全需要，而农业非经济功能则能够满足人类对爱与归属感、尊重和自我实现的需求。现代化的核心是人的现代化，是不断满足人类多样化、多层次需求的演化过程。因此，社会福利函数的变化，既包括因农业的生产功能为社会作出的食物产品贡献，更包括因降低农业生产中有毒有害要素使用和污染物排放而作出的生态福利贡献；既包括通过原生农艺与乡土情境为人们提供的农耕文化体验，也包括通过景观、休闲、观光和养疗服务为人们提供的身心愉悦的体验。

中国是人口大国，也是农业大国。中国农业承担着不可替代的重要使命，因为其不仅要养活中国人，继续作出有保障的产品贡献，还要贡献环境福利、健康福利、文化福利和社会福利，尤其应该强化农业在生态、康养、人文与社会等方面的功能。

一是生态功能。已有文献聚焦农业生产与生态系统的负反馈关系及其改善，即农业对生态的消极影响与修复补偿（夏秋等，2018）。但被忽略的是，农业不仅基于生态系统提供产品，还具有生态系统支持功能，在固碳、保持水土、调节局部小气候、维护生物多样性等诸多方面作出重要贡献。采取恰当措施正向强化农业生产对生态系统的保育价值，也是农业现代化的重要内容。

二是康养功能。在钢筋水泥构筑的城市里，拥挤的空间、快节奏的生活以及过大的工作压力，导致城镇人口普遍处于亚健康状态。由此，田园景观（如花田和梯田）和休闲生活（如农家乐和休闲农庄）已成为城镇居民的消费偏好与内生需求（郭焕成、韩非，2010）。农业的康养价值及其开发，正在成为既促进经济增长又增进社会福利的关键点。

三是人文功能。人类文明发端于农业社会。中国的黄河和长江流域，同西亚和中南美洲地区，并称为世界农业发源地。经过千年的积淀，中国已形成极具地域和民族个性的农耕文化（龙文军等，2019）。所谓"物有本末，事有终始，知所先后，则近道矣"，讲的正是道法自然与乐天知命原则。中国农耕文化所特有的"应时、取宜、守则、和谐"的价值信念，能够修正经济增长与物质至上的单极追求，重塑敬畏自然之心，继而规制自我行为（夏学禹，2010）。悠久的农耕文明发展伴生出国人浓厚的乡土情结，蕴含着可观的开发潜力。

四是社会功能。虽然农业吸纳的就业人口数量呈下降趋势，但其仍然是提供广泛就业岗位的重要部门之一。国家统计局数据显示，2018 年第一产业就业人员为 20258 万人，占就业人员总数的 26.11%。这表明，农业为社会提供近 1/3 的就业机会，是农户实现生计可持续、避免返贫甚至实现致富的重要保障，也是维系村庄网络与社会稳定的安全阀。不仅如此，因农业劳作而得以产生和维系的技艺、经验等，经由口头传授与世代传承，不仅表达为一门艺术，而且被进一步视为文化遗产而具有深刻的社会价值。

## 二、中国农业高质量发展的本质规定

随着中国工业化与城镇化的快速推进，农业对国民经济的贡献份额下降难以避免。但经济贡献的下降，丝毫不意味着农业地位可以降低。美国的经验表明，虽然农业对国民经济的贡献相对有限，但其是美国获得国际话语权的重要王牌之一（吕晓英、李先德，2014）。中国是人口大国，尤其是在贸易保护主义不断抬头、全球化治理体系面临分化风险的背景下，中国的农业安全问题越发凸显。



农业安全是一个多维的概念。第一，农产品的数量安全，其影响着人们的基本生存与社会稳定，具有不可或缺性；第二，农产品的质量安全，其决定着人们的生活质量，具有"小比重、大问题"的命脉属性；第三，农业的生命特性与生态经济再生产特征，其使得农业不断成为外部性产业、生态性产业。尤为重要的是，农产品特别是粮食，已不再是单纯的农产品，而是逐渐成为垄断性经营品、金融与投机性产品、国际与地缘政治性产品。因此，对于中国来说，农业安全具有全局战略意义，承担着重大历史性使命。

中国不可能依靠别人来解决自己的农业安全问题。必须保障中国人的饭碗牢牢端在自己的手里，并且饭碗主要装中国粮。然而，农业安全的重要前提是农业成为一个有前景和有吸引力的行业，只有彻底颠覆其“面朝黄土背朝天”的固有落后印象，才能激活针对农业的投资偏好与资源注入。这就要求强化农业的功能，通过农业产品保障功能以外的生态、康养、人文与社会功能的多维发掘，提升农业产品和服务的附加价值。事实表明，人们生活幸福程度并不单纯取决于物质财富的多少，而是在很大程度上取决于生活信念、生活方式以及生活环境等。因此，农业功能多样化具有重要现实意义。

可见，中国农业不仅应该是数量保障型农业，而且应成为质量型、福利型农业。特殊的国情与农情，决定了中国农业的高质量发展应该具有如下本质特点。

一是保产，以土地生产率为主线的安全农业。中国以全球 9% 的耕地，养活了全球 20% 的人口。当前，既不存在可供拓展的耕地资源，也不存在农产品需求削减或者依赖外部供给的可行性。中国的人地矛盾不仅将长期存在，而且有逐步扩大的趋势。为保障农产品供给，中国农业发展就必须着力提升土地生产率，即增加单位耕地面积的产品产量。与此同时，物质生活条件的改善使得农产品消费群体的需求由“饱腹”升级为“营养”“天然”“有机”“美观”甚至“有趣”。因此，除保证产出数量以外，保产的另一重含义在于保证产出品质，提高单位面积耕地的高品质农产品产出率。

二是高效，以劳动生产率为主线的分工农业。伴随农业劳动力的大量转移，农业生产的劳动力短缺问题将成为常态，这一方面表现为数量的不足，即农业可支配劳动力逐步减少，另一方面表现为能力的欠缺，即由于较低的比较收益，使农业在就业市场缺乏吸引力，优质人力资本不断流失。一个劳动生产率较低的农业产业，既无法履行产品、市场、要素和外汇等贡献，又无法提高商品率；既不能保证农业从业者收入的有效增长，也不能满足城镇居民多样化的产品与功能性服务需求，国民经济发展也将失去重要的市场动力。所以，通过引进现代生产要素（如良种、机械装备、耕种技术等）替代劳动力，优化农业社会化服务，促进农业的专业化，深化农业分工，以提升单位劳动力投入的产出率，是农业高质量发展的重要构件。

三是减量，以绿色化发展为主线的优质农业。首先是资源消耗的减量，因为农业生产具有高度的自然资源依赖性，突出表现为对土地和水资源的依赖，所以通过寻找替代资源或者提升既有资源的利用效率，维持资源可持续性是农业安全的核心保障。其次是环境污染的减量，化肥和农药等化学品的广泛使用，导致严重的环境污染问题，如土壤板结酸化、水体富营养化和温室气体排放增加等。因此，采取恰当技术手段减少农业化学品用量，增加环境友好型生产要素的使用和投入势在必行（张露、罗必良，2020）。可见，农业高质量发展需要构建起农业同生态的高度和谐共生模式，使得农业成为产品供给与生态维护的重要支持系统。

四是增收，以多业态拓展为主线的功能农业。农业高质量发展有赖于各类农业经营主体的行为预期与响应，而行为激励则源于农业活动可挖掘的潜在收入流。显然，依托传统农业种养项目所形成的农产品，其较低的收入弹性与有限的市场容量，决定了经营主体增收的有限性。而农业的生态、康养、人文与社会价值所衍生出的功能性产品及服务形态，因其较高的需求弹性而具有广阔的潜在市场空间，能够拓展各类经营主体的增收渠道。因此，让农民在获得产品性收入的同时获得更多的功能性收入，是农业高质量发展的内在动力。

## 三、中国农业高质量发展的逻辑转换

中国农业的经营主体是小农户。如何促进小农户和现代农业发展有机衔接，优化农业资源要素配置，推进一二三产业融合，实现农业高质量发展，是重要的现实命题。

### （一）对传统思维的批评

长期以来，美国高劳动生产率和日本高土地生产率的农业发展模式，往往被视为现代化、高质量农业发展的典范。为了推进农业高质量增长，主流文献大多关注如何引导小农户引进现代生产要素，从而推进传统农业的改造，实现与现代农业的有机衔接。这显然遵循的是以舒尔茨为代表的新古典经济学思维范式。舒尔茨认为，由于生产要素和技术状况不变，传统农业中对原有生产要素增加投资的收益率低，因而农户不会内生出投资需求，农业领域缺乏资本投入导致传统农业停滞落后，当且仅当通过外力引进新的现代农业生产要素、打破原有生产均衡时，传统农业才能得以改造（Schultz，1986）。Hayami（1981）进一步强调了技术进步和制度变迁对农业发展的诱致性作用。新古典经济学思维范式在本质上表达的是一种农业生产的经济学或者农业增长的经济学，而不是农业功能的经济学。这一传统思维过于强调农业的生产效率或资源配置效率，忽视农业的多功能性及其福利最大化效应；强调农民的经济理性，忽视农民的社会理性与生态理性；强调农业外生性生产要素的引入，忽视小农户卷入分工经济的内生可能性。正因为如此，关于中国农业发展的基本主张及其论争，差不多是新古典经济学思维范式的延续。



第一，经营能力说。在家庭承包经营体制下，中国的小农户广泛且大量存在。由农户的小规模、自给自足特征所决定的农业形态往往被视为传统农业。舒尔茨就将传统农业界定为“完全以农民世代使用各种生产要素为基础的农业”，并视其为一种特殊的经济均衡状态（Schultz，1986）。由于农民对其所用的要素知识是这个社会中世代农民所熟知的，所以传统农业在本质上是一种长期没有发生变动的生产方式，或者说是维持简单再生产的、长期停滞的小农经济。为此，打破这种均衡格局，引导小农户投入现代生产要素尤为重要。但是，由于小规模农户的投资激励不足，所以鼓励农地流转推进规模经营、培育新型经营主体、强化农业技术推广与生产性服务等主张层出不穷。显然，这些主张的共同特征依然是集中于农业生产要素配置与生产效率的改善，农业功能及其生态福利并未受到重视。

第二，地权稳定说。土地均分是中国土地产权的基本制度安排，起初考虑土壤肥力、灌溉条件与距离远近等诸多因素所实施的地权分配，必须配合以定期的经营权调整或者置换来维护制度的公平性。显然，由此引发的产权界定模糊或不稳定问题，可能削弱地权的排他性约束，导致农户偏好短期投资，甚至造成“公地悲剧”等集体行为困境。即使对于遵循“生不增、死不减”原则而实施的新一轮农地确权，地权稳定究竟能否促进农户的长期投资偏好，学界也仍未达成一致。罗必良（2019）就曾提出，地权稳定可能激发农户的禀赋效应，即对自身持有产权的农地产生高于实际价值的估值，从而抑制其流转，若此时该农户又不具备长期投资偏好或能力，则可能阻滞新技术使用。更为重要的是，农业的外部经济性问题一直没有进入农地产权及其激励机制设计研究的视野。

第三，农地规模说。土地均分制及其调整，一方面造成地权不稳定性问题，另一方面造成土地细碎化问题。这可能导致大量的租金耗散与效率损失。部分文献基于美国大农业的发展经验，认为扩大农地经营规模是农业现代化的必经之路（钟甫宁、纪月清，2009）。但随后的研究则进一步指出，农地经营规模并非越大越好，而是存在一定阈值；长期鼓励土地流转与集中的努力并未取得显著进展，且农地经营规模同新技术采纳间也并非线性关系（张露、罗必良，2020）。特别地，农业规模经营并非由土地要素唯一决定，而是农地流转的交易成本、农户经营能力以及多种要素匹配的函数。不仅如此，规模经济谋求的是成本最小化，但农业的多功能开发则需要进一步谋求社会福利与分工收益的最大化。

贯穿上述主张的核心逻辑是，通过地权稳定，激活土地要素交易市场，从而实现经营权从经营能力偏弱的主体向经营能力偏强的主体的转移，由此实现农地规模经营，进而提升农业生产效率。



本节认为，改善农业规模经济性，必须从强调单一的土地要素转向注重多要素投入的均衡匹配、从仅仅关注生产成本拓展到同时考虑生产成本与交易成本、从关注规模经济性的成本节约转向关注分工深化的报酬递增机制（罗必良，2017a）。中国农业高质量发展，应该遵循中国农业发展的本质规定，从农业生产的经济学转向农业功能的经济学，从“为增长而增长”转向“为福利而转型”的目标导向，从农业的产品生产转向农业的功能拓展，由此重构“目标－行为－组织”

的发展逻辑。

### （二）目标性转换：从产品生产到生态经济福利

综观世界农业的演进历程，农业发展在借助外生动力的同时，也必须扎根于地域生态系统特殊性以激发内生动力。单纯由城市和工业增长极带动的外生式发展模式因忽略地域生态系统特性而引发资源与环境危机。经济增长方式正在发生革命性转变，农业发展也正在从生产主义转型为后生产主义。前者基于自上而下的政策支持，通过集约化、规模化与专门化达到产量最大化，以确保粮食自给能力。后者基于自下而上的利益关联主体共同决策，通过分散化、延伸化和多元化，降低外部投入品依赖以提高生产可持续性（Wilson，2007）。典型经验表明，基于本土自然与人文生态探索契合地域特色的农业发展模式往往具有目标选择的普适性。例如，美国劳动力相对短缺，通过机械化提升劳动生产率，发展资源密集型农业；日本自然资源匮乏，通过资本密集化提升土地生产率，发展精细农业；荷兰自然资源和劳动力均有限，通过科技化提升资本生产率，发展设施农业（张红宇，2017）。

可见，农业高质量发展，需要从重视产品生产转为重视生态经济福利，即基于地域生态系统特性形成特色鲜明的农业功能区。以长江经济带为例，上游的云南和贵州地处高原地带，以“坝子农业”著称。分布于山间盆地、河谷沿岸和山麓地带的农业种养活动，一方面形成引人入胜的农业景观，如云南元阳梯田；另一方面形成独具特色的产品类型，如贵州织金竹荪和都匀毛尖（任胜钢、袁宝龙，2016）。所以，上游地区农业发展的重心应为观光农业与特色农产品。中游地区的江汉平原、洞庭湖平原和鄱阳湖平原，是全国商品粮基地，所在省份粮食产量占中国粮食总产量的12.24%，是重要农业产区。因此，中游地区农业发展的重心为保障粮食生产，促进农业产出高效与产品安全。下游地区的江苏、浙江和上海等地，是中国具有重要影响的国际城市群，为都市农业发展提供了广阔的市场容量。据此，下游地区可以在都市及其延伸地带，以先进设施设备为基础，以都市需求为导向，开展集生产、生活和生态于一体的农业生产（Zezza and Tasciotti，2010）。



### （三）行为性诱导：从分权激励到交易制度安排

在以往的农业生产效率目标导向下，产权界定被认为可以通过排他性约束，改善产权主体的稳定性预期与内在激励，由此提升资源的利用效率；也可以通过交易性规范，赋予产权的自愿流转与交易权，从而改善资源的配置效率。但两方面的问题容易被忽略。

一是并非所有要素或产品产权都可以被低成本地清晰界定。特别是生态经济福利不仅依赖于经济产品，更依赖于生态产品。而生态产品的供给往往具有公共性与外部性，由此为产权的明晰界定带来困难。无法明晰界定产权的物品或引发“搭便车”行为，或引发供给不足问题，从而决定了其租金耗散的必然性。另外，农业领域的诸多生态产品由其生物的多样性或者景观的多样性所形成和确立，也造成产权激励隐含着高额的交易成本（罗必良，2017b）。

二是产品生产效率是多要素共同作用的结果。例如，农业产品的生产效率是土地、劳动力、资本等多要素的函数，而非土地要素单独决定的。所以，土地产权界定并不必然诱使农户的长期投资行为或者是积极的土地交易行为（钟甫宁、纪月清，2009）。农村土地确权后仍然存在的大量抛荒现象就是最直接的例证，因为对兼业农户而言，持有土地是其抵御务工失业风险的最后屏障，这可能阻滞其参与使用权交易；而确权并未改变部分家庭劳动力非农转移后的农业劳动力短缺局面，这可能阻滞其提升土地的利用效率（林文声等，2018）。

据此，恰当的交易制度安排尤为重要。Barzel（2015）将产权区分为“法定权利”和“经济权利”，罗必良（2019）对应地将其阐述为“产权界定”与“产权实施”。前者强调行为主体对既定资产的占有、处置和收益分配等权利，后者则强调对既有资产的处置方式。契合农业经营主体特征的迂回交易制度的构建，可以突破产权界定或交易面临的成本制约和行为激励困境。例如，将无形且产权模糊的民俗文化产品化，形成特色服务产品，由此改善其产权激励；或者针对农业经营主体的要素禀赋特征，通过服务外包、股份合作与联合经营，实现多元生产要素的匹配。

### （四）组织性拓展：从独立经营到加入分工经济

经营主体的行为能力与产品生产经营特性隐含着重要的可匹配含义（刘守英、王瑞民，2019）。例如，在小规模分散化经营格局下，单个农户几乎不可能进行规模化、多样化的生态经济生产。鉴于农业的多功能性，单个农户要有效实现不同目标的潜在收益，不仅面临着规模约束、投资约束，也面临着经营能力的约束。因此，一个可能的实施路径是将农户组织起来开展生态服务的规模经营。一方面，引入企业家能力，强化功能开发的外包服务，另一方面，引导农户开展专业化经营，从而加入农业的分工经济，进而形成共建、共营、共享的农业生产与功能经营体系。

伴随农业技术进步，农业生产环节的可分离性不断增强。如水稻种植的整地、育秧、插秧、植保、收割和秸秆处置均可作为独立的中间产品而存在，从而存在农业经营权细分的潜在空间。一旦小农户的土地经营权存在产权细分的可能性，其内含的盈利机会就能够被企业家发现。由此，一方面形成提供“管理知识”这种中间产品（服务）的经营性主体，从而改善农业的知识分工并提升经营效率；另一方面形成提供“专业生产”这种中间产品（服务）的生产性主体，从而改善农业的技术分工与迂回生产效率（罗必良，2017a）。所以，即使农户不直接使用新要素进行生产，但当具备企业家能力的主体为农户提供上述服务时，农户就能够以购买服务的迂回方式将新要素与新技术引入经营之中，从而达到改造传统农业的目的。

更为重要的是，第一，与农地规模经营所倡导的经营权流转不同，外包服务经营有助于引导农户加入农业横向分工（在临近地块上进行连片种植），而服务市场容量扩大与进一步的分工深化，隐含着较低的交易费用与组织成本。第二，外包服务主体的专业知识、技术装备与市场渠道所形成的专用性资产，在服务市场竞争生成情形下，不仅有助于要素投入质量、化学品用量以及农产品品质的改善，而且有助于为各类社会化服务的市场拓展、品牌建设、分工深化提供可持续的动力。第三，外包服务与企业家能力的进入，更易于发现功能性农业的市场机会，因而能够在连片经营的基础上进行景观改造、功能布局与多维价值开发，延伸和拓展农业产业链，从而在共建、共营、共享的经营体系中实现农民的功能性增收。

## 四、农业高质量发展的路径选择

实现中国农业保产、高效、减量和增收的核心目标，促进农业的高质量发展，不仅需要思路的调整与转换，更需要发展路径及策略的合理选择，从而走向因“地”制宜、因“人”制宜、因“事”制宜的发展道路。

### （一）强化功能定位，走因“地”制宜的农业发展道路

农业高质量发展要从有效率的经济增长，转变为有效率的功能拓展，这就要求我们摆脱传统基于产品产量与质量的发展思维，站在生态系统服务的角度来系统审视农业发展，走因“地”制宜的多功能农业发展道路。所谓因“地”制宜，关键在于农业高质量发展与地区生态系统的三方面融合。

一是同地域自然生态系统的融合，即功能定位的决策契合当地自然资源环境特征，发挥地域资源禀赋优势并利用地域天然环境条件。如更为契合本地土壤条件和气候条件的作物品种决策，既能够保证作物产量，又可以避免化学品过量施用可能引致的生态破坏和食品安全问题。由此，实现现代农业的生态功能。

二是同地域人文生态系统的融合，即功能定位的决策考虑当地民俗文化及其对种养行为的影响，并结合文化特色与民俗传统开发休闲旅游与特色产品。例如，在少数民族聚居地建设民俗文化村，不仅可以推广本民族的农耕文化，而且可以规避自然条件对农业生产的限制，提升农业活动的附加价值。由此，实现现代农业的康养功能和人文功能。

三是同地域社会生态系统的融合，即功能定位的决策考察当地社会经济需求与关联技术层次，以优先满足本地需求为重要前提。例如，居民的饮食习惯与偏好往往受本地环境影响，本地农产品更可能符合当地居民的营养和口味需求，因此传统美食与地理标志产品能够通过味蕾实现人们对家乡历史文化的链接，增进乡土文化认同感与自豪感，与此同时实现乡愁的产业化。同

样，返璞归真的农耕体验、贴近自然的身心放松、天人合一的乡土感悟、敬畏生灵的意识美德，不仅是城乡生态和食物供应链的连接扩展，也是农业新型业态的结构性延伸。由此，实现现代农业的社会功能。

**（二）靶向行为激励，走因“人”制宜的农业发展道路**

工业化与城镇化进程不断推进要素流动，使得中国的农业经营格局正在发生重大转变。重新审视家庭经营体制下小农户转型发展，不难发现，在农业去内卷化趋势下，原有的自给自足生存型小农户已然发生明显的分化：第一类是基于家庭内部的代际分工，以青壮年劳动力的务工收入满足家庭需求，而留守劳动力则开展简单的农业活动，成为追求劳有所得的生活型农户；第二类是基于家庭卓越的农业劳动能力，通过土地要素交易市场或者亲缘关系，扩大土地经营面积，成为追求产量最大化的生产型农户；第三类是基于独特的自然条件或民俗文化拓展农业功能，发展休闲农业或者生态农业，成为追求功能拓展的功能型农户。显然，不同的农户有着不同的农业经营目标及其行为特征。所谓因“人”制宜，强调的是农业高质量发展与农户经营目标的契合。

第一，追求自给自足的生存型农户，其特点在于拥有相对充裕的劳动力要素，因而偏好以密集的劳动投入来提高土地生产率。然而由于资本要素极为有限，所以对化肥和农药等外部要素的投入都相对谨慎，偏好可以家庭内部生产的绿肥和农家肥等，以实现对生产成本的精准控制。所以这类农户并非先进技术和设备推广的恰当对象，对其帮扶的重心应在于将其家庭剩余劳动力吸纳至农业社会化服务队伍，成为职业农民以谋求工资性收入来满足家庭生活需求。

第二，追求劳有所得的生活型农户，其特点在于农业劳动力相对缺乏，无法满足高劳动强度的作业需求。但因家庭成员外出务工能够获得稳定的收入来源，这类农户的农业经营具有明显的副业性质。所以其较为偏好劳动力节约型的技术或者生产资料，愿意为节省人力的产品或服务支付额外的费用，因而易于鼓励其开展连片化种植，是农业社会化服务重点关注的目标群体。

第三，追求产量最大化的生产型农户，其特点在于通过土地转入扩大农地经营规模，以谋求农业经营的规模经济性。但是受到强烈的经济目标驱使，此类农户可能以牺牲环境为代价，通过多施化肥和农药来降低产量风险，由此带来环境污染和食品安全问题。所以致力于促进化肥和农药减量的相关政策，应改变当前普惠制的激励模式，有针对性地激励这类群体的减量生产行为，引导其提升产品品质及开展绿色经营。



第四，追求功能拓展的功能型农户，其特点在于所开展的农业经营活动，如休闲农业和绿色农业等，具有可观的附加值，以及天然的资源保护和环境友好倾向。因而这一群体偏好资源和环境友好型技术的使用，其能够通过高售价弥补新技术使用导致的高成本，继而获得足够的利润空间保障。鉴于该群体是实现农业康养价值和人文价值的核心载体，且具有可观的就业吸纳潜力，因此有必要在信贷、用地等方面提供政策支持，促进功能型农户与相关经营主体的培育，由此实现农业的生态、康养、人文与社会的多功能融合与可持续发展。

**（三）深化农业分工，走因“事”制宜的农业发展道路**

在基于土地经营权流转发展土地规模经营的同时，中国也正在谋求土地托管与服务外包等多种形式的服务规模经营。在中国粮食作物生产环节中，收割环节机械化服务的覆盖率已经高达90%，充分说明了农业社会化服务市场的广阔前景。事实上，不仅农业的生产性服务，农业的功能性服务与职业经理人市场服务也在快速扩展。所谓因“事”制宜，强调农业高质量发展与农业分工的密切融合。

第一，通过农业社会化服务倒逼连片规模扩张。由于服务供应商具有生产要素采购成本优势、要素质量甄别优势和种养技术保障优势，对小农户具有充分的吸引力。然而，细碎化的农地经营现状并不符合连片作业要求，因而服务供应商通常会设置农地规模门槛。例如江西绿能公司以 50 亩地为服务外包的门槛值。为达到该门槛要求，农户会通过土地要素市场交易流转土地，或者同周围农户保持品种一致性，由此形成连片种植。所以，农地规模经营与服务规模经营需要进行有效衔接。

第二，通过农业社会化服务促进农业技术进步。农业高质量发展仍然以先进技术运用为载体，而社会化的服务组织正需要通过技术采纳提高劳动生产率、土地生产率与价值增值率。所以，农业分工及其专业化发展，不仅依赖于农业的生产技术、加工技术，更依赖于农业的绿色减量技术、品牌与创意设计技术、价值链与物联网技术以及互联网营销技术。技术的进步与分工的深化，以及由此所形成的市场容量与潜在收益空间，将不断推动农业多功能开发与技术服务市场发育。更重要的是，农业的技术受体由农户转为专业服务组织，不仅使得技术使用的门槛降低，而且使得服务市场竞争格局形成，这将不断激励各类专业服务主体加强技术创新，从而形成农业绿色高质量发展的市场自发驱动力。

第三，通过农业社会化服务加强农民职业队伍建设。农业分工、外包服务与经理人市场，能够引导农业企业家群体的生成，形成代耕、代管与代营的职业化能人经营体系。其中，多样化与专业化的服务市场，将提供新的农业就业机会，能够使部分农地经营的退出农户转型为职业农民；农业的多功能开发与技术服务，也将造就专业化与职业化的农业技术人才队伍。因此，农业分工的效率空间和农业功能的潜在价值，将赋予农业以新的生命力，从而吸纳“有知识、懂技术、善经营、会管理”的专业化人才，这就是“懂农业、爱农村、爱农民”的职业农民队伍。而稳定的人才队伍及其专业化支持，才是农业高质量可持续发展的基本保障。

## 参考文献


陈秧分，刘玉，李裕瑞．中国乡村振兴背景下的农业发展状态与产业兴旺途径 [J]. 地理研究，2019（3）．

戴蒙德．枪炮、病菌与钢铁：人类社会的命运 [M]. 谢延光，译．上海：上海译文出版社，2016.

盖勒．人类之旅：财富与不平等的起源 [M]. 余江，译．北京：中信出版社，2022.

高芸，赵芝俊．我国农业颠覆性技术创新的可能方向与路径选择 [J]. 改革，2020（11）：98–108.

格雷夫．大裂变：中世纪贸易制度比较和西方的兴起 [M]. 郑江淮等，译．北京：中信出版社，2008.

郭焕成，韩非．中国乡村旅游发展综述 [J]. 地理科学进展，2010（12）．

郭永田．全力提升耕地质量 夯实粮食安全根基 [J]. 农村工作通讯，2024（11）：28–30.

侯晓晨，徐玉德．产业技术复杂性与企业家技术创新行为 [J]. 山西财经大学学报，2024（2）：54–67.

黄琪轩．世界技术变迁的国际政治经济学——大国权力竞争如何引发了技术革命 [J]. 世界政治研究，2018（1）：88–111.

康德拉季耶夫．经济生活中的长波 [M]// 现代国外经济学论文选：第十辑．北京：商务印书馆，1986.

柯兹纳．竞争与企业家精神 [M]. 刘业进，译．杭州：浙江大学出版社，2013.

科斯．科斯：中国改革：商品市场与思想市场的发展 [J]. 学术界，2012（2）：242–244.

克拉克．告别施舍：世界经济简史 [M]. 洪世民，译．桂林：广西师范大学出版社，2020.

李莉，崔磊磊，刘安蓉，等．国家颠覆性技术创新战略问题及对策研究 [J]. 全球科技经济瞭望，2023（6）：9–15.

李芮．经济史研究中的文化偏见——对“大分流”之争的评述与反思 [J]. 浙江社会科学，2015（9）：32–37.

李珍．好奇心、创造性思维与科技创新 [N]. 光明日报，2020–11–06（11）．

林文声，王志刚，王美阳．农地确权、要素配置与农业生产效率——基于中国劳动力动态调查的实证分析 [J]. 中国农村经济，2018（8）．

刘守英，王瑞民．农业工业化与服务规模化：理论与经验 [J]. 国际经济评论，2019（6）．

龙文军，张莹，王佳星．乡村文化振兴的现实解释与路径选择 [J]. 农业经济问题，2019（12）．

罗必良，陈良彪．坚持以中国式农业农村现代化夯实中国式现代化 [N]. 南方日报，2022–11–14（A7）．

罗必良，耿鹏鹏．农业新质生产力：理论脉络、基本内核与提升路径 [J]. 农业经济问题，2024（4）：13–26.

罗必良．从产权界定到产权实施——中国农地经营制度变革的过去与未来 [J]. 农业经济问题，2019（1）．

罗必良．从农业大国到农业强国如何突破 [J]. 中国党政干部论坛，2023a（3）：17–21.

罗必良．基要性变革：理解农业现代化的中国道路 [J]. 华中农业大学学报（社会科学版），2022（4）：1–9.

罗必良．科斯定理：反思与拓展——兼论中国农地流转制度改革与选择 [J]. 经济研究，2017b（11）．

罗必良．论服务规模经营——从纵向分工到横向分工及连片专业化 [J]. 中国农村经济，2017a（11）：2–16.

罗必良．论农业新质生产力 [J]. 改革，2024（4）：19–30.

罗必良．新制度经济学 [M]. 太原：山西经济出版社，2005.

罗必良．制度变迁：路径依赖抑或情境依赖？——兼论中国农业经营制度变革及未来趋势 [J]. 社会科学战线，2020（1）：38–51.

罗必良．种业振兴与粮食安全 [J]. 华南农业大学学报，2023b（6）：827–836.

吕薇，金碚，李平，等．以新促质，蓄势赋能——新质生产力内涵特征、形成机理及实现进路 [J]. 技术经济，2024（3）：1–13.

吕晓英，李先德．美国农业政策支持水平及改革走向 [J]. 农业经济问题，2014（2）.

诺斯．制度、制度变迁与经济绩效 [M]. 刘守英，译．上海：上海三联书店，1994.

诺斯，托马斯．西方世界的兴起 [M]. 历以平，蔡磊，译．北京：华夏出版社，1999.

任胜钢，袁宝龙．长江经济带产业绿色发展的动力找寻 [J]. 改革，2016（7）.

舒尔茨．改造传统农业 [M]. 梁小民，译．北京：商务印书馆，1987.

孙冰，田胜男．企业家精神如何影响技术创新扩散：一个有调节的中介模型 [J]. 系统管理学报，2022（1）：134–142.

王安，孙棕檀，沈艳波，等．国外颠覆性技术识别方法浅析 [J]. 中国工程科学，2017（5）：79–84.

王栋，陈源泉，李道亮，等．农业领域若干颠覆性技术初探 [J]. 中国工程科学，2018（6）：57–63.

魏后凯，吴广昊．以新质生产力引领现代化大农业发展 [J]. 改革，2024（5）：1–11.

夏秋，李丹，周宏．农户兼业对农业面源污染的影响研究 [J]. 中国人口·资源与环境，2018（12）.

夏学禹．论中国农耕文化的价值及传承途径 [J]. 古今农业，2010（3）.

谢丹阳，周泽茜．经济增长理论的变迁与未来：生产函数演变的视角 [J]. 经济评论，2019（3）：30–39.

熊彼特．经济发展理论 [M]. 何畏，易家详，等，译．北京：商务印书馆，1991.

郇雷．习近平关于发展新质生产力重要论述的深远意义 [J]. 理论视野，2024（4）：19–24.

杨伯峻．孟子译注 [M]. 北京：中华书局，2016.

叶初升，李承璋，廖卓婷．思想交流与经济增长研究进展 [J]. 经济评论，2023（3）：125–140.

于文超，刘丽，陈刚．政府信息公开对企业家活动配置的影响研究 [J]. 经济评论，2023（6）：40–57.

张红宇．准确把握农地“三权分置”办法的深刻内涵 [J]. 农村经济，2017（8）.

张利飞，张运生．伊斯雷尔、柯兹纳对企业家精神研究的贡献——科睿唯安“引文桂冠”经济学奖得主学术贡献评介 [J]. 经济学动态，2023（7）：147–157.

张露，罗必良．农业减量化：农户经营的规模逻辑及其证据 [J]. 中国农村经济，2020（2）.

张培刚．农业与工业化 [M]. 北京：中国人民大学出版社，2014.

中国农村发展问题研究组．农村经济变革的系统考察 [M]. 北京：中国社会科学出版社，1984.

钟甫宁，纪月清．土地产权、非农就业机会与农户农业生产投资 [J]. 经济研究，2009（12）.

钟茂初．“新质生产力”发展演进及其增长路径的理论阐释 [J]. 河北学刊，2024（2）：151–157.

祖田修．农学原论 [M]. 张玉林，译．北京：中国人民大学出版社，2003.

Aghion，P.，and P. Howitt. A Model of Growth Through Creative Destruction[J]. Econometrica，1992，60（2）：323–351.

Barzel，Y.. What are ‘Property Rights’，and Why do They Matter? A Comment on Hodgson’s Article[J]. Journal of Institutional Economics，2015（4）.

Bower，J. L.，C. M. Christensen. Disruptive Technologies：Catching the Wave[J]. Harvard Business Review，1995，73（1）：43–53.

Brynjolfsson. E., B. Kahin. Understanding the Digital Economy: Data, Tools, and Research[M]. Cambridge, MA: MIT Press, 2002: 1-10.

Buchanan, J. M.. A Contractarian Paradigm for Applying Economic Theory[J]. The American Economics Review, 1975, 65 (2): 225-230.

Capello, R., C. Lenzi, G. Perucca. The Modern Solow Paradox. In Search for Explanations[J]. Structural Change and Economic Dynamics, 2022, 63 (4): 166-180.

Coase, R. H.. The Market for Goods and the Market for Idea[J]. American Economic Review, 1974, 64 (2): 384-391.

Comin, D., M. Mestieri. If Technology Has Arrived Everywhere, Why Has Income Diverged?[J]. American Economic Journal: Macroeconomics, 2018, 10 (3): 137-178.

Federico, G.. Feeding the World: An Economic History of Agriculture (1800-2000) [M]. Princeton University Press, 2005.

Hayami, Y.. Induced Innovation, Green Revolution, and Income Distribution: Comment[J]. Economic Development and Cultural Change, 1981 (1).

Kuznets, S.. Economic Growth and the Contribution of Agriculture: Notes on Measurement[J]. International Journal of Agrarian Affairs, 1961 (3).

Kuznets, S.. Modern Economic Growth Rate, Structure, and Spread[M]. Yale University Press, 1966.

Litina, A., E. R. Fernández. Celestial Enlightenment: Eclipses, Curiosity and Economic Development Among Pre-modern Ethnic Groups[R]. Working Papers, halshs-03044843, 2020.

Olson, M.. Distinguished Lecture on Economics in Government: Big Bills Left on the Sidewalk: Why Some Nations are Rich, and Others Poor[J]. Journal of Economic Perspectives, 1996, 10 (2): 3-24.

Sampson, T.. Technology Gaps, Trade, and Income[J]. American Economic Review, 2023, 113 (2): 472-513.

Schultz, T. W.. Transforming Traditional Agriculture[M]. Yale University Press, 1986.

Solow, R.. A Contribution to the Theory of Economic Growth[J]. Quarterly Journal of Economics, 1956, 70 (1): 65-94.

Solow, R.. We'd Better Watch Out[J]. New York Times Book Review, 1987 (7): 36.

Thies, C. G.. State Building, Interstate and Intrastate Rivalry: A Study of Post-Colonial Developing Country Extractive Efforts, 1975-2000[J]. International Studies Quarterly, 2004, 48 (1): 53-72.

Veblen, T.. The Instinct of Workmanship and the State of the Industrial Arts[M]. New York: MacMillan Co., 1914.

Wilson, G. A.. Multifunctional Agriculture: A Transition Theory Perspective[M]. CAB International, 2007.

Wojtowicz, Z., G. Loewenstein. Curiosity and the Economics of Attention[J]. Current Opinion in Behavioral Sciences, 2020 (3): 135-140.

Zezza, A., Tasciotti, L.. Urban Agriculture, Poverty, and Food Security: Empirical Evidence from A Sample of Developing Countries[J]. Food Policy, 2010 (4).

# 第十章　乡村绿色发展转型与多主体协同治理①

绿色发展是提升乡村产业发展质量的重要方向，绿色引领与创新驱动是实现乡村产业振兴的基本要求。深入践行“绿水青山就是金山银山”理念，严守耕地和生态保护红线，走资源节约型与环境友好型农村发展道路，已成为农业农村现代化的重要战略任务。实现乡村生产、生活与生态的协同共进，不仅需要有效市场与有为政府形成合力，更需要政府、企业、农户与社会组织等多元主体协同参与、共建共治共享，共同提升乡村生态治理水平，加快建设宜居宜业和美乡村。

本章以“绿色发展”与“多主体协同治理”为主线，从实证研究视角出发，探索不同情境下多元主体在推动乡村绿色发展转型过程中的互动逻辑与实践机制。首先，以化肥减量施用为切入点，基于 2017 年中国农村家庭追踪调查数据（CRHPS），从人力资本视角考察返乡农民工能否主动融入农业绿色生产，并进一步揭示其作用路径，以回答返乡农民工对推动农业现代化进程的作用。其次，基于粮食主产区湖北省 970 户农户的田野调查数据，将土地流转的契约属性纳入分析框架，系统探讨契约的盈利性、规范性和稳定性如何影响农户的化肥施用行为，进而评估其在推动绿色生产中的治理效能。再次，围绕乡村畜禽粪污治理实践，深入分析在加强乡村生态环境建设背景下，如何统筹处理政府、市场等多元主体的关系，实现多元主体间的协同合作与有效共治，为乡村生态文明建设提供制度支撑与路径支持。最后，构建“市场 – 组织 – 政府”三元协同框架，利用广东省阳山县 2017—2019 年农户非平衡面板数据，实证分析农地撂荒治理中多主体协同机制的运行逻辑与优化策略，探索治理碎片化问题与提升多主体联动能力的路径。



① 本章主要内容发表于《华中农业大学学报（社会科学版）》2023 年第 5 期，原文标题为《小农的绿色发展转型：人力资本维度的考察——来自农民工回流农户的证据》；《农村经济》2021 年第 9 期，原文标题为《土地流转契约与农户化肥施用——基于契约盈利性、规范性和稳定性三个维度的考察》；《华中农业大学学报（社会科学版）》2025 年第 1 期，原文标题为《农地撂荒的治理策略——一个“市场 - 组织 - 政府”的分析线索》。

# 第一节 小农绿色发展转型的机制与路径

大国小农是中国的基本国情。第三次农业普查数据显示，中国小农户数量占农业经营主体的98% 以上，其中经营耕地 10 亩以下的农户有 2.1 亿户。小农户长期且大量存在是中国农业现代化发展必须面对的一个基本现实。为此，要在以小农户为核心的农业生产格局下，有效组织和引导小农户融入农业绿色发展。

不同于传统农耕文明的循环农业，绿色农业是注入了现代技术、机械装备、信息等多种现代生产要素的新型农业。农户绿色生产转型实质上是一个绿色节约型技术或绿色高效生产要素投入和应用的过程。受限于人力资本的约束，传统小农户对现代生产要素使用中存在的潜在风险认知有限，为避免预期收益不稳定，往往沿袭的是祖辈世代相传的要素投入方式，表现出极强的行为惯性特征，阻碍了绿色农业的发展。经济学家舒尔茨（1999）强调，改造传统农业的出路在于引入新的农业生产要素，关键在于加大人力资本投资。提升农民的人力资本有着众多的选择，已有大量文献探讨了教育、培训、健康等主要人力资本投资类型对于农户绿色生产的影响。实际上，除了上述人力资本投资类型以外，迁徙也是一种重要的人力资本投资形式。

## 一、理论分析与研究假说

### （一）农民工回流、人力资本改善与绿色经营

农户的经营决策是既有资源禀赋约束下的结果。在诸多的资源禀赋中，人力资本在农户的绿色生产行为转变中起着决定作用。从微观层面看，人力资本主要通过两方面来影响农户的绿色生产行为。一是提高绿色生产的意识，转变落后的农业生产观念。拥有丰富人力资本的农户，在具备较强农业技艺的同时，还能强化对化学品危害性的认知，深刻理解化学品过量投入、废弃物不当处置的危害，在更高环境保护意识的影响下采取绿色环保的生产方式。二是使用先进的农业生产工具。通过技术或工具的改进，提高资源利用率，达到节约生产成本的目的，是农业绿色转型的重要策略，但不同的技术或工具隐含着不同的使用门槛，只有拥有较高人力资本的农户才能在提高技术认知的同时降低学习成本，最终应用并受益于绿色生产技术。



然而，在青壮年劳动力大量外出、农业劳动力呈老龄化和兼业化趋势的形势下，农业人力资本逐渐削弱，阻碍了绿色生产技术的推广和应用，构成了农业生产绿色转型的现实约束。一方面，留守的老龄劳动力无论在技术的认知与学习上，还是在信息的收集与处理上都存在明显劣势，缺乏主动使用绿色生产技术的积极性，即使使用绿色生产技术也因产品销售问题难以享受绿色生产带来的好处。另一方面，劳动力转移背景下留守农户呈现以满足家庭基本食物需求的小规

模、兼业化经营特点，既无法形成规模以抵消绿色生产方式转型带来的高额成本，又不具备机械作业的客观条件，制约着绿色生产技术的推广使用。值得强调的是，在留守小农户普遍面临农业绿色发展融入困境时，回流的农民工群体则为农业的绿色转型提供了人力资本补充和智力支持。农民工重返农业生产后，农业成为其主要的收入来源，不同于仅满足生存需要的简单生产，经过市场化历练的回流农户在更强的市场观念和获利动机驱动下，尤其是在化肥、农药等农资产品价格以及雇工成本上升的要素条件倒逼下，为获得更多的农业报酬，选择通过减少化学品的施用以降低投入成本，或使用绿色生产技术以提高农产品售价成为其理性选择。

基于此，本节提出假说 1：相比于一般的留守农户，具有外出务工经历的回流务农农户更可能主动融入农业绿色生产，具体表现为化肥的减量施用。

**（二）农民工回流、工具改进与绿色经营**

通过工具的改进以降低无效损耗是化肥减量施用的重要思路。在较高的劳动力成本约束下，采用人工施肥方式的农户一般会减少施肥次数，增加单次施肥量，从而导致化肥施用过量。相对于人工作业，机械化施肥方式具有高强度、标准化的特点，在降低化肥施用损耗的同时，还能满足农作物的营养需要。特别是由社会化服务组织提供的机械化施肥服务，还可以发挥规模经济优势，降低施肥成本。相比于留守农户，回流农户更倾向于采用机械化施肥方式替代人工。一是回流农户在城市化和市场化的历练中，具备了更高的市场化意识（契约精神和市场精神）和交易能力。为节约成本、实现收益的最大化，回流农户更有可能主动寻求成本更低的要素投入方式。相比于人工施肥，社会化服务组织因大批量采购形成的更强谈判能力使其所提供的要素具有价格低廉的成本优势，有助于满足回流农户追求收益最大化的经营动机；二是相比于传统农户，回流农户对新生事物具有更强的接受能力，对效率更高的生产技术认知更强，更容易接纳新型要素投入方式。三是回流农户久疏农事，可能在农业生产经验和知识存量上不如传统农户，为此回流农户更情愿让从事专业生产的社会化服务组织提供机械化服务，以弥补自身生产经验和知识的不足。

据此提出假说 2：回流农户有可能借助机械化施肥方式以提高施肥效率，进而达到化肥减量施用的效果。



**（三）农民工回流、经营规模扩张与化肥减量**

鼓励农地流转与集中，扩大农户的农地规模，培育规模化农业经营主体，是推动农业绿色发展的重要路径。在土地细碎化和小规模经营条件下，农户主要依靠粗放式的经营手段，通过农药、化肥的密集投入来提高土地生产率，进行绿色经营的动力不足。与一般传统农户为解决温饱问题的安全生产原则不同，回流农户为了降低生产成本，获取更高的规模报酬收入，更倾向于借助务工期间积累的资金，进行土地流转，以扩大农地规模。根据诱致性技术变迁理论，农地规模扩大后，随着劳动投入需求的增加，家庭内部劳动力变得更加稀缺，相对价格上升，此时理性农户会选择节约更加稀缺和昂贵的劳动力要素，增加劳动节约型要素（机械）的使用。例如，前述的减少人工作业而采用机械化施肥方式。更为重要的是，农户的土地规模化经营会使其土地资源的稀缺程度和相对价格下降，土地节约型要素（如化肥）的投入也将减少。此外，耕地的细碎化带来的较高田间管理成本和时间成本，是农户增加化肥施用量以减少施肥次数和劳动力投入的重要诱因，而土地流转在一定程度上可以改善这一现象。原因在于，土地流转有助于扩大农户耕地的地块规模，当农户所拥有的地块规模较大时，一方面节省了转场所需的人工成本和时间成本，为机械作业提供了条件；另一方面连续性的施用提升了农户施肥的熟练程度，从而带来施用量的降低。

据此提出假说 3：回流农户有可能通过扩大农地规模以实现化肥的减量施用，其中农地规模具体表现为经营规模和地块规模两个维度。

## 二、数据来源、变量设置与模型选择

### （一）数据来源

本章所使用的数据是公开可获取的 2017 年中国农村家庭追踪调查数据，其来自浙江大学的中国家庭大数据库（CFD）和西南财经大学的中国家庭金融调查（CHFS）数据。中国农村家庭追踪调查数据涵盖农村家庭层面的各类信息，并涉及农业生产中化肥、农药的施用和支出情况。首先，本章重点关注农户的化肥施用情况，故只保留了从事种植业的农村家庭样本；其次，剔除了存在缺失值和异常值的样本，最后一共得到 3798 份有效样本。在实证分析中，由于部分变量数据缺失，因此最终各模型的观测样本会有所不同。

### （二）变量设置

1. 被解释变量。绿色经营的重点是以低污染、低消耗、低排放、高产出的方式实现人与自然的可持续发展。其中，减少化肥施用是其主要特征之一。正如 2017—2022 年多份中央一号文件所强调的，实现农业绿色发展需要持续推进化肥、农药的减量增效。为此，以化肥减量施用为例考察农户的绿色经营行为，并使用“亩均化肥施用量”（化肥施用总量除以实际作物播种面积）和“亩均化肥支出”（化肥总支出除以实际作物播种面积）作为绿色经营的代理变量。



2. 解释变量。与其他相关文献的劳动力回流概念不同，对农民工回流的定义不局限于空间上的回流（返乡），而是进一步拓展到工作性质上的回流（返乡务农）。为此，本章将“户主回流务农”和“农户农民工回流”作为核心解释变量（均为 0、1 离散变量）。其中，选择“户主回流务农”是因为户主在家庭事务决策上具有话语权，是家庭农业生产经营的主要决策者。

3. 控制变量。参考已有学者的研究，本章选取户主特征、家庭特征、经营特征、村庄特征以及省份虚拟变量作为控制变量。户主特征变量包括性别、年龄、受教育程度及健康水平。家庭特征变量包括家庭人口规模、务农劳动力占比、家庭收入水平。经营特征变量包括农机设备状况、农业补贴。村庄特征变量包括市场距离以及通信条件。此外，还加入省份虚拟变量作为控制变量。

4. 中介变量。为检验农民工回流是否通过机械化施肥、扩大农地规模两个途径来影响农户绿色经营行为，本章设置机械化施肥和农地规模两个中介变量。其中，对于农户是否采用机械化施肥方式，借鉴朱建军等（2023）的做法，根据问卷中的问题“种植业生产在哪个环节使用了机械”，以及对应选项“耕地 / 施肥、播种、收获、运输、喷洒农药、未使用机械”，同时考虑到作物种肥同播技术[①]的推广与采用，将选择“耕地 / 施肥”或“播种”选项的设置为采用机械化施肥方式，选择其他的则设置为未采用机械化施肥方式。不同的规模形式隐含着不同的行为经济学含义，对于农地规模的测度，借鉴张露、罗必良（2020）的做法，将农地规模分解为地块规模和经营规模，其中经营规模由农户实际耕作面积计算得到，地块规模则由农户实际耕作面积除以实际耕作地块数得到。所有变量的描述统计结果如表 10–1 所示。

表 10–1　变量定义及描述性统计

| 变量类别 | 变量名称 | 定义 | 平均值 | 标准差 | 最小值 | 最大值 |
|---|---|---|---|---|---|---|
| 被解释变量 | 亩均化肥施用量 | 亩均化肥施用量（千克 / 亩），加 1 后取对数 | 3.999 | 0.992 | 0.000 | 5.303 |
| | 亩均化肥支出 | 亩均化肥支出（元 / 亩），加 1 后取对数 | 4.942 | 0.791 | 0.000 | 6.043 |
| 解释变量 | 户主回流务农 | 户主是否回家务农：是 =1，否 =0 | 0.095 | 0.294 | 0.000 | 1.000 |
| | 农户农民工回流 | 有无家庭成员回家务农：有 =1，无 =0 | 0.140 | 0.347 | 0.000 | 1.000 |
| 户主特征 | 性别 | 男 =1，女 =0 | 0.677 | 0.468 | 0.000 | 1.000 |
| | 年龄 | 户主实际年龄（岁） | 55.677 | 11.495 | 18.000 | 93.000 |
| | 受教育程度 | 赋值 1 ～ 8 | 2.490 | 0.994 | 1.000 | 8.000 |
| | 健康水平 | 赋值 1 ～ 5 | 3.134 | 1.059 | 1.000 | 5.000 |
| 家庭特征 | 家庭人口规模 | 家庭人口数量（人） | 3.819 | 1.750 | 1.000 | 13.000 |
| | 务农劳动力占比 | 从事农业生产的人数占家庭总就业人数的比重 | 0.369 | 0.382 | 0.000 | 1.000 |
| | 家庭收入水平 | 家庭人均收入（元），取对数 | 8.861 | 1.073 | 6.642 | 10.678 |
| 经营特征 | 农机设备状况 | 家庭拥有的农机价值（元），取对数 | 3.463 | 4.063 | 0.000 | 15.956 |
| | 农业补贴 | 农业生产获得政府补贴额（元），取对数 | 2.870 | 0.594 | 0.693 | 8.072 |
| 村庄特征 | 市场距离 | 到最近自由市场或农贸市场的距离（千米） | 6.051 | 7.714 | 0.000 | 60.000 |
| | 通信条件 | 是否有宽带覆盖：是 =1，否 =0 | 0.851 | 0.594 | 0.000 | 1.000 |



① 种肥同播技术是利用机械将种子和缓控释肥按有效距离同时播入田间的一种操作模式，肥料施进土壤，减少了肥料地表流失和挥发，能提高肥料利用率。

续表

| 变量类别 | 变量名称 | 定义 | 平均值 | 标准差 | 最小值 | 最大值 |
|---|---|---|---|---|---|---|
| 中介变量 | 机械化施肥 | 耕地 / 施肥或播种环节是否使用机械：是 =1，否 =0 | 0.577 | 0.494 | 0.000 | 1.000 |
| | 经营规模 | 实际耕作面积（亩），取对数 | 1.814 | 0.632 | 0.095 | 2.639 |
| | 地块规模 | 实际耕作面积除以实际耕作地块数 | 1.718 | 1.857 | 0.007 | 13.000 |

资料来源：笔者绘制。

### （三）模型选择

鉴于本章将亩均化肥施用量和亩均化肥支出作为绿色经营的代理变量，因存在部分农户并未施用化肥的情况（如完全用有机肥替代），被解释变量为左侧截断的连续变量，因此采用 Tobit 模型，模型如下：

$$Y_i = \alpha_0 + \alpha_1 Returned_i + \sum_{n=2} \alpha_n X_i + \varepsilon_{i1} \tag{10-1}$$

其中，$Y_i$ 表示农户 $i$ 亩均化肥施用量的对数或亩均化肥支出的对数，其中 $Returned_i$ 是有无家庭成员回流务农或户主是否回流务农的二值虚拟变量，$X_i$ 表示户主特征、家庭特征、经营特征、村庄特征及省份区域特征的变量，$\varepsilon_i$ 为误差项，$\alpha_0$ 为常数项，$\alpha_1$ 和 $\alpha_n$ 为待估系数。

为检验农民工回流是否通过机械化施肥以及扩大农地规模两条路径影响农户绿色经营，在式（10–1）的基础上，构建中介效应模型：

$$Inter_i = \delta_0 + \delta_1 Returned_i + \sum_{n=2} \delta_n X_i + \varepsilon_{i2} \tag{10-2}$$

$$Y_i = \varphi_0 + \varphi_1 Returned_i + \varphi_2 Inter_i + \sum_{n=3} \varphi_n X_i + \varepsilon_{i3} \tag{10-3}$$

式（10–2）、式（10–3）中，$Inter_i$ 为中介变量，表示农户 $i$ 是否采用机械化施肥或扩大农地规模；$\delta_0$ 和 $\varphi_0$ 为常数项，$\delta_1$、$\varphi_1$ 和 $\varphi_2$ 为待估系数；$\varepsilon_{i2}$、$\varepsilon_{i3}$ 为误差项；其他变量与式（10–1）一致。

需要指出的是，上述估计均可能存在内生性问题。为此，本章进一步采用工具变量法对式（10–1）进行稳健性检验。在工具变量的选择上，参照已有做法，本章采用聚类工具变量的构建方法，利用村域内除去自身之后的同村回流务农人数作为农民工回流的工具变量。此外，中介变量与农户的化肥施用也存在内生性问题。同样利用村庄层面其他农户的要素投入均值作为工具变量。

## 三、模型估计结果与分析

### （一）基准回归结果

表 10–2 显示了基准回归结果，以“亩均化肥施用量”作为被解释变量的列（1）和列（2）结

果表明户主回流务农、农户农民工回流都在 5% 的显著性水平上减少了农户的亩均化肥施用量；以“亩均化肥支出”作为被解释变量的列（3）和列（4）结果表明户主回流务农、农户农民工回流同样在 5% 的显著性水平上减少了农户的亩均化肥支出。这说明，农民工回流确实促进了农户的绿色化经营，且在不同的被解释变量下依然成立，结果具有稳健性。

**表 10-2　农民工回流与农户绿色化经营：基准回归**

| 变量 | 亩均化肥施用量 | | 亩均化肥支出 | |
|---|---|---|---|---|
| | （1） | （2） | （3） | （4） |
| 户主回流务农 | −0.118** （0.055） | — | −0.025** （0.011） | — |
| 农户农民工回流 | — | −0.103** （0.047） | — | −0.020** （0.009） |
| 性别 | −0.017（0.035） | −0.017（0.035） | −0.052（0.038） | −0.054（0.039） |
| 年龄 | 0.004（0.009） | 0.004（0.009） | 0.000（0.007） | 0.000（0.007） |
| 年龄的平方 | −0.000（0.000） | −0.000（0.000） | −0.000（0.000） | −0.000（0.000） |
| 受教育程度 | 0.015（0.018） | 0.015（0.018） | 0.002（0.015） | 0.002（0.015） |
| 健康水平 | −0.025* （0.014） | −0.026* （0.015） | −0.033*** （0.012） | −0.033*** （0.013） |
| 家庭人口规模 | 0.001（0.010） | 0.003（0.010） | 0.018** （0.008） | 0.018** （0.008） |
| 务农劳动力占比 | 0.045（0.050） | 0.038（0.050） | −0.052（0.040） | −0.045（0.040） |
| 家庭收入的对数 | −0.006（0.017） | −0.005（0.017） | −0.000（0.013） | −0.000（0.013） |
| 农机设备状况 | 0.005（0.004） | 0.005（0.004） | 0.013（0.013） | 0.012（0.013） |
| 农业补贴 | 0.047（0.031） | 0.047（0.031） | 0.031（0.024） | 0.031（0.024） |
| 市场距离 | −0.004（0.002） | −0.004（0.002） | −0.002（0.002） | −0.002（0.002） |
| 通信条件 | 0.061（0.056） | 0.061（0.056） | 0.063（0.044） | 0.063（0.044） |
| 省份固定效应 | 控制 | 控制 | 控制 | 控制 |
| 常数项 | 3.792*** （0.317） | 3.788*** （0.316） | 4.792*** （0.253） | 4.796*** （0.254） |
| $R^2$ | 0.024 | 0.025 | 0.033 | 0.033 |
| 观测值 | 3798 | 3798 | 3608 | 3608 |

资料来源：笔者绘制。

注：*、**、*** 分别表示在 10%、5%、1% 的统计水平上显著；括号内为稳健标准误。



## （二）稳健性检验

1. 工具变量法。农民工回流务农对绿色生产的影响还受不可观测因素的影响，某些无法观测的变量可能既会影响农户的绿色生产，又会影响农民工的返乡决策。为缓解遗漏变量导致的内生性问题，采用 IV-Tobit 模型进行再估计。结果如表 10-3 所示，在考虑内生性的情况下，农户农民工回流依然在 5% 的显著性水平上减少了亩均化肥施用量，说明结果具有稳健性。其中，第一阶段的 $F$ 统计值都大于 10，工具变量“同村回流务农人数”与潜在的内生变量（户主回流务农和农户农民工回流）高度相关，基本排除了弱工具变量的可能性，但内生性检验并不显著，说明农民工回流对农户绿色化经营的影响并不存在严重的内生性问题。

表 10–3　农民工回流与农户农业绿色化经营：工具变量法　*N*=3798

| 变量 | 第一阶段 | 第二阶段 | 第一阶段 | 第二阶段 |
|---|---|---|---|---|
| | （1）户主回流务农 | （2）亩均化肥施用量 | （3）农户农民工回流 | （4）亩均化肥施用量 |
| 同村回流务农人数 | 0.052***（0.020） | — | 0.086***（0.023） | — |
| 户主回流务农 | — | -1.451**（0.603） | — | — |
| 农户农民工回流 | — | — | — | -0.875**（0.413） |
| 其他控制变量 | 控制 | 控制 | 控制 | 控制 |
| 省份固定效应 | 控制 | 控制 | 控制 | 控制 |
| 内生性检验 | — | 1.06 | — | 0.97 |
| 第一阶段 *F* 统计值 | 15.74 | — | 18.06 | — |

资料来源：笔者绘制。

注：*、**、*** 分别代表在 10%、5%、1% 的统计水平上显著；括号内为稳健标准误。

2. 倾向得分匹配法。外出劳动力的返乡决策并非随机行为，受到家庭、村庄和地区等诸多因素的影响。例如，在家乡还有老人及子女等需要照顾的外出务工者更容易返乡，即农民工回流存在自选择问题。为减少自选择带来的估计偏误，采用基于“反事实框架”的倾向得分匹配法，将户主回流务农或有家庭成员回流务农的农户设定为实验组，户主未回流务农或没有家庭成员回流务农的农户设定为控制组。分别采用最近邻匹配、核匹配和半径匹配估计农民工回流的平均处理效应。表 10–4 的结果表明，虽然不同匹配方法的平均处理效应在数值上略有差异，但得到了一致性的结论：与普通农户相比，回流农户有利于减少化肥的施用量，进一步验证了基准回归结果的稳健性。

表 10–4　农民工回流与农户农业绿色化经营：倾向得分匹配　*N*=3798

| 变量 | 匹配方式 | 亩均化肥施用量 | | |
|---|---|---|---|---|
| | | ATT | S. E. | T 值 |
| 户主回流务农 | 最近邻匹配（1：1） | -0.129** | 0.053 | -2.43 |
| | 半径匹配 | -0.098** | 0.049 | -2.01 |
| | 核匹配 | -0.098** | 0.048 | -2.04 |
| 农户农民工回流 | 最近邻匹配（1：1） | -0.112** | 0.055 | -2.03 |
| | 半径匹配 | -0.098** | 0.049 | -2.08 |
| | 核匹配 | -0.099** | 0.047 | -2.09 |

资料来源：笔者绘制。

注：*、**、*** 分别代表在 10%、5%、1% 的统计水平上显著。

3. 替换被解释变量。农用化学品的减量施用是衡量农户农业绿色生产转型的重要指标。除了化肥，农药作为另一种化学用品，也存在过度使用，是农业面源污染的重要原因。因此，以亩均农药支出作为绿色化经营的另一代理变量进行稳健性检验。表 10–5 的列（1）和列（2）结果显示，在控制其他变量后，农民工回流在 5% 的显著性水平上减少了农户的亩均农药支出，说明农民工回流务农不仅能减少化肥的施用，也能减少农药的施用。

4. 替换样本。为进一步验证结论的稳健性，表 10–5 的列（3）和列（4）进一步以中国家庭金融调查数据为样本，将“亩均化肥支出”作为被解释变量进行再估计[①]。在控制一系列特征变量后，农民工回流依然显著减少了农户的亩均化肥支出，说明结果仍具有稳健性。

**表 10–5　农民工回流与农户绿色化经营：替换被解释变量与替换样本**

| 变量 | 亩均农药支出 | | 亩均化肥支出 | |
|---|---|---|---|---|
| | （1） | （2） | （3） | （4） |
| 户主回流务农 | −0.048**（0.026） | — | −0.070**（0.035） | — |
| 农户农民工回流 | — | −0.021**（0.012） | — | −0.058**（0.029） |
| 其他控制变量 | 控制 | 控制 | 控制 | 控制 |
| 省份固定效应 | 控制 | 控制 | 控制 | 控制 |
| $R^2$ | 0.076 | 0.076 | 0.036 | 0.036 |
| 观测值 | 3335 | 3335 | 2719 | 2719 |

资料来源：笔者绘制。

注：*、**、*** 分别代表在 10%、5%、1% 的统计水平上显著；括号内为稳健标准误。

5. 既替换样本又替换被解释变量。农业生产绿色转型不仅表现为要素投入、技术手段和物质装备上的深刻变化，还表现为对人与自然、农业生产与资源环境关系的观念转变，且后者同样重要。根据中国家庭金融调查问卷题项“您愿意每年花多少钱来支持环境保护？”所得值大小（取对数），得到农户的环境保护支付意愿程度用于表征农户的绿色生产观念，以此作为绿色经营的代理变量。为环境保护支付的意愿价格越高，在一定程度上越能从主观上反映出农户的绿色化经营理念。结果如表 10–6 的列（1）和列（2）所示，在控制相关变量后，相比于留守农户，回流农户有更高的环境保护支付意愿。另外，以 2017 年对广东、江西两省的农户调查数据为样本，将“相较周围农户肥料开销是否较多”作为被解释变量，在控制受访者特征、家庭特征、地块特征以及村庄特征等一系列变量后进行估计。结果如表 10–6 的列（3）所示，相比于未曾外出的受访农户，具有外出经历的受访农户的肥料开销相对较少。



① 因问卷中只涉及化肥支出，未涉及化肥施用量，所以仅用亩均化肥支出作为被解释变量。

表 10-6 农民工回流与农户绿色化经营：既替换样本又替换被解释变量

| 变量 | 环境保护支付意愿 | | 相较周围农户肥料开销是否较多 |
|---|---|---|---|
| | （1） | （2） | （3） |
| 户主回流务农 | 0.528***（0.182） | — | — |
| 农户农民工回流 | — | 0.507***（0.160） | — |
| 受访者回流务农 | — | — | -0.113*（0.068） |
| 其他控制变量 | 控制 | 控制 | 控制 |
| 省份固定效应 | 控制 | 控制 | 控制 |
| $R^2$ | 0.105 | 0.106 | 0.223 |
| 观测值 | 2451 | 2451 | 1970 |

资料来源：笔者绘制。

注：*、**、*** 分别代表在 10%、5%、1% 的统计水平上显著；括号内为稳健标准误。

## （三）机制检验

1. 农民工回流、机械化施肥与农户绿色化经营。表 10-7 的估计结果显示，农民工回流不仅能直接减少农户的化肥施用量，还能借助机械化施肥的方式间接降低化肥的施用强度。其中，列（1）和列（2）的结果表明，农民工回流加深了农户机械化施肥方式的使用程度。列（4）和列（5）的结果表明，加入机械化施肥这一中介变量后，农民工回流依然显著减少了亩均化肥施用量，且机械化施肥也显著负向作用于亩均化肥施用量。总体而言，机械化施肥的中介效应确实存在，即“农民工回流—机械化施肥—农户绿色化经营”这一路径成立。

表 10-7 机制检验：农民工回流、机械化施肥与农户绿色化经营 $N$=3798

| 变量 | 机械化施肥（IV-Probit） | | 亩均化肥施用量（IV-Tobit） | | |
|---|---|---|---|---|---|
| | （1） | （2） | （3） | （4） | （5） |
| 户主回流务农 | 1.965***（0.579） | — | — | -1.285**（0.581） | — |
| 农户农民工回流 | — | 0.773***（0.182） | — | — | -1.063**（0.496） |
| 机械化施肥 | — | — | -0.027**（0.012） | -0.013**（0.006） | -0.017**（0.008） |
| 其他控制变量 | 控制 | 控制 | 控制 | 控制 | 控制 |
| 省份固定效应 | 控制 | 控制 | 控制 | 控制 | 控制 |
| 第一阶段 $F$ 值 | 12.22 | 18.63 | 41.46 | 15.52 | 18.29 |
| 内生性检验 | 42.85*** | 41.37*** | 0.01 | 0.91 | 1.38 |

资料来源：笔者绘制。

注：*、**、*** 分别代表在 10%、5%、1% 的统计水平上显著；括号内为稳健标准误。

2. 农民工回流、农地规模扩大与农户绿色化经营。表 10-8 的估计结果显示，农民工回流不仅能直接降低农户的化肥施用量，还能通过农地经营规模的扩大间接减少化肥施用量。其中列（1）和列（2）的结果表明，农民工回流显著促进了农户农地经营规模的扩大。列（4）和列（5）的估计结果表明，在基础模型中加入经营规模中间变量后，农民工回流依然显著减少了亩均化肥施用量，且经营规模也同样显著负向影响了亩均化肥施用量。

表 10–8　机制检验：农民工回流、经营规模与农业绿色化经营　$N$=3798

| 变量 | 经营规模（IV–OLS） | | 亩均化肥施用量（IV–Tobit） | | |
|---|---|---|---|---|---|
| | （1） | （2） | （3） | （4） | （5） |
| 户主回流务农 | 4.359***（1.024） | — | — | −1.115**（0.483） | — |
| 农户农民工回流 | — | 2.517***（0.443） | — | — | 0.955**（0.451） |
| 经营规模 | — | — | −0.192***（0.043） | −0.148***（0.037） | −0.141***（0.035） |
| 其他控制变量 | 控制 | 控制 | 控制 | 控制 | 控制 |
| 省份固定效应 | 控制 | 控制 | 控制 | 控制 | 控制 |
| 内生性检验 | 103.95*** | 101.95*** | 0.56 | 0.58 | 1.01 |
| 弱工具变量检验 | 43.553 | 43.571 | — | — | — |
| 第一阶段 $F$ 值 | — | — | 99.94 | 15.62 | 18.48 |

资料来源：笔者绘制。

注：*、**、*** 分别代表在 10%、5%、1% 的统计水平上显著；括号内为稳健标准误。

表 10–9 的估计结果也表明，农民工回流一方面能直接降低化肥施用量，另一方面能通过地块规模扩大的方式间接减少化肥施用量。其中列（1）和列（2）的结果表明，农民工回流显著扩大了农户的地块规模。列（4）和列（5）的估计结果表明，在基础模型中加入地块规模中间变量后，地块规模扩大显著减少了亩均化肥施用量。总体而言，农地规模在农民工回流和农户绿色化经营中充当了中介作用，即“农民工回流—农地规模扩大—农户绿色化经营”这一路径成立。

表 10–9　机制检验：农民工回流、地块规模与农户绿色化经营　$N$=3798

| 变量 | 地块规模（IV–OLS） | | 亩均化肥施用量（IV–Tobit） | | |
|---|---|---|---|---|---|
| | （1） | （2） | （3） | （4） | （5） |
| 户主回流务农 | 3.546**（1.536） | — | — | −1.451**（0.683） | — |
| 农户农民工回流 | — | 1.959**（0.991） | — | — | 1.149**（0.551） |
| 地块规模 | — | — | −0.059**（0.027） | −0.030***（0.011） | −0.033***（0.009） |
| 其他控制变量 | 控制 | 控制 | 控制 | 控制 | 控制 |
| 省份固定效应 | 控制 | 控制 | 控制 | 控制 | 控制 |
| 内生性检验 | 2.409 | 2.435 | 1.410 | 1.060 | 1.570 |
| 弱工具变量检验 | 47.321 | 47.451 | — | — | — |
| 第一阶段 $F$ 值 | — | — | 30.88 | 15.74 | 18.67 |

资料来源：笔者绘制。

注：*、**、*** 分别代表在 10%、5%、1% 的统计水平上显著；括号内为稳健标准误。



## （四）异质性分析

1. 基于不同受教育程度回流农民工的异质性分析。良好的教育能为农户自身的环保意识、学习能力以及绿色技术使用能力的提升奠定良好的基础。因此，不同受教育程度的回流农民工在化肥减量上或许存在差异。根据回流务农户主的实际受教育水平，将受教育程度在初中及以上归为高教育程度回流务农户主，反之则归为低教育程度回流务农户主，比较不同受教育程度回流务农户主对亩均化肥施用量的影响，结果如表 10–10 所示，高教育程度回流务农户主显著减少了亩均化肥施用量，且减量效应大于基准回归的系数绝对值，低教育程度回流务农户主对亩均化肥施用量的影响系数虽然为负，但不显著。

**表 10–10　不同受教育程度的农民工回流对农户绿色化经营的影响**

| 变量 | 被解释变量：亩均化肥施用量 | |
|---|---|---|
| | （1） | （2） |
| 高教育程度回流务农户主 | –0.131**（0.061） | — |
| 低教育程度回流务农户主 | — | –0.104（0.170） |
| 其他控制变量 | 控制 | 控制 |
| 省份固定效应 | 控制 | 控制 |
| $R^2$ | 0.024 | 0.024 |
| 观测值 | 3622 | 3470 |

资料来源：笔者绘制。

注：*、**、*** 分别代表在 10%、5%、1% 的统计水平上显著；括号内为稳健标准误。

2. 基于不同经营作物类型的异质性分析。考虑到粮食作物和经济作物种植对化肥的需求差异，将粮食作物种植面积大于经济作物种植面积的农户设置为粮食种植户，反之则设置为经济种植户，比较农民工回流对这两组农户亩均化肥施用量的影响差异。结果如表 10–11 所示，农民工回流显著减少了粮食种植户和经济种植户的亩均化肥施用量，但对经济种植户的影响更大，原因可能在于，相比于粮食作物，生产绿色有机的经济作物具有更高的溢价空间，回流农户更愿意在经济作物种植上减少化肥的施用，以获得更高的务农收入。

**表 10–11　农民工回流对不同经营作物类型的农户绿色化经营的影响**

| 变量 | 被解释变量：亩均化肥施用量 | | | |
|---|---|---|---|---|
| | 粮食种植户 | | 经济种植户 | |
| | （1） | （2） | （3） | （4） |
| 户主回流务农 | –0.083**（0.040） | — | –1.069***（0.292） | — |
| 农户农民工回流 | — | –0.064**（0.029） | — | –0.360**（0.170） |
| 其他控制变量 | 控制 | 控制 | 控制 | 控制 |
| 省份固定效应 | 控制 | 控制 | 控制 | 控制 |
| $R^2$ | 0.024 | 0.024 | 0.089 | 0.088 |
| 观测值 | 3560 | 3560 | 238 | 238 |

资料来源：笔者绘制。

注：*、**、*** 分别代表在 10%、5%、1% 的统计水平上显著；括号内为稳健标准误。

### 四、结论与政策启示

农民工回流作为一种重要的人力资本补偿形式，能改善农业现代化进程中因农业劳动力老龄化、兼业化所形成的人力资本约束，为推动农业绿色发展创造条件。从人力资本提升改造传统农业的角度出发，分析农民工回流对于农户绿色化经营产生的影响及其实现路径，得出的主要结论是：第一，农民工回流能显著降低农户的化肥施用量；在工具变量法处理内生性问题和各类稳健性检验后，结论依旧稳健。第二，机制分析发现，农民工回流通过机械化施肥以及农地规模（经营规模和地块规模）的扩大，间接促进了农户的化肥减量施用。第三，异质性分析发现，仅有受教育程度较高的回流务农户主才能显著减少化肥的施用；相较于粮食种植户，农民工回流对经济作物种植户的化肥减量效应更大。

主要政策含义有：第一，农业绿色发展依靠农业劳动力人力资本水平的提高，在小农户群体中，经过市场化历练和工业化训练的返乡农民工所形成的人力资本补偿，能够为农业现代化发展注入新的活力，是改造传统农业并引领小农户走向绿色化和高质量发展的重要力量。第二，机械化施肥与农地规模对于发挥农民工回流务农的化肥减量效应起着中介作用，其中农地规模可表现为经营规模和地块规模。为更大发挥农民工回流务农的化肥减量效应，必须为农民工返乡务农提供良好的农业经营环境。一方面，应进一步促进农机服务市场的发育，加大对农户绿色农机购置的补贴力度，支持和鼓励社会化服务组织提供绿色技术服务；另一方面，为农机应用及绿色生产创造条件，继续推动农地规模化经营，建立和完善农村土地流转制度，降低土地细碎化程度，鼓励农地的连片流转与地块的置换整合（如小块并大块），引导农户开展农作物的连片专业化种植，扩大农机服务的市场容量，释放农机服务的化肥减量效应。第三，鉴于回流农民工人力资本的差异性，应重点关注受教育程度较高的回流农民工，在鼓励他们回乡务农的同时给予其更多的政策扶持和帮助。第四，在推进城乡融合与乡村振兴的过程中，各级政府应该为农村劳动力在城乡间的自由流动提供更为宽松的制度环境，既支持农民进城务工与市民化，也鼓励有想法、有能力的农民工返乡创业务农并培育其成为职业化队伍中的一员。



## 第二节　土地流转契约对农户化肥施用影响的实证分析

化肥作为一项重要的生产要素，对中国粮食产量增长的贡献率达 56.81%（王祖力、肖海峰，2008）。然而化肥的密集投入乃至过量施用，已引发严重的农业面源污染问题。虽然近年来中国农用化肥施用量呈小幅下降趋势，但 2019 年，中国的化肥施用强度达到 325.653 公斤 / 公顷，是发达国家设置的安全标准上限225公斤/公顷的1.45倍。此外，中国化肥投入已经进入边际报酬递减阶段，继续增加化肥施用量无法实现粮食产量的增加（张社梅、蒋远胜，2015）。因此，政府于2015年出台了《到2020年化肥使用量零增长行动方案》，致力于减少农户的化肥施用量。

中国土地流转市场中大量存在的无偿型、口头式和期限不固定的土地流转契约对农户的化肥施用行为会产生什么样的影响？为厘清这一问题，本节将契约的盈利性、规范性和稳定性纳入同一理论框架之中，探究土地流转契约关键属性影响农户化肥施用量的理论逻辑，并结合湖北省水稻主产区稻农的微观调研数据，对理论模型展开实证检验，揭示了土地流转契约属性特征与农户化肥施用之间的关系。

## 一、土地流转与农户化肥施用关系的分析框架

农村中的土地流转现象已然普遍存在，土地流转率从2005年的4.5%上升到2017年的37%，增加了7.2倍。然而中国的土地流转市场是一个特殊的市场，因为普通商品市场形成了商品的出清和交割，产权主体实现了转换，但土地流转市场只是土地转出户将土地经营权流转给土地转入户，而土地承包权仍属于土地转出户（邹宝玲、罗必良，2020）。这意味着，需要对土地流转契约的属性及其影响进行细致辨析。

农户在转出土地经营权时主要存在有偿转包和无偿转包两种方式。有偿转包通常发生于陌生人之间，土地转入户获得土地承包权的前提是向土地转出户支付一定数额的货币资金。另一种方式是无偿转包，无偿转包方式主要发生于亲朋好友等熟人之间，转出户将土地免费流转给转入户（胡霞、丁冠淇，2019）。对于土地转出户来说，承担着极大的产权风险。一方面，土地转入户可能会产生一系列的机会主义行为。第一，土地转入户可能会为了增加收益，而采取掠夺性的生产行为，过度施用化肥和农药等农业化学品，致使土地质量下降，极大地增加了土地转入户的土地恢复成本。第二，转入户可能在到期后不按时归还土地或者单方面提前结束土地流转合同，造成土地转出户无法按时收回土地带来土地产权风险，或者造成转出户的经济利益损失。第三，转入户可能会私自改变土地类型，将农田变成建设用地，或者铲平田埂，将部分农田改做道路或者水利设施，致使农户无法足额收回土地（胡霞、丁冠淇，2019）。以上行为均会减损土地的长期价值，致使土地转出户面临着极大的产权风险。在多数情况下，农户将土地无偿流转至转入户，实际上是为了规避上述产权风险。

对于无偿转入土地的农户来说，由于中国的乡村是一个人情社会，人与人之间错综复杂的关系编织出整个乡土社会的人情网络，所以人与人之间的行为主要依靠信任机制、声誉机制和道德规范来约束农户的行为（朱文珏、罗必良，2020）。农户在作出行为决策时要在声誉受损、人际

关系破裂造成的长期效用损失和由增加化肥施用量而提高作物产量造成的短期效用增加之间进行权衡，由此抑制其投机行为。

有偿流转行为通常发生在陌生人之间，因而交易双方主要遵循市场交易原则，利润最大化通常是有偿转入土地的农户的经营目标。租金对于土地转入户来说意味着生产要素成本，租金的提高会倒逼土地转入户增加农业收入来弥补成本。提高农业收入主要有两种方式：增加农作物产量或者提高单位农产品价格。化肥作为重要的农业生产要素之一，对增加粮食产量的贡献率超过40%。土地转入户可能会过度施用化肥以期增加粮食产量，这不利于化肥施用量的减少。必须承认的是，土地转入户也可能降低化肥施用量以提升单位产品价格。绿色农产品因生产过程中的化学品减量而产生安全价值和健康价值，从而获得价格溢价。然而，中国的绿色农产品市场尚不健全。由于化学品用量信息具有隐蔽性，检测有害残留物需要相应的技术、资金和时间的投入，消费者既难以实时追踪农业生产者的化学品喷施行为，也难以对生产者化学品低用量的宣传进行有效监督。土地转入可能产生农产品“漂绿”行为，致使农产品市场发生逆向选择问题，并最终走向柠檬市场。

据此，提出假设1：相较于无偿转入户，有偿转入户的化肥施用量更高。

相较于口头契约，书面契约通常会约定双方当事人的姓名、住所、流转期限和起止日期、双方当事人的权利和义务、流转价款及支付方式等。一方面，签订书面契约能够抑制土地转出户的机会主义行为，如随时收回土地、随意提高土地租金等，稳定土地转入户的预期；另一方面，签订书面契约有利于吸引专业大户、家庭农场、合作社等新型经营主体参与农业生产经营。新型经营主体面临的交易风险更高，书面契约的签订有利于吸引新型经营主体产生土地流转行为，也有利于土地转入户和转出户之间形成长期、稳定的流转关系，可以实现规模效应而促进农户化肥施用量的减少。

据此，提出假设2：相较于签订口头契约，签订书面契约能够减少土地转入户的化肥施用量。



流转契约的稳定性能够形成土地转入户对于土地经营权的稳定预期，有利于增加土地转入户的长期投资，如施用有机肥、购置农业机械等。一方面，有机肥中氮、磷、钾及有机质含量非常丰富，施用有机肥料可以在保持农作物产量的基础上减少化肥的施用量，增加土壤的有机质，还能有效解决农村粪便污染问题，实现化肥施用量的减少、施用效率的提高以及农田的可持续利用。然而，有机肥作为一种长期投资，需要在相当长的时间内才能发挥作用，而且成本相对更高。因此，若流转期限不确定，转入户可能因为难以确定流转期限内的收益而不愿意施用有机肥（郜亮亮等，2013）。另一方面，农业机械对于农业劳动力存在替代效应，由于机械作业具有标准化和规范化的特征，可以有效避免人工施肥存在的不均匀和不可量化的问题，降低化肥损耗，从而提升化肥的利用效率（张露、罗必良，2020）。然而，农业机械等专业性投资的前期沉没成本很大，一旦投入在短期内很难收回，容易出现“套牢”的情况，土地转出户可能出现人为抬高租金、随时收回土地等机会主义行为，对土地转入户的长期投资造成负面影响，进而不利于化肥施用量的减少（罗必良等，2017）。

据此，提出假设3：相较于期限不固定的土地流转契约，期限固定的土地流转契约能够减少土地转入户的化肥施用量。

## 二、数据、模型设置和变量选择

### （一）数据来源

本节数据来源于课题组2019年7—8月在湖北省水稻主产区的调研数据。调研采取随机抽样的方法，对每个样本县（市、区）随机抽取2个乡镇（街道），再从样本乡镇（街道）随机抽取2个村，最后再从每个村随机抽取至少25户农户进行问卷调查。调研内容包括农户个人及家庭特征、农业生产经营情况、生产要素投入情况、生产成本及收益、当地要素市场特征、气候变化与应对行为以及信息化水平等。

本节选择水稻作为研究对象是因为：第一，水稻是中国三大主粮之一，2019年水稻播种面积为2969.4万公顷，占当年粮食播种总面积的25.58%。第二，水稻种植过程中化肥的过量投入，极易导致土壤性状发生改变，造成农产品质量下降、环境面源污染等问题。选择湖北省作为调研区域是因为：一是湖北省是中国的水稻主产区，2019年水稻播种面积和产量分别为228.7万公顷和1877.1万吨，分别占当年全国水稻播种总面积和总产量的7.70%和8.96%。二是湖北省是中国的化肥施用大省，2019年施用化肥273.9万吨，在全国排名第六，占当年全国化肥施用量的5.07%。

本次调研总共发放问卷1060份，回收问卷1055份，剔除漏答、空白、无效问卷，有效问卷为970份，问卷有效率为91.94%。



### （二）变量选择及定义

基于理论分析，构建模型如下：

$$y_i = \beta_0 + \beta_1 Freecharge_i + \beta_2 Contract_i + \beta_3 Period_i + \sum_{k=1} \beta_{4k} Control_i + D_i + \mu_i \quad (10\text{–}4)$$

式（10–4）中，$y_i$表示第$i$个农户的水稻生产实际化肥投入量（斤/亩）。$Freecharge_i$表示第$i$个农户流转契约的盈利性，包括无偿转入和有偿转入两种方式；$Contract_i$表示第$i$个农户流转契约的规范性，包括书面契约和口头契约两种方式；$Period_i$ 表示第 $i$ 个农户流转契约的稳定性，包括固定和不固定两种方式。

$Control_i$ 表示控制变量，包括农户个体特征（年龄、受教育程度和务农年限）、家庭特征（农业劳动力和非农收入比重）、生产特征（灌水条件、排水条件、土壤肥力和机械行驶）以及外部环境（农业技术培训和水稻商品化率）。$D_i$ 表示第 $i$ 个农户所在区域的虚拟变量，以县域为单位设置虚拟变量，用以控制气候条件、地形地势条件等地区固定效应，$\mu_i$ 表示随机扰动项。

**（三）样本描述性统计分析**

如表 10–12 所示，样本中的土地转入户的水稻生产实际化肥投入量的平均值为 73.946 斤 / 亩。流转契约的盈利性的均值为 0.789，说明样本中有 78.9% 的农户有偿转入土地。流转契约的规范性的均值为 0.097，说明 9.7% 的土地转入户签订了书面契约。流转契约的稳定性的均值为 0.138，说明 13.8% 的土地转入户选择契约期限固定的土地流转租约。受访农户的平均年龄为 56.309 岁，受教育程度平均为 6.922 年，务农年限平均为 33.955 年，农业劳动力平均约为 2.142 人，非农收入比重平均为 48.522%，参加过农业技术培训的农户比例约为 23.5%，水稻商品化率平均为 77.154%。

**表 10–12　样本描述性统计分析**

| 变量 | 定义与赋值 | 平均值 | 标准差 |
|---|---|---|---|
| 化肥施用量 | 水稻生产实际化肥投入量（斤 / 亩） | 73.946 | 34.535 |
| 流转契约的盈利性 | 转入土地是否支付租金（1= 有偿转入，0= 无偿转入） | 0.789 | 0.409 |
| 流转契约的规范性 | 转入土地是否签订书面契约（1= 书面契约，0= 口头契约） | 0.097 | 0.297 |
| 流转契约的稳定性 | 转入土地的契约期限是否固定（1= 固定，0= 不固定） | 0.138 | 0.345 |
| 年龄 | 农户实际年龄（岁） | 56.309 | 9.556 |
| 受教育程度 | 农户实际受教育年限（年） | 6.922 | 3.687 |
| 务农年限 | 农户参与务农的实际年限（年） | 33.955 | 13.664 |
| 农业劳动力 | 农户所在家庭的实际劳动力人数（人） | 2.142 | 1.012 |
| 非农收入比重 | 农户所在家庭的非农收入占家庭年总收入的比重（%） | 48.522 | 28.306 |
| 灌水条件 | 面积最大的水田灌溉是否方便（1= 是，0= 否） | 0.741 | 0.439 |
| 排水条件 | 面积最大的水田排水是否方便（1= 是，0= 否） | 0.789 | 0.409 |
| 土壤肥力 | | | |
| 土壤肥力较差 | 农户对面积最大水田的土壤肥力评价为较差（1= 是，0= 否） | 0.150 | 0.358 |
| 土壤肥力中等 | 农户对面积最大水田的土壤肥力评价为一般（1= 是，0= 否） | 0.364 | 0.482 |
| 土壤肥力较好 | 农户对面积最大水田的土壤肥力评价为好（1= 是，0= 否） | 0.486 | 0.501 |
| 机械行驶 | 面积最大的水田田间道路是否方便机械行驶（1= 是，0= 否） | 0.874 | 0.332 |
| 农业技术培训 | 农户所在家庭是否参加过农业技术培训（1= 是，0= 否） | 0.235 | 0.425 |
| 水稻商品化率 | 水稻总出售量占水稻总产量的比重（%） | 77.154 | 30.333 |
| 区域虚拟变量 | 以县级为单位设置区域虚拟变量 | — | — |

资料来源：笔者绘制。

### （四）土地流转契约的盈利性、规范性和稳定性对化肥减量的影响

如表 10–13 所示，农户的实际化肥投入量为 73.946 斤 / 亩。其中，无偿转入土地的农户的实际化肥投入量为 66.878 斤 / 亩，有偿转入土地的农户的实际化肥投入量为 75.830 斤 / 亩。签订书面契约的农户的实际化肥投入量为 63.230 斤 / 亩，明显低于口头契约的农户的实际化肥投入量（75.099 斤 / 亩）。契约期限固定的农户的实际化肥投入量为 55.772 斤 / 亩，远低于期限不固定的农户的实际化肥投入量（76.846 斤 / 亩）。

表 10–13　土地流转契约的盈利性、规范性和稳定性对化肥减量的影响比较

单位：斤 / 亩

| | | | | |
|---|---|---|---|---|
| **流转契约的盈利性** | 总体 | 无偿转入 | 有偿转入 | 均值差异 |
| | 73.946（34.535） | 66.878（39.284） | 75.830（33.010） | –8.952* |
| **流转契约的规范性** | 总体 | 口头契约 | 书面契约 | 均值差异 |
| | 73.946（34.535） | 75.099（35.307） | 63.230（24.322） | 11.869** |
| **流转契约的稳定性** | 总体 | 期限不固定 | 期限固定 | 均值差异 |
| | 73.946（34.535） | 76.846（33.360） | 55.772（33.626） | 21.074*** |

资料来源：笔者绘制。

注：*、**、*** 分别代表在 10%、5%、1% 的统计水平上显著。

## 三、实证结果与分析

### （一）基准回归结果及分析

表 10–14 中列（1）报告了流转契约的盈利性对土地转入户化肥施用量的影响，列（2）报告了流转契约的规范性对土地转入户化肥施用量的影响，列（3）报告了流转契约的稳定性对土地转入户化肥施用量的影响。

在列（1）中，流转契约的盈利性的系数在 10% 的显著性水平上为正，这表明，有偿转入土地的农户的化肥施用量整体高于无偿转入土地的农户。具体来说，有偿转入土地的农户比无偿转入土地的农户平均多投入化肥 9.287 斤 / 亩。因此，假设 1 成立。在列（2）中，流转契约的规范性在 5% 的显著性水平上为正，这表明相较于口头契约，书面契约可以有效减少土地转入户的化肥施用量。签订书面契约的农户比口头契约的农户平均少投入化肥 15.052 斤 / 亩。因此，假设 2 成立。在列（3）中，流转契约的稳定性在 5% 的显著性水平上为正，这表明流转契约的稳定性可以有效降低土地转入户的化肥施用量，平均每亩减少化肥投入 15.656 斤 / 亩。因此，假设 3 成立。

在控制变量中，农业劳动力的增加可以降低土地转入户在水稻生产中的化肥施用量，可能的原因是劳动力作为化肥的替代要素，劳动力的增加能够减少化肥的使用。此外，排水条件的改善会降低土地转入户的化肥施用量。

**表 10–14　基准回归估计结果**

| 变量 | 化肥施用量 | | |
|---|---|---|---|
| | （1） | （2） | （3） |
| 流转契约的盈利性 | 9.287*（5.456） | — | — |
| 流转契约的规范性 | — | −15.052**（5.977） | — |
| 流转契约的稳定性 | — | — | −15.656**（7.446） |
| 年龄 | 0.034（0.321） | 0.005（0.318） | −0.028（0.308） |
| 受教育程度 | 0.320（0.603） | 0.384（0.595） | 0.324（0.587） |
| 务农年限 | 0.075（0.197） | 0.007（0.189） | 0.001（0.177） |
| 农业劳动力 | −4.571**（1.849） | −4.052**（1.834） | −4.099**（1.807） |
| 非农收入比重 | −0.043（0.070） | −0.091（0.073） | −0.078（0.072） |
| 灌水条件 | 9.759（8.057） | 10.456（8.459） | 9.198（8.439） |
| 排水条件 | −16.390**（7.739） | −17.870**（8.088） | −16.434**（8.144） |
| 土壤肥力（以较差为对照组） | | | |
| 土壤肥力中等 | −1.208（5.748） | −0.130（5.743） | 0.203（5.839） |
| 土壤肥力较好 | 7.829（5.838） | 9.380（5.777） | 8.705（5.940） |
| 机械行驶 | −6.769（5.657） | −8.284（5.444） | −7.767（5.529） |
| 农业技术培训 | −2.018（4.789） | −0.999（4.789） | −0.225（4.559） |
| 水稻商品化率 | −0.054（0.086） | −0.064（0.084） | −0.078（0.080） |
| 区域虚拟变量 | 控制 | 控制 | 控制 |
| 常数项 | 76.039***（25.559） | 90.065***（26.757） | 94.698***（27.525） |
| 观测值 | 242 | 242 | 242 |
| $R^2$ | 0.299 | 0.303 | 0.310 |

资料来源：笔者绘制。

注：*、**、*** 分别代表在 10%、5%、1% 的统计水平上显著；括号内为稳健标准误。

## （二）稳健性检验

稳健性检验主要运用 Heckman 两阶段回归方法。由于农户的土地转入行为是样本自选择的结果，因而回归结果可能存在选择性偏误，只有发生土地转入行为的农户行为可以被观察到，无法观测未转入土地的农户行为。因此，本节采用 Heckman 两阶段回归方法对模型进行修正，由于流转契约的盈利性、规范性和稳定性是关注的核心变量，因此，表 10–15 为第二阶段的结果。第一阶段为农户的土地转入行为决策，第二阶段为农户的化肥施用量决策。逆米尔斯比率系数通过 10% 的显著性水平检验，说明模型的样本选择性偏误的问题确实存在，即农户的土地转入行为决策与化肥施用量决策两者间存在关联，Heckman 两阶段回归方法运用的必要性得到验证。流转契约的盈利性在 10% 的显著性水平上为正，流转契约的规范性在 5% 的显著性水平上为负，流转契约的稳定性在 1% 的显著性水平上为负。这与表 10–14 中的回归结果一致，表明回归结果具有稳健性。

表 10-15 Heckman 两阶段回归方法估计结果

| 变量 | 化肥施用量 | | |
|---|---|---|---|
| | （1） | （2） | （3） |
| 流转契约的盈利性 | 9.085*（4.910） | — | — |
| 流转契约的规范性 | — | -14.716**（7.068） | — |
| 流转契约的稳定性 | — | — | -15.742***（5.794） |
| 控制变量 | 已控制 | 已控制 | 已控制 |
| 区域虚拟变量 | 已控制 | 已控制 | 已控制 |
| 常数项 | 66.443***（25.740） | 80.215***（25.827） | 84.841***（26.127） |
| λ | 47.836*（26.710） | 47.555*（26.616） | 48.931*（26.761） |
| 观测值 | 970 | 970 | 970 |
| Wald chi2（22） | 65.820 | 66.620 | 68.670 |
| Prob > chi2 | 0.000 | 0.000 | 0.000 |

资料来源：笔者绘制。

注：*、**、*** 分别代表在 10%、5%、1% 的统计水平上显著；括号内为稳健标准误。

## 四、结论与政策建议

农村中土地流转契约的零租金、口头契约和期限不固定的现象非常普遍。以往研究主要重视契约稳定性对于农户化肥施用量的影响，相对忽略盈利性和规范性对于农户化肥减量的影响。本节引入土地流转契约的关键属性，探究契约的盈利性、规范性和稳定性对化肥用量的影响。

主要结论包括：（1）契约的盈利性方面，相较于有偿转入方式，无偿转入方式更有利于减少土地转入户的化肥施用量，有偿转入土地的农户比无偿转入土地的农户平均多投入化肥 9.287 斤 / 亩。无偿转入户的化肥减量行为的发生机制在于，熟人之间的无偿转入方式是由信任和声誉机制所决定，土地转入户为了避免关系破裂等长期效用的减损而减少化肥施用量。（2）契约的规范性方面，相较于口头契约形式，书面契约形式有利于减少土地转入户的化肥施用量，平均减少化肥投入 15.052 斤 / 亩。（3）契约的稳定性方面，相较于期限不固定的契约，契约期限固定有利于减少土地转入户的化肥施用量，平均减少化肥投入 15.656 斤 / 亩，其减量行为由稳定的土地长期投资预期驱动。



本节的理论意义在于：（1）以往研究关注产权界定对农户亲环境行为的影响，鲜见研究探析产权实施对亲环境行为的影响。以土地流转契约为切入点，揭示了农业减量化中产权实施的作用机理。（2）以往研究聚焦于土地流转契约的稳定性对于农户化肥施用量的影响，相对忽略了盈利性和规范性的影响。将土地流转契约的盈利性、规范性和稳定性纳入同一研究框架之中，探究契约的不同维度对农户化肥减量行为的影响，拓展了现有文献的分析维度。

研究的实践意义在于：（1）虽然土地无偿流转常被认为是市场发育不完全的产物，却是市场化土地流转制度的重要补充。农村中以亲缘和血缘为纽带的人际交往模式，使得信任和声誉机制在农地流转市场中发挥着不可忽视的作用。要充分重视农村的信任和声誉机制在土地流转契约中的治理作用，并由此激发土地转入方的化肥减量等亲环境行为。（2）盈利性契约内涵的利益分成要求可能激发农户的短期投资行为，特别是单一的要素报酬契约不利于化肥减量，需要匹配边缘合约才能实现减量，如匹配收益分成契约，促使土地转入户为了长期利益而放弃过度施用化肥的机会主义行为。（3）完善相关法律法规，促进农地流转的契约化，畅通土地纠纷的法律渠道并降低交易成本，以此增强农户对土地的长期投资意愿，如增施农家肥，以替代化肥投入，促进农户的化肥减量行为。

## 第三节　乡村生态治理中的多主体协同机制

### 一、乡村生态治理中政府与市场关系的演进轨迹

本节以畜禽粪污治理为例，分析乡村生态治理中的多主体协同机制。一般而言，在现代农业高速发展的进程中，畜禽养殖业占据重要地位，对实现农业农村现代化与提升居民生活水平意义重大。然而，伴随养殖规模扩大与集约化水平提升，包括粪污在内的废弃物产量显著攀升，给环境和农村居民的生产生活带来沉重负担。妥善处理并合理有效利用畜禽粪污，不仅关乎养殖业自身的可持续性，更直接影响到农村生态环境的改善和农民生活质量的提高。近年来，中国高度重视畜禽粪污等废弃物的资源化利用工作，出台了一系列政策文件，为畜禽粪污的治理和利用提供了明确的方向。2017 年印发的《国务院办公厅关于加快推进畜禽养殖废弃物资源化利用的意见》明确提出，以农用有机肥和农村能源为主要利用方向……全面推进畜禽养殖废弃物资源化利用。随后，农业农村部联合多部门制定了《“十四五”全国畜禽粪肥利用种养结合建设规划》等文件，进一步细化了工作目标和任务。这一系列政府文件的颁布，为合理有效利用畜禽粪污提供了现实依据和政策指导。



在市场经济体制下，养殖场户和企业是畜牧业生产经营的主体，畜禽粪污作为畜牧业生产的自然产物，其资源化利用也需要充分发挥市场机制的作用。然而，目前畜禽粪污资源化利用的市场化程度较低，存在多种制约因素。一方面，畜禽粪污等废弃物资源密度低，收集、处理、利用等环节的增值空间小，导致生产者和使用者盈利空间有限甚至可能亏钱；另一方面，由于相关政策优惠不足，与长期享受更多政策优惠和扶持的化肥相比，畜禽粪污等优质肥料资源缺乏竞争

力。因此，在推进畜禽粪污资源化利用的过程中，需要充分发挥政府的作用，通过政策引导、财政补贴、税收优惠等措施，激发市场主体的积极性，推动畜禽粪污资源化利用市场的形成和发展。畜禽粪污资源化利用是推进畜牧业可持续发展和农村生态环境保护的重要举措。在推进过程中，需要正确处理好政府与市场的关系，既要发挥政府的引导作用，又要激发市场主体的积极性。因此，探讨畜禽粪污处理中政府与市场的关系，具有重要的现实意义和研究价值。

### （一）畜禽粪污治理模式的演变

随着畜牧业的快速发展，畜禽粪污的污染问题日益凸显，成为农业面源污染的重要来源。为了应对这一挑战，中国政府和社会各界不断探索和实践，逐步形成了多种畜禽粪污治理模式。这些模式的演变不仅反映了中国畜禽粪污治理技术的进步，也体现了政府政策和市场机制的共同作用。从主体及其关系来看，农村畜禽粪污处理主要有以农村社区自主治理为主的模式（李颖明等，2011），以地方政府管理或购买服务为主的模式（姜利娜、赵霞，2020），政府主导、农村社区参与的模式（沈费伟，2019；冷波，2021），政府与社会资本合作的模式（杜焱强等，2020），政府、市场和农民多主体协作共治（王微、刘世华，2020）或嵌入式治理模式（冯川，2021）五种模式。这五种模式的主要特点和实践案例如表 10–16 所示。

表 10–16　五种畜禽粪污处理模式的主要特点和实践案例

| 模式 | 概述 | 特点 | 实践案例 |
|---|---|---|---|
| 以农村社区自主治理为主的模式 | 该模式强调社区内部的自我管理和自我服务能力，通过村民自治组织（如村民委员会）和社区成员的积极参与，共同解决畜禽粪污问题。这种模式注重发挥社区内部的资源和力量，实现畜禽粪污的有效处理和资源化利用 | 1. 社区主导：社区在治理过程中占据主导地位，负责制订治理计划、组织实施和监督评估等工作<br>2. 村民参与：村民是治理的主体和受益者，通过参与决策、投工投劳等方式积极参与治理过程<br>3. 资源利用：注重畜禽粪污的资源化利用，通过堆肥、沼气发酵等方式将粪便转化为有机肥料和生物能源<br>4. 环境友好：采用生态友好的处理方式，减少对环境的污染和破坏 | 某农村社区通过成立畜禽粪污处理合作社，组织村民共同收集、处理和利用畜禽粪污。合作社引入先进的堆肥技术，将粪便转化为高质量的有机肥料，并销售给周边农户和农业企业。同时，合作社还建设了小型沼气工程，利用粪便发酵产生的沼气为村民提供生活能源。通过这种模式，社区不仅解决了畜禽粪污问题，还实现了经济效益和环境效益的双赢 |
| 以地方政府管理或购买服务为主的模式 | 该模式强调政府在畜禽粪污治理中的主导作用。政府通过制定政策、提供资金支持和购买服务等方式推动治理工作的开展。该模式适用于政府财政实力较强、治理任务较重的地区 | 1. 政府主导：政府在治理过程中占据主导地位，负责制定政策、规划项目、提供资金支持和监管服务等<br>2. 专业服务：政府通过购买服务的方式引入专业机构或企业参与治理工作，提供专业化的处理技术和设备<br>3. 资金保障：政府提供稳定的资金支持，确保治理工作的顺利进行<br>4. 监管严格：政府加强对治理工作的监管和评估，确保治理效果达到预期目标 | 某地方政府通过招标方式引入了一家专业的畜禽粪污处理企业，负责辖区内畜禽粪污的收集、处理和利用工作。政府与企业签订了长期合作协议，并提供了必要的资金支持和政策优惠。企业采用先进的厌氧发酵技术将粪便转化为沼气和沼渣，沼气用于发电或供热，沼渣则作为有机肥料销售给农户和农业企业。通过这种模式，政府有效解决了畜禽粪污问题，并促进了当地农业循环经济的发展 |

续表

| 模式 | 概述 | 特点 | 实践案例 |
|---|---|---|---|
| 政府主导、农村社区参与的模式 | 该模式强调政府在治理过程中的引导作用和社区成员的积极参与。政府通过制定政策、提供资金支持和技术指导等方式推动治理工作的开展，并鼓励社区成员积极参与其中 | 1. 政府引导：政府在治理过程中发挥引导作用，负责制定政策、规划项目和提供资金支持等<br>2. 社区参与：社区成员在政府的引导下积极参与治理工作，通过投工投劳、提供场地等方式支持治理项目的实施<br>3. 合作共治：政府与社区之间建立紧密的合作关系，共同推进治理工作的开展<br>4. 利益共享：治理成果惠及社区成员和广大农户，实现利益共享和共赢 | 某地方政府制定了详细的畜禽粪污治理规划和实施方案，并提供了必要的资金支持和技术指导。同时，政府鼓励社区成员积极参与治理工作，通过成立畜禽粪污处理合作社等方式组织村民共同收集、处理和利用畜禽粪污。合作社在政府的支持下引入了先进的堆肥技术和设备，将粪便转化为高质量的有机肥料并销售给周边农户和农业企业。通过这种模式，政府有效推动了畜禽粪污治理工作的开展，并促进了当地农业的可持续发展 |
| 政府与社会资本合作的模式 | 该模式强调政府与社会资本之间的合作关系。政府通过与社会资本建立长期合作关系共同推进畜禽粪污治理工作的开展。社会资本投入资金、技术并主导运营管理，政府提供政策支持并履行监管职能 | 1. 合作共赢：政府与社会资本之间建立长期合作关系，实现合作共赢和优势互补<br>2. 风险共担：双方共同承担项目建设和运营过程中的风险<br>3. 专业运营：社会资本负责项目的专业化运营和管理，确保治理效果达到预期目标<br>4. 政策支持：政府提供必要的政策支持和监管服务，保障项目的顺利实施 | 某地方政府与社会资本合作建设了一座大型畜禽粪污处理厂。社会资本负责项目的投资、建设和运营管理等工作，政府则提供土地、政策支持和监管服务等。处理厂采用先进的厌氧发酵技术将畜禽粪污转化为沼气和沼渣，沼气用于发电或供热，沼渣则作为有机肥料销售给农户和农业企业。通过这种模式，政府有效解决了畜禽粪污问题并促进了当地农业循环经济的发展。同时社会资本也获得了稳定的投资回报和经济效益 |
| 政府、市场和农民多主体协作共治或嵌入式治理模式 | 该模式强调政府、市场和农民之间的协作关系。政府主要通过政策措施的制定、配套机制的执行并且提供人财物的支持等方式推动治理工作的开展。市场则通过提供专业化的处理技术和设备以及运营管理等支持治理工作的市场化运作。农民则作为治理的主体和受益者积极参与其中。该模式注重各主体之间的协作与互动，实现畜禽粪污治理的多元化和高效化 | 1. 多元主体协作：政府、市场和农民之间建立紧密的协作关系，共同推进治理工作的开展<br>2. 市场化运作：治理工作注重市场化运作，通过引入市场机制提高治理效率和效果<br>3. 利益共享：治理成果惠及各主体，实现利益共享和共赢<br>4. 灵活高效：治理模式灵活多样，能够根据不同地区和养殖规模的特点进行适应性调整 | 某地方政府制定了详细的畜禽粪污治理规划和实施方案并提供了必要的资金支持和政策优惠。市场则通过引入专业化的处理技术和设备以及运营管理等支持治理工作的市场化运作。农民则积极参与治理工作，通过成立畜禽粪污处理合作社等方式组织村民共同收集、处理和利用畜禽粪污。通过这种模式，该地区有效解决了畜禽粪污问题并促进了当地农业循环经济的发展。同时各主体之间也建立了紧密的协作关系，实现了利益共享和共赢 |

资料来源：笔者整理。



从已有的畜禽粪污处理模式特点和实践案例，可以总结出畜禽粪污治理结构的特征。畜禽粪污治理结构的特征表现为主体多元化、技术多样化、资源化利用、政策引导与监管并重以及注重生态环保与经济效益的平衡等方面。这些特征共同构成了畜禽粪污治理的完整体系和有效机制。具体而言：第一，主体多元化。畜禽粪污治理不再单纯依赖于政府或单一主体，而是形成了政府、企业、农民及社会资本等多方共同参与的治理格局。政府通过制定政策、提供资金支持和监管服务来推动治理工作；企业则承担起主体责任，采用先进的处理技术和设备对畜禽粪污进行无害化处理和资源化利用；农民作为直接受益者，也积极参与治理，通过改变养殖方式、提高环保意识等减少粪便污染；社会资本则通过投资、运营等方式参与治理项目，推动治理工作的市场化和专业化。第二，技术多样化。随着科技的不断进步，畜禽粪污治理技术也日益多样化。目前，常用的处理技术包括厌氧发酵、好氧堆肥、自然处理等多种模式。厌氧发酵技术通过厌氧菌的作用将粪便转化为沼气和沼渣，沼气可用于发电或供热，沼渣则可作为有机肥料；好氧堆肥技术则利用微生物的好氧作用将粪便转化为稳定的有机肥料；自然处理技术则利用土壤、水体等自然环境的净化能力对粪便进行无害化处理。这些技术各有优缺点，适用于不同的地区和养殖规模。第三，资源化利用。畜禽粪污治理的一个重要目标是实现资源化利用。通过采用先进的处理技术和设备，可以将粪便转化为有价值的资源，如生物能源（沼气）、有机肥料等。这些资源不仅可以替代传统的能源和肥料，降低生产成本，还可以减少对环境的污染和破坏。第四，政策引导与监管并重。政府在畜禽粪污治理中发挥着重要的引导和监管作用。政府通过制定相关政策法规和标准规范来明确治理要求和目标，同时加强对治理工作的监督和检查力度，对于违反规定的行为将依法进行处罚和整改，确保治理工作的有效推进。第五，注重生态环保与经济效益的平衡。畜禽粪污治理在追求生态效益的同时也要兼顾经济效益。一方面要确保治理措施能够有效减少环境污染和破坏；另一方面要考虑治理成本和经济效益的平衡关系。通过采用经济实用的处理技术和设备、推广资源化利用等方式，可以在实现生态效益的同时提高经济效益和社会效益。

总体而言，环保意识的提升、技术的进步以及政策导向的调整，共同促成了畜禽粪污治理模式的结构性转变。具体而言，该转变表现为治理主体从单中心到多中心、治理方式从单一到多元、治理体系从碎片化到系统化的全面升级。

第一，从单中心管理模式向多中心治理模式的转变。传统上，畜禽粪污治理往往依赖于政府或单一企业的力量，这种单中心管理模式在资源调动和执行力上存在一定的局限性。治理主体单一，主要依赖政府或个别大型企业，缺乏多元化参与；资源调动受限，难以有效整合社会各界的力量和资源；决策和执行效率不高，可能因信息不畅或利益冲突而受阻。随着畜禽养殖规模的扩大和环境污染问题的日益严峻，单中心治理模式已难以满足实际需求。因此，向多中心治理模式转变成为必然趋势。多中心治理模式强调政府、企业、社会组织以及公众等多方参与，共同承担畜禽粪污治理的责任。政府负责制定政策、法规和标准，提供必要的政策支持和资金保障；企业则负责实施具体的污染治理措施，提高污染治理水平；社会组织和公众则通过监督、宣传等方式，推动污染治理工作的深入开展。这种多中心治理模式有助于形成合力，提高治理效率，确保治理效果。例如，赣州市定南县建立的生态循环农业示范园，通过政府引导、企业参与、社会监督的方式，形成了“养殖—能源—种植”和“种植—能源—养殖”的农业循环利用链，有效解决了畜禽粪污问题。

第二，从单一管理模式向多元化治理模式的转变。单一管理模式通常指依靠某一种或少数几种技术手段或方法来解决畜禽粪污问题，如传统的堆肥处理或厌氧发酵等。所以，治理效果有限，难以应对复杂多变的畜禽粪污问题。然而，随着畜禽养殖规模的扩大和污染种类的增多，单一管理模式已难以应对复杂的污染问题。因此，向多元化治理模式转变成为必然选择。多元化治理模式强调综合运用多种技术手段和管理方法，形成多元化的治理体系。这包括资源化利用（如粪污全量还田、厌氧处理 + 沼液还田、固体粪便堆肥发酵利用等）、第三方集中处理、发酵床养殖（含异位发酵床）以及达标排放等多种模式。同时，还可以结合农业种植、能源生产等多种方式，实现畜禽粪污的综合利用和污染治理。这种多元化治理模式有助于提高治理效果，降低治理成本，促进畜禽养殖业的可持续发展。例如，南昌市正华农牧有限公司采用的高床节水养殖模式，通过雨污分流、碗式饮水器及余水回收等技术手段，实现了污水排放的减少和经济效益的提升。

第三，从碎片化管理模式向系统性治理模式的转变。碎片化管理模式往往导致畜禽粪污治理工作缺乏整体性和系统性，各部门之间缺乏协同配合，治理效果难以保证。而且，信息孤岛现象严重，不同部门之间信息共享不畅，影响治理效率。因此，向系统性治理模式转变成为重要方向。系统性治理模式强调从整体出发，构建完善的畜禽粪污治理体系。这包括加强规划布局、完善政策法规、强化监管执法、推动科技创新等多个方面。在规划布局上，要合理规划畜禽养殖场的选址和建设规模，避免对生态环境造成破坏；在政策法规上，要制定完善的畜禽养殖污染防治法律法规和标准体系；在监管执法上，要加强监管力度和执法力度，确保污染治理措施得到有效执行；在科技创新上，要积极引进和推广先进的污染治理技术和设备。通过这些措施的实施，可以形成系统性的治理体系，提升治理效果和管理水平。例如，鹰潭市余江区建立的绿色种养循环农业在线智能监控平台，通过信息化手段实现对区域内畜禽养殖场、第三方处理中心、粪肥还田服务主体等的全链条监管，提高了治理工作的系统性和效率。

### （二）畜禽粪污治理体系中的不同主体及其行为特征



畜禽粪污治理体系是一个复杂且多维的系统，它涉及多个利益相关主体，包括政府、市场主体和养殖户。在畜禽粪污治理体系中，政府、市场主体和养殖户作为关键利益相关方，各自扮演着不同的角色并展现出特定的行为特征。不同主体的行为特征及主体功能的时空变迁如表 10–17 所示。

表 10-17　畜禽粪污治理体系中不同主体的行为特征

| 利益相关主体 | | 行为特征 | 具体行为 | 时间变迁 | 空间变迁 |
|---|---|---|---|---|---|
| 政府 | 产业管理部门 | 负责畜禽养殖业的整体规划和布局，确保畜禽养殖业的可持续发展。制定相关政策法规和标准，对畜禽养殖企业进行监管和指导，推动畜禽粪污治理技术的发展和应用。通过财政补贴、税收优惠等政策措施激励企业参与治理 | 如制定《畜禽规模养殖污染防治条例》，明确畜禽养殖废弃物未经处理不得直接向环境排放，并鼓励和支持采取粪肥还田、制取沼气、制造有机肥等方法进行综合利用 | 随着环保意识的增强和法律法规的完善，政府在畜禽粪污治理中的角色逐渐从单一监管向综合治理和服务转变 | 不同地区政府根据当地实际情况，采取不同的治理策略和措施，形成各具特色的治理模式 |
| | 技术推广部门 | 负责畜禽粪污治理技术的研发、推广和培训工作，为企业提供技术支持和服务。通过示范项目、技术培训等方式提高治理技术的普及率和应用效果 | 如推广固体粪便堆肥利用模式、粪污专业化能源利用模式等，为畜禽粪污治理提供技术支持和指导 | 技术推广部门在技术进步和政策推动下，不断推出新的治理技术和方法，推动治理效果的提升 | 技术推广部门在不同地区建立技术服务中心或示范点，促进技术的区域交流和合作 |
| 市场主体 | 企业 | 作为畜禽粪污治理的市场主体之一，企业承担着畜禽粪污治理和资源化利用的重要责任。作为畜禽粪污治理的直接参与者，企业根据自身经济利益和环保要求，选择适合的治理技术和模式。通过技术创新和产业升级提高治理效率和效果 | 如投资建设畜禽粪污处理设施，采用先进的处理技术进行畜禽粪污的无害化处理和资源化利用。同时，企业还可以积极参与畜禽粪污治理的市场竞争，推动畜禽粪污治理产业的发展 | 随着环保法规的严格和市场竞争的加剧，企业越来越重视畜禽粪污治理工作，加大投入力度并寻求合作机会 | 企业根据市场需求和资源条件在不同地区布局畜禽粪污处理设施，形成跨区域的治理网络 |
| | 合作组织 | 合作组织在畜禽粪污治理中发挥着桥梁和纽带的作用。合作组织通过联合养殖户和企业共同开展畜禽粪污治理工作，提高治理效率并降低治理成本。通过信息共享、资源共享等方式实现互利共赢，提高畜禽粪污治理的整体水平 | 如组织养殖户开展畜禽粪污治理技术培训、示范和推广活动，推动畜禽粪污治理技术的普及和应用 | 随着畜禽养殖业的规模化发展，合作组织逐渐在不同地区建立分支机构，成为连接养殖户和企业的桥梁 | 通过合作项目，推动区域间治理经验的交流和合作 |
| 养殖户 | | 养殖户是畜禽粪污治理的直接参与者和受益者。他们的行为对畜禽粪污治理的效果具有重要影响。养殖户通常缺乏专业的畜禽粪污治理知识和技能，需要政府和市场主体的支持和引导。养殖户通常倾向于选择成本低、效果好的治理方式 | 如按照政府要求建设畜禽粪污处理设施，采用科学的畜禽粪污处理方法进行无害化处理和资源化利用。同时，养殖户还可以积极参与畜禽粪污治理的培训和宣传活动，提高自身的环保意识和技能水平 | 随着环保宣传的深入和养殖规模的扩大，养殖户的环保意识逐渐增强并积极参与治理工作 | 不同地区养殖户的治理行为和效果存在差异，受到当地经济、文化和技术水平等多种因素的影响 |

资料来源：笔者整理。

畜禽粪污治理体系中的不同主体在治理中发挥着各自的作用。政府通过制定政策和法规、提供技术支持和资金扶持等方式，推动畜禽粪污治理工作的顺利开展；市场主体通过技术创新和产业升级、市场竞争等方式，提高畜禽粪污治理的效率和质量；养殖户则通过积极参与畜禽粪污治理的培训和宣传活动、建设畜禽粪污处理设施等方式，为畜禽粪污治理作出贡献。然而，畜禽粪污治理工作仍面临一些挑战，如养殖户的环保意识不强、处理技术不够先进、资金投入不足等。因此，需要政府、市场主体和养殖户共同努力，加强交流与合作，推动畜禽粪污治理工作的深入开展。

### （三）畜禽粪污治理中政府与市场关系的演进轨迹及其规律

中国在政府与市场关系方面的探索历程，通常以改革开放为界，划分为两个主要时期：改革开放前的高度集中的计划经济体制时期，以及改革开放后逐步建立和完善社会主义市场经济体制时期。这种阶段划分同样适用于畜禽粪污治理等领域。结合我国社会经济体制改革现实情况以及畜禽粪污的治理实践，可以将畜禽粪污治理模式中政府与市场关系的演变大致分为两阶段：1949年至1978年的政府绝对主导与资源化利用的指令性管理阶段，以及1978年之后政府引导、市场发育与多元共治格局的探索与形成阶段。

第一，1949—1978年的政府绝对主导与资源化利用的指令性管理阶段。这一时期，中国处于高度集中的计划经济体制之下，政府对经济社会活动实行全面、直接的指令性管理。在畜禽粪污治理领域，政府与市场的关系呈现出“强政府、无市场”的典型特征。其中，政府是畜禽粪污治理的唯一规划者、组织者和实施者。国家通过自上而下的行政命令和计划指标，将畜禽养殖（主要是集体化养猪场、人民公社或生产队养殖）纳入农业生产体系。畜禽粪污被视为重要的农业生产资料（有机肥料），其收集、运输和使用被当作一项生产指标下达。政府（具体为农业部门和人民公社）负责组织劳动力进行粪污清运、堆沤发酵（积肥）并直接分配到农田。这个阶段治理的核心目标是保障粮食生产的肥料供应，而非解决环境污染问题。技术推广（如简易堆肥）也完全依靠行政力量推动。另外，市场机制在此领域几乎完全缺位。生产资料（土地、劳动力、畜禽）归集体或国家所有，不存在私人养殖主体和市场化运作的空间。畜禽粪污作为重要的“肥料资源”，其分配不通过市场交易，而是由政府或集体根据计划无偿调拨给生产队或农户使用，不存在粪污处理服务市场、技术市场或资源交易市场。任何形式的商品化、市场化畜禽粪污处理或资源化利用都是被禁止或忽视的。

这一阶段的典型特征包括：治理完全依赖行政命令和计划分配，缺乏经济杠杆和自发动力的调节；畜禽粪污以资源化利用为主，污染治理缺位；畜禽粪污治理嵌于农业生产体系，是农业生产计划的一个环节，没有独立的环境治理体系和政策法规。此外，这个阶段养殖规模普遍较小（以农户散养和集体小规模为主），种植养殖结合紧密，畜禽粪污基本能在小范围内消纳，大规模污染问题尚未凸显。概括而言，在计划经济体制下，畜禽粪污治理是政府指令性资源配置的一部分，市场机制完全被排除在外。治理目标单一（资源化供肥），手段单一（行政命令），效果依赖于计划的合理性和执行力，环境外部性被内部化于农业生产体系但未被识别为问题。这是一种典型的“政府包办、计划调配”模式。

第二，1978年以来的政府引导、市场发育与多元共治格局的探索与形成阶段。改革开放后，随着经济体制向社会主义市场经济转型，养殖业规模化、集约化发展，畜禽粪污污染问题日益严峻。政府与市场的关系经历了从政府初步介入、市场萌芽，到政府强化规制、市场逐步激活，再到政府与市场协同、多元共治的复杂演进过程。这一阶段又可以具体分为三个演变阶段。

1. 初期（20 世纪 80—90 年代）：法规框架初建与行政干预为主。面对日益显现的污染问题，政府开始从“缺位”转向“补位”。这个阶段颁布了《中华人民共和国环境保护法》等基础性法律，但针对农业面源污染的规定模糊，主要依靠行政命令（如“禁养区”“限养区”划定通知）、运动式治理（如太湖、淮河流域治理）和有限的财政补贴（如早期沼气推广）进行干预，手段相对单一，执行力有限，且政策重心仍在城市和工业点源污染。

2. 深化期（2000—2010 年）：法规体系完善与政策工具多元化。这一阶段政府角色显著强化，治理体系逐步构建。出台了《中华人民共和国畜牧法》《畜禽养殖污染防治管理办法》《水污染防治行动计划》等专门法规政策。这一阶段的治理目标从单纯资源化利用转向资源化利用与污染控制并重，且政府投入大幅增加，特别是中央财政专项资金，政策工具更加丰富。例如，强制性规制（环评、排污许可、禁养区整治）；经济激励（畜禽粪污资源化利用整县推进项目、沼气工程补贴、有机肥补贴、税收优惠）；技术标准与引导（发布技术指南、推广种养结合模式）等。

3. 新时期（2011 年以来）：构建制度框架与市场机制引导。政府更注重顶层设计和制度创新，推动治理体系和治理能力现代化。这一阶段的治理核心是明确“生产者主体责任”，通过制度设计为市场发挥作用创造条件，并推行了“谁污染、谁治理”原则，要求规模养殖场配套粪污处理设施。此外，政府还大力倡导“种养结合、就近消纳”循环农业模式，政府角色从“直接干预者”更多转向“规则制定者”“服务提供者”和“市场培育者”。这一阶段的典型特征包括：市场机制是在政策法规的强力约束和积极引导（补贴、税收、标准、试点）下逐步发育的，政府始终是推动治理的核心力量。但政策工具从单一行政命令走向“命令 - 控制型”规制（标准、许可）与“市场激励型”政策（补贴、税收、交易）并重，并辅以技术支持和服务引导；治理目标则从单纯资源化利用，发展到污染防控与资源高效利用协同，再到追求环境、经济、社会综合效益（减污、降碳、增粮、提质、增收）；治理模式则从养殖场自行处理，发展到种养结合、集中处理、第三方治理、能源化利用、有机肥产业化等多种模式并存，市场在其中扮演越来越重要的资源配置角色。



概括而言，在社会主义市场经济体制建立和完善过程中，畜禽粪污治理领域的政府与市场关系呈现出政府主导力逐步规范化、制度化和市场配置力从无到有、由弱渐强的演进轨迹。其核心规律是：政府通过不断完善法规标准、强化监管执法明确责任边界和“底线”；同时，通过创新运用经济激励政策、培育市场主体、构建交易机制、提供公共服务等方式，着力降低交易成本、创造市场空间、激发市场活力，引导和撬动社会资本、技术、服务等市场要素有效参与畜禽粪污的资源化利用和污染治理，最终目标是形成政府有效监管、企业（养殖主体）主动担责、市场高效运作、社会积极参与的多元共治格局。这是一个政府不断调整自身角色（从“划桨”到“掌舵”）、市场机制逐步嵌入并发挥作用的动态、渐进过程。

## 二、畜禽粪污治理中各主体行为分析

农业畜禽粪污治理是一个系统性工程，主要涉及政府、市场主体与养殖户三类主体，而探索这三类主体间的利益协同机制，是实现畜禽粪污长效治理的关键。政府、市场主体与养殖户在畜禽粪污治理中相互依存、相互促进（刘长全等，2020；江光辉等，2024），只有形成政府引导、市场主体主导、养殖户参与的治理格局，才能有效推动畜禽粪污治理工作的开展，实现农业可持续发展和环境保护的目标（燕雪等，2023）。然而，现实生活中畜禽粪污治理主体参与积极性依然很低（王欢等，2022；张浩等，2024）。例如，政府在畜禽粪污治理方面的资金投入有限（舒畅等，2019），难以全面覆盖所有养殖户的治污需求，政府部门普遍存在监管不到位、执法力度不够等问题（陈秋红、李凡略，2022；谭永风等，2022）。市场主体由于技术研发、存储运输和处置成本过高，畜禽粪污处置不彻底（耿宁、陈秋红，2018）。养殖户会因为环保意识薄弱、治污设施简陋甚至缺乏和高成本低效益等现实问题而选择畜禽粪污直接排放或随意堆放（刘振涛等，2024）。因此，如何构建政府、市场主体与养殖户三类主体间的利益协同机制，从而实现多主体利益最大化的均衡，是目前畜禽粪污治理中的重点与难点问题。

### （一）畜禽粪污治理中主体决策机理分析

政府在畜禽粪污治理中的作用主要可以归纳为以下三个方面。一是政策制定与引导。政府是畜禽粪污治理的主要推动者，负责制定相关政策、法规和标准，明确污染治理的目标和要求。例如，近年来，随着《中华人民共和国畜牧法》《畜禽规模养殖污染防治条例》及《中华人民共和国环境保护法》等法律法规的颁布与修订，中国逐步构建起畜禽养殖废弃物治理的制度框架。这些法规从不同维度确立了废弃物处理的技术规范、责任主体与监管机制，形成了涵盖源头减量、过程控制、末端利用的全链条法律保障体系，为推进畜牧业绿色转型和农业面源污染防治提供了坚实的制度支撑。此外，政府还可以通过短期的财政补贴、税收优惠等激励措施，引导养殖户和企业积极参与污染治理，提高废弃物污染治理效率。二是监管与执法。政府部门通过加强对畜禽养殖场的监管和执法力度，依法查处各类环境违法行为，督促养殖场完善治污设施。同时，政府还应积极探索构建覆盖畜禽养殖全环节的废弃物资源化利用与无害化处置监管框架，形成从养殖场到农田的闭环管理体系，确保畜禽粪污治理工作得到有效推进。三是服务与支持。政府需通过提供技术支持和培训，帮助养殖户和企业掌握先进的污染治理技术和管理方法。政府还可以通过项目配套资金、一次性补贴、贷款贴息等方式，对畜禽粪污处理设施建设和运营给予财政支持，提高养殖主体和种植主体的参与度。

市场主体在畜禽粪污治理中不仅是治理的直接执行者，还是资源化利用的推动者、技术创新的主体、政策响应的支持者以及社会监督的参与者。通过市场主体的积极参与和共同努力，可以推动畜禽粪污治理工作取得更好的成效。具体而言，市场主体在畜禽粪污治理中的作用体现在以下方面：一是资源配置。市场通过价格机制配置资源，引导社会资本投入畜禽粪污治理领域。污染治理技术和产品的市场化，促进了技术创新和产业升级，提高了治理效率和质量。例如，构建种养一体化、农牧协同的循环发展模式，让畜禽养殖废弃物通过技术转化，形成可用于农业生产的有机肥或清洁能源载体，实现废弃物从污染源向生产资料的属性转变。二是竞争与合作。市场上的污染治理企业之间既存在竞争关系，也存在合作关系。竞争促进了技术的进步和服务质量的提升，合作则有助于形成产业链和价值链，实现资源共享和优势互补。三是需求与供给。在公众环境保护意识显著增强与社会对健康安全食品需求持续攀升的双重驱动下，环保型农业投入品，尤其是有机肥料的市场需求呈现出稳步扩张的态势。这为企业提供了市场机遇，推动了畜禽粪污治理产业的发展。

养殖户在畜禽粪污治理中不仅是污染治理的直接责任主体和实施者，还是资源化利用的推动者、政策响应与配合的参与者以及社会责任的承担者。养殖户需要根据养殖规模和实际情况，建设符合环保要求的畜禽粪污收集、储存、处理设施。例如，建设沼气发酵设施与化粪处理系统，通过厌氧发酵技术将畜禽粪污转化为清洁能源，同时采用固液分离工艺实现粪污减量化，形成多级资源化利用链条。养殖户也可以积极采用环保养殖技术，如生态养殖、循环养殖等，减少养殖过程中的污染排放。通过实施畜禽养殖废弃物源头减量策略，构建多维度的技术干预体系，实现单位产出排泄量的显著下降。当然，实践中养殖户的处理意愿受到多种因素的影响，包括经济效益、政策支持、监管力度等。在经济效益不明显或政策支持不足时，部分养殖户可能会选择偷排或随意堆放畜禽粪污。综合成本收益来看，养殖户在畜禽粪污治理中不仅是治理三体，承担着养殖过程中的污染治理成本；也是受益者，通过参与污染治理，养殖户可以获得政府补贴、税收优惠等政策支持，降低污染治理成本。当然，将畜禽粪污转化为有机肥料等环保产品，可以增加养殖户的收入来源。

为了便于理解畜禽粪污治理中政府、市场主体与养殖户三者之间的利益关联，我们可以将其两两之间的关系描述如下。

1. 政府与市场主体之间的关系：政府通过政策引导，与市场机制相结合，推动畜禽粪污治理工作的开展。政府制定政策、提供支持和监管服务。市场主体则通过资源配置、竞争合作和需求供给等方式促进污染治理产业的发展。

2. 政府与养殖户之间的关系：政府是养殖户污染治理工作的指导者和支持者，为养殖户提供政策、技术、资金等方面的支持。养殖户则是政府政策的执行者和受益者，需要按照政府要求参与污染治理工作并享受政策红利。

3. 市场主体与养殖户之间的关系：市场主体为养殖户提供污染治理技术和产品的选择空间，促进养殖户提高污染治理效率和质量。养殖户则是市场需求的重要来源之一，其污染治理行为直接影响市场供求关系和产业发展方向。

### （二）畜禽粪污治理系统的 Matlab 仿真模拟

1. 模型参数赋值与说明。为了进一步通过可视化的手段来实现系统参数变动对政府、市场和养殖户均衡决策演变的影响，本节使用 Matlab 软件建立三主体参与的畜禽粪污治理系统动力学仿真模型，并采用参数赋值的方式模拟政策、社会和经济环境变化对不同主体决策的影响。系统中所有参数的赋值首先得满足模型假设中的所有条件，即：$f+a>(b_1+b_2)q$，$p_1+b_1>c$，$u+w>p_1$ 和 $u>p_2$。鉴于数值呈现的一般性考虑，将系统中所有参数均设置为正值。根据理论推导的结果来看，可以按照政府获得的财政经费支持力度来进行分段讨论，依次为 $f<b_2q-v$，$b_2q-v<f<(b_1+b_2)q$ 和 $f>(b_1+b_2)q$ 三种情境下，分别探究系统均衡点的演化。为了便于讨论，不妨令参数 $b_1=0.5$，$b_2=1$，$v=0.5$，$q=0.5$。基于此我们可以求得 $f$ 的两个临界值分别为 $b_2q-v=0$ 和 $(b_1+b_2)q=0.75$。此时，可以结合 $f$ 的取值和理论推导的结果对系统中剩余的其他参数赋值。本研究将 $f$ 分别赋值为 0.25、1 和 2.5，并分六种情境讨论政府、市场和养殖户均衡点的演化（见表 10–18）。

**表 10–18　系统参数赋值与情境设置**

| 参数 | 参数赋值 | | | | | |
|---|---|---|---|---|---|---|
| | 情境 1 | 情境 2 | 情境 3 | 情境 4 | 情境 5 | 情境 6 |
| $b_1$ | 0.5 | 0.5 | 0.5 | 0.5 | 0.5 | 0.5 |
| $b_2$ | 1 | 1 | 1 | 1 | 1 | 1 |
| $f$ | 0.25 | 0.25 | 1 | 1 | 2.5 | 2.5 |
| $e$ | 0.5 | 0.5 | 0.5 | 0.5 | 0.5 | 0.5 |
| $a$ | 1.5 | 1.5 | 1.5 | 1.5 | 1.5 | 1.5 |
| $v$ | 0.5 | 0.5 | 0.5 | 0.5 | 0.5 | 0.5 |
| $c$ | 0.5 | 0.5 | 0.15 | 0.5 | 0.5 | 0.15 |
| $q$ | 0.5 | 0.5 | 0.5 | 0.5 | 0.5 | 0.5 |
| $p_1$ | 1 | 0.25 | 1 | 0.25 | 0.25 | 1 |
| $p_2$ | 0.5 | 0.5 | 0.25 | 0.5 | 0.5 | 0.25 |

续表

| 参数 | 参数赋值 | | | | | |
|---|---|---|---|---|---|---|
| | 情境 1 | 情境 2 | 情境 3 | 情境 4 | 情境 5 | 情境 6 |
| $u$ | 1 | 1 | 1 | 1 | 1 | 1 |
| $w$ | 0.5 | 0.5 | 0.5 | 0.5 | 0.5 | 0.5 |

资料来源：笔者绘制。

2. 模型参数调整对演化均衡结果的影响。不同制度环境的设定会为畜禽粪污治理提供政策环境保障，优化政策的制定也是提升畜禽粪污治理效率的关键手段。本研究构建的三主体决策系统中包含的制度因素主要有财政经费支持 $f$、畜禽粪污监管惩罚 $v$、畜禽粪污治理政绩考核 $a$、畜禽粪污治理补贴 $b_1$。依然以理想决策目标组合（1，1，1）为例，在 $x_0$=0.5、$y_0$=0.5 和 $z_0$=0.5 的基础上，进一步讨论上述因素改变对系统仿真结果的影响。

（1）增加财政经费支持力度。情境 6 下财政经费支持的初始赋值为 $f$=2.5，要增加中央政府财政经费支持力度，不妨令 $f$=5。在其他参数不变的情况下，Matlab 运行的仿真结果如图 10-1 所示。演化轨迹显示，在 $f$=5 的情境下，政府畜禽粪污治理的决策速度明显加快，市场主体和养殖户的决策速度略微有所增加。即增加财政经费支持力度能有效提升三主体决策演化为（1，1，1）的速度，特别是对于政府而言，其效果更加显著。模拟实验结果表明，增加畜禽粪污治理财政经费支持力度能有效促进政府、市场主体和养殖户积极参与畜禽粪污治理。现实情境中通过加大财政经费支持，可以推动畜禽粪污治理项目的落地实施，提升治理设施和技术水平，促进资源化利用和循环经济发展，增强畜禽粪污治理工作的可持续性和长效性。

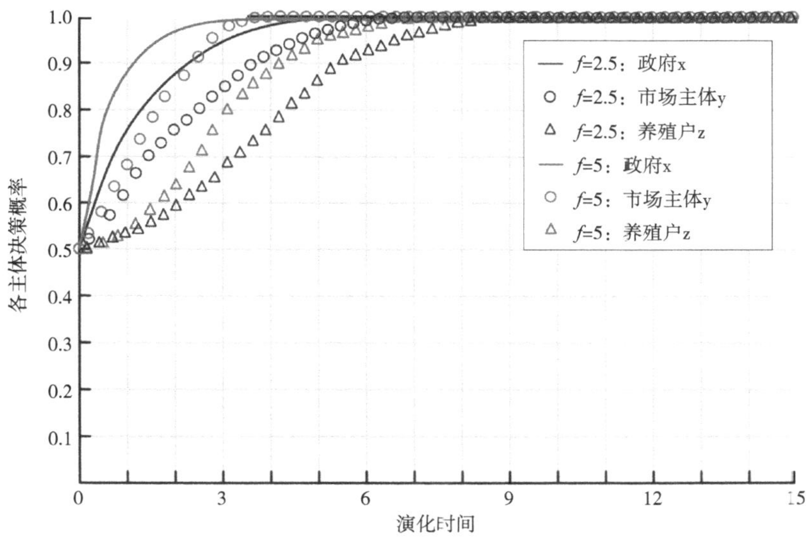


**图 10-1　增加财政经费支持力度对仿真结果的影响**

资料来源：笔者绘制。

（2）加大畜禽粪污监管惩罚力度。同理，在情境 6 下畜禽粪污监管惩罚的初始赋值为 $\nu$=0.5，要加大畜禽粪污监管惩罚力度，不妨令 $\nu$=1。在其他参数不变的情况下，Matlab 运行的仿真结果如图 10–2 所示。演化轨迹显示，在 $\nu$=1 的情境下，政府的决策速度略微有所增加，但市场和养殖户的决策速度几乎没有变化。可见，加大畜禽粪污监管惩罚力度主要可以作用于政府部门，使其更快地作出畜禽粪污治理决策。但是加大监管惩罚力度对市场主体和养殖户的影响并不明显。在现实情境中，畜禽粪污监管惩罚是保障畜禽养殖行业健康发展和农村生态环境安全的重要手段。政府部门通过加强法律法规宣传、完善监管机制、加大执法力度等措施，可以有效推动畜禽粪污治理工作的深入开展，促进畜牧业和农业的可持续发展。

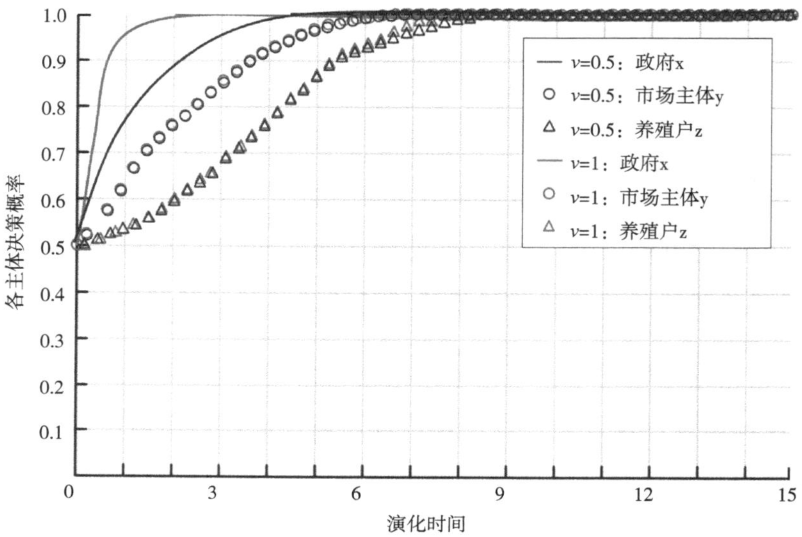


**图 10–2　加大畜禽粪污监管惩罚力度对仿真结果的影响**

资料来源：笔者绘制。

（3）加大畜禽粪污治理政绩考核力度。同理，在情境 6 下畜禽粪污治理政绩考核的初始赋值为 $a$=1.5，要加大中央政府对地方政府畜禽粪污治理的政绩考核力度，不妨令 $a$=3。在其他参数不变的情况下，Matlab 运行的仿真结果如图 10–3 所示。演化轨迹显示，在 $a$=3 的情境下，政府的决策速度略微有所增加，但市场主体和养殖户的决策速度几乎没有变化。该演化轨迹与加大畜禽粪污监管惩罚力度的结果是类似的。可见，加大畜禽粪污治理政绩考核力度也主要可以作用于地方政府，使其更快地作出畜禽粪污治理决策。在现实情境中，通过科学设置考核指标、严格考核程序、公正评估结果并有效应用考核结果，可以推动畜禽粪污治理工作的深入开展并取得显著成效。

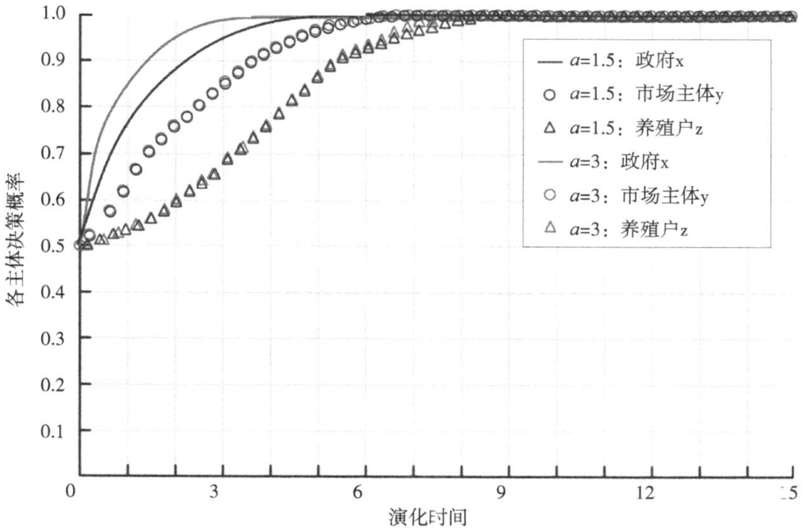


**图 10-3　加大畜禽粪污治理的政绩考核力度对仿真结果的影响**

资料来源：笔者绘制。

（4）加大畜禽粪污治理补贴力度。同理，在情境 6 下畜禽粪污治理补贴的初始赋值为 $b_1$=0.5，要增加政府对市场畜禽粪污治理补贴力度，不妨令 $b_1$=1。在其他参数不变的情况下，Matlab 运行的仿真结果如图 10-4 所示。演化轨迹显示，在 $b_1$=1 的情境下，政府的决策速度明显放缓，而市场主体和养殖户的决策速度都呈现明显加快的趋势。可能的解释是，在地方政府获得中央政府财政经费补贴有限的情况下，增加畜禽粪污治理补贴会加大地方政府的财政负担，继而减缓其畜禽粪污治理的决策速度。但对于市场主体和养殖户而言，补贴能有效增加其畜禽粪污治理的盈利，继

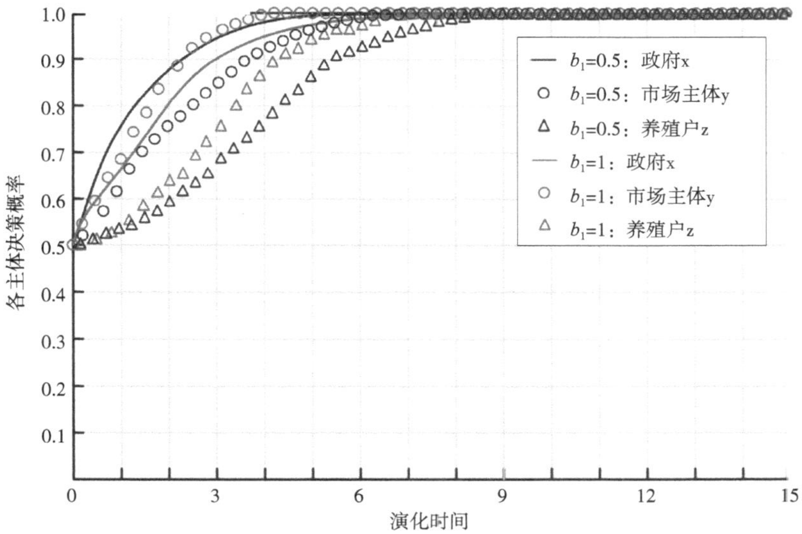


**图 10-4　加大畜禽粪污治理补贴力度对仿真结果的影响**

资料来源：笔者绘制。

而加快其畜禽粪污治理决策速度。可见，加大畜禽粪污治理补贴力度会减缓政府决策速度，但明显提高市场主体和养殖户参与畜禽粪污治理决策速度。在现实情境中，为促进畜牧业绿色发展，各级政府已经纷纷出台相关政策，通过完善粪污收集、贮存、处理、利用设施建设、设备采购、资源化利用和试验项目等财政补贴方式支持畜禽粪污治理工作。

## 三、畜禽粪污治理中政府与市场协同共治的绩效测度

本部分基于大规模的田野调查一手数据，确定政府、市场主体和养殖户三类主体在畜禽粪污治理过程中的投入产出指标，从而利用 DEA-HR 模型，测算分析政府与市场协同共治的绩效水平。通过构建反映各方治理畜禽粪污行为绩效的 DEA-HR 模型，本部分将测算政府与市场主体协同治理绩效，重点关注治理的技术效率、规模效率以及协同度的区域差异，并揭示政府与以规模化养殖户为代表的市场主体和以小规模散户为代表的平台养殖户这两类主体的协同水平差异，从而明晰当前提高政府与市场协同共治绩效存在的主要问题，为后续科学制定对策建议提供客观依据。

### （一）研究方法与数据来源

1. 研究方法。参考李鹏等（2014）和颜廷武等（2015）的做法，研究采用数据包络分析模型（DEA 模型）和协同度模型（HR 模型）的结合（即 DEA-HR 模型），对政府与市场在畜禽粪污治理中的协同共治绩效进行定量测度。DEA 模型用于评估政府、市场主体和养殖户三类主体在污染治理过程中的综合效率，及其分解出来的纯技术效率和规模效率，而 HR 模型则用于计算政府、市场主体和养殖户在畜禽粪污治理中的协同发展水平，反映污染治理的协同共治绩效。

（1）DEA 模型。研究采用基于投入导向的 DEA 模型测算各主体在畜禽粪污治理过程中的绩效。相比其他效率测算方法，DEA 模型不需要指定生产函数形式，能够处理包含多个投入和多个产出的经济活动，其中投入产出可以为非货币化衡量的实物量纲，并且测算所得的综合效率（*TE*）能进一步识别为纯技术效率（*PTE*）和规模效率（*SE*）（Charnes et al.，1978；颜鹏飞等，2004）。由于畜禽粪污治理行为存在非生产性、多投入性和非货币性特点，故行为主体的效率测算适用 DEA 模型方法。考虑到畜禽粪污治理过程中，主体投入作为治理的关键决策变量较易受控制，因此 DEA 模型设置为投入导向型。具体来说：

$$\begin{cases} \min\limits_{\theta,\ \lambda} \theta^k \\ \text{s.t.} \sum_{k=1}^{n} \lambda_k x_{n,\ k} \leqslant \theta^k x_{n,\ k} \ (n=1,\ 2,\ 3) \\ y_{m,\ k} \leqslant \sum_{k=1}^{n} \lambda_k y_{m,\ k} \ (m=1) \\ \lambda_k \geqslant 0 \ (k=1,\ 2,\ 3\cdots,\ n) \\ \sum_{k=1}^{n} \lambda_k = 1 \end{cases} \tag{10-5}$$

式（10–5）中，涉及政府、市场主体和养殖户等部门的各决策单元（DMU）。对每个样本单元来说，有 $n$ 个畜禽粪污治理投入数据和 $m$ 个产出数据，对第 $k$ 个决策单元，列向量 $x_{n,\ k}$ 和 $y_{m,\ k}$ 分别为各主体的治理投入与产出。$\lambda_k$ 作为描述第 $n$ 项资源投入与第 $m$ 项产出效益关联强度的权重参数，反映了要素间的相对重要性。而 $\theta^k$ 表征第 k 个治理主体运行绩效的效率评估值，其数值域被限定在 0 至 1 的闭区间内，该数值与系统运行效能呈正相关关系，即评估值越趋近于 1，表明对应主体的资源利用效率和环境治理效果越优。而 $\theta^k$ 表示该样本的畜禽粪污治理的综合效率在同类主体中最高，为效率的前沿面。畜禽粪污治理的综合效率可以进一步分解为纯技术效率和规模效率，纯技术效率主要衡量不同主体在粪便减排过程中的资源利用情况，体现了治理过程中的管理水平和生产技术有效性，而规模效率则用来判断其生产规模与治理绩效是否匹配，反映了治理主体是否达到了最佳规模经济。两者与综合效率的关系如下：

$$TE = PET \times SE \tag{10–6}$$

（2）HR 模型。在 DEA 模型效率测度的基础上，研究使用 HR 模型进一步分析畜禽粪污治理过程中政府与市场协同共治水平。HR 模型通过计算子系统的标准差与均值来量化系统内部的协同程度，能够敏感地识别出系统内部的不平衡。这种方法将复杂的系统协同性问题转化为具体的数学模型，避免了人为赋予权重可能带来的主观偏差，其定量分析的精确性优于一些依赖专家评分或层次分析的主观评价方法（王淑佳等，2021）。该方法相对简单，适用面广，能够灵活应用于不同规模或复杂度的系统（任保平等，2021；赵建吉等，2020），因此本研究采用该方法测算畜禽粪污治理过程中各主体的协同共治水平。假设第 $i$ 个主体在畜禽粪污治理中的行为绩效为 $\rho_i$，则构建 HR 模型：

$$\begin{cases} H = 1 - S_d / A_g \\ S_d = \sqrt{(\rho_1 - \bar{\rho})^2 + (\rho_2 - \bar{\rho})^2 + \cdots + (\rho_n - \bar{\rho})^2} / n \\ A_g = \bar{\rho}^* \end{cases} \tag{10–7}$$

式（10–7）中，$H$ 为 $n$ 个主体间的治理协同度，它由各主体行为绩效的标准差 $S_d$ 和均值 $A_g$ 决定，其中 $A_g=\bar{\rho}^*$ 也被称为主体间整合水平或系统整合水平，$S_d / A_g$ 为变异系数，也叫错配指数。协同度 $H \in [0,\ 1]$，数值越接近 1 表示污染治理中政府与市场之间的协同度越高、利益诉求匹配度越高；反之，协同度较低说明存在治理效率差异，需要进一步优化政府与市场的合作机制。结合畜禽粪污治理现状，参照学界做法，综合利用 $H$ 和 $\bar{\rho}^*$ 将污染协同共治水平划分为如表 10–19 所示的 5 个标准，其中：若协同度 $H \leqslant 0.50$，则污染治理不协同；若 $H>0.50$，则根据整合水平 $\bar{\rho}^*$ 从高到低依次划分为协同且有效（$0.90 < \bar{\rho}^* \leqslant 1.00$）、协同且较有效（$0.70 < \bar{\rho}^* \leqslant 0.90$）、协同且一般有效（$0.60 < \bar{\rho}^* \leqslant 0.70$）、协同且无效（$\bar{\rho}^* \leqslant 0.60$）。

**表 10–19　畜禽粪污治理主体协同共治绩效评价标准**

| 划分标准 | $0.50<H\leqslant 1.00$ | | | | $H\leqslant 0.50$ |
|---|---|---|---|---|---|
| | $0.90<\bar{\rho}^*\leqslant 1.00$ | $0.70<\bar{\rho}^*\leqslant 0.90$ | $0.60<\bar{\rho}^*\leqslant 0.70$ | $\bar{\rho}^*\leqslant 0.60$ | |
| 协同发展类型 | 协同且有效 | 协同且较有效 | 协同且一般有效 | 协同且无效 | 不协同 |

资料来源：笔者绘制。

（3）指标体系构建。指标体系的构建旨在全面评估畜禽粪污治理中不同主体的行为绩效，结合投入产出分析理论，选取的政府、市场主体和养殖户三类主体多维度投入和产出指标体系如表 10–20 所示，该体系覆盖了政府、市场主体和养殖户在畜禽粪污治理过程中的核心行为和产出，合理地体现了污染治理与经济效益的平衡。投入指标充分考虑了资源和环保的多元消耗，而产出指标则兼顾了经济与环保的成果。通过多维度投入和产出指标体系的构建，客观评价各主体的治理绩效，确保测度结果的全面性和科学性。

**表 10–20　畜禽粪污治理各主体行为绩效测度的指标体系**

| 主体 | 政府 | 市场主体 | 养殖户 |
|---|---|---|---|
| 投入指标 | [1] 政策性贷款普及率<br>[2] 户均环保设施补贴<br>[3] 环保宣传覆盖率<br>[4] 废弃物处理培训覆盖率 | [1] 养殖场固定资产折旧<br>[2] 劳动力数量<br>[3] 饲料支出<br>[4] 兽药支出<br>[5] 水电支出<br>[6] 人工支出<br>[7] 环保支出<br>[8] 其他支出<br>[9] 能繁母猪数 | [1] 养殖场固定资产折旧<br>[2] 劳动力数量<br>[3] 饲料支出<br>[4] 兽药支出<br>[5] 水电支出<br>[6] 人工支出<br>[7] 环保支出<br>[8] 其他支出<br>[9] 能繁母猪数 |
| 产出指标 | [1] 干粪制有机肥比率<br>[2] 干粪还田比率<br>[3] 污水沼气化比率 | [1] 养猪收入<br>[2] 出栏生猪数 | [1] 养猪收入<br>[2] 出栏生猪数 |

资料来源：笔者绘制。

具体来说：（1）投入指标选取。①政府投入指标，主要关注政府在政策执行、资金支持和技术推广方面的努力，如政策性贷款普及率、户均环保设施补贴、环保宣传覆盖率以及废弃物处理培训覆盖率，这些指标能够量化政府对畜禽粪污治理的资金和知识技术支持，从而衡量政府的投入力度；②市场主体和养殖户投入指标，包括与生产相关的支出，如养殖场固定资产折旧、劳动力数量、饲料支出、兽药支出、水电支出、人工支出、环保支出等，这些指标反映了在污染治理中的资源消耗和环保设备的投入；能繁母猪数作为养殖规模的代表指标，能够反映养殖户和市场主体的生产能力，这与其环境治理的压力直接相关。（2）产出指标选取。①政府产出指标，主要考察治理成果，如干粪制有机肥比率、干粪还田比率、污水沼气化比率等，反映污染物的资源化利用水平。②市场主体和养殖户产出指标，包括养猪收入和出栏生猪数，这不仅反映经济效益，也反映环保措施对其生产的影响。

2. 数据来源。数据来自面向湖北省生猪养殖主体的微观问卷调研。调研于 2018 年在湖北省这一中部典型省份展开，样本涵盖武汉市、襄阳市、宜昌市、十堰市等 10 个地级行政区，覆盖了湖北省的主要畜牧业区域，代表性强，能够较好地反映不同地区的畜禽粪污治理现状。调研内容包括了微观层面的养殖规模、治理方式、环保投入、政策扶持等方面信息，通过地级行政区汇总有关变量则获得了政府层面在畜禽粪污治理上的投入产出指标。调研共获得了 727 个有效样本，依据《畜禽规模养殖污染防治条例》和农业农村部相关文件，按照年出栏量 500 头的规模化养殖标准，年出栏量 500 头以下的中小规模养殖户样本为 644 个，年出栏量 500 头以上的企业规模化养殖主体样本为 83 个；两类市场主体的地区分布如表 10–21 所示，其中养殖户样本量较多的地区包括宜昌市（195 户）和十堰市（141 户），而企业样本较为集中的地区是黄冈市（36 家），样本量的分布与各地区的畜禽养殖规模和环保政策的实施力度相匹配，能够有效衡量区域差异对治理绩效的影响。

表 10–21　畜禽粪污治理主体的调研样本分布

| 序号 | 1 | 2 | 3 | 4 | 5 | 6 | 7 | 8 | 9 | 10 | 合计 |
|---|---|---|---|---|---|---|---|---|---|---|---|
| 市（自治区） | 武汉市 | 襄阳市 | 宜昌市 | 十堰市 | 荆门市 | 荆州市 | 黄冈市 | 咸宁市 | 随州市 | 恩施州 | |
| 养殖户（户） | 51 | 36 | 195 | 141 | 70 | 30 | 87 | 24 | 2 | 8 | 644 |
| 企业（家） | 25 | 1 | 8 | 9 | 4 | 0 | 36 | 0 | 0 | 0 | 83 |
| 合计（个） | 76 | 37 | 203 | 150 | 74 | 30 | 123 | 24 | 2 | 8 | 727 |

资料来源：笔者整理。

### （二）结果分析

1. 畜禽粪污治理主体行为绩效分析。如表 10–22 所示，在畜禽粪污治理过程中，市场主体的行为绩效表现最高，其次为政府，而养殖户最低。

（1）政府行为绩效。政府污染治理的综合效率（$TE=0.59$）相对较低，说明政府在资源投入和治理效果之间的整体效率不高。尽管政府的纯技术效率（$PTE=0.69$）表明其在管理和技术应用上较为有效，但规模效率（$SE=0.87$）的相对较低暗示政府的规模效率尚不理想。政府的资源配置和规模选择可能有改进空间，以便进一步提升整体治理效率。

表 10–22　畜禽粪污治理主体行为绩效均值

| 主体 | 综合效率 | 纯技术效率 | 规模效率 |
|---|---|---|---|
| 政府 | 0.59 | 0.69 | 0.87 |
| 市场主体 | 0.71 | 0.87 | 0.81 |
| 养殖户 | 0.30 | 0.70 | 0.45 |

资料来源：由基于投入导向的 DEA 模型计算所得。

（2）市场主体行为绩效。市场主体污染治理的综合效率（$TE = 0.71$）表现最佳，且在纯技术效率（$PTE = 0.87$）和规模效率（$SE = 0.81$）上均有较好的表现。这表明市场主体在污染治理过程中不仅技术水平较高，而且规模效率也相对较高。市场主体较为完善的资源配置和技术应用是其治理效率较高的主要原因。

（3）养殖户行为绩效。养殖户污染治理的综合效率（$TE = 0.30$）最低，反映出养殖户在污染治理中的整体表现不理想。这在一定程度上与其资源和技术投入不足密切相关。尽管纯技术效率（$PTE = 0.70$）表明养殖户在技术和管理上有一定的应用能力，但规模效率（$SE = 0.45$）明显偏低，表明养殖户的生产规模与最佳治理规模存在较大差距。小规模养殖户难以有效进行污染治理，需要政策支持和技术推广以提升规模效率。

2. 畜禽粪污治理主体行为绩效的区域差异分析。如表 10–23 所示，湖北省不同区域的政府、市场主体和养殖户在畜禽粪污治理中的综合效率、纯技术效率和规模效率存在显著差异，反映了各地区在资源配置、技术推广和政策执行上存在不同。

（1）政府行为绩效的地区差异明显。政府在多数地区的综合效率较高，在襄阳市、咸宁市和随州市，政府的综合效率达到 1.00，表明这些地区的政府在环保政策的执行和资源调度上表现最佳，达到了理论上的最优效率。这些地区的政府能够高效地组织资源，推动污染治理项目的实施，为市场主体提供了强有力的政策支持。相对而言，武汉市、宜昌市和十堰市的政府绩效表现不理想，综合效率偏低，尤其在规模效率上有所不足。这可能与地方财政资源的分配不当或政策执行力度不足有关，影响了这些地区政府整体的治理效果。

（2）市场主体行为绩效普遍较优。与政府和养殖户相比，市场主体在畜禽粪污治理中的表现普遍较好，特别是在经济较发达地区，市场主体的治理效率尤为突出。例如武汉市、宜昌市、黄冈市等地，市场主体的综合效率分别为 0.74、0.80 和 0.72，表现出较为优秀的治理能力，而宜昌市的纯技术效率高达 0.97，且规模效率良好（$SE = 0.82$），表明市场主体不仅在技术层面具备先进性，还能在规模化治理中取得良好的经济和环保效益。仅少数地区存在效率不足的现象，例如，襄阳市的市场主体综合效率仅为 0.22，规模效率为 0.22，其在污染治理上的投入和技术应用有待进一步提升。



（3）多数地区养殖户绩效偏低。整体来看，养殖户的效率普遍较低，尤其是在规模效率方面存在明显的不足。例如在襄阳市、十堰市、随州市和恩施州等地区，养殖户的综合效率尤其低，分别为 0.27、0.25、0.25 和 0.22。这些地区的养殖户往往是小规模经营，受限于资金和技术的投入，缺乏足够的环保设备和治理手段，导致其资源利用率较低，规模效率低（如十堰市仅为 0.40）。这些地区的养殖户亟须政策的扶持和技术的推广，以提高污染治理的能力。部分地区的养殖户在技术应用上有一定进展，例如，黄冈市纯技术效率达到 0.78，显示出较为有效的管理和技术运用，但规模效率仍然较低（$SE = 0.53$），反映出小规模养殖模式的局限性。

表 10-23　区域畜禽粪污治理主体行为绩效及其分解

| 主体 | 政府 | | | 市场主体 | | | 养殖户 | | |
|---|---|---|---|---|---|---|---|---|---|
| 地区 | 综合效率 | 纯技术效率 | 规模效率 | 综合效率 | 纯技术效率 | 规模效率 | 综合效率 | 纯技术效率 | 规模效率 |
| 武汉市 | 0.46 | 1.00 | 0.46 | 0.74 | 0.84 | 0.85 | 0.42 | 0.64 | 0.62 |
| 襄阳市 | 1.00 | 1.00 | 1.00 | 0.22 | 1.00 | 0.22 | 0.27 | 0.82 | 0.35 |
| 宜昌市 | 0.34 | 0.37 | 0.91 | 0.80 | 0.97 | 0.82 | 0.27 | 0.73 | 0.38 |
| 十堰市 | 0.33 | 0.33 | 0.99 | 0.60 | 0.68 | 0.82 | 0.25 | 0.55 | 0.40 |
| 荆门市 | 0.38 | 0.39 | 0.97 | 0.68 | 1.00 | 0.68 | 0.30 | 0.56 | 0.46 |
| 荆州市 | 0.40 | 0.41 | 0.97 | — | — | — | 0.35 | 0.51 | 0.67 |
| 黄冈市 | 0.31 | 0.39 | 0.80 | 0.72 | 0.90 | 0.80 | 0.39 | 0.78 | 0.53 |
| 咸宁市 | 1.00 | 1.00 | 1.00 | — | — | — | 0.31 | 0.75 | 0.41 |
| 随州市 | 1.00 | 1.00 | 1.00 | — | — | — | 0.25 | 0.75 | 0.40 |
| 恩施州 | 0.63 | 1.00 | 0.63 | — | — | — | 0.22 | 0.56 | 0.35 |

资料来源：笔者绘制。

注：市场主体行为绩效测度过程中，荆州市、咸宁市、随州市和恩施州因为缺乏相应样本，故无对应数值。

3. 畜禽粪污治理中政府与市场协同共治的绩效评价。基于湖北省研究样本可知，在目前的畜禽粪污治理过程中，政府与市场主体和养殖户虽然存在协同，但有效性有限，不同地区的三者协同效应表现出显著差异，协同共治水平包含“协同且有效”“协同且较有效”“协同且一般有效”“协同且无效”以及“不协同”五个等级。如表 10-24 所示，湖北省 10 个样本地区政府与市场主体和养殖户的协同度 $H$ 均值超过 0.50 的阈值，但受限于养殖户的行为绩效较低，导致系统的整合水平 $\bar{\rho}^*$ 并未达到有效的阈值 0.60，因此整体处于“协同且无效”水平。

（1）咸宁市和随州市两个地区的整合水平较高，表现出较好的协同共治能力。受政府行为绩效的拉动，咸宁市和随州市的整合水平达到协同有效的阈值 0.60，政府与市场主体在畜禽粪污治理上达到“协同且一般有效”的水平。政府的行为绩效在这些地区较高，达到了 1.00，表明政府的政策执行和资源配置较为高效。这些地区的养殖户行为绩效虽然偏低，但在政府的支持下，整合水平已优于其他地区，说明养殖户在一定程度上能够受益于政府与市场主体之间的合作，彼此在资源配置、技术推广以及规模扩展上较为匹配，形成了较为有效的协同治理机制。

表 10-24　区域畜禽粪污治理主体行为绩效及协同水平划分

| 地区 | 政府 | 市场主体 | 养殖户 | 整合水平 | 协同度 | 协同水平 |
|---|---|---|---|---|---|---|
| 武汉市 | 0.46 | 0.74 | 0.42 | 0.54 | 0.73 | 协同且无效 |
| 襄阳市 | 1.00 | 0.22 | 0.27 | 0.50 | 0.28 | 不协同 |

续表

| 地区 | 政府 | 市场主体 | 养殖户 | 整合水平 | 协同度 | 协同水平 |
|---|---|---|---|---|---|---|
| 宜昌市 | 0.34 | 0.80 | 0.27 | 0.47 | 0.50 | 协同且无效 |
| 十堰市 | 0.33 | 0.60 | 0.25 | 0.39 | 0.61 | 协同且无效 |
| 荆门市 | 0.38 | 0.68 | 0.30 | 0.45 | 0.64 | 协同且无效 |
| 荆州市 | 0.40 | 0.63 | 0.35 | 0.46 | 0.74 | 协同且无效 |
| 黄冈市 | 0.31 | 0.72 | 0.39 | 0.48 | 0.63 | 协同且无效 |
| 咸宁市 | 1.00 | 0.63 | 0.31 | 0.64 | 0.56 | 协同且一般有效 |
| 随州市 | 1.00 | 0.63 | 0.25 | 0.63 | 0.51 | 协同且一般有效 |
| 恩施州 | 0.63 | 0.63 | 0.22 | 0.49 | 0.61 | 协同且无效 |
| 平均水平 | 0.59 | 0.63 | 0.30 | 0.51 | 0.58 | 协同且无效 |

资料来源：笔者绘制。

注：为计算地区系统整合水平指数和协同度，荆州市、咸宁市、随州市和恩施州 4 个地区的市场主体行为绩效数据由均值替代。

（2）武汉市、宜昌市、十堰市、荆门市、荆州市、黄冈市和恩施州 7 个地区的整合水平不足，协同水平为“协同且无效”。尽管政府有一定的政策支持和环保投入，但市场主体特别是养殖户，未能充分利用这些资源，导致整体治理效果较差。除武汉市养殖户行为绩效相对较高外，其余 6 个地区的养殖户行为绩效普遍位于 0.20 ～ 0.40，反映出小规模养殖户在资源利用和治理技术上未能有效与政府和企业配合，因此小规模养殖户的资源和技术瓶颈是这些地区治理效率低下的主要原因之一。

（3）襄阳市受限于市场主体的治理表现，其协同水平为“不协同”。尽管襄阳市政府的行为绩效位于前列，显示政府具备较强的治理能力，但养殖户和市场主体的行为绩效极低，其中养殖户的行为绩效仅为 0.27，市场主体也只有 0.22。这些低效地区的养殖户和市场主体在资源配置、技术推广等方面与政府的支持政策未能有效衔接，导致治理效率极低。

4. 畜禽粪污治理中各主体的协同度比较。为进一步探讨各参与主体在畜禽粪污治理上的协同水平差异，本部分分别测算政府与养殖户、政府与市场主体之间的协同度，从而明晰当前政府在与市场主体和养殖户协同过程中的主要短板。其中，政府与市场主体和养殖户在畜禽粪污治理的综合效率及其分解纯技术效率、规模效率的协同度如表 10–25 所示，治理综合绩效的协同水平分布如表 10–26 所示。

表 10-25　区域畜禽粪污治理中各主体间协同度

| 主体 | 三方协同 | | | 政府与市场主体协同 | | | 政府与养殖户协同 | | |
|---|---|---|---|---|---|---|---|---|---|
| 地区 | 综合效率 | 纯技术效率 | 规模效率 | 综合效率 | 纯技术效率 | 规模效率 | 综合效率 | 纯技术效率 | 规模效率 |
| 武汉市 | 0.73 | 0.82 | 0.76 | 0.77 | 0.91 | 0.71 | 0.95 | 0.78 | 0.85 |
| 襄阳市 | 0.28 | 0.91 | 0.34 | 0.36 | 1.00 | 0.36 | 0.43 | 0.90 | 0.52 |
| 宜昌市 | 0.50 | 0.64 | 0.67 | 0.59 | 0.55 | 0.95 | 0.89 | 0.68 | 0.59 |
| 十堰市 | 0.61 | 0.72 | 0.66 | 0.71 | 0.66 | 0.91 | 0.86 | 0.68 | 0.57 |
| 荆门市 | 0.64 | 0.64 | 0.70 | 0.72 | 0.57 | 0.82 | 0.88 | 0.75 | 0.64 |
| 荆州市 | 0.74 | 0.65 | 0.82 | 0.78 | 0.63 | 0.84 | 0.93 | 0.89 | 0.82 |
| 黄冈市 | 0.63 | 0.69 | 0.82 | 0.61 | 0.61 | 1.00 | 0.89 | 0.67 | 0.80 |
| 咸宁市 | 0.56 | 0.88 | 0.66 | 0.77 | 0.95 | 0.82 | 0.47 | 0.86 | 0.58 |
| 随州市 | 0.51 | 0.88 | 0.65 | 0.77 | 0.95 | 0.82 | 0.40 | 0.86 | 0.57 |
| 恩施州 | 0.61 | 0.77 | 0.73 | 1.00 | 0.95 | 0.95 | 0.52 | 0.72 | 0.72 |
| 均值 | 0.58 | 0.76 | 0.68 | 0.71 | 0.78 | 0.82 | 0.72 | 0.78 | 0.67 |

资料来源：笔者绘制。

注：协同度计算过程中缺失值同样由均值替代。

（1）整体来看，政府与养殖户的协同度整体上较为不理想，表现在大部分地区的整合水平和协同度较低，处于“协同且无效”状态。由表 10-26 可知，政府与养殖户的整合水平均值为 0.44，协同度均值为 0.72，表明两者在污染治理上的协同效应尚未充分发挥，特别是小规模养殖户的资源和技术条件限制了其在污染治理中的能力。与企业相比，养殖户的生产模式更为分散，资源投入不足，环保技术的应用也相对落后。这一差距不仅影响了养殖户的行为效率，也阻碍了政府与养殖户之间的有效合作。尽管政府在政策上给予了一定支持，如环保补贴和技术培训，但由于资源整合不充分，导致两者的协同度未能达到理想的水平。分地区来看，政府与养殖户的协同度在不同地区存在一定差异，其中襄阳市、咸宁市和随州市 3 个地区的政府与养殖户在污染治理上相对脱节，处于“不协同”水平，其余样本地区则是“协同且无效”状态。



表 10-26　区域畜禽粪污治理中政府与市场协同水平

| 主体 | 三方协同 | | | 政府与市场主体协同 | | | 政府与养殖户协同 | | |
|---|---|---|---|---|---|---|---|---|---|
| 地区 | 整合水平 | 协同度 | 协同水平 | 整合水平 | 协同度 | 协同水平 | 整合水平 | 协同度 | 协同水平 |
| 武汉市 | 0.54 | 0.73 | 协同且无效 | 0.60 | 0.77 | 协同且一般有效 | 0.44 | 0.95 | 协同且无效 |
| 襄阳市 | 0.50 | 0.28 | 不协同 | 0.61 | 0.36 | 不协同 | 0.64 | 0.43 | 不协同 |
| 宜昌市 | 0.47 | 0.50 | 协同且无效 | 0.57 | 0.59 | 协同且无效 | 0.30 | 0.89 | 协同且无效 |
| 十堰市 | 0.39 | 0.61 | 协同且无效 | 0.47 | 0.71 | 协同且无效 | 0.29 | 0.86 | 协同且无效 |

续表

| 主体 | 三方协同 | | | 政府与市场主体协同 | | | 政府与养殖户协同 | | |
|---|---|---|---|---|---|---|---|---|---|
| 地区 | 整合水平 | 协同度 | 协同水平 | 整合水平 | 协同度 | 协同水平 | 整合水平 | 协同度 | 协同水平 |
| 荆门市 | 0.45 | 0.64 | 协同且无效 | 0.53 | 0.72 | 协同且无效 | 0.34 | 0.88 | 协同且无效 |
| 荆州市 | 0.46 | 0.74 | 协同且无效 | 0.51 | 0.78 | 协同且无效 | 0.37 | 0.93 | 协同且无效 |
| 黄冈市 | 0.48 | 0.63 | 协同且无效 | 0.52 | 0.61 | 协同且无效 | 0.35 | 0.89 | 协同且无效 |
| 咸宁市 | 0.64 | 0.56 | 协同且一般有效 | 0.81 | 0.77 | 协同且较有效 | 0.65 | 0.47 | 不协同 |
| 随州市 | 0.63 | 0.51 | 协同且一般有效 | 0.81 | 0.77 | 协同且较有效 | 0.63 | 0.40 | 不协同 |
| 恩施市 | 0.49 | 0.61 | 协同且无效 | 0.63 | 1.00 | 协同且一般有效 | 0.43 | 0.52 | 协同且无效 |
| 均值 | 0.51 | 0.58 | 协同且无效 | 0.61 | 0.71 | 协同且一般有效 | 0.44 | 0.72 | 协同且无效 |

资料来源：笔者绘制。

注：协同水平划分基于原始未四舍五入数据。

（2）与政府和养殖户相比，政府与市场主体之间的协同治理效应更为明显，但在不同地区之间仍然存在一定的差异，尤其是协同的有效性较为分散。与养殖户相比，政府与市场主体在畜禽粪污治理中的协同效应较为显著。政府与市场主体的整合水平均值为0.61，协同度均值为0.71，处于“协同且一般有效”状态。这表明市场主体在污染治理过程中具备更强的技术应用能力和更高的规模效率，能够在政府政策支持下有效处理畜禽粪污，提升治理效果。分地区来看，各地区的协同水平并不一致，其中，被均值化处理后的咸宁市和随州市的协同水平较高，处于“协同且较有效”水平，政府的治理体系能和当地企业的环保设备投入和治理技术有效衔接；武汉市和恩施州则处于“协同且一般有效”水平；宜昌市、十堰市、荆门市、荆州市和黄冈市5个地区则位于“协同且无效”水平；仅襄阳市的政府与市场主体之间的协同度低于阈值，仅为0.36，处于“不协同”状态。

**（三）研究结论**

基于湖北省的生猪养殖行业样本数据，研究通过构建DEA-HR模型，测度了政府、市场主体和养殖户三者在畜禽粪污治理过程中的行为绩效及其协同水平，从而客观把握当前政府与市场的协同共治现状。



在畜禽粪污治理过程中，市场主体、养殖户和政府的行为绩效差异显著。市场主体表现出较高的纯技术效率和规模效率，其综合效率远高于养殖户。这主要归因于市场主体具备较强的技术能力和资金资源，能够投资于环保设备和技术创新，从而实现较好的污染治理效果。而养殖户，尤其是小规模养殖户，由于资源有限和技术应用不足，其综合效率明显较低，难以有效开展污染治理。政府在资源配置和政策引导方面有所贡献，但其规模效率表现不足，整体治理效果仍有待提升。

整体来看，政府、市场主体和养殖户三者在畜禽粪污治理中的协同水平相对不足。政府通过政策引导和资金支持，试图与市场主体形成协同治理机制，但整体协同效果并不理想。表现在：在协同度上，市场主体的参与度和响应度较高，能够通过政府政策的支持，提升治理效率；然而，养殖户的协同能力较低，由于资源不足和技术应用不力，其与政府和市场主体的协同效应未能有效发挥。整体协同水平的提升，需要政府加大对养殖户的支持力度，并优化政策，增强三者之间的协同作用。

具体来看，政府与市场主体的协同水平明显高于政府与养殖户的协同水平。政府与市场主体之间的整合水平较高，市场主体能够有效利用政府的政策支持和技术推广，在污染治理中表现出较强的技术能力和较高的规模效率，推动了整体治理效果的提升。相反，政府与养殖户的协同共治效能较弱，养殖户由于规模小、资金有限，难以有效参与污染治理，尤其在技术推广和资源整合方面存在明显的短板。这使得政府在与养殖户的协同治理中面临更大挑战，表现出较低的整合水平和协同水平。

不同地区的协同度差异明显。发达地区如武汉市、宜昌市等地，政府与市场主体（特别是企业）之间的协同效应较为显著，政府的政策执行能力较强，企业的环保设备和技术投入充分，两者之间的协同治理机制较为成熟，整体治理效果较好。而在经济欠发达地区，如襄阳市和十堰市，政府与市场主体的协同治理能力较差，特别是养殖户的治理参与度低，难以形成有效的污染治理体系。经济发展水平、技术推广力度和政策执行力度的不同对污染治理协同效能具有深远影响。

## 四、畜禽粪污治理中政府与市场协同共治的对策研究

深入贯彻落实《关于推进畜禽粪污资源化利用标准体系建设的指导意见》，强化乡村生态环境建设，必须统筹处理好政府与市场的协同共治关系，从而为全面实施乡村振兴战略、加快建设农业强国、建设宜居宜业和美乡村提供有力支撑。

### （一）畜禽粪污治理的现实困境

近年来，各级地方政府以乡村振兴战略中的生态宜居目标为导向，系统推进畜禽粪污治理的政策体系创新。在实践路径上，各地严格遵循“政府主导、市场驱动、社会协同”的治理框架，构建起政策扶持与市场机制有机衔接的运行模式：通过专项资金引导社会资本参与设施建设，运用价格杠杆激活市场主体参与动力，建立“生产—收集—处理—再利用”的全产业链运营机制。这种模式创新不仅实现了废弃物处理从行政管控向市场运作的转型，更通过沼气发电、有机肥加工等资源化利用途径，将环境治理与产业发展深度融合，为破解农业面源污染难题提供了可持续的解决方案，切实推动畜牧业绿色转型与乡村生态振兴的协同发展。

为提升畜禽粪污治理的综合效益，需要明确畜禽粪污处理不同参与主体在畜禽粪污治理中的困境以及问题。

一是政府在畜禽粪污治理中的困境及问题。各级政府和有关部门在畜禽粪污资源化利用工作中发挥着重要的引领作用。但现实中畜禽粪污等废弃物处理仍面临激励政策不足、受相关政策挤压、监管困难等问题。

首先，畜禽粪污等废弃物处理的激励政策不足，难以提升生产者和使用者的积极性，导致畜禽粪污等废弃物无法得到充分利用。畜禽粪便等废弃物存在资源密度低、收运处理及资源化利用环节附加值不足等问题。因此，在制造过程中，生产者的盈利空间不足，甚至产生亏损，难以吸引生产者积极生产。同时，因激励政策不足，使用者对畜禽粪污制造的有机肥无购买积极性，导致其市场需求低迷。

其次，相关产品的支持政策使得畜禽粪污等废弃物相关产品使用的机会成本提高，由此降低了使用者的购买积极性。例如，化肥是畜禽粪便的替代品，中国针对其生产实施了诸多优惠政策。直至 2015 年，化肥产业电价、气价、铁路运价优惠及增值税免征等政策长期有效，尽管这些政策在一定程度上减少了化肥的生产成本，但同时也相应提高了畜禽养殖废弃物资源化利用的机会成本。

最后，畜禽粪污等废弃物处理因监管成本高、缺乏第三方市场主体，导致监管困难。中国出台了《畜禽规模养殖污染防治条例》《水污染防治行动计划》等文件，但因难以监管，养殖户违约成本低，导致畜禽粪污等废弃物处理不足。

二是市场在畜禽粪污治理中的困境及问题。要使畜禽养殖废弃物实现市场化配置，就需要以各类市场主体为主导、以市场客体为交换对象，并基于完善的市场体系，辅以恰当的政府干预，最终使市场机制在其中的作用不断增强。但现实中畜禽粪污治理的市场化运作普遍存在市场体系不健全、供求脱节、价格扭曲的市场化困境。

首先，长期以来，畜禽粪污治理以政府监督、养殖户处理的模式进行，规范化、规模化的大型企业较少，严重限制畜禽养殖废弃物参与市场流通，废弃物资源化利用程度有待提高、产品有待丰富。

其次，畜禽养殖废弃物的治理机制仍显著依赖于政府的主导作用，企业、中介组织等多元化主体的参与尚显不足。这一现状导致畜禽养殖废弃物的资源化利用链条在多个环节上存在明显短板，信息流通不畅，缺乏多主体协同互动的完整市场体系。

最后，畜禽粪污等废弃物及其相关产品市场需求量严重不足。由于农业生产决策的“短视性”及“依赖性”，虽然政府提倡绿色生产，利用畜禽粪污等废弃物替代化肥的使用，但难以执行，种植户仍以化肥使用为主。此外，畜禽产品属于生活必需品，其养殖废弃物的供给弹性也相对较弱，而市场需求与种植业密切相关，种植业本身的季节特征使废弃物供给远远超过需求，引发市场失衡。

### （二）畜禽粪污治理中政府与市场协同共治的实现机制

畜禽粪污的治理不仅关乎美丽乡村建设，更是促进农村产业绿色发展、农村经济稳步提升、农业产业蓬勃发展的重要基础。要以习近平总书记系列重要讲话精神为指导，牢固树立创新、协调、绿色、开放、共享的新发展理念，坚持以政府引导为方向，以市场运作为手段，协同共治，加大政策扶持，规范执法监督，健全市场体系，鼓励社会参与，推进养殖废弃物资源化利用，构建政府与市场协同共治长效机制。

1. 政府主导，培育农业循环发展新业态。畜禽粪污等废弃物处理的典型案例能够为政策制定和市场动作提供有益的经验，其中甘肃省武威市凉州区即是典型代表，对于畜禽粪污等废弃物的处理具有典型性与可借鉴性。凉州作为全国农业大区，每年产生逾 980 万吨的畜禽粪污、尾菜秸秆等农业农村有机废弃物，给环境保护带来了沉重的压力。对此，凉州区创新推广以畜禽粪污和秸秆利用为纽带的循环农业技术和模式，打造一批循环农业示范样板和亮点，基本实现生产清洁化、废弃物资源化、产业模式生态化，初步形成产业融合发展、资源高效利用、环境持续改善、产品优质安全的循环农业发展格局。

一是强化顶层设计，夯实政策基础。2017 年以来，凉州将发展循环农业这一目标纳入总体规划，并逐步推进。先后制定出台了《畜禽养殖废弃物资源化利用工作方案》《畜禽养殖废弃物及秸秆资源化利用行动方案》《畜禽粪污还田利用强化养殖污染监管工作实施方案》等多项相关政策和行动指南，提出建立畜禽粪污回收再利用的网络体系，并明确了实施“政府 + 社会资本”的协作模式，调动社会资本在养殖户集聚的地区成立粪污回收站，发掘集规模化、专业化于一体的社会化机制。鼓励引导农业经营主体、社会化服务组织和企业等积极参与农业投入结构调整和控制农业面源污染工作，为进一步探索完善畜禽粪污资源化利用运行机制，引导建立粮饲统筹、农牧结合、养防并重、种养一体的种养循环绿色发展机制。



二是加大投入，精心培育“领头羊”企业。由于农业农村有机废弃物处理和资源化利用投入大，收益少，回收周期长，社会资本参与农业农村有机废弃物处理和资源化利用的热情不高。凉州通过评估该地区农业废弃物处理企业的运行效果，筛选出技术适宜、运营良好的优质潜力企业，给予项目资金倾斜支持，以增强企业积极性。保障土地供应、对接处理业务，协同解决处理企业在发展过程中存在的困难和问题，为废弃物处理利用产业化发展培养生力军。

近几年，凉州为农村废弃物资源化利用企业提供补贴 7000 多万元，培育了 26 家相关企业，包括甘肃首家该领域省级龙头企业，企业数量及运营水平位居全省前列。

三是部门联动，营造市场化运营环境。为推进农业农村有机废弃物的处理和资源化利用的市场化体系建设，凉州区政府各部门协同联动，严格执法监管，对环境污染问题坚决零容忍，又通过引导对接服务架设市场化桥梁，通过执法监管、台账管理等方式建立起一套“谁污染、谁付费，谁处理、谁受益”的农业农村有机废弃物处理和资源化利用体系。

2. 对接市场，农业废弃物变绿色产品。长期以来，循环农业项目都存在投入大、回报慢的困难。循环农业如何去吸引资本，最终发展壮大成为可盈利的产业是关键。对此，凉州区通过农业废弃物多元利用，大力开展设施农业生态化、精致农业高效化、绿色农业有机化建设，开发具有地方特色的“名、特、优、新”农产品，打造无公害、绿色有机农产品生产基地，逐步形成一个有机的产业循环链，建立起农业资源高效利用的集约化现代农业经济循环体系。

一是坚持科学还田与多元利用并重，提升秸秆综合利用水平。凉州区通过推进秸秆机械还田、保护性耕作、堆沤还田、过腹还田等方式，推进农作物秸秆多元化利用，在全区布局建设多个秸秆收储点、大型生物质燃料加工点、新型社区生物质燃料锅炉集中供暖示范点和生物质燃料分户供暖示范点，年废弃物处理能力达 10 万吨。同时，凉州区积极引导和带动以秸秆资源为基料的食用菌生产，解决了秸秆等农业废弃物利用难题，补齐了秸秆综合利用的短板，秸秆综合利用率达 86.9%。

二是坚持奖补机制和企业带动并行，拓宽废弃物资源化利用途径。近年来，凉州区按照“政府扶、项目补、农户筹”等多种资金筹措方式，采用“堆肥发酵还田、发酵床养殖、种养生态循环、沼气净化、集中处理”等多种粪污资源化利用方式。凉州以招商引资为渠道，引入社会资本建设专业化畜禽粪污集中处理站，通过“政府补助、企业运营”机制，推动粪污集中回收再利用，形成“养殖户蓄积—企业购买—加工处理—综合利用”的全链条路径。以凉州区黄羊镇城乡有机废弃物处理中心为例，目前，该中心现阶段年实际处理有机废弃物近 5 万吨，年处理费收益逾 200 万元，沼气日平均销售量超 5000 立方米，年收益逾 180 万元，该站点成为甘肃有机废弃物处理量最多（累计处理量超过 20 万吨）的沼气化处理站点。



三是以畜禽粪污循环利用带动特色农业产业升级。凉州区结合当地蔬菜、瓜果等优势特色产业，按照就近就地的原则，开展畜禽粪污循环利用工程，建立“两池”“两灶”“两棚”，即沼气池、青贮池、省柴节煤灶、太阳灶、蔬菜种植大棚和暖棚，实现了“畜—沼—菜（果、粮）”的生态循环。以该工程为基础，凉州进一步发展了蔬菜、瓜果和畜牧产品等特色农牧产业，支持农业企业、合作社开发无公害、绿色、有机农产品，加大“三品一标”农产品质量认证，培育了“沼然绿”小乳瓜、“诚坤”小番茄、“西凉红”枸杞、“黄羊河”糯玉米等 30 多个农产品品牌，“凉州核桃”“凉州皇冠梨”“凉州黄白花牛”“凉州羊羔肉”获得地理标志商标；2019 年凉州被命名为第二批国家农产品质量安全县。

**（三）政府与市场协同机制建设的政策建议**

推进畜禽养殖废弃物资源化利用，需构建政府引导与市场驱动的协同机制。推进畜禽养殖废弃物资源化利用必须坚持政府的正确引导，加大政府支持力度，激发市场活力，提升畜禽粪污等废弃物治理水平和效果。

1. 强化政府引导，提升政策支持。第一，疏堵结合、以疏为主。畜禽粪污等废弃物处理坚持“疏堵结合、以疏为主”，构建产权清晰、多元参与、激励与约束并重、系统完整的生态文明理念，以保护生态环境为主线，坚持保供给与保环境并重，奖惩并举，坚持统筹推进与重点突破相结合，精准施策强化环保倒逼机制，驱动畜牧业向高质量转型升级，实现提质增效发展。第二，加大政策支持力度，将畜禽粪污资源化利用作为治理养殖污染的核心路径。各级政府及相关部门需要对畜禽养殖废弃物资源化利用工作予以高度重视，坚持源头减量、过程控制、末端利用的治理路径，以规模化养殖场为重点，以农用有机肥为主要利用方向，以绿色有机食品产业为引领，健全制度体系，完善扶持政策。在资金投入方面，应积极划拨财政补贴专项资金，以多元化的资金筹措方式推进相关设施建设。具体而言，可通过政府财政配套、村集体公共资金支持以及农户自筹资金相结合的形式，配套建设农村户用沼气设施和粪便储存池。同时，规划建设大型粪便中转储存设施，并出台政策激励抽粪车运营主体组建专业化的抽粪服务合作社。还应鼓励种植业主、有机肥料生产企业等主体充分利用畜禽粪污资源，推动其转化为有机肥料等可利用产品。为进一步优化资源配置，需构建涵盖养殖户、种植户及抽粪合作社的三方信息共享平台，通过信息化手段打通畜禽粪污从生产到利用的全链条流通渠道，构建“资源共享、互利共赢”的良性机制。第三，完善制度安排，加强工作保障。应进一步健全畜禽养殖污染防治的制度体系。构建系统化的畜禽粪污资源化利用与质量监测标准框架，明确粪污还田利用的技术规范与质量检测指标。尤其要注重完善畜禽粪污排放量的统计核算方法，建立畜禽规模养殖场污染物减排成效的量化评估机制，将养殖场粪污还田利用量纳入污染物减排量核算的关键指标体系。此外，在监管措施方面，应大力推行畜禽规模养殖场的分级分类管理制度，对设置固定排污口的规模化养殖场依法实施排污许可管理，明确要求养殖主体持证排污并严格落实许可证规定的排放标准，杜绝无证排污或超标排污行为。落实属地管理责任制度和绩效评价考核制度。应立足区域发展实际，依法厘清各职能部门在畜禽养殖污染防治中的权责边界，科学制定任务分解方案，完善跨部门协同工作机制。另外，有必要加大财政专项投入力度，建立多元化资金筹措渠道。强化日常监管执法效能，通过常态化巡查、信息化监测等手段确保政策措施有效落地。最终实现畜产品稳定供给与畜禽粪污资源化利用的协同推进，构建生态效益与经济效益并重的可持续发展模式。

2. 坚持企业主体，推动市场化运作。第一，应推进种养一体化发展，构建农业资源循环利用体系。以优化种养协同关系为核心目标，以适度规模化养殖为实践载体，系统总结低成本、高效益、环境友好的生态种养结合模式。具体而言，需探索建立基于土地承载力的“以地定养”与基于粪污资源化的“以养肥地”双向反馈机制，推动种养主体在空间布局、生产节律上的深度耦合，实现畜禽粪污在农业生产单元内的就地消纳与资源化增值，形成“种养互促、循环共生”的可持续发展格局。同时，应构建农业有机废弃物全链条资源化利用网络，重点推进畜禽粪污的集约化处理体系建设。具体而言，需在养殖密集区规划建设区域性粪污集中处理枢纽，探索“政府引导＋企业主导＋市场运作”的规模化、专业化、社会化协同运营模式。在农田周边科学布局管网设施与粪污储存设施，优化粪肥还田的输送与暂存条件，破解粪肥田间应用的技术瓶颈。针对规模化养殖主体或农业企业自制的有机肥料，强制引入第三方质量认证机制，由具备资质的检测机构对原料来源、发酵工艺及产品指标进行全流程监管，确保其符合无害化处理标准后方可批准种植业生产利用。

第二，需系统优化畜牧业产业布局，推动产业绿色转型与高质量发展。制定区域性畜牧产业发展规划，以种植业需求与环境承载力为约束条件，动态调整生猪等畜禽养殖的空间布局，引导产业向资源环境匹配度高的区域有序转移，实现规模养殖与生态保护的协同共进。着力推动传统散养模式向规模化、组织化生产方式转型，鼓励散小养殖户通过组建专业合作社或升级为现代家庭牧场实现集约化经营。应注重全面推行标准化饲养规程，强化规模养殖场的精细化运营能力，重点推进畜禽遗传资源改良计划，完善疫病综合防控技术体系，通过提升母畜繁殖效率、降低疫病发生率与死亡率等关键技术指标，构建高效、安全、可持续的畜牧业生产系统。

第三，需深化农业发展方式转型，创新废弃物资源化利用路径。规模化养殖主体与肥料加工企业应主动调整生产范式，向规模化、标准化、集约化、产业化深度融合方向升级，通过构建畜禽养殖废弃物全产业链体系，强化废弃物衍生产品的市场竞争力与末端资源化利用效能。在能源化利用层面，应依托大型沼气工程与生物天然气工程，构建“畜禽粪污能源转化—清洁能源生产—有机肥料联产”的循环经济模式，重点推进沼气发电上网，或对提纯沼气实施天然气管网直供、车用燃料替代、工商企业供能等多元化应用场景开发，实现废弃物能源化利用的高附加值转化。



第四，激发市场活力，提升市场化运作水平。应强化市场在畜禽养殖废弃物治理中的资源配置作用，构建以市场为导向的废弃物资源化利用体系。例如，激励养殖主体（尤其是散户）深度参与废弃物市场化运营，推动废弃物收储运、有机肥生产等环节的产业化发展；加速资源化技术研发与成果转化，开发高附加值深加工产品，形成面向不同农户需求的多元化产品矩阵。支持建设区域性废弃物加工配送网络与集散枢纽，完善仓储、物流等基础设施，构建基于市场供需关系的价格形成机制。探索将废弃物治理纳入碳交易市场的创新路径，通过引入市场化减排激励机制提升治理效能。可借鉴荷兰粪肥交易模式，建立农户自主交易的粪肥处置权交易平台，打造集废弃物集散、价格信息发布、物流加工配送、市场化交易功能于一体的区域性综合服务平台，提升废弃物资源化利用的市场化、专业化水平。

## 第四节　农地撂荒的多主体协同治理策略

联合国粮农组织的数据显示，2021 年全球依然有 7.02 亿～ 8.28 亿人遭受饥饿，全球营养不良率高达 9.8%（FAO et al.，2022）。然而，无论是发达国家还是发展中国家，都存在不同程度的农地撂荒现象（Zheng，2024），从而对耕地资源造成极大的浪费。中国同样存在严重的农地撂荒问题，且呈不断加剧的趋势。中国社会状况综合调查（CSS）的数据显示，2011—2021 年，中国的农地撂荒发生率从 9.8% 上升至 12.35%，部分地区农地撂荒率甚至已经接近 20%（Su et al.，2023）。更值得注意的是，农地撂荒已经从山区丘陵地带向粮食主产区蔓延（Zhu et al.，2021）。如何治理农地撂荒，提高农地的利用程度，对于保障粮食安全和重要农产品的有效供给，无疑具有重要的意义。2021 年 1 月农业农村部印发《关于统筹利用撂荒地促进农业生产发展的指导意见》，要求各级部门采取切实有效措施遏制农地撂荒，把农地资源用足用好。2024 年中央一号文件再次强调，严格落实农地保护制度，因地制宜推进撂荒地利用。

实践表明，单一地依赖于农地流转的市场发育，难以有效治理农地撂荒。而农业机械投资对于经营规模的要求，决定了通过社会化服务所形成的迂回投资更符合小农经营的实际，但却会面临如何实现农业经营组织化的难题。因此，如何修正农地流转市场失灵并有效诱导组织化种植以拓展农业社会化服务的市场容量，是农地撂荒治理需要关注的重要问题。基于此，本节试图构建“市场 - 组织 - 政府”的分析框架，从三个层次讨论农地撂荒的治理策略，进而利用山区丘陵地带的农户样本进行实证研究，并由此深化对政府与市场关系的认识。

### 一、农地撂荒成因的理论分析

随着城市经济的发展以及户籍制度的松绑，农村劳动力的大规模非农转移是近 40 年来农村最突出的现象，并对农业生产经营产生深刻且持续的影响。一方面是数量效应，劳动力非农转移使得农业生产面临劳动力严重短缺的问题（Qin and Liao，2016），中国农业生产已经从劳动力过度投入所引发的“内卷化”转变为劳动力投入不足所形成的刚性约束。另一方面是质量效应，由于大部分非农务工人员以青壮年为主（张禹书、张应良，2024），中国农业劳动力已经形成“老龄化”“妇女化”的经营格局（毛学峰、刘靖，2009）。不仅如此，在农村劳动力的代际转换过程中，新一代农村劳动力既没有务农的能力，也不具有务农的意愿（Zhao et al.，2018）。因此，以小农为主体的农业经营模式必将面临极大的挑战。其中，农业劳动力数量的减少与质量的下降致使可耕农地上劳动投入迅速减少，并由此产生农地撂荒问题。

诱导性技术变迁理论认为，实际工资的提高将会诱导组织变迁以降低农业生产成本或者诱导技术进步以节省劳动力。依照该理论思路，治理农地撂荒也存在两种可能性策略。第一种是通过农地集中流转扩大农业经营规模以获得经济性而降低务农成本。第二种是通过引进农业机械的方式，提高农业的机械化水平以缓解劳动力不足的问题（罗必良，2017；陈奕山、钟甫宁，2024）。但无论是前者还是后者，都将因为农业生产的特殊性而面临不同的约束。

### （一）农地流转市场发育及其失灵

托达罗模型认为，农村劳动力的迁移受到推拉两个方面的力量影响，当城市工资水平所形成的拉力超过农业收益所形成的推力时，劳动力就会向城市进行迁移，这一过程将持续至城乡收入差距被抹平（Todaro，1969）。劳动力非农转移所导致的农地关系松动将使得农地在农户之间自由流动并重新配置，具有务农比较优势的农户不断转入农地，直到劳动力务农的边际收益与务工的边际报酬持平。按照该理论模型，在城乡劳动力报酬达到均衡之前，农地撂荒的现象不会大规模存在。与之对应，农地撂荒的治理问题在本质上就表现为农地流转市场的发育问题（陈藜藜等，2023）。然而，2022 年农民人均工资性收入为 8449.2 元，而经营性收入为 6971.5 元，经营性收入仅为工资性收入的 80% 左右，但是农地撂荒却有不断加剧的趋势。参照前述的理论逻辑，可以认为中国农村的要素市场发育出现了不均衡现象，而矛盾主要表现为农地流转的市场偏差，所以治理农地撂荒的关键是促进农地流转市场的发育。一般来说，市场要素配置的边际持平法则成立的前提在于市场的有效性，其内涵包括交易对象非依赖性、信息完全性以及流动充分性等。问题是，农地流转市场并不是一般意义上的市场。



第一，就交易对象而言，通常情况下，根据交易是否存在对象依赖，可以将交易分为人格化交易以及非人格化交易，前者对交易对象具有深刻的依赖性，而后者则主要对市场价格信号作出反应。人格化交易广泛存在于熟人社会中，随着交易半径的扩大，会产生高昂的交易费用。农村土地经营权流转市场内嵌于农村社会，并非简单的要素市场，是集亲缘、血缘和地缘于一体的特殊市场（罗必良，2014），因此，在农地流转中，农户总是倾向于以极低甚至是零租金的形式，将条件更好的农地流转给亲戚邻居（洪炜杰、胡新艳，2018）。这就导致农地流转市场中进行非人格化交易的农地质量相对较差，降低需求方的转入动力。

第二，就信息完全性而言，农地流转市场交易双方对于农地所持有的信息存在不对称。农地供给方对于农地通常具有后验信息，这是需求方所缺乏的。在信息不对称的情况下，交易双方将面临“柠檬市场”困局，即需求者倾向于压低价格，而供给者选择退出市场。只有对于农地具有充足信息的主体才可能达成经营权流转的交易。通常情况下，区位相同的农地，其质量也比较相近，所以，需求方更愿意租入与自己相邻的农地，而这将间接导致农地流转的半径被大幅度压缩。

第三，只有在要素或商品可以自由流动的情况下，市场的信号才能够将资源配置到对其具有最高评价的地方，是市场实现帕累托最优的先决条件之一。不同于一般的要素以及商品，农地具有严格的地理锁定特征，或者说，农地是不可流动的。作为农地需求方，通过转入农地形成连片经营，是其更为有效获得规模经济性的必要前提（罗必良，2017）。农地的不可流动性决定了其只有在转入相邻地块时，才能获得经营的规模经济性，从而形成严格的交易地理依赖性。这将导致两个后果，其一，强化了相邻地块的垄断地位，从而提高了转入农地的成本。其二，农户农地的分散性决定了需求方实现连片经营要和多个农户进行交易，这也大幅提高其进行规模经营的交易费用。

可见，在理论层面上农地流转市场的发育是解决农地撂荒问题并提高农地配置效率的重要手段，但是农地市场的特殊性决定农地流转在非人格化交易中可能存在失灵的情况，因此，农地流转市场并不必然能够缓解农地撂荒的发生。

### （二）农业社会化服务市场发育及其组织化经营前提

农业机械的使用是弥补农业劳动力不足的重要方式，但小农户购买农业机械面临两大主要约束。其一，流动性约束。Qiu 和 Luo（2021）就指出，农业机械投资高昂的费用将会使得农业机械投资对于小农户而言变得无利可图，Ji 等（2012）认为，农业机械化不足的主要原因在于农户的信贷约束。其二，经营规模约束。在中国，农户平均农地经营面积只有 0.52 公顷，是欧洲的 1/40，美国的 1/400。对于小农户而言，进行农业机械投资的成本无疑是高昂的，扩大农业的经营规模是实现农业机械化的必要条件（Ruttan，2000；Pingali，2007）。事实上，农地细碎化是阻碍农户提高机械化水平的重要因素（Wang et al.，2020）。Otsuka（2013）认为，要实现农业机械化，亚洲现有的平均农地经营面积至少要提高到 3 公顷。

部分研究指出，对农业机械的直接投资并不是农户采用农业机械的唯一方式，在流动性刚性（Ji et al.，2012）和小规模经营（Wang et al.，2020）双重约束下，小农户更可能租赁农业机械或者购买农业社会化服务，而不是直接投资农业机械（Zhang et al.，2017；Qiu and Luo，2021）。推动农业社会化服务市场发育来治理撂荒成了部分学者倡导的可能性路径（陈景帅、韩青，2021；卢华等，2022）。实际上，农业社会化服务的出现，使得农业机械所有者和农地经营者出现分离，突破单个农户所面临的规模不足问题，能够将小农户卷入社会化分工中去。不过，值得强调的是，社会化分工依赖于市场容量，而市场容量受到经营多主体性以及农地禀赋多样性所决定的种植品种多样性的影响。罗必良（2017）针对农业社会化服务市场的研究指出，突破家庭经营的规模不经济性是农业实现劳动分工的关键，通过横向专业化引导的连片种植能够拓宽纵向分工的市场容量，才能引导多种社会化服务供给主体的进入。由此，在农地撂荒持续发生、农业经营规模不断萎缩的情况下，如何推动区域农业经营的组织化发展，拓展农业社会化服务的市场容量，是利用农业社会化服务市场治理农地撂荒的重要前提。

### （三）政府功能与市场的培育和修正

农地撂荒是农户家庭劳动力非农转移所引发的农业劳动力刚性约束问题导致的。市场机制可能通过两个途径治理农地撂荒。其一，通过农地流转市场，将闲置农地流转到对其具有更高价值评价的农户，但农地的特殊性决定了农地流转市场存在失灵的情况；其二，通过鼓励社会化服务组织的发育、将小农户卷入社会分工的形式，改善劳动力不足的局面，但社会化服务组织的发育依赖于规模化经营所形成的市场容量。就第一点而言，农地流转市场的失灵源自流转市场中的对象依赖、信息不完全及位置不可变特征，究其根源在于农地本身禀赋的差异性。如果农地是同质的，或者农地的禀赋条件相似，那么，和谁交易，交易哪块地块，本质上没有任何区别，农地流转市场失灵的现象自然消失。就第二点而言，组织化的规模种植依赖于农户的一致性行动，这不可能是农户自发的结果，而需要集体进行组织和动员。但是，农民的种植决策受到农地禀赋的影响，种植多样性源于农地禀赋的多样性（Ciaian et al.，2018）。种植品种与农地禀赋的匹配性，决定了在农地禀赋非同质的情况下，试图引导农户同一化种植将面临的动员成本及效率损失。

因此，在撂荒地的治理过程中，不仅需要依赖要素的流动与调整，更需要改善土地要素本身的禀赋条件，减少农地禀赋之间的差异性。以政府为主导的农田整治工程，不仅可以改善农地的分散格局，还能形成土地连片经营。政府还可以通过土地平整工程、田间道路工程、灌溉与排水工程等改善农田基础设施水平，减少土地禀赋的差异性。因此，政府对于基础设施的改善是降低耕地土地禀赋差异、推动规模化种植的重要措施，能够起到培育和修正市场的基础性作用，有利于发挥市场和组织对农地撂荒的治理效应。



综上能够推断，撂荒治理需要政府、组织与市场相互协同和共同作用。其中，政府的作用在于通过农地整治，既可减少农地禀赋的差异性，也可改善地块规模的经济性。组织的作用在于引导同一性种植，拓宽市场容量以引导服务供给主体的进入。市场的作用在于将相对同质的农地配置到对其具有最高评价的经营主体手中，或者通过社会化服务的方式将部分生产环节交由更具有成本优势的服务主体进行作业，进而实现农地撂荒的有效治理。

## 二、数据、变量与模型

### （一）数据来源

本节使用的数据来自课题组2017—2019年对广东省阳山县农户家庭进行的追踪调查。选择阳山县作为调查研究区域的原因在于：一是改革的典型性。2013年阳山县入选“全国农村综合改革示范试点县”和“广东省农村土地承包经营权确权登记颁证试点县”，是对农地撂荒治理中市场、组织和政府各种功能进行观察的好窗口。二是地域的代表性。中国丘陵山区面积占到全国国土面积的2/3，丘陵山区一直是中国农地撂荒的重点和难点。阳山县位于广东省北部丘陵山区，其经济发展水平也与全国山区县域大体一致。因此，阳山县的样本具有一定的地域代表性。三是数据的可获取性。课题组先后对阳山县农户进行了为期3年的跟踪调查。问卷数据包含了家庭特征、村庄特征、地块特征以及农田基础设施等多个方面的测度指标。其抽样过程如下：首先，在阳山县12个镇149个行政村中随机抽取80个行政村；其次，按照经济发展水平，在每个行政村中随机抽取2个村民小组；最后，按照收入水平，在每个村民小组中随机抽取10户农户。在剔除缺失样本之后，2017年获得农户样本1368个，2018年追踪调查获得农户样本1405个，2019年获得样本1349个，构成包含4122个观测值的非平衡面板数据集。

### （二）变量选择

1. 被解释变量。本节被解释变量为农地撂荒。参考已有文献的做法，采用“是否撂荒”来表征农户的农地撂荒情况（Ma et al.，2022；庄健、罗必良，2022）。其中，关于撂荒的变量设置源于问卷中的问题“您家的承包地是否被撂荒？”，若回答“是”则赋值为1，否则为0。

2. 解释变量。本节讨论市场、组织和政府对农地撂荒的治理功能，根据上文理论框架，设置如下变量。（1）市场方面。重点关注两个市场，分别是农地流转市场和农业社会化服务市场。农地流转市场方面，设置农地转出变量，如果农户将农地转出，则赋值为1，否则赋值为0。农业社会化服务市场方面，计算在整地、育秧、插秧、施肥、防治虫害和收获6个环节中，使用社会化服务环节数以衡量农户的社会化服务市场利用程度。（2）组织方面。农业社会化服务供给主体的进入和当地的市场容量密切相关，市场容量的扩大能够有效诱导分工，并形成服务的规模经济性，根据这一逻辑，本节使用各村户均粮食作物播种面积进行衡量，户均粮食作物播种面积越大，农户种植行为越趋向于一致，市场容量越大。（3）政府方面。政府主要负责公共产品的供给，本节从灌溉设施投资、机耕路投资以及土地平整三大农田政策措施进行衡量。

3. 控制变量。本节主要控制农户特征和农地特征两方面变量。其中，农户特征控制男性占比、党员占比、老一代农民占比、学生占比和家庭总收入；农地特征主要控制承包地面积和承包地块数两个变量。各变量的定义和描述统计如表 10–27 所示。

**表 10–27　变量定义与描述统计　*N*=4122**

| 变量 | 变量定义（单位） | 均值 | 标准差 |
|---|---|---|---|
| 农地撂荒 | 存在撂荒 =1；否则 =0 | 0.262 | 0.440 |
| 农地转出 | 转出农地 =1；否则 =0 | 0.188 | 0.391 |
| 农业社会化服务 | 使用社会化服务环节数 | 0.412 | 0.680 |
| 灌溉设施投资 | 村庄开展灌溉设施投资 =1；否则 =0 | 0.293 | 0.455 |
| 机耕路投资 | 村庄开展机耕路修建 =1；否则 =0 | 0.270 | 0.444 |
| 土地平整 | 村庄开展土地平整 =1；否则 =0 | 0.098 | 0.297 |
| 户均粮食作物播种面积 | 户均粮食作物播种面积（亩） | 2.695 | 1.810 |
| 男性占比 | 男性成员占家庭人口比例（%） | 0.543 | 0.179 |
| 党员占比 | 党员成员占家庭人口比例 | 0.052 | 0.118 |
| 老一代农民占比 | 1980 年及之前出生的成员占比 | 0.471 | 0.223 |
| 学生占比 | 学生人数占家庭人口比例 | 0.122 | 0.157 |
| 家庭总收入 | 家庭总收入（万元） | 9.443 | 13.347 |
| 承包地面积 | 农户承包地面积（亩） | 4.383 | 7.450 |
| 承包地块数 | 农户承包地块数（块） | 11.140 | 10.195 |

资料来源：笔者绘制。

### （三）模型设置

1. 市场参与和农地撂荒。理论上，农户的撂荒行为会受到来自个体、家庭、社区等层面的可观测因素和农户开展农业生产的初始能力、偏好等不可观测因素的共同影响。其中，可观测因素可以通过添加控制变量解决，而不可观测因素则需要借助面板数据加以处理。基于此，本节主要使用面板双向固定效应模型进行估计。具体估计方程如下：

$$Y_{it}=\alpha_1+\beta_1 M_{it}+\theta_1 X_{it}+\phi_i+\lambda_t+\varepsilon_{it} \tag{10-8}$$

式（10–8）中：$i$ 表示农户，$t$ 表示时间。$Y_{it}$ 为被解释变量，表示第 $i$ 个农户在 $t$ 时期内的撂荒行为；$M_{it}$ 为核心解释变量，表示农户的流转市场参与（后文用 $R_{it}$ 表示）和社会化服务市场利用（后文用 $Outsource_{it}$ 表示）；$X_{it}$ 为控制变量，包括农户特征、农地特征等变量；$\phi_i$ 表示农户固定效应，主要用于控制农户层面、村庄层面和宏观层面等不可观测因素；$\lambda_t$ 表示时间固定效应，主要控制诸如宏观经济形势和国家土地政策等随时间但不随个体变化的不可观测因素。

2. 组织、政府与土地流转市场效应。根据理论分析，农地流转市场对于农地撂荒的影响随着农地质量改善而发生变化，因此构建如下模型实证分析组织和政府功能对农地流转市场对治理撂荒的作用：

$$Y_{it} = \alpha_2 + \beta_2 R_{it} + \kappa_{21} R_{it} \times G_{it} + \kappa_{22} R_{it} \times O_{it} + \varpi_{21} G_{it} + \varpi_{22} O_{it} + \theta_2 X_{it} + \phi_i + \lambda_t + \varepsilon_{it} \quad (10\text{–}9)$$

其中，$R_{it}$ 是农地转出；$G_{it}$ 用于衡量政府功能，即农户 $i$ 所在村庄在 $t$ 期是否开展灌溉设施投资、机耕路投资或土地平整等；$O_{it}$ 是组织化种植，用户均粮食作物播种面积进行衡量；$R_{it} \times G_{it}$ 和 $R_{it} \times O_{it}$ 分别代表在不同的政府功能和组织化程度下，农地流转市场对于农地撂荒的影响。其他符号含义和前文相同，如果 $\kappa_{21}$ 以及 $\kappa_{22}$ 显著为负，则意味着，政府功能或者组织化程度的加深能够强化农地流转市场对于农地撂荒的治理作用。

3. 组织、政府与农业社会化服务市场的发育。农业社会化服务市场的发育得益于市场容量的扩大，市场容量又和种植作物的组织化以及农地禀赋的改善密切相关。在水稻种植区，后者又集中地体现在政府对农田基础设施的改善。因此，本节设置如下模型讨论组织和政府在农业社会化服务市场发育中的作用。

$$Outsource_{it} = \alpha_3 + \beta_{31} O_{it} + \beta_{32} G_{it} + \theta_3 X_{it} + \phi_i + \lambda_t + \varepsilon_{it} \quad (10\text{–}10)$$

其中，$Outsource_{it}$ 代表农户的农业社会化服务参与程度。如果 $\beta_{31}$ 或 $\beta_{32}$ 显著为正，则说明组织化种植或者农田基础设施改善能够有效地引导社会化服务市场的发育。

## 三、农地撂荒实证结果及分析

### （一）市场发育与农地撂荒治理

表 10–28 报告了两大市场对农地撂荒发生率的影响，其中，列（1）单独讨论农地转出对农地撂荒的影响，列（2）单独讨论农业社会化服务对农地撂荒的影响。列（3）则是同时将农地转出和农业社会化服务放在模型中。结果显示，农地转出对于农地撂荒的影响系数不具有统计意义上的显著性。可见，农地流转市场并不能独立地有效降低农地撂荒发生率。这和仇童伟（2022）的结论类似。农业社会化服务系数为负，且在 1% 或 5% 的水平上显著，这意味着，相对于农地流转市场，农业社会化服务市场在治理农地撂荒方面能够起到更好的作用。



表 10–28　市场发育如何影响农地撂荒发生率　$N$=4122

| 变量 | 农地撂荒 | | |
|---|---|---|---|
| | （1） | （2） | （3） |
| 农地转出 | 0.011（0.023） | — | 0.005（0.024） |
| 农业社会化服务 | — | $-0.038^{***}$（0.014） | $-0.037^{**}$（0.015） |

续表

| 变量 | 农地撂荒 | | |
|---|---|---|---|
| | （1） | （2） | （3） |
| 男性占比 | −0.034（0.080） | −0.035（0.078） | −0.035（0.078） |
| 党员占比 | 0.030（0.117） | 0.032（0.116） | 0.031（0.116） |
| 老一代农民占比 | 0.006（0.082） | 0.005（0.082） | 0.006（0.082） |
| 学生占比 | 0.005（0.084） | 0.010（0.084） | 0.010（0.084） |
| 家庭总收入（ln） | −0.000（0.006） | 0.001（0.006） | 0.001（0.006） |
| 承包地面积（ln） | 0.062***（0.018） | 0.062***（0.017） | 0.062***（0.017） |
| 承包地块数（ln） | 0.045***（0.017） | 0.046***（0.017） | 0.046***（0.017） |
| 农户固定效应 | 控制 | 控制 | 控制 |
| 时间固定效应 | 控制 | 控制 | 控制 |
| 截距项 | 0.109（0.094） | 0.115（0.094） | 0.115（0.094） |
| $R^2$ | 0.428 | 0.430 | 0.430 |

资料来源：笔者绘制。

注：*、**、*** 分别代表在 10%、5%、1% 的统计水平上显著；括号内为稳健标准误；（ln）代表该变量取自然对数。

其他变量方面，承包地面积越大，农地撂荒发生率越高，这和洪炜杰（2022）的研究结论是类似的，即随着农村劳动力的转移，农地面积的扩大使得农业经营更多地面临劳动力的刚性约束，使得撂荒发生率提高。承包地块数越多，则农地撂荒发生率越高，该结论和罗必良等（2019）的研究结论一致。实际上，由于农地不具有位置的可移动性，农地块数的增加一方面无疑会增加农户务农所面临的操作成本以及流转所面临的交易费用，另一方面会降低农户连片种植的可能性。因此，农地块数越多，则农户发生农地撂荒的概率越高。

### （二）组织、政府与土地流转的撂荒治理效应

农地转出难以对农地撂荒形成显著的缓解作用，究其原因在于农地质量的差异性，因此，改善农地的质量差异，可能有助于强化农地流转市场对于农地撂荒的治理作用。本节讨论灌溉设施投资、机耕路投资以及土地平整三种改善农地质量的措施所起到的作用。如表 10–29 所示，列（1）中农地转出和灌溉设施投资的交互项系数为负，且在 5% 的水平上显著，说明在灌溉设施改善的情况下，如果农户将农地转出，则能够显著降低农地撂荒的发生率。列（2）和列（3）中，机耕路投资和土地平整与农地转出的交互项系数都不显著。由此，说明改善灌溉设施对于缩小农地质量差异、发挥农地流转市场对农地撂荒的治理作用是最重要的。

表 10–29　组织化、政府治理与流转市场效应的发挥　$N$=4122

| 变量 | 农地撂荒 | | | | |
|---|---|---|---|---|---|
| | （1） | （2） | （3） | （4） | （5） |
| 农地转出 | 0.041<br>（0.029） | –0.001<br>（0.028） | 0.010<br>（0.025） | 0.022<br>（0.038） | 0.032<br>（0.042） |
| 灌溉设施投资 | 0.031<br>（0.021） | — | — | — | 0.032<br>（0.022） |
| 农地转出 × 灌溉设施投资 | –0.090**<br>（0.045） | — | — | — | –0.115**<br>（0.048） |
| 机耕路投资 | — | 0.016<br>（0.023） | — | — | 0.014<br>（0.023） |
| 农地转出 × 机耕路投资 | — | 0.037<br>（0.045） | — | — | 0.072<br>（0.051） |
| 土地平整 | — | — | –0.034<br>（0.031） | — | –0.042<br>（0.031） |
| 农地转出 × 土地平整 | — | — | 0.006<br>（0.060） | — | 0.009<br>（0.064） |
| 户均粮食作物播种面积（ln） | — | — | — | –0.040*<br>（0.022） | –0.040*<br>（0.022） |
| 农地转出 × 户均粮食作物播种面积（ln） | — | — | — | –0.018<br>（0.037） | –0.011<br>（0.037） |
| 控制变量 | 控制 | 控制 | 控制 | 控制 | 控制 |
| 农户固定效应 | 控制 | 控制 | 控制 | 控制 | 控制 |
| 时间固定效应 | 控制 | 控制 | 控制 | 控制 | 控制 |
| 截距项 | 0.103<br>（0.094） | 0.111<br>（0.094） | 0.110<br>（0.094） | 0.142<br>（0.095） | 0.140<br>（0.096） |
| $R^2$ | 0.429 | 0.429 | 0.429 | 0.429 | 0.431 |

资料来源：笔者绘制。

注：*、**、*** 分别代表在 10%、5%、1% 的统计水平上显著；括号内为稳健标准误；（ln）代表该变量取自然对数。

为了对比组织和政府的功能性差异，进一步在列（4）中加入农地转出和户均粮食作物播种面积的交互项，结果显示，该交互项的系数并不显著，这意味着“组织化”在农地流转市场功能发挥方面并不重要；户均粮食作物播种面积的一次项系数为负，且在 10% 的统计水平上显著，说明即使农户不进行农地流转，但随着连片种植的规模越大，农户的农地撂荒发生率会越低。可见，市场容量的扩大能够引导农业社会化服务市场的形成，从而降低农地撂荒发生率。

### （三）种植组织化、政府治理与农业社会化服务市场的发育

农业社会化服务的发育能够显著降低农地撂荒的发生率，是治理农地撂荒的重要手段。但是，农业社会化服务的发育与市场容量密切相关，而后者又取决于种植的规模化和组织化。因此，表 10–30 列（1）讨论户均粮食作物播种面积对于农户采用农业社会化服务程度的影响。结

果显示，户均粮食作物播种面积的系数显著为正，说明随着村庄户均粮食作物播种面积变大，农户采用农业社会化服务的程度越高，即组织化种植所拓展的市场容量能够有效地提高农户采用社会化服务的概率。不过，考虑到要进行组织化的种植，必须降低农地禀赋的差异性，因此，进一步讨论由政府主导的灌溉设施投资、机耕路投资以及土地平整如何影响农业社会化服务的采纳程度，结果如列（2）、列（3）和列（4）所示，灌溉设施投资、机耕路投资和土地平整的系数都显著为正。不过，考虑到这几个变量可能存在的多重共线性问题，列（5）将户均粮食作物播种面积、灌溉设施投资、机耕路投资和土地平整放到同一个模型中，发现灌溉设施投资、机耕路投资和土地平整的系数都有所下降，且除了灌溉设施投资的系数依旧显著为正外，机耕路投资和土地平整的系数都变得不显著，说明从统计学意义上，灌溉设施投资的改善才是提高农业社会化服务采纳程度最重要的措施。实际上，对于南方地区，灌溉条件是影响农户种植粮食作物最重要的因素，灌溉设施投资的改善能够引导农户更多地种植粮食作物，进而拓展社会化服务的市场需求容量，而市场需求容量才是影响社会化服务市场发育的最重要的因素（罗必良，2017）。列（5）中，户均粮食作物播种面积的系数依旧在 1% 的统计水平上显著为正，且和列（1）接近，这也在一定程度上说明，拓展市场容量是将农户卷入由社会化服务市场所代表的社会分工中的关键因素。政府的功能更多的是通过减少农地禀赋差异性，引导农户组织化种植，进而培育形成农业社会化服务市场。

**表 10–30 种植组织化、政府治理与农业社会化服务市场的发育 $N$=2680**

| 变量 | 农业社会化服务 | | | | |
|---|---|---|---|---|---|
| | （1） | （2） | （3） | （4） | （5） |
| 户均粮食作物播种面积（ln） | 0.080***（0.022） | — | — | — | 0.079***（0.022） |
| 灌溉设施投资 | — | 0.071***（0.026） | — | — | 0.061**（0.027） |
| 机耕路投资 | — | — | 0.057**（0.029） | — | 0.030（0.029） |
| 土地平整 | — | — | — | 0.085*（0.044） | 0.051（0.045） |
| 控制变量 | 控制 | 控制 | 控制 | 控制 | 控制 |
| 农户固定效应 | 控制 | 控制 | 控制 | 控制 | 控制 |
| 时间固定效应 | 控制 | 控制 | 控制 | 控制 | 控制 |
| 截距项 | 0.086（0.132） | 0.157（0.131） | 0.151（0.131） | 0.150（0.132） | 0.088（0.132） |
| $R^2$ | 0.568 | 0.568 | 0.568 | 0.568 | 0.570 |

资料来源：笔者绘制。

注：*、**、*** 分别代表在 10%、5%、1% 的统计水平上显著；括号内为稳健标准误；（ln）代表该变量取自然对数。

### （四）内生性讨论

本节可能面临遗漏重要变量和互为因果两类内生性问题。对于遗漏重要变量问题，本节采用双向固定效应模型进行处理，考虑到本节采用的数据在时间跨度上较短，大部分变量可能尚未发生变化，或者变化的程度较小，所以，采用双向固定效应模型能够较好地减少由遗漏重要变量所引起内生性的影响。对于互为因果的内生性问题，参考 Zhen（2024）的做法，本节利用农地转出和农业社会化服务的滞后项进行回归，尽可能地降低内生性问题的影响。表 10–31 列（1）和列（2）都显示，农地转出并不能降低农地撂荒发生率，而农业社会化服务的采纳则能够降低农地撂荒的发生率，该结果和表 10–28 的结论是一致的。列（3）显示，农地转出滞后项和灌溉设施投资的交互项系数显著为负，而其他变量，包括机耕路投资、土地平整和户均粮食作物播种面积和农地转出滞后项的交互项系数都不显著，该研究结论和表 10–29 列（5）是一致的。

**表 10–31　组织化、政府治理与农业社会化服务市场的发育　*N*=2637**

| 变量 | 农地撂荒 | | |
| --- | --- | --- | --- |
| | （1） | （2） | （3） |
| 农地转出滞后项 | 0.032（0.023） | 0.049$^{**}$（0.023） | 0.119$^{***}$（0.042） |
| 农业外包服务滞后项 | −0.033$^{**}$（0.014） | −0.033$^{**}$（0.014） | — |
| 灌溉设施投资 | — | — | 0.030（0.024） |
| 农地转出滞后项 × 灌溉设施投资 | — | — | −0.138$^{**}$（0.057） |
| 机耕路投资 | — | — | 0.020（0.026） |
| 农地转出滞后项 × 机耕路投资 | — | — | −0.014（0.059） |
| 土地平整 | — | — | −0.059$^{*}$（0.031） |
| 农地转出滞后项 × 土地平整 | — | — | 0.095（0.072） |
| 户均粮食作物播种面积 | — | — | −0.021（0.026） |
| 农地转出滞后项 × 户均粮食作物播种面积 | — | — | −0.045（0.035） |
| 控制变量 | 控制 | 控制 | 控制 |
| 时间固定效应 | 控制 | 控制 | 控制 |
| 区域固定效应水平 | 镇 | 村 | 村 |
| 截距项 | 0.188$^{*}$<br>（0.100） | 0.196$^{**}$<br>（0.099） | 0.199$^{*}$<br>（0.102） |
| $R^2$ | 0.179 | 0.227 | 0.229 |

资料来源：笔者绘制。

注：*、**、*** 分别代表在 10%、5%、1% 的统计水平上显著；括号内为稳健标准误；（ln）代表该变量取自然对数。



## 四、结论与政策含义

农地撂荒的治理对于保障粮食安全具有重要的意义。本节构建“市场 – 组织 – 政府”的农地撂荒治理策略的分析线索，并利用广东省阳山县 2017—2019 年的农户非平衡面板数据进行实证分析。结果表明：（1）农地流转市场并不能独立地有效降低农地撂荒发生率，而农业社会化服务市场能够显著降低农地撂荒的发生率；（2）通过增加对灌溉设施的投资，能够增强农地流转市场对农地撂荒的治理效果；（3）灌溉设施的改善以及农业经营的组织化都能够引导农业社会化服务市场的发育，并有效缓解农地撂荒。其中，农业经营的组织化尤为重要。

本节的政策含义在于：（1）对于解决同一资源的配置问题，不同市场起到的作用是不同的。在农地撂荒的治理中，相对于农地流转市场，农业社会化服务市场所起到的作用更加显著，由此，大力鼓励农业社会化服务市场的发育是重要的。（2）农地质量的差异性是造成农地流转市场不同于一般要素市场，进而导致农地流转市场在农地撂荒治理中失灵的重要原因。因此，增加政府对农业基础设施尤其是灌溉设施的投资，降低农地禀赋的差异性，是发挥农地流转市场撂荒治理效应的重要迂回干预方式。（3）农业社会化服务市场的形成依赖于市场容量的拓展，通过改善农业基础设施，尤其是农户农业经营的组织化及其连片种植，是发挥社会化服务市场农地治理效应的关键。因此，农地撂荒的有效治理需要发挥市场、组织和政府各自的功能，应形成“有为政府－有效市场－有能组织”的多元主体协同治理格局。

本研究的理论意义在于：（1）通常认为，市场的自发秩序能够将要素配置到对其具有最高价值评价的地方，是提高要素配置效率最有效的手段之一。但是对于不同行业，不同要素的特殊性导致市场发育的程度及其作用逻辑可能是不同的。由此，发挥政府和组织的功能，培育市场的形成以及找到市场失灵的纠偏手段，是发挥市场要素配置能力的前提和必要条件。这意味着，政府与市场之间的关系并非对立或者分裂的，相反，两者是互补和协同的。（2）“科斯第三定理”强调，当存在交易费用时，通过重新分配已界定权利所实现的福利改善，可能优于通过交易实现的福利改善。在存在交易费用的情况下，政府并不必然需要直接参与资源的调控和分配，通过基础性的资源改善同样可以降低交易费用而提高市场的配置效率。即，“有为政府”的功能在于建设和完善“有效市场”和“有能组织”，进而通过发挥市场和组织的功能而实现要素配置效率的提高和社会福利的改善。

## 参考文献



蔡荣，汪紫钰，钱龙，等．加入合作社促进了家庭农场选择环境友好型生产方式吗？——以化肥、农药减量施用为例 [J]. 中国农村观察，2019（1）：51–65.

曹慧，赵凯．农户化肥减量施用意向影响因素及其效应分解——基于 VBN–TPB 的实证分析 [J]. 华中农业大学学报（社会科学版），2018（6）：29–38+152.

陈景帅，韩青．农业生产性服务对农地抛荒的抑制效应 [J]. 华南农业大学学报（社会科学版），2021（6）：23–34.

陈藜藜，邹朝晖，刘晔．基于条件过程分析的农村劳动力外流对耕地撂荒影响机制研究 [J]. 中国土地科学，2023，37（11）：73–83.

陈秋红，李凡略．政府履责状况如何影响养殖废弃物资源化利用及其改进——来自生猪养殖主体的微观证据 [J]. 中国农村经济，2022（9）：100–123.

陈奕山，钟甫宁．我国农业发展应走规模化还是社会化道路——基于斯密分工定理的讨论 [J]. 农业经济问题，2024（6）：4–13.

杜焱强，刘瀚斌，陈利根．农村人居环境整治中 PPP 模式与传统模式孰优孰劣？——基于农村生活垃圾处理案例的分析 [J]. 南京工业大学学报（社会科学版），2020（1）：59–68.

冯川．嵌入村庄公共性：农村人居环境治理的实践逻辑——基于广西 H 县 L 镇清洁乡村的实证分析 [J]. 中国农业大学学报（社会科学版），2021，38（6）：69–80.

高晶晶，彭超，史清华．中国化肥高用量与小农户的施肥行为研究——基于 1995—2016 年全国农村固定观察点数据的发现 [J]. 管理世界，2019（10）：120–132.

郜亮亮，冀县卿，黄季焜．中国农户农地使用权预期对农地长期投资的影响分析 [J]. 中国农村经济，2013（11）：24–33.

耿宁，陈秋红．利益博弈下农村环境管理利益相关者行为分析——以农村畜禽养殖污染防治为例 [J]. 郑州大学学报（哲学社会科学版），2018，51（3）：69–73.

洪名勇，龚丽娟．农地流转口头契约自我履约机制的实证研究 [J]. 农业经济问题，2015（8）：13–20+110.

洪炜杰．农业外包服务市场的发育与均衡：一个演化博弈的理论模型 [J]. 华中农业大学学报（社会科学版），2022（4）：10–23.

洪炜杰，胡新艳．非正式、短期化农地流转契约与自我执行——基于关联博弈强度的分析 [J]. 农业技术经济，2018（11）：4–19.

胡霞，丁冠淇．为什么土地流转中会出现无偿转包——基于产权风险视角的分析 [J]. 经济理论与经济管理，2019（2）：89–100.

纪龙，徐春春，李凤博，等．农地经营对水稻化肥减量投入的影响 [J]. 资源科学，2018（12）：2401–2413.

加里·贝克尔．人力资本 [M]. 陈耿宣等，译．北京：机械工业出版社，2016.

江光辉，王颖，闵继胜．供需视角下养殖废弃物还田利用的种养协同治理机制研究 [J]. 干旱区资源与环境，2024，38（10）：177–190.

姜利娜，赵霞．农村生活垃圾分类治理：模式比较与政策启示：以北京市 4 个生态涵养区的治理案例为例 [J]. 中国农村观察，2020（2）：16–33.

冷波．行政引领自治：农村人居环境治理的实践与机制 [J]. 华南农业大学学报（社会科学版），2021（6）：15–22.

李鹏，张俊飚，颜廷武．农业废弃物循环利用参与主体的合作博弈及协同创新绩效研究——基于 DEA–HR 模型的 16 省份农业废弃物基质化数据验证 [J]. 管理世界，2014（1）：90–104.

李颖明，宋建新，黄宝荣，等．农村环境自主治理模式的研究路径分析 [J]. 中国人口·资源与环境，2011（1）：165–170.

厉以宁．农民工、新人口红利与人力资本革命 [J]. 改革，2018（6）：5–12.

梁志会，张露，张俊飚．土地转入、地块规模与化肥减量——基于湖北省水稻主产区的实证分析 [J]. 中国农村观察，2020（5）：73-92.

刘长全，张鸣鸣，邓良伟．畜禽粪便能源化利用的问题、制约及发展思路[J]. 农村经济，2020（12）：113-119.

刘振涛，周勋章，丛林，等．养殖户畜禽粪污无害化处理与资源化利用行为背离——基于制度约束视角[J]. 干旱区资源与环境，2024，38（8）：100-110.

卢华，周应恒，张培文，等．农业社会化服务对耕地撂荒的影响研究——基于中国家庭大数据库的经验证据[J]. 中国土地科学，2022（9）：69-78.

罗必良．从产权界定到产权实施——中国农地经营制度变革的过去与未来[J]. 农业经济问题，2019（1）：17-31.

罗必良．基要性变革：理解农业现代化的中国道路[J]. 华中农业大学学报（社会科学版），2022（4）：1-9.

罗必良．论服务规模经营——从纵向分工到横向分工及连片专业化[J]. 中国农村经济，2017（11）：2-16.

罗必良．农地流转的市场逻辑——“产权强度－禀赋效应－交易装置”的分析线索及案例研究[J]. 南方经济，2014（5）：1-24.

罗必良，万燕兰，洪炜杰，等．土地细碎化、服务外包与农地撂荒——基于9省区2704份农户问卷的实证分析[J]. 经济纵横，2019（7）：63-73.

罗必良，邹宝玲，何一鸣．农地租约期限的“逆向选择”——基于9省份农户问卷的实证分析[J]. 农业技术经济，2017（1）：4-17.

毛学峰，刘靖．农地“女性化”还是“老龄化”？——来自微观数据的证据[J]. 人口研究，2009（2）：69-80.

莫经梅，张社梅．城市参与驱动小农户生产绿色转型的行为逻辑——基于成都蒲江箭塔村的经验考察[J]. 农业经济问题，2021（11）：77-88.

仇童伟．农地流转市场化中的耕地抛荒[J]. 华南农业大学学报（社会科学版），2022（3）：37-48.

任保平，杜宇翔．黄河流域经济增长－产业发展－生态环境的耦合协同关系[J]. 中国人口·资源与环境，2021，31（2）：119-129.

任远，施闻．农村外出劳动力回流迁移的影响因素和回流效应[J]. 人口研究，2017（2）：71-83.

沈费伟．农村环境参与式治理的实现路径考察：基于浙北获港村的个案研究[J]. 农业经济问题，2019（8）：30-39.

沈兴兴．小农户步入农业绿色发展轨道的路径初探[J]. 中国农业资源与区划，2021（3）：103-109.

舒畅，沈莹，尚旭东，等．我国畜禽粪污集中处理模式的运行机理分析[J]. 农业经济与管理，2019（5）：86-94.

谭永风，徐戈，陆迁．“一揽子”补贴促进规模养殖户环境污染治理了吗？——以畜禽粪污资源化利用为例[J]. 农村经济，2022（2）：62-71.



王欢，乔娟，舒畅．基于政府间府际关系的畜禽养殖废弃物治理政策优化——以治理中小规模养殖场户畜禽粪污污染为例[J]. 中国环境管理，2022，14（5）：79-85.

王淑佳，孔伟，任亮，等．国内耦合协调度模型的误区及修正[J]. 自然资源学报，2021，36（3）：793-810.

王微，刘世华．农村人居环境协作治理的实践路径：以浙江“千村示范、万村整治”经验为例[J]. 广西社会科学，2020（6）：52-56.

王祖力，肖海峰．化肥施用对粮食产量增长的作用分析[J]. 农业经济问题，2008（8）：56-68.

舒尔茨．改造传统农业[M]. 梁小民，译．北京：商务印书馆，1999.

习近平．高举中国特色社会主义伟大旗帜 为全面建设社会主义现代化国家而团结奋斗——在中国共产党第二十次全国代表大会上的报告 [EB/OL]. 新华社，2022-10-25.

项诚，贾相平，黄季焜，等．农业技术培训对农户氮肥施用行为的影响——基于山东省寿光市玉米生产的实证研究 [J]. 农业技术经济，2012（9）.

颜鹏飞，王兵．技术效率、技术进步与生产率增长：基于 DEA 的实证分析 [J]. 经济研究，2004（12）：55-65.

颜廷武，李鹏，张俊飚．循环农业产业链主体协同发展绩效与空间异质性 [J]. 经济地理，2015，35（7）：120-127.

燕雪，云月，李姗姗，等．畜禽粪污集中处理模式中的三方演化博弈研究——基于规模差异与政府干预视角 [J]. 中国环境管理，2023，15（5）：67-77+128.

杨高第，张露，岳梦，等．农业社会化服务可否促进农业减量化生产？——基于江汉平原水稻种植农户微观调查数据的实证分析 [J]. 世界农业，2020（5）：85-95.

杨芷晴．教育如何影响农业绿色生产率——基于我国农村不同教育形式的实证分析 [J]. 中国软科学，2019（8）：52-65.

杨志海．老龄化、社会网络与农户绿色生产技术采纳行为——来自长江流域六省农户数据的验证 [J]. 中国农村观察，2018（4）：44-58.

叶剑平，丰雷，蒋妍，等．2008 年中国农村土地使用权调查研究——17 省份调查结果及政策建议 [J]. 管理世界，2010（1）：64-73.

张凤兵，王会宗．劳动力返乡、要素配置和农业生产率 [J]. 华南农业大学学报（社会科学版），2021（3）：73-84.

张浩，胡子坤，庄道元．考虑奖惩分配机制的畜禽粪污第三方治理演化博弈分析——基于“无过错责任原则”[J]. 中国农业资源与区划，2024，45（1）：223-237.

张露，罗必良．农业减量化：农户经营的规模逻辑及其证据 [J]. 中国农村经济，2020（2）：81-99.

张露，罗必良．农业的减量化逻辑：一个分析框架 [J]. 农业经济问题，2022（4）：15-26.

张露，杨高第，李红莉．小农户融入农业绿色发展：外包服务的考察 [J]. 华中农业大学学报（社会科学版），2022（4）：53-61.

张社梅，蒋远胜．四川省农业经济增长结构变动分析 [J]. 农业技术经济，2015（2）：85-94.

张童朝，颜廷武，何可，等．资本禀赋对农户绿色生产投资意愿的影响——以秸秆还田为例 [J]. 中国人口·资源与环境，2017（8）：78-89.

张禹书，张应良．外出务工、家庭汇款对耕地撂荒的影响——基于流失效应与收入效应的分析 [J]. 经济与管理研究，2024（4）：38-55.

赵建吉，刘岩，朱亚坤，等．黄河流域新型城镇化与生态环境耦合的时空格局及影响因素 [J]. 资源科学，2020，42（1）：159-171.

郑纪刚，张日新，曾昉．农地流转对化肥投入的影响——以山东省为例 [J]. 资源科学，2021（5）：921-931.

郑淋议，陈紫微．耕地细碎化对农户耕地撂荒的影响及其治理优化 [J]. 地理研究，2024（1）：200-213.

朱建军，徐宣国，郑军．农机社会化服务的化肥减量效应及作用路径研究——基于 CRHPS 数据 [J]. 农业技术经济，2023（4）：64-76.

朱俊峰，邓远远．农业生产绿色转型：生成逻辑、困境与可行路径 [J]. 经济体制改革，2022（3）：84–89.

朱森林，李谷成．教育能提高中国化肥利用效率吗？——基于不同类型教育的实证 [J]. 长江流域资源与环境，2022（3）：698–710.

朱文珏，罗必良．劳动力转移、性别差异与农地流转及合约选择 [J]. 中国人口·资源与环境，2020（1）：160–169.

诸培新，苏敏，颜杰．转入农地经营规模及稳定性对农户化肥投入的影响——以江苏四县（市）水稻生产为例 [J]. 南京农业大学学报（社会科学版），2017（4）：85–94+158.

庄健，罗必良．务工距离如何影响农地撂荒——兼顾时间、性别和代际的差异性考察 [J]. 南京农业大学学报（社会科学版），2022（5）：112–123.

邹宝玲，罗必良．农户分化与农地转出租约期限 [J]. 财经问题研究，2020（3）：111–121.

邹伟，崔益邻，周佳宁．农地流转的化肥减量效应——基于地权流动性与稳定性的分析 [J]. 中国土地科学，2020（9）：48–57.

Biondo A. E.. What's Up After Brain Drain? Sometimes，Somewhere，Someone Comes Back：A General Model of Return Migration[J]. International Review of Economics，2012（59）：269–284.

Charnes，A.，Cooper，W. W.，Rhodes，E.. Measuring the Efficiency of Decision-making Units [J]. European Journal of Operational Research，1978，2（6）：429–444.

Ciaian P.，Guri F.，Rajcaniova M.，et al.. Land Fragmentation and Production Diversification：A Case Study from Rural Albania[J]. Land Use Policy，2018，76：589–599.

FAO，UNICEF，WFP and WHO. The State of Food Security and Nutrition in the World 2022[R]. 2022.

Hong C.，Prishchepov A. V.，Bavorova M.. Cropland Abandonment in Mountainous China：Patterns and Determinants at Multiple Scales and Policy Implications[J]. Land Use Policy，2024，145：107292.

Huang J.，Huang Z.，Jia X.，et al.. Long-term Reduction of Nitrogen Fertilizer Use Through Knowledge Training in Rice Production in China[J]. Agricultural Systems，2015（135）：105–111.

Ji Y.，Yu X.，Zhong F.. Machinery Investment Decision and Off-farm Employment in Rural China [J]. China Economic Review，2012（1）：71–80.

Liu C. Y.，Ye L.，Feng B.. Migrant Entrepreneurship in China：Entrepreneurial Transition and Firm Performance[J]. Small Business Economics，2019（3）：681–696.

Ma W.，Zhu Z.，Zhou X.. Agricultural Mechanization and Cropland Abandonment in Rural China[J]. Applied Economics Letters，2022，29（6）：526–533.

Murphy R.. How Migrant Labor is Changing Rural China[M]. Cambridge：Cambridge University Press，2002.

Otsuka K.. Food Insecurity，Income Inequality，and the Changing Comparative Advantage in World Agriculture[J]. Agricultural Economics，2013，44（S1）：7–18.

Pingali P.. Agricultural Mechanization：Adoption Patterns and Economic Impact[J]. Handbook of Agricultural Economics，2007（3）：2779–2805.

Qian W. R., Wang D., Zheng L.. The Impact of Migration on Agricultural Restructuring: Evidence from Jiangxi Province in China[J]. Journal of Rural Studies, 2016 (2): 542–551.

Qin H., Liao T. F.. Labor Out–migration and Agricultural Change in Rural China: A Systematic Review and Meta Analysis[J]. Journal of Rural Studies, 2016, 47: 533–541.

Qiu T., Luo B.. Do Small Farms Prefer Agricultural Mechanization Services? Evidence from Wheat Production in China[J]. Applied Economics, 2021 (26): 2962–2973.

Ruttan V. W.. Technology, Growth, and Development: An Induced Innovation Perspective [M]. Oxford: Oxford University Press, 2001.

Su Y., Wu S., Kang S., et al.. Monitoring Cropland Abandonment in Southern China from 1992 to 2020 Based on the Combination of Phenological and Time–Series Algorithm Using Landsat Imagery and Google Earth Engine[J]. Remote Sensing, 2023, 15 (3): 669.

Todaro M. P.. A Model of Labor Migration and Urban Unemployment in Less Developed Countries[J]. The American Economic Review, 1969 (1): 138–148.

Wang D. J.. When do Return Migrants Become Entrepreneurs? The Role of Global Social Networks and Institutional Distance[J]. Strategic Entrepreneurship Journal, 2020 (2): 125–148.

Wang X., Yamauchi F., Huang J., et al.. What Constrains Mechanization in Chinese Agriculture? Role of Farm Size and Fragmentation[J]. China Economic Review, 2020, 62: 101221.

Wang Y., Li X., Xin L., et al.. Spatiotemporal Changes in Chinese Land Circulation Between 2003 and 2013[J]. Journal of Geographical Sciences, 2018, 28 (6): 707–724.

Zhang X., Yang J., Thomas R.. Mechanization Outsourcing Clusters and Division of Labor in Chinese Agriculture[J]. China Economic Review, 2017, 43: 184–195.

Zhao L., Liu S., Zhang W.. New Trends in Internal Migration in China: Profiles of the New - generation Migrants[J]. China & World Economy, 2018, 26 (1): 18–41.

Zheng L., et al.. Does Off–farm Work Induce Farmland Abandonment? Evidence from China[J]. China Agricultural Economic Review, 2024, 16 (4): 664–682.

Zhu X., Xiao G., Zhang D., et al.. Mapping Abandoned Farmland in China Using Time Series MODIS NDVI[J]. Science of the Total Environment, 2021, 755: 142651.

# 第十一章　包容性制度与农村公共治理[①]

农村治理有效是乡村振兴战略的重要内容，也是国家治理体系和治理能力现代化的重要组成部分。然而，在当前阶段，中国农村治理面临一系列严峻挑战，特别是在农田水利整治、人文环境塑造与自然生态保育等公共事务领域，呈现出明显的组织能力不足问题（王亚华等，2016）。物质与人力等资本存量的有限性，长期被认为是农村治理困境生成的主要诱因。基于此，不少研究主张通过加大投入，特别是政府财政投资，来提升各类资本的存量水平（孔祥智、涂圣伟，2006；董筱丹、温铁军，2008）。但这一思路的局限性在于，难以激发农村治理能力持续改进的内生动力，因而无法有效解决与农户对接的“最后一公里”问题。

以农田水利建设为例，全国水利施工项目数从 1991 年的 2001 个增长至 2019 年的 28742 个，增长了约 13 倍；同期水利建设投资从 64.87 亿元增长至 6711.74 亿元，增长了约 102 倍[②]。但即便如此，水利设施的灌溉能力仍难以满足农业灌溉的实际需要（王亚华、臧良震，2020）。研究指出，造成这一问题的主要原因是政府水利投资侧重大中型项目，相对忽视了小型农田水利设施的建设（贺雪峰、郭亮，2010）。尽管近年来政府加大了对小型水利设施的投入，将灌溉渠道延伸至田间地头，但灌溉问题依然没有得到根本性改善（王亚华等，2016）。国家统计局数据显示，2003—2019 年，全国年均因水利设施管理不善所导致的耕地灌溉面积减少量占总耕地灌概面积减少量的比重高达 26.46%。多重证据表明，农田水利的“最后一公里”问题不仅是水利工程建设问题，更深层次上是水利治理问题（王金霞等，2005；申端锋，2011；贺雪峰，2013）。

本章以取消农业税为包容性制度的典型代表，并以农田水利治理作为农村公共治理的重要表征，探讨包容性制度对农村公共治理的影响。首先，农业税改革是有明显的包容性特征，主要体现为：其一，激励生产性努力，即国家取消了分摊在农民身上的各种税费，赋予农民更多的剩余索取权，从而促进其开展农业生产性活动（史清华等，2007；陈锡文等，2009）；其二，保障公



① 本章主要内容发表于《管理世界》2022 年第 9 期，原文标题为《包容性制度能改善农村公共治理吗？——基于农业税改革与村庄农田水利投入关系的经验分析》。

② 数据来源：《中国水利统计年鉴（2020）》。

平性分配，即税收作为典型的再分配制度，取消农业税在一定程度上可缩小初次分配差距，从而改善城市和农村之间的收入公平（陈斌开、李银银，2020）；其三，促进参与式治理，即取消农业税后所推行的“一事一议”，赋予农户在农田水利等公共物品供给层面更为充分的表决权，由此形成对其参与公共事务行为的激励（杨弘、郭雨佳，2015）。其次，农田水利治理是典型的农村公共事务，主要体现在：其一，农田水利整治是农村履行其社会分工的基本保障，因为水旱灾害是中国农业遭受的最为频繁的自然灾害，农业经济增长与粮食安全保障都有赖于农田水利的高效治理（王亚华等，2016）；其二，农田水利治理是农村集体行动能力的集中体现，因为农田水利作为天然的集体事业，单一农户往往不具备实施农田水利整治的要素禀赋条件与行为意愿，所以需要协调分散农户整治农田水利的偏好差异，并激发其农田水利整治的合作行为（王亚华、臧良震，2020）。

## 第一节　农业税改革及其影响机制

### 一、农业税改革：历程回顾

农业税改革前，农民不仅承担着包括农业税、“三提五统”“两工”费用和集资收费在内的各项税费支出①，而且基层政府还可以向其收取用于共同生产事务（如农田灌溉和病虫害防治）的费用（陈斌开、李银银，2020）。据统计，在20世纪90年代后期，农户缴纳的税费占其总收入的比重高达7.78%～21.57%（陶然等，2003）。为减轻农民负担、增加农民收入，中央政府于2000年启动农村税费改革。

农村税费改革大致经历了两个阶段。第一个阶段为正税清费阶段（2000—2003年）。改革的基本内容包括：“一项改革”，即征收农业附加税以替代原来的“村提留”；“两个调整”，即调整农业税税率与调整农业特产税征收办法；“三个取消”，即取消“五项统筹”及针对农民的集资收费，取消除屠宰税及烟叶特产税之外的农业特产税，取消“两工”费用（毛捷、曹婧，2021）。2000—2001年，上述改革试点工作先后在安徽、江苏两地展开；2002年改革试点扩展至河北、上海、内蒙古等18个省（自治区、直辖市）；2003年改革在全国范围内推广。第二个阶



①“三提五统”具体指“三项提留”和“五项统筹”。其中，“三提”指村庄基层政府的管理费（主要用于村干部工资及村级事务管理方面的支出）、公积金（主要用于农田水利建设及农业固定资产投资），以及公益金（用于村庄困难补助等村庄集体福利支出）。“五项统筹”指由乡（镇）基层政府筹集的用于乡村道路建设、农村教育、计划生育管理、民政优抚、民兵训练等五项公共事业的费用。集资收费具体指农村基层政府在法律、政策允许的范围内，向农民收取的行政事业费等费用。“两工”指用于农村义务工及劳动积累工的支出。

段的核心内容是农业税的减免与取消（2004—2006 年）。2004 年黑龙江、吉林、北京、天津、上海、浙江、福建和西藏成为取消农业税改革试点地区，2005 年又有 20 个省（自治区、直辖市）免征农业税。至此，取消农业税的省（自治区、直辖市）增加至 28 个，河北、山东、云南则按中央政府的要求将农业税税率限定在 2% 以下。2006 年 1 月 1 日，《中华人民共和国农业税条例》的正式废止，标志着农业税改革基本完成（陈斌开、李银银，2020）。

## 二、农业税改革与农田水利治理：典型事实

由机电排灌站和机电井数量的变动趋势可知（见图 11-1），全国小型农田水利供给呈现出较为明显的阶段性特征。第一个阶段为快速增长期（1964—1980 年），这一时期机电排灌站和机电井数量的年均增长率分别高达 8.79% 和 131.33%。第二个阶段为增速放缓期（1981—2000 年），机电排灌站数量甚至呈下降态势，年均增长率为 -0.22%；机电井数量的增长速度放缓，年均增长率为 3.11%。第三个阶段为全面萎缩期（2001—2019 年），机电井数量增速明显下降，年均增长率仅为 0.75%，机电排灌站数量则出现快速下降的趋势，年均增长率为 -1.09%，表明小型农田水利事业呈现出停滞态势。尽管机电排灌站、机电井数量与实际灌溉面积可能存在上限值（封顶效应），但这一时期的干旱成灾率却普遍高于历史平均水平（见图 11-2），说明农田灌溉问题并未得到真正的解决。

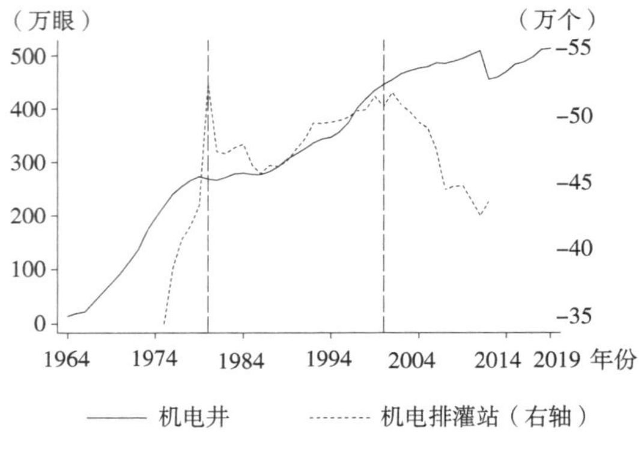


**图 11-1　机电排灌站和机电井数量变动趋势（1964—2019 年）**

资料来源：机电排灌站和机电井数量数据来自历年的《中国水利统计年鉴》。

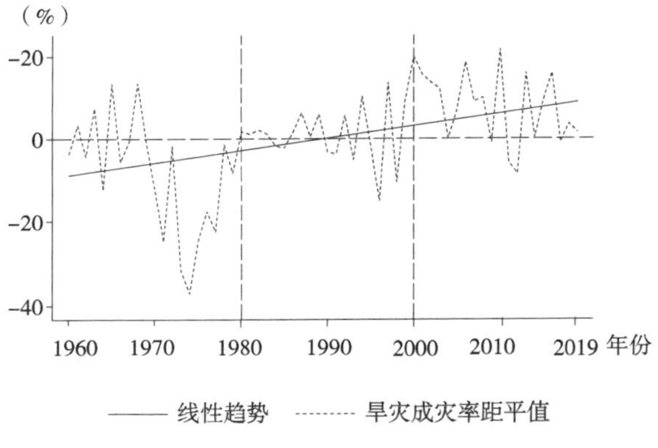


**图 11-2　旱灾成灾率变动趋势（1960—2019 年）**

资料来源：旱灾成灾率数据来自历年的《中国统计年鉴》。

图 11-3 描绘了村级农业税负担在 1995—2017 年间的变化趋势。在 20 世纪 90 年代后期，农业税负担呈不断加剧态势。农业税费改革试点后农民虽然不再承担除农业税之外的其他任何费用，但农业税税率却从 3% 左右调整到了 7%，并在此基础上开征 20% 的“农业附加税”，2000—

2003 年农业税负担仍呈上升趋势。2004 年进入农业税减免与取消阶段，村级农业税负担迅速下降，2006 年全面取消农业税后，农民农业税负担大幅下降。图 11-4 描绘了村庄农田水利开支在 1995—2017 年间的变化趋势。在取消农业税前，村庄农田水利开支占其年内总开支的比重总体保持在较高水平；在农业税改革试点及全面推行后，村庄农田水利开支占比呈总体下降态势。可以发现，村庄农田水利开支占比的变动趋势与村庄农业税负担的变动趋势大致相同。

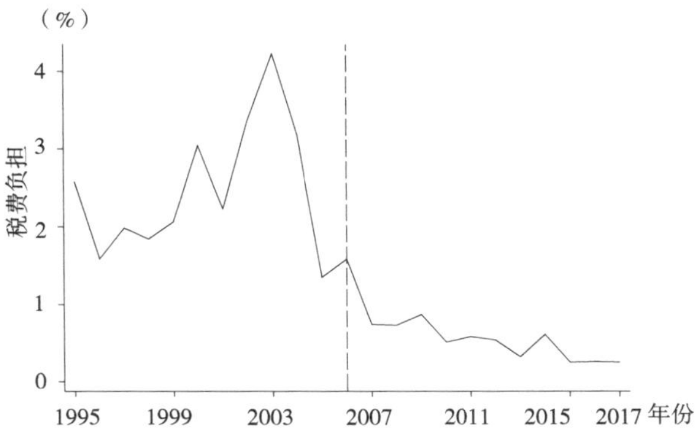


**图 11-3　村级农业税负担变化趋势（1995—2017 年）**

资料来源：农业农村部全国农村固定观察点调查数据。

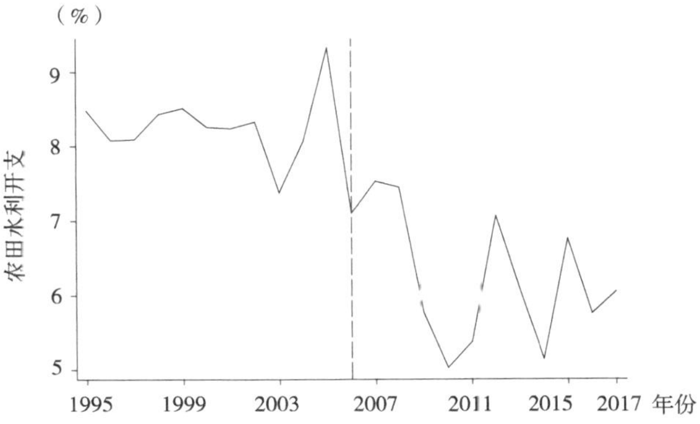


**图 11-4　村庄农田水利开支变动趋势（1995—2017 年）**

资料来源：农业农村部全国农村固定观察点调查数据。

## 三、农业税改革与农田水利治理：影响机制

取消农业税作为一项典型的包容性制度变革，其对基层政府财权与事权的基本关系、利益相关主体的博弈行为与公共物品组织模式均会产生影响，从而作用于包括农田水利治理在内的农村公共事务治理效能。

### （一）农业税改革、财权减弱与治理能力萎缩

经费是维持组织机体正常运转的“血液”。农业税改革会直接削弱基层政府的财权，由此导致其农田水利治理等公共事务治理能力弱化（毛捷、曹婧，2021）。农业税改革前，村集体主要通过“村提留”方式获取组织运行费用，并且可以向农民收取共同生产费用，以及通过“两工”方式筹资筹劳，用于农田灌溉和病虫害防治等方面的开支。农业税改革后，国家取消了面向农民的各种收费与“两工”，之前用于共同生产事务的费用也不再收取，代之以“一事一议”。这样，村集体组织日常运行及实施公共事务治理所需费用不再固定收取，而是靠地方政府财政转移支付（主要用于村庄基层政府日常运行）与“一事一议”（主要用于村庄公共事务治理的筹资筹劳）。在分税制财政体制下，中央财政收入所占比例大幅提高，取消农业税无疑进一步缩小了地方财政收入比例（毛捷、曹婧，2021）。问题在于，地方政府的财权在减弱，但下移至地方政府的事权并未减少。这就导致农村税费改革后，基层政府面临经费紧张局面，严重弱化了其发挥公共事务

治理这一基本功能的动力和能力，从而“被动退出”农田水利设施的建设与管理。

### （二）农业税改革、村庄利益格局嬗变与利益主体博弈

农业税改革导致村庄内部利益格局嬗变，基层政府的利益与农户的利益脱钩，由此可能导致基层政府在农田水利投入上动力不足（王剑锋、邓宏图，2014）。征收农业税时期，基层政府承担国家农业税的收缴任务，并且可以从中提留相关费用，用于组织日常运转。为完成收税任务，村级干部必然需要充分调动农民从事农业生产及缴纳税费的积极性。当然对农户而言，其也能够以农田灌溉未得到有效解决、干旱歉收等为由拒缴农业税（贺雪峰、郭亮，2010）。在这个意义上，基层政府与农户之间的利益博弈具有重复博弈性质，促使村社集体通过修缮农田水利保障农业生产来提高农民缴纳税费的积极性。农业税改革之后，国家不仅不再收取农业税费，而且向农村输送大量的资源。一是通过补贴政策（如粮食补贴和种子补贴等）直接转移给农户，二是通过项目制（如道路修建和土地整理等项目）惠及村内农民。其中，项目制主要采取乡村申报、部门审批的方式。然而，项目的申报基本由村干部负责，致使村民丧失其在公共事务治理中的主体地位，即缺乏机会表达出自己对惠农工程的偏好（贺雪峰，2013）。更为重要的是，因为基层政府可以在不征得农民一致同意的情形下，通过项目申请获取上级资源，造成基层政府与农民之间重复博弈的关系不再，不合作的纳什均衡被基层政府优先选择，其为农户提供农田灌溉等公共产品的动力随之弱化（王剑锋、邓宏图，2014）。

### （三）农业税改革、“一事一议”与集体行动困境

农业税改革后，国家希望通过“一事一议”制度让农户自愿筹集农田水利设施修缮等共同生产费用。然而“一事一议”所筹经费虽与农民自身利益紧密相关，但因其实施机制的自愿性与村内农民获益的非均衡性等，造成农田水利建设与管理中经常面临集体行动困境（贺雪峰，2013）。农业税改革前收集的共同生产费用同“一事一议”的区别在于：村社集体收集的共同生产费用具有强制性，农民拖欠的费用会被作为债务记录在农民与村社集体的经济往来上，而农民拖欠“一事一议”筹集的共同生产费用则不再被视为债务加以记录（贺雪峰、郭亮，2010）。其结果是一旦有部分农民拖欠或拒缴“一事一议”费用，村社集体无法强制要求农民偿清债务。长此以往，越来越多的农民拖欠或拒缴“一事一议”费用，示范效应引致农民“搭便车”等机会主义行为愈演愈烈（韩鹏云、刘祖云，2011）。与此同时，尽管农田水利设施的修缮与农民利益息息相关，但每个农户对农田水利有着不同的诉求，或者同一项水利设施建设给每个农户带来的边际收益是有差异的（秦国庆等，2019）。因而在缺乏政府权威的干预下，经由“一事一议”推进农田水利设施修缮事宜面临着高昂的组织成本、决策成本和实施成本（王亚华等，2016）。



上述三条传导机制的共同表达是：缺乏政府权威的介入是取消农业税这一极具包容性制度特

征变革不利于农田水利治理的重要原因。具体来说，第一，农业税改革造成基层政府财权减弱与治理能力萎缩，导致基层政府"被动退出"农田水利治理；第二，基层政府与农民利益脱钩，基层政府在水利供给上采取相机决策，出现卸责等行为；第三，农业税改革后基层政府"主动退出"农田水利治理，寄希望于推行"一事一议"制度来组织农田灌溉。

# 第二节　数据、模型与变量

## 一、数据来源

本节中的研究数据来自农业农村部（原农业部）农村经济研究中心负责的全国农村固定观察点调查数据。全国农村固定观察点调查数据是目前中国农村最大的跟踪式抽样面板数据，其独特的数据优势为细致考察农业税改革对村庄农田水利投入影响提供了可能。第一，数据调查范围广、样本量大。数据调查样本农户约 21000 户，分布在全国除港澳台外的 31 个省（自治区、直辖市）。基于全国范围的大样本调查将有助于充分捕捉到横截面上的异质性。第二，时间跨度长。全国农村固定观察点从 1985 年进行预调研，1986 年开始正式调研，到 2017 年公开的数据刚好长达 30 年。长时期的面板数据结构有助于考察农业税改革对村庄农田水利投入的动态影响。第三，调查内容丰富。调查对象包含个体、农户和村庄三个层面。本节使用村庄层面的数据，包含村庄地理信息、经济发展状况、农业生产、公共设施建设等方面的翔实信息，有助于研究获取更为贴切的测度指标。第四，数据准确率较高。全国农村固定观察点调查采用记账式数据收集方式，农户需及时将与调研相关的内容详细记录，到年终由调研员协助汇总上报。本节选择 1995—2017 年村庄层面的非平衡面板数据进行实证分析。

## 二、实证模型设置与变量选择

### （一）连续型双重差分模型

农业税改革引发同一村庄农业税负担在改革前后的差异。同时，由于不同村庄的初始农业税负担不同，改革也引发同一时点上不同村庄农业税负担的变化。参考陈斌开、李银银（2020）和吴敏、周黎安（2020）等研究，本章将农业税改革视为一次准自然实验，运用双重差分模型估计农业税改革对农田水利投入的影响。计量模型设定为：

$$y_{it}=\alpha+\beta_1 Tax_{0i}\times I_t^{post}+\sum_k \varphi_k X_{it}+\sum_c \gamma_c V_i^c+\sum_{j=1995}^{2017}\rho_j T_t^j+\varepsilon_{it} \tag{11-1}$$

式（11-1）中，$i$ 代表样本村，$t$ 代表年份，$y_{it}$ 表示村庄农田水利投入，利用村庄农田水利基本建设支出占村庄总开支的比重表征。$Tax_{0i}$ 表示村庄在改革前的平均农业税负担（村庄农业税额占村庄农业收入的比重），$I_t^{post}$ 表示农业税改革实施时点的虚拟变量，若 $t \geqslant 2006$，$I_t^{post}$ 赋值为 1，否则赋值为 0。$X_{it}$ 表示村级控制变量，包括人口特征（人口规模、性别比例、教育水平、劳动力占比、务农人口占比、种植劳动力占比、外出务工占比和非农人口占比）、土地经营特征（耕地面积占比、人均耕地面积和粮食作物占比）、经济特征（人均纯收入）和区位特征（离公路干线距离与是否属于城郊村庄）。表 11-1 报告了各变量的描述性统计特征。$V_i^c$ 表示村庄固定效应，$T_t^j$ 表示年份固定效应，$\varepsilon_{it}$ 为随机误差项。$\alpha$ 为常数项，$\beta_1$、$\varphi_k$、$\gamma_c$ 和 $\rho_j$ 为待估计参数。初始农业税负担（$Tax_{0i}$）越大的村庄受农业税改革的影响越大，反之，初始农业税负担较小的村庄受农业税改革的影响越小（陈斌开、李银银，2020）。根据前文的理论分析，预期 $\beta_1$ 的符号为负。

### （二）平行趋势检验模型

双重差分模型估计要求平行趋势假设的成立，即在政策干预时点之前，初始农业税负担高和初始农业税负担低的村庄的农田水利投入在时间上的变动趋势是一致的。参考 Nunn 和 Qian（2011）的研究，构建如下模型以检验平行趋势假设：

$$y_{it}=\alpha+\sum_{j=1995}^{2017}\beta_j Tax_{0i}\times D_t^j+\sum_k \varphi_k X_{it}+\sum_c \gamma_c V_i^c+\sum_{j=1995}^{2017}\rho_j T_t^j+\varepsilon_{it} \tag{11-2}$$

式（11-2）中，$D_t^j$ 表示年份虚拟变量，其他变量和系数设定与式（11-1）保持一致。若农业税改革解释了村庄农田水利投入的下降，那么在农业税改革前，初始农业税负担（$Tax_{0i}$）与年份虚拟变量（$D_t^j$）交互项的系数 $\beta_t$ 的联合分布检验将不显著，反之则显著。

**表 11-1 变量名称、含义、赋值与描述性统计结果**

| 变量名称 | 变量含义与赋值 | 均值 | 标准差 |
|---|---|---|---|
| 农业税负担 | 村庄农业税额占村庄农业收入的比重（%） | 1.54 | 1.83 |
| 农田水利投入 | 村集体农田水利支出占其年内总开支的比重（%） | 7.33 | 5.79 |
| 人口规模 | 村庄总人口数（人） | 1863.82 | 1494.20 |
| 非农人口占比 | 村庄非农人口占总人口的比重（%） | 0.46 | 6.85 |
| 务农人口占比 | 村庄务农人口占总人口的比重（%） | 76.34 | 33.24 |
| 性别比例 | 村庄男性人口占总人口的比重（%） | 50.51 | 23.18 |
| 教育水平 | 高中及以上学历人口占村庄总人口的比重（%） | 0.17 | 0.20 |
| 劳动力占比 | 村庄劳动力人口占村庄总人口的比重（%） | 75.60 | 35.22 |
| 种植劳动力占比 | 村庄从事种植业劳动力占劳动力总数的比重（%） | 50.77 | 20.76 |
| 外出务工占比 | 村庄外出务工劳动力占劳动力总数的比重（%） | 48.41 | 43.93 |
| 耕地面积占比 | 村庄耕地面积占土地面积的比重（%） | 52.30 | 34.05 |

续表

| 变量名称 | 变量含义与赋值 | 均值 | 标准差 |
|---|---|---|---|
| 人均耕地面积 | 村庄年末人均耕地面积（亩/人） | 6.89 | 8.02 |
| 粮食作物占比 | 村庄粮食作物种植面积占总播种面积的比重（%） | 19.42 | 71.51 |
| 人均纯收入 | 村庄人均纯收入（元） | 2599.31 | 5859.12 |
| 离公路干线距离 | 村庄距离公路干线距离（公里） | 3.83 | 6.92 |
| 城郊村庄 | 是否属于城郊村庄，是 =1，否 =0 | 0.37 | 0.24 |

资料来源：笔者绘制。

# 第三节　实证结果与分析

## 一、双重差分模型估计结果

表 11–2 报告了双重差分模型的估计结果。列（1）为未纳入控制变量的估计结果，列（2）、列（3）和列（4）依次控制人口特征、土地经营特征、经济特征和区位特征变量。结果显示，在纳入控制变量前后，农业税改革对村庄农田水利投入的影响系数均显著为负。这表明，农业税改革显著降低了村庄农田水利投入，实证估计结果与理论预期一致。本章的实证结果支持了贺雪峰和郭亮（2010）、王亚华等（2016）质性研究的结论。

**表 11–2　农业税改革与村庄农田水利投入：双重差分模型**

| 变量 | （1） | （2） | （3） | （4） |
|---|---|---|---|---|
| $Tax_{0i} \times I_t^{post}$ | $-0.0403^{*}$（0.0243） | $-0.0667^{***}$（0.0248） | $-0.0705^{***}$（0.0243） | $-0.0707^{***}$（0.0244） |
| 人口特征 | 否 | 是 | 是 | 是 |
| 土地经营特征 | 否 | 否 | 是 | 是 |
| 经济特征 | 否 | 否 | 否 | 是 |
| 区位特征 | 否 | 否 | 否 | 是 |
| 村庄固定效应 | 是 | 是 | 是 | 是 |
| 年份固定效应 | 是 | 是 | 是 | 是 |
| 常数项 | $6.1355^{***}$（0.6484） | $11.3157^{***}$（3.0197） | $12.6942^{***}$（3.0375） | $10.9778^{***}$（2.9934） |
| 观测值 | 7371 | 7371 | 7371 | 7371 |
| $R^2$ | 0.3730 | 0.0330 | 0.0100 | 0.0100 |
| 村庄数量 | 483 | 483 | 483 | 483 |

资料来源：笔者绘制。

注：*、**、*** 分别代表在 10%、5%、1% 的统计水平上显著；括号内为村庄层面的聚类标准误。

## 二、平行趋势检验与时间趋势动态分析

本节首先根据式（11–2）估计了初始农业税负担与年份虚拟变量的交互项的系数 $\beta_t$，并对系数 $\beta_t$ 进行联合假设检验，以验证平行趋势假设。表 11–3 列（1）、列（2）分别为未纳入和纳入控制变量的估计系数联合假设检验结果。列（2）的结果显示，农业税改革实施前的影响系数 $\beta_t$ 的联合分布检验的 $p$ 值为 0.7640，故接受在农业税改革前影响系数 $\beta_t$ 不存在显著差异的原假设。在农业税改革实施后，影响系数 $\beta_t$ 的联合分布检验的 $p$ 值为 0.0000，故拒绝影响系数 $\beta_t$ 不存在显著差异的原假设。这说明，双重差分模型设定通过了平行趋势检验。

**表 11–3　平行趋势检验结果**

| 时间范围及原假设 | （1）未纳入控制变量 | | （2）纳入控制变量 | |
|---|---|---|---|---|
| | $F$ 统计量 | $p$ 值 | $F$ 统计量 | $p$ 值 |
| 农业税改革前：1995—2005 年<br>$H_0:\beta_{1995}=\beta_{1996}\cdots\beta_{2005}=0$ | 0.1780 | 0.6240 | 1.1380 | 0.7640 |
| 农业税改革后：2007—2017 年<br>$H_0:\beta_{2007}=\beta_{2008}\cdots\beta_{2017}=0$ | 15.4700 | 0.0000 | 17.5500 | 0.0000 |

资料来源：笔者绘制。

图 11–5 描绘了影响系数 $\beta_t$ 的变动趋势。在农业税改革前，影响系数 $\beta_t$ 的置信区间均包含了 0 值，表明影响系数并不存在系统性差异。在农业税改革后，影响系数 $\beta_t$ 总体上呈先下降后上升的态势。具体而言，在全面取消农业税的初期，即 2007—2008 年，村庄农田水利投入并未出现显著下降；然而在 2009—2014 年，农业税改革对村庄农田水利投入的负向影响呈增强趋势；随后的 2015—2017 年，农业税改革对村庄农田水利投入的负向影响逐渐减少。

上述结果表明：农业税改革对村庄农田水利投入的消极影响存在 2 年的滞后期。因为以 2006 年为改革起点，从政策理解到政策贯彻落实再到政策效应发挥具有过程性（陈斌开、李银银，2020）。相应地，农业税改革对村庄农田水利投入的消极影响也具有阶段性。在取消农业税的第 9 年后（2015 年），改革的消极影响逐渐下降。这与既有文献所得出的判断相契合，即经济主体在长期内可通过自主调整以减少或抵消最初负面冲击（Davis and Weinstein，2002；Miguel and Roland，2011）。近年来，政策层面逐渐意识到农业税改革后农田水利治理面临的困境，并出台了一系列极具针对性的政策措施适当强化政府参与。其中，最为典型的政策文件是 2015 年国务院法制办拟定的《农田水利条例》，明确了小型农田水利工程建设应采取政府投入、农民投资投劳和社会资本投入相结合的方式。由此不难解释为何 2015—2017 年农业税改革对村庄农田水利投入的消极影响呈下降态势。

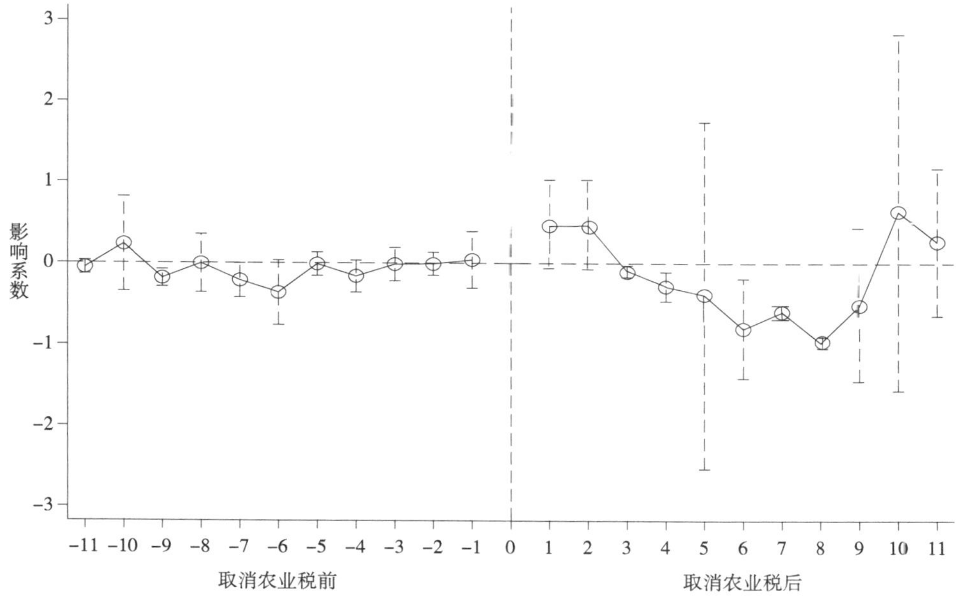


**图 11–5　农业税改革对村庄农田水利投入影响的时间趋势**

资料来源：笔者绘制。

注：图中过原点竖线为相应估计参数的 95% 置信区间；横坐标轴上的负数表示农业税改革前的年份，如数值 −11 表示农业税改革前的第 11 年，0 值为农业税改革的起始年份，即 2006 年；横坐标轴上的正数表示农业税改革后的年份，如数值 11 表示农业税改革后的第 11 年。

## 三、稳健性检验

### （一）改变改革实施时点

若农业税改革对村庄农田水利投入产生实质性的影响，那么在改革实施前，农业税改革的影响效应不应存在。据此，本节选择农业税改革前（即 2005 年及之前）的样本数据，并分别将 2000 年和 2003 年作为虚构的改革实施时点，进而检验前文估计结果的可靠性。表 11–4 中列（1）和列（2）的估计结果显示，$Tax_{0i} \times I_{2000}^{post}$ 和 $Tax_{0i} \times I_{2003}^{post}$ 的系数为负，但不显著。这说明，除去农业税改革冲击，初始农业税负担大的村庄和初始农业税负担小的村庄在农田水利投入上的变化的确不存在系统性差异。

### （二）考虑地区间农业税改革时点的差异

根据吴敏、周黎安（2020）的做法，本节将 2004 年作为黑龙江、吉林、北京、天津、上海、浙江、福建和西藏 8 个省（自治区、直辖市）的村庄的农业税改革时点。对于河北、山东、云南的村庄，以 2006 年为改革实施时点。对于其他省（自治区、直辖市）的村庄，则以 2005 年为改革实施时点。表 11–4 中列（3）为考虑地区间农业税改革时点差异的估计结果。而在考虑各地区改革实施时点的差异后，农业税改革对村庄农田水利投入仍具有显著的负向影响。

### （三）考虑正税清费的干扰影响

农业税费改革包括两个阶段，分别是正税清费阶段（2000—2003 年）和取消农业税阶段（2004—2006 年）。本节主要考察第二个阶段，即以取消农业税为代表的包容性制度变革对农田水利投入的影响。这意味着第一个阶段正税清费改革的影响也被包含在模型中。借鉴毛捷和曹婧（2021）的做法，本节纳入正税清费阶段的虚拟变量，即当 $t$=2000 ～ 2003 时，变量赋值为 1，否则赋值为 0。表 11-4 中列（4）考虑了正税清费的干扰影响的结果显示，农业税改革对村庄农田水利投入的系数依旧显著，但系数的绝对值较基准回归结果有所增大。第一阶段的正税清费对第二阶段的取消农业税显然具有促进作用，而正税清费阶段，取消"两工"费用无疑会抑制村庄农田水利等公共开支（陈斌开、李银银，2020）。由此，当模型中忽略正税清费的影响时，回归结果将会低估农业税改革对村庄农田水利投入的负向影响。

**表 11-4　稳健性检验**

| 变量 | （1） | （2） | （3） | （4） |
|---|---|---|---|---|
| | 2000 年作为改革实施时点 | 2003 年作为改革实施时点 | 考虑地区间改革时点的差异 | 考虑正税清费的干扰影响 |
| $Tax_{0i}\times I_{2000}^{post}$ | −0.0632（0.0788） | — | — | — |
| $Tax_{0i}\times I_{2003}^{post}$ | — | −0.0199（0.1037） | — | — |
| $Tax_{0i}\times I_{t}^{post}$ | — | — | −0.0638***（0.0222） | −0.0966***（0.0362） |
| 控制变量 | 是 | 是 | 是 | 是 |
| 村庄固定效应 | 是 | 是 | 是 | 是 |
| 年份固定效应 | 是 | 是 | 是 | 是 |
| 常数项 | 17.6824***（5.5012） | 17.6194***（5.5054） | 12.1034***（3.5804） | 11.3235***（3.0191） |
| 观测值 | 3276 | 3276 | 7371 | 7371 |
| $R^2$ | 0.0130 | 0.0120 | 0.0110 | 0.373 |
| 村庄数量 | 367 | 367 | 483 | 483 |

资料来源：笔者绘制。

注：*、**、*** 分别代表在 10%、5%、1% 的统计水平上显著；括号内为村庄层面的聚类标准误。



## 四、内生性问题及识别

双重差分模型能够消除不随时间变化的不可观测因素的混淆影响，但无法克服随时间变化的不可观测因素的混淆影响。遗漏的不可观测因素可能同时影响村庄农业税初始负担与农田水利投入，从而导致不可观测因素的自选择性偏误。借鉴 Altonji 等（2005）的做法，本节基于可观测因素评估不可观测因素的自选择性所导致的偏误，具体而言通过比较控制变量受限和不受限情况下

农业税改革变量的系数差异比例进行推断，其计算公式为$\left|\hat{\beta}_F/(\hat{\beta}_R-\hat{\beta}_F)\right|$。其中，$\hat{\beta}_R$和$\hat{\beta}_F$分别表示控制变量受限和不受限情况下农业税改革变量的系数。分母$(\hat{\beta}_R-\hat{\beta}_F)$越小，表明$\hat{\beta}_R$和$\hat{\beta}_F$之间的差异越小，意味着只有当受到不可观测因素的自选择性影响很大时，农业税改革对村庄农田水利投入的总体影响才能够被解释。$\hat{\beta}_F$越大，表明影响系数受到基于不可观测因素的自选择性影响越大，农业税改革变量的系数差异比例就越大。

本节考虑了三组受限制的控制变量。第一组只控制了村庄固定效应和年份固定效应；第二组控制了人口特征、村庄固定效应和年份固定效应；第三组控制了人口特征、土地经营特征、村庄固定效应和年份固定效应。控制变量不受限模型控制了式（11-1）中的所有控制变量。表 11-5 报告了基于三组受限控制变量回归计算得到的系数差异比率。结果显示，三组系数差异比率为 2.3257 ～ 353.5000。这表明要将农业税改革对村庄农田水利投入的影响归因于村庄层面的自选择，基于不可观测因素的自选择性偏误至少要比基于可观测因素的自选择性偏误大 2.3257 倍，平均而言，要大 124.5002 倍以上。由此可以判断，农业税改革对村庄农田水利投入的影响不可能完全由不可观测因素驱动。

**表 11-5　基于可观测因素评估不可观测因素的自选择性偏误**

| 控制变量 | 受限控制变量回归系数 | 不受限控制变量回归系数 | 系数差异比率 |
|---|---|---|---|
| 村庄固定效应和年份固定效应 | -0.0403 | -0.0707 | 2.3257 |
| 人口特征、村庄固定效应和年份固定效应 | -0.0667 | -0.0707 | 17.6750 |
| 人口特征、土地经营特征、村庄固定效应和年份固定效应 | -0.0705 | -0.0707 | 353.5000 |

资料来源：笔者绘制。

## 第四节　影响机制分析

前文的分析结果表明，农业税改革显著降低了村庄农田水利投入。其原因可能来源于三个方面：一是农业税改革弱化了基层政府财权，继而削弱其农田水利等公共事务治理能力；二是农业税改革改变了基层政府与农民重复博弈的状态，引致基层政府在农田水利供给的“卸责”行为；三是农业税改革后推行的“一事一议”制度，在农田水利治理方面引发集体行为困境。本节将对上述三条传导机制进行实证检验。

## 一、机制检验一：农业税改革、财权减弱与治理能力萎缩

若农业税改革后村庄农田水利投入减少是因为基层政府财力下降带来的公共治理行为能力弱化，那么农田水利投入减少应该不是独有现象。换言之，由于基层政府财力的弱化，其用于其他公共事务的开支也会显著减少。因而可以通过考察农业税改革对村庄内其他公共事业开支的影响，进而判断“农业税改革—财权减弱—治理能力萎缩”这一影响机制是否成立。若村庄其他方面的开支同样因农业税改革出现显著下降的情况，那么可以合乎逻辑地判断上述影响机制是成立的，反之则相反。

本节利用村庄资产性、公益性和行政性支出占比替代村庄农田水利投入。其中资产性支出指用于购置农用生产性固定资产支出，是基层政府为农户提供生产服务的重要内容。公益性支出包含了植树造林、社会救济、村办小学修建和计划生育等方面费用。行政性支出主要指用于村庄事务的招待费用及村干部工资和补贴支出。这三个方面的开支基本上涵盖了除农田水利外的其他村庄公共开支。

表 11–6 报告了农业税改革对村庄资产性、公益性和行政性支出占村集体年内总开支比重的影响。列（1）、列（2）的估计结果显示，农业税改革对村庄资产性和公益性支出的影响为负，但不显著，这表明农业税改革并未导致村庄资产性和公益性支出的显著下降。列（3）的估计结果显示，农业税改革对村庄行政性支出具有显著的正向影响，这表明实证结果未能验证前文的理论猜想。显然，将村庄农田水利投入的减少归咎于农业税改革弱化基层政府财力及公共事务治理能力可能过于简单化。

表 11–6　机制分析一：农业税改革引致财权减弱造成基层政府公共治理能力萎缩

| 变量 | （1） | （2） | （3） |
|---|---|---|---|
| | 资产性支出占比 | 公益性支出占比 | 行政性支出占比 |
| $Tax_{0i} \times I_t^{post}$ | −0.0000（0.0001） | −0.0005（0.0006） | 0.0030***（0.0009） |
| 控制变量 | 是 | 是 | 是 |
| 村庄固定效应 | 是 | 是 | 是 |
| 年份固定效应 | 是 | 是 | 是 |
| 常数项 | 0.0003（0.0189） | 0.0953**（0.0412） | 0.1920**（0.0828） |
| 观测值 | 6633 | 6633 | 6633 |
| $R^2$ | 0.0030 | 0.0200 | 0.0830 |
| 村庄数量 | 483 | 483 | 483 |

资料来源：笔者绘制。

注：*、**、*** 分别代表在 10%、5%、1% 的统计水平上显著；括号内为村庄层面的聚类标准误。

事实上，从全国范围来看，村集体财力状况在农业税改革后并未出现严重恶化的趋势（见图 11-6）。相反，在上级资源不断下移的过程中，村级财政收入在农业税改革后一直保持上升趋势，且增幅呈逐年增加态势。村集体财政收支在税改后基本处于盈余状态。这表明，在分税制度下，地方财政负担并未因为农业税的取消而加重。原因在于，因取消农业税而减少的地方财政收入，在大部分地区可以通过中央财政给予的适当转移支付得到补偿[①]，而且多数省级政府均明确表示对因取消农业税而减少的地方财政收入进行补偿（吴敏、周黎安，2020）。因此，取消农业税对地方或村级财政收入的负面影响在很大程度上被抵消掉了。如果说村级农业投入下降是因为农业税改革导致村级财力及公共事务治理能力弱化，那么这种影响至多在短期内能够成立，因为仅有 2007 年村集体出现财政赤字的情况。综上，“农业税改革—财权减弱—治理能力萎缩”影响路径无法解释在农业税改革后的较长时期内，村庄农田水利投入出现大范围显著下降的现象。

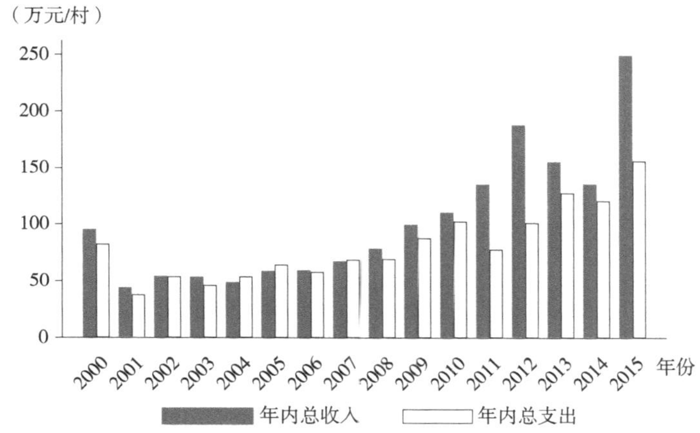


**图 11-6　村集体年内收支变动趋势（2000—2015 年）**

资料来源：《全国农村固定观察点调查数据汇编（2000—2009 年）》《全国农村固定观察点调查数据汇编（2010—2015 年）》。

## 二、机制检验二：农业税改革、村庄利益格局嬗变与利益主体博弈

如前所述，农业税改革后，基层政府不仅不再需要向农户征税，而且村庄资源的获取主要依赖于村干部的积极走动与申请，这就导致村社集体与农民的利益关联性下降。其结果是基层政府的利益与农民的利益脱钩，从而可能引致二者在农田水利等公共产品供给上的相机决策，甚至推卸责任（王剑锋、邓宏图，2014）。如果这一机制成立，那么之前基层政府用于提高农民农业生产积极性以便收缴农业税的各种限制将会减少或者消失。



① 按照财政部的要求，除沿海发达地区外，由于取消农业税而减少的地方财政收入，粮食主产区和中西部地区由中央财政适当给予转移支付。地方财政减收额原则上以 2002 年为基期，按农业特产税和农业税实收数（含附加）计算确定。中央财政补助比例分别为中西部粮食主产区 100%、非粮食主产区 80%，东部粮食主产区（含福建）50%、非粮食主产区不予补助。

改革前，农业税以常年产量为计税依据。因而要保证收取到尽可能多的农业税，基层政府一是要提高农户农业生产的积极性，减少土地流转与撂荒情况；二是要尽可能将农户固定在土地上，减少农户非农劳动投入以保障农业劳动投入来稳定或增加产出；三是要促使农户种植粮食作物，因为小麦、水稻等粮食作物具有可分割、可估算、可储存与可运输等特征，方便计税与征税（Scott，2017）。改革后，基层政府从农业税征收的重担中解放出来，村集体通过土地调整获取利益的能力被不断削弱（贺雪峰、郭亮，2010），村庄农地流转与劳动力非农转移的概率将会增加，过去农户倾向于种植薯类等易于避税的“无政府主义”作物[①]的可能性将会显著降低。村庄在这些方面的转变恰好反映出基层政府与农民之间利益关联降低，由此可能成为农业税改革抑制村庄农田水利投入的一个传导路径。

表 11–7 报告了农业税改革对村庄土地流转、劳动力非农转移和作物种植的影响。列（1）和列（2）的估计结果显示，农业税改革显著增加了村庄土地转出面积，但对土地转入面积的影响不显著；列（3）和列（4）结果显示，农业税改革显著增加了土地转出农户的比例，但对土地转入农户占比的影响不显著。这说明，农业税改革导致更强的土地转出意愿，而且村庄的土地更多的是流转到村庄之外的经营主体，或者集中到少数农户手中。列（5）和列（6）的估计结果显示，农业税改革显著提高了村庄外出务工劳动力的比重，并且显著减少了薯类作物种植的比重。

**表 11–7　机制分析二：农业税改革引致村庄内部利益格局嬗变**

| 变量 | （1）<br>土地转出面积占比 | （2）<br>土地转入面积占比 | （3）<br>土地转出农户占比 | （4）<br>土地转入农户占比 | （5）<br>离乡务工劳动力占比 | （6）<br>薯类作物种植面积占比 |
|---|---|---|---|---|---|---|
| $Tax_{0i} \times I_t^{post}$ | 0.0008***<br>（0.0003） | 0.0003<br>（0.0002） | 0.0016***<br>（0.0003） | 0.0000<br>（0.0002） | 0.4261*<br>（0.2295） | –0.0012**<br>（0.0005） |
| 控制变量 | 是 | 是 | 是 | 是 | 是 | 是 |
| 村庄固定效应 | 是 | 是 | 是 | 是 | 是 | 是 |
| 年份固定效应 | 是 | 是 | 是 | 是 | 是 | 是 |
| 常数项 | 0.0506**<br>（0.0226） | 0.0274*<br>（0.0160） | –0.0052<br>（0.0209） | 0.0164<br>（0.0111） | –6.1965***<br>（16.6365） | 0.5579***<br>（0.0377） |
| 观测值 | 6633 | 6633 | 6633 | 6633 | 6541 | 6633 |
| $R^2$ | 0.1210 | 0.0420 | 0.1300 | 0.0170 | 0.3710 | 0.5320 |
| 村庄数量 | 483 | 483 | 483 | 483 | 483 | 483 |

资料来源：笔者绘制。

注：*、**、*** 分别代表在 10%、5%、1% 的统计水平上显著；括号内为村庄层面的聚类标准误。



① Scott 认为，薯类、蔬菜等可视为“无政府主义”作物，因为这些作物不利于分割度量与运输储存，作为征税单位隐含高昂的征收成本，而种植薯类等作物则成为农民避税的一种“艺术”（Scott，2017）。

综上，农业税改革后，村庄内土地要素、劳动力要素的流动更为活跃，并且薯类等易于逃税的农作物的播种面积比例显著下降。这些转变意味着农业税改革后村庄内部利益格局的嬗变，基层政府不再对村内土地、劳动和作物种植决策施加约束。这表明，基层政府与农民作为利益共同体的格局被打破，二者之间重复博弈的关系不再，进而导致基层政府在农田水利投入方面缺乏动力。

## 三、机制检验三：农业税改革、“一事一议”与集体行动困境

曼瑟尔·奥尔森（2003）的集体行动理论认为，如果一个集团中的成员很少，或者存在强制或其他某些特殊手段来使成员按照集团的共同利益行事，那么追求自身利益的成员才会采取行动来实现集体利益。“一事一议”具有非强制性特征，克服制度运行面临的集体行动困境需要依赖于特殊的村庄组织模式。在中国农村地区，建立在血缘和地缘关系基础之上的宗族文化仍然普遍存在（陈斌开、陈思宇，2018；王剑锋、邓宏图，2014）。甚至有研究指出，宗族文化已经成为破解村庄公共事务治理集体行动困境不容忽视的乡土力量，对村庄公共产品供给、农民就业和创业都产生了重要影响（马光荣、杨恩艳，2011；郭云南、姚洋，2013；仇童伟、罗必良，2019）。

“一事一议”需要通过村民代表大会筹集公共事务资金（或劳工）。村民代表大会遵循“少数服从多数”的原则，其决策往往是村民代表协商的结果。但值得注意的是，不同村庄的村民代表产生机制和代表能力存在显著差异。在北方地区，村民代表多是各个小亲族的代表人物（贺雪峰，2013）。在南方地区，村民代表通常是宗族权威人物，他们代表了宗族的意愿和利益，在村庄公共产品供给方面扮演重要角色（温莹莹，2013）。本节据此认为，若农业税改革后村庄农田水利投入的减少是“一事一议”推行面临的集体行动困境所导致的，那么在宗族文化较为盛行的地方，“一事一议”面临的集体行动困境将会有所缓解，村集体在农田水利投入方面也将更加积极。为检验“一事一议”制度推行面临的集体行动困境是否是农业税改革导致村庄农田水利投入减少的传导路径，本节采取了如下两种检验方式。

一是考察农业税改革对村庄农田水利投入的影响在北方麦作区和南方稻作区之间的差异。若农业税改革导致北方麦作区村庄农田水利投入显著减少，但对南方稻作区村庄农田水利投入的影响不显著，那么可以认为农业税改革对“一事一议”集体行动困境的影响机制成立。其内在逻辑在于，中国不仅水资源匮乏，而且水资源空间分布极度不均。南方地区水资源相对充裕，内生出南稻北麦的种植格局。更为重要的是，社会生产方式与分工模式决定社会的组织方式与组织文化（丁从明等，2018）。相较于北方地区，作为集体主义文化的认同与行动单位，南方宗族力量对村庄农田水利供给等公共事务决策产生了重要的影响（潘越等，2019）。由此可以推断，若农业

税改革对村庄农田水利投入在南北种植区域呈现差异化的影响，实际上反映的是南北地区村庄在宗族文化上的差异，及其所导致的“一事一议”制度在南北地区的实践效果差别。

表 11–8 中列（1）和列（2）分别报告了在南方稻作区和北方麦作区，农业税改革对村庄农田水利投入的影响。可以发现，在南方稻作区，农业税改革对村庄农田水利投入的影响系数为负，但不显著；在北方麦作区，农业税改革的影响系数显著，且符号为负。这表明，农业税改革对村庄农田水利投入的负面影响在北方麦作区更为强烈。据此判断，取消农业税后，村庄宗族文化在村庄事务决策中的影响力增强，在农田水利供给方面发挥了积极的影响，导致农业税改革对村庄农田水利投入的负面影响大幅减小。

**表 11–8　机制分析三：南北差异背后的“一事一议”集体行动困境**

| 变量 | （1）南方稻作区 | （2）北方麦作区 |
| --- | --- | --- |
| $Tax_{0i} \times I_t^{post}$ | –0.0809（1.5453） | –0.1305***（0.0417） |
| 控制变量 | 是 | 是 |
| 村庄固定效应 | 是 | 是 |
| 年份固定效应 | 是 | 是 |
| 观测值 | 3032 | 3601 |
| $R^2$ | 0.0110 | 0.0100 |
| 观测值（村庄数量） | 235 | 248 |

资料来源：笔者绘制。

注：*、**、*** 分别代表在 10%、5%、1% 的统计水平上显著；括号内为村庄层面的聚类标准误。

二是本节直接考察了宗族文化对村庄农田水利投入的影响。在现有文献中，大姓占比、宗族祠堂等经常被用于表征宗族文化（陈斌开、陈思宇，2018）。本节以村庄第一大姓占比、第一大姓是否拥有族谱和第一大姓是否拥有公共用地三个指标来表征村庄宗族文化，并以村庄灌溉设施是否为集体所有、集体灌溉设施是否能正常使用、最近 5 年是否定期维护集体灌溉设施和集体所有的灌溉设施灌溉的面积占总灌溉面积的比例来表征村庄的农田水利投入①。若宗族文化对村级农田水利投入具有显著的正向影响，则可以合乎逻辑地推断农业税改革后推行“一事一议”面临着集体行动困境，进而造成村庄农田水利投入减少。

表 11–9 的结果显示，村庄第一大姓占比、第一大姓拥有族谱和第一大姓拥有公共用地对村庄灌溉设施为集体所有均具有显著的正向影响。这表明，在宗族文化较强盛的村庄里，村集体投资农田灌溉设施的可能性更大。



① 上述数据均来自 2014 年中山大学社会科学调查中心开展的中国劳动力动态调查（CLDS）数据。限于篇幅，本章并未对所使用的中国劳动力动态调查数据变量进行描述性统计，如有需要，可向作者索取。

**表 11-9 宗族文化对村集体农田水利投入的影响：灌溉设施是否为集体所有（是 =1）**

| 变量 | Probit 模型 | | | | | |
|---|---|---|---|---|---|---|
| | （1） | （2） | （3） | （4） | （5） | （6） |
| | 影响系数 | 边际效应 | 影响系数 | 边际效应 | 影响系数 | 边际效应 |
| 第一大姓占比 | 0.0088***<br>（0.0034） | 0.0019***<br>（0.0007） | — | — | — | — |
| 第一大姓是否拥有族谱（是 =1，否 =0） | — | — | 0.5359**<br>（0.2556） | 0.1148**<br>（0.0541） | — | — |
| 第一大姓是否拥有公共用地（是 =1，否 =0） | — | — | — | — | 0.5417**<br>（0.2403） | 0.1217**<br>（0.0539） |
| 控制变量 | 是 | 是 | 是 | 是 | 是 | 是 |
| 常数项 | -1.1008<br>（1.0142） | — | -0.6521<br>（0.9950） | — | -0.5191<br>（0.9342） | — |
| Pseudo $R^2$ | 0.2217 | — | 0.2161 | — | 0.1802 | — |
| 观测值（村庄数量） | 388 | 388 | 388 | 388 | 388 | 388 |

资料来源：笔者绘制。

注：*、**、*** 分别代表在 10%、5%、1% 的统计水平上显著；括号内为稳健标准误。控制变量包括：村庄总户数、总人口数、劳动力数量、男性劳动力占比、农业劳动力数量、耕地面积、第一大作物为水稻、人均纯收入、离公路干线距离、是否为城郊村庄。表 11-10、表 11-11 和表 11-12 的控制变量同表 11-9，限于篇幅，不再解释。

表 11-10 的估计结果显示，村庄第一大姓占比、第一大姓拥有族谱和第一大姓拥有公共用地对村庄集体灌溉设施正常使用均具有显著的正向影响。这表明，村庄的宗族文化越浓厚，村集体投资的灌溉设施能够正常使用的可能性越高。

**表 11-10 宗族文化对村集体农田水利投入的影响：集体灌溉设施是否能正常使用（是 =1）**

| 变量 | Probit 模型 | | | | | |
|---|---|---|---|---|---|---|
| | （1） | （2） | （3） | （4） | （5） | （6） |
| | 影响系数 | 边际效应 | 影响系数 | 边际效应 | 影响系数 | 边际效应 |
| 第一大姓占比 | 0.0084**<br>（0.0034） | 0.00157**<br>（0.0006） | — | — | — | — |
| 第一大姓是否拥有族谱（是 =1，否 =0） | — | — | 0.5709**<br>（0.2589） | 0.1068**<br>（0.0482） | — | — |
| 第一大姓是否拥有公共用地（是 =1，否 =0） | — | — | — | — | 0.6557***<br>（0.2405） | 0.1266***<br>（0.0468） |
| 控制变量 | 是 | 是 | 是 | 是 | 是 | 是 |
| 常数项 | -1.8275<br>（1.0103） | — | -1.4443<br>（1.0120） | — | -1.1853<br>（0.9691） | — |
| Pseudo $R^2$ | 0.1602 | — | 0.1591 | — | 0.1327 | — |
| 观测值（村庄数量） | 388 | 388 | 388 | 388 | 388 | 388 |

资料来源：笔者绘制。

注：*、**、*** 分别代表在 10%、5%、1% 的统计水平上显著；括号内为稳健标准误。

表 11-11 的估计结果显示，村庄第一大姓占比、第一大姓拥有族谱和第一大姓拥有公共用地对村庄近 5 年来定期维护集体灌溉设施均具有显著的正向影响。这表明，村庄的宗族文化越浓厚，村集体增加农田水利开支、定期维护水利设施的可能性就越高。

**表 11-11　宗族文化对村集体农田水利投入的影响：是否定期维护集体灌溉设施（是 =1）**

| 变量 | Probit 模型 | | | | | |
|---|---|---|---|---|---|---|
| | （1） | （2） | （3） | （4） | （5） | （6） |
| | 影响系数 | 边际效应 | 影响系数 | 边际效应 | 影响系数 | 边际效应 |
| 第一大姓占比 | 0.0089*** （0.0034） | 0.0019** （0.0007） | — | — | — | — |
| 第一大姓是否拥有族谱（是 =1，否 =0） | — | — | 0.5500** （0.2552） | 0.1160** （0.0531） | — | — |
| 第一大姓是否拥有公共用地（是 =1，否 =0） | — | — | — | — | 0.5717** （0.2394） | 0.1270** （0.0529） |
| 控制变量 | 是 | 是 | 是 | 是 | 是 | 是 |
| 常数项 | −1.5550 （1.0166） | — | −1.1311 （0.9947） | — | −0.9003 （0.9248） | — |
| Pseudo $R^2$ | 0.2275 | | 0.2227 | | 0.1832 | |
| 观测值（村庄数量） | 388 | 388 | 388 | 388 | 388 | 388 |

资料来源：笔者绘制。

注：*、**、*** 分别代表在 10%、5%、1% 的统计水平上显著；括号内为稳健标准误。

表 11-12 的估计结果同样支持了上述基本结论。具体而言，村庄第一大姓占比、第一大姓拥有族谱和第一大姓拥有公共用地对集体所有的灌溉设施灌溉的面积占总灌溉面积的比例均具有显著的正向影响。这表明，村庄的宗族文化越浓厚，村庄内集体所有的灌溉设施灌溉的面积占总灌溉面积的比例越高。

**表 11-12　宗族文化对村集体农田水利投入的影响：集体所有的灌溉设施灌溉的面积占比**

| 变量 | Tobit 模型 | | |
|---|---|---|---|
| | （1） | （2） | （3） |
| 第一大姓占比 | 0.0087**（0.0038） | — | — |
| 第一大姓是否拥有族谱（是 =1，否 =0） | — | 0.5950**（0.2589） | — |
| 第一大姓是否拥有公共用地（是 =1，否 =0） | — | — | 0.6066**（0.2541） |
| 控制变量 | 是 | 是 | 是 |
| 常数项 | 0.9079（0.9923） | 1.4322（0.8831） | 1.5482*（0.8814） |
| Pseudo $R^2$ | 0.0555 | 0.0545 | 0.0451 |
| 观测值（村庄数量） | 388 | 388 | 388 |

资料来源：笔者绘制。

注：*、**、*** 分别代表在 10%、5%、1% 的统计水平上显著；括号内为稳健标准误。

根据上述实证检验结果，本节验证了农业税改革后“一事一议”制度推行面临的集体行动困境，是农业税改革导致村庄农田水利投入下降的一个传导机制。

## 第五节　结论与政策启示

农业税改革为理解包容性制度对农村公共治理的影响提供了一个良好的准自然实验。本章基于全国农村固定观察点1995—2017年村庄层面的非平衡面板数据，通过构造连续型改革冲击变量，运用双重差分模型分析了农业税改革对村庄农田水利投入的影响。结果表明，农业税改革显著降低了村庄农田水利投入，说明以农业税改革为典型的包容性制度变革并不利于农田水利治理。结合2014年中国劳动力动态调查数据对作用机制作进一步的分析发现，政府权威缺位是农业税改革无法有效改善农田水利治理的主要原因。虽然农业税改革对村级农田水利投入的抑制效应并非来自基层政府财权与事权不匹配的基本矛盾，但不容忽视的是，农业税改革后基层政府与农民之间重复博弈关系不再，引致基层政府在农田水利供给上出现卸责等相机决策；同时，改革后推行的“一事一议”制度促使政府主动退出农村公共治理，缺乏政府权威的组织与协调导致农田水利治理陷入集体行动困境。

本章研究的理论启示在于，以取消农业税为代表的包容性制度变革抑制了村庄农田水利投入，这并不是说包容性制度资源配置的低效，而是因为农田水利作为天然的集体事业，缺乏政府权威介入以致难以平衡制度变革带来的利益冲突。值得说明的是，本章虽然仅从农业税改革与农田水利治理这一局部关系展开讨论，但得出的理论启示同样具有普遍意义。正如既有研究所主张的那样，政府应该在经济和社会公共治理中发挥更大的作用（North，1990；周其仁，2013）。显然，包容性制度既需要被精心设计来激发市场和民间组织的活力，也需要国家及其代理机构的组织与协调。

本章研究的政策启示在于：第一，包容性制度对个体经济权利的强化和公共事务决策参与的激励，易于导致政府权威的弱化，甚至抑制基层政府对其公共事务治理效能的改善。据此，需要在包容性制度的实施过程中，促使政府定位从管理者向服务者转变，通过社会服务公信力的提升，强化自身在组织协调公共性事务方面的权威；同时，根据公共事务的特性，有选择性地将部分公共事务以服务购买的形式交由市场提供，基于市场竞争机制降低服务成本、提升服务效率。第二，在正式的包容性制度之外，需要注重发挥传统乡土宗族文化等非正式制度资源在农村公共治理中的作用，建立起正式制度与非正式制度、村庄内生性传统力量与外源性国家力量相互支撑、相互补充的包容性治理格局。特别是在当前各项正式制度不断完善的背景下，需要因地制宜引导和规范村庄内部各种血缘性、地缘性和业缘性组织参与村庄公共治理，并挖掘乡土传统中有利于增强农村公共治理能力的行为规范，将其上升为村庄治理的普遍准则。由此，在农村公共治理中形成自治、法治、德治有机结合的局面，破解“一事一议”制度所面临的集体行动困境。

## 参考文献

陈斌开，陈思宇．流动的社会资本——传统宗族文化是否影响移民就业？[J]. 经济研究，2018（3）：35–49.

陈斌开，李银银．再分配政策对农村收入分配的影响——基于税费体制改革的经验研究 [J]. 中国社会科学，2020（2）：70–92+205–206.

陈锡文，赵阳，陈剑波，等．中国农村制度变迁 60 年 [M]. 北京：人民出版社，2009.

丁从明，周颖，梁甄桥．南稻北麦、协作与信任的经验研究 [J]. 经济学（季刊），2018（2）：579–608.

董筱丹，温铁军．宏观经济波动与农村“治理危机”——关于改革以来“三农”与“三治”问题相关性的实证分析 [J]. 管理世界，2008（9）：67–75+89.

郭云南，姚洋．宗族网络与农村劳动力流动 [J]. 管理世界，2013（3）：69–81+187–188.

韩鹏云，刘祖云．村级公益事业“一事一议”：历程、特征及路径创新——基于制度变迁的分析范式 [J]. 经济体制改革，2011（5）：31–34.

贺雪峰，郭亮．农田水利的利益主体及其成本收益分析——以湖北省沙洋县农田水利调查为基础 [J]. 管理世界，2010（7）：86–97+187.

贺雪峰．新乡土中国 [M]. 北京：北京大学出版社，2013.

黄祖辉．准确把握中国乡村振兴战略 [J]. 中国农村经济，2018（4）：2–12.

冀县卿，钱忠好．中国农地产权制度改革 40 年——变迁分析及其启示 [J]. 农业技术经济，2019（1）：17–24.

孔祥智，涂圣伟．新农村建设中农户对公共物品的需求偏好及影响因素研究——以农田水利设施为例 [J]. 农业经济问题，2006（10）：10–16+79.

李增刚．包容性制度与长期经济增长——阿西莫格鲁和罗宾逊的国家兴衰理论评析 [J]. 经济社会体制比较，2013（1）：21–30.

罗必良，洪炜杰，耿鹏鹏，等．赋权、强能、包容：在相对贫困治理中增进农民幸福感 [J]. 管理世界，2021（10）：166–181+240+182.

马光荣，杨恩艳．社会网络、非正规金融与创业 [J]. 经济研究，2011（3）：83–94.

曼瑟尔·奥尔森．集体行动的逻辑 [M]. 上海：上海三联书店，2003.

毛捷，曹婧．农村税费改革与地方政府筹资模式的转变 [J]. 经济研究，2021（3）：83–99.

潘越，翁若宇，纪翔阁，等．宗族文化与家族企业治理的血缘情结 [J]. 管理世界，2019（7）.

秦国庆，杜宝瑞，刘天军，等．农民分化、规则变迁与小型农田水利集体治理参与度 [J]. 中国农村经济，2019（3）：111–127.

仇童伟，罗必良．“好”的代理人抑或“坏”的合谋者：宗族如何影响农地调整？[J]. 管理世界，2019（8）：97-109+191.

申端锋．农田水利建设需防范“治理性”干旱 [N]. 农民日报，2011-05-24.

史清华，程名望，徐翠萍．中国农业新政策变化的政策效应——来自 2003 ～ 2006 年田野调查与跟踪观察的农户数据 [J]. 中国人口科学，2007（6）：51-60+96.

宋洪远，吴仲斌．盈利能力、社会资源介入与产权制度改革——基于小型农田水利设施建设与管理问题的研究 [J]. 中国农村经济，2009（3）：4-13.

苏毅清，秦明，王亚华．劳动力外流背景下土地流转对农村集体行动能力的影响——基于社会生态系统（SES）框架的研究 [J]. 管理世界，2020（7）：185-198.

陶然，刘明兴，章奇．农民负担、政府管制与财政体制改革 [J]. 经济研究，2003（4）：3-12+91.

王剑锋，邓宏图．家庭联产承包责任制：绩效、影响与变迁机制辨析 [J]. 探索与争鸣，2014（1）：31-37.

王金霞，徐志刚，黄季焜，等．水资源管理制度改革、农业生产与反贫困 [J]. 经济学（季刊），2005（4）：189-202.

王亚华，高瑞，孟庆国．中国农村公共事务治理的危机与响应 [J]. 清华大学学报（哲学社会科学版），2016（2）：23-29+195.

王亚华，臧良震．小农户的集体行动逻辑 [J]. 农业经济问题，2020（1）：59-67.

温莹莹．非正式制度与村庄公共物品供给——T 村个案研究 [J]. 社会学研究，2013（1）：113-133+243.

吴敏，周黎安．财政压力的多层级传递与应对——基于取消农业税改革的研究 [J]. 世界经济文汇，2020（1）：41-59.

杨弘，郭雨佳．农村基层协商民主制度化发展的困境与对策——以农村一事一议制度完善为视角 [J]. 政治学研究，2015（6）：20-27.

周其仁．改革的逻辑 [M]. 北京：中信出版社，2013.

Altonji，J. G.，Todd，E. E. and Christopher R. T.. Selection on Observed and Unobserved Variables：Assessing the Effectiveness of Catholic Schools[J]. Journal of Political Economy，2005，113（1）：151-184.

Bahamonde，H. and Trasberg，M.. Inclusive Institutions，Unequal Outcomes：Democracy，State Capacity，and Income Inequality[J]. European Journal of Political Economy，2021，70：1-21.

Bierschenk，T.. Democratization Without Development：Benin 1989-2009，International Journal of Politics[J]. Culture and Society，2009，22：335-357.

Acemoglu，D. and Robinson，J.. Why Nations Fail：The Origins of Power，Prosperity，and Poverty[M]. New York：Crown Publishers，2012.

Acemoglu，D.，Johnson，S. and Robinson，J. A.. The Colonial Origins of Comparative Development：An Empirical Investigation[J]. American Economic Review，2001，91（5）：1369-1401.

Davis，D. R. and Weinstein，D. E.. Bones，Bombs，and Break Points：The Geography of Economic Activity[J]. American Economic Review，2002，92（5）：1269-1289.

Hanson，J. K.. Democracy and State Capacity：Complements or Substitutes?[J]. Studies in Comparative International

Development，2015（50）：304–330.

Miguel，E. and Roland G.. The Long–run Impact of Bombing Vietnam[J]. Journal of Development Economics，2011，96（1）：1–15.

Mulligan，C. B.，Sala–I–Martin，X. and Gil，R.. Do Democracies Have Different Public Policies Than Nondemocracies?[J]. Journal of Economic Perspectives，2004（18）：51–74.

Nelson，J. M.. Elections，Democracy，and Social Services[J]. Studies in Comparative International Development，2007，41（4）：79–97.

North，D. C.. Institutions，Institutional Change and Economic Performance[M]. New York：Cambridge University Press，1990.

Nunn，N. and Qian，N.. The Potato's Contribution to Population and Urbanization：Evidence from a Historical Experiment[J]. The Quarterly Journal of Economics，2011，126（2）：593–650.

Ross，M. L.. Is Democracy Good for the Poor[J]. American Journal of Political Science，2006，50（4）：860–874.

Scott，J. C.. Against the Grain：A Deep History of the Earliest States[M]. New Haven：Yale University Press，2017.

Shen，Y. and Yao，Y.. Does Grassroots Democracy Reduce Income Inequality in China[J]. Journal of Public Economics，2008，92（10–11）：2182–2198.

# 第四篇

# 深化改革：增强动能与增收富民

# 第十二章 农业经营制度变革与趋势[①]

路径依赖理论强调初始选择与历史事件对制度变迁的决定性作用，但其内在的“偶然论”与“历史宿命论”色彩在一定程度上削弱了其理论解释力。此外，忽视制度目标、片面关注制度效率与路径依赖的问题，也是不恰当的。为此，本章构建了一个关于制度变迁的“社会信念 – 制度目标 – 制度安排”三维结构的情境依赖分析框架。其中，社会信念、制度目标、制度遗产、行为激励，以及资源、技术与知识的积累，是制度变迁过程中的关键情境变量。通过对人民公社体制与家庭联产承包责任制的比较分析可以发现，中国农业经营制度的演进，并不呈现典型的路径依赖特征，而更多地表现为对特定情境的响应与适应，即具有明显的情境依赖性，且能够根据宏观目标的转换进行有效的制度转轨。针对小规模、分散化的农业经营格局，中国农业经营制度需要结合新的情境与收益机会，在制度目标导向与制度底线约束之间作出更具适应性的制度选择。为此，本章提出了一种可能的农业经营制度模式，即“农户专业种地、社会迂回投资、能者外包服务、市场竞争交易”，并提出将家庭经营有效卷入分工经济的产权实施路径。本章特别强调，制度是重要的，历史同样重要，但制度变迁的情境依赖性进一步揭示了人类制度选择的能动性与潜在空间。

## 第一节 制度目标、制度效率与制度变迁



### 一、制度重要吗?

制度是重要的，初始选择是重要的，因而历史是重要的。近年来，制度变迁路径依赖理论已经受到广泛的实证质疑或证伪。

Clark（2007）发现，印度 19 世纪的机械棉纺织业几乎照搬了英国所有的机械设备和管理制

① 本章主要内容发表于《社会科学战线》2020 年第 1 期，原文标题为《制度变迁：路径依赖抑或情境依赖？——兼论中国农业经营制度变革及未来趋势》。

度，孟买的社会法律制度几乎克隆了宗主国，但结果是劳动生产率还不如英国童工的生产率。他据此认为，文化差异是国家穷富分野的关键。与路径依赖理论相一致，主流观点认为文化是一系列初始条件和约束条件动态演化引致的均衡，但 Clark（2007）则强调文化差异的背后，是一个生育文化基因的选择过程。基因不仅决定了当代人的经济成功，而且也决定了后代人的经济成功。所以，作为一个文化决定论者，Clark 宣称“制度并不重要”①。

孙文凯（2018）同样对路径依赖理论提出了挑战。众所周知，Acemoglu 等（2001）在制度对经济发展影响的经典研究中，采用殖民地时期殖民者死亡率作为制度的工具变量，阐明了制度选择的路径依赖及其根源。其逻辑为：如果殖民者死亡率高，那么他们不倾向于在当地长期居住并建立仿照母国的“好”的制度，而是采取掠夺性政策；反之，较低的死亡率促使殖民者长住，并在殖民时建立良好的相容性制度。但是，采用这种工具变量分析时如果忽视全球化的影响，则可能高估制度的作用。为此，孙文凯利用 KOF 全球化指数及 WDI 数据库提供的若干宏观经济变量，同时使用死亡率和英语国家殖民年限作为制度和全球化程度的工具变量，分析结果表明，全球化是经济发展的重要解释因素，并且在控制全球化因素后制度因素不再显著。在控制自然资源、教育水平、地理位置等因素后，结论依然稳健。

尽管上述研究在一定程度上弱化了“制度重要性”的解释能力，但必须认识到，文化差异本身就是广义制度的重要组成部分，而全球化也与制度安排紧密关联②。但由此能够得到的启示是，制度变迁及其绩效，并不仅仅由“制度论”中的产权制度、法律法规等所决定，也不仅仅由历史事件或初始选择所决定，而是与制度遗产、环境条件以及个人偏好等其他因素有关，因而具有情境依赖性。已经观察到的两个重要事实是：第一，在世界范围内，不同地区其制度安排并不一致，即使是同一地区，也可能存在多样化制度；第二，所谓的“好”制度也不是一劳永逸的，同一制度在不同的情境下具有不同的作用，并总是随着环境条件的变化而处于不断的演化之中。

## 二、制度目标与制度效率

制度收益与制度成本是制度变迁理论的分析主线。Coase（1960）提出了制度变迁的一般原则，即制度变迁成本与收益之比对促进或推迟制度变迁起着关键作用。North 等（1973）也认为，



① 另一项值得关注的研究是，Michalopoulo（2014）发现，由于殖民、战争等因素，独立后的非洲经历了国界的重新划分，导致众多原本属于同一种族的地区被分属于多个不同的国家。通过对分属不同国家与制度环境的种族地区进行比较分析，结果表明，当考虑了种族固定效应以后，国家制度与地区发展之间的关系并不显著。

② 也正因为这样，路径依赖理论并不能有效处理“作为信念的制度”与“作为规则的制度”的关系，从而弱化了对制度重要性分析的逻辑一致性（王星、李放，2011）。

制度安排之所以能够被创新，是因为在原有制度安排下无法实现潜在利益，从而使行为者产生了对新的制度安排的需求。因此，当要素相对价格及谈判力量对比发生变化时，制度会发生变迁。由于路径依赖理论关注于由制度引发的经济增长停滞或者增长路径被“锁定”在某种低效率或无效率状态下而导致停滞，所以制度效率评价是值得重视的问题。

效率及其结果是针对目标而言的，制度效率判断与制度目标紧密关联。制度变迁的不同参与主体具有不同的利益目标，而新的制度安排对不同的主体来说，其目标实现的程度可能是不同的。正因为这样，人们往往将制度的出现与维持，视作个人和利益集团基于自身经济政治利益相互博弈的结果。不仅如此，不同的制度有着不同的目标，其效率标准也并非一致。所以，要解决社会面临的不同问题，需要构建与之相适应的不同制度。这些问题包括协调问题、囚徒困境问题、既得利益保护问题、合作博弈问题（肖特，2003）。类似地，布罗姆利（1996）把制度变迁分为四种类型：提高生产效率的制度变迁、重新分配收入的制度变迁、重新分配经济机会的制度变迁和重新分配经济优势的制度变迁。罗必良等（2005）则将制度变迁从经济维度拓展到更为广泛的范围：由改进效率的潜在机会引起的制度变迁、由外部竞争压力引起的制度变迁（核心制度收缩与边缘制度兴起）、因思想观念中手段与目标存在矛盾引起的制度变迁，以及因制度结果违背人类终极价值引起的制度变迁。所以，单纯就经济目标讨论制度变迁及其效率显然是偏颇的，同样，由此来讨论路径依赖问题也是不恰当的。制度变迁并不一定总是有经济效率或有利于经济发展的（斯塔萨维奇，2014）。选择某个有效率的制度结果的关键问题不是笼统的效率，而是对谁有效率，而且是针对什么目标有效率（罗必良、凌莎，2014）。

## 三、社会信念与制度目标决定

为了实现相同的目标，人们可能会选择不同的制度。由此引发的问题是，目标由什么决定？这些制度差异由什么决定？

越来越多的学者将其归因于文化差异，即所谓的“信念塑造制度”（曹正汉，2005）。不同流派的思想家，从凡勃伦、韦伯到哈耶克，都强调了文化因素尤其是信念对制度选择及其变迁的重要影响（凡勃伦，1997；韦伯，1987；哈耶克，2000）。North（1990）也注意到，即使两个社会建立了大致相同的初始制度、面临相同的相对价格变动及其潜在机会，但这两个社会仍然会在随后的变迁过程中，因文化传统和价值观的差别而演化出相去甚远的制度安排，走上不同的经济发展道路。Greif（1994）论证了“理性的文化信念”对一个社会的制度框架的形成与演进所产生的决定性作用。这种理性的文化信念一旦形成，并为该社会每个人所知，则在社会成员之间的博弈中具有自我实施的特点，因而其决定了每个人的最优战略选择，并进一步决定该社会的组织方式和制度选择。

在每个人心中，都有一套或明确或不太明确、或清晰或不太清晰的思想信念。在一个稳定的社会中，一定存在一套被社会成员普遍认同的思想信念，即所谓的社会主流思想信念。社会成员分为两类，即社会大众和社会精英。社会大众在充满不确定性的世界中，需要有一套思想信念用来安身立命。他们的思想信念来自两个方面，一是来自世代相传的社会习俗、习惯，以及对文化传统的学习；二是来自社会精英对文化传统的阐述和对新思想观念的倡导。社会精英是一群有能力阐明自己思想信念并进行传播推广的杰出人物。因此，当社会处于稳定时期，主流思想信念通过精英人物的阐述和倡导得以广泛传播和延续下去。当社会进入一个新环境或面临新问题而需要革新思想信念时，新的精英人物就会应运而生，他们或者对文化传统进行新的解释，或者从社会外部引入新思想，或者从实际经验中创造新的思想信念，或者三者兼而有之。

## 四、制度变迁的情境依赖性

近年来，实验经济学不断证明了人类社会行为选择的情境依赖性（罗俊、陈叶烽，2015）。这里的情境指的是时间（T）、场景环境（E）、事件背景（B）、社会性因素[①]（S）等不同维度的变量所组成的集合。情境依赖性可定义为：人类社会行为可能会因为情境集合中任一维度变量的引入或改变而有所变化。研究表明，人们在日常生活中会根据当下的社会规范、个体的社会身份、承诺的社会责任、经受的社会压力等社会性因素作出符合社会要求的行为决策。

基于前述，我们构建一个“社会信念－制度目标－制度选择”的制度变迁情境依赖分析框架。包括以下五个关键变量。

### （一）社会精英与社会信念

社会精英提出的新思想新理念，可能有多种形式，彼此之间甚至可能相互冲突。在这些新的思想信念中，哪一种将成为社会新的主流思想信念，取决于社会大众的评价与响应。信念是一套关于理想人生和理想社会的假设，这套假设要得到社会大众的相信和认可，需具备一些条件。第一，在社会大众的心目中，提出和倡导新思想信念的精英人物应该具有广泛的号召力。第二，在社会大众的心目中，社会精英提出和倡导的新思想信念能够解决社会大众面临的制度性问题。第三，这套思想观念应同社会的文化传统有内在联系，能够从社会大众内心的传统资源中找到支持力量。

① 包括社会规范、社会声誉、社会身份、社会承诺等因素。

### （二）社会信念与社会博弈

制度安排是社会精英和社会大众为实现某些价值目标，所共同选择（或认同）的一套组织社会活动的规则。其形成过程表现为社会精英与社会大众之间的博弈过程。首先，社会精英按照其偏好的价值目标和思想设计出实现这一价值目标的制度安排。其次，社会精英还希望在环境、资源、知识等约束条件下，其所设计的制度安排在协调社会成员的行动以实现其所偏好的价值目标时，尽可能降低交易成本。当然，社会精英追求的目标不一定是社会的资源配置效率最大化，而可能是其偏好的特定价值目标最大化。再次，社会大众对社会精英提出的价值目标和设计的制度安排进行评价并作出支持还是不支持的反应。当社会精英与社会大众构成纳什均衡时，这种制度安排就能够建立起来并维持下去。最后，当存在不同的社会精英并分别信奉不同的社会信念，且都能够赢得或多或少的社会大众的响应时，社会就会呈现制度安排或制度变迁的多样化与竞争图景①。

### （三）制度遗产与资源存量

与丰裕自然资源禀赋能够带来经济繁荣但也会因对其他要素产生“挤出效应”而形成“资源诅咒”一样，先期的制度选择以及由此形成的制度遗产，也会对后期的制度选择及变迁带来影响。路径依赖理论强调的“遗产”主要是指历史事件对当下经济表现的影响。主要包括历史事件对发展道路选择的影响、对制度形成的影响、对塑造社会文化与价值准则的影响、对教育与知识积累的影响。本章强调的制度遗产在本质上是一种知识积累，原有制度形成的路径与经验积累往往会在后续的制度选择或制度安排中成为习惯与惯例。制度遗产作为一类存量资源，在一定情境下依然具有可开发的组织优势与潜在收益。

### （四）制度安排与行为努力

理性经济人通过两种努力来追求个人收益的最大化，即生产性努力和分配性努力。前者致力于创造财富，会使社会总财富增加；后者致力于获取他人创造的财富，此时社会总财富不会增加，甚至减少。所以，社会财富的持续增加要求激励人们的生产性努力，抑制分配性努力。制度确定后，利益分配也就随之确定下来。一旦这种利益界定与正当利益边界之间有距离，人们的生产性努力将受到抑制。当这种差距扩大到一定程度时，生产性努力将受到完全抑制，经济发展陷入停滞。制度可以以某种形式解决利益分配过程中的纠纷，但也可能无法解决生产性努力与所得



① 由此，观念竞争进而国家竞争是解释大分流的重要机制。例如，历史上欧洲和中国之所以走上不同的经济变迁模式，是因为在 1000—1500 年，欧洲存在众多相互竞争的国家，而亚洲则只有中国这样一个“超级大国”。这种不同的状态对于其政治经济的演变都具有巨大的影响。参见王国斌、罗森塔尔：《大分流之外：中国和欧洲经济变迁的政治》，周琳译，南京：江苏人民出版社，2018 年。

的一致性问题。生产性努力和分配性努力的激励结构能够直接影响制度目标的实现。

**（五）资源、技术与知识供给**

资源禀赋的丰缺、市场规模的大小、技术变化及知识积累，必然会改变产品和要素的相对价格。相对价格的变化改变了人们之间的激励结构，决定着制度结构的调整与变化。所以产品和要素相对价格的改变被视为是制度变迁的源泉。其中，市场规模的扩大使得与规模经济相适应的制度安排得以创新；技术进步有利于降低交易成本并使某些制度安排的比较优势或潜在优势得以凸显；人们拥有的科学知识越多，其选择制度的空间就更大，设计和实施制度变迁就会更有成效（拉坦，1994；科斯等，1994）。图 12-1 表达了上述逻辑线索。

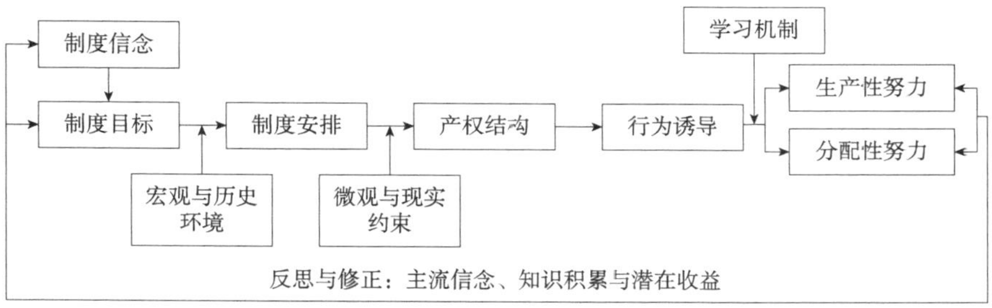


**图 12-1　制度选择及其变迁的情境依赖性分析框架**

资料来源：笔者绘制。

# 第二节　人民公社体制与家庭联产承包责任制

## 一、人民公社体制及其延续

中国的人民公社体制在本质上是以土地集体化为核心，由集体劳动的生产管制、统购统销的产品管制以及户籍制度的人口管制三套相互匹配的制度体系构建的组织。显然，人民公社体制并非历史上封建半封建土地制度的历史继承，也并非中国共产党领导的“打土豪分田地”所构建的农民土地所有制的路径依赖。这套制度体系差不多是对中国先前土地所有制的颠覆。



如果说土地改革时期的农地产权私有化是政治的需要，那么随之而来的土地集体化则既是政治的需要，也是经济的需要（Biliang and Bo，2009）。人民公社的制度选择有着显著的情境依赖性质。

一是历史情境与制度目标。中华人民共和国的成立结束了近代中国的百年乱局，但中国共产党面临的却是一个一穷二白的农业国家。一个国家尤其一个人口大国要独立于世界民族之林，必须建立独立完整的工业体系。几个事实强化了国家工业化战略目标的选择：其一，当时发达国家都拥有强大的重工业，重工业因此成为国家富强的标志和目标；其二，苏联在20世纪30年代通过高度集权的计划经济体制快速实现国家工业化，为中国领导人提供了强有力的示范与激励；其三，西方国家当时对中国的封锁与经济制裁，强化了中国对独立工业体系需求的迫切性。由此，中国仿效苏联，选择了高积累、高投资、高速度优先发展重工业的发展战略。

二是精英信念与策略选择。对于国家工业化的战略选择，毛泽东有着清晰的判断。中国百分之八十的人口是农民，这是小学生的常识。因此农民问题，就成了中国革命的基本问题，农民的力量，是中国革命的主要力量[①]。但问题是，实行重工业优先的赶超型工业化战略，必须解决三个关键问题：其一，提高储蓄率，加快原始资本积累；其二，保证有限资源集中投向国家确定的重点领域特别是重工业领域；其三，保证高积累下的社会稳定。这些要求显然不可能在一个竞争性的市场经济环境下获得。为此，两个方面的支持尤为重要：其一，新中国成立前后的土地改革极大地调动了广大农民的政治与经济热情，成为可动员的组织力量；其二，由经典社会主义理论演绎的公有制效率最优和社会福利最大化思想，成为基本的理论力量。由此，一个高度集中的计划经济体制成为重要的策略选择。于是，1953年中共中央发布了《关于发展农业生产合作社的决议》，确立党在农村工作的根本任务就是将农民联合起来，进而通过社会主义改造以实现农业集体化。

三是制度安排及其组织。人民公社体制的制度安排具有时序性与匹配性。第一，为了以工农产品价格“剪刀差”方式获得农业剩余以完成国家工业化的原始积累，政府于1953年开始实施了“统购统销”政策；第二，为了保证国家种植计划的落实，20世纪50年代中期形成了将农民组织起来的公社集体；第三，为了压低城市生活成本并确保农民从事农业生产，20世纪50年代后期实施了限制农业人口流动的户籍制度。统购统销、人民公社以及户籍制度作为国家获取农业剩余的制度体系，不仅有效动员和支持了国家的快速工业化，而且大大降低了国家的组织成本与管制成本。其中，土地的集体所有制是制度安排的核心，有效保障和维护了国家意志与政策目标的贯彻执行。


四是潜在收益及其调整。事实上，人民公社体制尤其是土地集体化对农民产权的弱化及其低效率，受到了来自多方的质疑与抵制。尤其是经历了1959—1961年的农业饥荒之后，自发进行的“包产到户”差不多在每个省（自治区、直辖市）都有发现。尽管“责任田”“包产到户”等一度上升到“阶级斗争”的政治高度，但隐含着农民争夺土地权利的反复博弈与不懈努力。人民公社的制度选择实际上是主导集团与农民之间的一个博弈过程。正因为如此，随后进

① 毛泽东：《新民主主义论》，新华日报华北分馆1940年版。

行的制度调整，包括公社规模的收缩、三级核算以队为基础、“自留地”的扩大以及农业基础设施与装备条件的改善，都是公社制度得以维护与延续的重要因素。其中，作为“边缘制度”安排的“自留地”对潜在收益的实现，有效弥补了作为“核心制度”的公社效率的不足。就此而言，一套低效率的核心制度能够存留与延续，一定存在着高效率边缘制度与之相匹配（罗必良，2019）。

对于人民公社体制的效率评价显然不能局限于经济效率。从结果来看，人民公社体制的确实现了国家设计的功能目标：其一，“一大二公”的组织体制和平均主义的分配制度既保证了农民的就业权利，又维护了农民的最低生活需要，直接弱化了国家与个体之间的矛盾冲突，从制度上保证了农村社会的稳定。其二，通过工农业产品“剪刀差”有效获取了二业化的资本积累。1953—1981 年，国家通过价格“剪刀差”方式从农民手中获得的工业化资金高达 7000 亿元，加上农业集体组织内部完成的积累 1000 多亿元，总计约为 8000 多亿元，占到同期中国积累资金的 50% 以上。而国家在此期间对农业的投入总额只有 800 亿元（吴敏一、郭占恒，1991）。其三，对棉花等大宗商品的统购统销为轻工业发展提供了保护性支持，并通过再分配加快了工业化进程。显然，在一个落后的大国小农，能够用短短 20 年时间建立起完整的工业化体系，堪称“经济奇迹”。

必须承认农业与农民为此付出的代价和作出的牺牲。由于土地资源失去了明晰的产权主体，产权模糊导致严重的租金耗散；农业生命特性要求灵敏性的处理机制，计划指令的僵化性势必导致生产决策失误；“磨洋工”“搭便车”等机会主义行为泛滥，导致资源浪费与劳动效率低下。所以，与国家快速工业化形成强烈反差的是农业增长陷入停滞。

## 二、家庭联产承包责任制：目标转换及其情境依赖

中国的农村改革，来源于制度环境的变化。一是国家工业化目标基本完成；二是人民公社体制特别是集体农业劳动的低效率，导致农业的落后；三是不断加剧的城乡差距和工农差距，影响社会稳定。这些变化使得国家制度目标发生重大转变。1978 年召开的党的十一届三中全会确立的思想路线，使改革开放成为新的历史选择。中国是一个农业人口占大多数的国家，特殊的国情决定了必须首先解决农民问题才能实现全面的改革。而多年来的“一大二公”、“大锅饭”、绝对的平均主义伤害了农民的生产积极性，农业效率低下。在此情境下，面对农产品极度短缺的市场环境，最大程度调动农民的积极性、提高农业生产效率以实现农业产出的最大化成为新的制度目标。

1978年冬自发实施“大包干”的安徽省小岗村被誉为“中国农村改革第一村”。实际上，1977年11月25日安徽省农村工作会议通过的重要文件《关于当前农村经济政策几个问题的规定》(即著名的“安徽省委六条”)，是真正标志中国农村改革起始的里程碑。当时针对安徽的做法，各种争论异常激烈，甚至在有些地方受到了强烈的抵制。1980年5月，邓小平发表讲话，他认为主要问题还是思想不够解放，并赞扬了安徽肥西的包产到户和凤阳的大包干。邓小平明确指出，农村政策放宽以后，一些适宜搞包产到户的地方搞了包产到户，效果很好，变化很快。可以肯定，只要生产发展了，农村的社会分工和商品经济发展了，低水平的集体化就会发展到高水平的集体化，集体经济不巩固的也会巩固起来。关键是发展生产力，要在这方面为集体化的进一步发展创造条件。他进一步强调，生产关系究竟以什么形式为最好，恐怕要采取这样一种态度，就是哪种形式在哪个地方能够比较容易比较快地恢复和发展农业生产，就采取哪种形式；群众愿意采取哪种形式，就应该采取哪种形式，不合法的使它合法起来[①]。

邓小平把改革目标的原则性、改革策略的艺术性、改革手段措施的灵活性以及历史机遇的情境性巧妙地结合起来，用于指导农村改革实践，推动了社会主义市场经济体制的最终确立。可以说，农村改革的成功证明了制度选择及其变迁的情境依赖性。

正是在邓小平的思想指导下，精英思想转化为社会共识。于是，1980年中共中央发布《关于进一步加强和完善农业生产责任制的几个问题》，包产到户、包干到户第一次在中央文件上得到了认可。1982年1月中央一号文件批转的《全国农村工作会议纪要》中，第一次明确肯定了包干到户、包产到户或者大包干都是社会主义生产责任制，是社会主义农业经济的组成部分。1983年1月，中央一号文件则赞颂了以包干到户和包产到户为主要形式的联产承包责任制“是党的领导下中国农民的伟大创造”。这个文件标志着家庭联产承包责任制作为中国农村的基本制度被正式确立起来。

家庭联产承包责任制的初始动因是解决农民的吃饭问题。制度变革的核心是由集体统一经营转换为以农户为独立产权主体的家庭经营。为什么一个“简单”的经营主体转换能够带来完全不同的经济绩效？这显然与制度嵌入的环境有关。其中，两个方面的制度安排尤为重要。



一是对土地“均分”基因的继承。在人地关系长期紧张的中国，“均田”或“均分”等土地分配方式，能够最大程度动员农民的支持力量。土地不仅是重要的生产资料，也是农民生存的“命根子”，从而形成了特殊的农耕制度传统。土地均分由于提供了一种分担风险的机制，成为乡土社会保障体系的重要组成部分。

---

① 《邓小平文选（第二卷）》，人民出版社1994年版；《邓小平文选（第一卷）》，人民出版社1994年版。

农地“均分”的制度基因在近代得到了很好的继承。从土地革命时期的“耕者有其田”，到农业集体化时期的社队成员权，再到家庭联产承包责任制下的农地均包制，都充分体现出村庄土地的“均分”特征。应该说，农地制度变迁在很大程度上受到农村人口数量和结构变动的影响。在40多年前的家庭联产承包责任制改革中，土地要素在农民之间的分配相当平均，随后的农地调整也一直遵循家庭人口平均分配土地的原则。因此，土地的集体所有及其“均分”体现了农地的社会福利保障性质并具有一定的制度优势。例如，“均分”的农地制度安排使得中国农民在营养摄入、婴儿死亡率、妇女识字率等方面的境况均好于印度（姚洋，2000）。

二是坚持家庭经营的主体地位。在人工劳动的情境下，农业天然地隐含着高昂的监督与计量成本，人民公社的统一经营与集体劳动必然带来“集体行动困境”。从包产到户、包地到户到包干到户，关键是赋予了农户在完成统购与集体提留任务之后的排他权与剩余索取权，由此形成了生产性努力的自我激励与自我执行。其中，“交够国家的、留足集体的、剩下是自己的”的契约安排，不仅破除了人民公社体制的集体统一核算和统一分配制度，确立了农户家庭经营的主体地位，而且为撤销人民公社体制创造了条件，并为普遍实行以家庭承包经营为基础、统分结合的双层经营体制奠定了基础。其基本的逻辑是：（1）既然是“包产”（交够国家的、留足集体的），那么“剩下是自己的”所形成的激励则极大地调动了农民的生产积极性，由此农户所获得的农业剩余以及富余产品必然进入市场，农贸市场得以重新发展，从而导致了“统购统销”制度的逐步瓦解。（2）既然是“包干”，就意味着赋予了农民自由种植权，那么农户通过资源的重新配置，一方面着力提高粮食单产，力求用最少的耕地完成税费上缴任务，另一方面将节约出来的土地耕种经济作物，由此引导了农业的多样化经营，农业结构得以调整。（3）既然是“包地”，在完成上缴任务的前提下，农户可以自主处置其土地，部分农户甚至干脆种植具有比较优势的经济作物，然后通过农贸市场购买粮食“交公粮”。计划种植体制由此解体[①]。（4）既然是“家庭经营”，由于农户承包的土地十分有限，家庭农业劳动力必然由人民公社的“隐性”剩余转变为“显性”剩余，农业剩余劳动力得以流动（从早期的乡镇企业到后来的农民工进城），由此农民的择业权开始回归并不断冲击着户籍体制。

家庭承包经营制度在保障国家农产品供给安全的同时，兼顾了农民的利益，实现了微观主体目标与国家宏观目标的激励相容，从而赢得了广泛的社会认同。家庭联产承包责任制带来的绩效不仅在于生产效率的提高，而且有着广泛的溢出效应。第一，家庭承包制的实施，满足了农民

① 自1985年中央一号文件规定“任何单位都不得再向农民下达指令性生产计划”后，农户越发拥有了较为充足的自主经营决策权。这意味着，农民不仅拥有了剩余索取权，而且拥有了剩余控制权。

对土地的产权偏好，顺应了历史发展的必然性。第二，“交够国家的，留够集体的，剩下是自己的”的制度安排，保证了农民对土地的经营权以及农业剩余的索取权，激励了农民的生产性努力，实现了农业产量提高与生产效率改善的目的，维护了中国农业经营制度的核心目标。第三，微观制度有效实现了与宏观目标的相容。从包产到户到大包干的农地经营制度变革与农村微观组织系统再造，确定了农户家庭经营的主导地位，实现了土地所有权与经营权的分离，从而使广大农民获得了财产支配权与经济民主权（包括农民的职业转换与身份变迁）。由此产生的激励机制，推进了资源配置效率改善，农业结构调整和非农产业发展成为可能，从而引发了农村经济流量的迅速扩张，有力地改变了国民经济的原有格局与经济流程。

## 第三节　农业经营制度变革需要关注的主要问题

新时期中国农业经营制度的核心目标在于：一方面，必须有利于保障农产品有效供给，确保粮食和食品安全；另一方面，必须有利于农业生产效率改善，确保农民增收。其所坚持的制度底线是：第一，始终坚持农村土地农民集体所有制；第二，始终稳定土地承包关系并保障农户的土地承包权；第三，始终维护农业家庭经营的基础性地位；第四，始终严格保护耕地并强化农地用途管制。作为宏观的判断标准，一项“好制度”必须服务于国家制度目标，并能够获得行为主体的社会认同与响应。因此，正视中国农业经营制度面临的问题，挖掘制度变革的可能性潜力，必须理解情境变化与制度的依存关系，并由此作出适宜的选择。

### 一、制度遗产及其继承：面临的历史问题

中国农业经营制度实际上是由两个层面的制度构建的：一是产权界定及其法定规则，二是产权实施及其契约安排（罗必良，2019）。显然，作为制度遗产的产权均分基因与农户分散经营，必然带来后遗症。



#### （一）产权界定遗产：土地“均分”及其延续

农地“均分”的初始赋权为农地制度植入了按国家意图“变更”的基因，对农民而言则意味着农地产权的可调整性（李尚蒲、罗必良，2015）。第一，农户凭借其天然的成员权，成为集体土地的“准所有者”。这种成员权具有同质性特征，决定了每个农户凭借其人口数量必然平等地享有承包经营权；第二，保障地权稳定的效率目标总是让位于公平目标，当人地关系发生变化并累积到一定程度后，就需要通过一次又一次的农地调整来满足农户对“平等”的诉求；第三，村

集体是地权调整的决策者与组织者，其权力基础是人民公社时期所形成的国家政治权力的存留，这既符合“农村土地集体所有”的法理解释与土地保障的“生存伦理”原则，又体现出国家主导的制度安排对社会稳定目标的追求。

传统基因的继承以及新基因的植入，必然带来两个显著的现实约束。一是体制后遗症。一方面，初始的“均分”与随之而来的“变更”，会不断诱导土地调整中各类博弈力量的形成，包括村集体与村干部选择性的土地分配与寻租、家族势力的形成以及对产权界定规制的挑战等，给村庄社会的稳定埋下隐患。另一方面，地权的分配及其调整依赖于农民集体成员的天赋权利，由此形成的身份性产权必将抑制农地流转的市场化进程。二是效率损失。为了满足农民对地权均等的诉求，必然会因人地关系的变化反复进行农地调整，不仅隐含着高昂的产权界定成本，而且在产权实施上无法形成稳定的投资预期，从而强化短期行为；地权的均等不仅涉及土地数量，也涉及土地质量，由此决定了产权界定必然导致农户土地的分散化与地块细碎化，也决定了产权实施上的规模不经济。

“均分”与“变更”基因的融合，必然导致分散化、小规模经营。1986 年农户户均耕地 9.2 亩、分散为 8.4 块；2008 年下降到 7.4 亩，分散为 5.7 块。2011 年全国家庭承包经营的耕地面积为 12.77 亿亩，经营农户 2.288 亿户，户均经营耕地仅 5.58 亩。可以认为，中国农业家庭经营几乎没有土地规模经济性（罗必良等，2014）。

### （二）产权组织遗产：农业家庭经营及其争论

与农地产权制度遗产相融合的制度匹配则是农业家庭经营的组织安排。农业生产是通过利用有构造的生命自然力进而利用其他自然力的活动（中国农村发展问题研究组，1984）。生物信息的不规则性、现场处理的灵活性，使家庭经营内生的灵活决策机制、对生物节律的响应机制以及激励相容的自我执行机制，在农业生产活动中具有了天然合理性与得天独厚的组织优势。但是，因为规模不经济以及对接市场的困难，农业家庭经营依然存在两个方面的争论。

一是基于生产特性，认为家庭经营无法内生出规模经济。主要依据是：第一，农业特性所决定的相机决策与灵活性处理要求，使得家庭经营不可能大规模；第二，生命过程所要求的“因地制宜”及“分散化”处理，使得家庭经营必然伴随着“小而全”；第三，由于家庭可支配劳动力的刚性约束，以及农业生产所隐含的劳动监督与考核成本，经营规模存在一定的局限性。尽管还可以罗列更多理由，但足以说明，农业并不是一个具有显著规模经济性的产业，农业家庭经营与规模经济存在着天然矛盾。

二是基于交易特性，认为家庭经营难以产生分工经济。主要依据是：其一，由于农业生产的生命特征，使得农业生产中的可分工空间极为有限。生命节律所要求的灵敏性与灵活性处理，导致了农业作业“标准化”分工的困难；其二，农业中的迂回生产及中间产品使用程度远低于工业，使农业难以形成迂回经济效果，并隐含着高昂的要素与产品交易成本；其三，农业不仅被视为一个自然经济体，而且是一个需要外生性因素干预的被动部门（Schultz，1964）。由此形成的基本判断是，以家庭经营为主要生产组织形式的农业，更多地是停留在自然分工层面，农业家庭经营与市场分工存在着内生矛盾。

显然，上述争论貌似是对家庭经营合理性的辩护，却隐含着对其低效率的批评。甚至有人认为家庭承包经营内含的产权激励已经释放殆尽（Lin，1992）。因此，在中国农业转型发展的关键时期，重新认识农业家庭经营的性质尤为必要。如何坚持农户在农地产权中的主体地位，如何坚持家庭经营在农业中的基础性地位，不仅是一个经济制度问题，更是一个全局性问题。进一步地，如何将家庭经营融入农业现代化进程，并发挥其组织比较优势与基础性作用，是值得关注的重大理论与现实问题。

## 二、环境变化与政策努力：面临的现实困境

### （一）要素流动与农业边缘化

由历史的制度遗产和客观的农业特性所决定，并随着工业化与城镇化进程和农村要素的快速流动，中国农业经营格局正面临着一系列的挑战（罗必良等，2017）：一是农户兼业化。国家统计局数据显示，1996 年全国农业户中兼业农户占 37.19%，1999 年占 60%，2012 年进一步增加到 81.72%。课题组 2015 年对全国农户抽样调查（2704 个样本农户）结果表明，纯农户占比仅为 8.54%。这表明农民已经不以农为业。二是农业副业化。农业农村部数据显示，农户纯收入中来自农业的比重由 1985 年的 75.02% 下降到 2013 年的 26.61%。这表明农民已经不以农为生。应该清醒地认识到，随着农村劳动力转移规模持续扩大，农业边缘化倾向会越来越严重。这就意味着，农业发展不仅要面对“谁来种田”的现实问题，还要破解“种怎样的田”和“怎样种田”的深层难题。

### （二）国际竞争与比较成本劣势



与美国农业相比，中国主要农产品的单位面积成本与单位产量成本均居高不下，有些甚至高出两倍多（如小麦和棉花），表明中国农产品的国际竞争力不足。尽管中国粮食产量从 2003 年开始连续 12 年增长，从 2003 年的 8614 亿斤增长到 2015 年的 12429 亿斤，但伴随而来的是农业成本刚性上升。1990—2014 年，中国三种粮食作物（水稻、小麦和玉米）按现值计算的单位面积产值年均增长 13.6%，但单位面积成本年均增长达 15.5%。其中，物质与服务费用年均增长 12.2%，人工成本年均增长 16.9%，土地成本年均增长 24.6%（叶兴庆，2016）。农业的高成本是导致农业边缘化的直接根源，但与“均分”的农地制度密切关联。小规模、分散化、细碎化的经营格局，

成为中国农业高成本的重要原因。

### （三）政策努力及其约束

面对分散化、小规模的经营格局，国家政策一直在着力推进农业规模化经营：一方面，通过农地的集中流转，提高经营的规模经济性，降低农业生产成本，提高生产效率；另一方面，通过农业的组织化，改变分散化经营格局，降低交易成本，提高组织效率。自 1984 年中央一号文件开始，国家不断强化对农地流转的激励。

应该说，在工业化与城镇化快速推进的背景下，新的人地关系与农民的生存境况为该政策导向提供了现实依据。最为重要的是，尽管土地兼具生产与社会保障功能，但经济开放与要素流动格局使之发生了显著改观。大规模农业劳动力非农转移带来了农民就业结构与收入结构变化，土地的就业和收入保障功能不断减弱。但与预期不一致的是，尽管经过 30 多年的政策努力，但中国土地分散化的经营格局并没有发生根本性转变。农业农村部数据表明，1996 年经营规模在 10 亩以下的农户占家庭承包农户总数的 76%，2017 年则增加至 85.43%；1996 年经营规模在 10 ～ 30 亩的农户占家庭承包农户总数的 20.20%，2017 年则减少至 10.41%。农地流转中的小农复制，意味着中国农业的小农经营格局有固化的趋势[①]。

## 三、约束条件：农地规模经营的可能性缺陷

不能简单否定推进农地流转的积极意义，但同时必须强调，促进农业规模经营有多种方式，土地规模经营只是其中的路径之一。从理论上来讲，农业规模经营可以通过不同的要素配置以及采用不同的匹配方式来实现，而寄希望于农地流转来解决规模问题或许是一个约束相对较多并且发展缓慢的过程。

农业生产依赖于土地，但是土地生产率的高低并不单一地由土地本身决定，而是由土地质量、种子种苗、栽培技术、植保与田间管理特别是灌溉条件等多种要素共同决定。不同特性资源的相互配置，无疑会决定经营组织形式。比如，干旱地区的土地产出率，可能首先不是由土地质量决定，而是更多地依赖于灌溉条件。第一，如果灌溉具有可分性（如农户各自在自己的承包地里打井），并不会产生特别的土地规模要求，但会导致更加稀缺的水资源的浪费。第二，如果灌溉设施不具有可分性，就会对农户的土地经营规模提出新的要求。由此，干旱地区选择家庭经营并不一定是最适宜的经营方式。第三，如果存在良好的公共灌溉服务，那么家庭经营规模问题就

① 尽管中国农地流转率有不断提升的趋势（2016 年全国家庭承包耕地流转面积 4.79 亿亩，占家庭承包耕地面积的 35.1%），但大多是农户之间的自发交易，并表现出明显的小规模、非契约化与短期化特征。课题组 2015 年 9 个省（自治区）2704 个样本农户调查数据表明，高达 71.37% 的农地流转发生于小农之间。

转换为灌溉的服务规模问题。

即使不考虑要素配置，仅就土地性质而言，推进规模经营也将是困难重重。第一，农业土地及其经营的立地条件，决定了地理上的不可移动性，农地流转面临技术约束；第二，农地流转只能是经营权的流转，而规模的形成依赖于多个不同的农户，面临着租赁成本、契约及其监督执行、契约维护等交易成本的限制；第三，规模经济是成本与收益的对比，而成本与收益高低对于不同农户或者行为主体来说是不同的。因为行为能力的不同，使得适度规模并不具有一致性或同质性；第四，农地流转市场不是单纯的要素流动市场，其禀赋效应与人格化交易性质，使得农地流转有着特殊的市场逻辑（罗必良，2017）。

Hayami（1993）等曾指出，在农业经济学文献中，严重忽视了对土地市场的分析。同样，已有文献忽视了中国情境下农地资源特性所包含的产权含义，同时也夸大了农地规模扩大所隐含的经济性。因此，必须寻求新的变革路径。

## 第四节　农业经营制度变革的可能性趋势

规模经济的本质是分工经济，分工水平的高低是经济增长的决定性力量。在土地所有权、承包权与经营权“三权分置”制度框架下，农业经营层次能够运作和配置的产权维度，既不包括集体的土地所有权，也不包括农户的土地承包权。因此，家庭经营卷入分工，关键在于开放和盘活农地经营权。盘活农地经营权依赖于产权的可分性。产权细分为多元经营主体进入农业提供了可能，从而构成了劳动分工的前提条件；而劳动分工会导致交易成本的增加，于是，生产组织与交易组织的生成将成为提高分工效率并降低交易成本的重要机制。可见，产权实施将成为中国农业经营制度变革的基本线索。

### 一、产权细分与分工经济：经营方式的转型



历史的经验必须汲取。人民公社体制的核心特征是所有权与经营权合一，表现出“集体经营”的特点，家庭承包制的核心特征是承包权与经营权合一，表现出“家庭经营”的特点。因此，人民公社体制下的集体经营与分权体制下的家庭经营，都是“两权合一”的经营形式。但是，不能认为这仅仅是一个简单的主体替代而忽视其制度变革价值。

一个关键的突破就在于赋予了农户“承包经营权”。即使承包经营权依然具有古典企业理论意义上的“经营权”特征，但是：第一，它包含了由集体成员的身份权所获得的承包权（可称为

"准所有权"），从而使农民获得了真实的财产性权利；第二，它包含了以农户为单位所获得的独立经营权，从而大大增强了排他性并激发其生产性努力。

尽管二者都具有"两权合一"的经营特性，但出现了制度安排的根本性转换：第一，发生了所有权与承包经营权的分离，基于产权细分改善了产权的实施效率；第二，家庭承包经营更适用于农业生命特性所决定的现场处置要求，从而降低了生产决策、劳动监督等组织管理成本。

更为关键的是，承包经营权的形成为进一步的承包权与经营权分离提供了基础，而经营权的进一步细分与盘活，将大大扩展产权配置及其效率改进的潜在空间。一旦农户的生产经营活动走向开放并卷入分工，情形将发生根本性改变。

第一，在家庭承包制度下，农地规模经营必然依赖于农地经营权的流转。对于农户而言，只有那些具有比较优势的农户，才可能走向农地规模经营。显然，农户生产能力的差异及其分化，是农地流转及规模经营的前提条件。

第二，随着经营规模的扩大，如果所有的农事活动均由一个家庭经营主体独自处理，那么现场处理的复杂性及其多样性，必定超出农户的行为能力。从短期来看，农业生产季节性决定了农业用工旺季与淡季的交替，势必引发时间上过剩与不足的结构性矛盾；从中长期来看，家庭人口与劳动力的变化，也必然导致农户经营过程中劳动力需求与供给总量上的结构性问题。因此，随着农地经营规模的扩大，结构性矛盾将内生出农户的雇工经营与农业劳动力要素市场的发育。这意味着专业化的劳动服务组织有了生成的可能性。

第三，由于农业的经营特性，与农地规模经营相匹配的劳动要素配置隐含着高昂的交易成本。一是农业劳动力非农转移引发农业雇工成本不断上升；二是农业季节性与劳动用工的不平衡性，会加剧农业雇工的不确定性与风险成本；三是农业的生命节律特性，必然导致难以对劳动质量进行监督，产生高昂的考核成本。因此，随着农地经营规模的扩大，通过采用机械替代劳动力以节省生产成本和交易成本，势必成为农户提高要素匹配效率的恰当选择。

第四，对农户来说，作为专用性资产的农机投资却是一把"双刃剑"。一方面，机械化作业无疑会要求土地经营规模的匹配，另一方面，有限的使用频率必然导致投资效率的低下。所以，农户会倾向于将投资门槛或资产专用性较高的生产活动卷入分工体系当中，即以迂回投资的方式，通过购买生产性服务来替代直接投资，由此将家庭经营卷入社会化分工并扩展其生存空间。因此，培育多样化、专业化的生产性服务组织，具有重要的行为发生学意义。

第五，农户小规模生产与地域分布的分散性，使得从农户经营活动中分离出来的生产环节或工序，可能在时间连续性与区域聚集性方面，均难以满足大规模生产的要求。如果农户的服务需求有限，不可能产生专业化的服务供给（市场容量约束分工）。只有当多个农户的外包服务需求达到一定规模时（连片种植与生产布局专业化），具有交易优势的主体就可能成为专业化服务经营主体（市场容量促进分工）；当专业化服务具有比较成本优势，则能够引导农户外包服务需求的扩大（分工反过来增进市场容量）。由此可以判断，横向分工的组织化（农户专业化与区域连片化）、纵向分工的组织化（如代耕、代管，甚至是职业经理人的“代营”等各类迂回投资与中间性服务）、服务交易的组织化（如服务交易平台、准入准出的竞争机制），将成为必然的趋势。

可见，对于农业而言，通过流转土地以扩大农地规模经营，或者通过购买生产性社会服务的规模化供给，是两种相互关联的规模经营策略。从产权实施的层面来说，将小农融入现代农业的发展轨道，将农户家庭经营活动卷入社会化分工网络，从土地规模经营转向服务规模经营，是农业经营方式转型发展的重要路径。

## 二、摆脱路径依赖：大国小农农业现代化的道路选择

关于小农改造及其存续问题，历来存在两种不同的理论观点。一派以马克思主义者为代表，认为小农经济最终会被资本主义改造。马克思（2000）的经典论述强调，在资本主义生产关系的形成过程中，小农经营或被消解或被资本主义农场所替代，农民最终会被作为工具化的雇用劳动者。另一派则以恰亚诺夫（1996）为代表，强调小农经济能以其“农民生产方式”抵御资本主义的渗透，能够对外在力量作出有效的应对。可见，两大理论观点分别讨论了小农分化的不同情形。前者关注小农的生产性转型，后者则关注小农的功能性延续。因此，一旦考虑到家庭经营目标的差异性与小农演化路径的多样性，两派的主张及后续文献的长期争论看似是观点的对立，实则表达了小农演化的不同分支与路径。应该说，从农业功能拓展来说，小农不可能消失；从农业分工深化而言，小农则能够融入农业现代化发展轨道。

对于中国而言，面对2.3亿户进行土地承包经营的农户，大国小农的分化转型与农业的多样化发展是必然趋势。这既不排除未来有相当数量的农户退出农业，也不排除部分农户回归生活性或功能性农业。但生产性小农是“实现小农户与现代农业发展有机衔接”的重点。显然，中国的人地矛盾，决定了农户土地经营规模的有限性。实现小农户与现代农业的有机衔接，必须走有中国特色的道路。从农业现代化的发展历程来看，美国与日本代表了两种典型的模式，但均难以被中国模仿。由此可以将中国小农户与现代农业发展进行有机融合的可能模式称为“服务型农业”，是不同于美国与日本的“第三条道路”①。其基本特征就是通过迂回投资、服务外包而引入现代生产要素、企业家能力与交易组织方式，从而将小农户卷入分工经济。可以预期，服务组织



① 美国农场的大规模经营，主要是通过资本密集进行自我服务，呈现内部一体化趋势；日本则选择了一条适应小农户生产特点、小型农机农户自用的道路，其自我服务的封闭性导致了资产闲置与利用效率的低下及其内卷化。

及外包商将替代小农户成为农业投资、技术进步与改善经营管理水平的主体，并由此生成职业农民与农业企业家队伍。

在“三权分置”的制度背景下，从农地经营权的流转转向农地经营权的产权细分与盘活，通过分工深化扩展相关要素市场及其配置空间，实现农户土地经营权交易、农业生产性服务交易与企业家能力交易的对接与匹配，进而促进农业家庭经营向多元化经营主体、多样化分工经济与多形式农业经营体系转型，是进一步深化农业经营制度改革的创新性方向。第一，随着农业劳动力大量非农转移，农业劳动力雇用成本快速上涨，农户自身或雇佣劳动力从事农业生产不再具有比较优势。通过农地流转促进规模经营，或者采用机械化的专业服务替代劳动力以节省生产成本和交易成本，势必成为农户改善要素匹配效率的恰当选择。第二，通过生产性迂回投资，不仅可以降低农户采用现代生产要素的门槛与成本，而且在引导农户服务需求与扩大市场容量的同时，能够促进科学化、精细化和专业化的多样性服务供给与分工深化。第三，通过企业家能力与经营性管理知识的引入，一方面可以降低农户的经营决策风险与成本，另一方面可以通过多样化的产后服务，有效实现小农户与大市场的对接并共享价值链收益。显然，促进农业社会化服务市场的发育，有赖于多元投资主体的生成，而生产性服务组织与经营性服务组织的培育，既能够促进小农户现代生产要素的迂回引进，又能够提升小农户现代经营水平，使其融入农业产业链，形成“农户专业种地、社会迂回投资、能者外包服务、市场竞争交易”的新型农业经营格局。

推进小农户与现代农业的有机衔接，走适合中国农情的“服务型农业”的发展道路，既是对农业现代化已有模式的突破与创新，也是对传统小农路径的改造与转轨。必须强调，全社会应该对农业生产性服务市场的发育持有必要的历史耐心，同时对于中国多样化小农的生存与转型及其功能性扩展也要抱有足够的信心与包容性。

## 参考文献

布罗姆利 . 经济利益与经济制度——公共政策的理论基础 [M]. 上海：上海三联书店，1996.

曹正汉 . 观念如何塑造制度 [M]. 上海：上海人民出版社，2005.

董国礼 . 土地改革：强制性制度变迁及其经济社会效应 [J]. 华东理工大学学报（社会科学版），2000（1）：59-64.

凡勃伦 . 有闲阶级论：关于制度的经济研究 [M]. 北京：商务印书馆，1997.

哈耶克 . 法律、立法与自由 [M]. 北京：中国大百科全书出版社，2000.

科斯，阿尔钦，诺斯，等 . 财产权利与制度变迁——产权学派与新制度学派译文集 [M]. 上海：上海三联书店，1994.

拉坦 . 诱致性制度变迁理论 [M]. 上海：上海三联书店，1994.

李尚蒲，罗必良 . 农地调整的内在机理及其影响因素分析 [J]. 中国农村经济，2015（3）：18-33.

刘和旺 . 诺斯制度变迁的路径依赖理论新发展 [J]. 经济评论，2006（2）：64–68.

罗必良，凌莎 . 目标、效率与制度选择——以中国农地制度变迁为例 [J]. 贵州社会科学，2014（6）：52–58.

罗必良 . 从产权界定到产权实施——中国农地经营制度变革的过去与未来 [J]. 农业经济问题，2019（1）：17–31.

罗必良 . 科斯定理：反思与拓展——兼论中国农地流转制度改革与选择 [J]. 经济研究，2017（11）：178–193.

罗必良 . 劳动监督、隐性退出与公社制度效率——来自湖北省余川人民公社的经验证据（1957—1975）[J]. 学术研究，2019（10）.

罗必良，等 . 农业家庭经营：走向分工经济 [M]. 北京：中国农业出版社，2017.

罗必良，等 . 新制度经济学 [M]. 太原：山西经济出版社，2005.

罗必良，等 . 中国农业经营制度——理论框架、变迁逻辑及案例解读 [M]. 北京：中国农业出版社，2014.

罗俊，陈叶烽 . 人类的亲社会行为及其情境依赖性 [J]. 学术月刊，2015（6）：15–19.

马克思 . 1844 年经济学哲学手稿 [M]. 北京：人民出版社，2000.

齐默尔曼 . 经济学前沿问题 [M]. 北京：中国发展出版社，2004.

恰亚诺夫 . 农民经济组织 [M]. 北京：中央编 [J]. 译出版社，1996.

王星，李放 .  制度中的历史——制度变迁再思 [J]. 社会经济体制比较，2011（2）.

斯塔萨维奇 . 政治制度、国家形成和经济增长 [J]. 量化历史研究，2014（1）：79–97.

韦伯 . 新教伦理与资本主义精神 [M]. 北京：生活・读书・新知三联书店，1987.

吴敏一，郭占恒 . 中国工业化理论和实践探索 [M]. 杭州：浙江人民出版社，1991.

肖特 . 社会制度的经济理论 [M]. 上海：上海财经大学出版社，2003.

姚洋 . 集体决策下的诱导性制度变迁——中国农村地权稳定性演化的实证分析 [J]. 中国农村观察，2000（2）：11–19+80.

叶兴庆 . 演进轨迹、困境摆脱与转变我国农业发展方式的政策选择 [J]. 改革，2016（6）：22–39.

中国农村发展问题研究组 . 农村经济变革的系统考察 [M]. 北京：中国社会科学出版社，1984.

Acemoglu Daron，Simon Johnson，James A. Robinson. The Colonial Origins of Comparative Development：An Empirical Investigation[J]. The American Economic Review，2001，91（9）：1369–1401.

Alice Evans. Politicising Inequality：the Power of Ideas[J]. World Development，2018，110（C）：360–372.

Avner Greif. Cultrual Beliefs and Organizations of Society：A Historical and Theoretical Reflection on Collectivist and Individual Societies[J]. Journal of Political Economy，1994，102（5）：912–950.

Bas van Bavel. History as a Laboratory to Better Understand the Formation of Institutions[J]. Journal of Institutional Economics，2015，11（1）：69–91.

Biliang Luo，Bo Fu. The Farmland Property Rights Deformity：The History，Reality and Reform[J]. China Agricultural Economic Review，2009，4（1）：435–458.

Coase，R.H. The The Problem of Social Cost[J]. Journal of Law and Economics，1960（3）：1–44.

Davide Cantoni, The Economic Effects of the Protestant Reformation: Testing the Weber Hypothesis in the German Lands[J]. Journal of the European Economic Association, 2015, 13（4）：561–598.

Douglass C. North，Robert Paul Thomas. The Rise of Western World：A New Economic History[M]. Cambridge：Cambridge University Press，1973.

Douglass C. North. Institutions，Institutional Change and Economic Performance[M]. New York：Cambridge University Press，1990.

Douglass C. North. Structure and Change in Economic History[M]. New York：W. W. Norton &Company Inc.，1981.

Douglass C. North. Understanding the Process of Economic Change[M]. Princeton：Princeton University Press，2005.

Eric Heikkila. An Information Perspective on Path Dependence[J]. Journal of Institutional Economics，2011，7（1）：23–45.

Filipe Campante, David Yanagi Zaua–Drott. Does Religion Affect Economic Growth and Happiness? Evidence from Ramada [J]. The Quarterly Journal of Economics, 2015, 130（2）：615–658.

Gregory Clark. A Farewell to Alms：A Brief Economic History of the World[M] Princeton：Princeton University Press，2007.

Jack A. Goldstone. The Happy Chance：The Rise of the West in Global Context，1500–1800[M]. Cambridge，Mass：Harvard University Press，2005.

Jenna Bednar，Scott E. Page. When Order Affects Performance：Culture，Behavioral Spillovers，and Institutional Path Dependence[J]. American Political Science Review，2018，112（1）：82–98.

Justin Yifu Lin. Rural Reforms and Agricultural Growth in China[J]. American Economic Review，1992，82（1）：34–51.

Mancur Olson. Distinguished Lecture on Economics in Government：Big Bills Left on the Sidewalk：Why Some Notions are Rich，and Others Poor[J]. Journal of Economic Perspectives，1996，10（2）：3–24.

Paul A. David，Clio and the Economics of Qwerty[J]. American Economic Review，1985，75（2）：332–337.

Sascha O. Becker，L. Woessmann. Was Weber Wrong? A Human Capital Theory of Protestant Economic History[J]. Quarterly Journal of Economics，2009，124（2）：531–596.

Stelios Michalopoulo, Elias Papaioannou. National Institutions and Subnational Development in Africa[J]. The Quarterly Journal of Economic, 2014, 129（1）：151–213.

Theodore W. Schultz. Transforming Traditional Agriculture[M]. Yale：Yale University Press，1964.

Timur Kuran. The Long Divergence：How Islamic Law Held Back the Middle East[M]. Princeton：Princeton University Press，2012.

W. Brian Arthur. Increasing Returns and Path Dependence in the Economy[M]. Ann Arbor，MI：University of Michigan Press，1994.

Yujiyo Hayami，Keijiro Otsuka. The Economics of Contract Choice：An Agrarian Perspective[M]. Oxford：Clarendon Press，1993.

# 第十三章　农地确权效率与小农户农地规模化经营①

随着农村土地制度改革的深入推进，农地确权成为推动农村要素市场化配置、促进农业高质量发展的关键制度安排。确权不仅关系到农民对土地权利的稳定预期，还直接影响农地流转效率与农业适度规模经营的实现路径。当前，在小农户仍占据主体地位的背景下，如何通过提升农地确权效率，推动小农户有效参与农地规模化经营，成为新时代"三农"治理体系与治理能力现代化的核心议题之一。本章围绕"农地确权效率"与"小农户农地规模化经营"的双重主题展开系统探讨，旨在为健全农地权属制度、提升确权政策效能、推动小农户与现代农业发展有机衔接提供理论依据与政策启示。

## 第一节　农地确权效率分析的理论基础

自改革开放以来，中国在政策层面不断强化农地产权的稳定性。2009 年开始试点并于 2013 年全面推进的农村土地承包经营权确权登记颁证政策（以下简称"农地确权"），一直被人们视为维护地权稳定与产权安全最为重要的制度安排。事实上，国家试图通过"增人不增地，减人不减地"的农民土地产权固化和承包土地"四至"的空间划定，强化土地排他性，稳定农户预期，引导农民的长期投资与生产行为，并优化资源配置。



### 一、农地确权效率的决定机理

产权经济学认为，产权的实质是明确界定产权主体财产权属关系及产权主体间权责关系，使产权主体能够最大限度地在产权约束范围内配置资源以获取最大化收益（Alchian，1965）。与这

① 本章主要内容发表于《中国农村观察》2021 年第 2 期，原文标题为《"约束"与"补偿"的平衡：农地调整如何影响确权的效率决定》；《农村经济》2023 年第 2 期，原文标题为《中国式农业现代化的核心命题：小农户如何走向农地规模化经营——来自农民工回流农户的证据》。

一思想吻合，不断强化农民土地产权是中国政府土地政策的基本线索。新一轮农地确权的本质是产权界定，其不仅表现为农户承包地块的“四至”明晰化，还表现为产权主体权属的法律确立及其社区博弈。明晰产权是重要的，但产权界定的行为响应往往具有历史继承性。罗必良（2020）指出，制度变迁及其绩效与制度遗产、环境条件以及个人偏好等因素有关，因而具有情境依赖性。

实际上，土地产权的历史情境是一个动态的过程。改革开放以来，农村土地制度改革不断加强对农民土地承包经营权的保护，但土地承包关系依然不够稳定，农地调整仍普遍发生（陈锡文等，2009）。新一轮农地确权是在农地调整情境中实施的，势必受到其影响和制约。此外，行为主体的“记忆”将通过条件反射形成对当前行为的指导（弗洛伊德，1986）。显然，确权政策并不能独立发挥作用，它与产权主体过往的产权调整经历紧密关联。

众所周知，在中国农村，土地集体所有的制度框架决定了地权均分的必然性。尽管中央政府一直强调农地产权稳定的重要性，从延长土地承包期限到保持土地关系稳定并长久不变等方面作出了不懈的努力，但农地调整在相当长的时期内一直是农村普遍发生的现象。农村土地集体所有制内含的土地均分制度安排以及由此诱发农地调整的初始动因，都多少存在“国家制造”的性质。诺斯指出，国家通常是以一组被称之为“保护”与“公平”的服务作为交换以获取“租金”最大化和社会产出最大化。但“租金”最大化的产权结构与降低交易费用、促进经济增长的社会产出最大化的体制之间存在持久冲突。这一冲突也是一套无效率产权制度存在的根源。因此，被普遍诟病低效的农地调整，虽然是国家自上而下赋予基层政府（村集体）基于人地关系变化而改善地权公平的产权界定与处置权，但本质上更多地表现为保障国家税收与社会产出的一种“约束机制”，特别是在中国农业税尚未取消的时期，农地调整对完成国家的产量目标及征收农业税具有重要的保障作用。农地调整“约束机制”本质上是一种通过产权管制，“删除”部分产权权属，限制行为主体权能，防范、纠正和内部约束农民的消极经营行为，并激发农民生产性努力的负激励机制①，即给予农户一定的农地使用权和部分的剩余索取权（姚洋，1998），引导农户在不确定的农地调整周期内积极提升农业经营管理水平，提高生产要素使用效率，否则农户将付出相应的机会成本甚至失去土地。如果家庭投入农业的劳动力过少或者经营绩效过低，农户将面临承包地减少的风险。不过，中国于2006年全面取消农业税，极大弱化了农地调整“约束机制”的内在激励。由此，农业税的取消、农地确权制度的实施，可以视为中国农地产权制度从“约束机

① 虽然农地调整已被普遍认为是农业综合效率损失的重要诱因，但长期存在的农地调整作为产权负激励和内部约束的作用依然不容忽视，即农地调整将促进农户提升农业经营管理水平，提高农业纯技术效率。

制”走向“补偿机制”的制度变迁。

借助巴泽尔的产权“公共领域”理论，本部分更加具体地阐释农地调整“约束机制”所生成的激励效果。巴泽尔（1997）认为，土地所有者在要求收益最大化的同时却并未完全行使权利，致使部分权利流入“公共领域”，而土地的使用者将积极攫取这部分权利价值[①]。换言之，农地调整的“约束机制”并未明晰界定农地产权边界，“公共领域”租金将成为承包户竞相争夺的资源。显然，农地无调整、小调整和大调整等不同的调整方式隐含着不同的“约束”程度和租金收益分配格局。考虑到农户的非同质性，不同的“约束”程度对农户所形成的激励效果具有差异性。

事实上，具有国家制造属性的“约束机制”内含了产权弱化的机制。总体来说，频繁的农地调整使农民丧失了土地的长期使用权（姚洋，1998），并遭受不同程度的租值耗散。此外，经典文献早就注意到产权强弱对产权主体行为能力的影响。Alchian 和 Kessel（1962）所强调的产权限制、德姆塞茨（1999）所强调的产权残缺，均可表达为埃格特森（1996）所说的产权弱化。而农地调整“约束机制”对部分产权权属的“删除”、对权能的限制或削弱均会造成农户不同程度的权益损失。中国政府通过产权强化“归还”农民被“删除”的产权权属，减少或放松对产权权能的限制。这也赋予农地确权还权“补偿”的含义。这一“补偿机制”[②]，一方面缩小了“公共领域”范围，并弱化农地承包者攫取租金的机会主义冲动，另一方面赋予农户更加充分的农地剩余索取权，以实现“公共领域”租金补偿向赋权补偿的转变。Hart（1995）基于不完全合同理论提出了“剩余权利”，从所有者行为能力的角度印证了这一解释。农地确权“补偿机制”的特点在于，无论是否曾因“约束机制”而遭受损失，农户都将获取同质的农地产权尤其是剩余索取权“补偿”[③]。由此，农户在农地调整中受“约束”的程度是不同的，但通过农地确权获取的“补偿”却是同质的。人们的行为因奖惩机制而得到强化或削弱（Spence and Spence，1967），进而形成不同预期，这或许是确权政策所诱发的行为响应与绩效差异的根源。



① 在中国情境下，这里“土地所有者”可视为农村集体经济组织（或作为村集体经济组织代表的村委会）。一般来说，村委会是农地调整的决策者和组织者，它的权力基础是人民公社时期形成的国家政治权力的延续，这既符合“农村土地集体所有”的法理解释与土地保障的“生存伦理”原则，又体现出国家主导下制度变迁的路径依赖特征。

② “约束机制”与“补偿机制”的提出源于 Spence 和 Spence（1967）的诱因动机理论。该理论认为奖励（或惩罚）是通过诱因动机作用而对反应发生影响的。不同的是，农地调整内含着对部分产权权属的“删除”、对行为主体权能的限制或约束，而农地确权具有“归还”在地权不稳定时被“删除”的产权权属、减少或放松对产权权能限制的“还权”含义，本节将农地调整定义为“约束机制”，将农地确权定义为“补偿机制”。

③ 中国的农地大多是根据第二轮土地承包的发包土地进行“四至”确权的，而第二轮土地承包往往是第一轮土地承包关系的延续。因此，农地确权及其产权界定具有对农村集体初始成员权的认可性质。

新一轮农地确权，大体形成“约束”与“补偿”平衡或失衡的两种状态和三类群体。第一，平衡状态下的一类群体：经历过农地小调整而利益受损的农户将获取相应“失而复得”的确权“补偿”。第二，失衡状态下的两类群体：其一，未经历农地调整的农户获取“唾手可得”的确权“补偿”；其二，经历过农地大调整而利益受损较为严重的农户获取“得不偿失”的确权“补偿”。基于此，本章的基本推断是：在农地调整“约束机制”中，未经历调整、经历小调整和经历大调整的农户面临的损失程度不同，进而引发农户不同的确权“补偿”诉求。鉴于农地确权是公平赋权，“约束”与“补偿”的平衡或失衡状态将引发农户对确权政策的差异化行为响应。

图 13–1 的几何模型描述了农地调整“约束机制”与农地确权“补偿机制”的平衡或失衡状态。其中，横轴 $L$ 表示农地调整经历所形成的家庭利益损失，纵轴 $M$ 表示地权“补偿”。

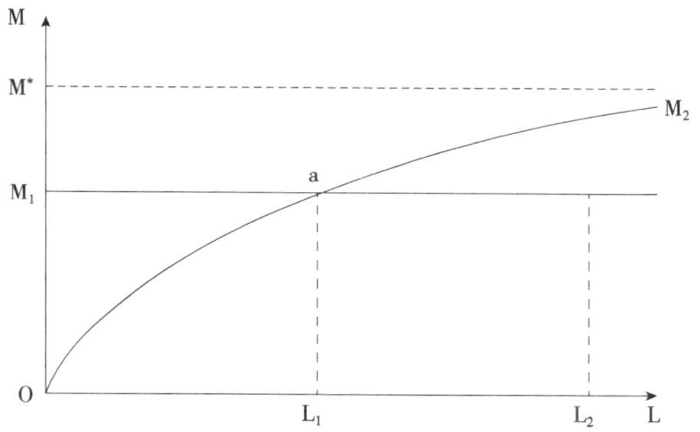


图 13–1　“约束机制”与“补偿机制”的平衡与失衡

$M^*$ 为农户在农地调整“约束机制”中家庭租值耗散最为严重时（即完全失地）的地权“补偿”诉求，也可视为产权不稳定时可从“公共领域”攫取的最大租金补偿。$L_1$ 和 $L_2$ 分别表示经历农地小调整和大调整所形成的家庭损失。$M_2$ 表示随着农户经历农地调整程度的加深所需“补偿”的变化趋势。在产权尚未明确界定时，农户会通过攫取“公共领域”租金来弥补家庭损失，这种动力随着农地调整程度的增大而得以强化。确权政策以产权补偿替换“公共领域”租值补偿，但作为正式制度安排的农地确权政策赋予农户的却是同质的 $M_1$，即 $M_1$ 为无差异的农地赋权“补偿”线。当 $L$=0 时，农户未经历过农地调整的“约束”而“唾手可得”地获得了 $M_1$ 的地权补偿。在 $OL_1$ 区间，$M_1 \geq M_2$，确权赋予的“补偿” $M_1$ 将完全弥补农地小调整家庭的损失，并在点 a 处实现“约束”与“补偿”的均衡。在 $L_1L_2$ 区间，$M_1 < M_2$，农地确权赋予农户无差异的地权“补偿”无法弥补经历农地大调整的农户所遭受的损失，形成了“得不偿失”的状态。

## 二、“失而复得”与“唾手可得”：两类情形的进一步讨论

### （一）农地确权、“失而复得”的行为响应与经济效率

农地产权的运行受到制度环境的约束，具有国家意志的“约束机制”也赋予农地调整以特殊的制度含义。通过农地确权，农户将获得“失而复得”的较为充分的剩余索取权。

然而，农户对农地确权的行为响应具有情境依赖性，其中，农地调整经历尤为重要。一方面，历史经验会诱导行为主体形成关于事件相关概念的先验认知（Fiske and Taylor，1991）。显然，农地调整的过往经历作为“事实因素”，会以惯例方式给农户留下记忆。另一方面，行为主体对事件的评估往往会寻求当前信息与先验认知的内在一致性，当事件冲击较大时，即使具有先验态度，行为主体也会调整自我认知（Lavine et al.，1998）。所以，对于在“约束机制”中损失较小的农地小调整农户而言，农地确权政策完全可以弥补家庭损失，从而强化对确权政策的信任，并在“补偿”激励下改善农业经营绩效。反之，当行为主体面临效力较弱的证据且与先验认知不一致时，将更加坚定先验态度（McGuire，1964）。对于经历农地大调整的农户而言，失地“约束”的强烈先验认知与农地确权的赋权“补偿”依然处于权益失衡状态，一旦“补偿”的收益不能弥补“约束”的损失，显然将难以诱导其提高生产性努力。

更为重要的是，农地产权的“失而复得”可进一步细分为两种情形。从逻辑上说，不同调整经历的农户会对“所失几何”与“所得几何”进行心理衡量。经历过农地小调整农户的损失较小，从农地调整到确权的“失之东隅，收之桑榆”，将激励农户优化农业生产要素配置结构，提高纯技术效率。但是经历过农地大调整并损失较大的农户，农地产权“失而复得”实际上却“得不偿失”，这部分确权农户并不具有充分的农业生产积极性。Becker（1974）指出，人的效用不仅取决于自己得到的绝对价值，周围群体获得的收益也会直接影响其主观效用。这意味着，经历过农地大调整的确权农户，基于与无调整经历和小调整经历确权农户的比较，因相对损失较大但补偿相同，有可能引发“心理失衡”，从而诱发机会主义行为和道德风险。尤其是对于那些因强制性征地而补偿有限情境下经历农地调整的农户来说就更是如此。可以推断，同质的赋权强度并不能完全弥补农户在农地大调整中的损失，也就无法形成农业生产的激励作用。事实上，虽然产权安全性感知无法逻辑一致地解释农地无调整农户的效率表现，但却契合大调整农户的行为逻辑。经历过大调整的农户难以形成对确权政策的信任，无法形成长期稳定的经营预期将挫伤农户改善农业经营管理水平的积极性。



### （二）农地确权、“唾手可得”的行为响应与经济效率

农地调整“约束机制”内含的对部分产权权属的“删除”、对行为主体权能的限制或削弱，

均赋予了农地确权“补偿机制”的含义。所不同的是，农地无调整农户的地权权能未被限制和削弱过，这类农户未经历土地产权争夺但依然获取确权“补偿”，实质上形成了“唾手可得”的农地产权。Heider（1982）指出，先验认知的缺失决定了当前事件并不会给行为主体带来认知失调和紧张感。那么，从调整走向稳定的产权制度安排，并不能对农地无调整的农户形成事实上的安全强化和生产积极性的激励。对于未经历过农地调整的农户而言，农地确权之后所获取的“唾手可得”的地权并没有相应“约束机制”的制约，基层政府（村集体）作为“裁判员”的地位逐渐弱化。“激励－约束”机制的失衡将可能导致农户生产性努力的弱化并诱发效率耗散。

精神分析理论验证了这一逻辑。弗洛伊德（1986）认为，本能发泄形成的内驱力与思想和现实形成的阻力持续对抗促使人们进行妥协性选择，较低妥协性（较易获取）的事物将弱化行为主体本能发泄的内驱力，导致行为主体难以捕获更多资源和珍惜已获取的资源。未经历农地调整损失而获取“唾手可得”的剩余控制权，将影响农户对农地的重视程度，也无法形成较强的生产激励。一般来说，相对于收益，人们在衡量损失时会产生更强烈的感受（Knetsch，2010）。换言之，在“约束机制”中遭受损失的农户对于地权具有更强烈的感受，而“唾手可得”获取农地并不会给农户带来更高的土地价值评价。这意味着“唾手可得”很难被珍惜，行为主体并不具有积极生产的内驱力，甚至农地“低价值”的心理定位将诱发“持有型懈怠”，造成农业生产技术效率损失。

事实上，产权理论也认为，界定产权的目标是界定不同主体的行为边界以对行为主体加以约束（Furubotn and Pejovich，1972）。这也与哈耶克（1997）关于秩序的界定类似，秩序本质上就是赋予主体一系列的自由边界，缺乏规则约束的秩序将无法实现收益最大化。换言之，“激励－约束”相匹配的制衡机制将是提高农地确权经济绩效的重要前提。

## 三、机理分析

### （一）基准模型

为了分析农户农地调整经历对确权农户农业生产绩效的影响，本部分借鉴 Besley 和 Ghatak（2010）的模型。首先设置一个单一农户的农业生产模型。假设不存在市场或任何形式的交换。在该模型中，农户投入的生产努力为 $e \in [0, 1]$，且农户的禀赋极限为 $\bar{e} \leqslant 1$。这将得到生产绩效 $A$ 或者 0，其概率分别为 $\sqrt{e}$ 和 $1-\sqrt{e}$，从而可以得到预期的生产绩效 $y$：

$$y = A\sqrt{e} \tag{13-1}$$

在这一个简单的基准模型中，农户只需选择其最佳投入的 $e$ 值。假设农户的效用函数在消费 $c$ 和休闲 $l$ 上是线性的，且不考虑收入的影响与风险规避，则农户的效用函数可表达为：

$$u(c,\ l)=c+l \qquad (13\text{-}2)$$

假设确权农户的产权安全性感知受到农地调整经历的影响，即受到农地调整“约束机制”形成的先验认知的影响，可将这种失地“约束”的先验认知等同于农地调整的风险纳入模型。假设存在农地调整风险的概率 $\tau \in (0,\ 1]$，这里并未将 $\tau$=0 的可能性考虑在内。那么，预期消费 $c=(1-\tau)A\sqrt{e}$。农户选择 $c$ 以实现效用最大化：

$$(1-\tau)A\sqrt{e}+\bar{e}-e \qquad (13\text{-}3)$$

约束条件为 $e\leqslant\bar{e}$。对式（13–3）求一阶导数可得：

$$\frac{(1-\tau)A}{2\sqrt{e}}=1 \qquad (13\text{-}4)$$

因此，农户的最佳劳动努力投入是：

$$e^*=\left[\frac{(1-\tau)A}{2}\right]^2 \qquad (13\text{-}5)$$

相应地，预期总产值为 $\gamma(\tau)=[(1-\tau)A^2]/2$，而生产者的净剩余为 $\pi(\tau)=[(1-\tau)A/2]^2$。从而可以得出：确权农户的生产性努力和产出绩效随 $\tau$ 增大而严格减少。确权农户经历过的农地调整程度越大，农户付出的农业生产性努力越少，生产效率越低。如果农地从小调整经历到大调整经历是连续分布的，那么农业绩效将随着农地调整经历程度的加深而减小（离散分布也有类似结论）。这一命题与前文理论分析结论是一致的。

进一步讨论农地无调整（即 $\tau$=0）的情况，假设农地初始价值是 $\bar{h}$，农户的决策问题转化为：

$$\max_e A\sqrt{e\bar{h}}+\bar{e}-e \qquad (13\text{-}6)$$

求一阶导数可得农户的最佳劳动努力投入 $e^*=\left(A\bar{h}/2\right)^2$。可以看到，由于“约束机制”的缺失，“唾手可得”的地权获取将降低农户对农地的心理价值。当 $\bar{h}$ 降低时，农户生产性投入将减少，经济绩效也会相应降低。这一命题验证了前文的理论分析结论，没有农地调整经历将诱发确权农户经济绩效的损失。



应该注意到，前述模型有一个关键假设，即资源禀赋无约束。如果资源禀赋投入是固定的，即 $e^*=\bar{e}$，那么总产出为 $A\sqrt{\bar{e}}$，生产者的净剩余是 $(1-\tau)A\sqrt{\bar{e}}$，从而得出结论：农户的生产性努力和经济绩效不受 $\tau$ 影响。这类似于全职农民家庭，因为并不存在劳动力非农转移，且农地经营规模并未突破家庭劳动力约束，因此形成了家庭内部的劳动力固定投入。此时，由于收入全部来源于农地经营，农户对农地依附程度较高，生产性努力并不会受到 $\tau$ 影响。

### （二）考虑非生产性劳动的模型

基准模型中的农户劳动力仅有生产性努力的含义。对于经历过农地调整的农户而言，“约束”的先验认知使其倾向于通过一定的劳动投入以维护地权，但由此形成的对农地确权政策稳定性的预期不足，依然难以激发其在农地经营中从分配性努力转换为生产性努力。

通过修改模型来区分两种劳动，令 $e_1$ 表示生产性努力劳动，$e_2$ 表示降低失地“约束”的劳动投入。失地“约束”的风险可以表示为：

$$\tau\left(1-\gamma\sqrt{e_2}\right) \tag{13-7}$$

其中 $\tau \in (0,\ 1]$，$\gamma \in [0,\ 1]$，$e_1 \in [0,\ 1]$，$e_2 \in [0,\ 1]$。$e_2$ 较高，则失地风险较低，$\gamma$ 表示捍卫地权投入的大量精力。农户的决策问题是：

$$\max_{e_1 e_2}\left[1-\tau\left(1-\gamma\sqrt{e_2}\right)\right]A\sqrt{e_1}+\bar{e}-e_1-e_2 \tag{13-8}$$

分别对 $e_1$ 和 $e_2$ 求导得出：

$$e_1=\left[\frac{2(1-\tau)A}{4-(\tau\gamma A)^2}\right]^2 \tag{13-9}$$

$$e_2=\left[\frac{\gamma\tau(1-\tau)A^2}{4-(\tau\gamma A)^2}\right]^2 \tag{13-10}$$

根据上式可以得出：如果确权农户的农地产权安全受到农地调整的影响，且资源禀赋无约束，那么农地调整风险的减小将增加确权农户的生产性努力劳动；存在 $\bar{\tau} \leqslant 1$ 使得只要 $\tau \leqslant \bar{\tau}$，降低失地“约束”的劳动投入将随着 $\tau$ 变大而持续增加；当农地调整风险 $\tau$ 较低时，改善产权将提高经济效率，即确权农户的农业绩效将随着农地调整经历程度的减弱而提高。这一命题与前文的理论分析结论是一致的。当农地调整风险为 0 时，即不存在非生产性劳动，这时将回到基准模型式（13-6）的情况，确权农户的农业经济绩效将下降。

当资源禀赋受到约束时，即 $(1-\tau)^2A^2\left(4+\tau^2\gamma^2A^2\right)/\left(4+\tau^2\gamma^2A^2\right)^2>\bar{e}$，对上式求导可得：

$$\left(1-\tau+\tau\gamma\sqrt{e_2}\right)A\frac{1}{2\sqrt{e_1}}=1+\lambda \tag{13-11}$$

$$\tau\gamma\frac{1}{2\sqrt{e_2}}A\sqrt{e_1}=1+\lambda \tag{13-12}$$

其中 $\lambda$ 是与资源约束关联的拉格朗日乘子（劳动力的影子价格）。将上述两个条件与有约束力的劳动力一起作为限制条件，得到以下方程式：

$$2\tau\gamma e_2 + (1-\tau)\sqrt{e_2} - \tau\gamma\bar{e} = 0 \tag{13-13}$$

从而得出：

$$e_1 = \bar{e} - \left[\frac{1}{4\gamma}\left(1-\frac{1}{\tau}\right) + \sqrt{\left\{\frac{1}{4\gamma}\left(1-\frac{1}{\tau}\right)\right\}^2 + \frac{\bar{e}}{2}}\right]^2 \tag{13-14}$$

$$e_2 = \left[\frac{1}{4\gamma}\left(1-\frac{1}{\tau}\right) + \sqrt{\left\{\frac{1}{4\gamma}\left(1-\frac{1}{\tau}\right)\right\}^2 + \frac{\bar{e}}{2}}\right]^2 \tag{13-15}$$

$e_2$ 总是随着 $\tau$ 变大而增加，而 $e_1$ 总是随着 $\tau$ 变大而减小，而且，由于劳动力受到约束，增加 $e_2$ 将导致 $e_1$ 减小。这表明，当考虑资源约束时，农地调整风险增加将诱发确权农户生产性努力的不足，从而损失效率。

通过以上机理分析，可以得到区别于以往文献的一个重要观点：农户所经历的农地调整，随着调整程度的加大，其对农地确权经济效率的影响并非线性关系，而将呈现为倒 U 型结构。

## 第二节　农地确权效率的实证检验

### 一、数据来源、变量设置与计量模型选择

#### （一）数据来源

本节数据来源于 2016 年中国劳动力动态调查。中国劳动力动态调查每两年一次对中国城乡开展动态追踪调查，样本覆盖中国除西藏、海南、港澳台地区外的 29 个省（自治区、直辖市）。该数据集包含了家庭农地确权、村庄农地调整等信息。本节在剔除非农村居民和主要变量数据缺失严重的样本后，使用的有效样本为 6174 户农户。



#### （二）变量设置及说明

1. 被解释变量。本章研究的核心命题是农地产权从调整到稳定对农户改善农业经营绩效的生产性努力的影响，而主流文献中所使用的综合效率指标并不能准确刻画这一主旨。因此，考虑到效率结构的层次性及其反映出的农业经营管理问题，本部分借助数据包络分析模型，基于投入导

向下的 BCC 模型，测算出农户农业生产纯技术效率，并将其作为本节的因变量[①]，反映农户生产性努力程度。测算农户生产效率的投入指标包括农地经营规模、农业经济投入和农业生产时间，产出指标为家庭农业总产值。

2. 主要解释变量。主要解释变量包括农地调整与农地确权。其中，农地调整从两个方面测度：一是是否进行过调整，来源于“2003 年至今，土地是否进行过调整”的问卷调查结果；二是农地调整的程度，参照李尚蒲、罗必良（2015）对农地小调整和大调整的划分，本节将“村组内部分农户土地小调整”和“利用村内机动土地进行调整”归为农地小调整，将“村组内土地打乱重分”归为农地大调整。农地确权采用农户是否获得农村土地承包经营权证来表征。一般来说，农地确权之后，农户将获得国家授权并由地方政府统一颁发的证书，农村土地承包经营权证作为国家法律赋权的重要凭证，是农民在公共治理中保护自身土地权益或抵制非法土地侵占的重要工具。农地确权通过给农民“确实权、颁铁证”，真正让农民吃上“定心丸”（韩长赋，2015）。因此，本节使用农户是否获得农村土地承包经营权证表征农地确权状况。

3. 控制变量。本节所采用数据为户级层面数据，需要对一些因素进行控制。具体包括：家庭特征，如家庭成员平均年龄、家庭成员受教育程度、家庭女性比；影响农户生产效率的因素，如村庄非农经济、村庄统一提供的农业生产服务（林文声等，2018）以及农户拥有的大型农机具（董莹、穆月英，2019）。此外，本节还控制了 29 个省份的区域虚拟变量。主要变量的描述性统计如表 13–1 所示。

**表 13–1　变量定义及描述性统计**

| 变量名称 | | 变量定义 | 平均值 | 标准差 |
|---|---|---|---|---|
| 产出指标 | 家庭农业总产值 | 农户生产农产品总价值的对数（元） | 8.619 | 1.310 |
| 投入指标 | 农地经营规模 | 农户扣除弃耕后的土地经营面积的对数（亩） | 1.570 | 1.051 |
| | 农业经济投入 | 农户农业生产的总投入的对数（元） | 7.762 | 1.343 |
| | 农业生产时间 | 农户进行农业生产的总时间的对数（天） | 7.630 | 0.662 |
| 被解释变量 | 农业生产纯技术效率 | 基于 BCC 模型测算得到的农户农业生产纯技术效率 | 0.456 | 0.243 |
| 主要解释变量 | 农地确权 | 已确权且颁发农村土地承包经营权证：是 =1，否 =0 | 0.540 | 0.498 |
| | 农地调整 | 2003 年以来村庄是否发生过农地调整：是 =1，否 =0 | 0.198 | 0.554 |
| | 农地小调整 | 是否发生过农地小调整：是 =1，否 =0 | 0.125 | 0.330 |
| | 农地大调整 | 是否发生过农地大调整：是 =1，否 =0 | 0.019 | 0.138 |

① 数据包络分析模型可以根据农户投入产出测算出农户农业生产综合效率、纯技术效率和规模效率。其中，农业生产综合效率是对农户的资源配置能力、资源使用效率等多方面能力的综合衡量与评价；农业规模效率反映的是实际规模与最优规模的差距，体现农业经营规模的优化程度；农业生产纯技术效率反映的是一定规模（最优规模）投入要素的生产效率，是农户受管理和技术等因素影响的生产效率，实质反映了农户的生产性努力程度。

续表

| 变量名称 | | 变量定义 | 平均值 | 标准差 |
|---|---|---|---|---|
| 控制变量 | 大型农机具 | 家中是否有大型农机具：有 =1，无 =0 | 0.024 | 0.154 |
| | 家庭成员平均年龄 | 家庭成员平均年龄（年） | 44.573 | 13.837 |
| | 家庭成员受教育程度 | 高中以上学历成员占比（%） | 16.321 | 21.300 |
| | 家庭女性比 | 女性成员占比（%） | 47.816 | 17.774 |
| | 村庄非农经济 | 村庄是否有非农业经济：有 =1，无 =0 | 0.204 | 0.403 |
| | 统一灌溉排水服务 | 村庄是否可享受统一灌溉排水服务：是 =1，否 =0 | 0.402 | 0.490 |
| | 统一购买生产资料服务 | 村庄是否可享受统一购买生产资料服务：是 =1，否 =0 | 0.098 | 0.298 |
| | 统一技术培训服务 | 村庄是否可享受统一技术培训服务：是 =1，否 =0 | 0.674 | 0.469 |
| | 区域虚拟变量 | 省份虚拟变量 | — | — |

资料来源：笔者绘制。

### （三）计量模型选择

本节旨在考察农地产权对农业生产纯技术效率的影响，以及在不同农地调整经历下，农地确权对农业生产纯技术效率的影响差异。首先给出未引入交互项的独立方程：

$$Y_i = \alpha_0 + \alpha_1 X_i + \alpha_2 D_i + \varepsilon_i \qquad (13\text{–}16)$$

式（13–16）识别了四组方程，其中 $Y_i$ 表示农业生产纯技术效率。$X_i$ 分别表示农地确权、农地调整、农地小调整和农地大调整，$D_i$ 表示由控制变量组成的矩阵，包括家庭特征变量、村庄变量和区域虚拟变量。$\alpha_0$ 为常数项，$\alpha_1$ 和 $\alpha_2$ 为待估计系数，$\varepsilon_i$ 表示误差项，并假设满足标准正态分布。

引入交互项模型的基本表达式为：

$$Y_i = \alpha_0 + \alpha_1 X_{i1} + \alpha_2 X_{i2} + \alpha_3 X_{i1} X_{i2} + \alpha_4 D_i + \varepsilon_i \qquad (13\text{–}17)$$

式（13–17）识别了三组方程，其中 $Y_i$ 表示农业生产纯技术效率。$X_{i1}$ 表示农地确权，$X_{i2}$ 分别表示农地无调整、小调整与大调整。$X_{i1}X_{i2}$ 表示交互项。其余变量、参数和式（13–16）一样。

需要指出的是，本节引入农地产权变量会引起内生性问题。首先，生产效率差异可能导致农地确权进程在不同效率水平农户间存在差异，从而产生反向因果的内生性问题。其次，模型还可能遗漏观测不到的但能影响农业生产纯技术效率的变量。



为了有效解决内生性问题，根据已有研究（Kung，2002；Ma et al.，2013），村庄层面的农地产权指标可以作为农户个体产权特征的工具变量，因此本节使用样本农户所在村庄其他农户的农地确权均值作为农地确权的工具变量。原因在于，尽管村庄内的农地确权工作在程序上是同步进行的，但在实际实施过程中，农户领取农村土地承包经营权证的时间并不一致。由于同村内部的社会网络关系较强，村内其他农户的农地确权率会影响本户农地确权与否的概率（李宁等，2019），但是不会直接影响本户的农业生产纯技术效率水平，满足工具变量选择标准。同样，差异化的农业生产纯技术效率水平会导致低效率农户寻租行为的产生，低效率农户期望通过农地调整以换取较好的被他人精心经营的地块。农业生产纯技术效率较高的农户在农地调整中具有更强的谈判能力，农业经营能力较强的农户更倾向于对地权稳定性提出要求（李尚蒲、罗必良，2015），导致农业生产纯技术效率水平差异对农户农地调整需求产生影响，存在互为因果的内生性。考虑到本节农地调整变量为村庄层面数据，因此使用县内其他村庄农地调整变量的均值作为工具变量。理论而言，同县其他村的农地调整情况会影响本村农地调整，但和本村农户的农业生产纯技术效率并不直接相关，从而满足工具变量选择标准。

除此之外，本节在稳健性检验中进一步通过倾向得分匹配法（PSM）构建"反事实"情境，有效降低样本选择偏误，解决潜在内生性问题所导致的估计结果偏误。

## 二、模型结果与分析

### （一）农地调整与确权对农业生产纯技术效率的影响

表 13–2 报告了式（13–16）的估计结果。首先，杜宾 – 吴 – 豪斯曼检验的结果显示，表 13–2 的估计确实存在内生性问题。其次，弱工具变量检验和识别不足检验结果表明，本节所采用的工具变量不存在弱工具变量和识别不足的问题。

表 13–2　确权政策、农地调整经历及程度与农业生产纯技术效率

| 变量 | 农业生产纯技术效率 | | | |
|---|---|---|---|---|
| | （1） | （2） | （3） | （4） |
| 农地确权 | −0.120***（0.011） | — | — | — |
| 农地调整 | — | 0.020***（0.003） | — | — |
| 农地小调整 | — | — | 0.004（0.010） | — |
| 农地大调整 | — | — | — | 0.077***（0.015） |
| 大型农机具 | −0.070***（0.017） | −0.040***（0.015） | −0.041***（0.015） | −0.040***（0.015） |
| 家庭成员平均年龄 | −0.001***（0.000） | −0.001***（0.000） | −0.001***（0.000） | −0.001***（0.000） |
| 家庭成员受教育程度 | −0.000（0.000） | −0.000（0.000） | −0.000*（0.000） | −0.000*（0.000） |
| 家庭女性比 | 0.000（0.000） | 0.000（0.000） | 0.000（0.000） | 0.000（0.000） |
| 村庄非农经济 | 0.093***（0.009） | 0.061***（0.008） | 0.063***（0.008） | 0.059***（0.008） |
| 统一灌溉排水服务 | −0.006（0.006） | −0.006（0.006） | −0.005（0.006） | −0.004（0.006） |
| 统一购买生产资料服务 | −0.003（0.010） | 0.003（0.009） | 0.003（0.010） | 0.001（0.010） |
| 统一技术培训服务 | 0.003（0.007） | −0.004（0.006） | −0.005（0.006） | −0.005（0.006） |
| 区域虚拟变量 | 控制 | 控制 | 控制 | 控制 |

续表

| 变量 | 农业生产纯技术效率 | | | |
|---|---|---|---|---|
| | （1） | （2） | （3） | （4） |
| 常数项 | 0.559***（0.016） | 0.397***（0.032） | 0.405***（0.032） | 0.409***（0.032） |
| 观测值 | 6174 | 6174 | 6174 | 6174 |
| $R^2$ | 0.016 | 0.172 | 0.170 | 0.171 |
| 识别不足检验 | 1975.052*** | 6171.417*** | 5702.188*** | 5857.840*** |
| 弱工具变量检验 | 2899.350 | 6300 | 3400 | 4100 |
| 杜宾－吴－豪斯曼检验 | 82.358*** | 10.222*** | 10.625*** | 20.830*** |

资料来源：笔者绘制。

注：*、**、*** 分别代表在 10%、5%、1% 的统计水平上显著；括号内为稳健标准误。

列（1）结果显示，农地确权显著抑制农业生产纯技术效率，导致这一结果的因素是多方面的。农地确权的效率抑制效应说明，在当前技术水平下，确权并未带来农户对农业经营管理的积极改善①。事实上，早有文献质疑农地确权的制度安排会改善农户生产行为。罗必良（2019）证明了，农地调整具有内在的发生机制，对经历过农地调整的农户，农地确权的农业生产激励效应会大打折扣。钟甫宁、纪月清（2009）的研究证明，地权强化并不必然改善农户的投资行为。基于此，至少可以判断，农地确权对农户生产性努力的激励作用是有限的，或者不能独立地发挥引导作用。

列（2）结果显示，农地调整经历对农业生产纯技术效率的实现具有显著促进作用。这也印证了前文的理论判断，农地调整"约束机制"能够产生激励效应，具有引导农户积极生产的内驱力。

列（3）与列（4）结果显示，农地小调整经历并不对农业生产纯技术效率产生明确影响，而农地大调整经历将显著促进农业生产纯技术效率的改善。由于农地调整"约束机制"会造成农户家庭的租值耗散，作为应对策略，一方面，农户将积极攫取"公共领域"的租值以弥补家庭损失，这种利益攫取的内生动力随着失地预期的强化而增强；另一方面，农户将通过提高农业经营管理水平，增强农地调整博弈中的话语权和谈判能力。李尚蒲、罗必良（2015）研究发现，农业经营能力较强的农户在农地调整中拥有更强的话语权，并可能在重新分配土地中获取更大的收益，这在农地大调整中尤为明显。但可以判断，当农地确权与产权固化之后，表达为此类谈判力量的生产性努力将消失。



① 通过数据包络分析模型可以计算出农户农业生产综合效率、纯技术效率和规模效率。农地确权的实施将显著促进综合效率与规模效率的实现，这与国家产权制度改革的预期是契合的。但就纯技术效率而言，确权将诱发纯技术效率耗散。

控制变量的影响方面：第一，拥有大型农具的农户，其农业生产纯技术效率更低。原因在于，一方面，这类农户往往倾向于从事生产性服务，如果局限于自身的土地生产经营而缺乏规模匹配，易于引致技术效率损失；另一方面，大型农机具具有较高的投资门槛与较强的资产专用性，既可能加剧农户农业经营资金约束，也会导致投资锁定与利用效率低下。第二，家庭成员平均年龄大将制约农业生产纯技术效率的实现。第三，村庄有非农经济将对农业生产纯技术效率产生显著的促进作用。显然，农业劳动力的减少和村庄富裕程度的提升，会促进农地流转，改善农业规模经济性与现代生产要素的使用。

### （二）农地调整经历与确权效率决定

表 13-3 检验不同的农地调整经历对确权农户农业生产纯技术效率的影响。为了清晰识别三类农户群体（无调整、小调整和大调整）并进一步进行对比，需要明确刻画农户的无调整经历情境，因此设置农地无调整变量（选项赋值为：农地无调整 =1，农地有调整 =0）。

**表 13-3　不同农地调整经历下农地确权效率的差异**

| 变量 | 农业生产纯技术效率 | | |
|---|---|---|---|
| | （1） | （2） | （3） |
| 农地确权 | 0.090***（0.024） | −0.029（0.019） | 0.000（0.017） |
| 农地无调整 | 0.047***（0.007） | — | — |
| 农地确权 × 农地无调整 | −0.111***（0.020） | — | — |
| 农地小调整 | — | −0.064***（0.023） | — |
| 农地确权 × 农地小调整 | — | 0.124***（0.037） | — |
| 农地大调整 | — | — | 0.190***（0.028） |
| 农地确权 × 农地大调整 | — | — | −0.309***（0.097） |
| 其他变量 | 控制 | 控制 | 控制 |
| 常数项 | 0.331***（0.037） | 0.389***（0.037） | 0.372***（0.036） |
| 观测值 | 6174 | 6174 | 6174 |
| $R^2$ | 0.176 | 0.174 | 0.171 |
| 识别不足检验 | 1959.527*** | 1825.324*** | 1458.831*** |
| 弱工具变量检验 | 955.011 | 862.151 | 635.489 |
| 杜宾 – 吴 – 豪斯曼检验 | 27.748*** | 32.157*** | 31.460*** |

资料来源：笔者绘制。

注：*、**、*** 分别代表在 10%、5%、1% 的统计水平上显著；括号内为稳健标准误；其他控制变量同表 13-2，限于篇幅，此处未给出控制变量的估计结果，读者如感兴趣，可与笔者联系索取。

列（1）结果显示，未经历过农地调整将抑制确权农户的效率。可见，在缺乏“约束机制”约束和农地“低价值”心理作用之下，“唾手可得”的农地产权并不会让农户产生与其价值相当的“珍惜”程度。列（2）结果显示，经历过农地小调整的确权农户，农业生产纯技术效率显著提高。显然，“约束机制”与“补偿机制”的平衡使得经历过农地小调整的确权农户成为最有效率的农业经营主体。需要特别指出的是，与农地无调整的农户相比，农地大调整经历将给确权农户带来更大的效率损失。为何在单一“约束机制”下最有效率的主体却在“约束机制”与“补偿机制”下成为最不具效率的主体？可能的原因在于，在单一“约束机制”下，失地预期较为强烈的农户尽可能在有限的土地使用期内提高经营管理水平，以获取最大的土地经营收益。但确权后，地权边界的明晰化将压缩农户短期租值攫取的行为空间，转为衡量农地确权的“补偿”是否可以弥补家庭在“约束机制”中的损失。根据社会互动理论，在地权“唾手可得”与“失而复得”的参照下，地权“得不偿失”农户的效用水平将进一步降低。列（3）的检验结果也验证了这一解释。这意味着，经历过农地大调整的农户，农地确权将显著制约农户农业生产纯技术效率的实现。表 13–3 的估计结果表明，农户所经历的农地调整对确权农户农业生产纯技术效率的影响并非线性的，而是呈现倒 U 型结构。

### （三）稳健性检验

1. 对被解释变量的重新刻画。本节认为，实现农地调整的“约束机制”和农地确权的“补偿机制”的平衡将引导农户更加珍惜和重视农地，进而付出更多的生产性努力，提高农业生产纯技术效率。如果该逻辑成立，则意味着经历过农地小调整的确权农户将会更加重视农业生产，而农地无调整和农地大调整将弱化确权农户对农业生产的重视程度。为了验证该逻辑，本部分进一步使用中国劳动力动态调查中“借款是否用于农业生产”的问卷结果衡量农户对农业生产的重视程度（选项赋值分别为：是 =1，否 =0），并替换被解释变量进行检验（见表 13–4）。结果表明，农地无调整和农地大调整将弱化确权农户对农业生产的重视程度，而经历过农地小调整的农户，农地确权显著强化确权农户对农业生产的重视程度，从而表明基准回归结果稳健可信。



**表 13–4　稳健性检验 1：更换被解释变量**

| 变量 | 农业生产重视程度 | | |
|---|---|---|---|
| | （1） | （2） | （3） |
| 农地确权 | 0.062***（0.019） | 0.027**（0.011） | 0.016（0.016） |
| 农地无调整 | 0.001（0.008） | — | — |
| 农地确权 × 农地无调整 | –0.035*（0.019） | — | — |
| 农地小调整 | — | 0.005（0.019） | — |
| 农地确权 × 农地小调整 | — | 0.049**（0.022） | — |

续表

| 变量 | 农业生产重视程度 | | |
|---|---|---|---|
| | （1） | （2） | （3） |
| 农地大调整 | — | — | −0.028（0.051） |
| 农地确权 × 农地大调整 | — | — | −0.047***（0.018） |
| 其他变量 | 控制 | 控制 | 控制 |
| 常数项 | 0.059***（0.017） | 0.060***（0.015） | 0.247***（0.035） |
| 观测值 | 6174 | 6174 | 6174 |
| 识别不足检验 | 1918.321*** | 1716.773*** | 1457.540*** |
| 弱工具变量检验 | 925.576 | 790.874 | 634.547 |
| 杜宾 – 吴 – 豪斯曼检验 | 15.254*** | 15.754*** | 9.872** |

资料来源：笔者绘制。

注：*、**、*** 分别代表在 10%、5%、1% 的统计水平上显著；括号内为稳健标准误；其他控制变量同表 13–2。

2. 重新组合样本的再估计。前文基准回归基于农地调整“约束机制”和确权“补偿机制”之间权责对立、“激励 – 约束”相匹配的关系，并未严格区分地权调整与确权的先后顺序。本部分重新组织样本，基于 2014 年中国劳动力动态调查数据筛选出 2016 年中国劳动力动态调查追踪样本，留下 2014 年和 2016 年两期调查间确权的农户，并删除两期调查期间发生过农地调整的样本，从而更加准确辨别出农地调整与确权的顺序，使用的有效样本为 1566 个。此外，本部分将固定效应精确到市区一级。表 13–5 的结果显示，农地无调整和农地大调整均将诱发农地确权的效率耗散，而经历过农地小调整的确权农户实现了农业生产纯技术效率的提高。这表明基准回归结果较为稳健可信。

**表 13–5 稳健性检验 2：重新组合样本的再估计**

| 变量 | 农业生产纯技术效率 | | |
|---|---|---|---|
| | （1） | （2） | （3） |
| 农地确权 | 0.259***（0.064） | 0.100**（0.047） | 0.150***（0.044） |
| 农地无调整 | 0.269***（0.030） | — | — |
| 农地确权 × 农地无调整 | −0.434***（0.074） | — | — |
| 农地小调整 | — | −0.059（0.046） | — |
| 农地确权 × 农地小调整 | — | 0.264**（0.118） | — |
| 农地大调整 | — | — | 0.277*（0.146） |
| 农地确权 × 农地大调整 | — | — | −0.601**（0.295） |
| 其他变量 | 控制 | 控制 | 控制 |
| 常数项 | 0.230***（0.041） | 0.528***（0.051） | 0.514***（0.051） |
| 观测值 | 1566 | 1566 | 1566 |
| $R^2$ | 0.189 | 0.186 | 0.152 |
| 识别不足检验 | 240.423*** | 288.616*** | 114.377*** |

续表

| 变量 | 农业生产纯技术效率 | | |
|---|---|---|---|
| | （1） | （2） | （3） |
| 弱工具变量检验 | 93.951 | 117.039 | 40.814 |
| 杜宾－吴－豪斯曼检验 | 29.103*** | 15.023 *** | 21.588*** |

资料来源：笔者绘制。

注：*、**、*** 分别代表在 10%、5%、1% 的统计水平上显著；括号内为稳健标准误；其他控制变量同表 13-2。

3. 基于倾向得分匹配法的再估计。反向因果是本节主要的内生性来源，但依然不能忽视自选择问题。为此，本节使用倾向得分匹配法重新估计不同农地调整经历对确权农户农业生产纯技术效率的影响。根据表 13-2 中的控制变量对实验组和控制组进行匹配，其中，分别将未经历过农地调整、经历过农地小调整和经历过农地大调整的农户设定为实验组，对应地，分别将经历过农地调整、未经历过农地小调整和未经历过农地大调整的农户设定为控制组，从而形成三种情形的匹配，进而采用最近邻匹配、核匹配和半径匹配估计不同农地调整经历的平均处理效应。需要特别说明的是，为单独估计不同农地调整经历对确权效应的影响，模型只保留了已实现农地确权的农户样本。

表 13-6 汇报的倾向得分匹配法估计结果显示，在三种匹配方式下，农地无调整和农地大调整均负向影响农户的农业生产纯技术效率，农地小调整则显著提高农户的农业生产纯技术效率，进一步验证了本节估计结果的稳健性。

**表 13-6　稳健性检验 3：基于倾向得分匹配法的再估计**

| 变量 | 匹配方式 | ATT | t |
|---|---|---|---|
| 农地无调整 | 最近邻匹配 | −0.055*** | −4.460 |
| | 核匹配 | −0.009* | −1.680 |
| | 半径匹配 | −0.005 | −0.380 |
| 农地小调整 | 最近邻匹配 | 0.025* | 1.750 |
| | 核匹配 | 0.043** | 2.330 |
| | 半径匹配 | 0.043** | 2.560 |
| 农地大调整 | 最近邻匹配 | −0.048*** | −3.180 |
| | 核匹配 | −0.057*** | −2.760 |
| | 半径匹配 | −0.051** | −2.560 |



资料来源：笔者绘制。

注：*、**、*** 分别代表在 10%、5%、1% 的统计水平上显著。

4. 使用全国 9 省（自治区）2704 户农户数据的再估计。应该指出的是，中国劳动力动态调查中的农地调整数据来源于村庄层面，且统计的是 2003 年以来的农地调整经历，对于农户农地调整经历的衡量并不够精确，可能影响估计结果的准确性。为此，本节进一步使用全国 9 省（自治区）农户调查数据。课题组于 2015 年通过分层聚类方法进行农户抽样问卷调查。其抽样过程是：首先按照各省份总人口、人均 GDP、耕地总面积、耕地面积比重、农业人口占省份总人口比重、农业产值占省份 GDP 比重等 6 个指标的聚类特征，并结合中国的七大地理分区，最终选定东部的辽宁省、江苏省和广东省，中部的山西省、河南省和江西省以及西部的宁夏回族自治区、四川省和贵州省 9 省（自治区）为样本省份；然后，进一步根据上述 6 个指标对各省（自治区）的县级单位进行聚类分析，在各样本省（自治区）分别抽取 6 个样本县（合计 54 个）；最后，根据人均 GDP 和地理分布在各样本县中抽取 4 个乡镇，在每个样本乡镇随机抽取 1 个行政村，每个行政村又随机抽取 2 个自然村，在每个自然村随机挑选 5 个样本农户。为加强区域间比较，课题组在广东省、江西省的样本县中各抽取 10 个样本乡镇。调查最终发放问卷 2880 份，回收问卷 2880 份，其中有效问卷 2704 份，问卷有效率为 93.89%。全国 9 省（自治区）数据中的农地调整变量来源于农户层面，包括农户近 5 年经历农地调整频率的变量，为细化本节研究提供了数据支持。

本节认为，农地调整程度的不同将诱发确权农户不同的农业生产积极性，从而导致对农业生产纯技术效率的影响不同，这将意味着农户所经历的农地调整频率具有重要的发生学含义。为验证此判断，本节使用问卷中“若能够通过土地抵押获得贷款，您家愿意增加农业投资吗”的问卷结果衡量农户农业生产的积极性（该选项的赋值为：是 =1，否 =0）。另外，本部分用农户近 5 年经历的农地调整次数替代前文的农地调整经历。其他变量与前文一样。为节省篇幅，不再报告具体的变量定义与描述。

表 13–7 的估计结果显示，近 5 年无农地调整经历将弱化确权农户的农业生产积极性，农地小调整经历将显著提高确权农户的农业生产积极性，而农地确权将显著抑制经历过农地大调整的农户的农业生产积极性。列（4）结果表明，较高的农地调整频率将弱化确权农户的农业生产积极性。总体而言，利用全国 9 省（自治区）调查数据的估计结果与利用中国劳动力动态调查数据的分析结论一致。



**表 13–7　稳健性检验 4：基于全国 9 省（自治区）农户调查的证据**

| 变量 | 农业生产积极性 | | | |
|---|---|---|---|---|
| | （1） | （2） | （3） | （4） |
| 农地确权 | −0.401（0.345） | 0.063（0.091） | $0.174^{**}$（0.085） | 0.050（0.084） |
| 农地无调整 | $-0.567^{**}$（0.280） | — | — | — |
| 农地确权 × 农地无调整 | −0.577（0.378） | — | — | — |
| 农地小调整 | — | −0.033（0.428） | — | — |
| 农地确权 × 农地小调整 | — | $0.631^{*}$（0.329） | — | — |

续表

| 变量 | 农业生产积极性 | | | |
| --- | --- | --- | --- | --- |
| | （1） | （2） | （3） | （4） |
| 农地大调整 | — | — | 0.697$^{**}$（0.309） | — |
| 农地确权 × 农地大调整 | — | — | −1.169$^{***}$（0.403） | — |
| 农地调整频率 | — | — | — | 0.006（0.096） |
| 农地确权 × 农地调整频率 | — | — | — | −0.273$^{*}$（0.142） |
| 其他变量 | 控制 | 控制 | 控制 | 控制 |
| 常数项 | 4.001$^{***}$（0.281） | 3.518$^{***}$（0.143） | 3.454$^{***}$（0.143） | 2.938$^{***}$（0.773） |
| 观测值 | 2704 | 2704 | 2704 | 2704 |
| 识别不足检验 | 330.792$^{***}$ | 140.984$^{***}$ | 696.844$^{***}$ | 186.597$^{***}$ |
| 弱工具变量检验 | 131.401 | 50.282 | 354.624 | 68.225 |
| 杜宾 – 吴 – 豪斯曼检验 | 10.246$^{**}$ | 5.896$^{*}$ | 7.740$^{*}$ | 11.361$^{***}$ |

资料来源：笔者绘制。

注：*、**、*** 分别代表在 10%、5%、1% 的统计水平上显著；括号内为稳健标准误；其他控制变量同表 13–2。

## 三、结论与展望

本节将农地调整和农地确权分别视为自上而下的“约束机制”与“补偿机制”，探讨在两种机制的平衡和失衡状态下农业生产纯技术效率的决定机理。基于 2016 年中国劳动力动态调查数据的检验结果表明，对“约束机制”与“补偿机制”失衡的两类农户群体，或者说对无农地调整经历与经历过农地大调整的农户来说，确权政策对农业生产纯技术效率的影响将弱化。而“约束机制”与“补偿机制”走向平衡的经历过农地小调整的确权农户是最有效率的农地经营主体。因此，对农地无调整、农地小调整、农地大调整的三类农户，农地确权的经济绩效大体呈现倒 U 型结构。

与叶剑平等（2006）和黄季焜等（2008）所持的观点不同，本节并不将农地调整视为不安全的产权表达形式，而是将农地调整和农地确权分别视为一种自上而下的“约束机制”和“补偿机制”。“约束机制”与“补偿机制”均具有引导农户提升农业经营管理水平和农业生产纯技术效率的作用。但值得注意的是，“约束机制”与“补偿机制”的失衡将诱发纯技术效率耗散。其内因在于，缺乏“约束机制”保障而“唾手可得”的地权是“低价值”的，农户对其珍惜程度有限；“补偿机制”在不同农户之间是同质的，因而在“约束机制”中损失惨重的农户无法获得区别于其他农户的心理补偿。“约束机制”与“补偿机制”走向平衡将实现农业生产纯技术效率的提高。

虽然农地确权政策的实施似乎是合乎效率的选择，但值得重视的是，完全没有“约束机制”

保障可能影响农地确权的绩效表现。本节表明，地权制度安排需要在“激励－约束”机制的平衡状态下实现效率，缺乏“约束机制”保障的赋权政策是无效率的。众多学者批评农地调整造成农业生产效率下降，却忽视了农地调整的产权反向激励和内部约束作用，这应该引起人们的反思。但本节并非主张农地调整的合理性，而是强调农地确权的实施亟待推行具有“约束机制”性质的匹配措施。

随着时间渐远和代际更替，农地调整的负向激励作用必然逐渐弱化。稳定地权的政策努力也将极大限制地权变更的发生，但将增加“补偿”与“约束”失衡的可能。农地确权将推进并深化具有不同比较优势农户的劳动力分工，家庭成员的非农转移与收入结构的改变将降低农地在农户心中的重要程度，弱化农民对土地的生存依附。这意味着，对于选择空间不断扩大的中国农民来说，“约束机制”与“补偿机制”的失衡将可能导致农地心理价值下降并促使农户策略性地离农弃农，从而恶化农业生产的社会生态结构。这显然有悖于中国农村土地制度改革的基本目标。因此，当前亟须从立法层面明确农户农地产权权益，重申与之关联的相应义务或约束，从而形成责权对应以及“激励－约束”的制衡机制。此外，应进一步优化农地确权政策的实施环境，保障农民地权的排他性与政策实施的稳定性，积极推进农地确权政策的实际落地，避免“确空权”的现象，不断强化农民对农地确权的政策认同感。

## 第三节　农地规模经营的理论分析

### 一、人力资本、农民工回流与农地规模经营

中国农地流转的市场发育，已经由供给侧约束转向了需求侧约束的新的不均衡状态。其中，小农户能否转化为规模经营主体，成为影响农地流转的重要因素。在“三权分置”制度背景下，农地规模经营的实现不仅依赖于部分农户农地的转出，还取决于另一部分农户的农地转入。因此，除了从供给侧探究农地规模经营的影响因素外，还应从需求层面寻找原因。从需求层面讲，农地经营规模的扩大对经营者田间作业的体力和管理能力都有要求，体现的是经营者人力资本对农地转入决策的影响。只有那些擅长使用现代农业生产技术且具有一定管理经验，在农业经营上具有比较优势的农户，才可能转入农地，成为规模农户（朱文珏、罗必良，2016）。已有研究发现，规模农户都有较高的人力资本存量，体现在更加年轻化（李博伟等，2016）、相对较高的受教育程度（李艳等，2021）以及丰富的从业经历（郜亮亮等，2020）等方面。所以，从规模农户具备的特征看，人力资本水平是影响农户走向规模化经营的重要因素。

舒尔茨（2006）在其《改造传统农业》一书中认为，改造传统农业的关键在于对农民进行人力资本投资。在众多的投资方式中，人口迁移是一类重要的人力资本投资形式（贝克尔，2016）。近年来，农民工回流趋势的日益增强为农村流失的人力资本提供了有益的补充（厉以宁，2018）。相比于传统留守农户，回流农户不仅在务工期间积累了更多的物质资本用于农业投资（Zhao，2002），其在外出务工期间习得的隐性能力也得到了显著的提升，如新技术采纳能力（石智雷、王佳，2013）、风险承受能力（卢树立，2020）以及信息获取能力等。更为重要的是，经过市场化的历练，回流农户在激活和调动土地、资本、技术、信息等乡村发展要素上，还具有独特的见解和创造力（刘玉侠、张剑宇，2021）。因此，与一般留守农户维持自家食物需求的安全生产原则不同（Qian et al.，2016），为获取更高的农业规模报酬，回流农户将不再受限于传统的小规模分散化农业经营方式，而倾向于借助务工期间积累的资金，通过土地转入，扩大经营规模。

基于此，本节提出假说 1：农民工回流将增加农户的农地转入需求，进而扩大农地经营规模。

## 二、农民工回流、农地经营规模与要素替代

除了受土地要素的影响外，规模化经营还受其他生产要素的约束。如果单纯扩大农地经营规模，却不能同时保证资本、技术等相关要素的匹配，回流农户无法成为真正意义上的规模经营主体。所以，回流农户经营规模的扩大必然地要求其他相关要素相互匹配。一般来说，与农地规模经营相关联的劳动要素配置往往伴随着高昂的交易成本。其一，大量农业劳动力外出引发的农业用工成本不断上升；其二，农业生产活动的季节性与周期性特点，导致农忙季节无工可雇的现象时有发生，增加了农业用工的不确定性与风险；其三，农业的生命节律特性，决定了农事操作者必须根据生物需要进行有效的现场处置，导致劳动质量的监督困难，内生高昂的考核成本。因此，规模化经营需通过机械替代劳动力，以此提高要素的匹配效率，降低平均投入成本。相比于传统农耕，机械实质上也是现代农业新技术的一种。根据“干中学”原理，回流农民工在外出务工过程中从事的行业和职务有着明显的差异，这增强了他们的学习能力和对新生事物的接受能力，在城市中接受过非农技能培训对他们回流后学习农业生产技术也有着积极的影响（石智雷、王佳，2013）。因此，相比于留守农户，回流农户更愿意引入现代农业机械替代传统劳力或畜力进行农业生产。问题是，作为专用性资产，农机具不仅具有作业对象的专用性，还会因农业生产的季节性导致较低的使用频率，易形成投资锁定与沉淀成本。由此，为避免小规模经营导致的农机低使用率，提高农机利用率，回流农户会进行农地的转入以扩大经营规模，从而达到农地规模与专用性装备投资的匹配。但在规模水平不高的初级阶段，回流农户则会倾向于将资产专用性较高的生产活动卷入分工，即通过购买生产性服务替代直接购买农机，以降低生产费用并提高经营效

率。可见，对于回流农户的规模化经营而言，直接购买农机和购买农机服务，是两种可替代的要素匹配策略。

据此，可以提出假说 2：回流农户通过机械替代劳动力促进农地经营规模的扩大。其中机械替代劳动力的具体方式包括自购农机和采纳农机服务。

### 三、经营规模、装备匹配与生产性信贷投入

农业经营规模并非单纯是农地规模的函数。事实上，农地经营规模的扩大，不但需要以支付农地转入租金为代价，同时也要求农业设施与配套装备等附着于土地的其他资产与之匹配。农户的生产资金主要来源于两个方面，一个是家庭的经营性收入与工资性收入所形成的财富积累，另一个是通过正规或非正规借贷所获得的资金投入。相比于一般留守农户农业经营获得的收入，回流农户外出就业获得的劳动报酬更高，更可能积累更多的资金用于农业生产。已有文献表明，长期外出务工经历在增加农户家庭收入和储蓄方面具有重要作用（葛永波、陈琦，2020）。此外，当自有资金不能满足农业规模化经营的投入要求时，具备融资条件的农户还可以通过信贷市场获得资金支持。受城市契约化和非人格化社会关系的影响，回流农户不仅有更强的金融素养（柳建坤等，2020），还具有更强的企业家精神（王轶、单晓昂，2021），在获得更高投资回报率上具有更大的概率。因此，回流农户更容易获得逐利本性的金融机构的青睐，更有可能借助农业生产性贷款这一新型农业生产要素达到规模化经营的目的。

由此，提出假说 3：回流农户更容易获得农业生产性贷款从而间接促进农地经营规模的扩大。

## 第四节　小农户农地规模化经营的实证分析

### 一、数据、变量与模型选择

#### （一）数据来源

本节所使用数据来自中国劳动力动态调查 2016 年和 2018 年两年的混合截面数据。该调查涵盖了劳动力个体、家庭和社区层面的就业、农业生产等信息。根据研究需要，本节对非农家庭以及对问卷存在缺失值的家庭样本予以剔除，最终选取了 6819 户从事农业生产的农户家庭样本。在实证分析中，由于存在部分变量数据缺失，因此各估计模型的观测样本数会有所不同。

#### （二）变量设置及说明

1. 被解释变量。本节考察的是农户农地规模化经营的状况，借鉴朱文珏、罗必良（2016）的

研究，使用“农地转入”和“农地经营规模”两个变量进行衡量。其中，“农地转入”主要衡量农户是否进行了规模的扩大，“农地经营规模”衡量的是农地规模化经营的程度。

2. 解释变量。本节侧重于揭示农民工回归农业领域后对农业生产的影响，所以本节对农民工回流的定义不局限于空间上的回流（是否返乡），而是进一步拓展到工作性质上的回流（是否返乡务农）。为此，本节将“农户农民工回流”和“户主回流务农”作为核心解释变量（均为0、1离散变量）。其中，“农户农民工回流”是指家庭内是否有回家务农的农民工，“户主回流务农”具体指的是户主是否回流到户籍地进行务农。选择后一指标是因为户主在家庭事务决策上具有话事权，是家庭农业生产经营的主要决策者。

3. 控制变量。本节控制了户主、家庭、村庄层面特征变量以及地区层面固定效应。户主特征变量包括年龄、性别、受教育程度、健康水平。家庭特征变量包括家庭适龄劳动力、平均健康水平、平均受教育程度、农机设备状况、农地资源禀赋、外出务工占比。村庄特征变量包括非农经济状况、机耕服务状况、市场距离、地形特征。此外，为控制省份固定效应和时间固定效应，加入省份虚拟变量和年份虚拟变量作为控制变量。

4. 中介变量。本节设置“农业生产性贷款”“农机服务采纳”和“自购农机”作为中介变量，其中“农机服务采纳”和“自购农机”是机械替代劳动力的两种不同策略选择，根据农户实际是否采纳农机服务和是否自购农机进行识别。“农业生产性贷款”根据农户是否贷款用于生产投资来测度。主要变量及描述性统计如表13-8所示。

**表13-8 变量定义及描述性统计**

| 变量 | | 变量定义 | 平均值 | 标准差 | 最小值 | 最大值 |
|---|---|---|---|---|---|---|
| 被解释变量 | 农地转入 | 是否转入农地，是=1，否=0 | 0.144 | 0.351 | 0.000 | 1.000 |
| | 农地经营规模 | 农地经营面积（亩）的对数 | 2.051 | 0.995 | 0.000 | 8.317 |
| 解释变量 | 户主回流务农 | 户主是否回流务农，是=1，否=0 | 0.101 | 0.302 | 0.000 | 1.000 |
| | 农户农民工回流 | 有无家庭成员回流务农，有=1，无=0 | 0.126 | 0.332 | 0.000 | 1.000 |
| 户主特征 | 年龄 | 实际年龄（岁） | 54.118 | 10.441 | 17.000 | 86.000 |
| | 性别 | 男=1，女=0 | 0.911 | 0.285 | 0.000 | 1.000 |
| | 受教育程度 | 赋值1～11 | 2.618 | 1.077 | 1.000 | 9.000 |
| | 健康水平 | 赋值1～5 | 3.464 | 1.015 | 1.000 | 5.000 |
| 家庭特征 | 家庭适龄劳动力 | 16～60岁家庭人数 | 3.425 | 1.546 | 0.000 | 13.000 |
| | 平均健康水平 | 家庭人口总健康水平/总人数 | 2.208 | 0.748 | 1.000 | 5.000 |
| | 平均受教育程度 | 家庭人口总受教育程度/总人数 | 2.976 | 1.137 | 1.000 | 9.000 |
| | 农机设备状况 | 家庭农机价值（元）的对数 | 1.410 | 3.326 | 0.000 | 13.816 |
| | 农地资源禀赋 | 家庭承包耕地面积（亩）的对数 | 1.526 | 0.977 | 0.000 | 8.317 |
| | 外出务工占比 | 外出就业人数/总就业人数 | 0.562 | 0.391 | 0.000 | 1.000 |

续表

| 变量 | | 变量定义 | 平均值 | 标准差 | 最小值 | 最大值 |
|---|---|---|---|---|---|---|
| 村庄特征 | 非农经济状况 | 是否发展第二、第三产业，是 =1，否 =0 | 0.232 | 0.422 | 0.000 | 1.000 |
| | 机耕服务状况 | 有无机耕服务，有 =1，无 =0 | 0.318 | 0.466 | 0.000 | 1.000 |
| | 市场距离 | 是否为郊区，是 =1，否 =0 | 0.064 | 0.245 | 0.000 | 1.000 |
| | 地形特征 | 以平原为参照，设置虚拟变量 | — | — | — | — |
| 中介变量 | 农业生产性贷款 | 贷款是否用于生产投资，是 =1，否 =0 | 0.078 | 0.268 | 0.000 | 1.000 |
| | 农机服务采纳 | 是否采纳农机服务，是 =1，否 =0 | 0.285 | 0.451 | 0.000 | 1.000 |
| | 自购农机 | 是否自购农机，是 =1，否 =0 | 0.311 | 0.463 | 0.000 | 1.000 |

资料来源：笔者绘制。

### （三）模型选择

鉴于本节将农地转入和农地经营规模作为农户农地规模化经营的代理变量，因此估计模型也分为两组。第一组采用 Probit 模型以检验农民工回流对农户是否转入农地的影响：

$$Y_i = \alpha_0 + \alpha_1 Returned_i + \sum_{n=2} \alpha_n X_i + \varepsilon_i \tag{13-18}$$

其中，$Y_i$ 表示农户 $i$ 是否转入农地的二值虚拟变量，$Returned_i$ 是农民工回流的二值虚拟变量，$X_i$ 为农户的户主特征、家庭特征、村庄特征及省份区域特征变量，$\varepsilon_i$ 为误差项，$\alpha_0$ 为常数项，$\alpha_1$ 和 $\alpha_n$ 为待估系数。

第二组采用右侧截断 Tobit 模型以检验农民工回流对农地经营规模的影响：

$$G_i = \beta_0 + \beta_1 Returned_i + \sum_{n=2} \beta_n X_i + \xi_i \tag{13-19}$$

其中，$G_i$ 表示农户 $i$ 农地经营规模连续变量，$\beta_0$ 为常数项，$\beta_1$ 和 $\beta_n$ 为待估系数，其他项与式（13-18）一致。

此外，为检验农民工回流是否能够通过机械替代劳动力（自购农机、采纳农机服务）以及农业生产性贷款促进农户的规模化经营，本节进一步在式（13-18）的基础上，构建中介效应模型：

$$Inter_i = \delta_0 + \delta_1 Returned_i + \sum_{n=2} \delta_n X_i + \varepsilon_{i2} \tag{13-20}$$

$$Y_i = \phi_0 + \phi_1 Returned_i + \phi_2 Inter_i + \sum_{n=3} \phi_n X_i + \varepsilon_{i3} \tag{13-21}$$

在式（13-20）、式（13-21）中，$Inter_i$ 为中介变量，分别表示农户 $i$ 的种植能力与两类要素引进；$\delta_0$ 和 $\phi_0$ 为常数项，$\delta_1$ 和 $\phi_1$ 为待估系数；$\varepsilon_{i2}$、$\varepsilon_{i3}$ 为误差项；其他变量与式（13-18）一致。

需要指出的是，上述估计均可能存在内生性问题。为此，本节进一步分别采用工具变量法和处理效应模型对式（13–18）和式（13–19）进行稳健性检验。在工具变量的选择上，参照康姣姣等（2021）的思路，采用聚类工具变量的构建方法，利用村域内除去自身之后的同村回流务农人数作为农民工回流的工具变量。对于中介效应的分析，由于存在多个内生变量，为提高估计结果的准确性，本节将采用拓展回归模型（ERM）[①] 对机制检验部分进行估计。

## 二、实证结果与分析

### （一）基准回归结果

表 13–9 显示了农民工回流对农户农地规模化经营的基准回归结果，其中：列（1）和列（2）是以“农地转入”二值变量作为被解释变量的估计结果，结果表明户主回流务农、农户农民工回流都在 1% 的显著水平上提高了农户农地转入概率；列（3）和列（4）是以“农地经营规模”作为被解释变量的估计结果，表明户主回流务农、农户农民工回流在 1% 的显著水平上扩大了农户的农地经营规模。基准回归结果表明，农民工回流有利于农户走向规模化经营。

表 13–9　农民工回流对农户农地规模化经营的影响：基准回归

| 变量 | 农地转入 | | 农地经营规模 | |
|---|---|---|---|---|
| | （1） | （2） | （3） | （4） |
| 户主回流务农 | 0.040***（0.011） | — | 0.086***（0.021） | — |
| 农户农民工回流 | — | 0.033***（0.012） | — | 0.066***（0.022） |
| 年龄 | 0.011***（0.003） | 0.011***（0.003） | 0.011**（0.005） | 0.011**（0.005） |
| 年龄的平方 | −0.000***（0.000） | −0.000***（0.000） | −0.000**（0.000） | −0.000**（0.000） |
| 性别 | 0.043***（0.016） | 0.044***（0.016） | 0.044*（0.025） | 0.045*（0.025） |
| 受教育程度 | 0.005（0.004） | 0.005（0.004） | 0.007（0.008） | 0.008（0.008） |
| 健康水平 | 0.002（0.005） | 0.002（0.005） | 0.013（0.008） | 0.013（0.008） |
| 家庭适龄劳动力 | 0.021***（0.003） | 0.022***（0.003） | 0.038***（0.005） | 0.039***（0.005） |
| 平均健康水平 | −0.012*（0.007） | −0.012*（0.007） | −0.032***（0.011） | −0.033***（0.011） |
| 平均受教育水平 | 0.008**（0.004） | 0.008**（0.004） | 0.014*（0.007） | 0.013*（0.007） |
| 农机设备状况 | 0.013***（0.001） | 0.013***（0.001） | 0.024***（0.002） | 0.024***（0.002） |
| 农地资源禀赋 | 0.103***（0.005） | 0.103***（0.005） | 0.781***（0.008） | 0.781***（0.008） |
| 外出务工占比 | −0.141***（0.012） | −0.143***（0.012） | −0.333***（0.021） | −0.338***（0.021） |
| 非农经济状况 | −0.083***（0.012） | −0.084***（0.012） | −0.140***（0.019） | −0.140***（0.019） |
| 机耕服务状况 | 0.008（0.009） | 0.008（0.009） | 0.010（0.016） | 0.010（0.016） |
| 市场距离 | −0.114***（0.021） | −0.115***（0.021） | −0.139***（0.031） | −0.141***（0.031） |
| 丘陵：以平原为参照 | −0.028***（0.010） | −0.028***（0.010） | −0.090***（0.018） | −0.091***（0.018） |

① 该模型最大的优点就是可以同时处理解释变量和控制变量的内生性问题。根据被解释变量的类别不同，本节在中介效应检验部分将分别选择 ERM 子模块中的拓展线性回归模型（eregress）、拓展二元回归模型（eprobit）。

续表

| 变量 | 农地转入 | | 农地经营规模 | |
|---|---|---|---|---|
| | （1） | （2） | （3） | （4） |
| 山地：以平原为参照 | −0.039***（0.011） | −0.039***（0.011） | −0.104***（0.020） | −0.104***（0.020） |
| 省份固定效应 | 控制 | 控制 | 控制 | 控制 |
| 时间固定效应 | 控制 | 控制 | 控制 | 控制 |
| 常数项 | −2.288***（0.513） | −2.296***（0.510） | −2.878（6.509） | −2.876（6.549） |
| $R^2$ | 0.201 | 0.200 | 0.454 | 0.455 |
| 观测值 | 6795 | 6795 | 6819 | 6819 |

资料来源：笔者绘制。

注：*、**、*** 分别代表在 10%、5%、1% 的统计水平上显著；括号内为稳健标准误；系数为平均边际效应。

## （二）稳健性检验

1. 工具变量法。根据被解释变量类型，采用 ivprobit 和 ivtobit 进行工具变量回归。从表 13–10 可知，农民工回流对农户农地规模化经营存在严重的内生性问题，在工具变量回归模型的第一阶段，“同村回流务农人数”工具变量的估计系数均为正，且在 1% 的统计水平上显著，表明工具变量与农户农民工回流有很强的相关性，第一阶段 $F$ 统计值大于 10，满足工具变量的有效性要求。在第二阶段的主回归中，农户农民工回流变量的估计系数依然为正，且在 1% 的统计水平上显著，但系数明显大于基准回归系数，表明基准结果低估了农民工回流对农地转入和农地经营规模的影响。为保证估计结果的准确性，本节接下来的异质性分析和情景分析部分均采用工具变量模型。

**表 13–10　农民工回流对农户农地规模化经营的影响：工具变量检验**

| 变量 | 第一阶段 | 第二阶段 | 第一阶段 | 第二阶段 |
|---|---|---|---|---|
| | （1）农户农民工回流 | （2）农地转入 | （3）农户农民工回流 | （4）农地经营规模 |
| 同村回流务农人数 | 0.066***（0.001） | — | 0.066***（0.001） | — |
| 农户农民工回流 | — | 0.720***（0.132） | — | 1.133***（0.171） |
| 控制变量 | 控制 | 控制 | 控制 | 控制 |
| 省份固定效应 | 控制 | 控制 | 控制 | 控制 |
| 时间固定效应 | 控制 | 控制 | 控制 | 控制 |
| 内生性检验 | 24.61*** | | 53.44*** | |
| 第一阶段 $F$ 统计值 | 23.76 | — | 14.12 | — |
| 观测值 | 6795 | 6795 | 6819 | 6819 |

资料来源：笔者绘制。

注：*、**、*** 分别代表在 10%、5%、1% 的统计水平上显著；括号内为稳健标准误；系数为平均边际效应。

2. 处理效应模型。部分农民之所以选择外出，可能是为返乡后的规模化经营积累资源，即农地规模化经营倾向可能反过来影响农户的返乡决策。为缓解自选择导致的内生性问题，本节进一步采用处理效应模型进行稳健性检验①。表 13–11 报告了农民工回流对农户农地规模化经营影响的处理效应模型估计结果。第一，处理方程和产出方程随机误差项的估计系数都在 1% 的统计水平上显著为负，意味着农民工回流对农户农地规模化经营的影响存在自我选择问题。第二，同村回流务农人数估计系数在 1% 的统计水平上显著为正，表明工具变量和农户农民工回流显著相关，说明工具变量选择的有效性。第三，农户农民工回流对农地转入和农地经营规模的估计系数分别为 0.491 和 0.389，且在 1% 的统计水平上显著。这表明，在缓解自选择导致的内生性问题条件下，农民工回流对农户农地规模化经营的正向显著作用具有稳健性。

**表 13–11 农民工回流对农户农地规模化经营的影响：处理效应模型**

| 变量 | 处理效应模型（1） | | 处理效应模型（2） | |
|---|---|---|---|---|
| | 农户农民工回流 | 农地转入 | 农户农民工回流 | 农地经营规模 |
| 同村回流务农人数 | 0.074***（0.005） | — | 0.097***（0.005） | — |
| 农户农民工回流 | — | 0.491***（0.017） | — | 0.389***（0.054） |
| 其他控制变量 | 控制 | 控制 | 控制 | 控制 |
| IMR 估计系数 | –0.245***（0.008） | | –0.177***（0.028） | |
| LR 检验 | 574.76** | | 35.01*** | |
| 观测值 | 6795 | | 6819 | |

资料来源：笔者绘制。

注：*、**、*** 分别代表在 10%、5%、1% 的统计水平上显著；括号内为稳健标准误；系数为平均边际效应。

3. 替换变量。本节进一步通过替换被解释变量和解释变量的方式验证基准结果的稳健性。表 13–12 中，列（1）是以“农地转入面积”作为被解释变量的回归结果，表明无论是户主回流务农还是农户农民工回流的系数都显著为正，即农民工回流有利于农户转入更多的农地；列（2）和列（3）是以“农民工回流务农人数”为解释变量分别对“农地转入”和“农地经营规模”的回归，结果显示，农民工回流务农人数的增加正向促进了农户农地规模化经营。以上结果均表明，农民工回流对农户农地规模化经营的正向影响具有稳健性。

**表 13–12 农民工回流对农户农地规模化经营的影响：替换变量**

| 变量 | 替换被解释变量 | | 替换解释变量 | |
|---|---|---|---|---|
| | （1）农地转入面积 | | （2）农地转入 | （3）农地经营规模 |
| 户主回流务农 | 0.534***（0.154） | — | — | — |
| 农户农民工回流 | — | 0.432**（0.168） | — | — |



① 处理效应模型既可以缓解因自选择偏误导致的估计偏误或内生性问题，又可以估计处理变量的直接影响（Maddala，1983）。

续表

| 变量 | 替换被解释变量 | | 替换解释变量 | |
|---|---|---|---|---|
| | （1）农地转入面积 | | （2）农地转入 | （3）农地经营规模 |
| 农民工回流务农人数 | — | — | 0.040***（0.009） | 0.082***（0.018） |
| 其他控制变量 | 控制 | 控制 | 控制 | 控制 |
| $R^2$ | 0.142 | 0.142 | 0.202 | 0.205 |
| 观测值 | 6795 | 6795 | 6795 | 6819 |

资料来源：笔者绘制。

注：*、**、*** 分别表示在 10%、5%、1% 的统计水平上显著；括号内为稳健标准误；系数为平均边际效应。

4. 替换样本数据。使用 2015 年中国家庭金融调查的数据作进一步验证。表 13-13 的结果显示，即使在不同的数据条件下，农民工回流依然显著正向影响农户农地规模化经营。

表 13-13　农民工回流对农户农地规模化经营的影响：替换样本

| 变量 | （2015 年中国家庭金融调查） | | | |
|---|---|---|---|---|
| | （1）农地转入 | | （2）农地经营规模 | |
| 户主回流务农 | 0.066***（0.018） | — | 0.034**（0.014） | — |
| 农户农民工回流 | — | 0.060***（0.015） | — | 0.025*（0.013） |
| 其他控制变量 | 控制 | 控制 | 控制 | 控制 |
| $R^2$ | 0.058 | 0.058 | 0.305 | 0.304 |
| 观测值 | 5383 | 5383 | 5383 | 5383 |

资料来源：笔者绘制。

注：*、**、*** 分别表示在 10%、5%、1% 的统计水平上显著；括号内为稳健标准误；系数为平均边际效应。

## （三）中介效应检验

第一，农民工回流、机械替代劳动力与农户农地规模化经营。由表 13-14 列（1）和列（2）的结果可知，农民工回流显著正向促进了自购农机。列（3）的结果表明，自购农机显著扩大了农地经营规模。将核心自变量和中介变量放在同一模型的列（4）和列（5）表明，农民工回流和自购农机都显著正向作用于农地经营规模。可见，农民工回流借助自购农机这一中介变量间接促进了农地经营规模的扩大。



表 13-14　农民工回流、机械替代劳动力（自购农机）与农户农地规模化经营

| 变量 | 自购农机 | | 农地经营规模 | | |
|---|---|---|---|---|---|
| | （1）eprobit | （2）eprobit | （3）eprobit | （4）eprobit | （5）eprobit |
| 户主回流务农 | 0.451***（0.053） | — | — | 0.770***（0.048） | — |
| 农户农民工回流 | — | 0.404***（0.093） | — | — | 0.721***（0.051） |

续表

| 变量 | 自购农机 | | 农地经营规模 | | |
|---|---|---|---|---|---|
| | （1）eprobit | （2）eprobit | （3）eprobit | （4）eprobit | （5）eprobit |
| 自购农机 | — | — | 0.244***（0.057） | 0.229***（0.058） | 0.230***（0.057） |
| 其他控制变量 | 控制 | 控制 | 控制 | 控制 | 控制 |
| 内生性检验 | −0.791*** | −0.661*** | −0.040 | −0.691*** | −0.708*** |
| 弱工具变量检验 | 27.333 | 28.872 | 56.112 | 29.356 | 29.375 |
| 观测值 | 6819 | 6819 | 6819 | 6819 | 6819 |

资料来源：笔者绘制。

注：*、**、*** 分别代表在 10%、5%、1% 的统计水平上显著；括号内为稳健标准误；系数为平均边际效应。

由表 13–15 列（1）和列（2）结果可知，农民工回流显著正向促进了农户的农机服务采纳。列（3）的结果表明，农机服务采纳又显著正向影响了农地经营规模。将核心自变量农民工回流和中介变量农机服务采纳放在同一模型的列（4）和列（5）表明，农户农民工回流和农机服务采纳都显著正向作用于农地经营规模。可见，农民工回流通过农机服务采纳这一中介变量间接促进了农地经营规模的扩大。

总体而言，表 13–14 和表 13–15 的结果表明，农民工回流借助机械替代劳动力（自购农机和农机服务采纳）的方式，间接促进了农地经营规模的扩大。

**表 13–15　农民工回流、机械替代劳动力（农机服务采纳）与农户农地规模化经营**

| 变量 | 农机服务采纳 | | 农地经营规模 | | |
|---|---|---|---|---|---|
| | （1）eprobit | （2）eprobit | （3）eprobit | （4）eprobit | （5）eprobit |
| 户主回流务农 | 0.316***（0.062） | — | — | 0.567***（0.043） | — |
| 农户农民工回流 | — | 0.314***（0.097） | — | — | 0.535***（0.045） |
| 农机服务采纳 | — | — | 0.195***（0.038） | 0.188***（0.041） | 0.189***（0.037） |
| 其他控制变量 | 控制 | 控制 | 控制 | 控制 | 控制 |
| 内生性检验 | −0.441*** | −0.406*** | −0.105** | −0.512*** | −0.460*** |
| 弱工具变量检验 | 19.273 | 19.932 | 46.761 | 27.952 | 27.575 |
| 观测值 | 6819 | 6819 | 6819 | 6819 | 6819 |

资料来源：笔者绘制。

注：*、**、*** 分别代表在 10%、5%、1% 的统计水平上显著；括号内为稳健标准误；系数为平均边际效应。

第二，农民工回流、农业生产性贷款与农户农地规模化经营。由表 13–16 列（1）和列（2）结果可知，农民工回流显著正向促进了农业生产性贷款。列（3）的结果表明，农业生产性贷款又显著正向影响了农地经营规模。将核心解释变量和中介变量放在同一模型的列（4）和列（5）表明，农民工回流和农业生产性贷款都显著正向作用于农地经营规模。以上结果表明，农民工回流通过农业生产性贷款这一中介变量间接促进了农地经营规模的扩大。

表 13-16　农民工回流、农业生产性贷款与农户农地规模化经营

| 变量 | 农业生产性贷款 | | 农地经营规模 | | |
|---|---|---|---|---|---|
| | (1) eprobit | (2) eprobit | (3) eregress | (4) eregress | (5) eregress |
| 户主回流务农 | 0.139*（0.075） | — | — | 0.629***（0.055） | — |
| 农户农民工回流 | — | 0.121*（0.066） | — | — | 0.599***（0.054） |
| 农业生产性贷款 | — | — | 1.230***（0.357） | 0.982***（0.358） | 0.971***（0.357） |
| 其他控制变量 | 控制 | 控制 | 控制 | 控制 | 控制 |
| 内生性检验 | −0.791*** | −0.661*** | −0.907*** | −0.691*** | −0.293* |
| 弱工具变量检验 | 27.333 | 28.872 | 56.112 | 29.356 | 29.375 |
| 观测值 | 3760 | 3760 | 3760 | 3760 | 3760 |

资料来源：笔者绘制。

注：*、**、*** 分别代表在 10%、5%、1% 的统计水平上显著；括号内为稳健标准误；系数为平均边际效应。

### （四）异质性分析

第一，基于农民工回流原因差异的异质性分析。本节根据回流原因，将选择“回家也能获得较好的收入”的回流务农户主视为主动回流务农户主，将选择“为了照顾家人”“在外找不到好工作”“生病、受伤等身体因素限制”的回流务农户主视为被动回流务农户主，由此比较不同回流原因下的农民工回流对农地经营规模的异质性影响。表 13-17 的结果表明，相较于被动回流务农户主，主动回流务农户主对农地转入和农地经营规模的影响更大，即主动回流务农户主更倾向于扩大农地经营规模。

表 13-17　不同回流原因的农民工对农户农地规模化经营的影响

| 变量 | 农地转入（ivprobit） | | 农地经营规模（ivtobit） | |
|---|---|---|---|---|
| | (1) | (2) | (3) | (4) |
| 被动回流务农户主 | 0.717 ***（0.048） | — | 0.739***（0.257） | — |
| 主动回流务农户主 | — | 0.951***（0.011） | — | 2.183***（0.412） |
| 其他控制变量 | 控制 | 控制 | 控制 | 控制 |
| 内生性检验 | 25.91*** | 23 19*** | 67.72*** | 60.72*** |
| 第一阶段 $F$ 值 | 23.19 | 27.59 | 19.81 | 13.52 |
| 观测值 | 6637 | 6261 | 6661 | 6285 |

资料来源：笔者绘制。

注：*、**、*** 分别代表在 10%、5%、1% 的统计水平上显著；括号内为稳健标准误；系数为平均边际效应。

第二，基于农民工回流时期差异的异质性分析。不同于单纯外部冲击（如 2008 年全球金融危机）导致的返乡潮，近年来农民工回流趋势与新形势下的乡村发展机会密切相关（如国家实施乡村振兴战略）。尤其在 2015 年国家发展改革委等部门开展支持农民工返乡创业试点工作，以及 2016 年和 2017 年分批确定数百个返乡创业试点县（市、区）之后，越来越多的农民工选择返乡就业创业。因此，本节以 2015 年为分界点，将 2015 年之前回流务农户主归为早期回流务农户主，2015 年及以后回流的归为近期回流务农户主，由此比较不同时期回流务农户主对农户农地规模化经营的影响。表 13–18 的结果表明，相较于早期回流务农户主，近期回流务农户主对农地转入以及农地经营规模的影响更大。

**表 13–18　不同时期回流的务农户主对农户农地规模化经营的影响**

| 变量 | 农地转入（ivprobit） | | 农地经营规模（ivtobit） | |
|---|---|---|---|---|
| | （1） | （2） | （3） | （4） |
| 早期回流务农户主 | 0.709***（0.056） | — | 0.692***（0.274） | — |
| 近期回流务农户主 | — | 0.954***（0.012） | — | 2.074***（0.504） |
| 其他控制变量 | 控制 | 控制 | 控制 | 控制 |
| 内生性检验 | 23.90*** | 29.68*** | 58.97*** | 57.10*** |
| 第一阶段 $F$ 值 | 18.94 | 13.71 | 18.82 | 13.65 |
| 观测值 | 6644 | 6254 | 6668 | 6278 |

资料来源：笔者绘制。

注：*、**、*** 分别代表在 10%、5%、1% 的统计水平上显著；括号内为稳健标准误；系数为平均边际效应。

第三，基于回流农户不同务农形式的异质性分析。如表 13–19 所示，受自身能力和流出地非农就业机会的影响，回流农户在务农形式上呈现出 “全职务农” 和 “兼业务农” 的分化格局。为此，本节将全职务农的回流务农户主设置为“户主回流全职务农”，将第一职业务农兼职务工的回流务农户主设置为“户主回流主务农兼务工”，将第一职业务工兼职务农的回流务农户主设置为“户主回流主务工兼务农”，以此对三个类别进行回归比较。表 13–19 结果显示，“户主回流全职务农”和“户主回流主务农兼务工”都显著扩大了农地经营规模，且“户主回流主务农兼务工”产生的正向作用更大。但“户主回流主务工兼务农”并没有显著促进农地经营规模的扩大。可见，对于将农业作为主要收入来源（主业务农）的回流农户而言，为获得更高的农业规模报酬，进行农地转入及规模化经营的动机更强。其中，主业务农兼业务工的务农形式，所带来的额外非农收入增加，能进一步缓解农地规模化经营面临的资金约束，进而对农地经营规模的影响更大。

表 13–19　不同务农形式的回流农户对农户农地规模化经营的影响

| 变量 | 农地转入（ivprobit） | | | 农地经营规模（ivtobit） | | |
|---|---|---|---|---|---|---|
| | （1） | （2） | （3） | （4） | （5） | （6） |
| 户主回流全职务农 | 0.897***（0.196） | — | — | 0.660***（0.106） | — | — |
| 户主回流主务农兼务工 | — | 0.951***（0.122） | — | — | 2.618***（0.184） | — |
| 户主回流主务工兼务农 | — | — | –0.25（0.234） | — | — | 0.094（0.113） |
| 其他控制变量 | 控制 | 控制 | 控制 | 控制 | 控制 | 控制 |
| 内生性检验 | 23.80*** | 27.67*** | 62.80*** | 60.09*** | 61.11*** | 62.80*** |
| 第一阶段 *F* 值 | 18.65 | 13.96 | 11.92 | 13.89 | 18.53 | 11.92 |
| 观测值 | 6561 | 6166 | 6，076 | 6190 | 6585 | 6076 |

资料来源：笔者绘制。

注：*、**、*** 分别代表在 10%、5%、1% 的统计水平上显著；括号内为稳健标准误；系数为平均边际效应。

### （五）情景分析

第一，不同农机社会化服务情景的异质性分析。在农村劳动力大量非农转移与农业用工成本不断攀升的情景下，农户农地规模化经营面临高昂的用工成本和监督成本的约束。相比人工作业，以农机服务为代表的农业社会化服务市场的发展能为规模化经营提供良好的要素市场条件，在降低农业生产成本的同时，有利于回流农户扩大经营规模。对此，表 13–20 比较了在不同农机社会化服务情景下，农民工回流对农户农地规模化经营的异质性影响。结果表明，在村庄具备农机服务的条件下，农民工回流才有助于农户农地经营规模的扩大。

表 13–20　不同农机社会化服务情景下农民工回流对农户农地规模化经营的影响

| 变量 | 村庄无农机服务提供 | | 村庄有农机服务提供 | |
|---|---|---|---|---|
| | （1）农地转入 | （2）农地经营规模 | （3）农地转入 | （4）农地经营规模 |
| 农户农民工回流 | 0.138（0.802） | –0.435（0.956） | 0.740***（0.140） | 1.461***（0.213） |
| 其他控制变量 | 控制 | 控制 | 控制 | 控制 |
| 内生性检验 | 10.08** | 4.39** | 21.55*** | 68.61*** |
| 第一阶段 *F* 值 | 13.52 | 13.05 | 12.34 | 12.13 |
| 观测值 | 1109 | 1168 | 5639 | 5651 |

资料来源：笔者绘制。

注：*、**、*** 分别代表在 10%、5%、1% 的统计水平上显著；括号内为稳健标准误；系数为平均边际效应。

第二，不同农地产权稳定性情景的异质性分析。稳定明晰的农地产权有助于降低农地流转过程中的交易费用，能促进农地流转和农地规模化经营的实现。由此可以判断，在不同程度的地权稳定性情景下，回流农户对农地规模化经营的影响也可能存在不一致。表 13–21 的结果表明，仅在农地产权稳定的条件下，农民工回流才能发挥对农户农地规模化经营的正向影响。

表 13–21　不同地权稳定性情景下农民工回流对农户农地规模化经营的影响

| 变量 | 农地未确权 | | 农地已确权 | |
|---|---|---|---|---|
| | （1）农地转入 | （2）农地经营规模 | （3）农地转入 | （4）农地经营规模 |
| 农户农民工回流 | 0.387（0.491） | 0.423（0.311） | 0.769***（0.119） | 1.767***（0.449） |
| 其他控制变量 | 控制 | 控制 | 控制 | 控制 |
| 内生性检验 | 3.85** | 26.53*** | 18.79*** | 42.11*** |
| 第一阶段 $F$ 值 | 12.05 | 12.40 | 10.79 | 11.48 |
| 观测值 | 1614 | 1767 | 1959 | 2208 |

资料来源：笔者绘制。

注：*、**、*** 分别代表在 10%、5%、1% 的统计水平上显著；括号内为稳健标准误；系数为平均边际效应；因 2018 年中国劳动力动态调查涉及农地确权的变量存在大量的缺失值，故此部分分析仅用 2016 年中国劳动力动态调查数据。

## （六）进一步分析

1. 回流农户能否成为真正的规模经营主体。前文已经证明，农民工回流对农户的农地转入及其规模扩大具有显著的正向作用。但是，规模扩大并不必然转向为规模经营。根据联合国粮农组织对农户规模的定义，2 公顷是一个阈值，小于 2 公顷为小农场。但根据中国农情，为更加细致分析农民工回流对规模农户生成的逻辑，本节借鉴朱文珏、罗必良（2016）以及许庆等（2020）的分类方法，将农地经营规模 8 亩以下的归为小规模农户，8 亩（含）到 15 亩的归为一般规模农户，15 亩（含）到 30 亩的归为初步规模农户，30 亩及以上的归为大规模农户，分别进行回归。表 13–22 报告的结果表明，相较于其他规模类型的农户，农民工回流务农更有可能成为 15 亩（含）到 30 亩的初步规模农户，这说明回流农户是中国农地规模化经营的重要潜在发展对象。

表 13–22　农民工回流对不同规模农户生成的影响

| 变量 | 小规模（＜8 亩） | 一般规模（8～15 亩） | 初步规模（15～30 亩） | 大规模（≥30 亩） |
|---|---|---|---|---|
| 农户农民工回流 | –0.697***（0.143） | –0.283*（0.150） | 0.488***（0.242） | 0.027*（0.015） |
| 其他控制变量 | 控制 | 控制 | 控制 | 控制 |
| 内生性检验 | 18.97*** | 22.96*** | 11.62*** | 10.67*** |
| 第一阶段 $F$ 值 | 14.30 | 14.30 | 13.34 | 12.53 |
| 观测值 | 6404 | 6404 | 6404 | 6404 |

资料来源：笔者绘制。

注：*、**、*** 分别代表在 10%、5%、1% 的统计水平上显著；括号内为稳健标准误；系数为平均边际效应。

2. 回流农户能否成为有效率的经营主体。农地规模化经营不仅只表现在耕种面积上，也表现在产出总量上，如果说回流农户是潜在的规模经营农户，那么相比于其他农户，其经营绩效是否更高呢？为了回答这一问题，本节使用农地产出率（取对数）和劳动产出率（取对数）作为生产绩效的代理变量，进一步考察回流农户是否具有更高的农业生产绩效。结果如表 13–23 所示，相比于留守农户，回流农户具有更高的农地产出率和劳动产出率。

表 13–23　农民工回流对农户农地经营绩效的影响

| 变量 | 农地产出率 | | 劳动产出率 | |
|---|---|---|---|---|
| 户主回流务农 | 0.997***（0.208） | — | 1.248***（0.207） | — |
| 农户农民工回流 | — | 0.768***（0.142） | — | 1.114***（0.211） |
| 其他控制变量 | 控制 | 控制 | 控制 | 控制 |
| 内生性检验 | 14.32*** | 13.57*** | 8.15*** | 7.65 *** |
| 第一阶段 $F$ 值 | 16.55 | 19.33 | 10.44 | 9.90 |
| 观测值 | 4840 | 4840 | 4840 | 4840 |

资料来源：笔者绘制。

注：*、**、*** 分别代表在 10%、5%、1% 的统计水平上显著；括号内为稳健标准误；系数为平均边际效应。

## 三、结论与政策启示

提高人力资本是传统农业向现代农业转型发展的关键。中国农业劳动力迁移呈现的回流新趋势，为观察迁徙类人力资本投资如何改造传统农业提供了重要契机。为此，本节将回流农户视为流出地人力资本补偿形式的一种，分析农民工回流对于农地规模化经营产生的影响及其实现路径。

主要研究结论如下：第一，基准回归结果以及多种稳健性检验表明，农民工回流务农显著激励了农户的农地转入。相比于留守农户，回流农户的农地经营规模更大。第二，机制分析发现，农民工回流通过机械替代劳动力以及农业生产性贷款间接促进农户农地经营规模的扩大。第三，异质性分析发现，不同原因、不同时期以及不同务农形式的回流农户，对农户农地规模化经营的影响具有差异性。其中，主动回流、近期回流以及主业务农兼业务工的回流农户对农户农地规模化经营的影响更大。第四，情景分析表明，回流农户在地权稳定以及农机服务供给完善的村庄情景下能产生更大的农地转入需求，农地经营的规模更大。第五，进一步分析发现，回流农户是规模化经营的重要潜在发展对象，且相比于留守农户，回流农户具有更高的农地产出率和劳动产出率。

本节的政策启示是：“大国小农”是中国农业经营的基本格局，如何在传统农业改造中提升农民的人力资本，促进小农户走向规模化经营，实现小农户与现代农业发展的有机衔接，是中国农业现代化转型的核心命题。本节的研究表明，农民工回流形成的人力资本补偿与经营方式转型，对于助推中国农业现代化转型和高质量发展具有重要的现实意义。第一，必须高度重视并挖掘农业家庭经营的组织资源，动员小农户发展成为农业规模经营主体。其中，在诸多的小农户中，有过迁移经历的回流农户能自发地走向规模化经营，是小农户与现代农业发展有机衔接的基础性力量。第二，不同类型的回流农户对于农户农地规模化经营具有差异性影响。应重点扶持主动回流、近期回流以及主业务农兼业务工的返乡务农农户，使之成为农业规模经营的重要主体。第三，为更大限度发挥回流农户对于农地规模化经营的积极作用，应充分发挥农地确权的制度红利，加强对农地产权的明晰和保护，进一步培育和完善农业社会化服务市场，营造良好的农业生产经营环境，让家庭农场与规模经营主体成为回流农户向往的职业选择，让农业成为回流农户有奔头的产业。第四，推进以人为核心的新型城镇化，促进农业劳动力向外转移就业、农村人口向城镇迁移定居，仍是大势所趋。但在这个过程中，应尊重部分有意愿、有想法的农民工回流务农，有效动员回流农户所具有的乡土情感和企业家精神，由此在中国农业现代化进程中改造传统农业，实现小农户与现代农业发展的有机衔接，助力乡村人才振兴与产业振兴。

## 参考文献


阿德莱德·布赖．行为心理学入门 [M]. 陈维正，龙葵，译．成都：四川人民出版社，1987.

陈锡文，赵阳，陈剑波，等．中国农村制度变迁 60 年 [M]. 北京：人民出版社，2009.

陈哲，李晓静，夏显力．外出务工经历、动态能力对电商创业绩效的影响 [J]. 经济经纬，2021，38（6）：42-52.

程令国，张晔，刘志彪．农地确权促进了中国农村土地的流转吗 ?[J]. 管理世界，2016（1）：88-98.

董莹，穆月英．合作社对小农户生产要素配置与管理能力的作用——基于 PSM-SFA 模型的实证 [J]. 农业技术经济，2019（10）.

弗里德利希·冯·哈耶克．自由秩序原理 [M]. 邓正来，译．北京：生活·读书·新知三联书店，1997.

弗洛伊德．论创造力与无意识 [M]. 孙恺祥，译．北京：中国展望出版社，1986.

郜亮亮，杜志雄，谭洪业．什么样的农场主在经营中国的家庭农场 [J]. 农业经济问题，2020（4）：98-110.

葛永波，陈琦．农民工回流、家庭收入与储蓄率提高 [J]. 经济问题，2020（4）：42-49.

哈罗德·德姆塞茨．所有权、控制与企业——论经济活动的组织 [M]. 段毅才，等，译．北京：经济科学出版社，1999.

韩长赋．明确总体要求、确保工作质量、积极稳妥开展农村土地承包经营权确权登记颁证工作 [J]. 农村经营管理，2015（3）：6-9.

贺振华．农户兼业及其对农村土地流转的影响——一个分析框架 [J]. 上海财经大学学报，2006（2）：72-78.

洪炜杰，陈小知，胡新艳．劳动力转移规模对农户农地流转行为的影响——基于门槛值的验证分析 [J]. 农业技术经济，2016（11）：14-23.

洪炜杰，罗必良．制度约束、农地调整和劳动力非农转移 [J]. 江海学刊，2019（2）.

黄季焜等．制度变迁和可持续发展：30 年中国农业与农村 [M]. 上海：格致出版社，2008.

加里・贝克尔．人力资本［M］．陈耿宣，等，译．北京：机械工业出版社，2016.

康姣姣，闫周府，吴方卫．农村劳动力回流、就业选择与农地转出——基于千村调查的经验研究 [J]. 南方经济，2021（7）：72–86.

李博伟，张士云，江激宇．种粮大户人力资本、社会资本对生产效率的影响——规模化程度差异下的视角 [J]. 农业经济问题，2016，37（5）：22–31+110.

李江一，秦范．如何破解农地流转的需求困境？——以发展新型农业经营主体为例 [J]. 管理世界，2022，38（2）：84–99+6.

李宁，汪险生，王舒娟，等．自购还是外包：农地确权如何影响农户的农业机械化选择？ [J]. 中国农村经济，2019（6）.

李尚蒲，罗必良．农地调整的内在机理及其影响因素分析 [J]. 中国农村经济，2015（3）.

李艳，杨慧莲，杨舒然．"规模农户"与普通农户的主体特征和生产经营状况考察 [J]. 改革，2021（8）：116–130.

厉以宁．农民工、新人口红利与人力资本革命 [J]. 改革，2018（6）：5–12.

林文声，秦明，苏毅清，等．新一轮农地确权何以影响农地流转？——来自中国健康与养老追踪调查的证据 [J]. 中国农村经济，2017（7）：29–43.

林文声，王志刚，王美阳．农地确权、要素配置与农业生产效率——基于中国劳动力动态调查的实证分析 [J]. 中国农村经济，2018（8）.

刘成良，孙新华．精英谋利、村社托底与地方政府行为：土地股份合作社发展的双重逻辑 [J]. 中国农业大学学报（社会科学版），2016，33（3）：33–41.

刘玉侠，张剑宇．回流农民工助推乡村振兴的有效路径研究——基于浙皖赣黔四省的调研 [J]. 江淮论坛，2021（5）：41–50.

柳建坤，何晓斌，张云亮．农户创业何以成功？——基于人力资本与社会资本双重视角的实证研究 [J]. 社会学评论，2020，8（3）：105–117.

卢树立．省外务工经历与农村家庭金融资产选择 [J]. 中南财经政法大学学报，2020（1）：127–135.

罗必良．农地确权的制度含义 [M]. 北京：中国农业出版社，2019.

罗必良．制度变迁：路径依赖抑或情境依赖？——兼论中国农业经营制度变革及未来趋势 [J]. 社会科学战线，2020（1）.



罗必良．论服务规模经营——从纵向分工到横向分工及连片专业化 [J]. 中国农村经济，2017（11）：2–16.

罗必良．农地保障和退出条件下的制度变革：福利功能让渡财产功能 [J]. 改革，2013（1）：66–75.

罗明忠，邱海兰．农机社会化服务采纳、禀赋差异与农村经济相对贫困缓解 [J]. 南方经济，2021（2）：1–18.

任远，施闻．农村外出劳动力回流迁移的影响因素和回流效应 [J]. 人口研究，2017，41（2）：71–83.

尚旭东，朱守银．家庭农场和专业农户大规模农地的"非家庭经营"：行为逻辑、经营成效与政策偏离 [J]. 中国农村经济，2015（12）：4–13+30.

石智雷，王佳．外出务工经历与农村劳动力新技术获得 [J]. 中南财经政法大学学报，2013（2）：48–56+159.

思拉恩·埃格特森．新制度经济学 [M]. 吴经邦，李耀，朱寒松，等，译．北京：商务印书馆，1996.

王轶，单晓昂．外出务工何以提升企业家精神——基于全国返乡创业者的调查数据 [J]. 浙江社会科学，2021（8）.

西奥多·W. 舒尔茨．改造传统农业 [M]. 梁小民，译．北京：商务印书馆，2006.

许庆，陆钰凤，张恒春．农业支持保护补贴促进规模农户种粮了吗？——基于全国农村固定观察点调查数据的分析 [J]. 中国农村经济，2020（4）：15–33.

姚洋．农地制度与农业绩效的实证研究 [J]. 中国农村观察，1998（6）.

叶剑平，蒋妍，丰雷．中国农村土地流转市场的调查研究——基于 2005 年 17 省调查的分析和建议 [J]. 中国农村观察，2006（4）.

Y. 巴泽尔．产权的经济分析 [M]. 费方域，段毅才，译．上海：上海人民出版社，1997.

赵光，李放．养老保险对土地流转促进作用的实证分析 [J]. 中国人口·资源与环境，2014，24（9）：118–128.

赵晓峰，赵祥云．新型农业经营主体社会化服务能力建设与小农经济的发展前景 [J]. 农业经济问题，2018（4）：99–107.

钟甫宁，纪月清．土地产权、非农就业机会与农户农业生产投资 [J]. 经济研究，2009（12）.

朱文珏，罗必良．行为能力、要素匹配与规模农户生成——基于全国农户抽样调查的实证分析 [J]. 学术研究，2016（8）：83–92+177.

Alchian，A. A.. Some Economics of Property Rights[J]. Politico，1965，30（4）：816–829.

Alchian，A. A.，and H. Demsetz. The Property Right Paradigm[J]. Journal of Economic History，1973，33（1）：16–27.

Alchian，A. A.，and R. A. Kessel. Competition，Monopoly，and the Pursuit of Pecuniary Gain[J]. Aspects of Labor Economics，1962（14）：157–183.

Becker，G. S.. A Theory of Social Interactions[J]. Journal of Political Economy，1974，82（6）：1063–1093.

Besley，T.，and M. Ghatak. Property Rights and Economic Development[J]. Handbook of Development Economics，2010，5（1）：4525–4595.

Davis，L. E.，D. C. North. Institutional Change and American Economic Growth：A First Step Towards a Theory of Institutional Innovation[J]. The Journal of Economic History，1970，30（1）：131–149.

Feder，G. T.，and T. Onchan. Land Ownership Security and Farm Investment in Thailand[J]. American Journal of Agricultural Economics，1987，69（2）：311–320.



Fiske，S. T.，and S. E. Taylor. Social Cognition[M]. New York：McGraw Hill Book Company，1991.

Furubotn，E. G.，and S. Pejovich. La Structure Institutionnelle et les Stimulants Economiques De La Firme Yougoslave[J]. Revue de I’Est，1972，3（2）：169–200.

Hart，O.. Firms，Contracts，and Financial Structure[M]. Oxford：Clarendon Press，1995.

Heider，F.. The Psychology of Interpersonal Relations[M]. London：Psychology Press，1982.

Hombrados，J. G.，M. Devisscher and M. H. Martinez. The Impact of Land Titling on Agricultural Production and Agricultural Investments in Tanzania：A Theory–based Approach[J]. Journal of Development Effectiveness，2015，7（4）：530–544.

Jacoby, H. G., and B. Minten. Is Land Titling in Sub-Saharan Africa Cost-effective? Evidence From Madagascar[J]. The World Bank Economic Review, 2007, 21 (3): 461-485.

Knetsch, J. L.. Values of Gains and Losses: Reference States and Choice of Measure[J]. Environmental and Resource Economics, 2010, 46 (2): 179-188.

Kung, J. K.. Off-farm Labor Markets and the Emergence of Land Rental Markets in Rural China[J]. Journal of Comparative Economics, 2002, 30 (2): 395-414.

Lavine, H., J. W. Huff, S. H. Wagner, et al.. The Moderating Influence of Attitude Strength on the Susceptibility to Context Effects in Attitude Survey[J]. Journal of Personality and Social Psychology, 1998, 75 (2): 359-373.

Ma, X., N. Heerink, E. V. Ierland, et al.. Land Tenure Security and Land Investments in Northwest China[J]. China Agricultural Economic Review, 2013, 5 (2): 281-307.

Maddala G. S.. Limited-dependent and Qualitative Variables in Econometrics[M]. Cambridge: Cambridge University Press, 1983.

Markussen, T.. Property Rights, Productivity, and Common Property Resources: Insights from Rural Cambodia[J]. World Development, 2008, 36 (11): 2277-2296.

McGuire, W. J.. Some Contemporary Approaches[J]. Experimental Social Psychology, 1964, 24 (1): 192-229.

Melesse, M. B., and E. Bulte. Does Land Registration and Certification Boost Farm Productivity? Evidence from Ethiopia[J]. Agricultural Economics, 2015, 46 (6): 757-768.

Newman, C., F. Tarp, and K. V. D. Broeck. Property Rights and Productivity: The Case of Joint Land Titling in Vietnam[J]. Land Economics, 2015, 91 (1): 91-105.

Spence, K. W., and J. T. Spence. Psychology of Learning and Motivation[M]. New York: Academic Press, 1967.

Qian W. R., Wang D., Zheng L.. The Impact of Migration on Agricultural Restructuring: Evidence from Jiangxi Province in China[J]. Journal of Rural Studies, 2016: 542-551.

Zhao Y.. Causes and Consequences of Return Migration: Recent Evidence from China[J]. Journal of Comparative Economics. 2002 (2): 376-394.

# 第十四章　集体经营性建设用地入市改革①

推进城乡融合发展，形成以县域城镇化为中心的乡村振兴发展格局，不仅要打破二元体制下城市偏好的外生性制度障碍，而且要破解农村本身的内生性制度约束。其中，由农村土地集体所有制度框架决定的集体土地产权的排他性、农民身份成员权的封闭性以及土地地权交易管控的强制性，构成了现代要素与生产力进入农业农村的制度壁垒。因此，如何在坚持集体所有制、对农民赋权强能的基础上，打开村门、激活村庄、盘活资源，是必须予以重视的关键问题。正因如此，党的二十大报告进一步强调，坚持农业农村优先发展，坚持城乡融合发展，畅通城乡要素流动。其中，将深化农村土地制度改革，推开农村土地征收制度改革和农村集体经营性建设用地入市改革，加快建立城乡统一的建设用地市场，作为畅通城乡要素流动的重要线索。

党的十八大以来，中国在农村集体经营性建设用地入市改革上积累了有益经验。党的十八届三中全会决定率先提出了“建立城乡统一的建设用地市场”，开启了集体土地入市改革。随后，2014 年中央一号文件中强调“加快建立农村集体经营性建设用地产权流转和增值收益分配制度”。2015 年第十二届全国人民代表大会常务委员会第十三次会议通过《全国人民代表大会常务委员会关于授权国务院在北京市大兴区等三十三个试点县（市、区）行政区域暂时调整实施有关法律规定的决定》，试点允许集体经营性建设用地入市交易制度，并于 2015 年与 2016 年分步实施。2020 年国家发展改革委提出“全面推开农村集体经营性建设用地直接入市”，2022 年中央全面深化改革委员会提出集体经营性建设用地入市再行试点。



① 本章主要内容发表于《农业经济问题》2023 年第 9 期，原文标题为《集体经营性建设用地入市改革的政策效应——基于准自然实验的证据》。

# 第一节　集体经营性建设用地改革的回顾与取向

## 一、集体建设用地流转政策：历史回顾

1949—1978年：禁止流转阶段。在新中国成立初期，中国实行农民土地个人所有制。1951年，中共中央讨论通过了《关于农业生产互助合作的决议（草案）》，1953—1978年推进并全面实施农村土地的集体所有制，集体建设用地使用完全依靠行政权力进行划拨和平调，禁止流转。

1978—1992年：管制放松阶段。20世纪70年代末，沿海地区大规模兴起的乡村工业化直接诱发了集体经营性建设用地的出现。经济快速发展使得企业工业用地需求急剧上升，由于使用农村集体土地操作简单且综合成本低，导致对农村集体建设用地需求增加。虽然农村集体建设用地的流转范围受到较大限制，但实际运作中处于相对较宽松的环境。

1992—2003年：严格管制阶段。随着工业化和城市化的快速推进，农村土地的价值不断提升，集体建设用地隐性市场普遍存在。1998年修订的《中华人民共和国土地管理法》中明确指出，农民集体所有的土地的使用权不得出让、转让或者出租用于非农业建设。不仅如此，1999年印发的《国务院办公厅关于加强土地转让管理严禁炒卖土地的通知》，禁止城镇居民在农村买房置地。对集体建设用地的入市（增量）进行一刀切管理的同时，从1999年开始，安徽芜湖、江苏苏州、河南安阳、广东顺德、浙江湖州以及上海等地广泛开展集体建设用地使用权流转试点。

2003—2008年：新的探索阶段。2003年《中共中央国务院关于做好农业和农村工作的意见》明确提出，"各地要制定鼓励乡镇企业向小城镇集中的政策，通过集体建设用地流转、土地置换、分期缴纳土地出让金等形式，合理解决企业进镇的用地问题"。2004年，《国务院关于深化改革严格土地管理的决定》提出，"在符合规划的前提下，村庄、集镇、建制镇中的农民集体所有建设用地使用权可以依法流转"。2005年，国土资源部《关于规范城镇建设用地增加与农村建设用地减少相挂钩试点工作的意见》发布，并在浙江等地进行试点。

## 二、集体经营性建设用地入市：改革进展



截至2013年底，农村集体建设用地面积达3.1亿亩，其中经营性建设用地面积4200万亩，约占集体建设用地的13.5%（叶兴庆，2015）。实质上，集体经营性建设用地绝大多数来自20世纪80年代初乡镇企业发展，因而存在严重的区域不平衡。在集体经营性建设用地总量中，东南沿海地区占比高达90%以上（盖凯程、于平，2017）。此外，征地后的留用地也属于集体经营性建设用地的重要来源（马翠萍，2021）。

党的十八届三中全会提出，在符合规划和用途管制前提下，允许农村集体经营性建设用地出让、租赁、入股，实行与国有土地同等入市、同权同价。2014 年底，中共中央办公厅、国务院办公厅印发《关于农村土地征收、集体经营性建设用地入市、宅基地制度改革试点工作的意见》，2015 年发布的《全国人民代表大会常务委员会关于授权国务院在北京市大兴区等三十三个试点县（市、区）行政区域暂时调整实施有关法律规定的决定》，为集体经营性建设用地入市试点提供政策支持。2015 年，第一批 15 个试点县名单公布，2016 年，第二批 18 个县加入试点名单。经过两次延期，到 2019 年 12 月，入市试点工作基本结束。

2015—2019 年试点的入市改革重点是：（1）入市的土地主要是存量农村集体经营性建设用地。（2）大部分以租赁或出让方式就地入市，超过 50% 用于工矿仓储用地，近 45% 用于商服用地（丁琳琳、王大庆，2022）。（3）入市规模不断扩大，截至 2018 年 12 月入市地块 1 万余宗，面积 9 万余亩，总价款约 257 亿元，收取调节金 28.6 亿元，办理集体经营性建设用地抵押贷款 228 宗，金额达 38.6 亿元。（4）农村集体经营性建设用地再流转占比不断提升，并与国有土地市场逐步接轨，共享交易平台。

2019 年全国人大常委会将集体经营性建设用地入市试点成果纳入《中华人民共和国土地管理法》，2020 年 1 月开始施行的《中华人民共和国土地管理法》修正案规定，土地利用总体规划、城乡规划确定为工业、商业等经营性用途，并经依法登记的集体经营性建设用地，土地所有权人可以通过出让、出租等方式交由单位或者个人使用。通过出让等方式取得的集体经营性建设用地使用权可以转让、互换、出资、赠与或者抵押。2020 年，国家发展改革委提出“全面推开农村集体经营性建设用地直接入市”，标志着农村集体经营性建设用地入市政策在全国正式实行。

## 三、入市改革的基本政策取向

从党的十七届三中全会通过的《中共中央关于推进农村改革发展若干重大问题的决定》提出“逐步建立城乡统一的建设用地市场”，到 2013 年党的十八届三中全会通过的《中共中央关于全面深化改革若干重大问题的决定》提出“建立城乡统一的建设用地市场”；从 2015 年启动县级层面的入市试点，到改革成果纳入《中华人民共和国土地管理法》修正案；从 2020 年再次启动试点，到 2022 年 9 月中央全面深化改革委员会第二十七次会议审议通过《关于深化农村集体经营性建设用地入市试点工作的指导意见》，标志着“深化农村集体经营性建设用地入市改革工作正式启动”。集体经营性建设用地改革的基本政策取向是推进市场化。在此进程中，由于入市改革既涉及农民切身利益的调整及其公平性，又涉及耕地保护与征地改革以及与之相关的多重政策目标的协调与兼容，改革具有明显的渐进性特征（见表 14–1）。

一是尊重历史，摸清各类集体建设用地规模。改革开放初期，为了鼓励和保护乡镇企业发展，最先对兴办社队企业、砖瓦厂用地予以规定。1986 年《中华人民共和国土地管理法》第三十六条规定，全民所有制企业、城市集体所有制企业同农业集体经济组织共同投资举办的联营企业，需要使用集体所有的土地，经批准，可以实行征用，也可以由农业集体经济组织按照协议将土地的使用权作为联营条件。集体经营性建设用地是中国工业化进程中特定的产物。1998—2004 年的入市试点，以及 2005 年开始的城乡建设用地增减挂钩，在一定程度上是源于用地结构的反差，一方面是乡镇企业走下坡路，其占用的大量建设用地处于闲置状态，另一方面是城镇化进程加快，各地建设用地供不应求。因此，新一轮的入市改革需要考虑到历史上乡镇企业在各地发展的不均衡性，首要工作是摸清各地各类集体经营性建设用地规模。其次是如何在严格保护耕地、缩小征地范围的背景下，推进农村集体经营性建设用地顺利、足量入市。体量规模相对有限的集体经营性建设用地入市，是为更大范围的农村集体建设用地入市发挥制度创新的“探路”作用。

二是相关入市制度的建立和逐步完善。（1）稳妥推进农村集体经营性建设用地入市。集体经营性建设用地归村集体所有，允许集体经营性建设用地的使用权出让、租赁、入股。（2）完善司法解释，审慎审理相关纠纷。先后出台了《最高人民法院关于为做好 2022 年全面推进乡村振兴重点工作提供司法服务和保障的意见》和《最高人民法院关于为加快建设全国统一大市场提供司法服务和保障的意见》。（3）完善相关金融支持方式。《中共中央 国务院关于做好 2022 年全面推进乡村振兴重点工作的意见》提到，推动开展集体经营性建设用地使用权抵押融资；《中国银保监会办公厅关于银行业保险业做好 2023 年全面推进乡村振兴重点工作的通知》指出，探索集体经营性建设用地入市的金融支持方式。（4）探索收益分配制度。2023 年中央一号文件强调，赋予农民更加充分的财产权益。深化农村集体经营性建设用地入市试点，探索建立兼顾国家、农村集体经济组织和农民利益的土地增值收益有效调节机制。

在上述背景下，2022 年 9 月 6 日中央全面深化改革委员会第二十七次会议审议通过的《关于深化农村集体经营性建设用地入市试点工作的指导意见》强调，推进农村集体经营性建设用地入市改革，事关农民切身利益，涉及各方面利益重大调整，必须审慎稳妥推进。



表 14-1　集体经营性建设用地入市的政策演进：2008—2023 年

| 阶段 | 历年中央一号文件的主要政策内容 |
| --- | --- |
| 确权与试点阶段 | 2008 年：严格农村集体建设用地管理。开展城镇建设用地增加与农村建设用地减少挂钩的试点，必须严格控制在国家批准的范围之内 |
| | 2009 年：逐步建立城乡统一的建设用地市场，对依法取得的农村集体经营性建设用地，必须通过统一有形的土地市场、以公开规范的方式转让土地使用权，在符合规划的前提下与国有土地享有平等权益 |

续表

| 阶段 | 历年中央一号文件的主要政策内容 |
|---|---|
| 确权与试点阶段 | 2010 年：加快农村集体土地所有权、宅基地使用权、集体建设用地使用权等确权登记颁证工作。城乡建设用地增减挂钩要严格限定在试点范围内 |
| | 2012 年：基本完成覆盖农村集体各类土地的所有权确权登记颁证，推进包括农户宅基地在内的农村集体建设用地使用权确权登记颁证工作 |
| | 2013 年：加快包括农村宅基地在内的农村集体土地所有权和建设用地使用权地籍调查，尽快完成确权登记颁证工作。严格规范城乡建设用地增减挂钩试点和集体经营性建设用地流转 |
| | 2014 年：引导和规范农村集体经营性建设用地入市。在符合规划和用途管制的前提下，允许农村集体经营性建设用地出让、租赁、入股，实行与国有土地同等入市 |
| | 2015 年：赋予符合规划和用途管制的农村集体经营性建设用地出让、租赁、入股权能，建立健全市场交易规则和服务监管机制 |
| | 2016 年：总结农村集体经营性建设用地入市改革试点经验 |
| | 2017 年：加快推进农村承包地确权登记颁证，扩大整省试点范围。统筹协调推进农村土地征收、集体经营性建设用地入市、宅基地制度改革试点 |
| | 2018 年：系统总结农村土地征收、集体经营性建设用地入市、宅基地制度改革试点经验，逐步扩大试点，加快土地管理法修改，完善农村土地利用管理政策体系 |
| | 2019 年：全面推开农村土地征收制度改革和农村集体经营性建设用地入市改革，加快建立城乡统一的建设用地市场 |
| 全面改革与再试点阶段 | 2020 年：农村集体建设用地可以通过入股、租用等方式直接用于发展乡村产业。对农村集体建设用地审批进行全面梳理，简化审批审核程序，下放审批权限。制定农村集体经营性建设用地入市配套制度 |
| | 2021 年：积极探索实施农村集体经营性建设用地入市制度。完善盘活农村存量建设用地政策，实行负面清单管理。规范开展城乡建设用地增减挂钩，完善审批实施程序、节余指标调剂及收益分配机制 |
| | 2022 年：稳妥有序推进农村集体经营性建设用地入市。推动开展集体经营性建设用地使用权抵押融资 |
| | 2023 年：赋予农民更加充分的财产权益。深化农村集体经营性建设用地入市试点，探索建立兼顾国家、农村集体经济组织和农民利益的土地增值收益有效调节机制 |

## 第二节　入市改革的政策效应：以县域经济增长为例

党的二十大报告强调，全面建设社会主义现代化国家，最艰巨最繁重的任务仍然在农村。坚持农业农村优先发展，坚持城乡融合发展，畅通城乡要素流动。其中，深化农村土地制度改革，赋予农民更加充分的财产权益，是重要的制度保障；推进以县城为重要载体的城镇化建设，是推进城乡融合和区域协调发展的基本路径。因此，后文以县域经济为例对集体经营性建设用地入市改革试点的政策效应进行分析。



### 一、分析线索

“郡县治，天下安”。县域是联系中国城乡经济的重要地带，在区域经济体系中具有战略性基础地位。在“大国大城”的基础上推进“大国小城”战略，弥补小城镇发展的短板，推进县域城乡融合发展，既是中国特色城镇化体系转型的阶段性趋势，也是加快以人为核心的新型城镇化建设的本质要求（罗必良、耿鹏鹏，2023）。新型城镇化应该成为构建新发展格局、以乡村“镇”兴全面推进乡村振兴、加快县域经济发展的历史性选择。土地为经济增长提供了重要支撑，入市改革的目的是建立城乡统一的建设用地市场，对于畅通城乡要素流动、增加农民收入、加快推进县域经济高质量发展具有重要的制度性作用。关注集体经营性建设用地入市改革的政策效应，应该重视几个方面的问题。首先，由于入市改革的土地用途主要是工业用地，入市改革必然提升工业用地市场化水平。土地的市场化发育能否促进县域经济增长，需要作出基本的判断。其次，土地市场受制于土地空间规划总量与年度用地计划控制，而入市指标源于各地新增建设用地总量。鉴于地方政府普遍存在对“以地生财”经济发展模式的路径依赖，必须关注地方政府对土地市场化改革的政策响应。再次，绿色化与高质量发展是包容性经济增长的重要维度，有必要进一步讨论土地入市改革的环境效应及其对县域经济增长的影响。最后，城乡融合发展的一个重要方面是要缩小城乡差距。因此，入市改革能否疏通和搭建社会资源向农村流通的渠道，并提高农民收入和缩小城乡收入差距值得关注。不仅如此，促进共同富裕对县域经济增长的支撑作用，也是值得探讨的议题。

### 二、入市改革、工业用地市场化与县域经济增长

入市改革对土地市场的影响，主要体现在工业用地供给增加和工业用地价格生成等方面。一方面，入市改革有助于扩大试点地区土地市场的交易规模。2019 年《中华人民共和国土地管理法》对农村集体经营性建设用地入市合法性在上位法予以明确，之前均规定农地必须以征地的形式才可以转为建设用地。入市改革则简化了集体经营性建设用地进入一级市场的征地程序，降低了征地市场的交易成本。事实上，无论是土地入市还是再流转，改革均弱化了地方政府在土地市场供给中的垄断地位，村集体交易主体的引入能够增加建设用地的供地量，从而提高土地供需契合度（马翠萍，2021）。另一方面，入市改革有助于试点地区土地出让价格的有效生成。经过 2006 年土地出让的市场化改革后，地方政府倾向于以挂牌方式出让工业用地。入市改革能够赋予工业用地价格更为精准的信号，工业用地价格信号有助于改善相关资源的利用效率。因此，从逻辑上来说，入市改革是通过调节工业用地挂牌价格，促进县域经济增长。



### 三、入市改革、政府干预与县域经济增长

1994 年分税制改革以来，地方政府就一直具有努力追求预算内财政收入和预算外与非预算资金收入的行为倾向。其中，土地开发收入成为地方政府的主要生财之道（李尚蒲、罗必良，

2012）。中国土地财政体量庞大，约占地方预算内财政收入的40%，2007—2020年的土地财政收入约为55万亿元（Joseph et al.，2022）。研究表明，在政府进行市场干预的情境下，土地财政会使得地价与GDP呈现高度联动的关系（梅冬州、温兴春，2020）。入市改革所形成的“同等入市、同权同价”制度变革，必将打破长期以来土地被地方政府垄断的格局，也将打破土地市场由政府与开发商“分肥”的利益格局。一般来说，集体经营性建设用地的入市指标来自各地新增建设用地总量，这意味着集体经营性建设用地入市规模越大，地方可直接出让的建设用地面积越少（周应恒、刘余，2018）。因此，入市改革是否弱化了地方政府对土地市场供给结构的干预值得关注（吕丹、薛凯文，2021）。应该注意到，无论是制度变革还是区域经济增长方式，均具有明显的路径依赖特征。本章推测，由于入市改革缺乏系统性的配套措施与约束机制，无法从根本上改变以土地资源错配为代价的发展惯性。因此，试点改革未能彻底动摇地方政府在土地市场上的主体供应地位，政府依然有可能通过干预手段来弥补因地价下降带来的损失。在这样的情形下，入市改革能否促进县域经济增长，是本章需要关注的一个重要议题。

## 四、入市改革、空气污染与县域经济增长

从经济增长的数量扩展到经济增长的质量改善，是经济增长模式转换的重要政策导向。如果将空气污染水平视为环境规制的反向指标，那么环境规制对经济增长的影响大致可以分为两大理论派别，即“遵循成本说”和“创新补偿说”（Porter et al.，1995）。前者认为，环境规制因环境治理的内部化，会提高辖区内企业的生产成本，降低生产效率，从而不利于经济增长；后者强调，合理的环境规制能够激励企业进行创新，并且能够带来区域内的技术扩散与结构升级，引导经济增长的高质量转型。已有研究表明，土地利用方式能够显著影响地区的空气污染水平（Briggs et al.，1997），土地入市改革则对试点地区雾霾污染有着显著的抑制作用（李子豪、王倩倩，2023）。其中，关于环境规制对县域经济的影响，研究结论支持了“创新补偿说”，即认为空气治理有助于推动经济增长，尤其是县域经济高质量发展（韦东明等，2022）。考虑到数据可获得性，本章使用空气污染水平作为环境规制的反向指标，综合评价入市改革和空气污染对县域经济增长的影响，由此对高质量发展的转型绩效进行评估。



## 五、入市改革、城乡收入差距与县域经济增长

已有研究表明，入市改革能够提高农民收入。第一，入市改革促进了农民收入多元化增长。采用合成控制法测算的浙江省德清县农民的财产性收入，在2019年比未改革时高出334.02元左右（Jiao and Xu，2022）。第二，入市改革能够改善农民的资源配置空间。将集体经营性建设用

地的使用权作为抵押财产向银行业金融机构抵押贷款，有效拓展了农民的融资渠道，释放农村消费潜力，提高县域经济增长水平（张云辉、汪洋，2022）。但值得注意的是，城乡土地使用者之间的直接福利转移会加剧农村地区收入不平等。相对来说，居住在城市近郊的农户收益往往更多（Tan et al.，2020），土地收益所有权的不平等抑制了经济增长（Alesina and Rodrik，1994）。第三，集体经营性建设用地入市能够促进试点县区城乡融合发展并具有持续效应（王克强等，2023）。鉴于此，本章进一步考察入市改革、城乡收入差距对县域经济增长的影响，这将有助于增进人们对入市改革政策的社会经济效应的理解与认识。

## 第三节　集体经营性建设用地入市改革效果的实证分析

### 一、数据、变量与模型

#### （一）数据来源

本章数据来源如下：（1）县域经济增长统计数据源自《中国县域统计年鉴》。考虑到一些因素导致的地方 GDP 统计数据可能存在的失真等问题（卢盛峰等，2017），本章进一步使用 NPP-VIIRS 夜间灯光数据作为衡量经济增长的代理变量。与 DMSP/OLS 灯光数据相比，NPP-VIIRS 数据影像的空间分辨率较之前有较大提升，与社会经济数据指标的相关性也更强（Chen and Nordhaus，2019），能更有效评估县域实际经济增长。（2）入市改革试点源于中央文件颁布的集体经营性建设用地入市试点名单。（3）人口、教育、产业结构、收入等社会经济控制变量来源于《中国县域统计年鉴》。（4）土地市场和政府干预数据来自中国土地市场网。（5）其他栅格数据的来源。碳排放原始数据来自日本全球环境研究中心提供的全球栅格数据，$PM_{2.5}$ 原始数据来源于美国华盛顿大学圣路易斯分校网站提供的全球栅格数据，$PM_{10}$ 原始数据来自美国国家地球系统科学数据中心提供的全球栅格数据。

数据处理如下：（1）对于县域经济增长，一是选择人均实际 GDP，以 2000 年为基期使用 GDP 平减指数换算；二是选择夜间灯光数据，通过月度数据直接计算年平均 DN 值（Zhao et al.，2021）。（2）对土地市场交易的面积、宗数、各类出让价款数据，求取县域年度总值，对于单价数据求取县域年均值。（3）其他类型的栅格数据，均根据原始的日或月度数据转化为年度数据。

#### （二）变量选择

1. 被解释变量。本章的被解释变量为县域经济发展水平，使用平减后的人均实际 GDP 和夜间灯光数据进行测度。

2. 核心解释变量。选取是否入市试点作为虚拟变量，若县域 $i$ 在第 $t$ 期成为试点县，则县域 $i$ 从第 $t$ 期开始取值为 1；否则取值为 0。

3. 其他控制变量。本章借鉴 KLEM 模型（Moon and Sonn，1996），在内生增长理论基础上引入经济结构变量，分析其对县域经济增长质量的影响（陈诗一，2009）。控制变量包括：一是碳排放强度。碳排放强度反映了地区经济增长的生态成本（Tian et al.，2020）。二是资本存量。由于县级固定资产投资数据缺失严重，故使用“永续盘存法”计算各年各县域的资本存量近似替代①。三是受教育水平。使用小学和普通中学在校学生数占比衡量教育的普及程度。四是财政自给率。通常使用地方一般公共预算收入与地方一般公共预算支出之比。五是设施农业占比。使用设施农业面积占县域耕地面积的比例衡量农业现代化水平。六是医疗水平。用每万人医疗卫生机构床位数衡量。七是通信水平，使用固定电话用户数与年末总人口的比值衡量。主要变量及其描述如表 14–2 所示。

**表 14–2　变量及描述性统计**

| 变量 | 观测值 | 均值 | 标准差 | 最小值 | 最大值 |
|---|---|---|---|---|---|
| 人均实际 GDP | 14412 | 0.042 | 0.06 | 0.004 | 4.356 |
| 夜间灯光数据 | 14216 | 1.295 | 1.373 | 0.115 | 22.205 |
| 是否入市试点 | 14416 | 0.010 | 0.098 | 0.000 | 1.000 |
| 碳排放强度 | 14359 | 0.442 | 0.669 | 0 | 14.939 |
| 资本存量 | 10147 | 0.390 | 0.072 | 0.223 | 0.592 |
| 受教育水平 | 14408 | 10.548 | 0.986 | 6.384 | 12.473 |
| 财政自给率 | 14355 | 0.328 | 0.251 | 0.006 | 2.992 |
| 设施农业占比 | 13407 | 0.008 | 0.207 | 0 | 1.000 |
| 医疗水平 | 14394 | 40.877 | 17.630 | 11.550 | 116.237 |
| 通信水平 | 14267 | 0.104 | 0.086 | 0.007 | 0.478 |

资料来源：笔者绘制。

### （三）计量模型设定

入市改革始于 2015 年和 2016 年，故使用多期双重差分模型进行估计。

$$Y_{i,t}=\alpha+\beta D_{i,t}+\theta X_{i,t}+\mu_i+\lambda_t+\xi_{i,t} \quad (14\text{–}1)$$

其中，下标 $i$ 代表县或区，$t$ 代表时间，$Y_{i,t}$ 表示县域经济增长，$D_{i,t}$ 为是否实施入市改革试点的虚拟变量，$X_{i,t}$ 为控制变量。$\alpha$，$\beta$，$\theta$ 均为待估计参数。$\mu_i$ 为县域固定效应，$\lambda_t$ 为时间固定效



① 利用省级层面的固定资产投资价格指数进行平减，将其转化为以 2012 年为基期的可比价格，采用 2013 年固定资产投资额除以 10% 作为初始资本存量，将折旧率设定为 10.96%，测算出各年各市资本存量的对数值。

应。$\xi_{i,t}$ 是随机误差项。式（14–1）重点关注入市改革对县域经济增长的平均处理效应，即 $\beta$ 值。为了解决潜在的序列相关和异方差问题，回归结果均是县域聚类的稳健标准误。

另外，多期双重差分无偏估计需要满足平行趋势假设，以及不同期处理组与控制组之间的处理效应为常数的假设。如果不同期的处理效应存在时间或个体异质性，使用多期双重差分计算的简单加权平均系数是有偏的。处理方法通常是使用培根分解识别双向固定效应模型中导致偏误的“坏”的处理组的权重，再使用基于逆概率加权最小二乘法重新估算双重稳健差分估计量（Callaway and Sant’Anna，2021）。

为了进一步分析入市试点政策影响县域经济增长的作用机理，从各县域的土地市场化程度、地方政府对土地市场干预情况、县域空气污染与规制和城乡收入差距的差异性切入，构建三重差分模型来研究入市改革试点政策对县域经济增长是否呈现差异性。

$$Y_{i,t} = \alpha_2 + \beta_2 D_{i,t} + \sigma M_{i,t} \times D_{i,t} + \theta_2 X_{i,t} + \mu_i + \lambda_t + \xi_{i,t} \qquad (14\text{–}2)$$

式（14–2）中，$M_{i,t}$ 为一系列中介变量，包括土地市场化、政府对土地市场干预、空气污染与规制、城乡收入差距等，$X_{i,t}$ 为一系列控制变量。$\alpha_2$，$\beta_2$，$\sigma$，$\theta_2$ 为待估计参数。式（14–2）重点关注三重差分 $\sigma$ 的符号和显著性，其反映了入市改革政策对县域经济增长的干预效应，回归结果均是县域聚类的稳健标准误。

## 二、基准回归结果

表 14–3 为入市改革与县域经济增长的基准回归结果，表明入市改革显著促进了县域经济增长。其中，列（1）、列（3）被解释变量为人均实际 GDP，列（2）、列（4）为夜间灯光数据。

控制变量回归结果基本符合理论预期。具体而言：第一，与已有研究一致（杨子晖，2010），碳排放强度对县域经济增长的影响呈现非线性的倒 N 型特征，碳排放强度的一次项、二次项和三次项系数均显著且依次为负、正和负。即当碳排放强度处于较低的水平且小于第一个拐点时，碳排放强度会对县域经济增长产生抑制作用；当碳排放强度处于第一个拐点和第二个拐点之间时，碳排放强度对经济增长产生了推动作用，比如县域承接粗放型的产业转移；当碳排放强度超过第二个拐点时，高昂的生态成本、能源消耗对县域经济增长再次呈现出抑制作用。第二，资本存量与受教育水平对县域经济增长的影响显著为正。第三，设施农业占比体现了农业现代化程度，其显著促进县域经济增长。

**表 14-3　基础回归分析**

| 变量 | （1） | （2） | （3） | （4） |
|---|---|---|---|---|
| 入市改革 | 0.005$^{*}$（0.003） | 0.378$^{**}$（0.149） | 0.006$^{**}$（0.003） | 0.438$^{***}$（0.166） |
| 碳排放强度 | — | — | −0.064$^{***}$（0.008） | −0.362$^{***}$（0.073） |
| 碳排放强度平方 | — | — | 0.007$^{***}$（0.002） | 0.048$^{***}$（0.011） |
| 碳排放强度立方 | — | — | −0.000$^{***}$（0.000） | −0.000$^{***}$（0.000） |
| 资本存量 | — | — | 0.102$^{***}$（0.017） | 2.014$^{***}$（0.475） |
| 受教育水平 | — | — | 0.002（0.002） | 0.247$^{***}$（0.060） |
| 财政自给率 | — | — | 0.001（0.002） | 0.044（0.056） |
| 设施农业占比 | — | — | 0.0003（0.000） | 0.090$^{***}$（0.009） |
| 医疗水平 | — | — | 0.0002$^{*}$（0.000） | 0.001（0.001） |
| 通信水平 | — | — | 0.004（0.007） | −0.116（0.123） |
| 常数项 | 0.042$^{***}$（0.000） | 1.291$^{***}$（0.001） | 0.0004（0.020） | −2.036$^{***}$（0.657） |
| 观测值 | 14406 | 14214 | 9564 | 9512 |
| $R^2$ | 0.966 | 0.950 | 0.965 | 0.963 |
| 年份固定 | 是 | 是 | 是 | 是 |
| 县域固定 | 是 | 是 | 是 | 是 |

资料来源：笔者绘制。

注：*、**、*** 分别代表在 1%、5%、10% 的统计水平上显著；括号内为县域聚类的稳健标准误。

## 三、平行趋势检验

平行趋势假设是保证政策评估有效性的前提。图 14-1 和图 14-2 的结果表明：（1）满足平行趋势假定，可以进行政策效应评估。（2）在入市改革政策实施以前，试点县与非试点县的县域经济增长水平不存在明显的趋势差异，但在改革之后试点县域的经济增长水平显著提升。

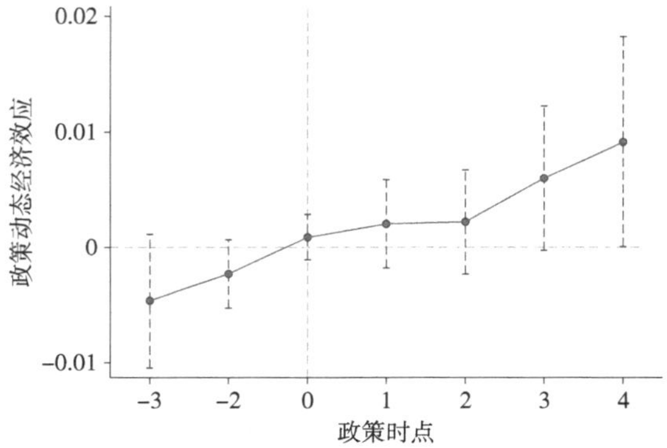


图 14-1　人均实际 GDP 的平行趋势检验

资料来源：笔者绘制。

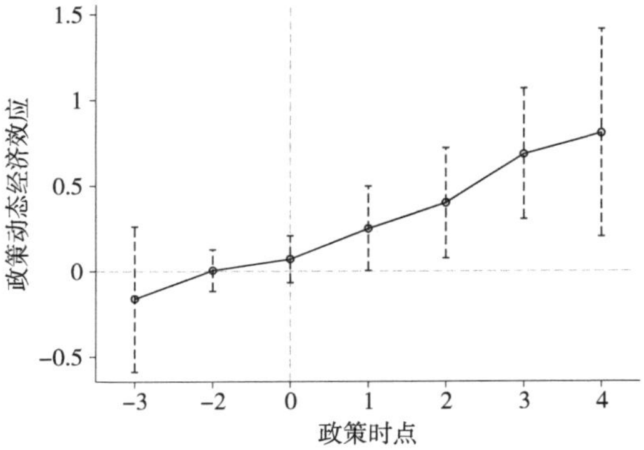


图 14-2　夜间灯光数据的平行趋势检验

资料来源：笔者绘制。

## 四、稳健性检验

### （一）安慰剂检验

图 14-3 和图 14-4 分别是被解释变量为人均实际 GDP 和夜间灯光数据的安慰剂检验结果。检验过程如下：首先，随机生成改革试点的“虚拟”县域名单，生成错误的估计系数；其次，对每个“虚拟”试点县随机抽取试点年份，并将此过程重复进行 500 次；最后，将生成的错误的估计系数可视化。可以发现，“虚拟”试点县的回归系数均值在 0 附近，表明估计结果不是集体经营性建设用地入市以外的不可观测因素导致的。

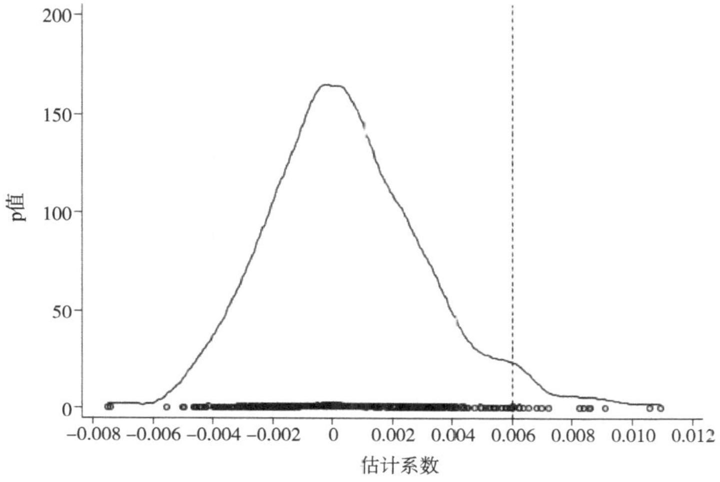


图 14-3　人均实际 GDP 的安慰剂检验

资料来源：笔者绘制。

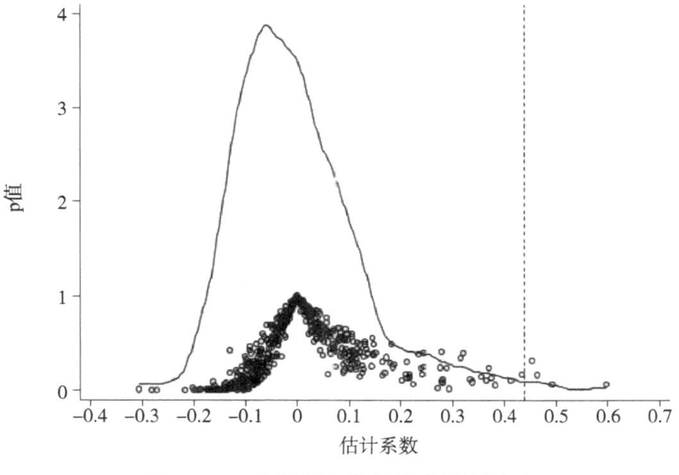


图 14-4　夜间灯光数据的安慰剂检验

资料来源：笔者绘制。

### （二）倾向得分匹配 – 双重差分回归结果

表 14–4 为依次使用 1：4 最近邻匹配、半径匹配和核匹配方法的倾向得分匹配 – 双重差分回归结果。其中，列（1）～（3）的被解释变量为人均实际 GDP，列（4）～（6）为夜间灯光数据。结果表明，入市改革显著促进了县域经济增长，证明基准回归结果具有稳健性。

表 14–4 倾向得分匹配 – 双重差分检验结果

| 变量 | （1） | （2） | （3） | （4） | （5） | （6） |
|---|---|---|---|---|---|---|
| 入市改革 | 0.021** （0.009） | 0.025*** （0.009） | 0.025*** （0.010） | 0.959* （0.486） | 0.986** （0.400） | 0.908*** （0.269） |
| 控制变量 | 控制 | 控制 | 控制 | 控制 | 控制 | 控制 |
| 常数项 | 0.081*** （0.004） | –0.342** （0.149） | –0.314* （0.163） | 4.179*** （0.317） | –23.176* （0.123） | –23.996* （0.137） |
| 观测值 | 239 | 239 | 239 | 152 | 152 | 152 |
| $R^2$ | 0.980 | 0.989 | 0.989 | 0.986 | 0.988 | 0.990 |

资料来源：笔者绘制。

注：*、**、*** 分别代表在 10%、5%、1% 的统计水平上显著；括号内为县域聚类的稳健标准误；各类模型估计均对年份与县域固定效应进行了控制。

### （三）多期双重差分估计结果

表 14–5 为基于逆概率加权最小二乘法的异质性多期双重差分估计结果，表明无论使用何种加权方法，得到的估计系数始终为正，即入市改革促进了县域经济增长。其中，列（1）为传统多期双重差分回归系数，列（2）为简单加权求和（Simple ATT）回归系数，列（3）为按照首次被处理的时间分组加权求和（Group ATT），列（4）为按照距离首次被处理时间分组加权求和（Event ATT），列（5）按照正常年份分组加权求和（Calendar ATT）。另外，图 14–5 和图 14–6 是基于异质性多期双重差分估计的平行趋势检验结果。其中，图 14–5 表明入市改革对人均实际 GDP 的影响不显著，但图 14–6 表明入市改革对短期经济增长的影响明显，即第 2 ～ 4 年显著增强县域经济增长活力，但第 5 年的改革效应则存在弱化的趋势。



表 14–5 异质性多期双重差分估计的平均处理效应

| 变量 | （1） | （2） | （3） | （4） | （5） |
|---|---|---|---|---|---|
| 人均实际 GDP | 0.001（0.004） | 0.002（0.001） | 0.001（0.004） | 0.001（0.004） | 0.002（0.004） |
| 夜间灯光数据 | 0.408***（0.156） | 0.248**（0.117） | 0.261**（0.117） | 0.263**（0.130） | 0.224**（0.103） |

资料来源：笔者绘制。

注：*、**、*** 分别代表在 10%、5%、1% 的统计水平上显著；括号内为县域聚类的稳健标准误；各类模型估计均对年份与县域固定效应进行了控制。

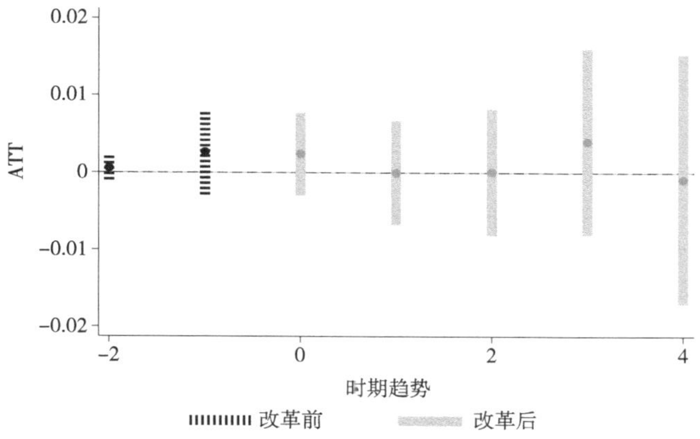


**图 14-5　人均实际 GDP 异质性多期双重差分的平行趋势**

资料来源：笔者绘制。

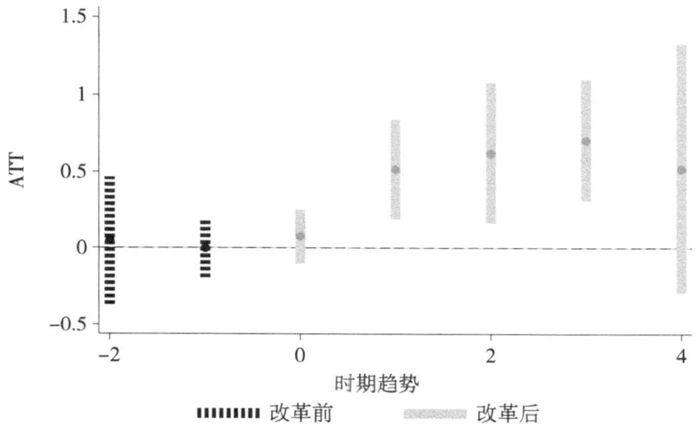


**图 14-6　夜间灯光数据异质性多期双重差分的平行趋势**

资料来源：笔者绘制。

## 五、机制检验与异质性分析

### （一）机制检验

第一，入市改革、土地价格与县域经济增长。表 14-6 中列（1）、列（2）测算了入市改革对土地挂牌价格和新增挂牌价格的影响。为了消除基础地价的影响，本节选取了县级挂牌与省级挂牌价格的比值，以及县级新增挂牌价格与省级挂牌价格的比值。列（3）、列（5）的因变量是人均实际 GDP，列（4）、列（6）的因变量是夜间灯光数据。计量结果表明入市改革和地价共同推动了县域经济增长。首先，入市改革会对挂牌价格产生影响。村集体作为建设用地的供应方，无疑增加了供地量，使得工业用地竞争加剧。由于中国工业用地价格长期被压制，因而入市改革有效助推了土地价格向市场均衡价格靠近。中国土地市场网公布的是挂牌和新增挂牌出让的实际交易价格，但其价格生成还受到地方政府土地供应量的影响，因此，入市改革对地价的影响为正且不显著，也不足为奇。其次，入市改革与挂牌（含新增）价格比的三重差分项推动了县域经济增长，该结论支持地价与 GDP 高度联动的已有判断（梅冬州、温兴春，2020），同时也揭示了转变“以地生财”的经济增长方式所存在的约束。

表 14-6　一级土地市场地价的作用机制

| 变量 | （1） | （2） | （3） | （4） | （5） | （6） |
|---|---|---|---|---|---|---|
| 入市改革 | 0.296<br>（0.333） | 0.368<br>（0.378） | 0.005*<br>（0.003） | 0.179<br>（0.146） | 0.006*<br>（0.003） | 0.156<br>（0.128） |
| 挂牌价格比 × 入市改革 | — | — | 0.003***<br>（0.001） | 0.360***<br>（0.126） | — | — |
| 新增挂牌价格比 × 入市改革 | — | — | — | — | 0.002*<br>（0.001） | 0.360***<br>（0.091） |
| 控制变量 | 控制 | 控制 | 控制 | 控制 | 控制 | 控制 |
| 常数项 | −0.759<br>（0.962） | −0.889<br>（1.006） | −0.015<br>（0.024） | −2.303***<br>（0.832） | −0.023<br>（0.024） | −2.345***<br>（0.854） |
| 观测值 | 6051 | 5925 | 6051 | 6019 | 5925 | 5896 |
| $R^2$ | 0.515 | 0.550 | 0.961 | 0.952 | 0.961 | 0.953 |

资料来源：笔者绘制。

注：*、**、*** 分别代表在 1%、5%、10% 的统计水平上显著；括号内为县域聚类的稳健标准误。

第二，入市改革、地方政府干预与县域经济增长。地方政府对土地市场干预通常使用工业用地价格偏离度指标①，其中，政府干预 1 测算了工业用地与商服用地价格偏离度，政府干预 2 测算了工业用地与住宅用地价格的偏离度。表 14-7 中列（1）、列（2）测算了入市改革对地方政府干预的影响，列（3）、列（5）的因变量是人均实际 GDP，列（4）、列（6）的因变量是夜间灯光数据。计量结果表明入市改革和地方政府共同推动县域经济增长。一是入市改革触动了土地财政利益，各地对土地财政的路径依赖，促使地方政府干预土地市场配置，通过“两手供地”保证土地财政总量不下降。地方政府通过对供地结构的干预，进一步扩大了商服、住宅用地价格与工业用地价格的差距。二是入市改革与地方政府对土地市场干预的三重差分表明，在入市改革的背景下，地方政府对土地市场的有效干预，显著推动了县域经济增长。



表 14-7　政府干预的作用机制

| 变量 | （1） | （2） | （3） | （4） | （5） | （6） |
|---|---|---|---|---|---|---|
| 入市改革 | 2.649<br>（2.874） | 0.981<br>（4.407） | 0.005*<br>（0.003） | 0.216<br>（0.132） | 0.004*<br>（0.002） | 0.262*<br>（0.141） |

① 偏离度 =（县域商服用地或住宅用地平均价格 − 工业用地平均价格）/ 工业用地平均价格

续表

| 变量 | (1) | (2) | (3) | (4) | (5) | (6) |
|---|---|---|---|---|---|---|
| 政府干预 1× 入市改革 | — | — | 0.0001***<br>(0.000) | 0.019***<br>(0.001) | — | — |
| 政府干预 2× 入市改革 | — | — | — | — | 0.0001***<br>(0.000) | 0.011**<br>(0.005) |
| 控制变量 | 控制 | 控制 | 控制 | 控制 | 控制 | 控制 |
| 常数项 | −38.597<br>(38.690) | −140.787<br>(140.453) | −0.027<br>(0.023) | −2.170***<br>(0.810) | −0.025<br>(0.023) | −2.770***<br>(0.939) |
| 观测值 | 5662 | 5282 | 5662 | 5638 | 5282 | 5262 |
| $R^2$ | 0.466 | 0.411 | 0.968 | 0.953 | 0.966 | 0.956 |

资料来源：笔者绘制。

注：*、**、*** 分别代表在 1%、5%、10% 的统计水平上显著；括号内为县域聚类的稳健标准误。

第三，入市改革、空气污染与县域经济增长。表 14–8 中列（1）、列（2）测算了入市改革对空气污染的影响。列（3）、列（5）的因变量是人均实际 GDP，列（4）、列（6）的因变量是夜间灯光数据，计量结果表明入市改革和空气污染抑制了县域经济增长。三重差分的分析表明，在入市改革的背景下，用 $PM_{2.5}$ 和 $PM_{10}$ 表征的空气污染物减少将显著推动县域经济增长。显然，如果将空气污染物视为环保规制的反向指标，则表明入市改革和环境规制共同促进了县域经济增长。该计量结果既支持了波特关于环保规制对经济增长的“创新补偿说”，也证明了“两山理论”能够有效促进县域经济高质量发展。

**表 14–8 空气污染与规制的作用机制**

| 变量 | (1) | (2) | (3) | (4) | (5) | (6) |
|---|---|---|---|---|---|---|
| 入市改革 | −0.717<br>(1.567) | −2.412<br>(2.154) | 0.018**<br>(0.008) | 1.431***<br>(0.486) | 0.022**<br>(0.009) | 1.746***<br>(0.547) |
| $PM_{2.5}$× 入市改革 | — | — | −0.0001**<br>(0.000) | −0.023***<br>(0.009) | — | — |
| $PM_{10}$× 入市改革 | — | — | — | — | −0.0001**<br>(0.000) | −0.017***<br>(0.005) |
| 控制变量 | 控制 | 控制 | 控制 | 控制 | 控制 | 控制 |
| 常数项 | 176.182***<br>(13.984) | 257.724***<br>(20.290) | −0.000<br>(0.020) | −2.103***<br>(0.656) | 0.002<br>(0.020) | −2.098***<br>(0.655) |
| 观测值 | 9564 | 9508 | 9564 | 9512 | 9508 | 9456 |
| $R^2$ | 0.945 | 0.959 | 0.965 | 0.963 | 0.965 | 0.963 |

资料来源：笔者绘制。

注：*、**、*** 分别代表在 1%、5%、10% 的统计水平上显著；括号内为县域聚类的稳健标准误。

第四，入市改革、农民收入与县域经济增长。农民收入使用农村居民人均可支配收入绝对值表示，城乡收入差距使用城镇居民与农村居民的人均可支配收入之比衡量。表 14–9 中列（1）、列（2）测算了入市改革分别对农民收入和城乡收入差距的影响，列（3）、列（5）的因变量是人均实际 GDP，列（4）、列（6）的因变量是夜间灯光数据。计量结果表明入市改革和农民收入共同推动了县域经济增长。首先，入市改革提高了农民的财产性收入。其次，入市改革与农民可支配收入的三重差分表明，农民收入增加将显著促进县域经济增长。再次，与 Tan 等（2020）结论类似，入市改革会缩小城乡收入差距。再次，入市改革和农民收入增加共同推动了县域经济增长，但入市改革与城乡收入差距的三重差分回归系数未通过显著性检验。总体来说，在入市改革的背景下，城乡收入差距的缩小将有助于实现县域经济高质量增长。

表 14–9　农民收入等的作用机制

| 变量 | （1） | （2） | （3） | （4） | （5） | （6） |
|---|---|---|---|---|---|---|
| 入市改革 | 0.049<br>（0.044） | 0.068**<br>（0.030） | −0.017**<br>（0.007） | −1.215***<br>（0.386） | 0.013<br>（0.019） | 0.926<br>（1.634） |
| 农民收入 × 入市改革 | — | — | 0.013**<br>（0.005） | 1.077***<br>（0.254） | — | — |
| 城乡收入差距 × 入市改革 | — | — | — | — | −0.003<br>（0.008） | −0.152<br>（0.727） |
| 控制变量 | 控制 | 控制 | 控制 | 控制 | 控制 | 控制 |
| 常数项 | 0.153<br>（0.234） | 1.415***<br>（0.356） | −0.006<br>（0.021） | −1.933***<br>（0.733） | −0.005<br>（0.024） | −1.641**<br>（0.806） |
| 观测值 | 7683 | 6416 | 7683 | 7644 | 6416 | 6391 |
| $R^2$ | 0.974 | 0.976 | 0.969 | 0.968 | 0.975 | 0.968 |

资料来源：笔者绘制。

注：*、**、*** 分别代表在 1%、5%、10% 的统计水平上显著；括号内为县域聚类的稳健标准误。

### （二）异质性分析

第一，经济地理的异质性分析。中国幅员辽阔，各县域自然禀赋差异较大。表 14–10 从地理条件异质性分析入市改革对县域经济增长的影响，结果表明异质性分析的结果能够支持基础回归的结论。其中，面板 A 和面板 B 中列（1）、列（3）、列（5）、列（7）是以人均实际 GDP 为因变量，列（2）、列（4）、列（6）、列（8）是以夜间灯光数据为因变量。



面板 A 将样本根据不同标准进行划分，其中，列（1）、列（2）为县域与海岸线接触，列（3）、列（4）则是不与海岸线接触；列（5）、列（6）为县域与省界接壤（表达偏远地区），列（7）、列（8）则是不与省界接壤。首先，对比回归系数发现，与海岸线接触的县域，入市改革对县域经济增长的影响更大。一方面中国沿海地区是经济首先发展的地区，验证了地理因素决定了经济空间聚集（陆铭等，2019），另一方面也表明经济发展会倒逼土地要素市场发育，土地要素市场发育会促进县域经济增长（罗必良，2019）。其次，对比回归系数发现，位于偏远地区的县域其入市改革对经济增长的促进作用相对较小。由于地方政府竞争和经济活动外部性等原因，各省市对偏远地区的投资、技术以及知识溢出效应难以内部化，导致省域边界县域经济发展相对滞后。

面板 B 考察在入市改革的背景下，连续型的地理类变量对经济增长影响的异质性，即使用三重差分法考察入市政策效应。其中，列（1）、列（2）为地形起伏与入市改革交互项为负值，却不显著，即入市改革在地势相对平坦地区对县域经济具有促进作用。面板 B 部分列（3）、列（4）测算了地区与港口距离的交互项，列（5）、列（6）测算了地区与城市距离的交互项，列（7）、列（8）测算了地区与省会距离的交互项，上述交互项系数均为负值，且仅列（5）通过了统计性检验。这表明入市改革的政策效应与县域距离经济中心的距离有关，地理条件优越的地区的改革入市效果更好，该结论能够与面板 A 相呼应。

表 14-10 基于地理异质性的分析

| 面板 A | 与海岸线接触 | | 不与海岸线接触 | | 与省界接壤 | | 不与省界接壤 | |
|---|---|---|---|---|---|---|---|---|
| 变量 | （1） | （2） | （3） | （4） | （5） | （6） | （7） | （8） |
| 入市改革 | 0.022*** | 2.404*** | 0.004 | 0.381*** | 0.001 | 0.395** | 0.007 | 0.550** |
| | （0.002） | （0.104） | （0.003） | （0.131） | （0.001） | （0.170） | （0.004） | （0.240） |
| 控制变量 | 控制 | 控制 | 控制 | 控制 | 控制 | 控制 | 控制 | 控制 |
| 常数项 | 0.198 | 4.645 | 0.028 | −2.587*** | 0.047* | −0.988 | 0.031 | −2.978*** |
| | （0.122） | （2.981） | （0.020） | （0.632） | （0.025） | （0.892） | （0.030） | （0.850） |
| 观测值 | 606 | 585 | 8958 | 8927 | 3959 | 3959 | 5605 | 5553 |
| $R^2$ | 0.975 | 0.984 | 0.966 | 0.953 | 0.973 | 0.948 | 0.961 | 0.966 |
| 面板 B | 与海岸线接触 | | 不与海岸线接触 | | 与省界接壤 | | 不与省界接壤 | |
| 变量 | （1） | （2） | （3） | （4） | （5） | （6） | （7） | （8） |
| 入市改革 | 0.005 | 0.658** | 0.012* | 0.748** | 0.015*** | 0.470 | 0.008 | 0.029 |
| | （0.005） | （0.282） | （0.006） | （0.338） | （0.006） | （0.304） | （0.006） | （0.274） |
| 地形起伏 × 入市改革 | −0.002 | −0.110 | — | — | — | — | — | — |
| | （0.003） | （0.139） | | | | | | |
| 港口距离 × 入市改革 | — | — | −0.011 | −0.495 | — | — | — | — |
| | | | （0.007） | （0.383） | | | | |
| 城市距离 × 入市改革 | — | — | — | — | −0.0001** | −0.001 | — | — |
| | | | | | （0.000） | （0.004） | | |
| 省会距离 × 入市改革 | — | — | — | — | — | — | −0.0001 | 0.005 |
| | | | | | | | （0.000） | （0.004） |
| 控制变量 | 控制 | 控制 | 控制 | 控制 | 控制 | 控制 | 控制 | 控制 |
| 常数项 | 0.021 | −2.819*** | 0.020 | −2.396*** | 0.017 | −2.620*** | 0.016 | −2.673*** |
| | （0.021） | （0.655） | （0.021） | （0.621） | （0.021） | （0.624） | （0.021） | （0.626） |
| 观测值 | 8701 | 8680 | 9564 | 9512 | 9304 | 9252 | 9304 | 9252 |
| $R^2$ | 0.963 | 0.957 | 0.964 | 0.961 | 0.965 | 0.962 | 0.965 | 0.962 |

资料来源：笔者绘制。

注：*、**、*** 分别代表在 1%、5%、10% 的统计水平上显著；括号内为县域聚类的稳健标准误。

第二，县域经济的异质性分析。表 14–11 进一步讨论了经济条件异质性背景下入市改革对县域经济增长的影响。其中，面板 A 和面板 B 中列（1）、列（3）、列（5）、列（7）是以人均实际 GDP 为因变量，列（2）、列（4）、列（6）、列（8）是以夜间灯光数据为因变量。

面板 A 列（1）、列（2）为县域开通高铁划分样本，列（3）、列（4）是尚未开通高铁划分样本；列（5）、列（6）为每年评比的百强县市划分样本，列（7）、列（8）则是非百强县市样本。对比回归系数可以发现，入市改革对经济增长的影响，在开通高铁地区和百强县市划分样本的回归系数更大，表明经济环境能够有效增进入市改革效应并实现良性循环。

面板 B 考察在入市改革的背景下，连续型的土地利用变量对经济增长的影响，使用三重差分法考察入市政策效应。其中，列（1）、列（2）为未开发地与入市改革交互项，列（3）、列（4）测算了农地占比与入市改革的交互项。以上回归系数均显著为负，说明当土地中荒地和农地占比较大时，入市改革并不能有效促进县域经济增长。

面板 B 列（5）～（8）估算集体经营性建设用地存量与入市改革的交互项对县域经济增长的影响。其中，列（5）、列（6）以 1994 年各县域的工商企业税收数据作为乡镇企业替代变量，列（7）、列（8）将 1994 年工商企业税收除以县乡镇的数量，得到乡镇税收替代变量。上述交互项系数均为负值，即县域集体经营性建设存量对入市改革的增长效应存在负向影响。集体经营性建设用地总体供地量的增加或者单位供地量的增加，均可能降低建设用地价格。极端的情况就是集体经营性建设用地整体入市，由于地价和 GDP 高度联动，在集体经营性建设用地供给潜力较大的县域进行入市改革，其经济增长效应可能会打折扣。

**表 14–11　基于经济异质性的分析**

| 面板 A | 高铁开通 | | 高铁未开通 | | 百强县市 | | 非百强县市 | |
|---|---|---|---|---|---|---|---|---|
| 变量 | （1） | （2） | （3） | （4） | （5） | （6） | （7） | （8） |
| 入市改革 | 0.007<br>（0.007） | 0.734**<br>（0.350） | 0.004**<br>（0.002） | 0.303***<br>（0.109） | 0.009<br>（0.007） | 0.323<br>（0.460） | 0.004<br>（0.003） | 0.503***<br>（0.170） |
| 控制变量 | 控制 | 控制 | 控制 | 控制 | 控制 | 控制 | 控制 | 控制 |
| 常数项 | 0.054<br>（0.082） | −5.086*<br>（3.030） | 0.034*<br>（0.021） | −1.746***<br>（0.520） | −0.058<br>（0.127） | −13.245**<br>（6.087） | 0.042**<br>（0.019） | −1.505***<br>（0.497） |
| 观测值 | 1573 | 1557 | 7878 | 7843 | 607 | 588 | 8899 | 8866 |
| $R^2$ | 0.975 | 0.975 | 0.965 | 0.955 | 0.982 | 0.982 | 0.959 | 0.936 |
| **面板 B** | **高铁开通** | | **高铁未开通** | | **百强县市** | | **非百强县市** | |
| **变量** | **（1）** | **（2）** | **（3）** | **（4）** | **（5）** | **（6）** | **（7）** | **（8）** |
| 入市改革 | 0.007**<br>（0.003） | 0.486***<br>（0.175） | 0.013*<br>（0.008） | 0.881***<br>（0.340） | 0.031<br>（0.019） | 0.817<br>（1.308） | 0.006**<br>（0.003） | 0.439***<br>（0.150） |
| 未开发地 × 入市改革 | −0.001*<br>（0.001） | −0.114***<br>（0.032） | — | — | — | — | — | — |

续表

| 面板 B | 高铁开通 | | 高铁未开通 | | 百强县市 | | 非百强县市 | |
|---|---|---|---|---|---|---|---|---|
| 变量 | (1) | (2) | (3) | (4) | (5) | (6) | (7) | (8) |
| 农地占比 × 入市改革 | — | — | -0.000<br>(0.000) | -0.008**<br>(0.004) | — | — | — | — |
| 企业税收 × 入市改革 | — | — | — | — | -0.004<br>(0.003) | -0.070<br>(0.159) | — | — |
| 乡镇税收 × 入市改革 | — | — | — | — | — | — | -0.003<br>(0.002) | -0.198*<br>(0.114) |
| 控制变量 | 控制 | 控制 | 控制 | 控制 | 控制 | 控制 | 控制 | 控制 |
| 常数项 | 0.000<br>(0.020) | -2.030***<br>(0.656) | 0.000<br>(0.020) | -2.056***<br>(0.657) | 0.014<br>(0.019) | -1.781***<br>(0.603) | 0.032*<br>(0.019) | -2.028***<br>(0.583) |
| 观测值 | 9564 | 9512 | 9564 | 9512 | 6803 | 6782 | 6794 | 6773 |
| $R^2$ | 0.965 | 0.963 | 0.965 | 0.963 | 0.970 | 0.964 | 0.971 | 0.963 |

资料来源：笔者绘制。

注：*、**、*** 分别代表在 1%、5%、10% 的统计水平上显著；括号内为县域聚类的稳健标准误。

# 第四节 结论与政策启示

建立城乡统一的建设用地市场是推进城乡融合发展的基本线索。农村集体经营性建设用地入市改革是盘活农村资源要素，加快县域经济发展的重要路径。本章基于农村集体经营性建设用地改革历程的回顾，分析入市改革的政策效应，并使用 2013—2019 年县域数据，通过构建准自然实验，分析入市改革对县域经济增长的影响。

基于多期双重差分模型的测算表明，入市改革显著促进了县域经济增长，且平行趋势假设、安慰剂检验和倾向得分匹配 - 双重差分等均得到了稳健的计量结论。其中，由夜间灯光数据表征的县域经济增长通过了异质性多期的平衡趋势检验。

机制分析表明，一是入市改革提高了工业用地市场化水平，改善了以挂牌价格表征的工业用地土地交易价格生成机制，入市改革与工业用地市场化的交互项推动了县域经济增长。二是入市改革提高了商服用地、住宅用地与工业用地价格的偏离度，入市改革与土地市场干预交互项推动了县域经济增长。三是入市改革降低了空气污染水平，入市改革与空气污染交互项抑制了县域经济增长。四是入市改革提高了农民收入，缩小了城乡收入差距，入市改革与共同富裕指标交互项推动了县域经济增长。

异质性分析表明，地理条件优越和经济状况好的县域，其入市改革效应更为明显。即在沿海地区、靠近区域经济中心、县域开通高铁、未开发土地和农地占比较低等情形下，入市改革呈现更高的经济增长效应。

2022年中央全面深化改革委员会第二十七次会议重新启动了新一轮集体经营性建设用地入市改革的试点工作。本章研究对于试点工作的精准施策具有一定的启示意义。

第一，坚持同地同权、同权同价的基本方向，因地制宜推动集体经营性建设用地入市。入市前应综合考虑本县自身土地利用水平和地区差异，从而精准施策。第二，创新土地利用模式，推动形成“有效市场”。首先，改变政府主导的土地开发模式，发挥市场对土地资源配置的决定性作用，将行政力量与土地市场化有机结合。其次，入市改革应将分散的建设用地整合为连片土地，形成规模效应和集聚效应。第三，平衡国家、集体、个人的增值收益分享制度，必须重视市场化改革对农民增收的促进作用。第四，入市改革要改善关联政策的匹配性。其中，强化环境规制将有助于释放入市改革的政策红利，促进县域经济的高质量发展。深化集体经营性建设用地入市改革，还需在以下方面作出进一步努力。

一是入市改革与国土空间规划相衔接。转型期国土空间规划、土地利用总体规划和城乡规划规定并存共用，并最终向“多规合一”的国土空间规划体系转型。在此过程中，需要协调统一村庄规划的制定和实施主体，赋予农民和集体实质性参与规划权利，明确集体经营性建设用地的规划条件。农村集体经营性建设用地入市助力乡村振兴的前置条件是符合规划和用途管制。必须强化县域空间规划和各类专项规划引导约束作用，科学安排县域乡村布局、资源利用、设施配置和村庄整治，推动村庄规划管理全覆盖。

二是确立乡村建设用地指标的设置规则。中共中央、国务院印发的《乡村振兴战略规划（2018—2022年）》指出，根据规划确定的用地结构和布局，年度土地利用计划分配中可安排一定比例新增建设用地指标专项支持农业农村发展；《中共中央、国务院关于抓好“三农”领域重点工作确保如期实现全面小康的意见》重申，省级制定土地利用年度计划时，应安排至少5%的新增建设用地指标保障乡村重点产业和项目用地等。事实上，给予乡村新增建设用地指标与增量集体经营性建设用地入市，均具有较大的不确定性和行政裁量空间。因此，制度性安排及其政策调整应该强化保障性和预期稳定性，加强乡村建设规划许可管理。



三是土地整治与集体经营性建设用地盘活。自2019年自然资源部在全国部署开展试点以来，全域土地综合整治发挥了积极作用。应该遵循人地协调原则，选择合适土地整治手段以盘活存量，扩大集体建设用地供给规模。以市、县、乡（镇）、村或主体功能区为全域土地综合整治单位，通过“三生”（生产、生活、生态）空间格局的总体优化，在耕地不减少的前提下，落实城镇建设用地规模增加与吸纳农业转移人口落户数量挂钩政策，实现人口集中、产业集聚、用地集约。

四是结余指标与“村村增减挂钩”。基于城乡建设用地增减挂钩政策衍生出来的“村村增减挂钩”政策，在满足“复垦区”和“指标落地区”耕地不减少、建设用地不增加的前提下，要强化并规范空间置换盘活方式，在符合规划和用途管制前提下，赋予农村集体经营性建设用地出让、租赁、入股权能。在积极支持以县城为重要载体的新型城镇化的前提下，建立集体经营性建设用地增值收益分配机制，激发相对落后乡村的要素活力，促进县域经济发展。

五是关注入市改革的环境影响问题。集体经营性建设用地入市一度存在过度追求经济效益、造成严重生态环境污染的问题，不仅不利于保障农业生态安全，还侵害了农民的环境权益。环境正义理论为环境问题的法律规制提供了理论支撑，要探索建立集体经营性建设用地入市的环境影响评估制度、环境风险预警制度、突发环境事件应急制度和环境损害修复制度，由此通过土地市场化及其配套改革，使之成为推进经济绿色化与高质量发展的重要制度保障。

## 参考文献

陈明 . 农村集体经营性建设用地入市改革的评估与展望 [J]. 农业经济问题，2018（4）：71–81.

陈诗一 . 能源消耗、二氧化碳排放与中国工业的可持续发展 [J]. 经济研究，2009（4）：41–55.

丁琳琳，王大庆 . 中国农村集体经营性建设用地入市问题的再认识 [J]. 价格理论与实践，2022（8）：51–54.

方先明，胡丁 . 乡村振兴中的集体经营性建设用地入市的经济增长效应 [J]. 江苏社会科学，2022（2）：117–128.

盖凯程，于平 . 农地非农化制度的变迁逻辑：从征地到集体经营性建设用地入市 [J]. 农业经济问题，2017（3）：15–22.

胡如梅 . 集体经营性建设用地入市和地方政府行为研究 [D]. 杭州：浙江大学，2020.

李尚蒲，罗必良 . 城乡收入差距与城市化战略选择 [J]. 农业经济问题，2012（8）：37–42.

李子豪，王倩倩 . 农村集体经营性建设用地入市改革与雾霾污染：基于 229 个县（市、区）的准自然实验 [J]. 长沙理工大学学报（社会科学版），2023（2）：86–100.

卢盛峰，陈思霞，杨子涵 . “官出数字”：官员晋升激励下的 GDP 失真 [J]. 中国工业经济，2017（7）：118–136.

陆铭，李鹏飞，钟辉勇 . 发展与平衡的新时代——新中国 70 年的空间政治经济学 [J]. 管理世界，2019（10）：11–23+63.

罗必良 . 农地产权及相关要素市场发育研究 [M]. 北京：科学出版社，2019.

罗必良，耿鹏鹏 . 理解县域内的城乡融合发展 [J]. 南京农业大学学报（社会科学版），2023（1）：16–28.

吕丹，薛凯文 . 农村集体经营性建设用地入市收益的分配演化博弈：地方政府角色与路径 [J]. 农业技术经济，2021（9）：115–128.

马翠萍 . 集体经营性建设用地制度探索与效果评价——以全国首批农村集体经营性建设用地入市试点为例 [J]. 中国农村经济，2021（11）：35–54.

梅冬州，温兴春 . 外部冲击、土地财政与宏观政策困境 [J]. 经济研究，2020（5）：66–82.

王克强，杨亚炫，刘红梅，等 . 集体经营性建设用地入市影响城乡融合发展研究 [J]. 农业技术经济，2023（2）：45–63.

韦东明，顾乃华，刘育杰．雾霾治理、地方政府行为和绿色经济高质量发展——来自中国县域的证据 [J]. 经济科学，2022（4）：64–77.

翁贞林，唐文苏，谌洁．乡村振兴视野下农村集体经营性建设用地直接入市：演进逻辑、现实挑战与未来展望 [J]. 华中农业大学学报（社会科学版），2022（3）：188–196.

杨子晖．“经济增长”与“二氧化碳排放”关系的非线性研究：基于发展中国家的非线性 Granger 因果检验 [J]. 世界经济，2010（10）：139–160.

叶兴庆．集体所有制下农用地的产权重构 [J]. 毛泽东邓小平理论研究，2015（2）：1–8+91.

张云辉，汪洋．“三块地”改革对县域经济发展的影响研究 [J]. 农林经济管理学报，2022（6）：754–764.

周应恒，刘余．集体经营性建设用地入市实态：由农村改革试验区例证 [J]. 改革，2018（2）：54–63.

Alesina A.，Rodrik D.. Distributive Politics and Economic Growth[J]. Quarterly Journal of Economics，1994，109（2）：465–490.

Briggs，D. J.，Collins，S.，Elliott，P.，et al.. Mapping Urban Air Pollution Using GIS：A Regression–Based Approach[J]. International Journal of Geographical Information Science，1997（11）：699–718.

Callaway，B.，Sant’Anna，P. H. C.. Difference–in–differences with Multiple Time Periods[J]. Journal of Econometrics，2021，225（2）：200–230.

Chen，X.，Nordhaus，W. D.. VIIRS Nighttime Lights in the Estimation of Cross–Sectional and Time–Series GDP[J]. Remote Sensing，2019，11（9）：1057.

Jiao，M.，Xu，H.. How do Collective Operating Construction Land（COCL）Transactions Affect Rural Residents’ Property Income? Evidence from Rural Deqing County，China[J]. Land Use Policy，2022，113：105897.

Joseph，G.，Yang Shen，Jing Wu，et al.. Land Finance in China：Analysis and Review[J]. China Economic Review，2022，76：101868.

Moon，Y. S.，Sonn，Y. H.. Productive Energy Consumption and Economic Growth：An Endogenous Growth Model and Its Empirical Application[J]. Resource & Energy Economics，1996，18（2）：189–200.

Porter，M. E.，Linde，C.. Toward a New Conception of the Environment–Competitiveness Relationship[J]. Journal of Economic Perspectives，1995，9（4）：97–118.

Tan，R.，Wang，R.，Nico Heerink. Liberalizing Rural–to–urban Construction Land Transfers in China：Distribution Effects[J]. China Economic Review，2020，60：101147.

Tian，K.，Dietzenbacher，E.，Yan B.，et al.. Upgrading or Downgrading：China’s Regional Carbon Emission Intensity Evolution and Its Determinants[J]. Energy Economics，2020，91：104891.

Zhao，F.，Zhang，S.，Du，Q.，et al.. Assessment of the Sustainable Development of Rural Minority Settlements Based on Multidimensional Data and Geographical Detector Method：A Case Study in Dehong，China[J]. Socio–Economic Planning Sciences，2021，78：101066.

# 第五篇

# 乡村全面振兴：国际经验与借鉴

# 第十五章　主要国家农业支持保护政策调整动向及其启示①

无论是发达国家，还是发展中国家，对农业进行支持和保护已成为一种通行做法。中国农村改革40多年来，实现了对农业由“取”到“予”再到“优先发展”的根本性转变（刘合光、朱伟林，2019），并初步构建起价格支持与直接补贴相互补充、综合支持与专项补贴相互配套的农业支持保护制度。但是，现阶段中国仍面临最低收购价政策存在外部性问题（国家发展和改革委员会产业经济与技术经济研究所课题组，2016；张照新等，2016；程国强，2016；朱满德等，2018），直接补贴政策指向性和针对性不强、支持力度不足、法律体系不完善（张天佐等，2018a；张晓艳等，2018；耿仲钟、肖海峰，2018）等问题。为此，党的十九大报告明确提出，完善农业支持保护制度；2019年中央一号文件再次明确提出，加快构建新型农业补贴政策体系，抓紧研究制定完善农业支持保护政策的意见。

现阶段，学术界对农业支持保护制度及其政策体系的探讨主要从国家的角度出发，对单个国家和多个国家分组进行研究，这与对单项农业支持补贴政策的研究有明显不同。既有对单个国家的农业支持保护的研究，如学者针对中国农业支持保护制度及其演变（程国强、朱满德，2012；张天佐等，2018b；彭超，2017）、面临困境（周应恒等，2017）、补贴效果评估及影响因素（张崇尚等，2017；贾娟琪等，2016；周凤杰、刘晓，2018）等方面进行系统研究；也有针对发达经济体的农业支持保护制度进行多维度探讨（毛世平等，2017；朱满德等，2014），特别是对美国（芦千文、姜长云，2018a；彭超，2019）、日本（胡凌啸、周应恒，2018；平力群，2018）、欧盟（于晓华等，2017；芦千文、姜长云，2018b）、韩国（苏毅清等，2015）等国家或地区典型农业支持保护模式的研究。日本农业支持保护政策虽然促进了农业农村快速发展，但近年来保护程度过高使其陷入了竞争力持续下降的困局（胡凌啸、周应恒，2018），韩国也曾面临此问



① 本章主要内容发表于《农业现代化研究》2019年第5期，原文标题为《农产品主要出口国农业支持保护政策调整动向及其启示——基于美国、巴西、加拿大、澳大利亚四国比较》。

题，其通过出口导向型支持政策，逐渐缓解农产品供给过剩、储藏成本过高等问题（苏毅清等，2015）。

在分组比较研究上，学者根据农业经济特征进行聚类，选取若干国家进行对比研究，发现存在的共性问题及成功经验，为完善中国农业支持保护政策提供经验借鉴。如部分学者将欧盟、美国、日本等作为一组进行研究，发现发达经济体农业政策调整具有加大农业支持力度、创新补贴方式、支持绿色生产等共性特征（徐雪、夏海龙，2015；张领先等，2016；张尧，2015）；针对金砖国家的研究则表明其农业补贴政策目标虽各有侧重，但整体支持水平呈快速增加趋势（张超等，2015）。现有文献大多关注日本、韩国、欧盟这些对农业施以高保护的经济体，而对农业部门具有竞争力的、农产品主要出口国家关注极少。但不可忽视，对世界农产品主要出口国家的农业支持保护政策及其改革方向、政策工具选择等进行比较，可从另外一个维度考察提高农业竞争力的可选路径，这能为中国农业政策改革与政策工具选择特别是构建绿色生态和竞争力导向的农业支持政策体系提供借鉴。

## 第一节　研究范畴

依据不同的农业经济特征，可以聚类成若干不同的国家组合，形成可实施比较的观察组和对照组。譬如，按农业资源禀赋划分，有农业资源丰富与稀缺之分；按农产品贸易盈余与赤字划分，有净进口与净出口之分；按新一轮多边农业谈判的利益关注区分，在农业补贴谈判中有攻守之分。现有研究的焦点一般聚集在资源稀缺国家、农产品净进口国家、高支持保护国家的农业支持保护政策，对资源丰富国家、净出口国家的农业支持保护政策关注严重不足。为此，本章选取美国、巴西、加拿大和澳大利亚四国作为研究对象，对当今世界农产品主要出口国家的农业支持保护制度及其政策改革进行考察，探究其农业政策改革和调整是否具有共性特征。首先，四个样本国家都是典型的农业资源丰富的大国。世界银行数据显示，2016 年澳大利亚人均耕地面积高达 1.9 公顷，排名世界第一，是世界平均水平的 10 倍；加拿大为 1.21 公顷，排名世界第三，仅次于澳大利亚、哈萨克斯坦，是世界平均水平的 6.3 倍；美国和巴西分别为 0.47 公顷、0.39 公顷，约为世界平均水平的 2 倍。其次，四国都是世界上具有重要地位的农产品生产与出口大国。联合国商品贸易统计数据表明，2017 年美国农产品出口额达 1698 亿美元，位列世界第二，仅次于欧盟；巴西、加拿大、澳大利亚分别为 878 亿美元、666 亿美元、421 亿美元，分列世界第三、第五和第八，是世界主要的农产品生产大国和出口大国。再次，在农业支持保护方面，四国都是全球农业支持保护水平较低的国家，在 WTO 多边农业谈判中属于进攻方，主张大幅削减农业补贴特别是扭曲生产和贸易的支持保护措施。

生产者支持估计方法起源于 T. Josling 教授在 1973 年首次提出的生产者支持等值，经过 OECD 的系统修改完善后，该方法被用于评估和监测 OECD 成员农业政策改革进展，2000 年扩展应用到非 OECD 成员农业政策及改革的评估监测，如俄罗斯、东欧国家、南非、中国、巴西等（OECD，2016；OECD，2018）。经过 1999 年、2007 年、2014 年多次修订完善，该方法对农业政策的分类日趋合理，农业政策评估指标日益丰富，并建立起涵盖 30 多个 OECD 成员和非 OECD 成员的农业政策评估数据库。为此，本章运用生产者支持估计方法对美国、巴西、加拿大、澳大利亚农业政策及其改革进行评估，这同时也便于进行国际比较，发现共性规律。

## 第二节　农产品出口国的农业支持保护强度及其变化动态

### 一、农业支持总量强度

如表 15-1 所示，从农业支持总量（衡量实施各种农业支持保护措施后，从全体纳税人和农产品消费者转移到农业部门的所有货币支持量）这一指标考察，美国呈持续上升态势，从 1986—1988 年（以下简称为“基期”）的 485.3 亿美元（三年平均，下同）稳定增长至 2015—2017 年的 940.8 亿美元。巴西在 1995—1997 年尚为负支持（-34.5 亿美元），1998—2000 年首次实现由负转正，2009—2011 年快速增加至 163.4 亿美元，2015—2017 年逐渐下降至 75.5 亿美元。澳大利亚和加拿大农业支持总量波动明显，目前都处于下降阶段，甚至已低于基期水平。以 2015—2017 年为例，美国农业支持总量为 940.8 亿美元，相当于国内农业总产值的 26%，而加拿大、巴西和澳大利亚这一比例分别为 13%、5%、4%，显著低于同期 OECD 平均水平（28%），更是大幅低于世界农业高保护国家挪威（90%）、瑞士（87%）、冰岛（82%）、日本（62%）和韩国（62%）。



如果以农业支持总量百分比（用农业支持总量占 GDP 的比重表示，亦称农业总支持率）衡量，尽管农业支持总量有所增长或在波动，但由于各国 GDP 快速增长，农业总支持率都呈现下降趋势。如加拿大由基期的 1.7% 降至 2015—2017 年的 0.4%；美国由 1.0% 降至 0.5%；澳大利亚由 0.7% 降至 0.1%。尽管巴西自 2000 年实现反哺农业政策以来，由 2000—2002 年的 0.6% 提高到 2009—2011 年的 0.8%，但 2015—2017 年已降至 0.4%。

## 二、农业生产者支持强度

就农业生产者支持（测度实施农业支持保护措施后，农业生产者获得来自农产品消费者和全体纳税人转移的补贴总额，包括市场价格支持和直接补贴）而言，四国均处于不断波动中，近年来都有不同程度的下降。其中，澳大利亚从基期的 15.1 亿美元缩减至 1999—2001 年的 7.7 亿美元，在 2006—2008 年回升到 16 亿美元后再度下降，至 2015—2017 年仅 7.9 亿美元，显著低于基期水平。加拿大从基期的 61.4 亿美元缩减到 1995—1997 年的 35.3 亿美元，尽管 2010—2012 年反弹至 73 亿美元，近年来亦降至 43.3 亿美元，也低于基期水平。美国先下降后回升，于 1999—2001 年达到峰值 514.7 亿美元，此后降至 2015—2017 年的 381.1 亿美元，略高于基期水平（353.4 亿美元）。巴西实现由负保护向正支持转变后，农业生产者支持快速增加到 2009—2011 年的 106.4 亿美元，近年来亦下滑到 2015—2017 年的 42.3 亿美元。

以农业生产者支持百分比（农业生产者支持与农场总收入的比率，亦称农业补贴率）测度，美国、巴西、加拿大、澳大利亚均显著下降。其中，加拿大从基期的 36.1% 大幅降至 2015—2017 年的 9.3%，减少约 27 个百分点；美国由 21.2% 降至 9.6%，减少约 12 个百分点；澳大利亚从 10.4% 降至 1.7%，减少约 9 个百分点。巴西在 2000 年转为正值，最高时达到 7.1%（2009—2011 年），近年也开始下降，2015—2017 年为 2.7%（见图 15-1）。以 2015—2017 年为例，美国农业生产者支持百分比为 9.6%，意味着农场总收入中仅有 9.6% 来自农业政策的作用，其他都来自农产品市场的作用；加拿大、巴西和澳大利亚分别为 9.3%、2.7%、1.7%，显著低于同期 OECD 成员平均水平（18.2%），是世界农业支持保护水平较低的国家（见图 15-2）。

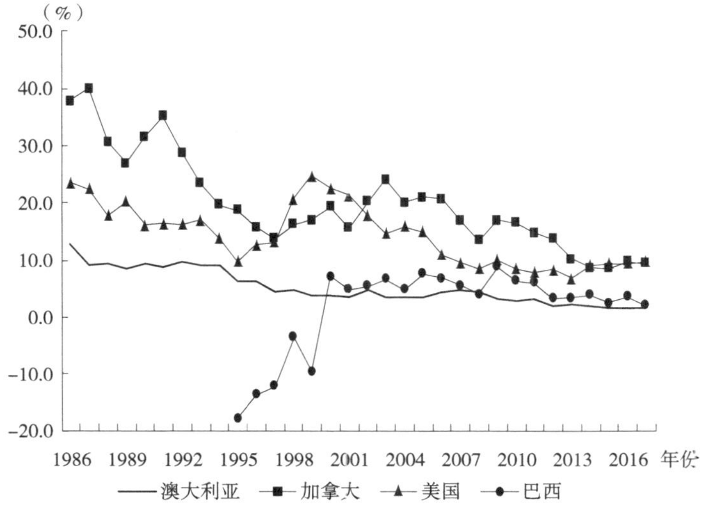


图 15-1　样本国家农业生产者支持百分比（1986—2017 年）

资料来源：根据 OECD PSE/CSE Database（2018）数据整理。

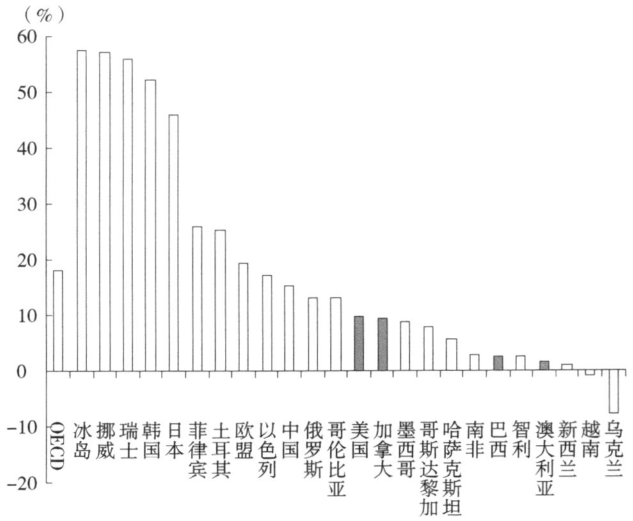


**图 15-2　2015—2017 年主要国家（地区）农业补贴率**

资料来源：根据 OECD PSE/CSE Database（2018）数据整理。

## 三、政府综合服务支持强度

政府综合服务支持（衡量政府财政对整个农业部门的补贴支持水平）方面，澳大利亚从基期的 0.9 亿美元快速增加至 2015—2017 年的 9.3 亿美元；美国从 31 亿美元增加到 95.3 亿美元；加拿大增长较为缓慢，但也从基期的 11.5 亿美元上升到 2011—2013 年的 23.7 亿美元，近年来下降至 2015—2017 年的 16.9 亿美元。巴西波动较大，由 1995—1997 年的 33.6 亿美元减至 2001—2003 年的 10.8 亿美元，随后反弹到 2011—2013 年的 39.5 亿美元，近年来再度进入下降通道，2015—2017 年为 21.9 亿美元，较基期有所减少。也不应忽视，美国、加拿大、澳大利亚都是以大农场为主，通过持续改善农田水利设施，农业基础条件已得到显著改善。可以预见，该项支持不会持续上升，未来可能会有所降低。

## 四、农业生产者名义保护系数



农产品出口国家针对农业生产者的支持有所下降，而政府综合服务支持在不断增加，这意味着对市场的干预和扭曲有持续减弱的态势。数据表明，加拿大农业生产者名义保护系数（生产者获得的价格与边境价格之比）从基期的 1.39 降至 2015—2017 年的 1.06，意味着农产品国内价格与国际价格差距极小，已经接近于国际市场价格；美国从 1.12 下降到 1.03；澳大利亚从 1.09 降至 1.00。而巴西从 1995—1997 年的 0.82 升至 2000—2002 年的 1.02，其后一直保持在 1.00 左右，表明其扭转了过去长期存在的国内农产品价格低于国际市场的状态。这与净进口国家、农业高保护国家有显著差异，如冰岛 2015—2017 年为 2.06、韩国为 1.99。

表 15–1　农业政策评估：样本国家生产者支持估计主要指标

| 指标 | 澳大利亚 | | | 加拿大 | | | 美国 | | | 巴西 | |
|---|---|---|---|---|---|---|---|---|---|---|---|
| | 1986—1988 年 | 1995—1997 年 | 2015—2017 年 | 1986—1988 年 | 1995—1997 年 | 2015—2017 年 | 1986—1988 年 | 1995—1997 年 | 2015—2017 年 | 1995—1997 年 | 2015—2017 年 |
| 农业生产者支持（亿美元） | 15.1 | 12.8 | 7.9 | 61.4 | 35.3 | 43.3 | 353.4 | 256.2 | 381.1 | −68.3 | 42.3 |
| 农业生产者支持百分比（%） | 10.4 | 5.8 | 1.7 | 36.1 | 16.1 | 9.3 | 21.2 | 11.9 | 9.6 | −14.6 | 2.7 |
| 农业生产者名义保护系数 | 1.09 | 1.03 | 1.00 | 1.39 | 1.10 | 1.06 | 1.12 | 1.06 | 1.03 | 0.82 | 1.01 |
| 政府综合服务支持（亿美元） | 0.9 | 3.8 | 9.3 | 11.5 | 12.8 | 16.9 | 31.1 | 42.4 | 95.3 | 33.6 | 21.9 |
| 政府综合服务支持百分比（%） | 6.0 | 23.6 | 54.1 | 15.8 | 26.7 | 28.2 | 6.4 | 8.9 | 10.1 | −58.6 | 29.2 |
| 农业消费者支持（亿美元） | −6.0 | −2.7 | 0.0 | −28.6 | −17.6 | −31.5 | −26.3 | 61.6 | 345.1 | 64.4 | −1.0 |
| 农业消费者支持百分比（%） | −11.7 | −3.5 | 0.0 | −22.7 | −11.2 | −11.0 | −2.4 | 4.3 | 14.3 | 12.2 | −0.1 |
| 农业支持总量（亿美元） | 16.0 | 16.7 | 17.1 | 73.2 | 48.1 | 60.2 | 485.3 | 482.9 | 940.8 | −34.5 | 75.5 |
| # 消费者转移（亿美元） | 6.0 | 2.7 | 0.0 | 31.3 | 17.7 | 31.5 | 130.1 | 122.9 | 119.4 | −64.0 | 14.6 |
| # 纳税者转移（亿美元） | 10.0 | 14.0 | 17.1 | 42.3 | 30.6 | 33.3 | 368.3 | 371.5 | 837.8 | 30.7 | 62.4 |
| # 财政收益（亿美元） | 0.0 | 0.0 | 0.0 | −0.4 | −0.2 | −4.6 | −13.1 | −11.4 | −16.3 | −1.2 | −1.4 |
| 农业支持总量百分比（%） | 0.7 | 0.4 | 0.1 | 1.7 | 0.8 | 0.4 | 1.0 | 0.6 | 0.5 | −0.4 | 0.4 |

资料来源：笔者绘制。

注：巴西可获得的数据为 1995—2017 年。部分数据因四舍五入原因，存在总计与分项合计不等的情况。

# 第三节　农业支持政策结构和产品结构分析

## 一、农业支持总量结构

进一步考察农业支持总量结构，具有以下两大特征。

第一，样本国家农业支持政策成本主要由纳税人承担。其中澳大利亚 2003 年以来全部由纳税人承担；美国在过去 30 年纳税人承担比例保持在 70% 以上，2015—2017 年高达 89%；巴西和加拿大虽有明显波动，但也始终保持在 50% 以上，2015—2017 年分别为 83.7% 和 55.4%。而韩国和日本两个农业高保护国家，以及大部分中等收入国家主要由农产品消费者负担，2015—2017 年日本和韩国农产品消费者承担农业支持政策成本的 90% 以上。

第二，加拿大是以对农业生产者的支持补贴为主，农业生产者支持占农业支持总量的比重长期保持在 65% 以上，2015–2017 年为 71.8%。近年，澳大利亚和美国农业生产者支持在农业支持总量中的占比持续下降，基期分别为 94% 和 72.7%，2015—2017 年仅占 45.9% 和 40.5%。巴西保持基本稳定，2015—2017 年为 55.6%，这与农业高保护国家、中等收入国家有较大区别，如冰岛农业生产者支持占农业支持总量的 95.4%，挪威、瑞士分别为 92.4% 和 90.2%。

## 二、农业生产者支持结构

第一，样本国家都实现了由价格支持措施向直接补贴的重要转变，且价格支持多局限于少数重点敏感产品。澳大利亚基期市场价格支持占农业生产者支持的比重高达 72.4%，此后持续降低，2003 年以来持续为 0，即意味着澳大利亚已经完全是通过补贴方式支持农业生产者。美国经历了数次农业法案的调整，缩小价格支持范围，市场价格支持水平持续下降，占农业生产者支持的比重由基期的 34% 降至 2015—2017 年的 27.6%。加拿大这一比例长期在 40% ～ 65% 波动，2015—2017 年为 62.7%，进一步观察可知，加拿大市场价格支持集中在对奶制品的支持上，占到市场价格支持总量的 82.2%，其次是禽肉和禽蛋。巴西市场价格支持水平波动较大，2009—2011 年市场价格支持占农业生产者支持的 61.9%，2015—2017 年下降至 27.9%，主要集中在大米和玉米。究其原因，对农业资源丰富的国家而言，价格支持能够显著激励农业生产，一方面易导致生产过剩问题，增加出口压力；另一方面价格过高又会导致出口竞争力的下滑，可能加大出口难度。因此，缩小价格支持范围、由价格支持转型为直接补贴，就成为农产品出口国农业政策改革的基本选项。

第二，与脱钩补贴相比，挂钩补贴是样本国家直接补贴的主要方式。加拿大在 2000—2008 年曾经使用基于固定基期的脱钩补贴，占到补贴总量的 25% 左右，最高时超过 40%，随后减少直至取消这类补贴；现阶段挂钩补贴所占比重持续提高，2015—2017 年达 99.5%，主要集中在投入品补贴（23.8%）、与生产挂钩的现期种养补贴和经营收入补贴（75.8%）。美国自 1996 年农业法案引入“直接支付”以来，脱钩补贴一直发挥着稳定农场主收入的重要作用，挂钩补贴则主要是针对投入品补贴、与生产挂钩的现期经营收入补贴；2015—2017 年这两类补贴占到直接补贴的 30.4% 和 34.6%，挂钩补贴所占比重也因此保持在 55% 以上（2015—2017 年为 66%）。澳大利亚的脱钩补贴占补贴总量的比重长期保持在 30% 以上（过去 30 年平均值为 39%），2002—2004 年最高达 62.5%，2015—2017 年为 47.7%。投入品补贴是澳大利亚主要的挂钩补贴措施，长期占挂钩补贴的 80% 以上，基于固定种养数量和经营收入的补贴则是主要的脱钩补贴类型，占脱钩补贴的 90% 以上。巴西自 1995 年以来，直接补贴一直是采取挂钩补贴方式，特别是以针对农业投入品补贴为主，2015—2017 年占到挂钩补贴的 88.1%。

## 三、政府综合服务支持结构

第一，农业知识与创新系统是农产品出口国支持农业的重要手段。其中，巴西对农业知识与创新系统的支持占政府综合服务支持的比重由 1995—1997 年的 33.7% 持续上升至 2015—2017 年的 87.9%，这对其农业出口竞争力的快速提升发挥了重要支撑作用。澳大利亚政府综合服务支持虽然有所下降，也保持在 50% 以上，2015—2017 年为 47.3%。加拿大和美国的政府综合服务支持呈现多样化发展，对农业知识与创新系统的支持仍是重要手段之一。30 多年来，加拿大农业知识与创新系统支持占比始终在 30% ～ 50% 的区间内波动，2015—2017 年为 38.2%；美国尽管有所降低，2015—2017 年仍为 24%。

第二，对基础设施建设和维护的投资支持也是农产品出口国支持农业发展的关键选项。其中，美国和澳大利亚对农业基础设施建设和维护的投资补贴占政府综合服务支持的比重持续上升，澳大利亚由 20 世纪 90 年代的不足 2% 攀升至 2015—2017 年的 38.1%；美国由 1999—2001 年的 3.9% 增长至 2015—2017 年的 35%。2003—2010 年，巴西大幅增加对农业基础设施建设和维护的投资支持，由 2001—2003 年的 3.9 亿美元增加至 2008—2010 年的 11.2 亿美元。伴随巴西农业基础设施的改善，近年来该类项目支持补贴有所回落，占政府综合服务支持的比重也由 2004—2006 年的 45.7% 下降到 2015—2017 年的 5%。加拿大与之类似，由基期的 23.3% 减少到 2015—2017 年的 10.7%，但对农产品检验检疫和病虫害防控的支持补贴日益重视，其占比从基期 24.6% 升至 2015—2017 年的 41.4%。

第三，扩大农产品出口是农业资源丰富国家的重要目标，加大对农产品营销和推广的支持成为促进农产品出口的手段之一。过去 30 多年间，美国对农产品营销和推广的支持占政府综合服务支持的比重在 12% ～ 23% 的区间内波动，平均为 15.7%；加拿大在 1991—2001 年都在 15% 以上，近 10 年保持在 8% ～ 10%，这为其开拓国际市场起到有效支撑作用。澳大利亚和巴西随着农业生产率提升和产量增长，开始逐步重视营销和推广，随着成功开拓新市场，维系市场份额较开拓时期成本有所下降，因此近年用于营销和推广的支持力度明显下降。



## 四、产品支持结构

第一，特定农产品补贴率（用特定农产品获得的生产者补贴水平与生产该产品经营收入的比率表示）整体大幅下降。加拿大从基期的 28.4% 大幅降至 2015—2017 年的 7.5%；美国从 16.1%

减至 4.7%；澳大利亚从 7.8% 减至 0.04%。巴西自 1995—1997 年的 -17.8% 逐步转为正值并上升至 2009—2011 年的 5.8%，2015—2017 年下降至 1.7%。但不应忽视，由于农产品出口国家多采取对某一类农产品进行支持补贴，因此被计入特定产品组的支持补贴中，存在政策类别的组间调整，导致补贴率并不完全反映真实水平的下降程度。

第二，样本国家的重点支持品种范围都在缩小、支持水平也在下降。20 世纪 80 年代末，加拿大对牛奶（73.6%）、大麦（47.4%）、小麦（33.2%）、玉米（19.7%）、油菜籽（17%）、禽蛋（16.5%）等给予较高程度的支持保护，而 2015—2017 年只保留对牛奶（44.8%）的高支持保护。美国在基期对精制糖（55.9%）、大米（50.2%）、羊毛（47.8%）、小麦（46.5%）、大麦（41.1%）、高粱（36.2%）、牛奶（34.9%）、玉米（34.8%）等给予高支持保护，而 2015—2017 年只对精制糖（53.9%）、牛奶（19.3%）和棉花（11.9%）给予高支持保护。巴西在 1995—1997 年对牛奶（17.8%）、大米（17%）、棉花（14.2%）、小麦（10.9%）等产品给予支持，目前仅对大米（16.4%）和小麦（9.4%）予以高支持保护。澳大利亚基期对牛奶（62.2%）和鸡蛋（14.3%）进行高支持保护，但随着国际竞争力的持续提升，近年来逐步取消了对所有特定农产品的高支持保护（见图 15-3）。

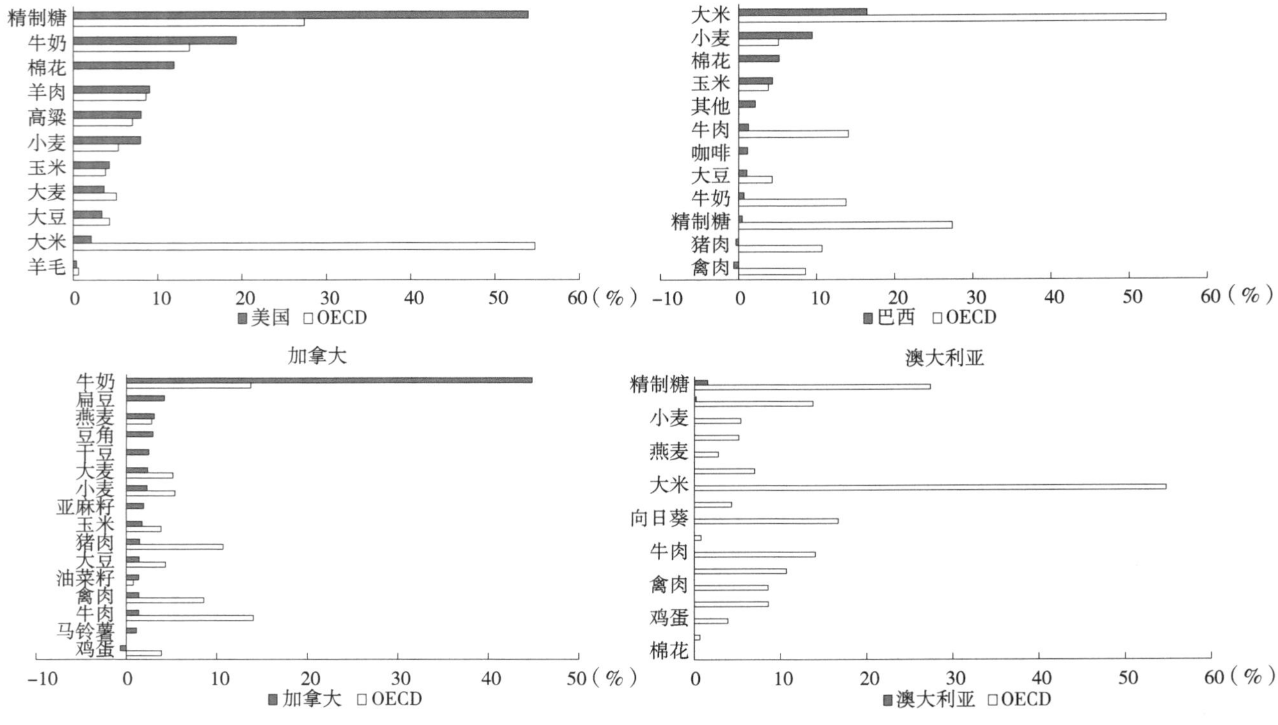


**图 15-3 样本国家特定农产品补贴率比较（2015—2017 年平均）**

资料来源：笔者绘制。

第三，样本国家有选择地对重点敏感农产品实行差异化支持。2015—2017年，加拿大仅对牛奶进行重点支持，支持率高达44.8%，意味着奶农收入的44.8%来自补贴支持政策，比OECD成员平均水平高出31个百分点，而其余农产品支持率均在5%以下。美国重点支持产品为精制糖、牛奶和棉花，支持率均高于OECD成员同类产品的平均支持水平。巴西支持水平较高的是大米和小麦，其中大米补贴率显著低于OECD成员平均水平（54.7%），其余品种均在6%以下。

## 第四节　结论与启示

应用OECD的生产者支持估计方法，对美国、巴西、加拿大和澳大利亚四个农产品主要出口国家的农业政策及其改革进行比较分析，研究发现：一是从农业支持总量看，加拿大、澳大利亚、巴西进入新的“减降”通道，其中加拿大、澳大利亚甚至低于20世纪80年代末的基期水平；只有美国仍在持续提高，且已经大幅高于基期水平。由于各国经济持续增长，农业总支持率均呈下降趋势。从农业生产者支持水平看，四个样本国家都处于不断波动中，但近年来有不同程度的下降，并显著低于OECD成员平均水平以及农业高保护国家支持水平，是世界农业支持保护程度较低的国家。二是四个样本国家实施农业支持的政策成本都主要由纳税人承担，这与日本、韩国以及大部分发展中国家主要由农产品消费者承担有较大差异。除加拿大农业生产者支持占农业支持总量的比重略高外，美国、澳大利亚和巴西这一比重均在不断下降。三是在贸易自由化背景下，农产品主要出口国家是全球农业政策市场化改革的倡导者、推动者和引领者，伴随其缩小价格支持范围，向直接补贴政策转型，农产品市场扭曲程度也有显著减弱。即便主要出口国家的农产品具有竞争力，它们也不忽视直接补贴政策的运用，其中加拿大和巴西以挂钩补贴为主，投入品补贴、与种养数量或经营收入挂钩的补贴是主要方式，美国和澳大利亚的挂钩补贴与脱钩补贴已基本持平。四是四个样本国家都非常重视农业知识和创新特别是对农业创新系统的支持。对基础设施的建设和维护、营销和推广也是重要的政策选项，这是其提高或保持农业竞争力的重要方式。五是与农业高保护国家不同，农产品出口国农业竞争力较强，因此对特定农产品支持力度较弱，支持产品也较少，仅对少量重点敏感农产品进行重点支持。



本章研究的主要启示有以下三点。

第一，认清并处理好价格支持和直接补贴的关系。价格支持政策操作简便、效果直接，并且由广大消费者担负其支持成本，因此备受发展中国家的青睐。特别是较高的支持价格能显著激励农业生产，有助于解决棘手的食物供给短缺问题，因而其也是食物供给不足、粮食安全压力大的国家的重要政策选项。即便是发达国家、农产品出口国家，也曾在相当长时期内采用价格支持政策，因而有诸多群体认为中国应继续倚仗价格支持政策保障口粮绝对安全。但也不应忽视，政策实践同时表明，价格支持政策扭曲了价格信号，进而引起资源配置的扭曲，易导致过高的社会福利损失和经济社会成本，而且对农业竞争力也存在负面影响，因而大部分发达国家都将价格支持限定在有限的范围内，整体上推动由价格支持政策向直接补贴政策转型。事实上，当前粮食最低收购价政策导致的外部性问题和诸多挑战，在 20 世纪 70—80 年代很多国家中都已经有所显现。完善粮食最低收购价政策，逐步向市场化导向的、综合性的支持政策组合转型，或是中国农产品价格形成机制和收储制度改革的一种趋向，但仍须进一步凝聚共识。

第二，协调好挂钩补贴与脱钩补贴的关系。尽管部分发达国家倡导使用脱钩补贴，主张由挂钩补贴转向脱钩补贴，但实践也表明，挂钩补贴往往受到更多国家的青睐，大部分国家仍然以挂钩补贴为主，特别是投入品补贴，基于现期种植面积、牲畜数量或经营收入的挂钩补贴。在当前中国财力有限的约束下，增强直接补贴政策的针对性、科学性和有效性，提高补贴资金效率至关重要，因而挂钩补贴较之脱钩补贴更加适用于中国。伴随中国农业农村经济社会发展，农业支持保护制度目标日益多元化，需要发挥不同类型挂钩补贴政策的组合效应。

第三，需要高度重视对农业知识和创新、基础设施建设和维护、营销和推广等的支持补助。对这些方面给予投资支持和奖励补助，是农产品出口国家维持并提高农业部门整体竞争力的重要举措。现阶段中国在农业前沿科技创新、核心关键技术研发、技术集成研究推广等方面存在明显短板，亟须加大支持力度，持续强化农业发展的科技支撑。与此同时，中国农产品供需结构性失衡问题、小生产与大市场的有效对接问题日益突出，须加大对各地特别是贫困地区农产品营销和推广的支持补贴力度，提升农业供给体系质量、农业发展质量效益和竞争力，进一步推动农业高质量发展。

## 参考文献

程国强，朱满德．中国工业化中期阶段的农业补贴制度与政策选择 [J]. 管理世界，2012（1）：9–20.

程国强．我国粮价政策改革的逻辑与思路 [J]. 农业经济问题，2016（2）：4–9.

耿仲钟，肖海峰．我国农业支持保护补贴效果与问题——基于浙江、山东两省调研 [J]. 地方财政研究，2018（4）：80–86.

国家发展和改革委员会产业经济与技术经济研究所课题组．构建我国新的粮食价格支持政策框架的建议 [J]. 经济纵横，2016（5）：61–65.

胡凌啸，周应恒．提升小农竞争力：日本农业新政策的指向及启示 [J]. 中国农村经济，2018（2）：126–138.

贾娟琪，李先德，王士海．中国主粮价格支持政策效应分析——基于产销区省级面板数据 [J]. 农业现代化研究，

2016（4）：680–686.

刘合光，朱伟林．中国农业农村改革成就、挑战与未来思路——中国农村改革40年暨中国农业科学院农业经济与发展研究所建所60周年学术报告会会议综述[J]. 农业经济问题，2019（2）：4–8.

芦千文，姜长云．欧盟农业农村政策的演变及其对中国实施乡村振兴战略的启示[J]. 中国农村经济，2018a（10）：119–135.

芦千文，姜长云．乡村振兴的他山之石：美国农业农村政策的演变历程和趋势[J]. 农村经济，2018b（9）：1–8.

毛世平，龚雅婷，刘福江．英国农业补贴政策及对我国的启示[J]. 农业现代化研究，2017（1）：31–37.

彭超．美国新农业法案的主要内容、国内争议与借鉴意义[J]. 世界农业，2019（1）：4–16.

彭超．我国农业补贴基本框架、政策绩效与动能转换方向[J]. 理论探索，2017（3）：18–25.

平力群．日本农业政策的转向：从社会政策到产业政策[J]. 现代日本经济，2018（2）：1–11.

苏毅清，周永刚，王志刚．中国在工业化进程中应该如何进行农业调整——来自韩国的经验启示[J]. 经济与管理研究，2015（12）：32–38.

徐雪，夏海龙．发达国家农业补贴政策调整及其经验借鉴——基于欧盟、美国、日本的考察[J]. 湖南农业大学学报（社会科学版），2015（3）：70–74.

于晓华，武宗励，周洁红．欧盟农业改革对中国的启示：国际粮食价格长期波动和国内农业补贴政策的关系[J]. 中国农村经济，2017（2）：84–96.

张超，李哲敏，董晓霞．金砖国家农业补贴政策[J]. 世界农业，2015（7）：87–92.

张崇尚，陈菲菲，李登旺，等．我国农产品价格支持政策改革的效果与建议[J]. 经济社会体制比较，2017（1）：71–79.

张虎．发达国家农业支持政策的经验及启示——以美国、日本、欧盟为例[J]. 技术经济与管理研究，2015（12）：118–121.

张领先，唐晓林，王洁琼．中美欧日韩农业支持水平及政策结构比较分析[J]. 科技管理研究，2016（18）：36–39.

张天佐，郭永田，杨洁梅．基于价格支持和补贴导向的农业支持保护制度改革回顾与展望[J]. 农业经济问题，2018a（11）：4–10.

张天佐，郭永田，杨洁梅．我国农业支持保护政策改革40年回顾与展望[J]. 农村工作通讯，2018b（20）：16–23.

张晓艳，王志伟，戚悦．落实农业支持保护补贴政策的问题及优化建议[J]. 财政科学，2018（2）：136–139.

张照新，徐雪高，彭超．农业发展阶段转变背景下粮食价格支持政策的改革思路[J]. 北京工商大学学报（社会科学版），2016（4）：33–39.

周凤杰，刘晓．农业补贴政策满意度及其影响因素研究——基于Probit回归模型[J]. 价格理论与实践，2018（2）：75–78.

周应恒，彭云，周德．中国农业发展困境与农业支持政策改革转型——基于欧盟共同农业支持政策改革的启示[J]. 江苏农业科学，2017（11）：289–293.

朱满德，袁祥州，江东坡．加拿大农业支持政策改革的效果及其启示[J]. 湖南农业大学学报（社会科学版），2014（5）：61–69.

朱满德，张振，程国强．建构新型国家粮食安全观：全局观、可持续观与全球视野 [J]. 贵州大学学报（社会科学版），2018（6）：27–33.

OECD. OECD's Producer Support Estimate and Relates Indicators of Agricultural Support：Concepts，Calculations，Interpretation and Use（The PSE Manual）[M]. Paris：OECD Publishing，2016.

OECD. Agricultural Policy Monitoring and Evaluation 2018[M]. Paris：OECD Publishing，2018.

# 第十六章　乡村振兴中政府与市场关系的国际经验与借鉴

国际上部分先行国家和地区在乡村发展领域积累了较为丰富的实践经验，其发展过程普遍涉及政府与市场功能的发挥及二者间的协调机制探索，为中国新时期实施乡村振兴战略、正确处理政府与市场关系提供了重要借鉴。然而，由于各国所处发展阶段、资源禀赋、人口结构和社会制度等方面存在显著差异，乡村发展路径也呈现多样化特征，不能简单照搬其经验做法，而需结合中国国情加以转化吸收。

本章系统梳理了国际上不同发展阶段乡村发展的战略选择、实践模式及面临的主要问题，重点关注政府、市场与社会多元主体在乡村发展中的功能定位与协调机制。通过比较分析，总结其经验规律，提炼对中国新时期推进乡村振兴过程中实现政府有为、市场有效、社会协同的实践启示与制度借鉴。

## 第一节　乡村发展：各国的主要实践

随着全球城市化与经济一体化进程的持续推进，各国在经济社会发展的不同阶段，均围绕乡村振兴与农业农村现代化开展了多样化的探索与实践，积累了大量值得借鉴的政策工具和制度经验。

本节选取不同时期、不同发展阶段的典型国家作为代表，系统梳理其在农业和农村振兴方面的重要政策举措与实践经验。具体而言，以美国为代表的北美发达国家、以荷兰和法国为代表的欧洲发达国家，以及以日本和韩国为代表的东亚发达国家，均在农业生产体系建设、农村社会服务供给、乡村生态环境保护等方面形成了具有代表性的政策模式和治理经验。通过对这些国家在不同时期推动农业农村发展的关键做法进行梳理，有助于深入理解不同发展阶段背景下乡村振兴战略的演进逻辑和多元路径，为中国新时期实施乡村振兴战略提供有益启示与制度借鉴（见表 16–1）。

表 16–1　各国乡村发展不同阶段典型国家（地区）的特点

| 经济体 | 发展阶段 | 发展特点 |
|---|---|---|
| 美国 | 加速发展阶段（20 世纪 30—60 年代） | 保障农产品供给 |
| | 法治化阶段（20 世纪 70—80 年代） | 完善农业农村法律法规，完善农村基础设施 |
| | 发展完善阶段（20 世纪 90 年代至今） | 城乡融合、多元协调和绿色生态 |
| 欧盟 | 政策导入阶段（20 世纪 60—80 年代） | 构建共同农业市场并推动现代农业的发展，提升农业生产效率 |
| | 综合发展阶段（20 世纪 90 年代—2006 年） | 应对农村面临的就业、教育、医疗等多元挑战，促进农村社会的全面发展 |
| | 绿色发展阶段（2007—2013 年） | 改善农村生产生活环境与提升绿色发展水平 |
| | 创新发展阶段（2014 年至今） | 农村经济社会的全面振兴，强化农业领域的竞争力与创新潜能 |
| 日本 | 粮食增产阶段（1946—1960 年） | 恢复“二战”后的农业生产 |
| | 经济高速增长阶段（1961—1975 年） | 缓解快速城市化带来的空心化和老龄化等问题 |
| | 稳定增长与新发展阶段（1976 年至今） | 为促进乡村振兴综合发展，提高农业产业竞争力 |
| 韩国 | 基础设施建设阶段 | 改善农村居住环境 |
| | 扩张阶段 | 丰富农民经济来源，促进农业产业多元化 |
| | 完善阶段 | 大力发展特色农业、畜牧业，进一步增加农民收入 |
| | 国民自发阶段 | 民间组织成为运动的组织者，政府的主要职责变为满足农业发展必要的物质和资金需求 |
| | 自主发展阶段 | 政府致力于法治建设，提高公民的自发意识、共同体意识 |

资料来源：笔者整理。

## 一、以美国为代表的北美发达国家

作为全球农业现代化程度最高的国家之一，美国在农村发展方面积累了丰富的政策经验与制度实践。根据胡月、田志宏（2019）的研究，美国乡村振兴政策大致可以分为三个阶段。政策导入期（1936—1971 年）：该阶段的政策重点在于保障农产品供给，主要采取直接补贴和价格支持等手段，对乡村综合发展的关注相对不足，乡村发展更多作为农业支持的附属目标。政策法治化构建期（1972—1989 年）：在此期间，美国逐步推动乡村发展支持制度的法治化建设，各州和地方政府在政策制定中的作用不断增强，乡村发展的制度基础逐步夯实。政策体系成熟与市场化转型期（1990 年至今）：美国乡村发展政策呈现主题多元化与导向市场化的鲜明特征，联邦政府逐步弱化管理角色，鼓励资金来源多元化，强调公共部门与私营部门的协同合作。

潘启龙等（2021）从发展视角出发，也将 1930 年以来美国农村发展划分为三个阶段。加速发展阶段（20 世纪 30—60 年代）：政府加大对农村基础设施的投资，农业机械化水平迅速提升，农业生产条件显著改善。法治化阶段（20 世纪 70—80 年代）：城市化进程加快引发农村人口外流与老龄化问题，1972 年颁布《农村发展法》后，《农村发展政策法》《农业与消费者保护法》《食品与农业法》等一系列与农业生产、农村建设和农村生活环境相关的法律相继出台，标志着农村政策法治体系逐步建立。发展完善阶段（20 世纪 90 年代至今）：农业进一步呈现市场化、国际化和专业化特征，农村发展政策强调城乡融合、多元协调与绿色生态转型，推动形成更加均衡和可持续的发展格局。

## 二、以荷兰、法国为代表的欧洲发达国家

欧洲发达国家在农业农村发展方面的核心制度框架是欧盟共同农业政策。共同农业政策作为欧盟农业和农村治理的基石，其核心目标聚焦于三个维度：一是推动可持续的食物生产体系，二是确保自然资源的合理与长期利用，三是促进农村地区的协调与均衡发展。

共同农业政策内容广泛，覆盖从直接经济激励、市场调节机制到农村综合发展等多个方面。主要政策工具包括：（1）直接补贴措施：通过财政转移支付手段稳定农民收入，激励农业生产；（2）市场支持机制：运用价格干预、出口补贴等手段调节农产品市场供求，缓解价格波动风险；（3）农村发展政策：侧重于基础设施改善、农业多元化、乡村公共服务提升与生态环境保护，旨在构建繁荣宜居的乡村社会结构。

共同农业政策的架构分为两个支柱：第一支柱聚焦直接补贴与市场支持，主要保障农业生产与农民收入；第二支柱致力于农村发展，通过多样化政策工具激发农村内生活力，推动经济、社会与环境的协调发展（芦千文、姜长云，2018）。根据发展形势，欧盟会适时调整两个支柱之间的资金分配与政策权重，实现政策灵活转向。

欧盟发达国家的乡村振兴发展历程大致可划分为四个阶段，每一阶段体现的政策重点不同。政策导入阶段（20 世纪 60—80 年代）：以构建统一农业市场、推动农业现代化为核心，重点打破成员国间市场壁垒，推动农产品自由流通与技术革新，提高农业生产效率。综合发展阶段（20 世纪 90 年代—2006 年）：转向应对农村多元化挑战，政策强调农村优先发展，关注农村地区就业、教育、医疗等公共服务供给，力图实现农村社会全面发展。绿色发展阶段（2007—2013 年）：政策重心转向生态与绿色发展，加强基础设施建设与农村居住环境改善，大力推广绿色农业、生态农业，提升农村绿色发展质量。创新发展阶段（2014 年至今）：强化农业竞争力与创新能力，推进农村经济社会的全面振兴，并引入更加精准、公平、高效和绿色的补贴工具，增强两个支柱之间的政策协同，提升政策实施的综合效能。

当前，在应对气候变化与资源约束的全球背景下，欧盟农业农村正面临深层次转型需求。这

不仅要求政策持续创新引导，更需激发农村社会的自主创新能力与适应能力，推动农业农村向更加可持续、繁荣的方向迈进（芦千文、姜长云，2018）。

### 三、以日本、韩国为代表的东亚发达国家

日本和韩国与中国在农业资源禀赋、人口结构与历史发展路径方面具有较强相似性，均属于“人多地少”型国家，农业发展资源约束突出，乡村振兴起步较早，其发展经验对中国具有重要的借鉴意义。

日本的乡村发展大致经历三个阶段：粮食增产阶段、经济高速增长阶段，以及稳定增长与新发展阶段。粮食增产阶段（1946—1960年）：该阶段主要目标是恢复战后农业生产。日本政府出台了《土地改良法》，并通过农业灾害补偿、农业协会扶持等措施，改善农村基础设施，提升农业产能与农民收入水平。经济高速增长阶段（1961—1975年）：随着城市化加速，乡村出现“空心化”“老龄化”等问题。日本政府借鉴法国、德国经验，构建“以工代农、以城促乡”的乡村振兴战略框架，加大对农业的直接补贴与政策支持。稳定增长与新发展阶段（1976年至今）：日本启动“造村运动”，即“一村一品”战略，通过延伸农业产业链、发展农产品加工业、构建农协组织、引入高素质农业人才、推动乡村金融体系建设以及弘扬乡村文化，形成较为完整的乡村综合振兴体系。

韩国于1970年启动“新村运动”，该运动作为政府主导、全民参与的乡村振兴战略，大致经历了五个发展阶段：基础设施建设阶段、扩张阶段、完善阶段、国民自发阶段、自主发展阶段。在前三个阶段，政府发挥主导作用，通过政策推动农村基础设施改善、农民收入提升及生活环境优化；后两个阶段，则转向以农民和民间组织为主体，政府逐渐退居幕后，将政策重心转向制度支持与资金保障，推动农民自发参与和农村法治体系建设，强化共同体意识与自我发展能力。

尽管日韩在乡村振兴方面取得了显著成效，但在现阶段仍面临一系列突出问题。表现为日本长期实行农业高额补贴，加重了财政压力；韩国“新村运动”初期政府干预过强，抑制了农民的自主性与创新性；两国普遍存在小农经济占主导的结构性问题，制约了农业产业化与规模化发展；此外，农村生态环境保护压力加大，人口老龄化问题日益严峻，对农业农村的可持续发展构成长期挑战（王鹏、刘勇，2020）。



## 第二节　乡村振兴：政府与市场的作用

本节总结了不同类型国家在乡村发展过程中政府与市场的作用，重点分析二者的职能分工与

协同机制。最后，结合中国的发展阶段、战略目标及城乡协调的背景，探讨如何优化中国乡村振兴中政府与市场的互动关系，以提供可行的经验借鉴。

从总体上看，现有文献对日韩、欧美等发达国家的乡村振兴模式进行了总结，主要包括两类路径：一是“自上而下”的政府主导模式，二是“自下而上”的市场主导模式。在政府主导模式下，政府通过顶层设计、制定乡村振兴规划、出台相关法律法规，引导和支持社会及市场机制的有效运行，同时加强市场监管，以弥补市场机制的不足。而在市场主导模式下，基层政府和社区拥有更大的自主权。政府在规划制定过程中通常要求农协、社区和农民等多元主体广泛参与，其职能更侧重于服务与支持市场机制的运行，强调“自下而上”的治理逻辑。

## 一、以日韩为代表的“自上而下”模式

从日韩乡村振兴中政府与市场关系的模式来看，现有文献普遍认为，该模式以政府主导的“自上而下”路径为主。政府通过法律、政策、财政和监管等手段，组织并引导乡村振兴运动，有效激发乡村自治组织与农民的积极性。

日韩政府在乡村振兴中承担着核心组织者角色，在顶层设计、财政投入、政策扶持和社会动员等方面发挥了关键作用。例如，日本政府通过 1960 年颁布的《农业基本法》等一系列法律，制定乡村振兴规划，长期推动农村基础设施建设和公共服务提升（冯勇等，2019；宁满秀等，2018；王鹏、刘勇，2020）。韩国则主要依托“新村计划”和“五年规划”等政策工具，在不同发展阶段动态调整政策内容与实施路径（宁满秀等，2018）。

在财政方面，日本政府考虑区域差异，对地理条件不利地区给予更多补贴，并通过农业低息贷款支持农业生产各环节的中长期融资需求（宁满秀等，2018；冯勇等，2019）。在政策方面，日本大力推行“一村一品”战略与“六次产业化”模式，推动城乡融合、提升农业竞争力（宁满秀等，2018）。同时，政府加大农民培训与科技推广力度，支持农业院校和服务机构发展，为农村发展提供人力与知识支撑（王鹏、刘勇，2020）。在市场机制引导方面，日本政府积极推动农产品销售与加工市场的建设，通过农业协同组合制度（农协）提供资金与服务支持，推动农业集约化与产业协同发展（王鹏、刘勇，2020；冯勇等，2019）。

日韩的农协和合作社在政策与市场之间发挥了桥梁作用，不仅参与政策制定与执行，还在农产品的产加销一体化中发挥中枢作用，通过统筹收购与加工流程，减少中间环节，稳定市场价格。在资金支持方面，农协整合农户闲置资金，构建完善的农村金融与信用体系，为基础设施建设等投资项目提供融资渠道（王鹏、刘勇，2020）。日韩农协普遍设有全国性银行网络，政府贷款与贴息资金常由农协精准发放，有效支持农业发展（冯勇等，2019）。此外，刘松涛等

（2022）指出，日本农协在乡村振兴中兼具推广与监督职能：一方面，农协是政府农业政策与财政资金的落地执行者；另一方面，其通过信息追踪与反馈机制及时调整政策偏差，保障政策精准实施。农协还积极组织农民参与政策制定与执行，通过规范申报流程，避免权力寻租与效率低下，促进政策资源的高效配置，提升治理效能。

在政府、社会与市场协同方面，日本通过立法规范、事业规划与财政激励三重路径，构建出一个系统性、持续性的乡村振兴推进机制。政府不仅提供财政补贴，还联合农林渔业金融公库等机构，设立专项低息贷款基金，用于支持农村基础设施、土地流转及农业设备更新等长期项目；同时辅以奖励金、休耕补偿及轮作推广等手段，精准调控农业生产活动。此外，日本政府着力打造农业协同组合体系，在政府资源支持下引入市场机制，推动农业向集约化、市场化方向发展，实现政府引导、社会协同与市场机制的高效联动。当前政策导向也逐步从基础设施建设转向乡村经营模式创新、流通体系完善等更高层次公共产品供给，通过激励与竞争机制激发农民自主创新能力（冯勇等，2019）。

除日韩外，部分研究也将美国归为“自上而下”的乡村振兴模式。美国构建了以联邦政府为核心、公众与地方政府协同的综合政策框架，政策内容涵盖农产品扶持、环境保护、就业促进、区域竞争力提升等多个维度。支持手段也逐步从财政拨款向政府调控与市场机制融合的多元化模式转变，展现出高度的灵活性与创新性。

随着乡村政策目标日益多元，市场与社会组织的作用逐渐增强。一方面，政府可借助社会资本缓解财政压力；另一方面，企业可通过资源与信息共享机制提高科研能力，并借助项目运营实现稳定收益（胡月、田志宏，2019）。美国经验表明，政府与市场关系应随政策阶段灵活调整。在乡村发展初期，政府发挥主导作用；而在发展成熟后，应适时撬动市场活力，提升政策执行质量与效率。

## 二、以欧盟为代表的“自下而上”模式



从发展模式来看，现有文献普遍认为，欧盟的乡村振兴发展以“自下而上”模式为特征，以生态保护为核心，强调乡村在公共产品供给中的关键作用，重视乡村宜居性与多功能性的发展潜力（宁满秀等，2018）。

在制度设计与政策支持方面，欧盟各国政府主要承担服务与引导职能，构建了多层次的法律法规体系，以推动城乡融合并有效应对生态环境挑战。同时，政府也负责乡村振兴的组织管理与规划制定等顶层设计任务。例如，德国政府推出“整合性乡村地区发展框架”，将乡村振兴、土地整治以及农业结构优化等进行多元整合，显著提升了农业生产效率与生态环境协调发展水平

（宁满秀等，2018）。法国则注重立法保障，强化乡村振兴制度供给，加强农业用地管理，推动农业生产规模化、专业化与一体化发展，同时通过均衡化领土整治，加快城乡融合发展的步伐（汪明煜、周应恒，2021）。

在政府、社会与市场的协同机制上，欧盟乡村振兴强调一种深度融合的“自下而上”参与模式。该模式充分激发各级政府、非政府组织、社区组织与居民个体的积极性与能动性，形成以地方驱动为核心的项目规划与管理体系（王林龙等，2018）。其核心理念在于：通过地方参与，推动乡村振兴政策的制定与实施更加贴近实际、更加灵活高效。欧盟“自下而上”的交互式过程体现在以下几个方面：首先，赋予基层政府、社区与村庄更大的自主权和灵活性，使其在决策和执行中成为真正的主体。其次，在乡村规划制定过程中，要求广泛纳入居民意见，确保政策回应民众需求，符合地方实际。再次，欧盟还建立并优化了与之相配套的“自上而下”支撑机制，通过重点扶持社区内部领导力量与地方行动小组，激发社区内生发展潜力，增强政策实施的社会基础（芦千文、姜长云，2018）。这种模式不仅能够深入挖掘农村社区内部的资源潜力与专业技能，还促使社区成员主动参与乡村发展的全过程，形成强劲的内生发展驱动力，实现政策自下而上的生根发芽与长效推进。

## 三、经验启示

当前中国乡村振兴的组织方式以政府主导、群众参与的“自上而下”模式为主，这在当前发展阶段下契合乡村振兴的整体进程与制度优势。然而，借鉴发达国家两种典型模式的实践经验可知，政府、社会与市场的协同机制应根据乡村建设实践与政策目标的演进而动态调整。在具体推进过程中，应重点关注以下几个方面。

第一，推动“自上而下”与“自下而上”的双向互动，充分激发各类主体的积极性与主动性（见图 16–1）。中国在乡村振兴过程中，应结合日韩政府主导的“自上而下”模式与欧盟基层广泛参与的“自下而上”路径，构建双向协同的顶层设计框架，增强战略的系统性与灵活性。同时，应建立职能清晰、运转高效的政府治理体系，赋予地方政府，特别是省县两级更多自主权，激发农民的内生动力，健全其参与机制，有效防范“政府失灵”，实现供给结构的优化与均衡（冯勇等，2019）。

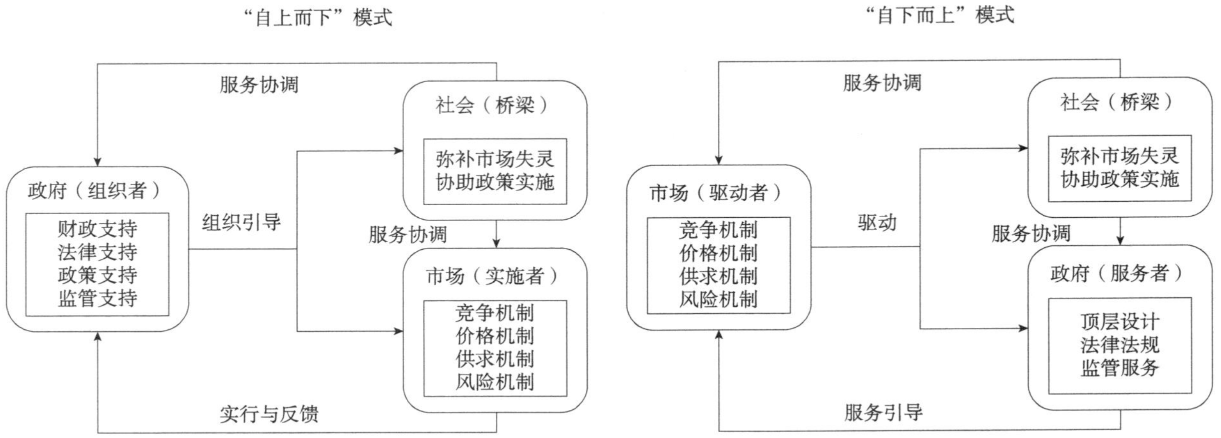


**图 16-1　乡村振兴中政府与市场关系的两种模式**

资料来源：笔者绘制。

第二，加强农村合作组织、集体经济组织与各类支撑平台的组织引导，发挥其在资源整合与联结市场中的桥梁纽带作用。引导这些组织与外来企业建立平等、规范的合作关系，同时注重提升农民群体的参与能力。应积极培育新型农业经营主体，强化村庄发展带头人的选拔与培养机制，加大对农村创业与就业的政策支持力度，营造有利于人才回流与扎根的制度与环境，为乡村振兴提供持续动力（芦千文、姜长云，2018）。

第三，吸纳具有创造力与社会影响力的乡贤力量，充分发挥其在乡村治理中的独特作用。在熟人社会背景下，乡贤依托其深厚的本土情感与社会关系网络，能够推动乡村治理结构的优化，构建和谐稳定的社会关系，提升治理效率（武小龙，2020）。同时，应加大对专业大户、家庭农场、农民合作社及农业企业等新型农业经营主体的职业教育和技术培训投入。全面提升农村基础教育与职业教育质量，确保教育体系与现代农业发展需求相衔接，建立系统化的农业产业化人才培养平台，通过知识传授与技术实践，培育一批具备扎实技能的农业专业人才，有效防止因人才流失带来的发展主体断裂与技术传承中断问题（冯勇等，2019）。



## 第三节　农产品供给保障中的政府与市场关系

### 一、生产要素供给

在生产要素供给方面，劳动力要素的流动、土地要素的调整、资本和技术要素的保障，是各国保障农产品供给时关注的重点。

### （一）劳动力要素流动

在生产要素供给中，劳动力的有效流动是保障农产品供给的关键因素之一。随着城市化进程加快，大量农村青年劳动力流向第二、三产业，虽然推动了工业化与经济结构的转型，但也导致农业劳动力日益短缺，影响农业生产效率。如何在劳动力持续转移的趋势下保障农业生产，已成为各国普遍关注的重要议题。姚文燕（2022）总结了英、美、日三国在乡村发展和城市化过程中政府在农村劳动力转移中的作用。英国的劳动力转型多由政府强制推动，以“圈地运动”为代表，体现出其特有的国家制度背景；美国则呈现自由转移的特征，其“地多人少”的国情与工业革命背景决定了劳动力的主动流动，其中政府主导的“交通革命”也发挥了基础性作用。日本受政府干预影响显著，其劳动力转型具有“跳跃式转移”与“农村非农化转移”的特征。20 世纪 60 年代，为全面推动经济增长，日本政府优先发展城郊工业，通过财政补贴政策扶持中小企业与乡镇企业，积极引导农民向非农领域转移，缓解农业劳动力过剩问题。

苏毅清、王志刚（2018）以生产要素流动为线索，研究了韩国 20 世纪 60—90 年代在应对离农失业、劳动力老龄化与土地流转受限等问题下的农业结构调整，并分析了市场机制与政府支持的双重作用。一方面，劳动力流动是市场作用的自然结果。随着产业结构和需求结构的演变，资源与要素的重新配置成为市场调节的内在要求。另一方面，劳动力的城乡互动高度依赖政府的制度设计与政策支持。韩国政府在推动劳动力合理流动与农业结构调整方面主要采取了以下措施：一是通过“新村运动”改善基础设施，缩小城乡差距，引导失业劳动力回流农村，参与本地经济建设，实现劳动力的再配置与再利用；二是推广农业机械化，普及先进农业设备与技术，减少农业对体力劳动的依赖，提高生产效率；三是整合土地资源，配合土地制度改革，优化农业生产结构。

借鉴韩国农村劳动力转移与农业结构调整的实践经验，中国应在农业转型过程中坚持市场导向原则，强化政府在弥补市场机制缺陷方面的功能定位。政府应聚焦于解决市场难以独立应对的问题，提供农业结构调整与城乡融合发展的制度性支撑。同时，应明确政府与市场之间的职能边界，防止因界限模糊造成的政策冲突、资源浪费及“双重失灵”等问题，确保各项政策措施高效协同、精准落地（苏毅清、王志刚，2018）。



### （二）农业人才培养体系

在农业人才培养方面，许多发达国家已建立起政府、企业与个人协同参与的多元化培养体系。美国构建了系统化的农村人才培养法律体系，形成了“三位一体”的农业科技推广架构与“双轨并行”的农村人才培育机制。其中，“三位一体”架构深度整合了美国农业部农业推广局的专业指导、州立大学的学术支持以及县级农业推广部门的实践服务；而“双轨并行”机制则明确区分了正规农业教育体系的专业培养路径与一般性农业科技推广活动的普及教育路径，实现了教育系统化与推广机制的互补融合。

日本在确保农村人才培养具备系统性与前瞻性的基础上，不仅完善了相关法律制度，还建立了由国家统一规划、各级政府协调推进、社会组织广泛参与的农民职业培训体系。其中，农协在推动培训体系落地中发挥了关键作用。作为核心组织，农协通过讲座、经验交流与短期技能培训等多种形式，为农民提供实用、多样的学习机会，教育内容覆盖农业技术推广与实际应用，有效提升了农民的专业技能水平与农业科技应用能力（高鸣等，2018）。

### （三）土地制度改革

除劳动力引导外，包括韩国在内的东亚主要发达经济体在农业转型中普遍重视土地制度改革、农业工业化推进与农业生产方式转型。邵燕、朱力（2022）的研究指出，韩国的农村土地制度自 1953 年启动改革，至 1992 年正式实施乡村振兴地域制度，逐步形成了适应本国发展需要的分区制度框架。

在法律制度建设方面，韩国制定了一系列法律法规，构建起多维度、多层次的耕地保护与利用法律框架，有效提升了耕地资源的管理水平与配置效率。此外，韩国还建立了完善的土地征收补偿机制，进一步强化了对农业用地的法律保护。在政策支持层面，韩国政府实施乡村振兴地域制度，区域内农民享有多项扶持政策，包括秋粮收购优惠、生产条件改善、专业农民培养、农田买卖与加工设施资金扶助、农业活动集中化支持以及农村生活环境优化计划等，覆盖农业生产的各个环节，有效增强了农业发展的制度保障与政策激励。

借鉴韩国土地制度改革的经验，中国可从以下两方面推进：一方面，应健全耕地法律保护体系，参考韩国经验设立法律监督机构，推动形成彼此支撑的耕地保护法律体系；另一方面，可借鉴其乡村振兴地域制度，在粮食主产区设立现代农业重点区，实行分区动态管理机制，提升耕地利用效率与政策精准度（邵燕、朱力，2022）。

### （四）农业资本要素供给与金融支持

农业资本要素的供给与保障主要依赖金融体系的支持与服务。作为现代经济运行的重要枢纽，金融体系在实现乡村振兴与保障农产品供给方面发挥着关键作用。当前，学界对农业金融体系如何保障农业资本要素的供给已有较为丰富的研究，特别是在农村金融服务体系建设、发展模式创新及政府与市场的边界划定等方面。比如，刘洋、李敬（2022）的研究指出，非洲与拉美国家在农业金融支持方面，除了政府顶层设计与政策支持外，还创新性地构建了“商业村”模式，以提升小农户的商业化程度与金融包容水平。具体包括：政府与私营部门合作，建立种子公司、农资经销商与金融机构的合作网络，推动小农商业化；通过市场准入机制与储蓄计划，帮助小农建立信用体系与集体行动平台；推动小农户与农业价值链各方建立可持续贸易关系，提高其市场

参与度与话语权。

此外，非洲与拉美国家还通过信息化技术平台，整合投入品供应商、金融机构与农户，打造“端到端”农户金融服务体系，有效解决农业生产经营中的融资瓶颈问题。这些国家还通过创新农业贷款风险分担机制，增强农业价值链融资的安全性，提升农户风险应对能力与发展能力。

欧美日等发达国家（地区）在农村金融支持体系方面则更加系统化，覆盖信贷、担保、保险和资本市场等多个领域（吴本健等，2020；常玉栋等，2023）。政府通过立法规范市场运作，同时通过优惠政策引导社会资本参与，并设立政策性信贷机构。社会力量则发展出合作性信贷组织，提供贷款担保服务，形成良性互动的金融生态。常玉栋等（2023）认为，美国的合作金融机制充分尊重市场规律，以市场化的贷款需求为驱动，促成合作社的自发形成。合作社内部社员利益趋同，避免了行政干预可能引发的低效与错配问题。邱波、朱一鸿（2019）的研究指出，澳大利亚农业保险制度以市场机制为主导，政府负责界定并维护市场边界，通过非资金补贴等策略鼓励市场发展，既减少政府对市场机制的挤出效应，又增强了农业保险市场的活力。技术与产品创新在成熟市场环境和多元中介机构支持下，持续推动农业保险的发展，实现了风险规避与市场效率的双重保障。日本的金融支农体系包括合作性金融、政策性金融、商业性金融与农业保险四大部分（王彦、田志宏，2020）。其中，合作性金融主要依托农协体系；政策性金融则以国家财政为基础，通过长期低息贷款支持农业发展，有效填补市场融资缺口。

借鉴非洲、拉美、东亚、北美、欧洲等国家（地区）经验，中国在农业资本支持方面可以从以下几个方面发力：一是建立健全农村金融法律法规体系，为市场健康运行提供坚实法律基础；二是完善农村金融体系运作机制，坚持政府监管与市场运营协调统一，既赋予金融机构充分自主权，又确保市场运行的规范性与透明度；三是利用优惠政策，吸引社会资本流入农村金融领域，提升资金供给能力；四是加强农村基层信用合作组织建设，拓宽金融服务覆盖范围，提升服务质量与农民参与度，为乡村振兴战略提供稳定、持续的金融支持。

### （五）农业技术服务体系与智慧农业

在技术服务方面，乡村振兴依赖完善的农业科技服务体系。美国构建了一个由政府主导、依托赠地大学的“三位一体”农业科技服务体系，这个体系融合了农业、教育与科研功能。在联邦层级，美国农业部下设的国家食品与农业研究所负责全国农业科技战略规划与资源协调；在区域层级，州农业技术服务站根据本地需求制定科技服务计划，管理县级机构的人员与资金，并为农民提供全方位的信息与技术支持。这些服务站还收集农民技术需求，反馈科研成果，扩大科技示范效应，实现农业科技的普及与转化。县级农业技术服务站作为基层服务体系核心，直接联系基层与农民，确保政策落地。与美国相比，日本则形成了政府主导的农业普及体系与农协主导的营农指导体系并行的“双轨协同”模式。两国体系的共同经验包括：一是服务主体权责分明、职能明确；二是拥有健全的法律法规体系；三是加大公共财政投入的同时，有效撬动社会资本参与技术服务供给（邹璠、徐雪高，2021）。

除了传统的农业科技服务外，智慧农业的发展已成为现代农业技术支持的重要组成部分。北美、欧盟、日本等经济体在智慧农业领域已积累了丰富实践。美国建立了多主体协同的智慧农业信息系统，由政府、企业、高校与科研机构共同参与，形成资源共享、信息互通的网络结构。加拿大建立起以高校为支撑的农业科研网络，明确部门职责，协同推进农业技术应用。自 2012 年开始，欧盟构建农业创新系统，整合政府、企业、科研机构、农民等各方资源，形成协同合作机制。日本则建立了较为完整的智慧农业助农体系，推动新型助农服务发展，引导农民低成本采纳智能农业技术（朱康睿、宋成校，2024）。

在市场体系中，企业力量不可忽视。日本的农协除承担基础服务外，还参与专业作业承揽（如农机租赁、无人机作业等）。其他主体如农机具制造商、农药化肥企业和新型科技公司，则分别承担设备供给、农事作业与数据分析、人才派遣等职能，构建了多元互补的助农服务网络（朱康睿、宋成校，2024）。美国农业生物技术企业则在政府的强力支持下，通过并购与合作积极推进农业科技融合，推动精准农业与高效农业发展。美国、日本、欧盟的企业共同构成智慧农业发展的重要推动力量，不仅增强了技术创新能力，也丰富了智慧农业的应用模式与业态结构。

当前中国农业技术服务仍以“自上而下”的政府主导推广体系为主，面临运行机制僵化、服务队伍稳定性差、服务内容与方式滞后等问题，导致服务体系难以满足现代农业发展的现实需求（邹璠、徐雪高，2021）。为此，应从以下几方面进行改进。一是明确服务主体职能边界，统筹协调形成合力。政府部门主导公益性技术推广，服务小农户与共性需求；农业龙头企业与合作社专注于经营性服务；高校和科研机构提供综合技术解决方案，支持农业现代化转型。二是健全涉农法律法规体系，完善智慧农业金融支持。加快农业数据标准、产权界定、信息共享与隐私监管等领域的立法，建设农业信息化基础平台；同时，引导社会资本进入智慧农业金融体系，提升资金链韧性与可持续性（朱康睿、宋成校，2024）。三是增强企业在智慧农业中的参与度，激发市场活力。政府应提供政策与资金扶持，简化审批流程，设立专项基金，吸引社会资本；同时支持中小企业解决资源与合作难题，推动智慧农业高质量发展（张绮雯等，2022）。



## 二、农业支持政策的经验

农业支持政策是政府保障农产品供给的重要手段。各国在农业发展过程中形成了不同的政府、社会与市场协同模式，农业支持的水平与补贴结构亦存在显著差异。

部分学者对各国农业支持政策的结构与实施效果进行了深入研究（杨巧妮等，2023；郭琰等，2023）。研究表明，美国以市场导向、间接补贴为核心，构建了以风险应对和市场促进为目标的农业支持体系。其主要特征包括：通过多重价格标准降低市场波动风险、设立补贴上限与差异化供给政策、推动出口计划，并通过公立研发机构提供技术支撑，实现政府与市场的有效协同。相较之下，欧盟则更重视产业链后端发展，弱化价格保护机制，强调对农户的直接转移支付，重点支持优势农产品产业链建设。这一模式强调农业的社会功能与生态价值，更倾向于通过直接转移支付来稳定农民收入。

美国农业发展与国际市场联系紧密，凭借低成本粮食生产的比较优势，不断扩大其在全球农产品市场的影响力，成为世界上最大农产品出口国和粮食生产国之一。日本实施因地制宜的补贴政策，特别针对丘陵山区农户提供收入补贴，以提升农业竞争力并促进农产品出口，形成区域性国际市场优势（王京雷等，2023）。

## 三、产业发展中政府与市场的作用

在乡村产业发展中，推动一、三产业融合，延长农业产业链，是实现农业增值与农村经济高质量发展的重要路径。廖菁、邹宝玲（2022）从亚洲、欧洲和美洲代表国家的乡村产业发展经验出发，探讨了政府宏观调控与市场机制在产业发展中的作用。研究指出，政府通过法律、经济、行政和财政等多种手段支持农村产业发展，提升农业产业抗风险能力，优化投资环境，统筹规划乡村产业发展方向，引导并监管涉农产业行为。

在市场机制下，竞争、供求与价格机制促使农业企业调整生产结构、提升产品质量，并通过差异化战略和新技术应用延伸产业链、增强盈利能力，激发农业经营主体的内生发展动力。郝汉、辛岭（2023）分析了美国、日本、澳大利亚等国在推动三产融合方面的经验，认为这些国家政府普遍建立了完善的法律法规体系，通过制度化手段将产业融合发展理念落地，并通过宏观指导与规划提供制度支持。同时，农业行业协会在资源配置、风险分担与利益共享方面发挥了关键作用，有效辐射带动农业与二、三产业的融合发展。



从数字经济赋能产业融合的角度，发达国家乡村数字化建设离不开政府主导（夏金梅、吴紫莹，2023）。政府通过制定数字乡村发展规划与实施策略，统筹推进数字经济与产业融合布局，在农业、教育与市场等领域的数字化过程中提供政策支持与激励。在政策执行过程中，政府利用互联网平台实现政务信息实时共享与补贴发放，不仅降低了信息传递成本，也提升了政府治理的公开性与透明度。此外，数字经济发展还依赖于完善的法律保障。发达国家普遍出台相关法规，明确互联网使用者的权利与义务，为数字经济在乡村落地提供法律支撑。

为更好实现数字经济赋能乡村产业融合，应从三个方面构建多元协同的激励共享机制（夏金梅、吴紫莹，2023）。一是政府应发挥组织协调作用，推动涉农主体广泛参与，借助数字平台实现资源共享与优势互补；二是完善奖励机制，激发部门协作潜能，促进本地特色农业与数字经济的深度融合；三是构建国家倾斜政策与多元共享机制并重的新型农业产业共同体，打造稳定高效的数字化联盟，提升数字红利覆盖的广度与可持续性。

## 第四节　乡村建设中政府与市场的作用与协调

乡村建设是乡村振兴中的重要组成部分，涵盖生活建设、生态建设与城乡融合发展等方面。其中，生活建设主要包括公共服务和文化建设等，生态建设主要侧重于农业可持续生产和生态系统可持续发展。在这两个领域，如何实现政府、社会与市场的协同治理，是各国普遍关注的重要议题，国际上已有诸多成熟经验可供借鉴。

### 一、乡村生活建设

在乡村生活建设中，各国政府普遍采用法律、行政与财政等多元手段，从政策和资金层面为农村发展提供制度性支持，为公共服务供给奠定基础。同时，在鼓励社会参与和市场机制介入的导向下，社会企业、非营利机构、行业协会和基层自治组织依托自身资源与优势，承担起部分公共服务供给职能，减轻了政府压力（周厚熹等，2023）。

在公共服务建设方面，各国实践体现出政府主导与社会协调并重的特点。韩国在“新村运动”初期将农村道路、水利灌溉、饮水设施、厕所等基础设施作为切入点，同时设立乡镇医疗诊所，提供基本医疗服务，满足农民健康需求。日本政府通过加大财政投入，改善农村基础设施，缩小城乡差距，同时建立农民年金基金与医疗保险制度，保障农村养老与医疗服务。欧盟实施“贫困地区计划”，将 20% ～ 30% 的共同农业政策预算用于改善乡村基础设施、生态保护与气候应对（冯勇等，2019）。



从社会组织角度看，美国民间团体积极探索多样化养老模式，包括居家养老、社区集中养老和专业化机构养老，为完善农村养老体系提供了多元思路（朱红根、宋成校，2020）。在文化建设方面，政府通过法律政策提供制度支持，社会组织则通过宣传、教育等形式积极参与，实现协同治理。英国的国家信托基金会就是典型代表，在乡村历史文化遗产保护中发挥了重要作用（朱红根、宋成校，2020）。

对中国乡村生活建设而言，一方面，可借鉴日韩经验，建立农村公共服务资金投入的长效机制，通过政府财政补贴与奖励资金引导村民自筹资金，同时提供低息贷款与价格补贴，鼓励农民投资农村公路、桥梁、电网、农田水利、垃圾处理等基础设施建设，改善村容村貌与农村人居环境（冯勇等，2019）。另一方面，应创新公共服务供给机制，构建政府、协会与自治组织有机融合的多元化供给格局。参考日本农协模式，探索社会资本协同路径，鼓励农户自发参与公共秩序维护、制度制定与监督执行；借鉴法国“团结农业”与德国“农民联盟”的“赋权－参与”模式，充分发挥社会资本在组织动员与资源整合中的作用，在减轻政府压力的同时，提升农户的内生发展动力。这类柔性治理机制也有助于在帮扶政策逐步退出的背景下，增强乡村治理与公共服务的持续性与韧性（周厚熹等，2023）。

## 二、乡村生态建设

在乡村生态建设中，各国政府发挥了主导作用，而农业协会与市场机制则在服务支持、行为引导与资源配置等方面提供了关键支撑。在农业可持续生产方面，廖小静等（2022）指出，欧盟主要通过三种方式推动可持续发展，即制定法律法规，规范农业投入品使用与自然资源利用；出台收入支持与能力建设政策，激励农民采纳可持续农业行为；推动科技创新，支持农业绿色转型。

社会组织方面，行业协会承担了服务、协调与监督功能，消费者的绿色消费偏好也强化了可持续导向。市场机制则通过产品溢价调节资源配置，企业通过履行社会责任在经济效益与可持续目标间寻求平衡。各类主体共同参与社区发展与农业产业链项目，形成协同运作格局。欧盟自1992年麦克萨里改革起，确立了“脱钩直接支付”取代价格与市场支持的市场化改革路径，在农业补贴中设立“绿色支付”板块，强化生态取向（马红坤、毛世平，2019）。美国则构建了多层级农业组织与服务体系，通过强化农业社会化服务，加强政府与农户之间的信息流通，提高政策响应效率（周应华等，2020）。此外，美国还通过碳排放权和碳汇市场等机制，提高农户参与绿色低碳生产的积极性（郑玉雨、于法稳，2023）。环境保护方面，政府的合理规划与政策法规是基础保障，而社会组织同样不可或缺。以英国为例，其1926年设立的乡村保护协会长期致力于生态环境保护，成为英国乃至欧洲环境治理的重要支柱力量（朱红根、宋成校，2020）。

国际乡村生态建设经验对中国具有四个方面的重要启示。首先，完善农业可持续发展的法律政策体系，强化制度性引导；其次，推动行业协会能力建设，引导消费者形成可持续农业认知；再次，加快构建多元参与、权责清晰的协同机制，明晰政府、市场与社会的功能边界，打造农业可持续发展平台型治理结构；最后，积极建设碳交易市场，推动市场在资源配置中发挥决定性作用（廖小静等，2022；郑玉雨、于法稳，2023）。

### 三、城乡融合发展

城乡融合是乡村建设中的重要议题与核心目标。张季风（2022）、陈磊、姜海（2024）等学者研究发现，美、英、日、韩等发达国家普遍采取“政府主导＋上下结合或自上而下”的城乡融合发展模式，强调政府在城乡关系协调中的主导地位，通过强化宏观调控、完善法律制度与提供资金保障，推动城乡一体化进程（陈磊、姜海，2024）。以日本为例，在其工业化与城市化进程中，经历了早期经济高速增长与后期人口老龄化的双重阶段。伴随城乡差距拉大，农村一度出现人口流失、土地闲置、村庄空心化与农民心理疏离等“空洞化”现象（张藕香、栾敬东，2020）。为此，日本采取基本法与普通法相结合的方式，确保城乡融合政策的连续性与稳定性，同时注重提升农村居民的主体地位，推动各类自治组织、社会组织、农民团体积极参与乡村治理与政策执行（张季风，2022）。

在推进城乡融合的过程中，协调发挥政府与市场的作用，是实现融合发展的根本保障。一方面，政府应立足职责定位，强化有为政府的主导作用。这包括：通过制度创新完善城乡融合的实现机制，制定反哺“三农”的匹配性制度，聚焦农地制度、户籍制度、社会保障与就业机制的改革；在尊重城乡差异基础上，通过发展规划、基础设施、公共服务与社会治理等手段优化城乡功能结构与利益分配关系；加快建设全国统一大市场，打破城乡要素流动壁垒，让农民更好分享制度改革的红利。

另一方面，应尊重市场规律，充分发挥有效市场在城乡要素配置中的作用。健全与完善城乡市场体系是推动城乡融合发展的核心路径之一，其本质是一个双向互动而非单向流动的过程。城乡融合亟须更好地发挥市场在引导要素流动方面的基础性作用。因此，应进一步深化城乡要素配置市场化改革，建立统一规范、平等竞争的市场要素配置机制，持续扩大农村人口、资本、土地等要素的市场化配置范围。通过要素汇聚形成规模与集聚效应，在市场机制作用下实现城乡之间的高效资源配置，提升农业生产效率，推动城乡融合发展迈向更高水平（陈磊、姜海，2024）。



## 第五节　国际经验启示

从国际经验来看，发达国家在乡村振兴与乡村建设过程中普遍重视政府与市场关系的协调，通过制度安排与政策引导实现多元主体间的有效协同。一方面，政府通过法律法规、财政补贴、公共服务等手段发挥制度引导与兜底保障作用；另一方面，市场在资源配置、要素流动、产业发展中发挥效率优势，并通过合作社、企业、农业协会等组织参与乡村发展全过程。此外，社会组织、行业协会与村民自治机制的有机嵌入，使得多元主体协作形成合力，为乡村可持续发展提供了制度基础与社会支撑。

结合国际经验，中国在全面推进乡村振兴进程中，应重点从以下几方面汲取经验。一是统筹政府与市场机制的作用边界。在乡村建设与产业发展中，政府应聚焦公共产品供给、基础设施建设与制度保障，市场则应在资源配置、创新驱动与要素整合中发挥主导作用，形成有为政府与有效市场的良性互动。二是构建多元参与的协同治理机制。借鉴欧美日等国家（地区）的经验，充分激发农业协会、合作社、社会组织的活力，推动政府、市场与社会三方联动，提高乡村治理的协同性与精细化水平。三是因地制宜推动制度创新与政策支持。针对中国不同区域在自然资源、经济基础与社会结构上的差异，探索差异化的乡村振兴路径，尤其是在农村金融、土地制度、人才支持等方面进行有针对性的制度创新。四是强化农民主体地位与内生动力激发。吸取日韩等国乡村发展经验，推动农民从被动接受政策向主动参与治理转变，增强其在公共事务、生态保护、产业发展等方面的能动性，实现真正意义上的“共建、共享、共治”。五是推动城乡融合与要素自由流动机制建设。坚持以市场为导向，深化城乡要素市场化改革，建立统一规范的土地、劳动力、资本等要素流通平台，提升资源配置效率，促进城乡关系重构与融合发展。

综上所述，协调政府与市场的关系不仅是推动乡村振兴战略有效实施的关键，更是实现农业高质高效、农村宜居宜业、农民富裕富足的体制保障。中国需结合自身国情，科学借鉴国际经验，探索形成具有中国特色的政府、市场与社会协同参与的乡村振兴模式。

## 参考文献

常玉栋，翟慧敏，张晓妮．农村三产融合的金融支持机制探讨——结合国外经验的分析 [J]. 经济研究导刊，2023（21）：93-95.

陈磊，姜海．城乡融合发展：国外模式、经验借鉴与实现路径 [J]. 农业经济问题，2024（2）：52-59.

冯勇，刘志颐，吴瑞成．乡村振兴国际经验比较与启示——以日本、韩国、欧盟为例 [J]. 世界农业，2019（1）：80-85+98.

高鸣，武昀寰，邱楠．乡村振兴战略下农村人才培养：国际经验视角 [J]. 世界农业，2018（8）：176-182.

郭琰，肖琴，周振亚．农业支持水平及政策结构变动的国际比较分析——基于欧盟、美国、澳大利亚、日本、韩国、巴西、中国的考察 [J]. 世界农业，2023（1）：17-29.

郝汉，辛岭．农村三产融合发展的国际经验及其对我国的启示 [J]. 农业经济，2023（12）：107-109.

胡月，田志宏．如何实现乡村的振兴？——基于美国乡村发展政策演变的经验借鉴 [J]. 中国农村经济，2019（3）：

128–144.

廖菁，邹宝玲．国外乡村产业发展经验及对中国乡村产业振兴的启示 [J]. 世界农业，2022（5）：16–26.

廖小静，徐雪高，易中懿，等．“政府 – 市场 – 社会”协同视角下欧盟农业可持续发展的经验与启示 [J]. 世界农业，2022（4）：5–13.

刘松涛，梁颖欣，罗炜琳．日本综合农协的发展变迁、经验教训及对中国农民合作社的镜鉴 [J]. 世界农业，2022（2）：28–41.

刘洋，李敬．农业价值链金融包容性发展：国际经验与中国路径 [J]. 农村经济，2022（7）：65–76.

芦千文，姜长云．欧盟农业农村政策的演变及其对中国实施乡村振兴战略的启示 [J]. 中国农村经济，2018（10）：119–135.

马红坤，毛世平．欧盟共同农业政策的绿色生态转型：政策演变、改革趋向及启示 [J]. 农业经济问题，2019（9）：134–144.

宁满秀，袁祥州，王林萍，等．乡村振兴：国际经验与中国实践——中国国外农业经济研究会 2018 年年会暨学术研讨会综述 [J]. 中国农村经济，2018（12）：130–139.

潘启龙，韩振，陈珏颖．美国农村阶段发展及对中国乡村振兴的启示 [J]. 世界农业， 2021（9）：76–82.

邱波，朱一鸿．政府干预与市场边界：澳大利亚农业保险制度实践及其启示 [J]. 金融理论与实践，2019（3）：79–85.

邵燕，朱力．韩国乡村振兴地域制度及对我国的启示 [J]. 中国农业资源与区划，2022，43（5）：179–185.

苏飞，王中华．乡村振兴视域下的中国乡村旅游——发展模式、动力机制与国际经验借鉴 [J]. 世界农业，2020（2）：115–119+127.

苏毅清，王志刚．农业结构调整中的市场演进与政府支持——来自韩国的经验启示 [J]. 华东经济管理，2018，32（10）：45–53.

汪明煜，周应恒．法国乡村发展经验及对中国乡村振兴的启示 [J]. 世界农业，2021（4）：65–72.

王京雷，韩毅，李晓阳．牢牢守住“两条底线”的中国实践与国际经验——中国国外农业经济研究会 2022 年会暨学术研讨会综述 [J]. 中国农村经济，2023（3）：178–184.

王林龙，余洋婷，吴水荣．国外乡村振兴发展经验与启示 [J]. 世界农业，2018（12）：168–171.

王鹏，刘勇．日韩乡村发展经验及对中国乡村振兴的启示 [J]. 世界农业，2020（3）：107–111+121.

王彦，田志宏．如何实施金融服务乡村振兴——基于日本金融支农政策演变的经验借鉴 [J]. 现代经济探讨，2020（5）：117–125.



吴本健，王蕾，罗玲．金融支持乡村振兴的国际镜鉴 [J]. 世界农业，2020（1）：11–20，57.

武小龙．英国乡村振兴的政策框架与实践逻辑 [J]. 华南农业大学学报（社会科学版）：2020，19（6）：23–33.

夏金梅，吴紫莹．数字经济赋能乡村产业融合：中国实践、国外经验与创新路径 [J]. 世界农业，2023（12）：55–65.

杨巧妮，张宁宁，芦千文．深化农业支持保护政策改革：欧美镜鉴与推进策略 [J]. 世界农业，2023（11）：5–18.

姚文燕．乡村振兴战略背景下的农村劳动力转移：国内外经验总结、比较与启示 [J]. 农业经济，2022（8）：72–74.

张季风．乡村振兴视阈下的城乡融合发展：日本的实践与启示 [J]. 中国农村经济，2022（12）：124–138.

张藕香，栾敬东．后小康社会的农业农村发展：国际经验与转型方向——中国国外农业经济研究会第八次会员代表大会暨 2020 年学术研讨会综述 [J]. 中国农村经济，2020（12）：123–129.

张绮雯，林青宁，毛世平．国际视角下中国智慧农业发展的路径探寻 [J]. 世界农业，2022（8）：17–26.

郑玉雨，于法稳．气候变化背景下农业低碳发展：国际经验与中国策略 [J]. 中国生态农业学报（中英文），2023，32（3）：183–195.

周厚熹，李卓倍，聂凤英．农村公共服务供给的国际经验及启示——基于可持续生计视角 [J]. 世界农业，2023（6）：16–24.

周应华，陈世雄，尹昌斌，等．美国推进农业可持续发展的经验与启示 [J]. 中国农业资源与区划，2020，41（3）：1–6.

朱红根，宋成校．乡村振兴的国际经验及其启示 [J]. 世界农业，2020（3）：4–11+27.

朱康睿，宋成校．智慧农业发展的国际经验及启示 [J]. 世界农业，2024（3）：43–53.

邹璠，徐雪高．农业科技服务体系建设的国际经验及相关启示——以美国、日本为例 [J]. 世界农业，2021（2）：54–61+119+132.

# 后 记

本书是我主持的国家自然科学基金重点项目《乡村振兴战略实施中政府与市场的关系及其协调研究》（项目编号：71933004）的最终研究成果，凝聚了项目团队2020年1月至2024年12月，围绕乡村振兴背景下如何统筹协调有为政府与有效市场关系的理论思考与政策探索。

这部专著是项目团队集体智慧的结晶。在此，我要特别感谢项目子课题负责人罗必良教授、仇焕广教授，他们在项目立项设计、理论框架构建、调研组织、实证分析及研究成果形成的全过程中，发挥了卓越的引领作用，并作出了具有创新性的学术贡献。我也要感谢周扬教授，他不仅为统筹项目研究、攻关难点问题发挥关键作用，而且为全书统稿、文字修订作出重要贡献。

本书部分内容在尊重原项目研究基础上，依据全书逻辑框架进行了整合与提炼。为本书作出重要贡献的项目团队成员主要包括（以姓氏拼音为序）：耿鹏鹏、葛梦雅、洪炜杰、胡新艳、罗必良、李兆亮、梁志会、马晓琛、蒲俊豪、仇焕广、施嘉庚、肖剑、肖雪灵、张露、张粤、周扬、朱满德。

此外，我的在校研究生石梦琳、吴润民、孟子凯、黄诗睿等同学，他们在书稿的编辑整理、文字润色和图表数据校对中表现出严谨的态度与敬业精神，为本书的顺利出版提供了坚实保障。

在此，我谨向国家自然科学基金委员会管理科学部，以及所有在本书研究与写作过程中提供帮助和支持的师友同仁表示由衷的感谢。同时，也衷心感谢中国发展出版社及各位编辑老师，感谢他们以深厚的专业素养与卓越的工作能力，推动本书如期出版。

值此书稿付梓之际，欣悉国家自然科学基金委员会管理科学部组织的重点项目结题评审结果揭晓，本项目成果荣获“优”。我们深感荣幸，倍受鼓舞，更觉责任重大。今后我们将再接再厉，持续深化理论探索与实践创新，努力为推进乡村全面振兴贡献更多智慧和力量。



程国强

2025年5月